香港的
村落與墟鎮

VILLAGES AND MARKET TOWNS IN HONG KONG:
Settlement and History

聚落與歷史

夏思義（Patrick H. Hase）著

林立偉　譯

中 華 書 局

謹以此書獻給高添強先生，

一位在我有需要時總能伸出援手的真正朋友。

高添強序

首次接觸夏思義博士，是在 1980 年代拜讀了他一篇有關鄉村喪禮的文章。筆者雖然土生土長，然而和大多數同輩一樣，對本地的傳統習俗可說是一竅不通。在十多年的中小學生涯中，老師在課堂上從不解釋這些習俗背後代表的意義；即使對於像盂蘭節這樣普通的節日，亦完全不明所以，也不知每年某些日子為什麼要打醮。讀到夏博士的文章，非常驚訝一位西方學者（當時他的正職其實是公務員）會這樣細心觀察並以文字記錄一場喪禮，也使筆者開始注意身邊其他的習俗及其所代表的意義。

到了 1990 年代初，在機緣巧合之下，筆者加入了皇家亞洲學會香港分會，並經常參加學會的活動，包括講座和實地考察，獲益良多之餘，也經常見到夏博士。還記得第一次出席他的講座，主題是本地山歌。講座結束後，和夏博士傾談一會，覺得他非常平易近人。當時筆者已對本地歷史有着濃厚的興趣，夏博士隨即鼓勵筆者收集各類資料，將來或許能增進大家對香港的認識。

1998 年，筆者獲邀成為學會的幹事，幾年間經常和夏博士共事之餘，有時更一起策劃活動和實地考察，漸漸發覺彼此志趣相投，特別是對舊村落存有強烈的好奇心，如九龍仔、九龍塘、芒角、尖沙咀、土瓜灣、牛池灣、牛頭角、晒草灣等，還有原本位於深水埗至長沙灣及九龍城附近的大小村落。我們會面時，閒談之間話題很快便扯到這些舊村和相關的廟宇上。還記得當時土地發展公司（市區重建局前身）和發展商合作，打算重建衙前圍村。對於這條富有歷史意義的村落快要消失，我們都感到很難過。不久政府計劃清拆九龍城侯王廟對開的侯王新村（包括附近的何家園和荔枝園），大家一方面理解發展的道理，卻仍覺得有點可惜，除了再次到訪之外，只能拍照作記錄。本書有一章便談到侯王新村的歷史。

夏博士在 1972 年來到香港，不久即對本地歷史產生濃厚興趣，兩三年間已基本掌握本地方言，並以極大的毅力學習中文，數十年來還於工餘時間，孜孜不倦地學習本地歷史、習俗乃至風水知識，更着力收集鄉村文獻（現存於中央圖書館），惟他最大的興趣，其實是平民的歷史和生活。

退休後，夏博士繼續鑽研本地歷史，並寫下大量學術文章，出版多本專著，一些更屬開創性的題材，如 1899 年「新界」地方領袖反抗英國管治而起的「六日戰爭」、二十世紀初的新界人口研究、新界地區的習慣法、鄉村教育、本地齋堂、明清時期與香港地區有關的官員、鄉村喪葬、華南信仰和習俗、官鹽的生產和管理等；此外，還有大量的地區研究。夏博士亦撰寫不少資料豐富的短文，內容包羅萬有，如稻米種植、石灰窟、鄉村茅廁與施肥等。

過去許多研究香港史的專家學者，往往以鴉片戰爭後清廷向大英帝國割讓香港島，作為香港歷史的起點；這樣在有意無意之間，便忽略了在此之前，今天稱為「香港」的地區，至少早在宋代已有着相當顯著的經濟生產和發展。可惜的是，上述觀點，至今在香港史學界和現實的香港社會中，還是很有市場。夏博士自始已對這類史觀不以為然，數十年來一直致力研究英治以前的本地歷史，對新界地區數百年來的發展，可說是瞭如指掌。

夏博士雖然出身英國的頂尖學府，不過他從不空談什麼歷史和文化理論，反而會窮究史料，實地考察和訪問，本書便是當中的部分研究成果。筆者期盼夏博士的其他專著和文章就像本書一樣，也會有中文版面世的一天，使更多讀者進一步認識和理解香港的過去。

高添強
2025 年 6 月

中文版自序

在十六歲那年，筆者明白到自己有志成為歷史學家；那時便已知道，自己最想要做到的，就是能夠了解祖先如何生活、工作、飲食、戀愛、購物、祭拜和過世。這是筆者一直拳拳服膺的覺悟。筆者至今仍然深切渴望真正了解自己的祖先和他們的生活方式，無法想像要是沒有歷史往事縈繞心頭，自己將會如何過活。

從成為研習歷史的學生那一刻開始，筆者就全心全意地投入於探討地方史，想知道平民百姓怎樣生活、工作和離世。筆者對帝王或政治黨派不感興趣，尤其覺得國家政治的興亡盛衰十分乏味。筆者也無意於研究戰爭，在地方層面發生的戰爭除外。讓筆者感到心靈充實的，是普通男女、村民和漁民、地方學者和商人的故事。鄉村的歷史、它們的發展、它們之間的結盟與敵對、宗教習俗、村民購物的墟鎮、他們對於所身處的世界的認識、他們能獲得的教育機會，以及所能達到的學術水平，這些才是令筆者感到心滿意足的研究題材。

這些普通人就是我們的祖宗，他們的歷史就是我們的歷史。如果我們不努力去了解他們的生活、艱辛、喜悅、悲傷和成就，就無法了解自己，因為我們是他們的後裔，我們之所以有今天的生活，全因他們的努力和奮鬥。

本書是筆者五十年來研究新界鄉村的成果。筆者使用了所有可以找到的書寫文獻——族譜、廟宇碑文、地契等等，不過這些資料往往是片面和不完整的。除此之外，筆者還向鄉村耆老訪談，聽他們憶述年輕時村中的情形，那就是這些鄉村被近幾十年翻天覆地的城市化發展改變之前的歲月；另外還請耆老回想祖父母在他們年少時如何描述他們出生前村中的景況。這些受訪的鄉村耆老大約生於1910 年至 1930 年之間，而大多數訪談是在 1980 年至 1990 年間進行的，那時他們仍然健在，可以接受訪問。這些口述歷史必須謹慎待之，因為耆老的記憶難免會隨着時間過去而有所扭曲；不過若能小心求證，這些缺陷是可以彌補的。筆者相信，只要能用心竭力，我們對於城市化發展開始之前的鄉村及其社會狀況，是可以獲得頗為符合事實的記述；不過現在這件事已愈來愈困難了，因為對於日佔時期以前的鄉村情況有親身記憶的耆老，現已大多不在人世。這本書就是上述研究的成果，希望讀者會覺得從中有所收穫。

研究當中難免有一些缺漏。最明顯的是，我所訪談的耆老都是男性。年長的鄉村婦女不願與男性學者，尤其是年輕得可以當她們的孫子的男性學者交談。筆者對於傳統鄉村社會中婦女的角色和地位所知甚少，僅能明白到自己對於鄉村生活中的這個重要部分極為無知。婦女對鄉村社會（以及鄉村政治）的重要性遠高於我們所想，但當中的細節大多並不是我們所能夠獲悉的。

然而，仍有一些學者，包括許多聲名顯赫的學者，對於地方史不屑一顧，認為是次等且不重要的。他們認為，真正的學者不會自貶身價去研究這些東西，尤其是中國的地方史。他們宣稱，新界村民都是蒙昧、貧困、骯髒、沒有文化的鄉下人；村民所住的村落骯髒且建造窳劣的；村民的記憶，除非有文字記載佐證，否則一文不值。在他們看來，除了國家或民族的歷史以外，其他的事都不值得書寫。他們會說，相較於國家首都的建築，鄉村廟宇和祠堂只是可笑的三流建築；墟鎮也不比鄉村好到哪裏去，不值得花時間和精力去釐清它們的歷史；鄉村學校的質素非常低劣，學生即使學習多年，也應該視之為與文盲無異。他們一再強調，村民和鄉村的歷史根本沒有任何實際或長久的價值。

對筆者來説，這種觀點實在令人難以接受。新界村民的識字率頗高，文化底蘊也很深厚，儘管這與都市裏或宮廷上的文化很不相同。雖然村民遠遠稱不上富裕，但並非貧困；除了在荒年之外，他們通常有許多食物可吃，不虞匱乏。住在宮廷和京師周邊的那大約 3% 的中國人，並非唯一值得研究的中國人，儘管他們的偉大文化和深湛教養，常被説成是唯一貨真價實的中華文化和教育，而其餘97% 的普通百姓，則被認為毫無研究價值。但是，這些村民、漁民和地方商人是我們的祖先，他們的歷史就是我們的歷史。了解祖先的生活方式必然是極有價值的，且具有實際和長久的重要性。筆者畢生致力向當今的年輕人闡明他們先輩的生活和奮鬥，並為此俯仰無愧。

香港的年輕人愈來愈有興趣認識地方史，特別是新界史——新界傳統村民在城市化發展前的歷史，對此我感到非常欣慰。

本書共有六章，其中三章討論以種植稻米自給的鄉村地區（北大嶼山、西九龍和西貢）；一章討論新界以及香港島南緣的港口城鎮；另一章討論維多利亞港東北岸的採石村落；最後一章討論兩個寮屋村的發展和歷史，一個位於新界北部，另一個鄰近九龍城。書中也討論了九龍城、油麻地、深水埗、筲箕灣和西貢等墟鎮，以及多個港口城鎮的歷史與發展。這六篇文章並非筆者所做的同類研究的全部。筆者之前的著作 *Settlement, Life, and Politics: Understanding the Traditional New Territories* 包含另外六篇文章（關於廈村、洪水橋地區、沙田、南丫島、馬灣和東平洲），此外筆者還發表了另外六七篇獨立的論文。其他學者，特別是許舒（James Hayes）、裴達禮（Hugh Baker），以及華琛和華若璧（James and Rubie Watson）等人，也撰寫了關於其他鄉村或鄉村地區極其重要的研究。因此，新界的許多地方，都已有學術研究探討它們的地方歷史和社會。對於能夠為澄清我們的地方歷史盡一分力，筆者感到無比自豪和欣慰。

本書以及其他同類著作，論述了新界傳統社會，以及所研究的鄉村地區的歷史。筆者的研究大致上沒有超越日佔時期，且主要集中在 1911 年之前的一段歲月。筆者不想討論較後的時期，是因為那時這些鄉村和村民，已逐漸與更廣大的香港地區的社會和歷史融合，變成只屬後者當中的一部分。這當然也是重要的研究領域，但筆者會把它留待其他學者去研究。

筆者在研究這些新界村落的五十年間，結識了許多摯友。在為這篇簡短的序言畫下句點之際，我必須向他們的友誼致以謝忱。

夏思義

2025 年 6 月

目錄

第 6 章

地圖列表

插圖列表

前言

皇家亞洲學會香港分會（The Royal Asiatic Society, Hong Kong Branch）很高興能將《香港的村落與墟鎮：聚落與歷史》（*Villages and Market Towns in Hong Kong: Settlement and History*）納入香港研究叢書系列。此叢書系列旨在廣泛傳播對於了解香港及周邊地區的地方歷史、文化和社會有重要貢獻的研究成果。在賴廉士爵士伉儷紀念基金（Sir Lindsay and Lady May Ride Memorial Fund）慷慨支持下，本會得以資助出版具有長久學術價值的優秀著作，除了以學者為對象外，也盼望能吸引對香港及其歷史與社會感興趣並富有熱情的一般讀者。

本叢書系列已出版書籍的完整清單，可於本會網站 www.royalasiaticsociety.org.hk 查閱。

皇家亞洲學會香港分會會長

丁詩妮（Helen Tinsley）

2024 年

自序

本書是 2020 年由城市大學出版社與皇家亞洲學會香港分會出版、同屬香港研究叢書的拙著 *Settlement, Life and Politics: Understanding the Traditional New Territories* 的續作，由六篇文章組成，論述香港特定地區的歷史和發展。有些文章的研究工作早在三十年前便已開始，但都經過徹底重新研究和改寫，並在此首次發表；另一些文章則是專為此書而寫的。各篇文章均代表筆者由衷相信的看法：對於任何真正平衡的歷史探索和研究計劃而言，本地史，以及本地社群的歷史及其發展，都是必不可少的。

筆者首先要感謝已故的許舒博士（Dr. James W. Hayes）對本書撰述工作的幫助。許舒博士撰寫了多篇關於長洲、大澳和坪洲的鴻文。筆者一直認為，這些材料可以糅合在一起，成為關於港口城鎮的整體分析研究。許舒博士大方地允許筆者重新彙整這些材料，修訂為專為本書而設的全新研究，對此筆者實在不勝感激。許舒博士同樣大方地允許筆者重寫他關於「舊英治九龍」（“Old British Kowloon”）、「長沙灣村落」（“The Cheung Sha Wan Villages”）的文章，以及他對「四山社群」（“The Four Stone Hills Community”）的研究，否則本書中的文章〈西九龍：英國人到來之前〉和〈水道旁：鯉魚門地區的打石業與社會〉就不可能寫成。筆者還大量引用了已故的施其樂牧師（Rev. Carl T. Smith）關於深水埗的著作。筆者對他們銘感五內，非言語所能表達其萬一。

地圖 01 顯示本書探討的村落社群的所在地，以及書中提及的一些重要地點。

本書英文版所提及的香港地名，均以香港政府在 1960 年出版的 *A Gazetteer of Place Names in Hong Kong, Kowloon, and the New Territories* 為準，每章

｜地圖 01｜**本書提及的主要地點**

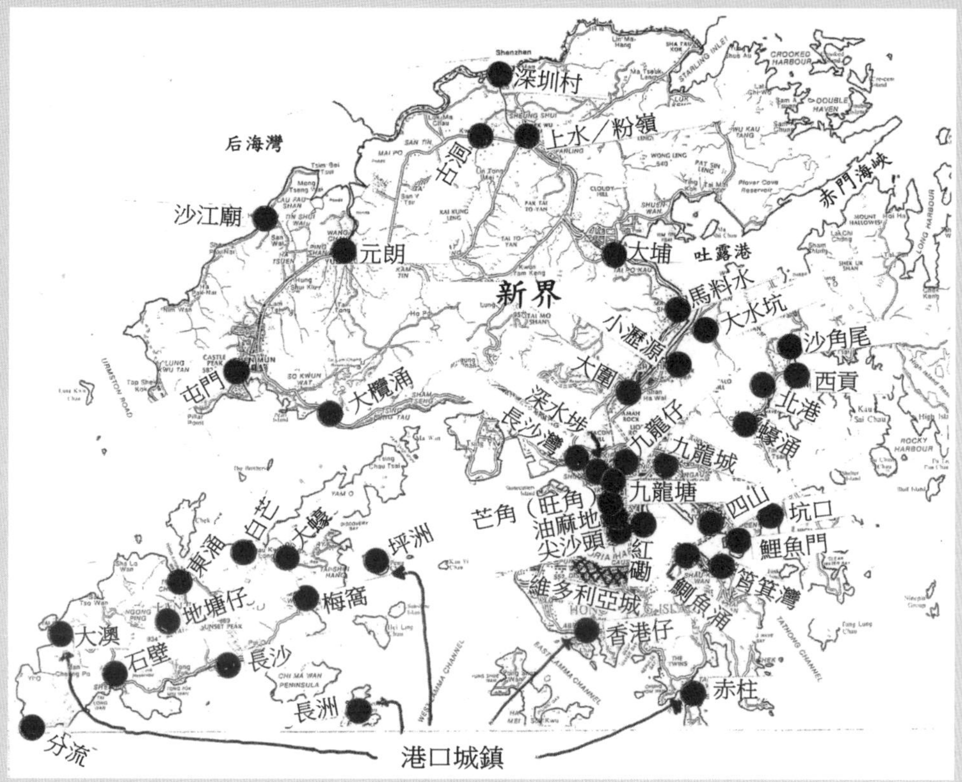

首次出現時附上漢字名稱。內地的地名一般以漢語拼音寫出，在首次出現時附上漢字；而廣東省內的地名，則以標準的粵語羅馬拼音寫出，並在首次出現時附上漢字和漢語拼音。新界氏族成員及其他講粵語人士的中文人名，都以標準粵語的音譯寫出，首次出現時附上漢字；其他人名以漢語拼音寫出，首次出現時附上漢字。中文用語在有需要時也會以標準的粵語羅馬拼音寫出，並在首次出現時也附上漢字。英文版也附有詞彙表，列出所有在書中使用或引述的中文用語。此外，英文版附有人名索引和地名索引，涵蓋書中所提及的所有人名和地名。

筆者還要感謝眾多鄉村耆老抽空解答各種問題，並耐心解釋了許多對他們來說是不言而喻，但筆者卻需要獲得指點才能明白的事情。筆者十分感謝他們的時間和包容。這些耆老有超過 100 位之多，無法在此逐一列舉，但筆者對他們所有人都滿懷感激之情。

最後，筆者要向本書獻詞的對象高添強先生致以謝忱，感謝他在圖片方面的寶貴協助，以及在翻譯方面不可或缺的幫忙，更重要的是超過二十五年的友誼。他一次又一次幫助筆者，鼓勵筆者持續進行那些間或令人感到悵惘，甚或覺得毫無意義的工作。本書得以付梓，全因高先生的欣賞和肯定。雖然光說道謝是不夠的，但筆者還是要在這裏說一句「感激不盡」！

緒論

筆者成年後一直對地方歷史着迷。對筆者來說，尋常男男女女的歷史，他們居住的村落，他們耕種的土地，他們養育家庭的房屋，他們購買生活所需的墟鎮，他們拜祭神明的宗教場所，他們的辛酸與成就，這些事物的生命力都是帝王所不能比擬的。這些人是我們的祖先。他們的歷史就是我們的歷史。事實上，筆者認為這樣的歷史才是歷史的真正核心。

筆者在五十多年前來到香港，自此一直研究香港的地方史，尤其是新界村落和墟鎮的歷史。筆者覺得這些歷史總是引人入勝，而且是個能帶來極大滿足感的研究領域。過去五十年間，有大量關於這些鄉村社群歷史的著述已出版。[1] 今已

1　例如 James W. Hayes（許舒）的多篇論文，結集於 *The Hong Kong Region, 1850-1911: Institutions and Leadership in Town and Countryside* (Archon Books, 1977)，當中包括關於長洲、大澳、石壁、貝澳、牛頭角和九龍城的文章；以及 *The Rural Communities of Hong Kong: Studies and Themes* (Hong Kong: Oxford University Press, 1983)，當中包括關於坪洲、舊英屬九龍、大潭篤、長沙灣和荃灣的文章。他也在 *Tsuen Wan: Growth of a 'New Town' and its People* (Hong Kong: Oxford University Press, 1993) 中詳細論述荃灣。Hugh Baker（裴達禮）寫過上水，見其 *A Chinese Lineage Village: Sheung Shui* (London: Frank Cass & Co, 1968)。關於長洲的著述很多，包括許舒的 "Notes and Impressions of the Cheung Chau Community"（載 *Down to Earth: The Territorial Bond in South China*, ed. David Faure and Helen F. Siu [Stanford: Stanford University Press, 1995], pp. 89-103）和收錄於 *The Hong Kong Region* 的文章，Choi Chi-cheung（蔡志祥）的 "Reinforcing Ethnicity: The Jiao Festival in Cheung Chau"（同樣載 *Down to Earth*, pp. 104-122），以及 David Faure（科大衛）的 *The Structure of Chinese Rural Society: Lineage and Village in the Eastern New Territories, Hong Kong* (Hong Kong: Oxford University Press, 1986)。科大衛也寫過錦田，見 *The Structure of Chinese Rural Society* 及 "The Tangs of Kam Tin: A Hypothesis on the Rise of a Gentry Family"（載 *From Village to City: Studies in the Traditional Roots of Hong Kong Society* [Hong Kong: Centre of Asian Studies, University of Hong Kong, 1984]）；也可參看 Chan Wing-hoi（陳永海）的 "The Dangs of Kam Tin and their *Jiu* Festival"（載 *Journal of the Hong Kong Branch of the Royal Asiatic Society*, Vol. 29 [1989], pp. 302-375）。已故的 Rev. Carl T. Smith（施其樂牧師）寫過 "Shamshuipo: From Proprietary Village to Industrial-Urban Complex"（載 *From Village to City*, pp. 73-105），又與許舒合著 "Hung Hom: An Early Industrial Village in Old British Kowloon"（載 *Journal of the Hong Kong Branch of the Royal Asiatic Society*, Vol. 15 [1975], pp. 318-324），兩篇文章都重刊於其文集 *A Sense of History: Studies in the Social and Urban History of Hong Kong* (Hong Kong: Hong Kong Educational Publishing Co., 1995)。筆者曾發表 "Beside the Yamen: Nga Tsin Wai Village"（載 *Journal of the Hong Kong Branch of the Royal Asiatic Society* , Vol. 39 [1999], pp. 1-78）、"The Alliance of Ten: Settlement and Politics in the Sha Tau Kok Area"（載 *Down to Earth*, pp. 123-160），還有 "Eastern Peace: Sha Tau Kok Market in 1925"（載 *Journal of the Hong Kong Branch of the Royal Asiatic Society*, Vol. 33 [1993], pp. 147-202）、"Sheung Wo Hang Village, Hong Kong: A Village Shaped by Fung Shui" [與 Lee ManYip（李文業）合著，載 *Chinese Landscapes: The Village as Place*, ed. Ronald G. Knapp (Honolulu: University of Hawaii Press, 1992)] ，以及收錄於其 *Settlement, Life and Politics: Understanding the Traditional New Territories* (Hong Kong: City University of Hong Kong Press with the Royal Asiatic Society, Hong Kong Branch, 2020) 中講述廈村、洪水橋地區、沙田、南丫島、馬灣和東平洲的六篇文章。

發表的著述包括不少個案研究，以及對傳統鄉村和墟鎮社群歷史的研究，但是，我們還需要有更多同類研究，才能把本地真正全面的地方史拼湊出來。迄今所做的工作僅是製作磚塊，有一天這些磚塊會被用來建構出更大規模的歷史，但在筆者看來，目前我們還沒有足夠材料來完成這項工作。

因此，本書包含六個個案研究，其中五篇文章分別講述五個傳統社群，另外一篇則關於兩個寮屋區社群。它們是各自獨立的研究。它們顯然算不上是新界史，更非完整的香港歷史。本書並非專著，而是文集；它不是要提出什麼論題，只是純粹在筆者力所能及的範圍內，嘗試勾勒這六個研究區域的歷史。至於利用這些研究去更細緻深入地闡明本地的歷史，則有待來者了。

關於香港傳統鄉村和墟鎮社群的研究，書面文獻非常缺乏，實在令人遺憾。本書的大部分研究，都是來自三四十年前對鄉村耆老進行的口頭訪問，從他們的記憶去了解一個世紀或更早以前他們年少時這些村落的模樣，以及他們記憶中祖父母告訴過他們那些關於當地社群的歷史。他們對於這些社群的一手或二手記憶，是現代化、城市化進程和高科技永遠改變這些社群之前的記憶。可惜擁有這些社群巨變前記憶的耆老，今已日益凋零。日後，本書中所見的這類研究還可以再做多少次，恐怕大有疑問，教人不勝太息。

對於書中提到的一些用語，或許有必要釐清。儘管研究本領域的學者對這些用語耳熟能詳，但一般讀者或許不是那麼明了，故在此稍加解釋。

傳統上，本地村民擁有土地是根據一種雙重土地持有制度，亦即地皮、地骨制度。按照這個制度，只有地皮主有權耕種土地並收穫農作物。地皮主從地骨主手上取得可承襲的永久土地租用權。地骨主向官府繳納土地稅田賦（假如他有繳的話），並向地皮主收取租銀。地骨主不能加租。只要地皮主如約付租，地骨主一般無權過問土地上的事務。地皮主只要繼續付租，地骨主通常不可干涉他們分租、抵押或出售自己的土地使用權。在一般情況下，地骨主不得阻止地皮主在其承租的區域內開墾新耕地，也不得向這些新開墾的土地收租（假如地骨主聲稱有權向新開墾的土地徵收額外租金，往往會引發與地皮租戶的重大糾紛）。如果地皮租戶後繼無人，那麼租用權就會終止，地骨主會收回土地並重新出租。然而，只有地骨主才會獲得朝廷承認。地皮租戶家庭的成員通常不能參加科舉考試，因為後者一般只開放予繳納土地稅的家庭。（在某些地方，地骨主會將小塊土地的地骨權賣給地皮租戶家庭，讓這些家庭的成員可以參加科舉考試）。地皮租約通常會由以首名租戶的名義建立的祖堂所持有，地骨權則幾乎肯定由祖堂擁有。個別的農民家庭通常透過從他們的祖堂分租地皮權（大多屬口頭協議的形式）來持有土地。

英國人接管新界後，不承認這種雙重土地持有制度，只承認有權耕種土地的人士（通常屬地皮權的分租者）為新界土地的官地承租人，因而剝奪了地骨主的權利，並且通常不予補償。為確定哪些人擁有耕種土地的權利，英國在整個新界進行調查，逐一丈量每塊田地，然後向那些擁有這種權利的人發出契約（集體官契 [the Block Crown Lease] 和集體官契丈量）。整個新界被劃分成不同的丈量約份（Demarcation Districts ，簡稱 "D. D."），通常每個村落屬於一個丈量約份，而每個丈量約份獲發一份契約，[2] 每塊田或每間屋都會記錄在契約上。

新界位於新安縣的範圍內。一如中國所有的縣，新安縣由一名朝廷委派的官員管理，這名官員亦即知縣。知縣負責徵收田賦和其他稅收，營運縣的牢獄，審理縣內所有刑事和民事案件，保管本縣的檔案，執行社會控制制度（徭役和保甲），管理郵驛系統，確保縣內有良好的學校，以及保證民眾的社會生活和諧安定。知縣手下有一些輔助官員、書吏、衙役和其他差役。他在縣城中心的衙門辦公（新安縣的縣城是在新界以西幾英里遠的南頭）。[3] 衙門由若干間以磚瓦建造的單層建築物，以及一些相鄰的庭院和花園組成，外圍建有堅固的圍牆，人們從門樓進入圍牆之內。[4] 新安知縣受廣州知府管轄。

然而，新界不幸地很容易遭受海盜和土匪襲擊。儘管清朝的新安縣有為數不少的士兵戍守，也有許多海防堡壘和炮台，還有大約六七艘兵船，但清軍在大多數時期都無法肅清或控制盜匪。[5] 因此，區內的村落必須建立自衛體系。富庶的

2 在新九龍，丈量約份被稱為「測量約份」(Survey Districts ，簡稱 "S. D.")。

3 關於新安知縣和他們的職責，見 Patrick H. Hase, *Forgotten Heroes: San On County and Its Magistrates in the Late Ming and Early Qing* (Hong Kong: City University of Hong Kong with the Royal Asiatic Society, Hong Kong Branch, 2017)。

4 關於新安縣衙門的更詳細資料，見 Hase, *Forgotten Heroes*。

5 見 Hase, *Forgotten Heroes*。

村落可能會修築圍牆、挖掘寬闊的護城河，並添置大炮和火藥。各大村落均鼓勵年輕人習武，多數村落還會備有抬槍（使用黑火藥發射小彈丸的槍，類似歐洲的火繩槍）。新界普遍地區的村民會組成自衛聯盟。村落宣誓結成群體，稱為「約」（在這情況中表示「約誓結盟」），而這些約常常會彼此結成區域性的約際聯盟。如遇土匪或海盜來襲，這些結盟的村落就會挺身支援遇襲的盟友；如有需要，整個地區的人力都會出動。村民會將自己所屬的約中的其他村民視為「同約兄弟」，約內的村落往往會互相通婚。[6]「約」和約際聯盟通常會有一些共同的宗教活動。

新界地區並非只由單一族群居住。大約有一半的村落講本地話（粵語，它至少分為兩種，分別是新界西部所講的「元朗話」和東部所講的「九龍話」）；其餘村落則講客家話。本地話和客家話不能互相溝通。兩種本地話則能互相溝通，但講這兩種話語的人很清楚兩者在說話方式上的差異。此外，水上人（在新界通常被稱為「蛋家」）使用的是另一種粵語。在南部沿岸的港口城鎮中，有為數不少的福佬社群，[7] 他們講的是另一種方言，講本地話或客家話的人都聽不懂。雖然本地人和客家人的村落在社會組織上並非迥然相異，但本地人和客家人一向很清楚彼此在社會和習俗上的差異。新界許多地區都是本地人和客家人的村落混雜；這些地區的約乃至約際聯盟，也常常是由本地村和客家村混合組成。本地人和客家人往往會在自己的族群內通婚，但客家人和本地人通婚也不罕見。

新界村民非常重視自然界的「氣」對他們的村落的影響。他們尋覓村址和墓地時，都嘗試盡量得益於「氣」，以庇佑自己和後代子孫。利用這些「氣」，以

6　見 Patrick H. Hase, "The Mutual Defence Alliance of the New Territories", *Journal of the Hong Kong Branch of the Royal Asiatic Society* , Vol. 29 (1989) , pp. 384-388；"Bandits in the Siu Lek Yuen Yeuk", *Journal of the Hong Kong Branch of the Royal Asiatic Society*, Vol. 32 (1992), pp. 214-215；"A Village War in Sham Chun", *Jounral of the Hong Kong Branch of the Royal Asiatic Society*, Vol. 30 (1990), pp. 265-281；以及 "Ta Kwu Ling, Wong Pui Ling and the Kim Hau Bridges", *Jounral of the Hong Kong Branch of the Royal Asiatic Society*, Vol. 30 (1990), pp. 257-265。另見 David Faure, *The Structure of Chinese Rural Society: Lineage and Village in the Eastern New Territories, Hong Kong* (Hong Kong: Oxford University Press, 1986), pp. 100-127。

7　這兩個字一般應唸作「福佬」(Fuk Lo)；但在這種方言中的發音是「鶴佬」(Hok Lo)，新界人一直以這個唸法來稱呼這個語言族群。這個詞的意思是來自福建的人，但也指廣東東部各地的人，尤其是潮州、汕尾和海陸豐人。

及尋找福地建村造墳以求家族興旺和獲得福蔭的做法，稱之為「風水」。功力高深的風水師備受推崇，不斷會有人找他們協助安排建築物和墳墓的位置與坐向。

在北宋後期（十一世紀中葉）之前的一千年間，新界和鄰近地區一直處於軍事佔領和控制之下。要到北宋後期，朝廷才開始容許平民在此定居。從那時起直至十七世紀中葉，這個地區發展成由種植稻米自給的鄉村組成的地區，並有着層級森嚴的社會結構。然而，在1662年，新近入主中原的清廷無力阻止鄭成功[8]和他領導的台灣地區明朝遺民在沿海地區的劫掠活動，決定將沿海居民盡數驅往內陸，以防鄭氏從沿海民眾處獲得任何支援。朝廷並沒為這些被驅逐的人提供食物或居所，結果造成許多人死亡。這種堅壁清野的命令最終在1669年撤銷，倖存者返回原居地。在許多情況下，只有一個或兩三個人返回村莊；而在不少地區，根本沒有人能倖存並返鄉。這次驅民內遷被稱為「遷海」（或「遷界」），[9]對新界來說是摧殘極大的事件，並導致許多社會結構上的重大變化。客家人就是在遷海令撤銷後開始遷入新界的。大概在同一時期，劃分地皮、地骨的土地持有制度也成為本地的常態。

本書有三章是關於種植稻米自給的鄉村社群，包括大嶼山北岸、西九龍和西貢中部。它們各有特點。

大嶼山北岸是個貧困地區。東涌絕非富裕，白芒／大蠔更是新界其中兩個最貧窮的地區。不過，兩地的村民尚能維持生計，不至於遇上太大問題，而且能夠出錢辦學校和舉行宗教儀式，只是餘財無多。兩地居民的生計也十分依賴向長洲出售柴薪和牛隻，不過這樣做須穿越崎嶇的山路和海路；在1898年之前，兩地都很容易遭受海盜襲擊。兩地的房屋既細小又不舒適，不過成年男子大都粗通文字，村民有足夠食物維持溫飽，只是餘糧不多。東涌建有大型海防炮台，令該地區有一些獨有特色。儘管該地區並不豐足，東涌鄉村的村民在十八世紀還是能夠與地骨主爭訟七十多年之久，最終彼此妥協，達成協議，村民和地骨主都獲得大

---

8 鄭成功原名鄭森，後被南明皇帝賜姓「朱」（即明朝皇室的姓氏），並賜名「成功」，因此又被稱為「國姓爺」（Koxinga）。

9 針對離岸島嶼的遷海令要到1682年才撤銷，而離岸海域直到1684年才開放予漁民和其他人使用。

部分各自想要的東西。在遷海令撤銷後，東涌出現新的定居社群（先前定居在此的家庭無人回來），而白芒／大蠔地區要直到十八世紀中葉才有人定居。

相較於新界其他地區，關於西九龍[10]的文字資料更為匱乏。但這地區與1841年在香港島建立的維多利亞城近在咫尺，而且深受這種緊密關係影響，所以儘管相關文字資料稀缺，筆者仍認為應加以注意。因應來自新城市的需求，該地區的商品蔬菜種植業有所成長，並隨之引發當地鄉村社會的變化。這個地區直到遷海令撤銷後才開始有人定居，主要是客家移民。

西貢中部多山，普遍來說頗為貧瘠。那裏只有三處地方尚算平坦和肥沃。這三處地方的早期歷史，主要環繞着在明朝後期（十六世紀下半葉）分別以這三處地方為中心所建立的三個本地人鄉村。這三個鄉村之間的關係最初是友好密切的；但到了十九世紀初，它們為了爭奪地方支配權，演變成齷齪惡毒的爭執。各方所用的手段包括綁架對手，以及在知縣堂前進行曠日持久的訴訟，並使捲入糾紛的各方瀕臨破產；在那個世紀餘下的大部分時間裏，這些糾紛促使各方長期互不相信，引致地方政治環境惡化。另一方面，從十八世紀末到十九世紀，大量客家移民湧入這個地區，他們在山坡上的細小耕地建立了許多村落，但它們大都規模細小而貧窮。

第四章嘗試勾勒香港港口城鎮，包括大澳、長洲、坪洲[11]、香港仔和赤柱的歷史和發展。這些漁港憑藉向內陸地區輸出魚乾和鹹魚，為內陸鄉村民眾提供廉價的蛋白質來源，在十九世紀已發展成蓬勃興旺的大型城鎮。這些城鎮由外來的商人主導，它們的歷史迥異於四周以種植稻米自給的鄉村，不過許多鄉村都會在這些港口城鎮銷售貨物。

第五章研究東九龍「四山」地區的採石業，特別是鯉魚門的石礦村和筲箕灣的石材港口。這一產業似乎始於十八世紀初，在十九世紀顯得更為蓬勃。

最後一章探討兩個寮屋區的歷史，它們是九龍城的侯王新村和新界北部的古

10 筆者無意以任何方式指在英國人到來前，這個地區被稱為「西九龍」。這裏用這個名字稱呼此地區，只是出於地理上的方便。

11 坪州的英文譯名本應為 “Ping Chau” ，但被改為 “Peng Chau” ，以便與位於大鵬灣的東平洲（Tung Ping Chau）區分開來。

洞。從 1950 年代初到 1970 年代末，這整整一代人的歲月裏，寮屋區是香港及其居民生活至關重要的部分，但它們歷史卻被嚴重地錯誤解讀。本章試圖稍為闡明香港近年的歷史中這一饒有意思的重要層面。

本書所討論的城鎮歷史，並不止於港口城鎮的歷史。在關於西貢的一章，我們也會討論到西貢墟的歷史。在關於西九龍的一章中，我們也會論述油麻地和深水埗的奠基和發展。在關於鯉魚門的一章，也會談到筲箕灣石材港口的發展。關於寮屋村落的一章，會包括對九龍城歷史的概述。傳統地方社會是由墟鎮和村落組成，這些墟鎮和港口的歷史，與環繞它們的村落的歷史一樣引人入勝。

第 1 章

海南柵：大嶼山北岸的聚落與社會

大嶼山早期歷史：通往廣州的水路

大嶼山位於珠江口的入口處，它的歷史或多或少反映着這個地理特點。就大嶼山北岸的東涌地區而言，情況更尤其明顯。

早在公元三世紀，人們已發現了信風的作用；自此從南洋航向中國的帆船，便一直利用季風帶領它們橫越南中國海（在此之前，船舶須一路緊靠着北部灣以及廣東的海岸行駛）。在夏季，季風大多是從西南方吹來。橫越南中國海最短的航線，是從越南峴港和會安附近的海岸出發，穿過海南島東南端附近的海域，然後直接進入珠江口。這是一條從西南向東北的直線。因此，帆船可以在季風吹送下，以一條筆直的航線橫渡大海。沿這條航線越過海洋的船舶，最先看到的陸地是老萬山（萬山群島）最南端的蚊尾洲（也稱橫木灣）。組成老萬山的諸小島，從這裏開始，一路向東北延伸；在群島後面就是大嶼山。從蚊尾洲可以看到鳳凰山山尖和後方的青山。因此，沿着老萬山駛向珠江口的船舶，都以這兩座山峰為陸標航行。這樣船舶就會來到大嶼山最西南端的分流角，然後再進入珠江（見地圖 02 和 03）。[1]

珠江三角洲的大部分河流，都是從西側流入珠江口，帶來大量淡水；尤其是在夏季，暴雨季節令珠三角河流的水量大增。因此，珠江中有一股由西北向東南奔湧的強勁水流，河水推向珠江口的東岸，在夏季的航行季節尤其如此。由於有

1　有關前往廣州的古代水路，以及從南洋到廣州的貿易活動，見 Wang Gungwu（王賡武），"The Nanhai Trade: A Study of the Early History of Chinese Trade in the South China Sea", *Journal of the Malayan Branch of the Royal Asiatic Society* Vol. 31, Pt. 2 (1958), reprinted (Marshall Cavendish Ltd., 1995, 2003)。

｜地圖 02｜本章所提及大嶼山及附近地區的主要地點

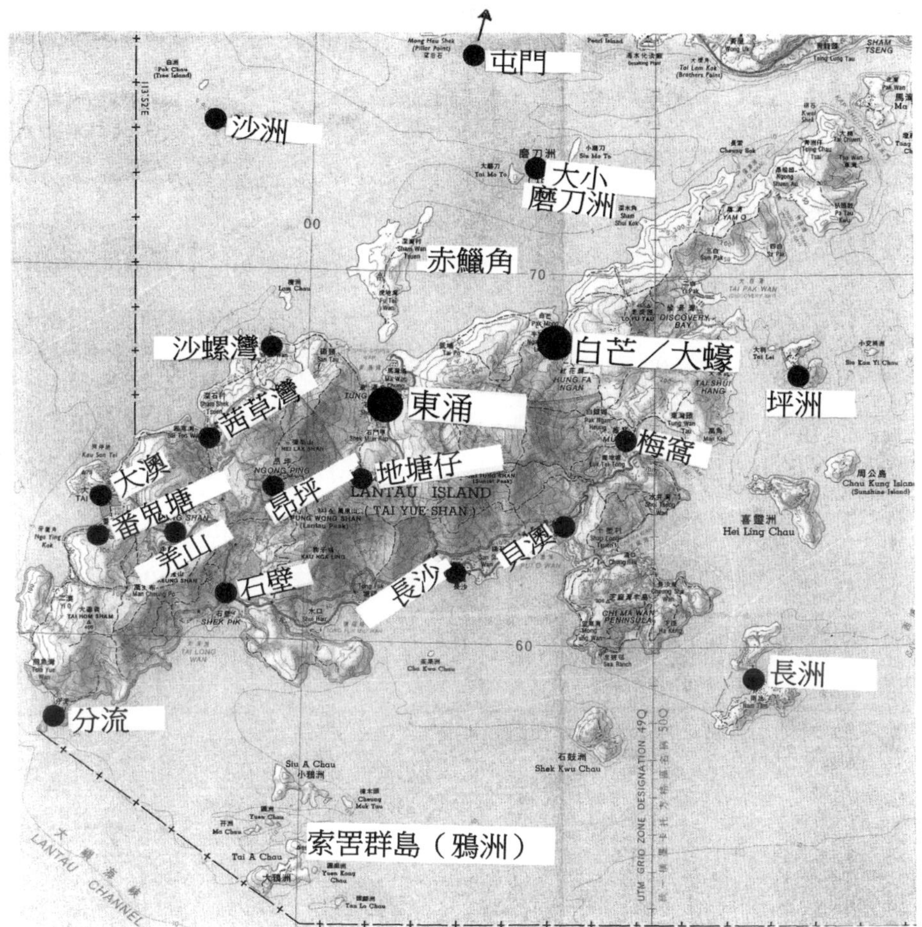

這種水流，在分流靠岸準備溯江駛往廣州的帆船，就得緊靠珠江口東岸航行，而不易駛入河口的中央。

因此，標準的航行路線是沿大嶼山北岸，由分流駛到赤鱲角，然後沿赤鱲角西岸航行，再穿過踏石角與沙洲、龍鼓洲之間的水道，即今天所稱的「龍鼓水道」，此水道的原名可能叫屯門。[2] 之後的航行路線是蛇口和大鏟島之間的水道，

2　在香港的地名中，「門」這個字通常是指「水道」。

接着沿珠江口東岸到達虎門，河口忽然收窄（見地圖 03）。數百年來，因應這條標準航行路線，在分流、東涌、屯門、蛇口、大鏟島和虎門，均設有海防炮台和稅關，近岸水域也設有小型炮台扼守。[3]

從廣州出發往東航行，也有一條重要的近岸航路。它也是一直緊靠珠江口東岸，並穿過龍鼓水道，其後經馬灣與大嶼山之間的汲水門到達維多利亞港，再經鯉魚門和藍塘海峽進入外海。這條路線很危險，因為汲水門和鯉魚門的潮水很湍急洶湧，只有在特定潮汐狀態才能安全通過。但即使如此，這也比沿着大嶼山和香港島南岸，在毫無遮蔽的下風岸行駛來得安全。在沿着這條東行路線的馬灣、尖沙嘴、九龍城、佛堂洲和東龍洲，也設置了炮台和稅關。

在人類發明蒸汽動力，令船舶無須再依賴洋流和風力之前，這些海上路線一直是船舶常用的航道。

早在公元前一世紀之前，廣州已是非常富庶的通商城市。朝廷一向擔心容許大量外國船隻沿珠江上溯所涉及的保安風險。這種擔憂在公元 405 年後大大增強，當年由盧循率領的叛軍從海路抵達廣州，劫掠了這座城。盧循自立為王，統治廣州大約一年，之後被驅逐身死。但根據時人的記述，盧循的手下南逃到香港地區（特別是大嶼山），並與當地人通婚。其後他們再度攻打和劫掠廣州（公元 417 年）。在公元 758 年，廣州再遭劫掠，阿拉伯人和波斯人在城內大肆屠殺，並燒毀這座城市，然後用船載着所得的珍寶浮海而去。[4] 從很早的時候開始（最遲在公元 405 年至 417 年廣州屢遭劫掠後不久），官府就在通往廣州的水路上設置防禦措施。這些防禦措施似乎通常由三部分組成：兵船巡海；派兵戍守，守軍通常駐紮在錨地的要塞中，這些要塞也用作兵船的巡邏站；在珠江口設立稅關，

---

3 有關新界地區的明清時期海防炮台，見蕭國健：《關城與炮台：明清兩代廣東海防》（香港：香港市政局，1997 年）。

4 有關 405 年的廣州劫掠，見深圳博物館編（張一兵撰搞）：《深圳古代簡史》（北京：文物出版社，1997），頁 70-71；羅香林等：《一八四二年以前之香港及其對外交通：香港前代史》（香港：中國學社，1959），頁 7-8 ，註 1；以及林天蔚：〈南宋時大嶼山為傜區之試證〉，載林天蔚、蕭國健著：《香港前代史論集》（台北：臺灣商務印書館，1985），頁 86。關於阿拉伯人和波斯人的劫掠，見《舊唐書 · 卷一百九十八 · 波斯國》，以及《舊唐書 · 卷十 · 肅宗本紀》，另見 E. Breitschneider, *On the Knowledge Possessed by the Ancient Chinese of the Arab and Persian Colonies: and Other Western Countries, Mentioned in Chinese Books* (London: Trübner, 1871), pp. 10-11。

| 地圖 03 | 珠江口的航海路線

來船須先被搜查，然後才可在官府引水員帶領下沿河上溯。要塞、兵船巡邏區和稅關的位置都會不時變更；而這種制度是否有效，當然也視乎當時的王朝國力是否興盛而定。

在最初的幾百年間（最早不遲於五世紀，最晚為十四世紀末），屯門，以及蛇口上游緊鄰的南頭，是本地的主要寨城，當中屯門承擔着稅關的功能。駐紮在這兩個寨城的兵船在珠江口巡邏。在此時期，大概有更多兵船扼守河口大幅收窄的虎門，以及老萬山朝向大海的一邊。屯門這個地方或多或少會受到來自東南方的風所吹襲（香港地區八成的颱風都是從東南方吹來），而大嶼山的東涌和大蠔的東南方則受到屏蔽。東涌和大蠔肯定經常被用作屯門兵船避風的備用錨地，我們可以假定這兩個錨地從一開始就包括在防禦計劃之中，儘管只是作為屯門及蛇口這兩個主要錨地的備用錨地。

因此，東涌是扼守珠江入口的咽喉，無論從廣州南面和東面的水道都能輕易到達。它是個安全的錨地，能阻擋幾乎所有方向吹來的大風（和大澳一樣，東涌是整個大嶼山供小船碇泊的絕佳地點）。在前往廣州的路途上，優良的錨地並不多見。因此，朝廷一直很重視東涌灣。如前所述，東涌灣大概早已成為兵船的備用錨地；從明初（十四世紀末）起，屯門的重要性有所減低，東涌灣更成為主要的兵船巡邏站。在王朝國勢衰落的時期（尤其是明末，以及十九世紀初葉和中葉），它也遭受海盜和外國冒險家垂涎。清廷加強了這個錨地的防禦措施，特別是從十八世紀起在陸上長期駐軍，並以此地作為一支水師兵船隊伍的總部；該水師負責巡防此處東西兩方的水域。

由於東涌是通往廣州的航道上的戰略要衝，所以此地共發生了五六次海戰，時間在 1521、1809、1855（不確定）、1856、1857 和 1864 年，其中 1809 和 1857 年的戰鬥正是發生在東涌灣之內。在 1521 年的戰事中，葡萄牙人被趕出本地區，這場戰鬥是發生在東涌西部和北部的西草灣和沙洲地區（見下文）。[5] 在 1809 年的戰鬥中，中葡聯合艦隊攻打惡名昭彰的海盜張保仔的船隊，但未能將

5　見蕭國健：《清初遷海前後香港之社會變遷》（台北：臺灣商務印書館，1986），頁 41-52。另有一說指這場戰爭發生在西邊較遠處，但這個說法未獲實證。

其消滅；當時張保仔被圍困在東涌灣，但最後仍能成功逃脫。不過在一年後，中葡艦隊再次將他圍困在珠江西岸，這次終於一舉將他擊潰。[6]1855 年的戰事是由英國皇家海軍和美國海軍組成的聯合艦隊對付一支海盜船隊，19 艘海盜船被擊沉。這場海戰有可能是發生在大嶼山的大澳，不過有些學者認為它的發生地點是再往西邊一點，靠近澳門的高欄島。[7] 1856 年的戰事發生在東涌東北方幾英里外的青衣，是英國皇家海軍另一次清剿海盜的行動；這次有五艘海盜船被擊沉，另有三艘被海盜劫走的船獲救。[8] 1864 年的戰事又是一次打擊海盜的行動，由英國皇家海軍和中國水師組成聯合艦隊，在東涌以北、后海灣口的龍鼓洲附近採取行動，但沒有產生決定性的戰果。[9] 1857 年的海戰是另一場大規模戰事，一支英國皇家海軍艦隊與清廷水師交戰，經歷一天激戰後摧毀了後者，之後東涌所城遭受破壞，大炮從城牆上被扔下（見插圖 001 和 002）。[10]

相較於東涌，大蠔灣作為錨地就沒有那麼理想，一方面是由於它比較淺，另一方面是由於海灣入口比較狹窄。但是，大蠔的錨地作為次於東涌主錨地的避風港，在水師和海防當局的戰略思維中，想必仍常常佔有一席之地。

6　見 Dian Murray, "Pirates in the Pearl River Delta", in *Journal of the Hong Kong Branch of the Royal Asiatic Society*, Vol. 28 (1988), pp. 1-9，以及 C. A. Montalto de Jesus, *Historic Macao, International Traits in China Old and New* (1926, repr., Hong Kong: Oxford University Press, 1984), pp. 231-248。

7　見 James W. Hayes, "The Hong Kong Region: Its place in Traditional Chinese Historiography and Principal Events since the Establishment of Hsin-an County in 1573", *Journal of the Hong Kong Branch of the Royal Asiatic Society*, Vol. 14 (1974), pp. 108-135，當中提到 Boleslaw Szczesniak, *The Opening of Japan: A Diary of Discovery in the Far East, 1853-1856 (by Rear Admiral George Henry Preble, U.S.N.)* (Norman: University of Oklahoma Press, 1962 reprint)，以及 J. M. Tronson, *Personal Narrative of a Voyage to Japan, Kamchatka, Siberia, Tartary, and Various Parts of the Coast of China, in H.M.S. Barracouta, with Charts and Views* (2011 reprint) 的論述。普雷布爾（Preble）把這次行動的地點稱為「Tyho」，而特朗森（Tronson）則叫它「Tyhoo」，那很可能是指大澳而非高欄。但戴偉思博士（Dr. Stephen Davies）認為高欄是較可能的發生地點（私人通信）。

8　見上引 Hayes, "The Hong Kong Region"。

9　關於 1864 年那次行動，見 H. K. Lung, *Britain and the Suppression of Piracy on the Coast of China, with Special Reference to the Vicinity of Hong Kong, 1842-1870* (unpublished MPhil thesis, University of Hong kong, 2001，可於網上查閱）。英國皇家海軍在香港地區進行的一般清剿海盜行動，見 G. Fox, *British Admirals and Chinese Pirates, 1832-1869* (London : K. Paul, Trench, Trubner 1940)；James A. Wombwell, *The Long War against Piracy, Historical Trends* (Fort Leavenworth: Combat Studies Institute Press, 2009)；C. M. Kwong（鄺智文）and Y. L. Tsoi（蔡耀倫）, *Eastern Fortress: A Military History of Hong Kong, 1840-1970* (Hong Kong University Press, 2014)。感謝戴偉思就這些英國皇家海軍行動向筆者提供意見和評論。

10　見 *Illustrated London News*, 28 March 1857, p. 283。

｜插圖 001｜1857 年的東涌灣戰役

取自《倫敦新聞畫報》，由 Mary Evans Picture Library 提供。

｜插圖 002｜1857 年的東涌灣戰役戰場一景

取自《倫敦新聞畫報》，由 Mary Evans Picture Library 提供。

因此，在研究大嶼山的歷史時，須始終牢記其北岸的戰略意義：這在很大程度上反映着當局需要持續管控沿珠江上溯廣州的貿易活動。

史前時期

過去 100 年來的考古學發現證明，在新石器時代中期至青銅時代晚期（即約公元前 4000 年至我們當今時代的開端）之間，大嶼山有非常重要且高度發達的史前文化。大嶼山附近的其他島嶼和岬角也有這種新石器時代中期的文化，在南丫島（博寮洲）、長洲、馬灣、赤鱲角、香港島、青山地區、龍鼓洲、沙洲，以及大嶼山，都可見同樣高品質的考古發現。[11]

大約從公元前 2500 年開始，在香港周圍的島嶼上出現一個新石器時代晚期的新文化。與新石器時代中期的情況一樣，這時期的發現絕大部分是來自沿岸的地點，通常見於可用作上岸地點的海灘後方的沙丘地區。據推測，當時該地區的居民是水上人，亦即漁民，可能還有商人，他們大概通常以船為家，只在特殊和偶然情況才會到岸上。這時期特別重要的遺址包括：沙螺灣岬角和沙螺灣東灣（在東涌西面）、蟹地灣和狗虱灣（均在大嶼山），以及鄰近大嶼山北岸的馬灣。其他重要遺址還有湧浪和龍鼓灘（均在屯門），以及龍鼓洲和沙洲（均為東涌和屯門之間的小島），另外還有在南丫島、香港島等地的一些遺址。這些地點上發現了製作精良的石戈和石鉞，還有貝殼和經打磨的石製裝飾品，以及大量精美陶器。

這個新石器時代晚期的文化，大約從公元前 1500 年起逐漸發展為青銅時代文化。大嶼山上有許多此青銅時代文化的遺址，包括前面提及的蟹地灣，以及萬角嘴和塘福。這些地方發現了製作工巧的銅戈和銅斧，還有精美的銅箭鏃、銅刀和銅鈎（相信是魚鈎）。青銅器是在此地區鑄造的，南丫島的沙埔曾發現青銅渣；

11　見 William Meacham, *The Archaeology of Hong Kong* (Hong Kong: Hong Kong University Press, 2009)；William Meacham et al., *Archaeological Investigations on Chek Lap Kok Island* (Hong Kong: Hong Kong Archaeological Society, no date)；以及 S. G. Davis and Mary Tregear, *Man Kok Tsui: Archaeological Site 30, Lantau Island, Hong Kong* (Hong Kong : Hong Kong University Press, 1961)。

而在大嶼山的大浪、赤鱲角島，以及南丫島，都出土過幾個用於鑄造銅斧的精緻鑄範。石器在這時期仍繼續製作，曾有精細的石錛出土。在多個遺址上也發現了經打磨的石製首飾，包括大嶼山（特別是蟹地灣）、赤鱲角、索罟群島（大小鴉洲），以及屯門的龍鼓灘。此外，還發現石矛和石箭鏃，包括在赤鱲角出土的多個製作精良的石矛。源於這時期的精美陶器也被發現，特別是在萬角嘴和蟹地灣，以及馬灣和赤鱲角。在這個時期，大嶼山和許多鄰近島嶼上的岸邊岩石上也出現細緻的石刻。目前所知唯一位於大嶼山島上的這種石刻，就是石壁石刻。

從大嶼山和鄰近島嶼的青銅時代和新石器時代晚期遺址可見，該地區曾有文化甚為發達的居民族群。他們的陶器和青銅器品質相當高。在這些島嶼沿岸，幾乎每個可供上岸的地點都發現這種遺址，如此普遍的情況表明這地區過去人口很稠密。在青銅時代晚期的遺址，還發現少量源自鄰近地區的物品，但數量很少，顯示這個地區與華夏文明有所接觸，但基本上仍未曾被華夏文明同化。

青銅時代的大嶼山居民，大概還包括新石器時代晚期的居民，很可能都是蠻人／越人。在漢人進入廣東地區並將之納入中原王朝統治（公元前 221 年）時，此地區的主要居民就是蠻人／越人。

近世時期

自公元前 221 年受漢人征服之後，大嶼山和其他島嶼上的蠻人／越人似乎受害甚深。大嶼山和其他島嶼的考古紀錄顯示，在漢人征服之後的一段時期，考古發現確實較少，且比之前 4,000 年豐富的出土文物少得多。白芒和梅窩等地是重要的六朝遺址（公元 222 年至 581 年）；東涌的沙嘴頭和赤鱲角則有一些重要的隋唐或南漢陶器（公元 581 年至 971 年）；大嶼山的多個遺址，包括石壁、赤鱲角和稔樹灣，也發現了一些精美的宋代瓷器（公元 960 年至 1279 年）。然而，漢人征服後出土文物數量減少，很難不令人認為是該地區定居人口減少的跡象，這或許是由死於戰鬥和強迫遷徙所造成，但也可能是新傳入的疾病在該地區蔓延所致。

有些文獻描述了十二至十四世紀時大嶼山的土著居民及其生活方式。這些描述強調大嶼山居民基本上是靠海為生，善於操作各種舟船，不大穿衣，但會把頭髮精心編成髮辮。這些描述強調居民「**不事農桑**」，頂多只是「**刀耕火種**」；反之，他們「**以船為家，以捕魚為業**」。這些描述還強調他們好戰兇悍，未開化，而且行為可怕；又稱呼他們為「猺」，暗示他們形同野獸。[12] 簡言之，他們「**似人非人，獸形鴂舌，椎髻裸體，出沒波濤，有類水獺**」。[13] 到了十二世紀，在漢人征服前見於該地區的精美青銅器、石製珠寶和優質土著陶器都已消失，但這些十二至十四世紀的社會特徵，無疑也是較為古老的文化的特徵。

大嶼山是離廣州最近而有「非華夏族類」人口的地方。此外，大嶼山非常靠近沿珠江到廣州的主要航運路線。根據時人記載，大嶼山的人有能力並且經常乘坐獨木舟從海岸邊的河溪駛出，劫掠沿珠江上溯的船舶。因此，即使是在古代時期，人們也顯然已知道該地區是咽喉要地。大嶼山與廣州近在咫尺，前往該城十分方便，因此成為叛亂分子和逃犯的避難所。唐代的文獻提到這一點，並說這種情況使島上人口不斷增加；而最令廣州的商人和官員擔心的是，這些叛亂分子和罪犯會將精良武器和戰鬥技術帶到大嶼山，使海盜活動更令人畏懼。

據知，在公元前 214 年至公元前 111 年的南越時期，廣東已建立了鹽專賣制度。這種制度在十世紀的南漢時期大為擴展。最遲在南漢統治時期，鹽專賣工作肯定已擴展至大嶼山，土著居民也被迫參與製鹽勞動。實際上，島民很可能早在漢人征服中國南方之前便已懂得製鹽。南漢的鹽專賣制度一直延續到北宋。這種制度要求為鹽工專門造冊登記，令他們無法逃脫，並對整個製鹽過程實行非常嚴格的控制。這是在軍事式監管下進行的，以保證沒有人能從鹽場潛逃或走私鹽產品。因此，鹽政當局轄下有大量鹽軍負責監管產鹽活動。

在此時期，除了鹽，島上居民也燒製石灰，大概也和製鹽一樣，是實行軍事式監管。石灰是廣州的建築活動不可或缺的材料，而大嶼山地區是較容易製造石灰而又離廣州最近的地方（廣東的石灰岩山非常少，製作石灰最方便和最接近廣

12　關於這些評論，見《香港前代史論集》，尤其是頁 50-51、73-75、80-86 及 111-118。

13　取自鄧淳之：〈嶺南叢述盧亭條〉；見林天蔚：〈南宋時大嶼山為傜區之試證〉，載《香港前代史論集》，頁 82。

州的地方就是大嶼山，尤其是其南岸，可以靠燃燒珊瑚製造石灰）。大嶼山和南丫島的考古發掘已發現這時期的古代灰窰。

海水的鹽度並不高（約 3%），想用海水製鹽而免卻極其昂貴費時的熬煮過程，就先要經過一些步驟，在開始結晶過程前將海水鹽度提高到大約 26%（即「鹵水」：這接近於水的最大含鹽量）。大嶼山和南丫島在此時期的製鹽活動，大概是採用從灘塗泥土中濾出鹽的簡單方法。每次漲潮時，灘塗泥土都會浸泡在海水中；而到退潮時，這些泥土就會暴露於熱帶陽光之下，受曝曬炙烤，把水分蒸發掉，留下了鹽。久而久之，這些泥土的含鹽量會變得很高。如果把最頂層兩英寸左右「成熟」的鹽泥挖出來，放在緊密編織的小籃子裏，再架在一個簡單的支架上，下面放置盆子，然後在鹽泥上淋漓海水，讓海水慢慢地從鹽泥流下，濾出鹽分。如此收集在盆中的水，就是鹽度達到或接近 26% 的鹵水，只需短時間熬煮就能結晶。這種從灘塗泥土濾出鹽的方法，也曾在南太平洋和其他地方使用：這可能是東南亞乃至太平洋各地最早的製鹽工藝。[14] 使用這種從灘塗泥土中濾出鹽水溶液的方法的鹽工，通常每天可能會用十多個支架來過濾泥漿，以獲得足夠可供熬煮的鹽溶液。因此，這些製鹽者需要大面積的灘塗泥土。因為泥土經濾出後，需要半年的時間才能再次變得「成熟」，以供再次濾鹽。這種從灘塗泥土濾鹽的方法，不會留下多少考古紀錄上的痕跡。因此，在大嶼山或南丫島都沒有發現這時期的鹽場，也就不足為奇了。

從灘塗泥土中濾出的鹽溶液，會由鹽工運送到窰爐。他們還會帶來大量柴薪。南丫島榕樹灣沙灘末端沙埔的沙堤，發現過幾座這種窰爐。[15] 它們是低矮的空心圓形結構，以磚塊砌成，頂部有條形支架，周圍有供投放木柴的孔洞。鹽會放在以竹和藤製成並在外側抹上厚厚石灰的平底淺鍋中熬煮：將鹽溶液倒入至大

---

14 關於這種製鹽方法，見 R. H. Barnes, "Salt Production in East Flores Regency, Nusa Tenggara Timur, Indonesia" in *Le Sel de la Vie en Asie du Sud-Est*, ed. Pierre Le Roux and Jacques Ivanoff (1993)，參看頁 188 的照片；另見 J. C. Reyes Garcia, "Este es el arte y modo de hacer sal: Tecnologia salinera novohispana en las Relaciones Geograficas del siglo XVI", in *Le Monde du Sel: M langes offerts J-C Hocquet* (Journal of Salt History), Vols. 8-9 (Innsbruck, 1993), pp. 219-244，尤其是 pp. 235-237，當中有濾鹽支架的繪圖。

15 見 Mick Atha and Kennis Yip, *Piecing Together Sha Po: Archaeological Investigations and Landscape Reconstruction* (Hong Kong: Hong Kong University Press, 2016)。

約兩英寸深，然後慢慢熬煮（若温度太高，淺鍋會破裂），使鹽結晶。

利用以上方法可以生產優質的食鹽。除了食鹽，海水還含有其他溶解鹽類。許多這些溶解鹽類結晶速度比食鹽慢，因此會存在於較深層的灘塗泥土中，所以僅挖出頂部兩英寸的泥，就可望能將這些無用的鹽類留在泥土中。同樣，有些無用的鹽類，結晶速度會比食鹽快，這些鹽類在煮沸的溶液中會以浮渣形態出現，可先刮走，然後等待食鹽結晶，這樣也可得出較為純淨的食鹽。

鹽專賣機構規定只能在其支配的場所煮鹽，並須在鹽軍監督下進行，藉此控制製鹽活動。非法的煮鹽窰爐很難隱藏，因為它的結構很大，需要熟練的工人（尤其在製作要塗抹石灰的煮鍋時），並會產生大量煙霧。鹽專賣機構將所有煮鹽窰爐集中起來，放置在有人看守的場地內（例如沙埔的海灘區），藉此令所有煮出來的鹽都在其控制之下（鹽工可以將小盆裝滿鹽溶液，放在家中爐火旁加熱，讓溶液慢慢結晶成鹽。他們確實會這樣做。不過，由此所得的鹽，數量只夠鹽工一家使用）。

大嶼山所有有大面積灘塗泥土的地區，很可能都被用作濾鹽製鹵。因此東涌灣和大蠔灣很可能都曾用於製鹽。至於煮鹽窰爐設在大嶼山的什麼地方，我們一無所知，或許有一天會有考古發現釐清這一點。

大珠江地區實行鹽專賣初期，便設有鹽官，負責監督珠江東岸的鹽務，其官署的總部就設在南頭。後來，大概是在南漢時期，這地區被劃分為六個新的鹽政機構，以加強控制。[16]其中一個鹽政機構名為「官富場」，其總部設在九龍城（當時稱「官富」）。這個製鹽區面積廣大，在大鵬灣、九龍城一帶、大嶼山和南丫島都有鹽場。它被劃分為多個分區，稱為「柵」。大嶼山和南丫島的鹽工組成其中一個「柵」，稱為「海南柵」。

這種利用支架濾鹽的方法，似乎在整個廣東地區沿用了一段相當長的時間，直到某個時期，但目前尚不清楚具體的時間。無論如何，本地最終開始使用更複雜的濾鹽工藝，使用預先修築的濾床和濾池，大大增加了鹽的產量，並且毋須為

16 關於大嶼山及其鹽場的早期歷史，詳見林天蔚，載《香港前代史論集》；另見蕭國健：《香港之海防歷史與軍事遺蹟》（香港：中華文教交流服務中心，2006）。

每名鹽工提供大面積的灘塗泥土（1840 年代的福建仍在使用這種濾鹽方法）。[17] 後來，本地還開始使用日曬蒸發的方法，免卻熬煮溶液的開支；但在宋代和更早的時期，利用支架過濾和熬煮可能是常規的做法。

然而，在北宋因金人入侵（1126 年至 1127 年）而覆亡之際，幾乎可以肯定鹽軍被撤走了，用以保衛新建的南宋疆界，這令大嶼山和其他島嶼的居民可以按自己想要的方式較為自由地生活。到十二世紀中葉，南宋朝廷終於能夠恢復全面控制時，大嶼山不斷發生叛亂和騷動。這又反過來招致朝廷一連串懲罰性的清剿行動。在南宋紹興年間（1131-1162），據說是獠人的大嶼山島民朱祐領導叛亂，其後官府將「**其少壯者**」送去擔當水軍，其餘人則立為「**外寨**」安置，在寨中接受嚴格軍事監督和製鹽。最終，大約在公元 1200 年，剩餘的大嶼山島民一度大舉攻擊廣州，對該城構成重大威脅；事後知廣州（當時的市長）錢之望命令把剩餘的大嶼山土著趕盡殺絕（據說他曾下令「**減猺峒**」、「**盡殺島民**」、「**盡執島民戮之，無噍類**」），以便讓沒那麼桀驁不馴的漢族人遷居該島。到底實際上有多少人被殺，而非遷往別處，我們並不清楚；但似乎可以肯定，那時大嶼山的人口差不多被清除殆盡。[18]

土著島民被趕盡殺絕後，鹽場失去了工人，而鹽場對廣州一帶人民的生活至關重要。鹽專賣當局可能曾嘗試把被判流刑的罪犯送來製鹽（這類罪犯似乎曾被派往珠江東岸的鹽場工作），但成效似乎不彰。在 1208 年，即大屠殺發生後數年，廣東經略把「**廣州所屬鹽場⋯⋯悉行除罷**」，後來復設，但已變成私營，由平民商人僱用自由人為鹽工。[19] 大概是這種改變（這顯然是該地區鹽業的重大事件）[20]，令更精良的濾床和濾池鹽法得以引入。

---

17 關於這種方法在福州的使用，見 *The Englishman in China During the Victorian Era: as Illustrated in the Career of Sir Rutherford Alcock, K. C. B., D. C. L., Many Years Consul and Minister in China and Japan* (Edinburgh: William Blackwood and Sons, 1900), pp. 439-442, "Appendix IV, Account of the Salt Trade Annexed to Mr Parkes' Summary of the Native Maritime Trade of Foochow, 1846"。

18 見《香港前代史論集》，頁 80-83。

19 這裏的「廣州」是指廣州府。

20 《天順東莞舊志》，卷三，載張一兵點校：《深圳舊志三種》（深圳：海天出版社，2006），頁 171；這種關閉與復設，是《縣志》的「鹽場」條目中唯一提到明代之前發生的事情。

不久以後，大嶼山（鹽場除外）也於 1254 年被授予宋代政治家李昴英，成為其封邑。李昴英及其後代子孫將漢人墾民帶到島上，讓他們開墾土地務農（見下文）。[21]

十四世紀初，在錢之望下令「**盡殺島民**」約 100 年後，即元朝初年，學者吳萊寫下了關於大嶼山的描述，特別指出這個島嶼還沒有完全從十二世紀末的人口滅絕中恢復過來：

> 大奚山在東莞南大海中，一曰碙州山……山民業魚鹽不農。宋紹興間招其少壯，置水軍嘯聚……今有數百家徙來……時載所有至城，易醯米去。[22]

吳氏指當時大嶼山的人口只有「數百家」。因此，十四世紀的大嶼山一定是空曠而罕見人跡，與一千年前人口稠密的情況大大不同。

史前大嶼山（亦即十六世紀中葉前的大嶼山）顯然是一個綠樹蔭翳甚至森林茂密的地方。這些遠古森林大都早已消失，但白芒、牛牯塱和大蠔地區的蘢蔥草木，很可能是原始森林的殘餘痕跡，它們得以留存，是因為它們對於後來建立的村落的風水十分重要。[23]

大嶼山及宋末二帝

宋度宗於 1274 年在宋朝對抗元軍（蒙古人）入侵期間駕崩，終年 26 歲，留下三個年幼的兒子。其中，他與全皇后所生的太子趙㬎即位，由其獲尊為太皇太后的祖母垂簾聽政。但是，到了 1276 年，太皇太后與皇帝及整個朝廷投降元軍，宋朝就此覆滅，被蒙古人建立的元朝取代。不過，宋度宗的妃子曾為他誕

21　關於李昴英，見蕭國健：〈宋季名臣李昴英與大嶼山梅窩發現之「李府食邑稅山」界石〉，載《香港前代史論集》。

22　吳萊：《南海山水人物古蹟記．大奚山條》，順治年間（1644-1661）重印本，卷一，頁 1。見羅香林：《一八四二年以前之香港》，頁 91，註 27；以及林天蔚、蕭國健著：《香港前代史論集》，頁 105。

23　風水是研究「氣」在特定區域內流動的學問，可用於確定住宅、先人墳墓等事物的佈置，盡量善用「氣」的正面作用，提升居民的運氣和財富。樹木的位置對特定區域的風水十分重要。

下另外兩名王子趙昰和趙昺。地位較高的益王趙昰之母楊淑妃，不甘向侵略者俯首稱臣。她得到十分忠勇的弟弟楊亮節大力支持。楊亮節護送姐姐和這兩名年幼的王子（益王趙昰當時年約八歲，廣王趙昺年約四歲，楊淑妃和她的弟弟二十多歲）躲過蒙古人的侍衛，逃出宮殿。[24]

這一小股人馬有一段時間過着三餐不繼的日子，既飢餓又衣衫襤褸，不斷逃避元兵追捕，時常要露宿山邊，或者寄宿於穀倉和茅棚裏。但楊亮節最終帶着這一行人突破敵軍包圍，進入當時仍掌握在宋朝忠臣手中的福建，年少的益王趙昰在福州稱帝（宋端宗），楊淑妃宣布成為新的皇太后並攝政（1276 年 5 月），楊亮節接掌朝政大權，號召忠於宋室的人前來擁護他們。

楊亮節打算仿效南宋第一位皇帝宋高宗，後者拒絕接受在 1127 年宋欽宗被金人俘虜，其後被廢去帝位並向入侵者投降之事，遷移到南方並成功舉起宋室抵抗侵略的旗幟。如同宋高宗那樣，楊亮節也不接受皇帝被俘退位之事，希望在遙遠的南方重建宋朝，並抵抗北方外族入侵，即使這樣難免要經歷多年苦戰也在所不惜。當時至少有三位高級官員響應他的號召，他們就是文天祥、陸秀夫和張世傑。這三位經驗豐富和較為年長的大臣把楊亮節排擠出政府（傳統上，中國士人歷來都提防年輕人的莽撞，也顧忌外戚的野心。楊亮節身為皇太后的弟弟，且年僅 20 多歲，肯定被視為危險的威脅）。儘管如此，皇太后仍然攝政，而楊亮節仍然是其姐的心腹親信。

宋室很快就發現元軍迅速席捲福建，福州無法抵擋元軍攻勢，於是乘船前往廣東（1276 年 12 月）。廣州仍有宋朝忠臣義士駐守，並有南嶺為屏障，此山脈山口隘道少而險要。他們寄望效忠宋朝的兵馬能守住這些關隘，把元軍拒於南嶺之外。但他們認為，為安全起見，宋室應離戰區遠一點；而同時又不能離開廣州太遠，以便戰況有利時，他們可以盡快前往該處。

宋室選擇以「**梅蔚**」作為駐蹕地點（這是大嶼山梅窩的舊稱，見地圖 04）。1277 年 3 月至 5 月，他們一行停留在梅蔚。到 5 月，宋朝國勢似乎暫時

24 關於海上行朝和宋朝的最後歲月，見羅香林等：《一八四二年以前之香港》，第四章，〈宋王臺與宋季之海上行朝〉；以及饒宗頤：《九龍與宋季史料》（香港：萬有圖書公司，1959）。

｜地圖 04｜宋室在珠江一帶轉移的概況（1277 至 1279 年）

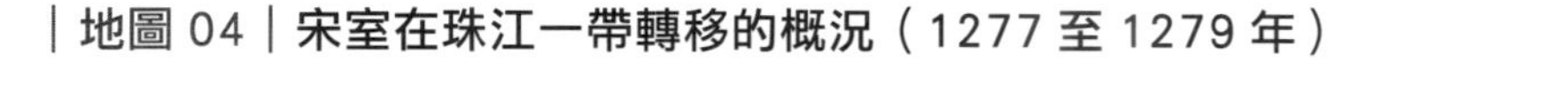

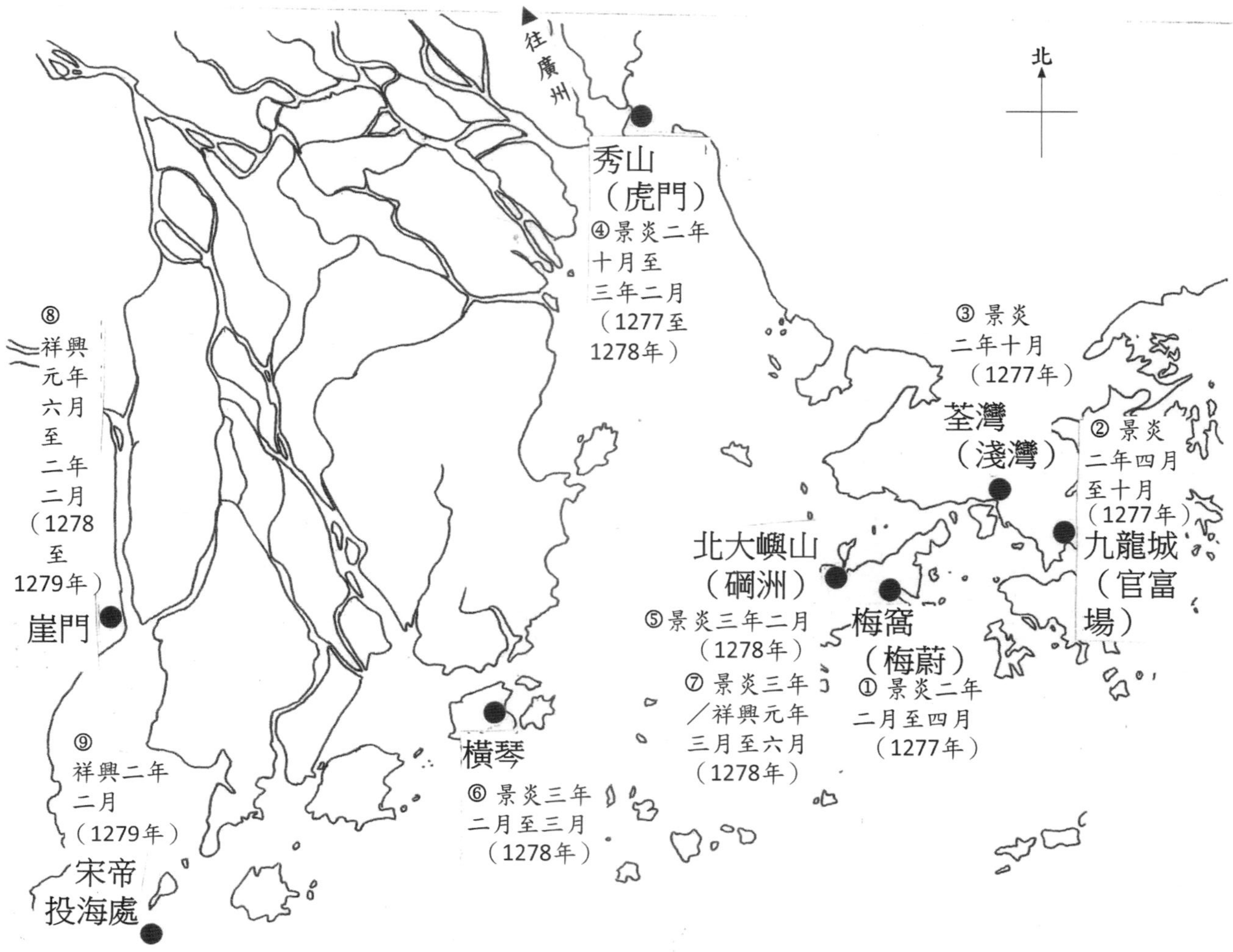

好轉，他們遷往大陸上的九龍，在馬頭圍村附近（接近今天太子道與界限街交界處）一處屬於官辦鹽政機構的土地上建立「行宮」居住。他們在九龍一直待到1277年11月。由於戰事似乎進展順利，他們隨後逐步向廣州靠近，先到淺灣[25]逗留一段短時間，再轉到虎門太平附近的秀山。

然而，當皇帝駐蹕太平時，廣州一帶的宋軍遭逢大敗被殲。廣州周遭地區落入元軍之手（1278年1月）。雖然宋軍繼續控制東江以外的地區，但距離東江只有幾英里的太平顯然已岌岌可危。宋室於是離開太平。那時廣州西南方的西江以外地區，仍掌握在宋軍手中，宋室遂轉往該處，以減低被元軍俘虜的風險。他們有一段時間逗留海上，把船停泊在澳門路環以西的橫琴島附近海面。不幸的是，宋室停泊橫琴外海時，遭遇猛烈風暴吹襲，約15人身亡，一些船沉沒，皇帝本人似乎也受了傷。

據元初學者吳萊說（他在事後約35年至50年寫下此記述），宋室從太平轉往橫琴時，中途停留在「碙州」。這可能是為了着手在那裏興建行宮，因在1278年3月（大約六星期後），宋室再次回到碙州。轉移到碙州似乎是與部署最後一支宋軍有關，這支軍隊是在1278年3月至4月徵集，在文天祥指揮下，在1278年4月被派往惠州海豐縣，試圖保護這片宋朝僅餘的領土；進一步而言，則希望有機會發動攻勢，收復廣州和周邊的失土。

可惜，皇帝在風暴之後沒有復元，並在翌月，即1278年5月駕崩。其弟衞王趙昺在碙州即位，改元祥興。

與此同時，在澳門以西崖門河口的崖南附近，建成了一座專為新皇帝而設的全新行宮。宋室於1278年7月遷至那裏。他們留在那裏直到1279年3月。楊亮節在宋室逗留崖門期間去世。

到了1279年初，先前在1278年4月派往惠州的最後一支宋軍被殲滅，文天

25　淺灣在廣東並非罕見地名，在許多如此命名的地方，都有人宣稱當地是宋代朝廷駐留之處。特別是《廣東通志》（1822）說淺灣是位於廣東省與福建省交界附近的南澳島。羅香林在《一八四二年以前之香港》中詳細討論了這個問題（見該書頁75，註3-4，以及頁87，註20），他得出的結論是：唯一真可能的地點只有荃灣（十八世紀前稱為「淺灣」）（「淺灣為今日荃灣，可斷言焉」以及「淺灣非即錢灣〔南澳地點〕，蓋無疑者」）。羅香林之所以如此肯定，主要原因是據當時的文獻記載，淺灣位於九龍城以西、虎門以東，南澳顯然不符合這種描述。

祥被俘（他被押到北京，因為堅拒降元，幾年後遭處決）。崖門已經不再安全，因為已經沒有大軍可以阻止元軍渡過西江了。陸秀夫和幼帝再次出海。但元軍現在組成了一支艦隊，宋軍的船幾乎立刻就被追上。一般相信，當時陸秀夫抱着年輕的皇帝，帶着他一起跳海赴死（1279 年 3 月）；兩人都穿着朝服，陸秀夫還將宋朝國璽綁在胸前。那時皇帝只有六七歲。楊太后得知消息後，也在崖門投海自盡。宋朝皇室姓趙，相傳太后投海前，曾哀悼皇帝說：「**我忍死間關至此者，正為趙氏一塊肉耳，今無望矣！**」大宋就此覆亡。在過去 700 年裏，這場悲劇令無數男男女女為之扼腕浩嘆。

這個故事令人唏噓，而其對大嶼山歷史的重要性在於，「梅蔚」和「碙洲」似乎都是大嶼山的別稱，在十三世紀時可能分別用於稱呼大嶼山南部和北部。

1688 年的《康熙新安縣志》提及梅蔚時寫道：

> **梅蔚山，在縣東南一百里，前護縣治，後障東洋，叢生林木，在海中。**

在一份明代的村落清單中，大嶼山上有一個以「梅蔚」為名的村落。[26] 1819 年的《嘉慶新安縣志》增加了一句「**宋景炎帝**（即宋端宗）**常駐蹕於此**」。[27]「梅蔚」是現今梅窩這個地名的舊稱，對此學者已少有懷疑，因此宋室曾於 1277 年逗留大嶼山南部，這已是可以肯定的了。梅窩和附近的萬角嘴曾發現李昴英封邑的界石，梅窩可能是李昴英在大嶼山食邑的中心；這些界石大約是 20 多年前，即十三世紀中葉李昴英獲得封邑時所豎立。[28] 皇帝一家無疑是住在李昴英建於其新封邑中心的宅邸，而其他人員則住在相鄰的行宮中。

然而，「碙州」似乎不是現今任何地名的舊稱。儘管如此，這個地方無疑就

---

26 以上引文見《康熙新安縣志》，卷三，載《深圳舊志三種》，頁 273。現存有兩份明代時大嶼山上的村落或地名的清單。一份載於《康熙新安縣志》（這清單大概是來自 1643 年），（見卷三，載《深圳舊志三種》，頁 255），當中寫作「梅窩村」；另一份清單收錄於郭棐：《粵大記》，卷三十二（萬曆年間刊行）中寫作「梅蔚」。這張清單也見林天蔚，載《香港前代史論集》，頁 226，註 5。

27 《嘉慶新安縣志》，卷四，載《深圳舊志三種》，頁 700。

28 見蕭國健：〈宋季名臣李昴英與大嶼山梅窩發現之「李府食邑稅山」界石〉，載《香港前代史論集》，頁 123-128。

是北大嶼山。

在幼帝趙昺與陸秀夫同死後 30 年內，至少有吳萊和陳仲微這兩位學者清楚指出宋帝昰去世的地點，以及其弟在大嶼山繼位。當時，人們對於這些事件應該仍有親身記憶。

所有資料都說，硇州是大海中一個島嶼。如上所述，元初學者吳萊記述之時，距離有關事件還沒過了多少年。他明確指出：「**大奚山在東莞南大海中，一曰硇州山。**」陳仲微是宋朝高級官員，他也在事件發生後不久記述了這些事件，他大概很了解箇中底蘊。他在一部專門記述關於兩位年幼皇帝之死的著作中指出，端宗帝駕崩以及其弟即位的地點就是「硇州」，那裏「**屬廣之東莞縣，與州治相對，但隔一水**」[29]。當時的東莞縣是包括後來的東莞、新安兩縣的範圍，因此當時屬於該縣的海島包括大嶼山、南丫島、香港島和老萬山。根據一張該地區的明朝地圖，「一潮水」的旅程大約是 20 到 25 英里，該地圖以要經過多少「潮水」為單位來標示從一地到另一地的距離。[30]「一潮水」很可能是從南頭起計算。因此，陳仲微的描述也指向大嶼山。

陳仲微亦提到他們從橫琴回到硇州，與徵集派往太平的最後一支宋軍有密切關係（如上所述，這支軍隊由文天祥統領，被派到東江流域防守廣東邊界，大概是為抵禦從江西進犯的敵軍），而皇帝返回硇州，即是回到廣州府（橫琴在肇慶府）。皇帝死於硇州，其弟在硇州即位。

因此，如果我們接納吳萊和陳仲微的說法，那麼宋帝昰崩殂和其弟宋帝昺即位之地，就必定東莞縣內某個海島，它距離南頭約 20 至 25 英里，位於太平和橫琴之間，可輕易到達廣州，面積大得足以供應皇室所需，並有安全的錨地供船停泊。能符合這些要求的只有大嶼山。南丫島和香港島的位置不利於往來廣東（位於汲水門海峽的另一邊），老萬山的各島嶼則因面積太小而無法使用，並且缺乏安全的錨地。北大嶼山緊鄰廣州與其西南方（包括橫琴）之間的主要航道，距離

29 此著作名為《二王本末》。

30 這是應檟在 1553 年繪製的《全廣海圖》，重刊於 Hal Empson, *Mapping Hong Kong: A Historical Atlas* (Hong Kong: Government Information Services, 1992), pp. 82-83，圖 1-2。在這張地圖上，由南頭到蚊尾洲（四十海里）的距離為兩潮水，而由馬灣到大潭（二十五海里）為一潮水。

東江口 50 英里，距南頭約 20 英里。因此，即使不理吳萊明確指出「碙州」是大嶼山的別稱，也清楚可見大嶼山就是宋帝昰去世和其弟即位之地。

此外，當時關於宋朝末代皇帝即位的記載，全都說即位儀式是在海邊舉行，而在儀式進行時，「**有黃龍見海中**」。眾人視之為祥瑞而大感喜悅，為新朝所取的年號祥興，就是為了紀念此事。廣州府更名為翔龍府，這一定是因為「廣州府」是事件的發生地點（更名只影響府名，而不影響廣州城的名稱）。東莞縣也改名「翔龍縣」。相信今天九龍龍翔道的命名就是源於此事。這些「黃龍」，很可能就是在北大嶼山沿岸常見的中華白海豚。這種海豚是河口物種，除了珠江口附近，廣東沿岸其他任何地方都找不到。因此從這些「翔龍」的出現，也可推斷「碙洲」是位於珠江口地區。

陳仲微和吳萊都是嚴謹學者。這些是來自差不多同時代的學者的評論，我們須認真看待，因此須相信「碙州」就是大嶼山，特別是北大嶼山。

不過，另有一些著述說，宋帝昰崩殂和宋帝昺即位的地點並不在珠江口，而是在西邊雷州府化州縣的硇州。這些著述中最早寫於這些事件發生後約 100 年，寫作地點是遙遠的中國北方。即使有些現代歷史學家接納此說，但這似乎不大可信。搬到碙州顯然是為了讓皇帝更接近惠州附近的戰場；若說宋室在這階段便逃到雷州那麼遠，似乎極不可能。如果認為「碙州」是在遙遠的西部，那就表示吳萊和陳仲微提出的證據是虛假的，但他們的說法十分可信；另外還要推翻廣州府而非雷州因海中出現「黃龍」而被更名的證據。更何況化州在宋端宗駕崩前不久已被元軍佔領，所以其弟的即位儀式不可能在該處舉行。[31]

宋帝昰駕崩和宋帝昺即位的地點是在化州附近的說法，可能是由於陳仲微的著述付梓時一個簡單的雕版錯誤，當中把宋帝昰駕崩的地點寫作硇洲。「硇」字與「碙」字的字形相似，很可能是導致出錯的原因。陳仲微顯然認為宋端宗死於大嶼山北部。但化州縣確實有個名叫硇洲的地方，這似乎是皇帝與化州扯上關係

31　關於這些問題的詳細討論，見羅香林等：《一八四二年以前之香港》，頁 91-94，註 27、28。羅香林深具說服力地指出，碙洲是在大嶼山，把這些事件說成是發生在化州是似是而非的（「帝昰等所駐之碙州，殆即為今日之大嶼山，而未必為化州之硇州焉」）。

的唯一證據。無論如何，這些著述明確指出，碙州是在廣州府和東莞縣，並且是大嶼山的別稱，這在筆者看來是非常有力的證據，顯示「碙州」就是大嶼山或者是在大嶼山上的某地。

因此可以相信，在 1277 年至 1278 年將近六個月的時間，大嶼山是宋朝末代君臣駐蹕的地點，以及北大嶼山是宋帝昰駕崩和宋帝昺即位之地。

迄今還沒有發現任何關於宋室在大嶼山存在的考古痕跡（但是，宋室在 1276 年至 1279 年間據知曾到過的所有其他地點都是如此。在石壁、赤鱲角和大嶼山其他地方曾發現上好的宋代瓷器，或許與這個流亡朝廷有關，不過這點非常令人懷疑）。宋室在北大嶼山沿岸居住以及宋帝昺即位的確切地點，仍然無從稽考。一些學者懷疑可能是東涌，該處黃龍坑這個地方的地名或有所暗示。然而，大澳同樣有可能，該地的楊侯古廟或有所指。有朝一日，我們或會意外發現一些遺址或遺物，為我們撥開雲霧。就目前而言，我們只能說，緊鄰今天的東涌侯王廟的大嶼山內陸地帶是個可能的地點，但現時仍難以斷定。

宋朝覆亡後，華南民眾對於這個流亡朝廷滿懷崇敬。流亡朝廷曾駐留的地方，都陸續出現廟宇，供奉被神化的朝臣。福建主要是供奉「三忠公」（此三人是文天祥、陸秀夫和張世傑），但在珠江口及其周邊地區，最常被神化的人物是楊亮節，他是年幼的宋帝昰之舅，勇於冒險並充滿魅力，單槍匹馬帶着二帝逃離蒙古人的羅網，高舉抗元大旗。東涌侯王宮就是供奉這位青年，並以其封號「楊侯王」為名（宋代外戚通常生時封侯，死後封王）。大澳的楊侯古廟和石壁的洪侯古廟（同時供奉洪聖和侯王）也是如此。[32]

大嶼山聚落的形成：李昴英與李久遠堂

根據香港地區的習俗，農地有兩個擁有者，即「地皮主」與「地骨主」。地

---

32 一些學者認為楊侯王並非楊亮節。學者陳伯陶在 1917 年已詳細提出楊侯王就是楊亮節的證據。見科大衞、陸鴻基、吳倫霓霞編：《香港碑銘彙編》（香港：香港市政局，1986），第二卷，頁 447-448）。另外，羅香林在其《一八四二年以前之香港》也提出證明。筆者認為陳伯陶和羅香林的觀點可信，接納楊侯王就是楊亮節的說法。

皮主擁有土地的耕作權，他通常是向地骨主繳付租銀。[33]

在每個村莊地區通常只有一名地骨主。理論上，地骨主是整個地區的納糧戶，這就是香港政府在租借新界後把他們稱為「完糧人」（Taxlord）的原因。然而，事實上，在實際耕種的土地中，通常只有很小部分會向官府繳納田賦。

根據中國朝廷律法的常規（《大清律》第 90 條和《大明律》第 96 條），凡有人開墾土地耕種，須向官府地稅機關通報，以便在土地開墾幾年、被確認為有收成時，可對土地評等並登記入田賦冊。根據第 90 / 96 條登記的土地，不可有兩個地主：有權耕種土地的人應登記為納糧戶。[34] 然而，《大清律例》第 92 條（《大明律例》第 98 條）提到賜予「功臣」的土地。根據該條，田賦由功臣的後人而非有權耕作土地的人（亦即佃戶）繳付。在這種地區，土地實際上會有兩名地主。如果獲賜的地區開墾了新田地，功臣的後人應通知縣衙的地稅機關，以便增加田賦份額。

土地本應定期丈量，以防有人悄悄開墾耕作，而沒向官府登記和評等。官府如發現有隱瞞不報的耕地，會予以沒收，再用於出售或賞賜。不過，中國大部分地區中可用於務農的土地，在明朝以前都早已被開墾和被課稅，故丈量工作很少會發現未登記的土地。進行田賦丈量的成本也極其昂貴。因此，最後一次全面的田賦丈量，似乎是在明初（十四世紀末）進行；而自 1582 年起，每個縣的田賦都是每年以固定不變的數額繳付，這是根據該縣向所屬的省上繳的預設定額定出。在此之後，只是偶爾進行了局部丈量。在香港地區，十九世紀中葉仍有新的土地開墾耕作；但此前 400 年間沒有進行全面的土地丈量，表示大部分耕地並沒登記在田賦冊上。在某些地區，只有約一半的土地登記入冊；而在另一些地區，已登記土地的比例頂多只有百分之二到三。

33　有關新界本地土地法的全面討論，見 Patrick H. Hase, *Custom, Land and Livelihood in Rural South China: The Traditional Land Law of Hong Kong's New Territories, 1750-1950* (Hong Kong: Hong Kong University Press with the Royal Asiatic Society, Hong Kong Branch, 2013)。

34　《大清律》最好的英譯本是：William C. Jones, with others, *The Great Qing Code* (Oxford: Clarendon Press, 1994)；《大明律》則見：Jiang Yonglin, *The Great Ming Code, Da Ming Lü* (University of Washington Press, 2014)。（編按：本章中提及的《大明律》和《大清律》的條文編號，均由有關律例的英譯本所加。中文律例原文，應參看有關律例中「戶律」裏面的「田宅」部分。）

由於沒有全面丈量土地去確定田賦冊是否反映最新情況，所以地方上出現一種應用於土地的「習慣法」，與朝廷頒布的土地法大不相同。實際上只有很少已開墾耕地會繳納田賦。這種土地習慣法會假定已登記的納糧戶，可享有在他所登記的土地與另一塊已登記的土地及周遭區域之間，所有其他土地的權利。這名已登記的納糧戶可向任何在此地區內開墾土地的人收租。這就是地骨權的起源。地骨權包括已登記的納糧戶對他有繳納田賦的土地的權利，加上他對於相鄰或周遭土地所享有在習慣法上的權利。

然而，地骨主通常不會以年租的方式出租土地，而是將之永久出租。地骨主出租土地的方式似乎有好幾種，最常見的兩種似乎是：第一種是將整個區域，例如從一個山脊到另一個山脊，或者從一條溪到另一條溪，以一筆固定的金額出租。不論佃戶開墾和耕種多少土地，租金都不變。以這種租賃方式租地的地骨主和地皮主，通常都是祖堂，租金往往是向地皮佃戶的宗祠、村落廟宇或其他名義上代表整個村落社群的組織收取的。在此種租賃中，租金在一開始時可能會較高；但隨着愈來愈多的土地被開墾並有收成，租金實際上會變得愈來愈低。在另一種常見的制度中，地骨主會對每畝已開墾的土地徵收固定金額作為地租。[35] 在這種制度中，開墾的土地面積增加後，租金也會隨之水漲船高。在地骨主和地皮主之間出現的諸多問題，大多是由後一種制度引起的。在兩種制度中，地皮佃戶支付的租金都是固定的，不可提高（在第二種制度中，每畝地的租金不能提高，因此，佃戶如能改善土地的生產力，就會有所得益）。地皮佃戶通常可以自由出售、抵押、分割、租賃或開發他們的土地，不受地骨主控制；地骨主對土地的唯一權利是收租。由於地骨主家族收租土地的數量，通常遠多他們繳納田賦的土地，所以新界地區的地租通常都很低。

整個大嶼山（不包括鹽田）的地骨主是李久遠堂。李久遠堂是一個大祖堂，其成員來自一個十三世紀在廣州附近建立的古老士紳家族，他們是南宋名臣李

35　「畝」是官府用來計算面積的單位。廣東的畝比華北所用的標準畝大得多，每英畝約等於 4.8 畝。斗種是傳統鄉村所用的面積計算單位，理論上指的是一斗種子能合理地散播的土地面積。一英畝相當於 6.1 斗種。見 Hase, *Custom, Land and Livelihood* pp. 401-407, Appendix, "A Note on Measures"。

昂英的後裔。[36] 李久遠堂的收入用於支付李氏的群體開支，特別是其宗祠和氏族（clan）獎學基金的費用，以及其他群體開支。李久遠堂在 1254 年（屬南宋後期），獲御賜大嶼山為食邑。李氏的租佃文件都強調該氏族是李昴英的後人，所以御賜大嶼山是「功臣」獲授土地的經典例子。

南宋朝廷一直苦於資金嚴重匱乏。在靖康之變（1126 年至 1127 年）後，中國北方淪入金人之手，令南宋失去了之前曾為朝廷帶來大量收入的古老官田。同時，與北方的戰爭持續不斷，戰事和保護邊境安全的工作，均消耗大量資源。朝廷發現無力處理一些應辦之事，其中之一是向官吏支付薪酬。南宋官吏常常被拖欠薪酬，往往長達數月甚至數年之久。因此，朝廷需要尋求以不必支付現金的方式來承付這些開支，方法之一是在高級官員退休時封爵賜地。有時，皇族的女性成員也會下嫁這些獲得封爵賜地人士的兒子。[37] 朝廷會盡量選取那些不屬朝廷收入來源的土地，來作為賜予臣屬的食邑。這些土地應具有帶來收入的潛力，但實際上並未產生收入；不過，有時一些已能產生收入的土地也會被賜予臣屬。獲賜食邑的人士須自行對土地進行投資，將之改善。

李昴英就是獲得這種榮耀的南宋官員之一。他生於 1200 年，自幼聰穎，嫻熟詩書，被視為廣東地區（他的家族宅邸就在廣州附近）最優秀的士人。1226 年，他以優異成績科舉及第 *，獲授予官職。他智勇雙全，清剿海盜有功，聲威上達天聽，因此獲嘉許和拔擢。1235 年，他率兵平定了家鄉的一場騷亂，再獲嘉獎。他被任命為江西贛州知州，其後又擔任福建漳州知州，1254 年獲任命為中央官員。他在官場生涯中，以體恤民眾和關心民瘼而聞名，例如，他私人捐資在廣州興建了三座橋樑，以改善城內交通。他在退休前不久的 1254 年獲封為「**番禺開國男**」，獲賜食邑，當中包括大嶼山大部分的土地。他於 1255 年告老

---

*　編按：李昴英考獲當年科舉的「一甲第三名」，即「探花」。

36　關於李昴英，見蕭國健：〈宋季名臣李昴英與大嶼山梅窩發現之「李府食邑稅山」界石〉，載《香港前代史論集》，頁 123-130，以及羅香林等：《一八四二年以前之香港》，頁 100-101，註 36。

37　見 F. W. Mote, *Imperial China, 900-1800* (Cambridge, Mass.: Harvard University Press, 1999)；以及 Beverly J. Bossler, *Powerful Relations: Kinship, Status, and the State in Sung China (960-1279)* (Harvard University Press, Council on East Asian Studies, 1998)。

還鄉，專心創作詩詞，至1257年去世，其詩詞作品在他身後出版（1262年）。他的後人在1273年為他修建了祠堂，該祠堂在其後600年間歷經多次修葺。

大嶼山就是這樣在1254年賜予李昴英，並構成他當時獲賜封地的主體。他獲賜食邑「三百戶」，理論上就是土地上有300個佃戶，他們繳納的田賦將用於供養采邑主，在邑主過世後則用來供應其宗祠所需。但是，這些土地實際上可能大多甚或全部是荒廢的，而「三百戶」是采邑主把土地全面開發後可望獲得的佃戶數量。1254年的大嶼山肯定沒有多少佃戶。經歷紹興年間的人口減少，以及在約1200年發生的大屠殺之後，大嶼山在1254年幾乎沒有什麼可創造收入的來源。如果在李昴英獲此封地六七十年後的十四世紀初，吳萊在島上只能找到幾百家「不事農桑」的漁民和鹽工，那麼李昴英獲封時數目肯定很少。

1254年時，島上的一個重要設施是鹽專賣機構的製鹽工場，該處是煮鹽和貯鹽的地方。但這些並不在李昴英的封邑範圍內。這些製鹽工場仍然是官地。鹽專賣機構繼續在大嶼山開展工作，留在大嶼山上的鹽戶，即登記在鹽冊上的家庭，並不歸李昴英支配。值得注意的是，吳萊說他所見的「數百家」都是鹽工，並不務農，因此很可能是在李昴英封邑範圍之外。因此，我們可以認定，在李昴英獲賜封邑時，土地之上根本沒有納糧的佃戶。李昴英得到的其實是大嶼山可用於農耕的土地，雖然獲封時無人耕種，但朝廷是指望由他加以開發的。

李昴英死後，此食邑繼續歸他的宗祠及後裔組成的李久遠堂所有。直到1898年英國人到來之前，這個祖堂一直是除鹽田以外的整個大嶼山的地主。不過，在1898年之前，大嶼山有幾處地方的佃戶，似乎已從李久遠堂手中買下地權。[38]

除了可用於農耕的土地，李昴英及其後人還根據當地的土地習慣法，聲言他們佔有島上不能用於農業或鹽業的周邊地帶，包括山坡荒地、近岸漁場和錨地中的海床。

因此，李昴英原本所獲賜的，其實是開墾大嶼山土地的專屬權。在1254年時，朝廷假設李昴英及其後人將在這片土地開墾成可用於務農時，會為這土地登

38　見 Hase, *Custom, Land and Livelihood*, pp. 217-222。

記繳納地租。然而，實際上在李久遠堂庇蔭下開墾的土地中，只有極少數曾登記繳納地租；大部分土地是由李久遠堂根據傳統的地皮租佃方式擁有，而沒有向官府繳租納糧。

關於十九世紀中末葉長洲（黃維則堂）、南丫島（姚貽燕堂和「Lung Kwai Fui Tong」）[39] 和馬灣（曾氏和新安縣儒學正副堂）地骨主的做法，有一些相關文件留存下來。但是，與李久遠堂直接相關的類似文件，除了幾份來自貝澳的租約，以及下文將進一步討論的關於它與佃戶發生的兩宗糾紛的紀錄之外，幾乎都沒有保存下來。不過，李久遠堂在大嶼山所採取的做法，很可能與上述這些島嶼的其他地骨主相似。[40]

這些島嶼上的其他地骨主全都以每畝固定的金額向所有耕地徵收租金。從大嶼山各地的情況可知，李久遠堂也是如此。其他地骨主沒有對農村中的房屋徵收任何費用，但黃維則堂會對長洲市鎮上的店舖和其他場所收費；馬灣的曾氏也會向錨地一帶的店舖和其他場所收費。據知，李久遠堂在大澳太平街擁有一間小屋；當李久遠堂的收租人前來逐家逐戶收租時，就會住在那裏。由此看來，李久遠堂的做法與長洲黃維則堂和馬灣曾氏相似，也會向大澳市鎮上的店舖和其他場地收租，不過他們似乎沒有對村落中的房屋徵收費用。[41]

姚貽燕堂和「Lung Kwai Fui Tong」會對在南丫島的荒山坡地伐薪（至少在某些情況下）或牧牛活動收取費用，而新安縣儒學正副堂也對在馬灣商業砍柴活動（即佃戶砍柴供自己煮食以外的用途）收費。李久遠堂很可能也會對使用山

39　「Lung Kwai Fui Tong」的中文名稱不詳。

40　關於這些地方的地契，見 Hase, *Custom, Land and Livelihood*, pp. 244-245, 249-251, 256-258；關於南丫島和馬灣，見 Patrick H. Hase, *Settlement, Life, and Politics: Understanding the Traditional New Territories* (Hong Kong: City University of Hong Kong Press with the Royal Asiatic Society, Hong Kong Branch, 2020)。

41　在大澳鎮現存的土地契約中，有一份關於買賣一間屋的契約（見 Hase, *Custom, Land and Livelihood*, pp. 283-285），而該屋每年須交地米 200 文錢予大澳關帝廟。這大概是李久遠堂在建廟時（可能是 1741 年，即廟內的鐘的年份）向這間廟的捐獻。李久遠堂還須捐贈廟址的土地及其前方的風水空地。另一份 1900 年（就在引進新的英國規則前）的大澳賣屋契約中，同樣有須向李久遠堂支付的地租，在這個例子中地租是兩錢銀子，大概相當於付給關帝廟的 200 文錢地米。見 James W. Hayes, *The Hong Kong Region 1850-1911: Institutions and Leadership in Town and Countryside* (Archon Books, 1977), pp. 87, and 222 note 7。

坡土地的活動收費。從李久遠堂在公元1750年後與佃戶的爭執中，他們也聲稱自己有權向山坡和海床收租（此事將在下文進一步討論）。所有其他地骨主都會租出近岸漁場和繒棚的場地。事實上，對南丫島的姚貽燕堂和「Lung Kwai Fui Tong」來說，來自漁業設施的租金，可能是他們最重要的租金收入來源。李久遠堂同樣在大嶼山海岸出租多個繒棚場地。馬灣曾氏和長洲黃維則堂會對使用錨地的水上人收取碇泊費，也收取汲取飲用水和安葬地的收費，李久遠堂可能也是如此。最後，馬灣曾氏控制錨地的廟宇，這間廟的收益都歸他們所有，但南丫島或長洲的情況似乎不是如此。李久遠堂似乎也沒有嘗試控制大嶼山的廟宇。

梅窩曾發現兩塊界石，分別標有「**李府**」和「**食邑稅山**」字樣。[42] 它們可能是用來標示李氏食邑的中心部分的界線。它們沒有標示年份，但可能大約是1254年賜地後不久豎立的。它們可能標示着李昴英在那裏建造了大宅或食邑管理處。1277年宋室流亡到梅窩時，大概就住在這座宅第或食邑管理處內。

與大嶼山其他地方一樣，大嶼山北岸的東涌、白芒、牛牯塱、大蠔等鄉村的村民，都是以李久遠堂佃戶的身分定居該處，並且在英國人到來之前一直向該堂繳納地租。

明中葉的大嶼山：葡萄牙人的佔領（1514至1521年）及其後

葡萄牙人在1511年佔領馬六甲。同年，葡萄牙船隻出現在珠江——那是最早來到此地的歐洲船隻。三年後（1514年），葡萄牙人佔領了珠江口一處地方，直至1521年經歷一場激烈的海戰後才被驅逐。

當時的中文文獻，有少數稱葡萄牙所佔之地為屯門灣，但大多稱當地為屯門

42 照片可見於羅香林等：《一八四二年以前之香港》，圖25。另一些照片可見於 Solomon Bard, *In Search of the Past: A Guide to the Antiquities of Hong Kong* (Hong Kong: The Urban Council, 1988), pp. 64 and 66。

島。當時的葡萄牙文獻把當地稱為「Tamaõ Island」。[43] 中文資料清楚指出當地在東莞縣境內；而在十六世紀初，香港地區也屬於東莞縣。東莞市有兩段碑文，紀念兩位東莞知縣的廉潔事跡：葡萄牙人試圖賄賂二人，換取二人不要干預葡萄牙人佔領「屯門島」，但遭到二人拒絕。因此，葡萄牙人佔領的地點顯然是在該縣境內。「Tamaõ」的發音近似於「Tam-Maon」，無疑就是「屯門」的變體。因此，「Tamaõ Island」和「屯門島」是指今天屯門附近某處的島嶼，這點殆無疑義。「屯門」原本應指今屯門與大嶼山之間的水道，即今日屯門與大嶼山之間的龍鼓水道（「門」的基本含義是「水道」。其他有「門」字的香港地名，即使不是全部，也大多數有這個意思）。葡萄牙人佔領的島嶼必定靠近這條水道，並且面積夠大，可以為佔領者提供堪用的基地（這表示至少要有一個良港，有充足的食水供應，還要有一些農地）。葡萄牙人佔領的島嶼似乎很可能是大嶼山，那是因為在龍鼓水道範圍內，沒有其他島嶼有可能成為外來佔領者的基地；近年曾研究此事的學者都有這樣的結論。但是，也有一些學者對此存疑。整體而言，葡萄牙人在大嶼山興建要塞的說法，只能說是可能性甚大，但目前還沒有充份證據能證實此說。

葡萄牙的文獻稱，葡萄牙人在「Tamaõ」興建了一座要塞（大概是木造的），並豎立了發現碑（padraõ），亦即刻有葡萄牙王國紋章的紀念石柱，用來表示葡萄牙的擁有權，另外還建了一座教堂（大概也是木造的）。在葡萄牙帝國的鼎盛時期，許多最著名的人物都來過「Tamaõ」，包括歐華利（Jorge Alvares，1516 年）、費爾南・安德拉德（Fernaõ Peres d'Andrade，1517 年）和西芒・安德拉德（Simaõ Peres d'Andrade，1518 年）。

43　有關葡萄牙人在珠江地區的早期歷史，以及他們被驅逐，見林天蔚：〈十六世紀葡萄牙人在香港事蹟考〉，載《香港前代史論集》，頁 130-206；羅香林等：《一八四二年以前之香港》，頁 43-45（註 27-30），及 C. A. Montalto de Jesus, *Historic Macao*, pp. 3-11。葡萄牙人在大嶼山有聚落的證據，見林天蔚的文章〈十六世紀葡萄牙人在香港事蹟考〉；湯開建：〈中葡關係的起點：上、下川島 Tamaõ 新考〉，以及施存龍：〈「屯門島」：葡人始佔中國據點考辨〉、〈西草灣戰役的有無和西草灣地望考辨〉、〈葡商集中澳門前的「家」：浪白澳（島）考辨〉，以及〈葡萄牙人與 Liampo 考證〉，分別載《文化雜誌》，第二十六期（1996），頁 131-138；第三十三期（1997），頁 23-32；第四十期（2000），頁 21-30、頁 31-40；第四十二期（2002），頁 117-140。這些文章清楚地表明，葡萄牙人所居的 Tamaõ 最有可能的地點是在大嶼山北部海岸。葡萄牙人在 Lampacau 也有一個貿易站點，林天蔚以為這是 Tamaõ 的別稱，但湯開建明確表示 Lampacau 在澳門以西的香山縣的上川島。我們應假設葡萄牙人以 Tamaõ 為要塞和居所，但貿易地點則選在別處，尤其是上川島。

最後，廣東巡海道副使汪鋐組成一支水師艦隊，與葡萄牙人打了一場海戰，地點大概是在北大嶼山近岸海域（1521 年）。《明史》記載戰事發生在「**新會縣西草灣**」，但實際地點更可能是大嶼山的茜草灣（在深屈），「新會」或是「新安」的誤寫；特別是《明史》中明確記載的戰事是在茜草灣開始，之後兩軍艦隊從茜草灣轉戰至「稍洲」，這名字當然是指大嶼山以北的沙洲，這場戰事以葡萄牙敗走告終。

葡萄牙人在 1522 年試圖奪回要塞，但又被中國水師驅逐。這支水師持續巡邏該水域三年，直到 1524 年，以防葡人捲土重來。其後，中方派兵船巡海，每艘兵船均以一個錨地為基地，這些錨地都設有堅固的防禦工事，以防被外國勢力佔用。此外，東莞縣於 1573 年一分為二，南部沿海地區變成新設的新安縣，藉此加強海防。1586 年，指揮此沿岸地區部隊的軍官獲提升為副將，這是加強此海岸防衛的另一舉措。所有這些舉措都強烈地展示，今天的香港地區沿岸極受朝廷關注。汪鋐戰勝後獲得擢升，後來更升任兵部尚書，死後民眾還為他立祠紀念。1615 年，他入祀新安的名宦祠，由此可見他指揮的戰事的發生地點，極可能是在新安而非新會境內。[44]

換句話說，明廷花了整整七年才與葡萄牙人開戰並將他們逐出 Tamaõ。背後的原因是明軍完全是陸基部隊，要與葡萄牙人打仗須組建艦隊打海戰，這需要幾年時間準備。

到目前為止，仍未發現關於葡萄牙佔領地的考古證據，所以我們尚不清楚葡萄牙要塞、發現碑和教堂的確切位置。但是，它極有可能是在大嶼山海岸，因為葡萄牙人想用它來控制通往廣州的貿易；而如上所述，因應當地的水流和潮汐，通往廣州的貿易路線都會沿大嶼山北岸進入珠江。因為葡萄牙人的佔領完全依賴於他們的軍艦，所以他們的定居點肯定會毗鄰一個良好的錨地。它很可能在大澳區某處，因為大澳灣是大嶼山北岸最大，並且也許是最優良的錨地；不過東涌、大蠔、茜草灣也有可能，尤其是東涌。明朝在 1521 年及之後於北大嶼山地區使用的水師基地，很可能是在葡萄牙要塞範圍內；該基地可能位於大澳。

44 《康熙新安縣志》，卷四，載《深圳舊志三種》，頁 408。

葡萄牙人離開後，大嶼山並不平靜。在此後 150 年裏，海盜和土匪襲擊幾乎無日無之。明朝後期國勢急劇衰落，軍事不振。汪鋐打敗葡萄牙人，並把他們逐出大嶼山，是明朝中後期少有的重大勝仗之一。在 1524 年至 1586 年間，明廷實行新的兵船巡海制度，把東莞縣一分為二，又將負責海防的軍官升格，全都旨在加強海防。但由於明末普遍顢頇腐敗，這些舉措的成效隨即便遭到削弱。到了約 1600 年時，此地區的海防體系基本上已經崩潰。由於海防衰敗，此地區的海盜襲擊事件不可勝數。大嶼山是易受海盜劫掠之地，一定大受這些海盜襲擊事件影響。時人的紀錄不是常常明確提及大嶼山是受襲目標，不過這些紀錄很多時記載得非常含糊，不會具體說明海盜到底是襲擊了哪些地區。

《新安縣志》記錄了發生在新安縣境內的海盜襲擊事件，包括 1533 年、1551 年、1566 年、1567 年、1570 年、1571 年、1580 年（這次襲擊肯定是在大嶼山地區發生）、1595 年、1623 年、1630 年（這次襲擊發生在大嶼山附近海域）、1633（大嶼山附近）、1634（大嶼山附近）、1635（大嶼山附近）、1641、1645、1647 和 1648 年。[45]《縣志》很可能只是記載了最嚴重的襲擊事件；我們可以假定，在其他的一些年份，也發生過若干次沒有那麼嚴重的海盜襲擊。在清朝初年，來自台灣地區的鄭氏的軍隊也在此出沒，持續為清廷帶來麻煩。

海防體系崩潰也導致走私成為一大問題。近年在竹篙灣發現大量破損的晚明瓷器，幾乎可以肯定是這時期大嶼山各錨地有大規模走私活動的證據。[46] 走私總常常是與海盜、土匪扯上關係，而從這些走私活動的證據，可以推想當時海盜肆虐，對大嶼山造成嚴重影響。大概是由於不斷受到海盜襲擊，就算到了 1662 年，大嶼山上的農業聚落仍寥寥無幾；特別是本地區的軍事防禦衰敗之後，島上任何聚落大概都無法免於受襲。海盜船——更甚者，是此地區常見的海盜船隊——是需要補給的。海盜會向附近的農民勒索補給物資，甚至會從他們的穀倉和倉庫中強行掠取。肆虐於北大嶼山的各支海盜船隊，都會以這種方式向東涌

45 《康熙新安縣志》，卷十一，載《深圳舊志三種》，頁 442-443。

46 William Meacham, "A Ming Trading Site at Penny's Bay, Lantau", *Journal of the Hong Kong Archaeological Society*, vol. 12 (1990), pp. 100-115；以及 Peter Y.K. Lam, "Ceramic Finds of the Ming Period from Penny's Bay - An Addendum", *Journal of the Hong Kong Archaeological Society*, vol. 13 (1991), pp. 79-90。

農民勒索補給物資；對於海盜來說，沒有別處比這裏更便於奪取他們所需的物資。海盜和土匪為大嶼山帶來了這種巨大壓力，令人們不願使用這裏的土地。李久遠堂在招人承租和耕種土地，以及維持租金收入方面，肯定會遇上重大問題。

這種情況在東涌或許特別嚴重。東涌灣是這個海岸最有吸引力的錨地之一，尤其對於想要迅速離開的船隻。如上所述，這個海灣可以屏蔽從大多數方向吹來的風；而如果突然須要啟航，可以穿越赤鱲角水道離開。這個近岸錨地沒有危險的水流。它緊鄰着主航道，而主航道必定是海盜的主要目標。

一如南宋後期入侵的蒙古人，清朝在入關初年也沒有艦隊。他們是驍勇善戰的民族，而且早期的清廷十分強悍和有效率；但他們是來自內陸地區的陸上戰士，沒有艦隊，也沒有海戰經驗，所以無法打敗海盜。特別是鄭成功，他的軍隊可以來去自如地襲擊廣東和福建沿岸。鄭成功能夠取得所需的補給，既是由於農民對他抱有好感，也是因為沒有人能夠阻止他以武力強奪物資。

康熙的輔政大臣（當時康熙還年幼，朝政由輔政大臣把持）為了打敗海盜，決定遷走他們的劫掠目標，切斷他們的補給來源。他們在 1662 年頒布命令，要求所有在沿海 50 里（約 15 英里）以內的居民向內陸遷移。任何人士如非因公務或獲官府許可，若被發現身處遷界禁區，可被處死。官府沒有為這些被迫內遷的人提供糧食或安置，成千上萬的人死於飢餓和困乏。大嶼山是被清空的地區之一。那些家境富裕、在內地有親戚或熟人的人得以倖存；貧窮和沒有親友的人則往往無法生存。東涌沒有富裕的家庭，只有李久遠堂的佃戶；從 1662 年之前數十年的情況來推斷，他們大概是極為貧窮的。他們的命運無從稽考，但可能十分悲慘：在遷海令撤銷後（對大嶼山來說是在 1682 年），沒有資料顯示他們的後人曾返回東涌。同樣，1682 年後也沒有人返回貝澳。不過，一些在明朝到石壁和梅窩定居的人士的後裔能夠存活下來，並返回這些地區。

一些學者還認為，荷蘭商人於十七世紀在大澳地區建立了聚落。當時荷蘭人是葡萄牙人的敵人，無法在澳門居住。這些學者認為，番鬼塘村就是起源於荷蘭人的聚落；最遲在十九世紀初期，這條村就已使用「番鬼堂」這個名字。然而，這個定居點，如果真的是荷蘭人的聚落，頂多也只是用來過冬的住處，似乎並沒有對大嶼山帶來重大影響。

明中葉的大嶼山：早期村落

如上所述，十四世紀初的吳萊曾指出，當時大嶼山的居民只有漁民和鹽工，他們「不事農桑」。

然而，到了十六世紀中葉，大嶼山島上已有了一些農業村落。從十六世紀末留存下來的《廣東沿海圖》，列出了大嶼山上九個地方的名稱。[47] 但是，這張地圖上列出的一些在大嶼山之外的地名，在地圖繪製之時是杳無人跡的；他們獲標示於地圖上，只是因為它們對航海人來說是有用的錨地或陸標。因此，不能單憑這張地圖標示了些地名，就以為這些大嶼山上的地點在當時都已有人定居。此地圖上標出的大嶼山上地名為西面的大澳、雞公山（雞公頭），南岸的石壁、塘福（塘㙍）、貝澳（螺盃澳）和梅窩（梅窠村），以及北岸的沙螺灣、東西涌（今天的東涌）和大蠔山。到了明朝末期（十七世紀中葉），至少有四個有人定居的村落。1688 年《康熙新安縣志》中名為「**新安都里**」的名單，列出了四個「**俱在大奚山**」的村名，這四個村落是東涌（東西涌）、貝澳（螺杯澳）、石壁村和梅窩村。[48]《縣志》指出，這個村莊名單來自 1643 年，亦即遷海令之前（1662 年至 1682 年），因此是晚明時期的名單。

1643／1688 年的名單或許反映了李久遠堂收租的情況，但不大可能是一份囊括大嶼山上明代聚落的完整清單。東涌村的耆老在 1998 年向筆者表示，他們的祖先在清初剛來到大嶼山時，李久遠堂將整個北大嶼山劃為單一的收租區，於是村民當時也把整個地區視為單一社群。[49] 換言之，東涌村民在那時候與其他鄉村組成單一社群，其中至少包括沙螺灣。那時候，東涌村民偶爾會到沙螺灣的廟宇，又或者大澳的侯王廟拜祭；他們認為這兩間廟都比東涌的任何廟宇都要古老。耆老記得此事，是因為東涌村民至今偶爾仍然會去沙螺灣拜神，而他們會說他們這樣做的理由，他們的祖先在定居之初便已經是這樣做了。後來，很可能是因為十八

47　郭棐：《廣東沿海圖》，十六世紀末，重刊於 Empson, *Mapping Hong Kong*, p. 84，圖 1-3。

48　《康熙新安縣志》，卷三，載《深圳舊志三種》，頁 255。

49　對於這一點及許多其他類似的說明，感謝東涌耆老回答筆者的問題，並與筆者討論他們記憶中父親和祖父在他們小時候告訴他們的事情。這些訪談在 1998 年至 2000 年進行，而這些耆老出生於 1925 年至 1940 年之間。

世紀的租金糾紛，李久遠堂把收租區一分為三，沙螺灣和白芒／大蠔（沒有牽涉相關糾紛）各自成為獨立的收租區，於是外人和村民自己都不再把這兩地視為與東涌同屬一社群。李久遠堂在大嶼山上的其他收租區可能是大澳、貝澳和梅窩。

這樣的安排很可能是在明代開始生效，而 1643／1688 年的名單列出了當時大嶼山的收租區，以「**東西涌**」的名稱代表整個大嶼山北岸。因此，《廣東沿海圖》所列出的，應該是李久遠堂收租區的四個中心（如同 1643／1688 年的清單），以及其他一些有用的錨地。

直至近年仍居住在大嶼山的氏族中，定居石壁的最古老氏族是徐氏，其落擔祖是生於 1890 年至 1900 年左右的耆老的第十四世祖。[50] 這名祖先大約生於 1470 年至 1540 年間，視乎採用 25 年還是 30 年為一代計算。他肯定是在 1470 年至 1570 年之間到石壁定居，很可能是在 1500 年至 1525 年間。梅窩最古老的家族徐氏和蘇氏，對於自己的歷史所知不多，但第三個到達的家族杜氏則相信，他們是在前兩個家族定居後不久便來到，而大約在 1890 年出生的杜氏耆老屬於第十四世（即他們是落擔祖的第十三代後人）。[51] 故此，他們的落擔祖一定是在徐氏落擔祖定居石壁後約一代人的時間，也就是在 1525 年至 1550 年間，或稍早一點到來的。因此，最早定居梅窩的家庭到來的時間，必定是比十六世紀初石壁最初有人定居後稍晚一點點。

前文所述的《廣東沿海圖》將梅窩稱為「**梅窠村**」，由此可見，至少在那時當地已有人定居，因此佐證了根據梅窩古老氏族定居時間所推斷的結論。如下文所述，嘉靖年間（1522–1566）李久遠堂與其佃戶的法律糾紛，幾乎肯定與石壁和梅窩最早期佃戶的定居有關。東涌和貝澳很可能也是在這時期有人來定

50 關於石壁，見 James W. Hayes, "Shek Pik: A Multilineage Settlement of Cantonese Farmers", in *The Hong Kong Region 1850-1911* pp. 104-128。

51 關於梅窩早期歷史，見 Austin Coates（高志）, "Mui Wo Group of Villages", in *Southern District Officer Reports: Islands and Villages in Rural Hong Kong, 1910-1960*, ed. John Strickland (Hong Kong: Hong Kong University Press with the Royal Asiatic Society, Hong Kong Branch, 2010), p. 110。

居。[52] 因此，李久遠堂的佃戶落戶大嶼山的時間，最有可能是十六世紀初，或許就在葡萄牙人被驅逐之後不久。

1514 年至 1662 年間，海盜和葡萄牙人不斷為大嶼山帶來問題，很可能令這個島變得聲名狼藉。這裏必定出現過土地拋荒和佃戶外逃的情況，至少是偶爾會發生。李久遠堂大概會發現，由於這座島嶼危險而且缺乏屏障，要從這裏收取租金並不是那麼容易，要吸引農民來大嶼山租地也同樣困難。只有在十六世紀初來此定居的人留存下來，繁衍出我們今天所見仍居住在當地的後人。李久遠堂在早期或許曾有其他佃戶，可是這些早期聚落都消失了。

然而，幾乎完全沒有任何考古證據表明在元朝、明朝和清初（1279 至 1682 年），大嶼山已有人定居；這表示在這段時期定居島上的人口十分稀少。整體而言，在十六世紀初有人定居石壁、梅窩，可能還有貝澳和東涌之前，大嶼山似乎不大可能有任何農業聚落。

如上所述，從公元四世紀至宋朝滅亡之間，大嶼山的考古證據稀少且零散。然而，這些考古發現的品質奇高。貝澳出土的六朝陶器為優質釉陶，而沙嘴頭出土的唐代陶器同樣品質精良，赤鱲角的發現亦然。石壁出土的宋代器物也是精美的青瓷器，同時還發現超過一千枚古錢。赤鱲角和稔樹灣出土的宋代器物品質也十分高。這些器物都不是種植稻米自給的社群所能生產的。這些零散、高品質的器物，很可能並非農民聚落所有，而是由士兵、鹽官和其他曾暫住島上但並沒定居下來的精英群體所遺留的。島上有宋代器物出土，不禁令人將之與宋末流亡朝廷聯繫起來；但這些器物似乎並不屬於宋末，將之視為來自一般暫居島上的精英群體，可能更合乎事實，所以較可能是來自鹽官或軍官，而非宋末的朝廷。無論如何，從漢人征服到清初這段時期的考古發現，完全符合它們是那些暫居島上的精英、官員、團體的遺物，而非表示這段時期有定居聚落的證據。

我們還是應相信吳萊的說法，假設在十四世紀中葉的元代，島上沒有農業

52　關於貝澳，見 James W. Hayes, "Pui O: A Linked Group of Hakka and Punti Farming Villages", in *The Hong Kong Region 1850-1911*, pp. 129-150，以及 "A Mixed Community of Cantonese and Hakka on Lantau Island", in *Aspects of Social Organization in the New Territories* (Royal Asiatic Society, Hong Kong Branch, 1964), pp. 21-26。

聚落。而石壁和梅窩徐氏和杜氏的證據表明，這些村落的建村時間不早於 1521 年。貝澳和東涌的情況大概也是一樣。

不過，明代中期的北大嶼山確實至少有一項重要的經濟特徵。東莞縣（在當時包括大嶼山）以莞香而聞名，當時的香木可以賣得高價。據當時的文獻記載，沙螺灣（在北大嶼山）和瀝源（今天的沙田）以生產優質香木而聞名，對莞香產業尤其重要（沙螺灣對於莞香產業的重要性，很可能是使其名字得以出現在《廣東沿海圖》的主要原因）。[53] 此項產業主要是香木的買賣；至於將原木搗成粉末並加工成線香的工序，當時似乎是在其他地方進行的。東涌很可能和沙螺灣一樣都有這種產業，因為東涌的幾處風水林中都有「野生」香樹；由於香樹不是這個地區的原生樹木，所以這些「野生」香樹的種子，大概是源自人為種植的香樹。

但是，如果北大嶼山的居民可以犧牲本可用作稻田的土地來種植香樹，那表示區內的人口不會很多，否則便會對當地的糧食自給構成壓力。種植香樹不用花太多功夫。在香樹移植和扶正之後，就沒有什麼事需要做，可以等待若干年，到時機成熟時再來砍樹並製成原木。在人煙稀少的地區，尤其是鄰近海洋的地區，經營這樣的香樹種植產業十分可行。種植者只須每年來幾個星期砍樹，準備好原木並將它們運出便可。香樹種植活動不易受盜竊活動影響，也不受海盜或土匪所覬覦。如果香樹生長的地區受海盜或土匪威脅，種植者也大可把香樹留在原地，靜待情況好轉。沙螺灣的名字出現在《廣東沿海圖》上，但這並不表示一定有人在此永久定居；它可能是一個通常無人居住、僅偶爾有人前來砍伐香木的地方。因此，大體而言，明代中後期北大嶼山有重要的莞香產業的證據，與當時定居人口普遍不蕃的情況並不牴觸。

在整個新界地區，特別是北大嶼山的莞香產業，在遷海令以後再也沒有恢復過來。後來，人們所知的沙螺灣，是一個典型以種植稻米自給的村落，是於 1682 年復界之後才建立的。

---

53 見羅香林等：《一八四二年以前之香港》，頁 109-128。

大嶼山北岸聚落的歷史

東涌

今天居住在東涌或白芒／大蠔地區（以及貝澳）的氏族，沒有一個是在遷海令頒布前就已在當地定居的。[54] 許多現居於這些地區的氏族都是客家人，或自認為曾是客家人；他們全都聲稱本族是在 1682 年之後（即大嶼山的遷海令撤銷後）才到來的。例如，今天東涌地區最古老的氏族羅氏，是在 1682 年之後不久開始在石門甲（東涌鄉村的名稱，見第 71 頁的表一，它們的位置見地圖 05，白芒／大蠔地區見地圖 07）定居。我們只能假定，曾在明朝時定居東涌或貝澳的氏族，在遷海令撤銷後並沒有回來，李久遠堂因而被迫另覓新佃戶。

上文已說過，東涌現有氏族的祖先最初定居東涌時，東涌與沙螺灣組成單一社群，而這個社群很可能是圍繞當時李久遠堂的收租區而形成的。關於此地區的內部安排，我們也知道一些資料。

東涌耆老在 1998 年憶述，李久遠堂沿東涌河將東涌劃分為兩個分區，稱為東源堂和西源堂（見地圖 06）。「東西涌」這個乍看之下頗為奇怪的東涌舊稱，就是源自這種劃分。由於東西涌這個名稱在明代已使用（它出現在《廣東沿海圖》上），這種劃分很可能在當時已出現，大概同樣代表當時北大嶼山社群的劃分。

村民覺得分為東源堂和西源堂的做法對他們很有用（特別是他們會利用這種區分，來保證禮儀方面的權責可由兩個堂公平攤分，社群領袖也能從分別兩個堂平等地推選出來），這種做法一直保留至二十世紀初。在東涌侯王廟興建時（十八世紀中葉），東源堂與西源堂的分界線稍有改變，使它能穿過廟的中央，這樣座廟宇就會座落在兩堂之間，而不是落入其中一堂之內。1910 年侯王廟重修時，記載重修的碑文便分為東源堂碑誌和西源堂碑誌，分置在廟中東西兩邊的牆上，並位於所屬的「堂」的範圍內。

54　本部分的資料大多來自鄉村耆老向筆者提供的資訊，但也有部來自 *Southern District Officer Reports*, pp. 64-73。另外，筆者也參考了一些報紙上的文章，包括吳灞陵：《今日大嶼山》（《華僑日報》出版的小冊子）；懷秋：〈東涌感懷〉，《星島日報》，1982 年 10 月 6 日；沈思：〈大嶼山之東涌寨城〉，《華僑日報》（「博文」版），1982 年 9 月 29 日。

｜地圖 05｜東涌的村落

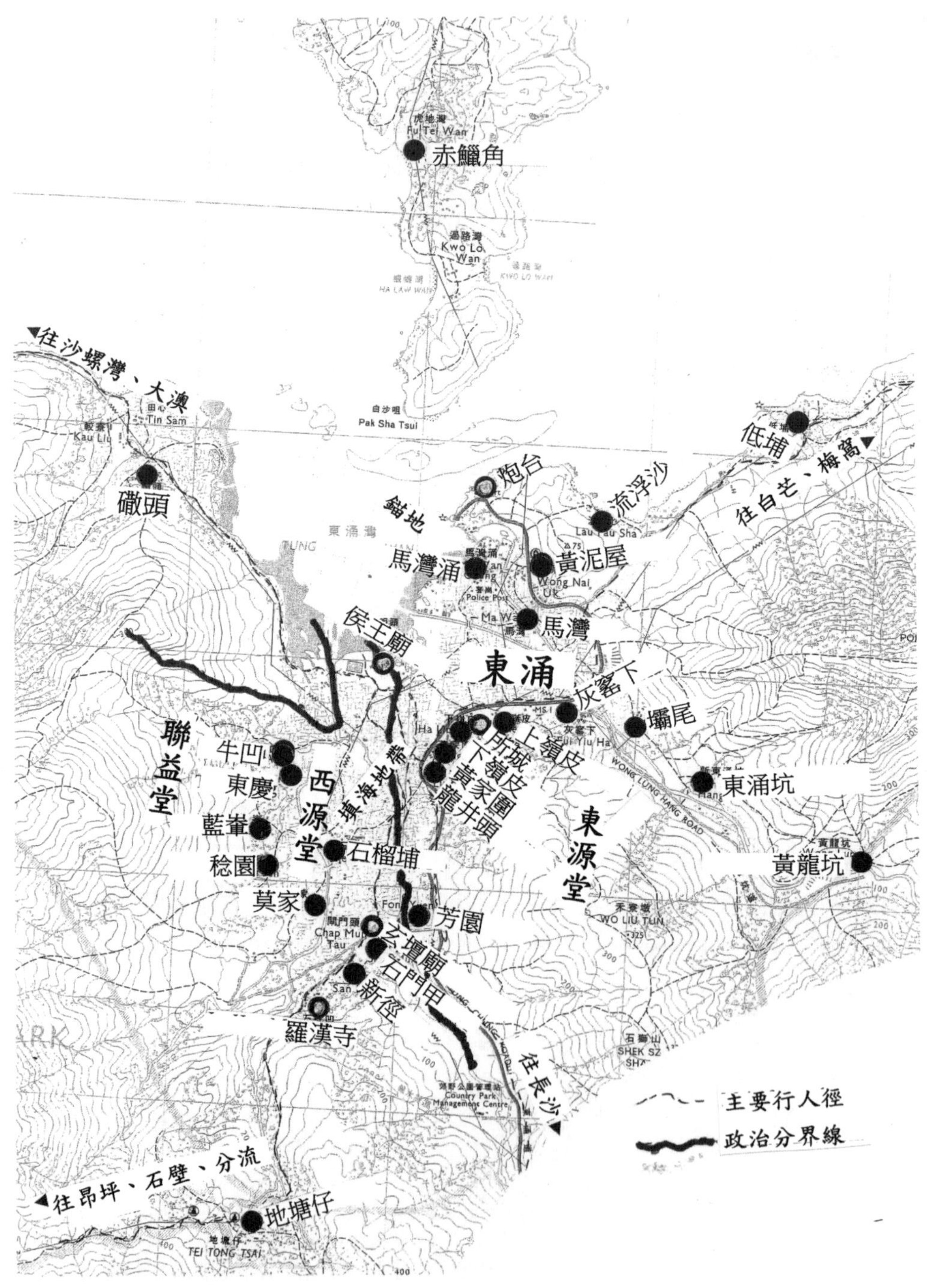

赤鱲角
往沙螺灣、大澳
礅頭
炮台
錨地
流浮沙
低埔
往白芒、梅窩
馬灣涌
黃泥屋
侯王廟
馬灣
東涌
灰窰下
壩尾
聯益堂
牛凹
東慶
西源堂
填海地帶
所城
上嶺皮
下嶺皮
黃家園
龍井頭
東涌坑
藍輋
石榴埔
稔園
東源堂
黃龍坑
莫家
芳園
玄壇廟
石門甲
新徑
羅漢寺
往長沙
主要行人徑
政治分界線
往昂坪、石壁、分流
地塘仔

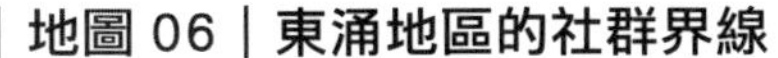
｜地圖 06｜東涌地區的社群界線

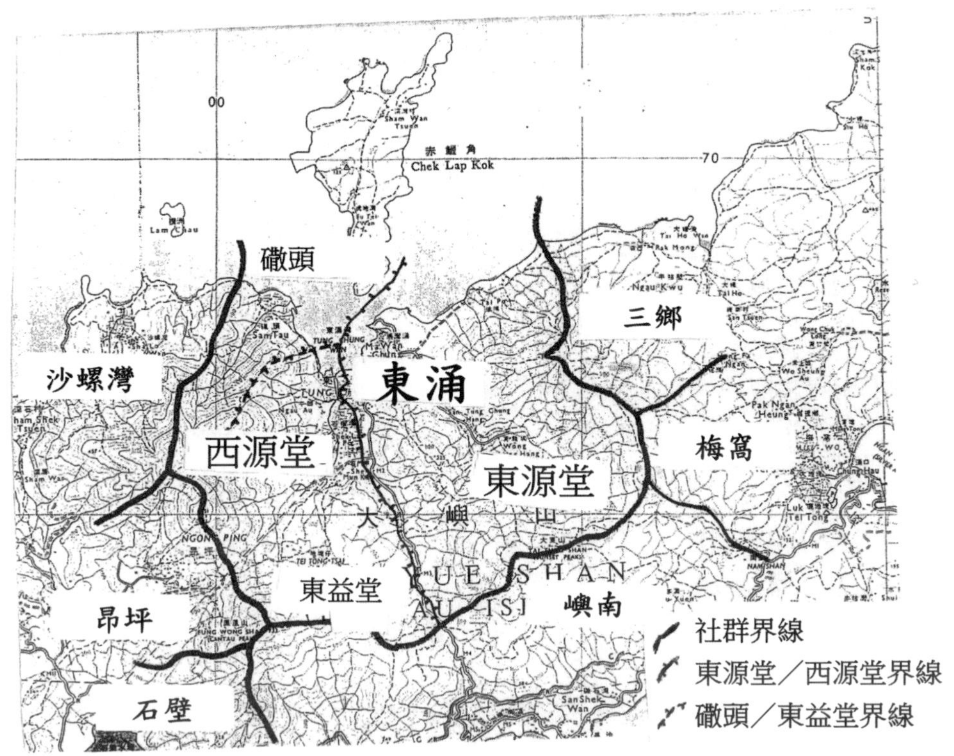

西源堂，至少就十八世紀及其後而言，可再被細分為兩個子區：其一是磡頭，十八世紀前大概還包括沙螺灣，結成了名叫「聯益堂」的組織；另外是其餘的地區（見地圖 06）。兩者的分界線以一塊石碑來標示（上面刻着「**聯益堂地界**」字樣）。聯益堂的主要功能是管理區內的採樵砍柴活動，以保證山上的主要風水林不受砍伐，並向村民收取伐木許可費。由此看來，結成聯益堂並不影響東涌的政治格局，因為其負責的範圍大致上就是整個西源堂。

1998 年時的耆老幾乎一致認為，東涌最古老的鄉村是石門甲。這個鄉村原本是由五個小村組成，分別是石門甲、閘門頭（今天的羅漢寺所在地）、新慶（又名新徑）、花園（已荒廢）、芳園（已荒廢）。據羅氏的族譜記載，石門甲村建於 1676 年，亦即幾乎是在 1669 年針對新界大陸地區的遷海令撤銷後便馬上建村；但這個說法很值得懷疑，因為根據《新安縣志》記載，大嶼山要到 1682 年允許復界後才重新開放多民眾定居。[55] 1676年很可能其實是記錄了陶氏（羅氏落擔祖的遺孀，見下文）返回新安地區的年份，而她於1682年在東涌的石門甲買下土地。這塊地土淺而石多，並非東涌品質最優良的土地。此村的建村時間早於其他鄉村，肯定是因為人們對於海盜劫掠餘悸猶存；而在東涌適宜居住的地點中，則以石門甲離海最遠。《新安縣志》確實記錄了1612、1676和1680年曾發生海盜襲擊事件，所以在石門甲村建立之時，這種恐懼一定仍然揮之不去。然而，到了十八世紀這種威脅似乎已大為減少。繼石門甲之後建立的村落都離海較近，土地較佳。

關於石門甲，有一個有趣的事實，可以佐證上述關於東源堂和西源堂的劃分是早於石門甲建村，亦即是在遷海令撤銷之前的說法。這事實就是在石門甲的五個小村中，芳園位於河的東側。從侯王廟1910年碑記上的姓氏分布可見，芳園很可能是屬於東源堂，而其他四個小村則屬於西源堂。儘管如此，所有五個小村一直被認為是屬於同一鄉村，有着同一批耆老。由此可見，東西源堂的劃分一定是早於1682年，即石門甲村建村之前。

如下文將進一步討論，與沙螺灣和白芒／大蠔相分離的東涌社群，很可能從十八世紀初起就已建立。

整體而言，東涌各氏族沒有保存太多關於自己的歷史，很少有族譜或其他文獻留存下來。[56] 1998年的耆老大多不記得在東涌落擔的祖先名字，也不知道從該落擔祖算起自己屬於第幾世。就算說得出自己是第幾世，也往往明顯有誤（通常是把移居東涌之前祖先的世代都包括在內）。這些氏族族幾乎都沒有流傳什麼建村神話或故事。石門甲村曾經有「數本書冊」記載了一些資料，但後來日本飛機向該村投下炸彈，引起大火，把這些書冊都燒掉了。

不過，儘管有這些問題，我們還是能夠約略了解此地的聚落歷史。村民普遍認為，羅氏是最早在此定居的氏族；不過，也有幾位知識淵博的耆老，認為最早

---

55 《康熙新安縣志》，卷十一，載《深圳舊志三種》，頁446。

56 村落氏族喜歡編修族譜，這些小冊子詳細記錄了族內成年男子的姓名，包括輩分、父親是誰、妻兒的名字，以及他們下葬地點的詳細資料。這些紀錄在英語中有時候被稱為「genealogies」，但它們與標準的歐洲世系表迥異，因此採用「Tsuk Po」這個音譯似乎較妥當，本書的英文版也就如此稱呼它們。

居的是李氏和孫氏，或者他們是與羅氏在差不多時間來此定居。

一個特別的問題是，東涌有不少同姓但屬於不同世系群（lineage）的案例，例如羅氏有三個獨立的世系群，李氏則至少有三個。但是，村民所指最古老的氏族，顯然是羅氏的主世系群，但非李氏的主世系群。

羅氏的主世系群長居石榴埔、牛凹和石門甲。第二個世系群與第一個世系群沒有任何關係，而且人數少得多，只有在石門甲的「兩三戶」，以及在石榴埔和牛凹的各有一戶，都是從石門甲搬過去的。1998 年的東涌鄉事委員會主席羅錦輝先生，就是來自第二個世系群。第三個羅氏世系群是上嶺皮一個很小的氏族。

石榴埔的羅氏主世系群擁有關於他們世系的簡單紀錄。有關紀錄指出他們的落擔祖是第十四世，1998 年的耆老是第二十四世（生於 1920 年代）。二十世祖（羅玉秀）生於 1790 年左右。此人受過教育，墓碑記載他「封六品」，可能曾在科舉考試中取得功名（因此，羅氏必然從李久遠堂手上買下至少一小部分土地，所以他們登記在田賦冊上）。羅玉秀大約在 1863 年去世，他的墓碑是由他五個兒子和五個孫子於 1870 年所立的。

由此推測，第十四世祖（羅德章），即東涌的落擔祖，大約是生於 1620 年代。他曾定居屯門，娶了屯門主要氏族陶氏的一名女子為妻。[57] 他們育有三子，出生時間不遲於 1650 年代。這位落擔祖可能在遷海期間去世。今天的後人不知道他葬於何處，可見他很可能在遷海的混亂局面中死去。他肯定在 1682 年前就已去世，因為今天的羅氏耆老確信，這個氏族是在他死後，由其遺孀陶氏在東涌建立的。復界後，陶氏帶同兒子回到屯門，大概是由親戚接濟，時間可能是在 1676 年。但是，陶氏的鄉村全是單姓村，非羅氏可以立足之地，所以羅家的陶氏和兒子們後來搬到了東涌，時間幾乎肯定是在 1682 年，或之後不久，並成為石門甲的第一代定居家族之一。她的長子在那時可能已有 30 多歲了。這個家族的成員後來又到石榴埔和牛凹定居，時間大概是在十八世紀初。

在 1630 年至 1920 年間，羅氏族人的世代數目較少（表示平均 30 年一代人），但這可以用晚婚來解釋：定居初期的歲月，他們的族人正忙於開墾土地；

57　這名姓氏通常音譯為 To，但今天陶氏所用的音譯是 Tao。

而到了十九世紀，東涌變得日益貧困，男子需要遠赴海外謀生十年或以上時間才能成婚，迫使許多家庭晚婚。

第二個羅氏世系群聲稱在東涌繁衍「超過十代」，且在明代，也就是遷海令頒布前已在此定居。沒有證據足以證實或否定這種說法，這但它不大可能是真的。羅氏主世系群不相信此說，其他氏族也不相信。這個氏族很可能是在羅氏主世系群之後才到此定居的。

莫氏在莫家村有一個祠堂，供奉莫氏第十九至二十二世祖先的牌位。但他們的落擔祖並非第十九世祖，而是被列入代表第十九世前的祖先的「列祖列宗」集體牌位的某一位祖先。落擔祖可能屬於第十八世。筆者所見的耆老生於 1920 年代，屬第二十六世。因此，莫氏定居東涌的歷史，大概比羅氏少了兩代，不大可能在十八世紀中後期前就在此定居。此外，莫氏在 1957 至 1958 年接受許舒（James W. Hayes）採訪時，自言是在十八世紀中葉才到此定居。雖然今天許多東涌村民認為莫氏的定居歷史與羅氏一樣悠久，但是基於上述原因，這種說法也不大可能是真的。

在其他主要氏族中，1998 年時礮頭謝氏聲稱當時的耆老（生於 1920 年前）是定居東涌以來的第十代。可是在 1955 年時，當時的謝氏耆老（生於 1870 年代和 1880 年代）聲稱只經歷了七代，這表示 1998 年時的耆老是第九代。礮頭鄭氏在 1998 年時也聲稱在東涌定居「十多代」，而且和謝氏約莫在同一時間定居該處。礮頭周氏在 1998 年聲稱，他們的耆老是定居礮頭以來的第十代。礮頭何氏被認為大致是在相同時期來此定居的。所有這四個氏族的記憶都指出，他們的落擔祖是在復界後不久出生，於 1725 至 1750 年間來此地定居，與莫氏大致相同。謝氏、周氏和何氏在礮頭各有一間祠堂；何氏和周氏的祠堂近年都不曾重修，礮頭學校過去通常在謝氏祠堂中營辦。

黃家圍的黃氏聲稱在東涌僅傳承了「七八代」，但這可能太少了，因為他們肯定是在 1765 年或之前已在此定居。艾堯仁（Göran Aijmer）曾詳細研究 1904 年的「集體官契」（Block Crown Lease）中黃氏家族的土地業權，清楚地表明 1904 年時的戶主（大部分是出生於 1850 年代）大多是第七世，這代表 1998 年的耆老大多是第九世。[58] 不過，黃氏和其他家族都相信黃氏是在羅氏之後才來此定居的，時間很可能是在 1720 年左右，那時落擔祖大概五六十歲。黃氏真正的落擔祖可能是第二代，而第一世祖是晚年才移居東涌。這個氏族曾經有一座祠堂，但在二次大戰前幾十年已頹壞，之後不曾重建。

稔園的關氏被認為「歷史與莫氏一樣悠久」，因此也可以假定他們是在十八世紀初葉至中葉來此定居的。

因此，東涌的大氏族可能全都是在遷海令撤銷後（對大嶼山來說是 1682 年）至 1750 年之間定居此地。比起明代時，十八世紀中葉的東涌很可能有更多人來定居。部分原因無疑是因為在十八世紀時，清政府更能有效地控制海盜；另一部分原因是新安知縣在遷海令撤銷後，積極鼓勵村民到被丟荒的土地重新開墾定居。以新界的整體情況來說，在知縣鼓勵下遷入新界的佃戶，有許多都是客家人；但如果以為這些新佃戶全是客家人，那就錯了。在許多地區，也有許多新移民是來自貧困的本地人地區（「講粵語的」）。東涌的情況似乎就是如此，在 1750 年前定居東涌的移民，大部分是本地人；似乎只有黃家圍的黃氏和稔園的關氏是客家人。不過，1750 年後到此定居的許多較小家庭都是客家人。莫氏則是來自汕尾的福佬人。

東涌侯王廟懸掛着一口鐘，是 1765 年由信眾捐贈的。鐘上的銘文提供了一些線索，有助我們了解當時東涌社群的情況：

> 風調雨順
>
> 新安縣大奚山東涌鄉　沐　恩弟子
>
> 鄭顯科　黃煥兩　何眷西　何孫元　黃恒萬　羅國美　何瑞伍
>
> 陳祥天　羅維芳　詹芙進　何國南　梁明廣　鄭創伊
>
> 奉酧侯王爺爺案前

58 Göran Aijmer（艾堯仁）, *The Wong Lineage Land: A Documentary Note of Land Holding in the New Territories* (unpublished, Department of Social Anthropology, University of Göthemburg, 1974)。感謝艾堯仁允許筆者使用這項研究。

皆

乾隆三十年季冬歲旦　　　　　　　　　　　隆盛爐造

國泰民安[59]

由此鐘銘可見，鄭氏、黃氏、何氏和羅氏在 1765 年時已在此地定居，並有足夠財富可以捐款獻鐘。捐助者中不見莫氏或關氏，這佐證了上文的推斷，即這些家庭可能要到 1725 年至 1750 年，也就是捐鐘年代之前不久，才來此地定居。儘管謝氏當時似乎已在磡頭定居，但捐贈者中不見他們的名字。

銘文提及一名陳姓和一名詹姓的捐助者，是唯一提到這兩個姓氏的東涌村民的文字記載，這些家族相信早就後繼無人。1910 年的重修碑誌（東源堂碑誌）上有一個梁姓的村民，但他大概是個漁民，在筆者調查時未見有這個姓氏的村民。今天東涌的陳氏似乎都是較為晚近才前來定居的；鐘銘中那名姓陳的人，肯定是來自一個當地已不復存在的家族。

總體而言，此鐘銘佐證了上述結論，即佔主導地位的氏族在 1765 年前就已定居（莫氏和關氏則在此時期的較後時間定居）。值得注意的是，磡頭在這個鐘銘上的身影是多麼顯眼：13 名捐贈者中合共佔了 7 人，可見磡頭必定是當時東涌較為繁榮的地區。捐助者中只有三四個來自東源堂，其餘絕大部分來自西源堂，可見當時西源堂應該是兩個分區中較為富裕的一方。

李氏（並非今天居於藍輋的最大氏族，他們要到 1905 年左右才來到東涌；這較可能是一個定居石門甲的氏族）、孫氏（今天在東涌鄉村已不復存在，在 1920 或 1930 年代前是石門甲的一個小氏族）以及壩尾（又稱「山下」）鄧氏，可能也屬最早一批的定居者群體，亦即在 1700 年前不久來此定居。

對於孫氏的定居年代，只屬其他村落的耆老的推測。由於孫氏在東涌已絕跡，但似乎也沒有理由需要誇大。

至於李氏和鄧氏，侯王廟的中有重要的證據；該碑文記錄了 1702 年至 1777 年間，佃戶與李久遠堂之間曠日持久的租務糾紛的結果（上文已提及，下文將進

59 《香港碑銘彙編》，第三冊，頁 672。

一步討論）。關於東涌的墾殖歷史，碑文中透露的重要訊息是，1702 年首次發生糾紛時的兩位佃戶領袖是李岐遠和鄧佩茂，而兩人是李久遠堂招來開墾因遷海而荒廢的土地的佃戶：「**移界丟荒，招佃李岐遠、鄧佩茂等來山開闢**」。李岐遠和鄧佩茂想必在十七世紀末已在東涌定居。不過，考慮到李岐遠在 1750 年仍然活躍（當時他仍是佃戶領袖之一），他的定居時間大概是在 1700 年之前不久。李岐遠很可能是石門甲村人數較少的李氏世系群的落擔祖，他們被認為是最早前來定居的氏族之一。鄧佩茂也有可能是壩尾的落擔祖，不過那裏的村民現已不復記得自己的歷史了，他們的文獻在二次大戰期間日本人燒村時都被燒毀了。但值得注意的是，這些氏族——李氏、孫氏、鄧氏，在 1765 年都沒有參與向侯王廟捐款獻鐘之事。

東涌還有多個人數較少的原居民氏族，他們似乎大多是在十八世紀末至十九世紀到來定居的。

在 1998 年，下嶺皮陳氏聲稱他們當時的耆老已是定居此地的第四代人。下嶺皮楊氏也聲稱他們當時的耆老也是第四代。這些家族大概是在 1875 年左右定居東涌的。下嶺皮孔氏當時自稱是第五代。上嶺皮李氏也自稱是第五代（他們過去也自稱是第十二代，但那可能包括定居東涌前的祖先）。上嶺皮李氏也聲稱在這裏定居了五至八代人。李氏可能在十九世紀上半葉定居東涌，而孔氏則在十九世紀中葉前來定居。

下嶺皮曾氏聲稱有「十三四代」，但這必然包括定居東涌前的祖先。這個家族可能是在十八世紀末到東涌定居的。

上嶺皮何氏自稱「與曾氏大致同時」定居，即大概是十八世紀末。南大嶼山貝澳的祠堂中有關於何氏的記載，大概就是指這個何氏家族。該記載說，東涌何氏於十八世紀末從貝澳遷來。該家族在東涌的分支有一位名為「何興隆」的祖先，他在十九世紀中葉獲得官銜，時間與羅玉秀相若。這可能是一種榮譽性質的虛銜。這家人原本在東涌有一座祠堂，但在二次大戰前就傾圮了。

1795 年前，在東涌口附近建有一座炮台；1817 年在「石獅山腳」再建了第二座炮台；現有的炮台則建於 1831 年（見插圖 003）。人們通常假設（但缺乏確鑿證據），1795 年前的那座炮台，是與現有炮台建於同一地點之上的。[60]

｜插圖 003｜約 1950 年的東涌炮台

背景為下嶺皮村，當中可看到村中的兩家店鋪。

60 有關東涌炮台及其歷史，見 James W. Hayes, "The Tung Chung Fort (Lantau Island, Hong Kong)", *Journal of the Hong Kong Branch of the Royal Asiatic Society*, Vol. 8 (1968), pp. 165-167；J. L. Cranmer-Byng, "An Old Fort at Tung Chung on Lantao Island", *Journal of the Hong Kong Branch of the Royal Asiatic Society*, Vol. 3 (1963), pp. 144-145；Hayes, "The Tung Chung Fort"，以及 C. Y. Ng, "Some Notes on Tung Chung", 均載於 *Journal of the Hong Kong Branch of the Royal Asiatic Society*, Vol. 4 (1964), pp. 146-152；Anthony K. K. Siu（蕭國健）, "Distribution of Forts and Guard Stations on Lantau during the late Ch'ing Period", "The Cannons on the Wall of the Tung Chung Fort, Lantau Island, Hong Kong", "The Fat Tong Mun Fort (or the Tung Lung Fort)", 均載於 *Journal of the Hong Kong Branch of the Royal Asiatic Society*, Vol. 18 (1978), pp. 205-211；Anthony K. K. Siu, "More about the Tung Chung Fort", *Journal of the Hong Kong Branch of the Royal Asiatic Society*, Vol. 22 (1982). pp. 305-307；以及 James W. Hayes, "The Soldiers at the Tung Chung Fort on Lantau Island in Late Ch'ing Times", *Journal of the Hong Kong Branch of the Royal Asiatic Society*, Vol. 24 (1984), pp. 305-306。另見蕭國健：《關城與炮台：明清兩廣東海防》，頁 100-102。

曾氏、何氏，或許還有李氏，似乎很可能是在十八世紀末來到上嶺皮和下嶺皮定居，但這些村落要到 1831 年東涌所城建立後，才有重大發展。上下嶺皮村落的建村時間晚於其他主要村落不足為奇，因為他們的風水顯然比其他鄉村差很多，而且在十九世紀後期填海之前，優良的耕地很少。

根據許舒所聽到的說法，一些東涌所城的士兵住在上下嶺皮村落的「磚屋」中，當中一些人可能在退伍後仍保留了這些房屋。因此，在十九世紀末移來的人的落擔祖，可能是退伍士兵。[61]

藍輋的李氏是很晚近才來到。他們的村落是在英國人到來後才建立的，大概是在 1905 年左右。這家族從新界東部的大埔遷往東涌。位於東涌的低埔村的黃氏，也是 1898 年後才在東涌定居。

至於其他氏族，沙嘴頭的李氏是第四代，他們的定居時間肯定不早於十九世紀中後期，很可能是該時期的較後時間。沙嘴頭是一個沙洲島，位於侯王廟的東南方（這是一個重要的史前聚落遺址）。它在十八世紀被包括在一項主要的填海工程之中，填海的目是要增加土地以興建侯王廟（見下文）。在 1900 年，這裏有一兩間小房屋。

馬灣涌的一名張氏族人聲稱，該家族已在此地世居「兩百年」（即自十八世紀末起），但這個說法仍有待查證。馬灣村一名生於 1908 年的樊氏耆老屬第七世，可以推算他們是在十八世紀中後期的某個時候定居馬灣。石門甲村的張氏約在 1850 年定居此地，該氏族的第四世後人也是生於 1908 年。

東涌其他較小的氏族可能也是在十八世紀末至十九世紀末定居此地，但目前尚無證據佐證。因此，大氏族是在 1682 年遷海令撤銷後大約兩個世代的時間內來此定居，而小氏族則是在 1750 至 1905 年間。換句話說，似乎沒有任何家庭於遷海令頒布前和撤銷後均在東涌定居。

侯王廟裏有關租金糾紛的 1777 年碑文清楚表明，東涌所有家庭都是李久遠堂的佃戶。這至少是他們最初定居時的身分，而大多數人直到 1898 年仍是如此。

61　見 Hayes: "The Soldiers at the Tung Chung Fort"。

｜地圖 07｜「三鄉約」的村落

「三鄉」是指白芒、牛牯塱和大蠔。

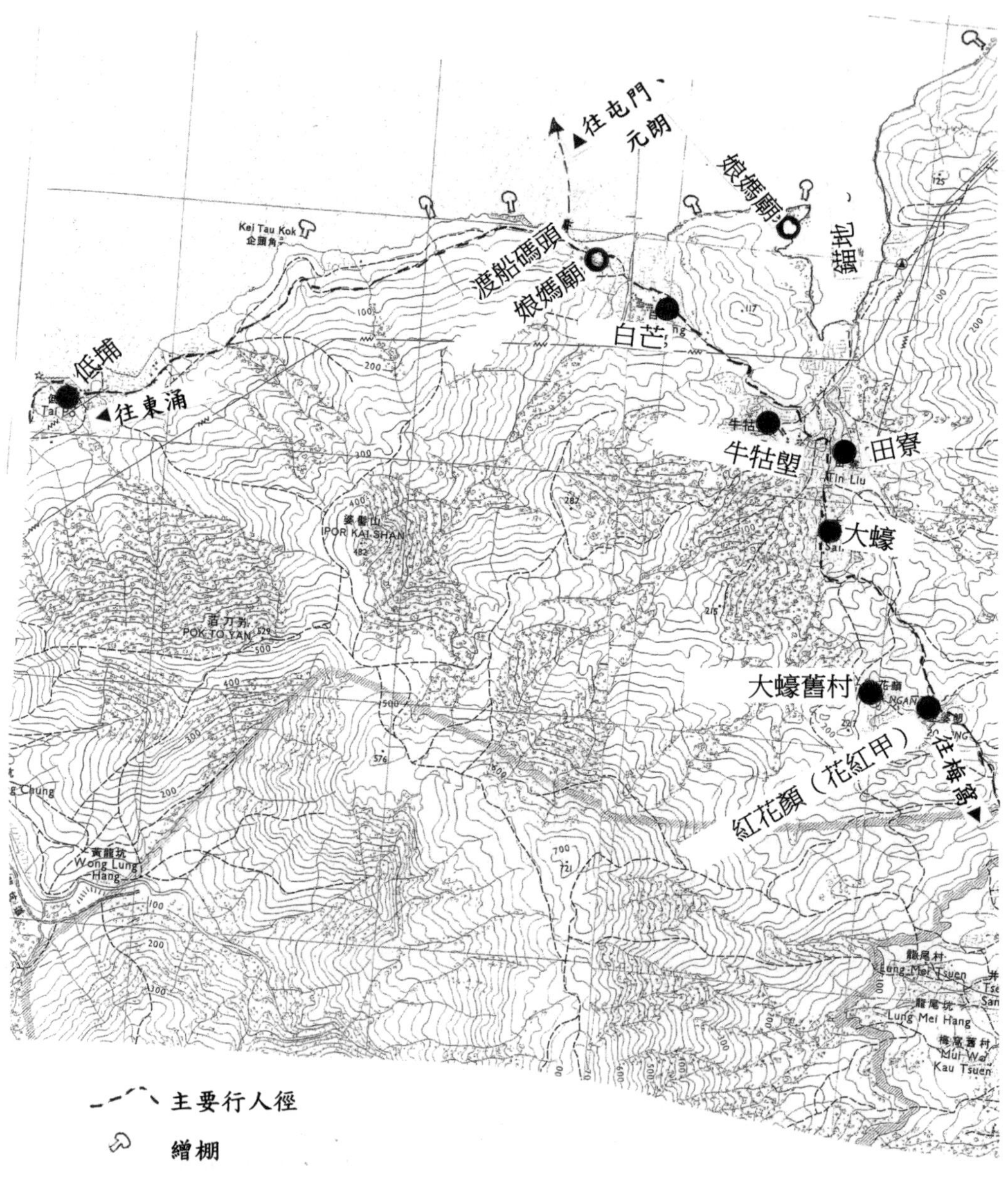

白芒／大蠔

白芒／大蠔地區（見地圖 07）是新界最偏遠的地區之一。它位於東涌以東約 2.5 英里、梅窩以北同樣是 2.5 英里。在東涌新市鎮發展之前，除了靠近東涌處有細小的低埔村之外，東涌和白芒之間沒有聚落；而除了同樣細小的紅花顏村（又稱「花紅甲」）外，大蠔新村和梅窩村之間也沒有聚落。在大蠔灣以北，基本完全沒有聚落。不過，有一條非常重要的古道穿越這個區域；它從大澳穿過東涌和白芒通往梅窩。

白芒／大蠔地區的大部分耕地分佈在兩個海濱地區，分別位於白芒沿着區內兩條溪流的下游，以及位於大蠔灣頂部的一片較大的區域，有三條溪流從該處流入海中。除了這兩處耕地，大蠔灣東岸還有一處耕地，位於一條小溪的溪口；另有一是在山上，靠近通往梅窩的山隘。其他地方都是山和樹林，覆蓋了至少九成面積。即使到了今天，這裏仍有非常廣闊茂密的森林，尤其是在牛牯塱的西南面，其中有一些十分古老的林木（見本書封面）。

與大嶼山其他地區一樣，這個地區很早已有人定居。白芒的考古發現揭示了新石器時代（約公元前 2000 年）和西漢、晉朝和唐朝（公元前 200 年至公元 900 年）有人定居的證據。這些較後時代的文化層，與大嶼山其他地方發現的約莫同時代的考古發現一樣，可歸類為同一種未經漢化的海濱文化。大蠔地區尚無任何早期考古發現，不過該海灣的錨地在對於依賴船舶的海濱文化而言中，總是很有吸引力的。白芒還出土過少量宋初器物，來自土著居民被清除以前的年代。目前在這個地區還沒有任何宋朝後期、元朝或明朝的考古發現。

在前述的《廣東沿海圖》上，大蠔被稱為「**大蠔山**」。如前所述，此地圖上的許多地名是無人居住的錨地或地標（例如大小磨刀洲、赤鱲角等），所以這並不一定表示當時大蠔有任何聚落。不過，它可能表明這個海灣已為人所知，並被用作錨地；而海灣後方的山地，也是沿海岸航行的水手熟知的地標。

現今白芒／大蠔地區的原居民氏族均聲稱，他們的祖先大約在同一時期，即十八世紀中葉起定居此地。各種建村傳說，以及從族譜所得的證據，普遍支持這種說法，強烈表明所有這些氏族都是在該時期來到此地定居的。

在筆者進行研究時，區內有五個原居民氏族：郭氏、林氏、鄒氏、張氏和何氏。

白芒郭氏保存了一部族譜。根據當中的記述，這個氏族的落擔祖是郭仕禎及他兩個兒子郭昌錦和郭昌秀。族譜記載，郭昌錦在白芒建立氏族的一個分支，郭昌秀則在大蠔建立另一個分支。族譜強調，這兩個分支從當時至今都有各自的土地，因而彼此應相安而無爭執。族譜說明昌錦和昌秀對於該氏族的開基至關重要。但它也指出，郭仕禎和昌錦和昌秀之母（林氏）都葬在大蠔灣（石角山上），似乎顯示第一代落擔於白芒和大蠔的人是郭仕禎。郭仕禎大概是在其晚年來此定居的，而開闢新田地和建造新房屋的，實際上是他的兩個兒子。

族譜是在 1910 年重建位於白芒的宗祠時寫成的（該宗祠是郭氏兩個分支的祠堂）。那時，族譜已寫到郭仕禎以下第七代，當時郭氏各家的戶主大多屬於這一代；這一代中有幾個人當時還沒有結婚。

在 1905 年制訂集體官契時，一如所料，白芒的地主大多是郭仕禎之後的第七世後人。當時郭仕禎的第六世後代還有三人在世，第八世至少也有三人已是戶主，而第七世則至少有七人是戶主。

2000 年時，一位在 1920 年左右出生的白芒郭氏耆老，自稱是該氏族在白芒定居以來的第九世；另一位在 1935 年左右出生的耆老，則自稱是第十世。這表示他們是郭仕禎的第九和第十世子孫（昌錦的第八和第九世子孫）。他們的說法大致與族譜和集體官契中的證據相符。

以上各種資料顯示，郭仕禎大概出生於 1700 年前後約十年間；昌錦和昌秀則要到 1740 年至 1750 年左右，才會到達足以移居白芒的年紀。

據族譜記載，到了第五世（郭仕禎以下的第四代），這氏族的一個分支從白芒遷往屯門附近的龍鼓灘。這大概是發生在十九世紀初的事情。不過，今天白芒的耆老已經不記得這種關係了。龍鼓灘的分支沒有回到白芒祭拜他們共同的落擔祖。

牛牯塱林氏也是由兩兄弟創立，這兩個分支在村中各有一座祠堂（見插圖 004）。該村分為兩個區，分別位於兩條獨立的風水線上，兩個分支各住一區。林氏耆老記得，他們的祖先來自福建，定居元朗橫洲的林屋村。定居牛牯塱的兄

｜插圖 004｜1995 年的牛牯塱村

前排的房屋是林氏兩個分支的祠堂。

弟二人，大概是從橫洲林氏的第三代人中分裂出來的。牛牯塱的兩名落擔祖有堂名（後人稱呼他們的私謚）東茂和南蔭，他們出身的那一代橫洲林氏，可能有另外兩三名兒子，名字中有「北」、「西」或許還有「中」字。林屋村大約在 1700 年建立，因此牛牯塱建村可能是在十八世紀中葉。現在村中耆老都承認他們與林屋村的關係，幾位耆老都記得自己到過那邊拜祭開基祖的墓。筆者見過的牛牯塱林氏耆老說，他們的祖先定居牛牯塱的時間，與郭氏定居白芒的時間差不多，但晚了「若干年」。

鄒氏來自惠州，落擔祖（「Chau Hing-wa」，他的祖堂名叫「Chau Fan-yeung」，漢字均不詳）定居大蠔村，「與林氏定居牛牯塱的時間相若」。一位約生於 1915 年的耆老是定居大蠔的第八代，這意味着落擔祖生於 1725 年左右，很可能在十八世紀中後期定居大蠔，大概是 1850 或 1860 年代。鄒氏的落擔祖葬於石角山靠近海邊的地方。

何氏始祖「Ho Nam-han」（漢字不詳）據說是跟隨一名叔公到北大嶼山定居。這位叔公，或者他的家人，最終定居東涌。然而，東涌的客家何氏似乎不大可能在 1750 年前就在這裏定居。假如「Ho Nam-han」是在他的親戚搬到東涌後，才得悉大蠔有土地，那就表明大蠔何氏只能是在十八世紀後期才來到。不過，東涌客家何氏是在貝澳定居了幾代人時間後，才有分支遷往東涌的。較有可能出現的情況是，在十八世紀中葉「Ho Nam-han」在叔公一家還住在貝澳時，便聽說大蠔有土地可開墾；大約在他遷居大蠔的同時，叔公一家也遷居東涌。

我們對張氏的起源知之甚少。據其他村民介紹，他們最初定居在紅花顏（又名花紅甲）。這個小村莊坐落在山上的高處，就在通往梅窩的山口近大蠔一側。此村落的田地位於村子所在的山脊後方的小盆地，亦即位於山口近梅窩一側。這片耕地是大蠔地區最貧瘠的；假如張氏落擔祖到來時，近海的地方尚有未被人佔取的優良土地，很難想像他會選擇此處。因此，似乎有理由相信，張氏定居的時間晚於其他四個氏族，但不會晚於十八世紀後期。

如此看來，主要的氏族似乎都是在約 1750 年至 1770 年間來白芒／大蠔地區定居的，張氏到來的時間則可能比其他氏族晚十年左右。

如上所述，擁有全大嶼山，包括白芒／大蠔的地主李久遠堂，在 1750 至 1777／1778 間就租金問題與東涌和羌山的佃戶發生爭執，下文會作更全面討論。不過，白芒／大蠔開始有人定居的時間，恰巧是這場爭執最激烈的時期（1750 年至 1777 年），這很可能表示李久遠堂試圖將沒有捲入東涌租金糾紛的新佃戶帶到北大嶼山。從 1682 年到大約 1750 年，該地區完全無法吸引任何人的興趣；而之後幾十年裏，整個地區都被租出，可見當時李久遠堂曾努力招納新佃戶到這裏來。

這些氏族初到白芒／大蠔地區時，各自定居在單姓村裏。郭氏的第一個分支定居白芒，而林氏則定居牛牯塱，他們至今仍主要居住在這些地方。然後其他氏族最初雖然定居這裏，但後來都已遷往別處了。

鄒氏原先定居於大蠔。那時他們住在大蠔灣西岸的一個鄉村，大約在溪流入海口和大海之間的中間位置。何氏也在大蠔灣近岸定居，但不是與鄒氏住在同一個地方。現在似乎已無人記得何氏舊村的確切位置，但鄒氏相信是在他們的村落附近，但並非在他們的村落之中。郭氏一個歷史較短的分支也在附近定居，可能是在大蠔灣東南角、溪流東側的田寮。這三個聚落雖然各自獨立，但一向被統稱為大蠔。

無論這些聚落的確切地點是在哪裏，後來大蠔地區海盜肆虐的情況變得太嚴重，令鄒氏、何氏和田寮的郭氏覺得缺乏保障。白芒的汛兵（見下文）顯然無法保護他們。這些氏族全都一起搬到山上的新村落，離紅花顏的張氏村落不遠。他們沿用海邊舊村的統稱，把這個新村落稱為「大蠔」。他們在新的大蠔村下方的山谷開闢了新耕地。牛牯塱村民則相信他們的村落所在地很隱蔽，處於視線範圍之外（即使在海灣最內側也看不到牛牯塱），所以留在原地沒有搬村。

今天的鄒氏、何氏和大蠔郭氏耆老已不記得祖先是何時遷往山中新村，但應該是在十九世紀中葉之前不久。大蠔耆老在 2000 年受訪時認為，自己的氏族在深山中新建立的大蠔村只住了一兩代人的時間，到十九世紀末就搬到今天的大蠔新村。

大嶼山北岸海盜橫行，是十九世紀中葉非常嚴重的問題。在此時期，英國海軍在大蠔四英里範圍內與海盜船隊發生過三場戰鬥，都是前文提及過的，包括 1855 年（不確定）在大澳、1856 年在青衣和 1864 年在龍鼓灘附近。村民很可能正是在這段動盪時期，放棄原本在大蠔灣的村落。

在某個時間，這些沿海鄉村可能有一些村民遭海盜屠殺。如上所述，郭氏、林氏、鄒氏和何氏都在十八世紀中葉大約相同的時期來到這裏定居。1905 年時，白芒郭氏共有 24 人擁有房屋，不包括祖堂；牛牯塱林氏有 17 人擁有房屋，另有 5 人擁有土地但沒有房屋。但是，鄒氏只有 6 人擁有房屋，何氏則有 7 人；大蠔郭氏有 8 人擁有房屋，另有 3 人有土地而無房屋。鄒氏、何氏和大蠔郭氏經過 150 年的定居，人口仍非常少，表明這些氏族在某個時候遭遇了嚴重麻煩。棄村棄田茲事體大，只有遇上極其痛苦的經歷，才會迫使人們走到這一步。鄒氏耆老講述的故事提到海盜偷莊稼和牲畜，並殺害來不及逃入山中的村民，他們認為這些殺戮促使祖先遷往山中。出現這種情況，鄒氏、何氏和田寮郭氏要搬村也就不足為奇了。

大蠔灣是廣受利用且安全的錨地，這一點無疑是意味着，海盜也熟知此事。特別是這個海灣能遮擋從西北方吹來的風暴；而北大嶼山其他錨地，尤其是大澳，幾乎全都對這個方向的缺乏屏蔽；東涌也或多或少會受這個方向吹來的風所影響。因此，當西北風來襲時，漁民和其他帆船的船家都會到大蠔灣避風。漁民在這段海岸捕魚時，如果因風勢不能離岸停泊，也經常停在這個海灣過夜。這個錨地緊鄰大蠔舊村。在 1854 年至 1864 年間海盜使用大蠔村民的錨地，一定會為村民帶來諸多問題。

另有兩個家庭也落戶在建於山中的大蠔村，一戶姓殷，另一戶姓劉。在1905年的集體官契中，這些兩家人在這個山村中各擁有一間房屋；而殷家在大蠔新村也擁有一間房屋，他們顯然已經移居該處。我們對這兩個家庭一無所知。他們可能只是在十九世紀中葉才在大蠔定居（集體官契的承租人很可能是最早期的定居者）。到了二十世紀初之後，兩個家庭都沒有繼續留在這個地區。一名約生於1915年的大蠔耆老說，在他出生之前，這兩個家庭都已不復存在了。

然而，十九世紀中葉新建於山中的大蠔村並非舒適的安居之地，而且住家和田地相隔太遠了。到了十九世紀後期，儘管海盜仍沒完全肅清，但問題已不如十九世紀中葉時那麼嚴重。鄒氏和何氏認為下山是安全的，但重回他們在海邊的舊村還不太安全。於是，他們建立一個新的村落，名叫大蠔新村；相對於之前山中村址，這裏與海岸邊之間距離縮減大約了三分之一，與主要的田地的距離也近了許多。這個大蠔新村是自十八世紀中葉以來第三個以「大蠔」命名的聚落，也就是今天的大蠔村。不過，郭氏大都回到他們位於田寮的舊村址。

從集體官契清楚可見，英國人佔據新界時，搬遷到今天的大蠔村的工作仍在進行中。十九世紀末，大蠔灣曾進行大規模填海。大蠔郭氏為這項工程投入了大量資金。1905年，八個郭氏業主（包括「Kwok Leung Tso」，可能是祖堂名稱，漢字不詳）在山中的大蠔村舊址擁有十間房屋（四間已成廢墟）。然而，這八個業主中，有五個（也包括「Kwok Leung Tso」）也在鄰近填海區新農田的田寮擁有房屋或茅棚（六間房屋和兩個茅棚）。另有一位郭氏族人在田寮擁有另一間房屋，但在舊村址則沒有房屋。顯然，在英國人到來之前不久裏，大部分郭氏人都已搬到海邊，不過到1905年仍有三戶仍沒遷移。這三戶不久後就搬到田寮和大蠔新村。

鄒氏的情況大同小異。1905年時，有四個鄒氏業主在山上的舊大蠔村擁有房屋，其中三個也在大蠔新村擁有房屋。另一名鄒氏成員在新村擁有一間房屋，在舊村卻沒有房屋。因此，1905年時，鄒氏顯然仍有一戶仍住在山中舊村，而在新建的村落中還沒有居所。在1905年時，這個氏族的大部分人顯然是剛剛遷出山中舊村不久，時間大概是在1890年後的一段時期，這和耆老們的記憶相符。約出生於 1915 年的鄒氏耆老在 1998 年表示，鄒氏族人的遷移發生在他「祖父的時代」，而他說，這是「百多年前」的事，亦即 1890 年他祖父約 35 至 40 歲時。這位耆長的父親「在新村出生」，那時大約是 1890 年。

然而，何氏是在 1905 年才開始放棄山中舊村。當時，七個何氏業主在舊村擁有九間房屋或屋址（包括名為「Ho Sei Tso」的祖堂），但只有一名姓何的人士當時在大蠔新村也擁有房屋，此人叫「Ho Yau-tseung」（漢字不詳）。「Ho Yau-tseung」顯然是個很有主見的人，因為他幾乎是何氏族人中唯一在新填海區投資的人，他在填海區擁有三四塊田地（另外一名姓何的人士也投資於這個填海區，加起來何氏在填海區共擁有六塊田地）。「Ho Yau-tseung」無疑搬到了山下，以便靠近這些新開闢的富饒田地。在二十世紀頭幾十年，其他何氏族人都陸續搬到了新村，而何氏的田地大部分都在位於山中的高處，鄰近山中的村址。

張氏也決定放棄在紅花顏的村落，搬到山下的大蠔新村。事實上，他們很可能是最早定居該處的人士。在集體官契（1905）中，紅花顏村的居民僅有一戶巫氏和一戶鄧氏，他們也在該地區擁有耕地。1905 年時，張氏主要居住在大蠔新村，他們擁有六間房屋，包括一座由他們的祖堂「Cheung Lin Hin Tso」（漢字不詳）持有的祠堂。但到 1905 年，另外兩名張氏族人在白芒購買了房屋和土地，並定居該處。他們搬遷的時間不詳。這些張氏族人定居白芒的時間，可能與其他張氏族人遷往大蠔新村的時間相若，亦即十九世紀後期。制訂集體官契時住在白芒的兩位姓張的人（張來和張勝）可能是兄弟，並且很可能是最早定居該地的張氏族人。巫氏在 1905 年後不久就消失無蹤了。鄧氏繼續存在，但後來搬遷到梅窩臨近海岸的地方。紅花顏的村落在 1910 年代荒廢。

因此，大蠔灣岸邊的村落，似乎很可能在十九世紀中葉荒廢，山上的大蠔村也在此時建立；後來山上的大蠔村又被廢棄，在約 1890 年到約 1910 年之間由現在的大蠔新村和田寮村取代。

因以上各村曾出現上述搬遷活動，牛牯塱遂成為區內現存唯一的單姓村。白芒主要是郭氏，但也有兩個張氏家庭，約佔全村 10%。今天的大蠔新村住了四個氏族：鄒、何、張和郭。他們並不是混居在一起的。這個村落是建在多個平台上，每個平台都比下面的平台高二三十呎，每個氏族都各自生活在自己的平台

｜插圖 005｜1995 年大蠔村內的鄒氏平台

左起第二間建築物就是鄒氏宗廟。

上；底部的平台屬於郭氏，然後是張氏平台，再之後是鄒氏的幾個平台，何氏的平台在最頂部（見插圖 005）。然而，大部分郭氏族人住在較接近海邊的地方，也就是田寮。

值得一提的是，由於白芒／大蠔地區的氏族間經常通婚，所以所有村落村民的關係都很密切。比起新界其他許多地方的情況，這無疑使各氏族較容易在這些新鄉村中融合在一起，也令張氏在白芒較易被接納。

這些氏族全都是客家人，而十八世紀中葉客家人在白芒／大蠔地區的定居活動，應被視為十七世紀末至十九世紀中葉客家人廣泛前來新界偏遠多山地區的定居活動的一部分。客家人在白芒和大蠔定居，發生在客家人到新界定居時代的中期。

和一般客家社群一樣，定居本地的氏族都有自己的祠堂：白芒郭氏有一間，牛牯塱林氏有兩間，而鄒氏、何氏和張氏在大蠔新村各有一間。這些祠堂全都細小而簡樸。

客家人與本地人

傳統上，新界鄉村要麼是本地村（講粵語），要麼是客家村。[62] 在新界大部分地區，兩者是交錯混雜的，本地村和客家村彼此相安無事。東涌一直被視為幾乎完全是本地人的地區，只有與外界隔絕的低埔村常常被認為是客家村；藍輋有時候也會被視為客家村。然而，這個印象背後隱藏着更複雜的情況：東涌的許多氏族在剛定居東涌時似乎都是客家人，但東涌社會有着某種因素，促使他們在十九世紀幾乎全都改變了語言和習俗，變成與他們的本地人鄰居相同，並被接納為本地人。不過，白芒／大蠔地區的居民，過去是客家人，現在仍是客家人。

如上嶺皮的曾氏、何氏、李氏，下嶺皮的孔氏，稔園的關氏，藍輋的李氏，黃家圍的黃氏，馬灣涌的馮氏，都知道自己原本是客家人，落擔祖大多來自五華、龍源（龍川和河源地區）以及梅縣，這些都是在香港東北方的客家地區；至於黃氏，則來自東莞縣的客家地區。東涌坑的村民也是如此。沙嘴頭的李氏和莫家村的莫氏相信自己原本是來自汕尾地區的福佬人，也「變成了本地人」。

不過，東涌的主要氏族大多是真正的本地人。羅氏的主要家族來自南頭以北的西鄉。羅氏的另一個家族也聲稱自己源自新安縣的本地人地區。磡頭周氏來自東莞的本地人地區（來自名叫「Sheung Ping」的村落，漢字不詳）。磡頭謝氏來自新界元朗的一個本地人村；直到二十世紀頭幾十年，他們都會每年一次回到家鄉祭拜。一些較小的家庭在初到達時也是本地人，例如來自南頭下嶺皮的楊氏。所有這些地區都完全是本地人地區。

關於壩尾鄧氏的情況尚不清楚。他們如今自稱是新界錦田大氏族鄧氏的分支，因此理應是本地人。然而，他們在 1950 年代卻自稱是源自惠州地區的客家人。[63] 關於壩尾鄧氏的起源，最好還是先存疑。

因此，在十八世紀後期，以及十九世紀初期或中葉，東涌的鄉村社群確實非常混雜，有相當高比例的人口是客家人或福佬人。客家人和福佬人為何會放棄

62　客家話和本地話是兩種很不同的語言，無法互相溝通。

63　*Southern District Officer Reports*, p. 76，見該村的別名「山下」(Shan Ha) 的條目。

自己獨特的語言和文化傳統？須要強調的是，這種情況在新界很少發生；在大嶼山的其他地區，例如貝澳也沒有發生。在新界其他地方有客家人變成本地人的情況發生，通常是出於兩種因素：一個是想繞過針對新安縣客家考生的禁令（1822年前）和配額（1822 年後），以便參加科舉考試；[64] 另一個是客家人在有關的本地人地區中只佔極少數。

然而，這兩種因素似乎都不見於東涌。唯一可能參加過科舉考試的村民是上述清朝的六品官羅玉秀，人們認為沒有來自前客家家庭的人參加過科舉考試（或許除了上文也提到過的何興隆）。事實上，根據 1777 年關於租金糾紛的碑記所載，他們都是李久遠堂的佃戶，所以無論如何都無法參加科舉考試；除非他們從李久遠堂手上買下一小塊土地，並把自己的名字登記在田賦冊中。而據我們所知，他們沒有這樣做。此外，客家人在東涌社會中佔了很大比例，不太可能會像其他地區那樣被佔壓倒性多數的本地人所淹沒。

東涌客家人身分消失的原因，很可能是因為當地有東涌所城。東涌所城的士兵講粵語。當地客家人可能覺得，如果說粵語，辦起事來會比較方便。值得注意的是，正正是在東涌所城城門外的上嶺皮和下嶺皮，從客家轉變為本地人的現象似乎最為明顯。東涌何氏從客家人變成本地人，但他們住在貝澳的同宗子弟，同樣身處客家人與本地人雜居地區，卻沒有這種情況。

從客家到本地的轉變，最晚是在十九世紀中葉便已發生。筆者有個熟人，一位 1930 年左右出生的上嶺皮曾氏族人，在 1998 年表示，他的父親和祖父連半句客家話都不會說，這表示他的祖父是在純粵語環境中成長。因此從客家轉向粵語的變化，一定至少在再早一代人時已經發生，亦即這種變化在十九世紀已出現。

由於原本是客家人的東涌氏族，幾乎沒有一個再能說客家話，所以客家人與本地人聯姻就不再成為問題。這是因為定居歷史較悠久的真正本地氏族，都已把「變為本地」的氏族接納為本地人，各村落之間通婚已司空見慣。大多數東涌男人都在東涌尋找結婚對象。

白芒／大蠔地區（三鄉約）的村民全是客家人，並一直是如此。他們若要

64 關於想要參加新安縣科舉考試的客家人的情況，見 Hase, *Custom, Land and Livelihood*, pp. 48-49。

自己的約區[65]以外地方尋找新娘，幾乎都是到東涌或梅窩／貝澳地區去找。他們不會與長洲人通婚，或者只是很偶爾才會這樣做。東涌和梅窩／貝澳是本地人為主的地區。這種做法使得在三鄉的婚姻中，明顯有很高比例是由客家男人和本地女人通婚。這種特殊現象在 1955 年為人所注意到，並且看來似乎是許多代人以來的特徵。[66]新嫁來的女性似乎很少會去學客家話（一位大約在 1939 年以 17 歲之齡嫁入大蠔的女士，到了 1998 年仍不會講客家話，雖然她是聽得懂的）。當地男子早在戰前已全都會說粵語，而且在許多家庭中交談所用的語言都已是混雜的。在這種情況下，該地區仍能保有客家人身分和語言，着實有點令人訝異（如上所述，東涌的客家人家庭大多已融入他們所處的本地人環境之中）。這大概是因為，三鄉地區內客家人通婚的次數較多，足以令該地區保持客家特質。

與李久遠堂的租務糾紛

李久遠堂對大嶼山所有農地，以及與村落毗連的荒地徵收租金的權利，未必一定為佃戶所接受。有時，佃戶會拒絕付租，因為租金名義上是用來向官府上繳田賦的，但實際上往往沒有上繳，這嚴重違反朝廷所頒布的土地法。[67]據知，李久遠堂與佃戶之間曾爆發兩次大宗的糾紛。

第一次發生在嘉靖年間（1522-1566），大概是較後的時間。據李氏的記載：

> 嘉靖年間，鄉豪有私大奚田者，且有賓於官，竄吏曰：「官田也。」先生裔孫潯洲太守李翱請於巡院王德溢曰：「先世賜田，不忍棄也」。王曰：「義哉！其割百畝以歸祠祭，餘可計值。然

65　在此情況下，「約」是指「村落間以誓約結成共同防禦聯盟的地區」。

66　見 *Southern District Officer Reports*, p. 83。理民府官（高志，Austin Coates）發現，在牛牯塱本地人與客家人通婚的數目甚多。他將有關的土地人記錄為「廣東人，但與客家人通婚（Cantonese, but intermarried with Hakka）」。

67　關於朝廷的土地法和與地方上的土地習慣法之間的相互聯繫，見 Hase, *Custom, Land and Livelihood*。

稍難於鉅值。」[68]

官吏和佃戶聲稱該土地是「官田」，大概是因為根據法律，任何沒有納糧繳租的土地都是官地。如果沒有人為土地納繳田賦，那麼佃戶可以按照縣衙要求，以自己的名義登記，但在此期間，他們無須向李久遠堂繳交地租以供其繳納田賦，因為李久遠實際上沒有繳納田賦。事件發生的時間點具有重要意義，因為如上所述，石壁、貝澳和梅窩的首批定居者，似乎是在十六世紀中葉落戶大嶼山。就我們現有的文獻而言，這些是大嶼山最古老的農業聚落，而這場糾紛可能是在李久遠堂首次將大嶼山的土地租給農墾定居者時發生的。

顯然，巡院很清楚李久遠堂擁有大嶼山全部地權，而案件中的土地絕非官田。他似乎沒有考慮到，李久遠堂其實並沒有為有關的土地繳納田賦。

就在遷海令撤銷，有人到東涌定居或重回舊地之後不久，東涌的佃戶又與李久遠堂發生了另一場重大租務糾紛，纏訟約 76 年（1702 年至 1778 年）之久。這場爭端的細節可以從於 1777 年至 1778 年間安放在東涌侯王廟的石碑上得知，當中詳細記載了他們最終達成妥協，結束了這場紛爭。[69] 首先是在 1702 年，佃戶指控李久遠堂「欺隱稅畝」；他們想必是再次指出，按照法律，李久遠堂只可向它有繳納田賦的土地收取租銀。知縣丈量田地後裁定，佃戶應為所有經丈量的田地納租，共計 1,700 畝。[70] 這些土地中，大概有不少，也許是大部分都是明末佃戶所耕種的「舊地」，自 1682 年以來由新佃戶重新開墾。李久遠堂會為其中一些土地繳納地稅；而根據嘉靖年間的裁決，這些土地上的佃戶應向李久遠堂支付租銀。這場爭議在之後若干年暫時平息。到了 1750 年，糾紛再次爆發。李久遠堂丈量了耕地，發現它超過了 1702 年丈量所得的 1,700 畝。他們想對全部現有耕地收租。佃戶拒絕，他們說多出來的「新地」，是「佃人李岐遠等各祖父

68 黃衷之：〈宋季李忠簡會城祠復賜田記〉（十七世紀末），見蕭國健：〈李昴英與大嶼山〉，載《香港歷史與社會》（香港：香港教育圖書公司，1994），頁 193-195（附錄）。

69 有關這場爭端的詳情，可見於糾紛平息後在東涌侯王廟豎立的碑記，收錄於《香港碑銘彙編》，第一冊，頁 43。其英譯和註釋也刊於 Hase, *Custom, Land and Livelihood*, pp. 198-202。

70 「畝」是帝制時代中國用於表示面積的單位。在廣東，每英畝等於 4.8 畝（大於華北的「畝」）。100 畝等於一頃。

手上，陸續自用工本，或在山頭地角、或在海邊沙灘，工築成田」。佃戶實際上是在說，縱然李久遠堂有權按照 1702 年知縣的裁決對「舊地」收租，但無權對原本屬荒涼的山地或海床的土地收租；這些土地無論是在明代抑或當時都不曾繳納田賦。在 1750 年，李久遠堂把佃戶告到知縣堂前，知縣裁定佃戶應按照 1702 年的裁決繳租。

到了 1768 年，李久遠堂認為這項裁決還不足夠，再次要求知縣介入。當時再次進行了土地丈量，結果顯示佃戶現在耕種的土地實際上有 2,651 畝。隨後發生了一場非常大規模的訴訟，涉及知府、布政使（負責管理本省的財務）和不少於五位知縣。然而，李久遠堂和佃戶都不會接受這些官員的調查結果，於是此事被上訴到總督，總督將案件發回知縣處理。在爭議懸而未決期間，佃戶拒絕支付租銀。而儘管總督「**屢牌到縣行催**」，知縣仍無法達成雙方都能接受的共識或妥協。最終在 1775 年，經過由四名調停人勸解，達成了折衷方案，並在 1777 年至 1778 年獲知府和總督批准。根據這一折衷方案，1768 年的丈量所涵蓋的所有土地，無論是舊地還是新地，都應支付租銀（以白銀支付，而非像從前一樣以銅錢支付），但不收取附加費；隨後由佃農以自己的勞力和費用填海所得的土地，則歸他們所有，免付租銀。所有拖欠的租金都被一筆勾消。這種妥協隨後擴大至大嶼山的所有李久遠堂佃戶。

英國人接管新界後，徵收每英畝港幣一元至三元的地稅，低於李久遠堂收取的租銀。但英國人也對房屋徵稅（每百分之一英畝收取港幣五角），而傳統上新界的房屋是不用繳稅的。這樣一來，英國人的稅率，大致上就與李久遠堂收取的租銀相若。因此，李久遠堂徵收的地租不算過重（當時一般認為，英國人所徵收的地稅也不算特別重）。

這場糾紛持續了 76 年，反映了李久遠堂當時面臨的困難；同時也表明即使李久遠堂沒有為大部分的土地繳納田賦，他們所聲稱的土地擁有權因而受到質疑，但歷任知縣和省、縣當局一般都承認李久遠堂的權利。須注意的是，引發這場爭執的起因，主要是因為李久遠堂不滿足於以一筆定額款項的方式向每條村收地租，而是尋求要對每畝耕地都徵收地租。

總督的這項決定影響了李久遠堂所發出的租契形式：1777 / 1778 年前發出

的地契訂明，只有就新的土地另外獲得租約才能填海，但在該年份之後發出的地契就取消了這條款。[71]

1898 年英國租借新界之時和之後，「完糧人」的權利和土地習慣法地位的問題再次浮出水面。英國人表明，他們只會承認《大清律》的土地法中所認可的那些土地權利，而不承認土地習慣法中的地骨權，除非該土地有向官府繳納田賦。不過，地皮主持有的租契被認定是有效的。而即使地骨主能證明自己確實為這些土地繳納田賦，他們也無法提高他們所收取的租金；這租金非常少，通常低於英國人新設的田土廳所收取的新地稅。因此，地骨主的地權，實際上是在沒有獲得補償的情況下被剝奪了。大嶼山 650 年的社會史就此戛然而止，李久遠堂在此島嶼上的影響力也被清除了。

這場爭議的一個有意思之處，是知縣分別在 1702 年和 1768 年兩次丈量備受爭議的耕地。在 1702 年，有關土地的面積為 17 頃（1,700 畝），亦即 354 英畝；1768 年時則為 26.51 頃（2,651 畝），亦即 552 英畝。這些數字的準確性甚為可疑，尤其是第二個數字，但它們確實表明，東涌地區的耕地面積在這段時期顯著增加。這是在遷海令撤銷後，東涌早期居民花了很大工夫開墾新土地的證據。

這場租務糾紛想必對東涌社會產生極其深遠的影響。能夠與李久遠堂對簿公堂這麼長時間，必定為這個新形成的社群的領袖帶來巨大聲望。事實上，這個社群作為獨立的實體，很可能是為了進行此項訴訟而形成的。儘管李久遠堂保住大部分的收租權，但相較於訴訟開始時，其結局無疑是令佃戶變得強大，而李久遠堂的勢力遭到削弱。

在英國人到來前，東涌村民一直按照 1777 年的協議，繼續向李久遠堂繳納應付的租金。李久遠堂在石門甲的鬧門頭擁有一幢古老大宅，李氏的成員每次到東涌都會住在那裏。李氏的士紳每年來收租時，也會住在那裏。他們會一直住下來，直到應收的租金都到手之後才離開，然後等到下一年再回來。村民稱這座古老的大宅為「納稅屋」。

從上述關於租金糾紛的碑文可見，「東西涌」（包括磡頭和低埔）的佃戶牽涉

71 見 Hase, *Custom, Land and Livelihood* 中的貝澳地契。

這場糾紛，但大嶼山其他地區的佃戶，除了羗山和所謂的「內長洲」（這很可能是指芝麻灣）之外，都沒有牽涉其中。如上所述，很可能是由於此事，白芒／大蠔和沙螺灣從一開始就被排除在東涌社群之外，因為這些地區似乎沒有參與這場爭執。此外，如果沙螺灣和白芒／大蠔沒有加入東涌的佃戶一同對抗李久遠堂，李久遠堂很可能就是因此將它們從東涌分離出來，成為獨立社群，令它們遠離那些心懷不滿的東涌人。

東涌社群

東涌社群在形成初期以來，就由一個委員會管理；該委員會還負責管理東涌的兩間廟宇。此委員會由各村的耆老組成，一些較小的村落在傳統上會被歸入離它最近的大村落。據 1998 年受訪的耆老說，在十九世紀，這個委員會由 17 個「村落」組成。雖然沒有當時的名單留存下來，但它們可能是：

｜表一｜

西源堂	東源堂
1. 磡頭（包括赤鱲角） 2. 安慶（現稱為「牛凹」） 3. 東慶（現被視為牛凹的一部分） 4. 稔園（藍峯要到約 1905 年才建村） 5. 莫家 6. 石榴埔 7. 石門甲	8. 馬灣 9. 壩尾（包括流浮沙和低埔，兩村都是在 1898 年前不久才有人定居） 10. 東涌坑（現被視為壩尾的一部分） 11. 上嶺皮 12. 灰窰下（現被視為上嶺皮的一部分） 13. 下嶺皮（包括沙嘴頭） 14. 黃家圍 15. 龍井頭（現被視為黃家圍的一部分） 16. 黃泥屋（包括馬灣涌，在 1898 年前大概不被視為獨立的村落） 17. 黃龍坑（現被視為壩尾的一部分）

1898 年前的村落名單，似乎將所有具有明顯氏族定居模式的聚落，都視為獨立的鄉村（例如，楊姓的東慶和羅姓的安慶，或完全屬於羅氏的灰窰下）。

1941 年時，這裏有 14 個「鄉村」，當時村民明確將一些過去被視為獨立的鄉村，劃歸入附近另一個更大的村落之中。這 14 個村落大概是：

｜表二｜

西源堂	東源堂
1. 磡頭（包括赤鱲角）	7. 馬灣（包括黃泥屋）
2. 牛凹（包括安慶和東慶）	8. 馬灣涌
3. 稔園（包括藍輋）	9. 上嶺皮（包括灰窰下）
4. 莫家	10. 下嶺皮（包括沙嘴頭）
5. 石榴埔	11. 黃家圍（包括龍井頭）
6. 石門甲	12. 壩尾
	13. 低埔（包括流浮沙）
	14. 東涌坑（包括黃龍坑）

這些 1941 年的安排，直到近年繼續成為地區政治安排的基礎，但赤鱲角、地塘仔和漁民被當成「鄉村」加入其中；而東涌坑和黃龍坑在最近幾十年荒廢後，被歸入壩尾。村落數目在二十世紀初從 17 個減少至 14 個，大概與設立「花炮會」有關。「花炮會」是慶賀侯王寶誕期間負責獻納祭禮的組織。由於小鄉村無力獨自提供祭禮，所以需要與鄰村合供。

分散而獨特的東涌社群最初被稱為「東涌合鄉」，大概是因為它是由東源堂和西源堂合組而成。不過，它更常被簡稱為「東涌鄉」。我們可找到在 1765、1857、1893 和 1910 年有關東涌鄉或其所舉行活動的記載。

對於耆老委員會的運作方式，我們不得而知，大概與新界其他地區的情況相若；不過這裏有東涌所城，必然會使委員會帶有一些特殊面貌。我們所知的是，該委員會歷來都有兩個負責人，分別來自東源堂和西源堂；今天我們會稱之為「主席」和「副主席」。

正如上文提及，在 1765 年向侯王廟獻鐘時，捐贈者自稱住在「東涌鄉」。這可以證明這個鄉及其耆老委員會已經存在，捐贈者很可能就是當時鄉內的重要耆老。

1857 年，東涌發生海戰，是當時發生的第二次鴉片戰爭當中的事件。英國人注意到東涌這個錨地，以及其兵船和炮台的戰略價值，決定將之消滅。他們派出戰艦「奧克蘭號」（*Auckland*）與蒸汽補給船「小鷹號」（*Eaglet*）。經過一天的激戰，英國船艦摧毀了他們在錨地發現的五艘兵船，並派出一支兵力頗多的部隊登陸，攻進東涌所城和各炮台，把大炮悉數破壞。

就本章的關注點而言，此事除了肯定了東涌的戰略重要性外，另一個重點就是在交戰後的第二天，東涌的兩位領袖致函英國艦隊指揮官，並向英國船艦主動送上兩頭牛和一些豬，請求他「放過這個聚落」。兩位耆老的目的是希望英國人不要對這個愛好和平的農耕社群採取進一步報復行動；他們期望英國船艦收下這些無償提供的食物後，不要再索取其他補給品，或者至少要出錢購買。[72]

如上文所述，1855 年時英國海軍攻打一支海盜船隊，地點可能是大澳；在戰事結束後，耆老也曾自發向英國艦隊指揮官貢獻牲口。在 1864 年中英聯合海軍遠征隊清剿后海灣的海盜後，也發生了同樣的事情。自發提供食物是希望對方不要多加要索，這充分地證明了艦隊確實經常苛索無度，並且村民擔心這樣的艦隊可能一下子就令鄉村變得一窮二白。

這一事件顯示，1857 年的東涌鄉和後來一樣，是由兩位人領導，東源堂和西源堂各推一人。他們會致函英軍指揮官，可見他們應該讀過書。這在整個新界都很普遍，地區領袖通常是從受過良好教育和富裕的耆老中推舉。

東涌鄉耆老在 1893 年制定了鄉規供當地居民遵行。[73] 這是依循新界地區頗為常見的做法，鄉規是由耆老集體執行。在 1893 年，一些鄉規條文被寫在木板上，掛在侯王廟中公告眾人。鄉規可能也會有寫於紙上的抄本，貼在村中房屋的牆上，這似乎是新界的普遍做法。

掛在廟中的鄉規，涵蓋了農村生活的常見問題。它們要求村民看管放牧的牲口，並規定如牲口踩壞青苗就要被罰款。鄉規同樣會保護竹林和樹木，違規砍伐的人會被罰款。在收割前的幾週，會派人巡邏農田，以對付偷竊農作物的行為；

72 *Illustrated London News*, 16 May 1857.

73 許舒抄錄了這些規則後不久，原本的刻字就被毀掉了。這些規則抄錄並論述於：Patrick H. Hase, “Rules on the Protection of Village Trees and Associated Matters”, *Journal of the Royal Asiatic Society Hong Kong Branch*, Vol. 51 (2011), pp. 31-56。

被巡邏人員抓獲的竊賊也會被罰款。所得罰款，部分會用於獎賞告密者。罰款會在侯王廟內的鄉公局繳付。犯人恃惡不遵，不馬上繳交罰款，耆老會加以質詢；如果犯人仍不認罪，會送交縣官究治。1998 年時，耆老向筆者補充說，通常的做法是把被抓到偷竊的人押去遊村示眾，然後予以罰款；那人可能還會遭長者毆打。部分罰款會用作工資付給收成前巡邏農田的年輕人。可惜，在 1962 年侯王廟重修時，寫有這些規則的板子被丟棄了，但幸好許舒之前已抄錄了一份副本。無論如何，從這些規條可見，在英國人到來的前夕，東涌鄉的耆老委員會辦事是頗有效率和成效的。

對於擾亂引水到農田的灌溉水道，這個常常會引發鄉村糾紛問題，東涌鄉似乎沒有任何規則處理。這是可能是因為，在石壁水庫啟用前，東涌的水源非常充沛，淡水供應在東涌從來不成問題。1998 年時受訪的耆老確信，區內也有規範婦女行為的規條；如果婦女行為不檢，會對戶主罰款和施以其他懲罰。假如此說屬實，這些規條便沒有寫在廟內的板子上，而是以其他方式發布。

1910 年侯王廟重修，廟內留有關於這次重修的碑誌，從中可見當時該鄉耆老的情況：[74] 東源堂有 8 名總理和 12 名值理參與這次重修；除了低埔村（它當時才剛剛有人定居，大概仍未被視為獨立的村落）之外，每條村落都至少有一人（馬灣涌的地位尚不清楚，或許當時並未被視為村落）。西源堂有 6 名總理和 11 名值理參與重修；除了稔園之外，所有村落都至少有人參與。稔園可能被視為與藍輋合為一村，而一名藍輋村民是西源堂捐款最多的人。西源堂只有一名村民捐了 50 元，就是李木記（大概是來自藍輋）。東源堂有 4 名村民捐了 50 元，大概都是來自上嶺皮或下嶺皮，他們是孔容升、孔長福、李寬記和楊申福（其中一名孔姓人士可能來自馬灣）。

兩個堂捐贈的金額幾乎一樣：東源堂捐款港幣 1,096.5 元，其中 523 元（46.6%）由總理和值理捐出；西源堂捐款 1,045 元，總理、值理捐了其中的 415 元（39.7%）。兩個堂都積極尋找東涌以外的捐贈者，東源堂籌得 353 元，西源堂則募得 227.45 元。在籌得的 2,721.95 元總額中，花掉了 2,549.73 元，剩下少量

---

74 《香港碑銘彙編》，第一冊，頁 43；第二冊，頁 395-402。

餘款。兩個堂分頭在東涌以外的地方籌款，東源堂在大澳以外的大嶼山地區及香港仔籌款；西源堂則在大澳和香港島募資。大澳的捐款者大多是與東涌村民有生意往來的店舖（捐助紀錄中有 39 家店舖，不過每家店舖平均僅捐一元）。兩個堂都向住在東涌以外的親戚募捐。

我們透過這些捐款碑誌，得以一窺 1910 年鄉公局的工作。它們向我們展示了耆老委員會的行動，以一小群相對富裕和有影響力的耆老為首的小團體，積極統籌區內的工作。毫無疑問，耆老們自 1700 年以來便一直是這樣做的。

東涌和大蠔灣填海

東涌灣

如上文所述，在佃戶與李久遠堂發生糾紛期間，知縣曾兩次丈量東涌耕地。第一次是 1702 年，量得 1,700 畝；第二次則在 1768 年，量得 2,651 畝。如果完

｜插圖 006｜約 1950 年的東涌侯王廟

｜地圖 08｜東涌的風水：陽氣軸線

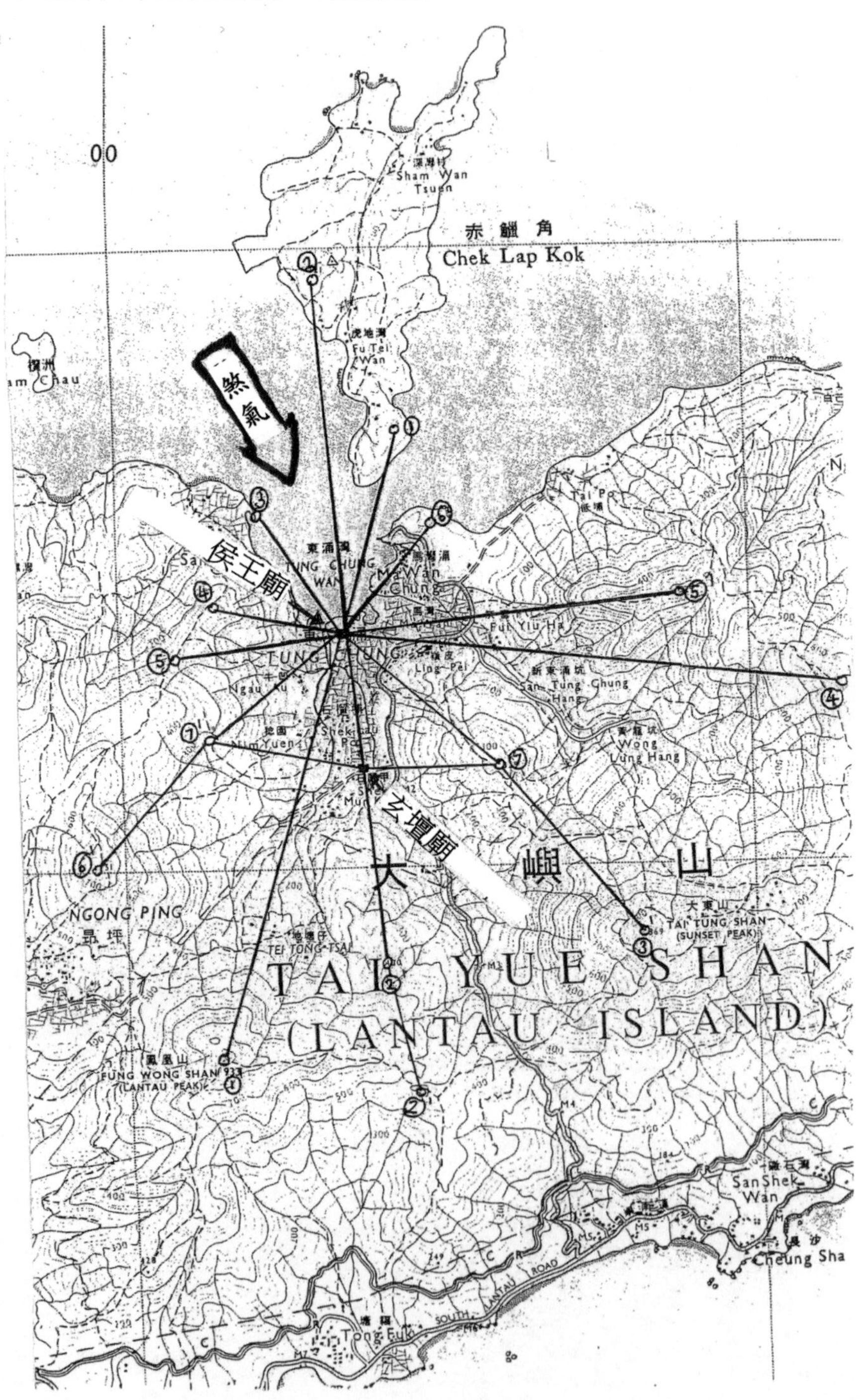

｜地圖 09｜東涌侯王廟的風水

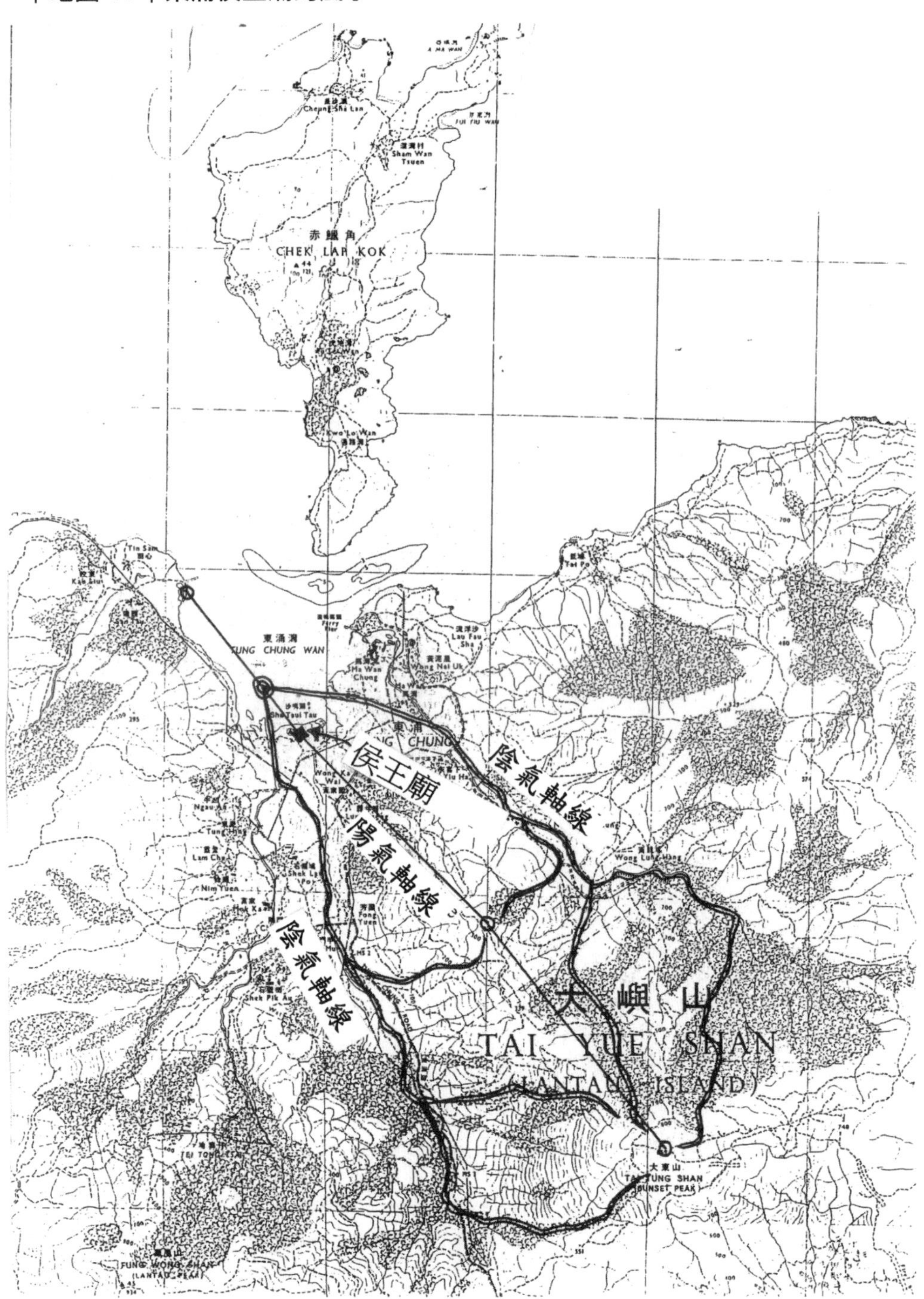

全相信這些數字，則此期間耕地面積增加了近五成。這些數字或許不是那麼準確，但至少顯示出可耕土地面積大幅增加。這應是由於填海造地所致。

侯王廟（見插圖 006）建在填海得來的土地之上，可以印證東涌的海灣在十八世紀初進行了大規模填海工程。侯王廟的竣工時間不遲於 1765 年。這座廟建在填海土地上的原因，是它坐落在一個風水寶地上（見地圖 08 和 09）。四條陽氣軸線在該地點交會，將其與區內的各主要山峰連繫起來；整個區域的主要陰氣軸線也直接會聚於該地點的前方。此外，東涌遭遇從西北進入山谷的巨大煞氣（見地圖 08）。侯王廟的廟址正對着這個危險方向的中心，因此在該處建廟，可為整個山谷化解凶險。

村民甫定居在這個山谷，肯定就發覺這是風水極佳的廟址，但此地點當時還在遠離岸邊的水域。於是，他們做了一些填海工程，從莫家村前方原來的海岸，填到現今的廟址。這座廟建在新的海濱，坐向傾斜以直面煞氣走廊。這些填海工程可能是在 1710 年至 1740 年間開始的，至少需時幾十年才能完成。與此同時，村民在石門甲附近建了一座小廟，即玄壇廟（見插圖 007），它橫跨區內最重要的風水軸線；在擬建於填海區的廟宇落成前，這座小廟就是區內的主要廟宇。

在近年發展東涌新城鎮之前，從莫家村附近的舊海岸一直到侯王廟的廟址，可以看到區內的兩條堤壆（見插圖 008），相信是十八世紀重大填海工程的堤壆。原來從西源堂地區流入海灣的小溪流，填海後變成在填海區西側形成一條河道；而區內的主河（西源堂與東源堂的分界），則沒有重大改變，在填海區的東側繼續奔流。大概在同一時期，在磡頭和稔園之間的西側河流西邊填出了一塊陸地（見地圖 10）。

不過，從刊於《倫敦新聞畫報》的 1857 年東涌灣戰役的繪圖（見插圖 002）看來，當時東涌灣的東半部完全沒有填海。這張圖顯示 1831 年所建的東涌所城，是建在緊鄰海邊的地方，所城前方的城牆與海岸之間，只隔着一條狹長地帶，僅夠修築一條小路；相信從東涌所城建成後到 1857 年，情況大致都是這樣（見地圖 11）。由此看來，所有早期的填海工程都發生在這個港灣的西部。

估計早年當局為了保持東涌所城的軍事作用，可能曾經禁止在東涌灣東部填海。然而，在 1857 年的戰事後，所城的大炮全被英國人破壞扔下城牆，掉在牆

｜插圖 007｜1997 年的東涌玄壇廟

｜插圖 008｜東涌灣填海堤壆和殘餘的舊河道

背景可見「長官橋」（The Commander's Bridge）。

| 地圖 10 | 東涌灣的填海

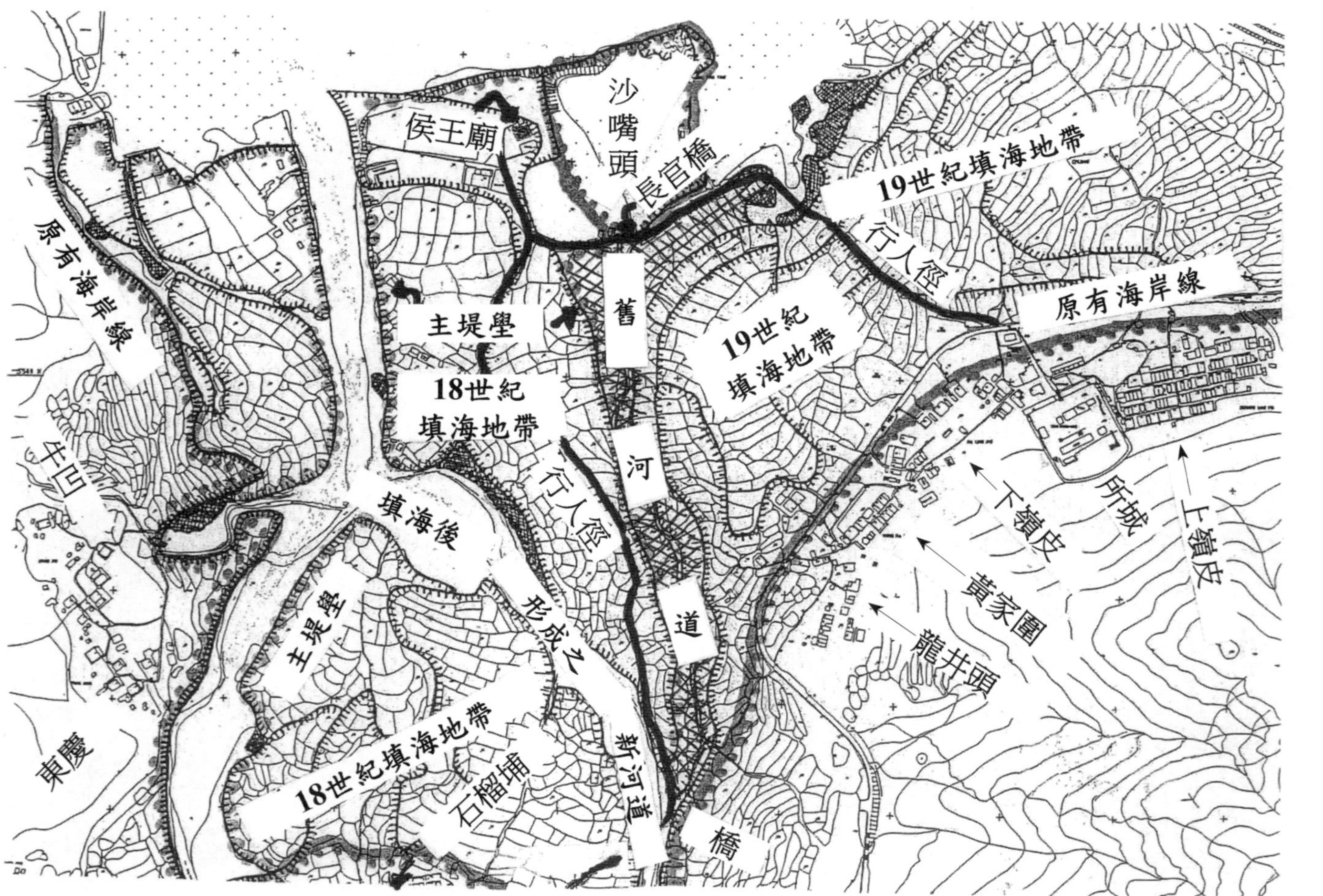

沙嘴頭
侯王廟
長官橋
19世紀填海地帶
行人徑
原有海岸線
原有海岸線
主堤壆
舊
19世紀
填海地帶
18世紀
填海地帶
河
牛凹
行人徑
填海後
下嶺皮
所城
上嶺皮
黃家圍
形成之
主堤壆
道
龍井頭
18世紀填海地帶
石榴埔
新河道
東慶
橋

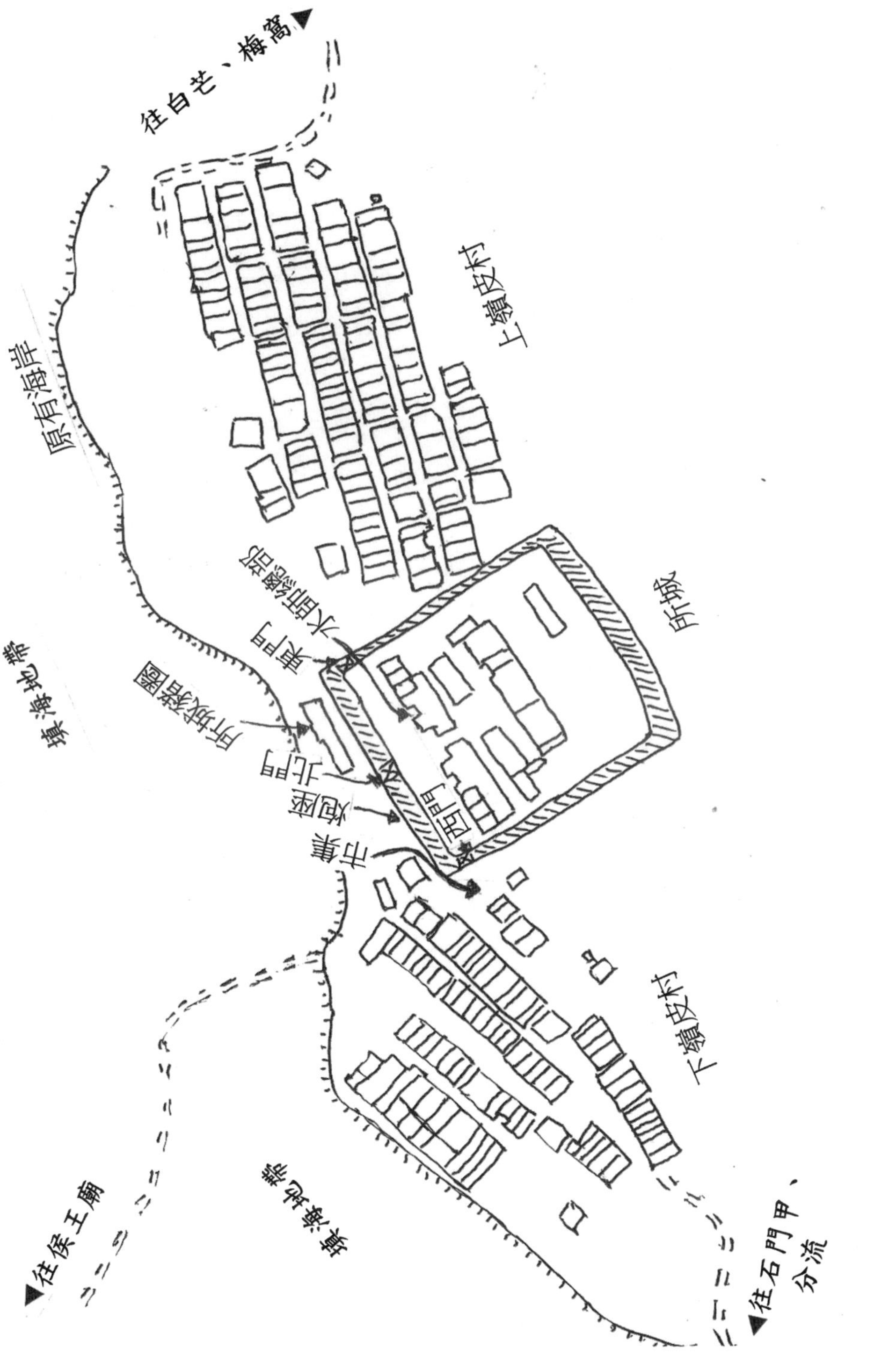

地圖 11 | 東涌所城地區

外的土地上（在 1920 年代以前一直遺留在該處），所城於是喪失其軍事價值，當局再也無法阻止人們在所城前填海。海灣東部的填海工程，似乎就是在這場戰事之後不久進行的（最遲從 1860 年左右開始）。

東涌灣東部的填海工程大約在 1870 年至 1875 年間完成。新填海區，即使是其最外緣，也是處於侯王廟及其海岸的後面。在新填海區和舊填海區之間，留有一條寬闊的水道供主河通過。但在某個時候，大概是東邊填海工程剛開始時，這條原本奔流於兩片填海區的堤壆之間的主河，似乎沖破了堤壆，在舊的填海地沖出一條新的水道，與西源堂區域的溪流匯合，然後沿着舊填海區西側流注入海。這或許是因設計缺陷所致，即新填海區可能對主河的水流造成太大干擾。最後，新水道獲保留下來，並建造了新的堤壆，以保護舊填海區的其餘部分（見地圖 11）；東面的舊河道被填平，只留一條狹窄水道供殘餘的水流通過。這必定是一場災難性的洪水，其發生時代不詳，可能就在新填海工程開始後不久（舊河道仍是西源堂和東源堂的分界線）。

通往侯王廟的舊路，是從莫家村穿過舊填海區的中心到達該廟。村民也開闢了另一條通過東部新填海區中心的路徑，從東涌所城的大門開始延伸至該廟。在舊的路徑上須修建一座橋樑，以跨越在莫家村北方新形成的主河道；而在新的東側路徑，也須在供殘餘溪流通過的水道上築橋。後一座橋是石板橋，由所城的指揮官興工建造，故被稱為「長官橋」（見插圖 009：所城指揮官修建這座橋，是因為他手下的駐軍需要使用侯王廟前臨近海岸的開闊草坪來練兵和演習）。橋旁豎立了一塊小石碑，上有碑文記載此事，石碑在 1998 年時仍矗立在該處，但上面的日期已漫漶難辨。下嶺皮的耆老在 1998 年表示，他們的祖父在 1870 年代童年時，會沿着新路徑走過「長官橋」步行到侯王廟，由以可見填海工程在那時已經完成。

東涌灣東部填海工程完成後，東涌超過四分之三的耕地都在填海區。[75] 有了

---

75 1963 年時，東涌總耕地面積為 1,472 斗種，約相當於 1,158 畝。一般認為，在 1898 年至 1963 年間，東涌的耕地面積沒有擴大。見 Ng Cheuk-yiu, *Land and People in Tung Chung Valley: An Example of Rural Land Use in Hong Kong* (unpublished PhD thesis, University of Hong Kong, 1965，可於網上查閱）。

｜插圖 009｜1997 年的「長官橋」

圖中仍可看到舊有的石橋，上面鋪了一層混凝土橋面。

這些填海區，東涌在英國人到來前，一直能保持大米自給自足。這些填海工程肯定耗資不菲，但對東涌社群來說非常寶貴，尤其是因為在租金糾紛解決後，這些土地都是免租免稅的。

大蠔灣

白芒／大蠔以及東涌居民，一如新界其餘大部分地區，完全依賴耕種稻米自給，因此他們都竭盡所能擴大耕地面積。白芒／大蠔地區大部分可用的山邊地帶，在 1875 以年前早就已開墾成稻田。1955 年，村民意識到如果他們可以獲得更多灌溉水源，就可以將更多土地用於耕作；問題是這些鄉村（尤其是白芒）十分缺水。[76] 他們一直並不富裕，沒有足夠財力建造像樣的水壩來儲水，要依賴天

76 *Southern District Officer Reports*, p. 82.

| 地圖 12 | 大蠔灣的填海

然溪流供水。撇除這些問題，每塊能夠用來種稻的土地，都已被開墾利用。

與其他地方一樣，當地居民已盡用他們所有的人力或手工技術，把所有可以填海造陸的水域都填了海。大約在十九世紀後期，大蠔灣的頂部以上述方式填出兩大片土地，加起來總面積達 6.94 英畝（見地圖 12）。此項填海工程由牛牯塱及大蠔的村民進行。在集體官契制訂時，這些填海土地大多由牛牯塱林氏（61.7%）及大蠔郭氏（35.3%）持有，另大蠔的「Ho Yau-tseung」和何海持有其餘的六塊田地（3%）。郭氏擁有的填海土地，大多靠近他們在田寮的村落。

這項填海工程大概是在英國人來到新界之前幾年開展的。在 1905 年的集體官契中，填海區整個靠海的部分（共 1.62 英畝，既佔總面積的 23.3%）被政府丈量人員評為「荒地」。幾乎可以肯定，這是因為這裏的填海地太新，離海最近的土地，鹽分還沒有完全釋出，故含鹽量高，未能用於種稻。當時，只有一片位於「荒地」中央的田地可以使用。不過，在 1905 年，靠近內陸的田地在那時已全都能用於生產。這表示在 1905 年時，填海地靠海的部分，不大可能有超過十年的歷史。

從填海區的土地持有模式中可看出大致相同的含義，即填海是在集體官契制訂前不久進行的。登記在集體官契上的 19 名牛牯塱屋主中，12 人持有填海區的土地；在田寮擁有房屋的 6 名郭氏族人，全都持有填海區的土地。以上兩個村落的大多數家庭都擁有當中的土地，可見填海確實是集體活動。不過，另有 5 名牛牯塱林氏族人（不包括祖堂）和 3 名田寮郭氏族人在填海區擁有土地，卻沒有在自己的村中擁有房屋。這 8 名在填海區擁有土地卻沒有任何房屋的村民，肯定是仍然住在父母家中或與哥哥同住的年輕人，他們所住的房屋在集體官契屬於父親或兄長名下。在正常情況下，這些人之後大多會自己成家立室。1905 年時，在填海區擁有土地的 28 人中，有 8 人（28.6%）尚未建立自己的家庭（他們在填海區擁有自己名下的土地，可能是因為他們為填海貢獻了勞力和個人積蓄）。假如填海和集體官契之間經過了整整一代人的時間，那麼這些數字會少得多。因此，上述現象反映填海工程肯定是在集體官契制訂前不久進行的。最有可能的是在 1890 年代後期。

牛牯塱正是有了這片填海土地，耕地數量才會超過白芒。在 1955 年，牛牯塱有約 100 斗種的土地，記錄在案的人口為 62 人（人均 1.61 斗種），而白芒是 67 人共有 70 斗種（人均 1.04 斗種）。[77] 牛牯塱的 100 斗種中，有約 26 斗種是在填海地。若沒有填海，牛牯塱的人均耕地數量就會與白芒大致相若。

社會與經濟：路和渡船

行人徑

東涌有無數小徑可通往山上；白芒和大蠔也有許多類似的小徑，但比東涌稍為少一點。不過，當中只有四條主要的小徑，勉強可以稱為「路」；或者更準確地說，只是主要的行人徑。這些路或主要的行人徑，在某些路段是以石材鋪砌，在要過河的地方通常有小橋（參見地圖 13）。

沿着這幾條「路」，人們可以由大澳沿海岸經沙螺灣到達東涌；之後由東涌經白芒的渡船碼頭，通往大蠔，然後翻山越嶺到達梅窩；也可從東涌翻越山嶺至長沙及大嶼山南部；也可由東涌經地塘仔及昂坪到達南岸的石壁。大約在 1909 年至 1917 年間，首批佛教僧侶搬到地塘仔或昂坪；但在此之前，這些地方杳無人煙。那麼，有什麼人會走在最後那段陡峭難走的山路？答案是：這是東涌所城前往在分流的前哨的路線，因此常有一些士兵及苦力，帶着食物、彈藥和其他補給物資走在這條路上。無論如何，正是由於有這樣的交通，這條路就要經過妥善的修築和維護；這當中的大部分路段，至今仍然存在。另外，從東涌至大澳的行人徑有許多本地人往來行走，因為對東涌來說，大澳就是主要的墟市。

有一條重要的行人徑從白芒和大蠔延伸至內陸，翻越山嶺通往大嶼山南岸的梅窩。這是由白芒渡船碼頭前往梅窩渡船碼頭的行走路線。在這條路上往來的人很多。它在 1898 年以前的作用顯得尤其重要。這條路也有許多本地人使用，因為長洲是白芒／大蠔地區居民通常會去的墟市，而要前往長洲便需要在梅窩乘搭渡船。在這條路途經的溪流之上，都有一些建得不錯的小橋（見插圖 10）。

---

77 *Southern District Officer Reports*, pp. 82-83.

｜地圖 13｜東涌地區主要的行人徑

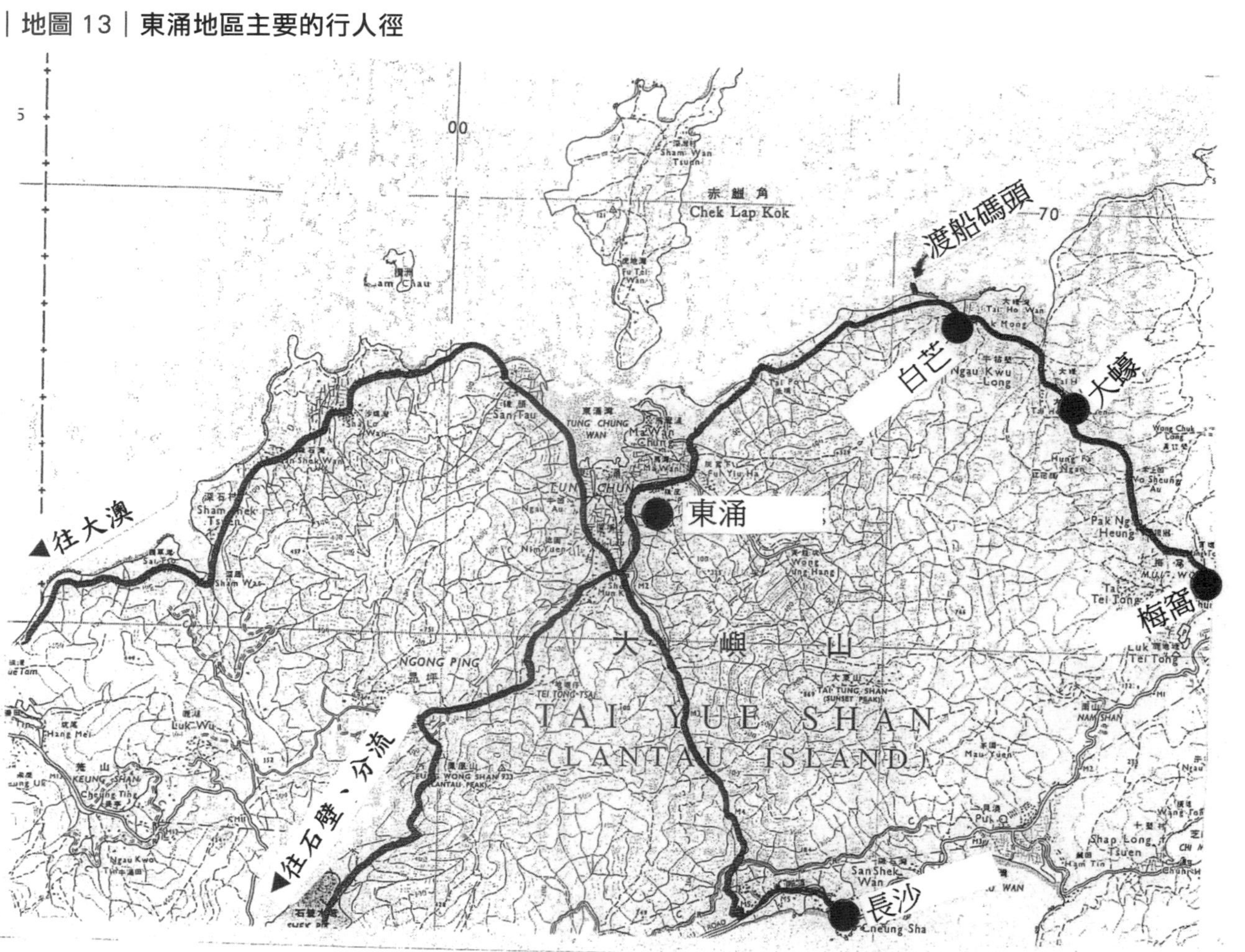

｜插圖 010｜1997 年的大蠔「萬興橋」

該橋建於 1827 年，利用屹立於河溪中流的巨石作為橋墩。圖中仍可看到舊有的石橋，上面鋪了一層混凝土橋面。

渡船

白芒／大蠔地區素來偏僻，前往任何墟市都隔涉遙遠，村民想要出售農產品一直十分困難，因為想賣什麼，都須經歷在陡峭山徑長途跋涉的旅程。清朝時，東涌因為設有所城，顯得較為繁盛；白芒／大蠔地區則不同，無論在清朝還是英治時期都是窮鄉僻壤。不過，在 1898 年前，此地區因為一個因素而稍得繁榮。有兩條重要的渡船從白芒開往屯門和元朗，還有一條較小的渡船前往大欖涌。這些渡船為這個地區帶來一些金錢收入。兩條主要的渡船都是向官府納餉的正式渡船，因此記載在 1819 年的《嘉慶新安縣志》中。[78] 這些渡船既用於載送公務人員前往處理公務，也用於載送私人搭客和商業交通。這些渡船不見於 1688 年的

78 《嘉慶新安縣志》，卷七，載《深圳舊志三種》，頁 792-793。

《康熙新安縣志》，很可能是在 1688 年至 1819 年間開辦的納餉渡船。

渡船得以開辦，背後的原因就是長洲。在十九世紀，新安縣最重要的三個地方是南頭（縣城）、深圳和長洲。這三個地方當時的規模無從稽考，但在十九世紀中葉，長洲很可能是三個地方中最大的（1911 年時，它的陸上和水上居民加起來將近 8,000 人）；就算不是最大，也肯定不會落後於另外兩地太多。因此，縣城與長洲之間的往來交通很繁忙。從南頭到長洲最直接的路線，是穿越大嶼山從白芒到梅窩。[79] 因此，白芒渡船是縣城與大嶼山南岸這個大港口之間的重要路線的一段。對於那些喜歡走較長水路但較短步行路途的人來說，白芒到元朗渡船，可能是替代從白芒到屯門這條較直接的渡船航線的另一選擇。這渡船可能並非一直去到元朗，而是到沙江廟（在沙江廟可搭另一艘官方納餉渡船橫越后海灣再前往南頭）。

縣城與坪洲（坪洲雖然比長洲小得多，但仍是縣內十幾個較大的地方之一）、南丫島、香港島和南大嶼山之間的交通，也都輻湊於白芒渡船。坪洲、南丫島和香港島，全都可以從梅窩乘坐渡船前往，儘管相對來說這些渡船較為次要，因此也不用納餉。這條路線也從南頭繼續向北，因為還有另一條官方渡船從南頭到廣州，這是直至當時為止從長洲和周邊島嶼前往廣州最便捷的旅行方式。

白芒渡船相當重要，因此清廷派出一支由五名士兵組成的衞隊長駐白芒（見插圖 011）。這個汛哨可能是在十九世紀初設立的，並且在 1898 年英國人接管新界時仍然存在，這充分表明了此渡船的重要性。

長洲大概是在 1682 年至 1700 年間建鎮，並且從十八世紀初葉至中葉起，似乎已成為一個重要的地方；開往白芒的官方渡船，最晚從十八世紀中葉起就已變得相當重要。渡船轉變為正式的納餉渡船，很可能就是在十八世紀中葉，由長洲的急促成長所直接促成的。白芒建村與此渡船成為納餉渡船，大概是在幾乎同一時間發生的。渡船成為納餉渡船、長洲的急促成長，以及由此引致想從白芒渡船碼頭翻山到梅窩的旅客人數大增，或許是刺激佃戶來到白芒的因素：這些情況至少能增加人們來這裏租地開墾的吸引力。

79　關於這渡船及其重要性，見本書第 4 章「地與海：鹽業、漁業與香港港口城鎮的社會發展」。

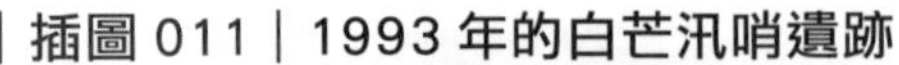
｜插圖 011｜1993 年的白芒汛哨遺跡

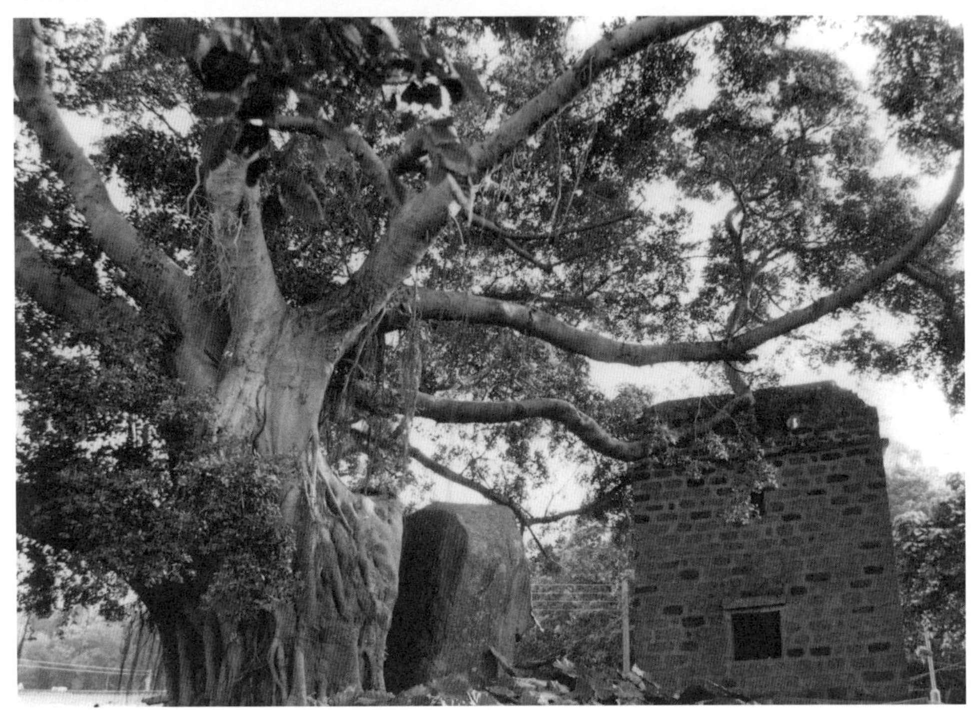

渡船是由外來的商家，而非白芒村民擁有的。不過，為候船的乘客提供服務總是有利可圖的：村民可以向他們賣茶，或許也可以供應麵食，而且旅客常常需要苦力協助揹行李翻山越嶺；那些不想艱辛地走那陡峭的山路翻越紅花顏坳（也稱為「望渡坳」）的人，也要僱人抬轎子。偶然會有些摸黑來到的旅人，肯定也會想找地方投宿。因此，渡船造就了一點繁榮景氣，尤其是對白芒而言。

在十八世紀和十九世紀初，這個地區的交通是南北向的：從長洲等港口經南頭到廣州。這是白芒渡船最繁榮興盛的時期。但到了 1841 年後，交通逐漸變成東西向為主：從長洲和其他海港到香港島上的新城市，再從那裏前往世界各地。十九世紀末，長洲、梅窩和坪洲每天都有定期的渡船前往香港島，當時這些渡船承載了這個地區大部分的商業和私人客運。事實上，到了十九世紀末，長洲也有來自香港島的蒸汽輪服務，因為往返澳門的渡輪，中途經常會停靠長洲。然而，人們仍需要因公務來往南頭和長洲之間，例如水師和海關官員須經此路線前往他們在長洲的駐地，人們也需要找知縣去處理為賦稅或法律問題；當時也仍有一些前往廣州的渡船（但隨着時間推移，加上由香港島開出的內河輪船可為前往廣州提供更好的交通服務，這種交通變得愈來愈少）。白芒渡船就算到了十九世紀末仍然很重要，雖然已不如 1841 年以前那麼繁忙。

就如下文會進一步討論那樣，白芒／大蠔村民以長洲為他們的市場。大澳距離太遠，他們難以到達；東涌的墟市則太小，不值得花時間專程前往。村民會帶着貨物翻越紅花顏坳口前往梅窩（步行大概需要一個多小時），然後在該處付費搭舢舨前往長洲。從梅窩到長洲需要另外一小時。因此，前往市場的行程須花上一整天。

長洲有龐大的陸上居民和水上居民（1911 年時總共有 7,661 人，其中 2,248 人是陸上居民，5,413 人是水上人；到了 1941 年，總人口至少有 10,000 人），當地需要大量的柴薪供爐灶和工場使用。長洲的燂船場還需要山草，因漁船每年須燂洗兩次，燒掉附在船底上的藤壺。儘管白芒／大蠔地區與長洲距離頗遠，但村民將柴薪運到市場後，通常都很容易就能賣出；不過因為與市場距離遠，他們無法參與山草貿易（山草體積太龐大，很難靠人力運過山坳）。實際上，長洲常常面臨燃料耗盡的危險，這時候長洲的柴商就會派人去梅窩，一旦有柴薪運到就馬上買下，這樣村民就不用耗費時間和體力跋涉到長洲去。對白芒／大蠔村民來說，這種柴薪買賣對他們的生計至關重要，是他們獲得現金的唯一機會，而他們需要現金購買自己無法生產的物品。在日佔時期，村民因飢餓體弱，無力前往市場（他們已沒有體力和精神翻山越嶺），常常擔心因無法賣柴而缺錢。

東涌的佛教建築

地塘仔

新界一直都有佛教場所，但 1898 年以前數目很少。在英國人到來前，深山各處隱藏着幾座小寺院和尼姑庵，如大嶼山鹿湖的寺院始建於 1883 年。但是，香港大多數佛教場所都是較為晚近才出現的。

在十九世紀末，嚴守清規戒律並且深具思想性的佛教，在香港大為復興起來，何東夫人張蓮覺是最著名的佛教支持者。後來，廣東省政府在 1926 年至 1936 年間發動一系列「破除迷信運動」，取締寺院和尼姑庵，結果促使許多僧尼紛紛逃往香港。最後在 1949 年至 1952 年間，贏得內戰的共產黨人把僅餘的寺院全都關閉了，令更多僧尼來到香港避難。香港大部分佛教機構，都是由於這些因素促成，尤其是東涌地區的寺院和尼姑庵。

地塘仔位於東涌谷上方的山坡，俯瞰東涌谷；它一直被認為屬於東涌地區的一部分。而從東涌要翻過山峰才能到達的昂坪，則從來被認為不屬於東涌。在約 1909 年至 1920 年間，兩地興建了第一批宗教屋宇；但在此之前，地塘仔和昂坪都無人定居。

在抗日戰爭結束後不久，昂坪寶蓮寺方丈筏可法師調查了地塘仔和昂坪寺院的歷史，並在 1958 年發表研究成果。[80] 他訪問了當時仍在世的年長僧尼，他們還記得自己所住房屋的來歷。因此，這些研究完全是根據口頭資料。筏可記錄的口述資料，可以對照政府土地登記冊內的證據，當中記載了地塘仔和昂坪的宗教房屋土地買賣詳情。不過，這兩個來源的資料很少一致。部分原因是筏可所記載的是建屋者的法號，而政府土地登記冊記載的是他們的俗名，即身分證明文件上的名字。另一個問題是，筏可記載的名字，是第一個住在該房屋的宗教人士，並視之為建屋者；而政府土地登記冊往往顯示，首個買地的人是虔誠的居士，此人之後將房屋交給了僧人或尼姑。此外，即使賣地和興建宗教屋宇的資料是一致的，該宗教屋宇也常常是整座或有一部分位於該地段之外。

根據筏可的記述，首個建於東涌南方山中的地塘仔的屋宇是華嚴閣（後改名為「竹林」）。筏可說，這座房屋是由遠參法師所建。據筏可記載，遠參生於 1875 年至 1880 年間，15 歲成為孤兒後開始宗教生活。他曾在不同寺院住過，大部分在廣東。他在 1911 年後不久來到香港，向政府買下地塘仔的土地，興建了一間小靜室。

此事難以在政府土地紀錄中得到證實。這塊地很可能是在紀錄中於 1918 年

---

80 筏可：《大嶼山志》（香港：寶蓮禪寺，1958）。

或之後不久賣給「Yun Tung」用來興建尼姑庵的土地。[81]「H. Law」在 1923 年買下附近的土地，可能成為了同一建築群的一部分。「Yun Tung」或許就是遠參。地塘仔其他僅有的早期賣地（1925 年前）是賣給僧人「Rev. Uk Ming」（最初大概是在 1917 年），以及在 1919 年或之後不久賣給「So Lo」。「So Lo」還在 1928 年或之後不久，買下與他原有的細小地段相鄰的土地。「Uk Ming」大概從未動工建屋，而「So Lo」購買的土地，幾乎可以肯定一直沒有開發，直至後來被收購用於興建其他建築物。因此，遠參最初可能是在 1911 年左右住在地塘仔的一間小木屋。他在 1918 年買下這間木屋所在的土地，當時打算興建尼姑庵。但這從未成事，自 1911 年以來，這間屋就一直都只是一間簡樸的靜室。在 1925 年，遠參的小靜室很可能是地塘仔唯一的佛教屋宇。

地塘仔的其他早期房屋，可能都是由逃避「破除迷信運動」的僧侶或尼姑所創建的。根據筏可法師的記述，了見比丘尼在 1926 年棲身於地塘仔一座兩層高的小靜室，她稱之為「鶴林」，後來改名「葩嚴閣」。這可能是政府賣地紀錄中 1932 年賣給「S. L. Yut（或「Yai」）」的土地。了見大概是使用了這塊土地一段時間後，通過受託人購買，這樣才合法獲得土地。這間靜室四周有竹子和菜田圍繞。

根據筏可的記述，另一位比丘尼智明，於 1928 年在附近建了另一間小屋並稱之為蓮華台。這可能是政府土地紀錄中，1932 年賣給「Chi Shing Jak」和 1937 年賣給僧人「Rev. Chung Wo」的地段。筏可法師還記載了其他建於地塘仔的靜室：1929 年創建的蓮苑和建於同年的佛光園。蓮苑是尼姑庵，這在賣地紀錄中得到確認；佛光園也是尼姑庵，但紀錄顯示土地是在 1923 年或之後不久賣出，因此可能在筏可所說的年份前已經存在（土地紀錄還顯示該場所被賣給了兩個尼姑，而不僅是筏可所提到的那個）。筏可還提到其他在地塘仔創立的宗教建築：1930 年的迴瀾小築，1932 年的法林，1933 年的菩提苑，以及 1936 年的桐廬（後改名「雙樹居」）。在土地紀錄中，迴瀾的土地在 1931 和 1936 年售出，這表明這間尼姑庵在合法獲得土地前，已經存在了幾個月。法林的土地紀錄顯示，一位稱為「Miss Dick Lai-chun」的女子在 1927 年或之後不久買下這間尼姑

81　這些土地紀錄中的人名通常都沒有附上漢字。

庵所在的土地，所以這個尼姑庵在筏可所指的建立年份之前，已經存在了好幾年，或至少是在規劃興建。菩提苑所在的土地，可能是由「So Lo」在 1919 年至 1928 年間獲得的地段組成，這表明這間屋的早期歷史，要比筏可所說的來得複雜；而這幅土地是位於兩個不同的區域，這一點也佐證此結論（「So Lo」買下土地後可能從未開發，因此才可以在 1930 年代供其他宗教人士開發）。至於桐廬，土地紀錄證實這塊地於 1939 年，也就是在這間屋建成後幾年，賣給了居士楊鐵夫先生。

土地紀錄還顯示了地塘仔有其他筏可法師沒有提到的、用於興建寺院的賣地：1936 年賣給僧人「Rev. Yut Sin」，1939 年賣給僧人「Rev. Tsing Tsai」，同樣在 1939 年賣給僧人「Rev. Hing Hong」，也是在 1939 年賣給「Chau Liu Ming」，1940 年賣給「Ng Ming」。這些地段似乎確實有過一些開發，筏可何以會忽略它們，目前尚不清楚。或許在日本侵略香港時，這些地方仍在建設，而工程在戰後並沒有恢復過來。

由此可見，政府賣地記錄大體而言印證了筏可法師所描述的地塘仔簡史，只是在細節上需要一些修正。不管怎樣，從約 1917 年到日本侵略香港之間，戰前的地塘仔歷史，是由一些小靜室和修持隱居之所的建立所構成。

地塘仔這些戰前建立的房屋，全都不是嚴格意義上的寺院。它們只是靜室，供一兩個僧人或比丘尼居住，或供富有的居士退隱修行，或充其量供一小群宗教人士使用。它們之所以建於地塘仔，是因為此地平靜、幽寂和景色怡人，適合於冥想靜修。筏可法師寫到遠參法師定居於此時所尋覓的事物：

> 有小靜室一間，丁方一丈；室傍有巨石一塊高約二丈，上用英坭結成尖塔型……四圍修竹，流泉潺潺，對海青山入目，四時好鳥依人。溪聲山色，別有境界。[82]

地塘仔的所有宗教房屋都排列在東涌的一條陽氣風水主軸線之上。這些寺院可以被視為加強了這風水軸線的效果。東涌原住民雖然不大參與其中，但似

82 筏可：《大嶼山志》，頁 36。

乎也從沒有反對過這些寺院（它們所在的地點不是私人土地，而是以私人協約方式批出的官地，管理權始終掌握在那些從香港以外地區，或者從香港市區遷來的僧侶手中）。

因此，地塘仔最初是虔誠的佛教僧尼為尋求幽靜環境清修而開發的。但在戰爭期間，許多在此居留的宗教人士陷入困境。有些人去世了，有些則回到家鄉。蓮華台遭火燒毀，另有一些房屋受損。不過在 1949 年以後，又有許多南來僧侶在地塘仔落戶。1952 年，法林靜室經過重建，擴大了規模，從尼姑庵變為大型寺院，以容納這些新來的僧侶。蓮苑同樣在 1956 年重修，以供一群比丘尼使用。蓮華台、竹林和葩嚴閣（也從尼姑庵改為寺院）也需要大規模重修。在 1966 年或之後不久，筏可法師創立了一座名為「寶林寺」的全新寺院，作為昂坪寶蓮寺的分院，並自任方丈。寶林寺從一開始就是一座完整的寺院，由於其地偏遠且無道路可達，是僧侶虔誠苦行的靜修之地。它在地塘仔較舊較小的房屋之間，顯得鶴立雞群。

然而，在 1970 年代及以後，愈來愈多南來僧侶過世，他們的人數逐漸凋零，地塘仔的宗教房屋變得供應過剩，當中一些被荒廢，但寶林寺和其中一兩個靜室仍然保持完好。

昂坪的佛教歷史與地塘仔的非常相似，在 1909 年至 1930 年代間創建了一些靜室，有些後來為大型寺院所取代，包括現時十分著名的寶蓮寺。昂坪並非位於東涌範圍內。

羅漢寺

位於石門甲村後方的山上的羅漢寺，由暢緣法師於 1927 年創立。這位禪師是逃避「破除迷信運動」而從廣州來到此地的。他首先在通往地塘仔和昂坪的小徑旁有巨石遮蔽之處，以竹枝茅草建造小屋，其後再建造小石屋取而代之。在 1936 年和 1939 年，附近再興建了其他靜室，分別是南華苑和靜隱（各容納兩名比丘尼）。羅漢寺的發展很蓬勃，尤其是戰後，收容了許多避禍而來的僧侶。它在戰後多次重修，並繼續興旺發展。在戰後，已荒廢的芳園村舊址上建立了一座尼姑庵，大概是為騰出那些建於戰前的比丘尼靜室所在的土地，供羅漢寺擴建之用。

與地塘仔一樣，羅漢寺和相關的靜室的建置基本上與村民無關。建築物所在的土地是官地，村民無權管理。有些村民認為羅漢寺嚴重破壞石門甲的風水，令該村從 1920 年代末開始一蹶不振。另一些村民則認為這是無稽之談。不過，我們不難看出，為何部分村民會有羅漢寺破壞風水的想法。石門甲村和羅漢寺處於來自同一山峰的風水軸線上，但軸線之後分途而行：石門甲軸線幾乎朝正北走，聚攏在赤鱲角；羅漢寺軸線則朝西北偏北走，聚攏在磡頭的「象鼻」（見地圖 14）。村民認為，任何風水系統中的風水能量都是有限的。羅漢寺愈興旺，從風水軸線吸取的陽氣就愈多，流往石門甲軸線的陽氣就愈少。羅漢寺軸線也很不巧地橫跨石門甲的陰氣主軸線，而這也被認為可能會減弱其力量。

在 1950 年代和 1960 年代，東涌常常可見到避禍而來的僧人，而這也是推動東涌社會發展的重要力量。儘管如此，村民一直把寺院視為相當邊緣的事物；很少有村民在這些寺院參拜，它們的信眾幾乎全都來自城市。然而，今天的村民將地塘仔視為東涌的一個村落，而寶林寺方丈獲鄉事委員會接納為地塘仔的村代表。村民對於他們所住的區內有像寶林寺這樣嚴守清規而虔誠的建築物感到自豪。羅漢寺或多或少被他們忽略了，可能是因為它的風水引起的不安。儘管如此，由市區而來的善信基本上是唯一來到這個地區的外來人士，尤其是在 1946 年至 1980 年代之間；如果沒有他們，東涌會比實際上更為偏遠和與世隔絕。

北岸傳統社會與經濟

大嶼山北岸的陸上居民，幾乎無一例外，都是種植稻米自給的稻農。在 1960 年代初，有人詳細研究過東涌的農業。[83] 一篇發表於 1965 年的論文（所描

83 Ng Cheuk-yiu, "Land and People in Tung Chung Valley"。另見 Ng Cheuk-yiu, "Some Notes on Tung Chung", *Journal of the Hong Kong Branch of the Royal Asiatic Society*, Vol. 4 (1964), pp. 150-152；"Culture and Society of a Hakka Community on Lantau Island", in *Hong Kong: A Society in Transition*, ed. I. C. Jarvie, (London: Routledge & Kegan Paul, 1967)；以及 Robert G. Groves and Kenneth R. Walker, "Rice Farming in Hong Kong", *Geographical Magazine* Vol. 39, No. 9 (January 1967)，該文是根據 1964 年在東涌所做的調查寫成。本節的資料大多取自這些研究。

｜地圖 14｜羅漢寺和石門甲的風水

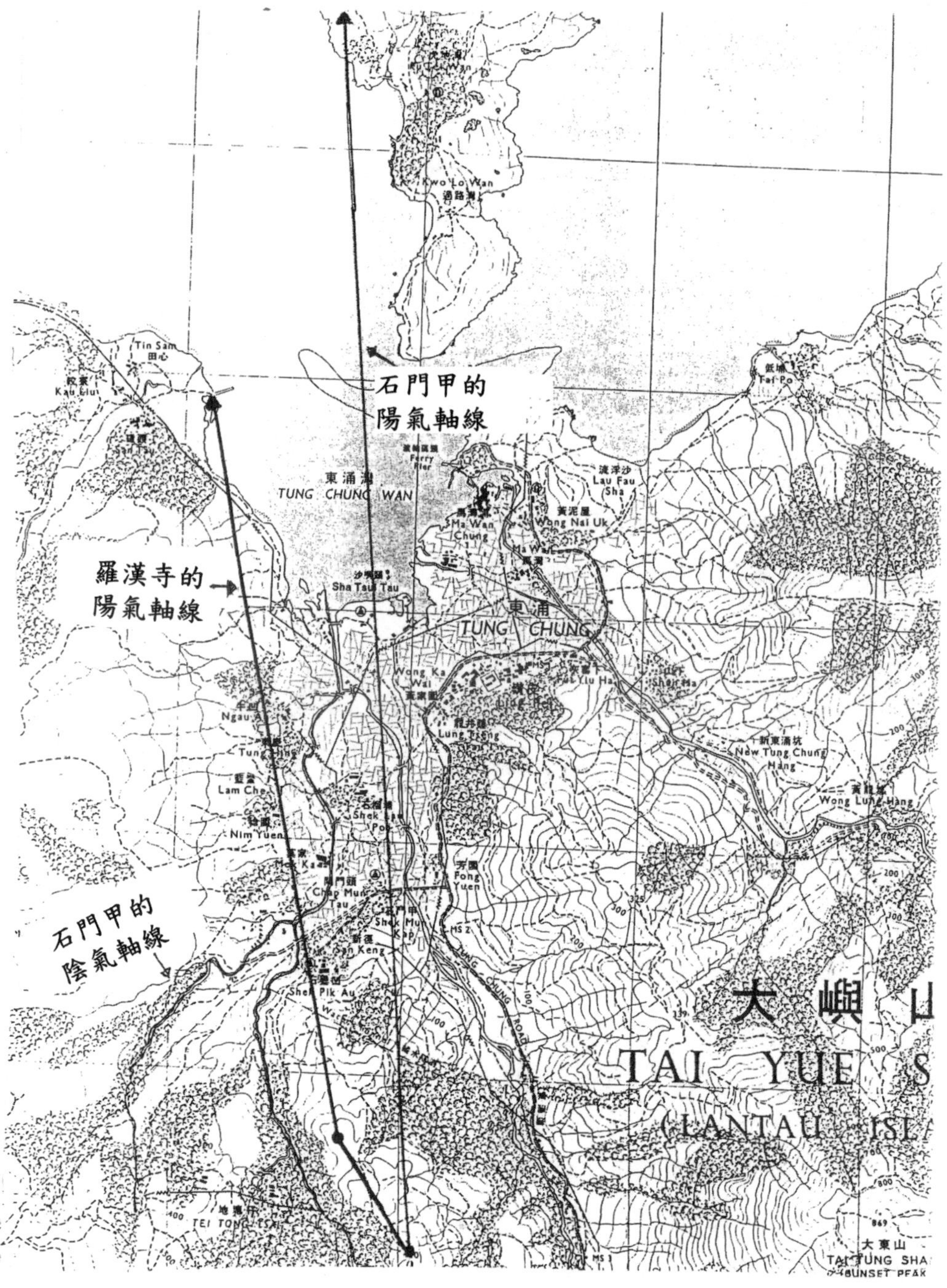

述的是 1963 年的情況）指出在東涌大部分地區，「務農是唯一的職業」；另一篇發表於 1967 年的論文（所描述的是 1964 年的情況）則指出，「絕大多數家庭的工作時間大都用於種植淡水稻」。在東涌，除了村屋和風水樹所在的土地外，幾乎所有海拔 150 呎以下的土地都開闢成種植稻米的梯田，甚至有少數位於較高位置的土地也是如此。即使在 1960 年代初，86% 的耕地都種植了水稻，大約 10 至 12% 的稻田還在冬季種番薯作為搶種作物。那時 94% 的東涌農民是以水稻為主要作物。這個數字在戰前大概會更高。村民種植的稻米大部分是自用。東涌土地的肥沃程度一般，產量平均為每斗種約 17.7 擔，而在新界其他地方，平均產量為 20.6 擔，有些地方還可以高至 30 擔。

番薯是重要性僅次於稻米的作物，一些田地長期用來種番薯，另一些則將之作為搶種作物於冬季時種植。東涌番薯的口碑不錯，可以賣得些少利錢，但大部分番薯都被農民自己吃掉，尤其是在春季。在 1960 年代中期，大多數東涌家庭每年吃掉 100 到 500 斤番薯。他們也會在田裏種植芋頭當作輪作作物，每塊田大約 10 年或 15 年種一次，用來幫助稻田恢復肥力。所種的芋頭幾乎全都由農民自己吃掉。

除了大米、芋頭和番薯，村民的主食主要是自家菜地裏種植的蔬菜。和新界常見的情況一樣，這裏的蔬菜種類繁多，但以各種白菜、青豆和葫蘆為主，可以保存以供年底食用的蔬菜尤為重要。水果吃得不多，儘管大多數鄉村都種了一些香蕉、黃皮、龍眼和木瓜。

侯王廟往內陸的地帶（此狹長地帶是在舊河道填土造陸而成）是沙質土壤，不適合種植水稻。這塊地用來種花生，冬季則搶種番薯或蔬菜。在英國人到來前，這片花生田是該地區的特色；東涌在十九世紀時還有自己的榨油廠。然而，最後一家榨油廠在 1915 年關閉，之後村民不得不把花生運往別的地方榨油。

一如新界的許多其他地方，在東涌和白芒／大蠔，大多數村民所耕種的土地，大部分都是由他們擁有（或者更準確地說，他們在 1898 年前擁有地皮權，亦即在土地上耕種的權利）。許多人是向祖堂租用部分耕地。如果農民所擁有的地段過於偏遠不便，他們可能會將這些地段出租，自己另外租用較近的地段來代替。在 1963 年，東涌約 60% 的耕地是由業主耕種，餘下 40% 大部分是農民向祖堂以優惠條款租用。人們認為，在英國人到來前，約莫這種比例在這個地區屬於正常。在以高額租金出租的土地，租金通常是收成的四分之一或三分之一；不過在歉歲時，地主礙於輿論，不會收取全額租金。對於東涌村民來說，地租並不是問題；有不少事情會引起他們的擔憂，但不包括地租。

村民試圖把他們的農場分散，農地星散於各處，藉此盡量減少遭遇天災的風險；他們藉此也可以利用不同的土壤和水源，種植不同的作物。事實上，東涌大部分鄉村農場都是這樣零散分佈的，許多農戶在山腳和填海區都擁有土地，還有一些山邊稻田。東涌鄉村的家庭平均須步行 5 分鐘到 20 分鐘，才能從家中到達自己的田地。

我們對白芒／大蠔地區的農業所知甚少。但那裏的村民和東涌村民一樣，都是以種植稻米自給的農民。他們全都有菜園，所種蔬菜主要供自用，種類與東涌所種的類似。

村民如有足夠的蔬菜，就會把多餘的出售。這在東涌較為常見。如果東涌剩餘的蔬菜不多，他們就在東涌地區之內出售，通常是賣給漁民或需要補給的船隻，或者在 1898 年前賣給戍守當地的士兵和水兵；要是剩餘的蔬菜較多，就拿去大澳賣。想向東涌所城的士兵兜售柴薪或蔬菜的村民，或者想賣魚的漁民，會在所城正門（這是指西門，今天用作所城主入口的北門，在當時較少使用）前的空地上展示自己的貨物，那裏是 1898 年前東涌的傳統市集。但是，白芒／大蠔村民如果想賣菜，便別無他選，只能運到長洲。然而，白芒／大蠔村民比較少出售蔬菜。較常見的情況，是白芒／大蠔村民嘗試將少量蔬菜（還有柴薪）賣給在大蠔灣捕魚或下錨過夜的漁船。有時候那裏可能有十幾艘甚至更多的船，村民說不定能賣點東西給他們：「在那些年頭，這個錨地有時候非常繁忙，熱鬧得很。」村民若把蔬菜帶到大澳或長洲，所帶去的大多是番薯或洋蔥這類在稻田種植的冬季搶種作物，而非村民菜園裏所種的蔬菜。然而，筆者在白芒／大蠔地區的熟人大部分都說，他們從未賣過蔬菜；在白芒，出售蔬菜只是非常偶然的情況。

所有鄉村都飼養牲畜。村民全都養豬。村民似乎自己沒有養用於配種繁殖的豬。1950 年代中期前，他們的飼養方式還是很傳統，每家都養一頭，頂多兩頭豬。他們從街市買來豬苗（剛斷奶的小豬），養到約七八個月大，達到適合屠宰的體重時就賣出。村民通常讓這些豬在村落附近自行覓食，到晚上才關進豬圈。只有在豬年幼或準備送到市場時，村民才會餵食，飼料主要是米糠、番薯葉或花生葉。由於食物不佳，這些豬很瘦小，需要八個月時間才能上市，而非今天通常所需的六個月。因此，不少家庭為了每年可以屠宰兩頭豬（這通常被認為是最理想的做法），就在開始把豬養肥時，向該地區內的專業種豬戶購買另一隻豬苗。這樣到了被養肥的豬被宰殺後，小豬就會成為家中主要的豬。不過，只有少部分家庭養得起一頭以上的豬，或者一頭豬加一隻豬苗，因為村落附近可讓豬覓得的食物數量總是很有限。

到了適合出售時，村民就面臨一個難題，就是把豬裝在豬籠裏後，應當翻山越嶺走到梅窩，再渡海到長洲，還是要沿着漫長的小路走到大澳。這些都是極其艱辛的事情。有時候，如果同時有好幾頭豬要運出去賣，村民會租一艘船，繞過大嶼山北端把牠們運到長洲，或者從東涌駛到大澳，寧願付一筆高昂的運費，也不想帶着沉重的豬翻山越嶺。1950 年代中期，牛牯塱附近建立了商業養豬場，養了約 50 頭豬，這些豬通常以船運往長洲；東涌在同一時期也建立了商業養豬場，他們也把所養的豬用船運出去。

東涌的家庭把豬養到可以宰殺時，往往會在家中屠宰，因為除非這家人有舢舨可用，否則要把豬運到大澳總是難事一樁。豬肉會賣給村中其他想買的人家，賣不掉的就曬乾，留待日後再吃。在 1940 年代末至 1950 年代初東涌開始有小規模商業養豬場之前，這裏常有約 180 至 200 頭豬（1959 年有 314 頭）。這表示整個地區每年有 270 至 300 頭豬被宰殺或運往市場。

東涌的習俗是每逢初六、十六日以及重大節慶，家家戶戶有能力的話都會吃得比平常豐盛，大部分大村落會在這些日子前宰一頭豬。小村落則只會在大節慶前殺豬（買了肉的家庭會分三天吃，第一天吃肉，第二天把剩餘的煮成醬，第三天用骨頭熬湯）。此外，馬灣涌會在每月初一為水上人宰一頭豬。東涌所養的豬被運往大澳出售的，大概佔四分之一。然而，很少有陸上家庭每個月會吃超過兩次屠宰豬肉（即兩次分三天吃的份量）；而水上人或較為貧窮的陸上人，很少一個月吃得上一次豬肉。在初六、十六日的宴席或節慶日子以外，東涌的家庭如果須買肉就會步行到大澳去買。如上所述，白芒／大蠔地區所養的豬，通常是運往長洲出售，而非在村中屠宰；但在村中宰殺的豬，已足夠讓每個家庭每月至少吃一兩次豬肉，當然也要他們負擔得起才行。

村民還養雞和鴨。大多數鄉村家庭都會養幾隻雞鴨，只有少數較為富裕家庭才養得起十幾隻家禽。和豬一樣，村民任由家禽在村落外圍自行覓食。結果牠們都變得很粗韌、骨瘦如柴、體型偏小。這些家禽要麼由村民自行宰殺，並在初六和十六日的餐宴中自己吃掉；要麼運到大澳或長洲出售。待到這些家禽能上市後，村民就須把牠們裝在籃子中，揹着籃子翻山越嶺去長洲，或沿着海邊小徑走到大澳。運送家禽沒有運豬那麼艱辛，但仍是需要兩個男人花上一整天的粗重工作。村民也會養一些鵝，大部分是為了出售，因為牠們可以賣得好價錢。

牛是白芒／大蠔地區的特色事物。村民養了一些公牛，並且自行配種繁殖。白芒／大蠔地區廣闊的山地和森林，令牛群（還有豬和雞）很容易覓食，村民也毋須用人類的食物來餵牛。特別是大蠔，當地有一大群好牛，數目遠多於當地犁田所需。大蠔村民如要賣牛，會前往長洲通知當地牛販，牛販之後會來到大蠔，挑選想買的牛。然後牛販會翻山越嶺把牛趕到梅窩，再安排用船運到長洲。由於牛販到這裏買牛所涉及的開支和困難，所以牛賣不到高價。東涌的情況大致相同，但大澳對牛的需求比長洲少，而且長洲對東涌村民來說太遙遠，難以經常把牛賣到那裏去。被賣的牛通常在長洲或大澳市場屠宰後出售。

大嶼山北岸的大部分鄉村都會自行飼養耕牛，只有少數鄉村需要在本村所飼養的牛群之外，另行尋找新的耕牛。當這個地區的農業式微後，這些牛大多都被放生，成為該地今天所見的大群野牛的源頭。區內幾乎所有家庭都擁有耕牛，只有極度貧困的家庭例外；這是因為山上長有大量的草，耕牛可以自行覓食，所以餵飼耕牛幾乎沒有什麼花費。1963 年時，東涌的牛隻數目，是每 3.3 斗種有一頭牛；這明顯高於新界其他地區，通常每 6 至 7 斗種才有一頭牛。東涌牛多的主要原因，無疑是當地有大量免費牧草。如果東涌的村民有多餘的牛，他們可能會把其中一頭牛賣給偶爾到訪東涌的流動牛販；如前所述，這些牛販前往白芒和大蠔地區的次數可能還會更多一些。相對於東涌，牛販到訪新界其他地方的頻率更高，這可能是造成東涌的牛數量多的另一個原因。在東涌和白芒／大蠔，幾乎所有耕牛都是黃牛。1963 年時，全東涌共有 384 頭耕牛，當中只有 8 頭水牛，而白芒／大蠔大概一頭水牛都沒有。

無論是東涌抑或白芒／大蠔地區，都完全沒有種植經濟作物。當地沒有人懂得種茶，想喝茶就要自己去買茶葉。當地沒有甘蔗，沒有花卉，沒有竹子，也沒有果園；大多數家庭只有一兩棵果樹；東涌每條鄉村平均只有不到 60 棵果樹。

即使與新界其他許多地方相比，這些地區的經濟也顯得很簡樸單純。

東涌的許多陸上家庭（也許是大多數）都有權使用他們鄉村所擁有的舢舨，那是與村中其他家庭共享的。他們利用舢舨在近岸水域捕魚（即在東涌灣、大蠔灣以及赤鱲角沿岸）。這些家庭以舢舨出海捕得的魚可以自己吃，也可以與其他擁有舢舨使用權的家庭分享。1998 年時，當地水上人一再提及，在 1970 年代前，陸上居民擁有大約十艘捕魚舢舨，經常都可以在海上看到它們，這也與 1950 至 1960 年代理民府紀錄中的資料一致。

這些陸上家庭靠售賣少量作物，偶爾也賣牛、豬或雞，或靠打工或賣柴薪來賺取現金，以支付地租（無論是李久遠堂還是英國人，都要求以現金而非穀物付租）。大多數村民每遇到機會，都會靠打工賺取一些現金。不過，勞動工作機會並非常見。由於大家都在耕種自己的土地，少數擁有多餘土地的農戶也會把土地出租，很少有農戶需要僱請長期勞工（長更）。東涌所城城門外墟市的一家店舖的老闆，因為要全力打理店舖，故聘請了「長更」料理他的農場；另外還有一兩個人也是這樣做，但這些情況很少見。在十九世紀，需要依靠勞動收入來彌補種稻收入不足的貧困家庭，毫無疑問會到東涌所城，為士兵搬運物品和從事其他勞力工作。所城肯定是提供這類工作的主要來源，尤其是對上嶺皮和下嶺皮而言。然而，在 1898 年後，這些家庭往往十分缺乏基本必需品。根據前面的記述，我們可看到東涌鄉早在 1893 年，便關注有窮人偷取田裏的農作物的問題，這在 1930 年代更成了嚴重問題。

東涌村民十分積極從事燃料貿易，他們在山上砍柴再運到大澳出售。如前所述，白芒／大蠔村民也活躍於這門生意，他們會將柴薪運往長洲。1998 年至 2000 年受訪的每一名村民都說，砍柴和挑柴販賣，是所有年輕力壯男女皆從事的工作。村民須按照當地的村規砍伐木柴，正如前述聯益堂的事例那樣；這些村規旨在防止過度砍伐。在東涌，木柴會被砍成相同的大小，並至少以一星期時間讓其風乾。然後木柴會被綁成一捆捆，每捆重一斤，再弄成重 75 至 100 斤（100 至 133 磅）的一擔，然後運到大澳；在白芒／大蠔也是以大致同樣方式向長洲供應柴薪。

如上所述，從白芒／大蠔地區運送柴薪到長洲，須走一小時陡峭的山路，翻山越嶺到梅窩，然後再搭渡船前往長洲。村民要把柴薪從東涌運到大澳，要麼步行，要麼乘舢舨前往。步行的話路途很長，需要兩個半小時；考慮到須背負的重量，這樣做十分累人。在 1930 年代引入蒸汽渡輪服務之前，當地沒有按時間表發船的定期渡船服務。不過，有三四艘舢板可載人往來東涌和大澳，航程要兩小時。搭舢板到大澳很貴：在 1930 年代，每件貨物收費三仙。這些舢舨渡船都是由陸上人，而非水上人經營的。大多數年輕人都會步行，以省下船費。一位熟人自八歲起就揹柴薪到墟市出售，不過那時他是搭船去的，到年紀大一點後才開始步行前往。在大澳出售的柴薪，有相當多的數量是來自東涌村民。不少村民表示，假如得知柴薪在更遠的地方可以賣得好價錢，他們也會把柴薪運到那裏去賣。因此，儘管從東涌步行到梅窩需要四個到四個半小時，東涌村民還是偶爾會加入白芒／大蠔村民的行列，把柴薪運到梅窩，賣給來自長洲或香港市區的買家。1930 年代有了蒸汽渡輪後，村民有時還會把柴薪帶到油麻地出售。

如有可能，村民也會在東涌當地售賣柴薪。這種情況在 1898 年前比之後重要。在 1898 年以前，東涌所城的士兵對柴薪有穩定的需求；這是因為當局沒有提供燃料，交由駐軍自行在當地採購。雖然駐軍人數不時變化，但通常都有好幾十人。錨地中的兵船（1857 年前，有不少兵船經常或偶爾泊靠在這裏）也須不斷購買燃料煮食。漁船也是購買柴薪的常客。在十九世紀，往返廣州的小型帆船經常使用這個錨地，它們同樣需要補充燃料。東涌所城的各個城門和馬灣涌碼頭都有柴薪出售。到了戰後，愈來愈多船的變為機動船，煮食所需的燃料也逐漸從柴薪轉為火水，對柴薪需求就急劇萎縮了。在十九世紀末至二十世紀初，赤鱲角也有一些重要的石礦場（它們於 1925 年關閉）。這些石礦場並非由村民擁有，也沒有僱用村民；石礦場的場主來自市區，他們從遠離大嶼山的地方帶來熟練的打石工人。不過這些工人也須燒柴做飯，但他們無法自行上山砍柴，因為當地的山坡是屬於村民的。因此，赤鱲角也是東涌重要的本地柴薪市場。白芒／大蠔的村民沒有這樣的本地市場，只能把所砍伐的柴薪運到長洲出售。

不過，若以為這個地區的農民的傳統生活只是無休止地艱辛勞動，這也是不正確的。在最理想的情況下，種植水稻每年每斗種需要 135 個工時，一個五斗種的農場（1963 年東涌的平均規模）每年約需 675 個工時，亦即每天不到兩個工時。打理菜園和照顧牲畜所需的工時可能是雙倍，捕魚和賣柴薪又再翻倍；但即使把所有需要的工作全加起來，每天的工時也不到八小時。但是，大多數務農的家庭都會有兩三人在工作，所以算不上太過辛勞。當然，在一年中的三個高峰期（3 月至 4 月：播種和第一期稻作插秧；6 月至 8 月：第一期稻作收割及第二期稻作播種和插秧；10 月至 11 月：第二期稻作收割和播種種植冬季搶種作物），工作會很繁重且不間斷，很多人從早到晚都要幹活。但在這些時期以外，還有大量農閒時間用於拜祭、社交閒聊和講故事。人們大多認為，一個鄉村家庭在毋須僱用助手之下，最多能獨力應付面積為兩英畝（即 12 斗種）的農場的工作，這主要是因為在農忙季節農場的工作量很大。

十九世紀後期，下嶺皮有幾家店舖在經營。它們面向東涌所城前方的空地，因此坐向不同於下嶺皮村的其餘部分，而是屬於該處的小墟市的一部分。1998 年時，當地人還記得這裏有三間店舖：戰前分別是「耀和」與「錦和」，它們都是雜貨店，另一家叫「德和」的則是藥舖。後來；那兩家雜貨店變成「泰來」和「裕和」，「裕和」之後再改名「平源」。「德和」還兼賣棺材、祭祀用品和鴉片。裕和在戰後也賣鴉片。原本的藥舖在日佔時期倒閉了。戰後新開了一家藥店，名叫「大成堂」。雜貨店出售的商品五花八門，包括布料、簡單的衣服和基本食品。它們也售賣蔬菜。有少數蔬菜出售的村民，常常會到其中一家商店，以蔬菜換取鹽、食油或豉油等必需品，到漁民來買糧時，店家就把蔬菜賣給漁民。石榴埔村也有一家小店舖，但它的規模很小。

在馬灣涌錨地的碼頭也有商店。它們在 1898 前已經開業，但從 1898 年到戰後，生意規模都十分小。戰前有三間店舖，分別是「德利」、「樹和」及「永生昌」。這三間店舖基本上都是魚欄（漁獲批發商），但也出售一些基本用品，主要顧客是水上人。

白芒／大蠔地區沒有商店。

鄉村耆老在 1998 年說，東涌的「一般」家庭有大約四分之三英畝的耕地（大約五斗種）。1963 年時，東涌農場的平均面積確實是約四分之三英畝。當時八成農場的面積少於 1.5 英畝，很少有超過兩英畝（如上所述，這是沒有僱用工人的當地農戶的實際上能應付的上限）。然而，平均數字有點誤導：大約三分之一的農民擁有遠多於四分之三英畝的土地，而另外三分之二則遠低於此數，只有少數農場的面積接近平均水平。

在 1904 年時，農場的規模分佈似乎與 1963 年相若，少數農民擁有兩英畝或以上，大多數農民只有約三分之一或四分之一英畝。在一個被調查的村落（黃屋圍），1904 年時存在的 26 個家庭中，9 個擁有五斗種（不足一英畝）或以上的土地，有 13 個則不到兩斗種（三分之一英畝）。[84] 在 9 戶較富裕的家庭中，7 戶來自一個氏族的分支，他們是九龍城衙門一名吏員的後人，他們控制着 17.31 英畝土地，佔全村總耕地的 68%。不過，較貧窮的家庭可能大多是租用祖堂的田產，因此，每個農場的實際耕地數目，並不像這些數字所顯示的那麼不平均。大體而言，1904 年和 1963 年的數字似乎大同小異。

許多調查者把一個標準家庭維持生存所需的斗種數量，定在六斗種至九斗種（一英畝到一英畝半）之間，[85] 視乎田地的肥沃程度，以及當地家庭的平均大小而定。東涌的肥沃度略低於平均，因此所需要的斗種數字必然較高。在東涌，平均擁有五斗種是不足以維持生計的，更何況那些只有兩斗種的家庭。如果沒有售賣燃料的收入和打零工的工資，這些家庭的生活就會很拮据。我們沒有白芒／大蠔地區這方面的數字，但該地區的情況肯定不會比東涌好，很可能只會更窮困。

豐年時，一些東涌家庭有能力把一些餘糧出售，尤其是那些擁有兩畝或以上土地的家庭。他們要賣糧時不是前往大澳，而是拿去元朗賣，因為那是新界最大的糧食市場，糧食買家都去那裏，因此可以賣得較好的價錢，這樣才值得以扁擔挑着糧食長途跋涉（來回各需八小時）。而東涌的許多家庭擁有的土地卻遠遠不

84　Aijmer, *The Wong Lineage Land*.

85　包括 Patrick H. Hase, "Notes on Rice farming in Shatin", *Journal of the Hong Kong Branch of the Royal Asiatic Society*, Vol. 21 (1981), pp. 196-206。

到四分之三英畝，偶爾要去打工才能獲得足夠糧食維持生計。例如，在上嶺皮和下嶺皮村，1963年時一個普通農場，租用和自有的土地合計不到一英畝，許多農民只有四分之一英畝。如上所述，1904年時，在受調查的村落中，半數鄉村家庭控制的土地不到三分之一英畝。白芒／大蠔村民極少（如果有的話）有餘糧可以出售。

一如東涌，白芒／大蠔地區的居民全都是以種植稻米自給的農夫，但白芒和大蠔普遍比東涌貧窮。當地沒有商店、工場或任何其他謀生之途，村民僅能靠自有農田上的出產、打臨時工的收入，以及到海外謀生的村民的匯款。

然而，在正常情況下，白芒／大蠔生活還算不錯，只是沒有什麼餘裕，而且在歉年，飢餓的威脅揮之不去。1955年時，白芒／大蠔地區有201名成年村民，還有14人在海外工作。[86] 1911年有220名村民（其中男性116人，女性104人，包括兒童）。在日本佔領香港前不久的歲月，數字大概與1911年相若。1955年區內約有225斗種的稻田。當時人們認為在北大嶼山每名成年人需要兩斗種的農田才能維持生存所需（即使把冬季搶種作物番薯也考慮在內），每名兒童則需要一斗種，所以該處的稻田應足夠供應約150人所需。換句話說，即使所有其他在因素都相同，在1911年至1941年間，本區每年平均需要多約三分之一的土地，才勉強夠村民餬口。在1898年前，為渡船搭客提供服務所得的金錢，可以稍為彌補不足，但這種收入隨時間過去而日益減少，1898年後已所剩無幾。該地區在收成不好的年份（例如1916年至1919年、1923年和1928年至1929年的歉歲）會大受其苦。[87] 在日本侵佔香港前，在國外謀生的村民寄回的匯款，彌補了生存所需的缺口。但是在日佔時期，匯款斷絕，且日本人竊奪穀種米和已收成的稻米，人為地增加了糧食不足。因此，經歷過這段時期的耆老在1998年時說，1941年至1945年是饑荒歲月，區內普遍出現餓死人的情況。

從許多跡象可見白芒／大蠔地區比較貧窮，只能靠自己的資源勉強維持生計。因此，在1905年時，集體官契中該地區有71位屋主（不包括祖堂），但只

---

86 見 *Southern District Officer Reports*, pp. 82-85，高志所寫的報告。

87 理民府官的年度報告通常會記載收成的品質好壞。

有大約 110 間房屋（不包括祠堂或廁所和其他非住宅建築，也不包括山上舊大蠔村的廢棄房屋）。換句話說，房屋與屋主的比例約為每個屋主擁有 1.5 間房屋。相較於新界許多其他地區（在沙田，低地地區的平均數字是每個屋主擁有超過 2.5 間房屋，但山村的平均值在 1 至 1.5 之間），這個數字算低。要知道村民的房屋不僅用作住宅，還用作穀倉、豬圈和禽舍。如果這個比例低於每個家庭兩間房子，就表示在大多數家庭中，農具和牲畜要佔去一些生活空間。此外，大蠔灣填海工程的詳情（如上文所述）清楚地表明，區內有好些業主是為多於一個家庭提供住所的（即一名男子和他的已婚兒子同住，或者兩個已婚的兄弟同住）。在集體官契中，區內只有三名村民擁有超過兩間房屋，兩個在白芒，一個在牛牯塱。

此外，在 1911 年，白芒／大蠔地區的男性過剩（116 男比 104 女）。這一特點出現在全部三個鄉村（白芒，40 男比 35 女；牛牯塱，44 男比 41 女；大蠔，32 男比 28 女）。[88] 眾所周知，1911 年時，這些鄉村已有一些男性到海外打工賺錢並匯款回鄉，所以應當會像新界其他許多有人出去謀生的地方一樣，出現女多男少的情況。但這地區卻仍然男多女少（這是與其他一些極為貧困地區共同的特徵），顯示男性因負擔不起而無法在年輕時結婚。在某些情況下，他們可能不得不等到父親去世後才能結婚，因為家中的土地和房屋無法同時支持兩個已婚家庭的生活所需。

與此同時，運送貨物到白芒碼頭的成本高昂，令白芒／大蠔地區村民所用的許多東西，都比其他地方昂貴很多。例如，由於當地附近沒有磚廠或瓦廠，磚頭和瓦片都須從新界或內地用船運來（然後由苦力運到建築工地），這使得在白芒／大蠔地區建屋實在非常昂貴。事實上，區內的許多房屋都是以小石塊建成，因為很多時村民不畏艱辛，自行從野外鑿取出石塊建屋，會比付錢用船運來磚塊便宜得多；不過他們所建成的房屋都很小（見插圖 005）。這裏每個家庭平均擁有的房屋數量少，除了因為貧困，也反映出該地區建屋成本高於平均水平。即使是祠堂——當地唯一可觀的建築物，入口處都沒有刻上氏族名稱的石匾，這是因為製

---

88 "Report on the Census of the Colony for 1911", in *Papers Laid Before the Legislative Council of Hongkong (Sessional Papers), 1911* (Hong Kong: Government Printer, 1911), no. 17/1911.

作石匾的成本也很高。在新界，這種情況僅見於一些非常貧窮的山村。

但是，我們也不應過份誇大這個地區的貧困情況。這個地區是窮，而且地處偏遠，所以生活成本很高，但村民仍然能夠在區內提供已發展社群所應具備的大部分服務。故此，戰前東涌有五所學校；白芒／大蠔地區則有兩所，分別位於牛牯塱和白芒，雖然它們都頗為簡陋（見下文）。

三鄉（即白芒、牛牯塱、大蠔）大約一半村民，都是與三鄉之內人士通婚的。這三個村落之間有大量通婚活動，意味着每一位三鄉村民實際上都與其餘任何一位村民，有着或親或疏的親戚關係。在這個小小的三鄉地區內如此頻繁的通婚，顯然令區內不同氏族和村落之間的關係非常友好密切。

村民期望各人盡其所能支持社區內的各項籌款活動，而白芒／大蠔村民有能力也願意在這方面盡一分力。他們若要到廟裏拜神，就會去東涌的侯王廟，而他們每年都會參加當地一年一度的侯王寶誕。在侯王寶誕期間，白芒的學校都會停課，因為所有孩子在誕期的每一天都會去東涌看戲。1910 年侯王廟重修時，白芒／大蠔村民十分慷慨踴躍。[89] 8 名來自白芒的集體官契承租人捐了款，捐款碑誌上還有另外一人註明來自白芒；另外有 13 名姓郭的捐款人，其中 9 人幾乎可以肯定來自白芒，因為他們與白芒村民有相同的行輩字（其餘數人可能來自大蠔的田寮）。3 位牛牯塱集體官契承租人捐款，另外有 11 位姓林的捐款人，其中 9 人與牛牯塱集體官契承租人的行輩字相同，幾乎可以肯定也是來自牛牯塱。4 名姓鄒的人士捐了款，其中一人是大蠔集體官契的承租人，另外至少一人有與大蠔村民相同的輩字。北大嶼山姓郭、姓林或姓鄒的居民，就是住在白芒／大蠔的那些人。來自大蠔的一名姓何的集體官契承租人亦捐了款。因此，有超過 30 名白芒／大蠔村民為這次侯王廟重修捐了款，數目可能高達 40 人。這 40 人的捐款總額達到 70 元，其中 6 元是由一位白芒村民慷慨捐出。這筆錢約佔重修廟宇捐款總額的 2.6%。白芒／大蠔村民確實曾盡其所能捐款（捐款總額約四分之三是來自東涌村民）。

---

89 《香港碑銘彙編》，第二冊，頁 395-402。

漁業

對於大嶼山北岸地區的所有村民來說，1970 年代前的生活圍繞着播種、犁地、耙地、插秧、除草、收割、曬穀、碾磨、揚穀、舂穀和儲存的循環。農耕工作不會耗盡村民所有時間。雖然在一年中的某些季節，村民確實會很忙碌，但在其他季節是會有閒暇的。在農閒時節，他們主要是去捕魚和砍柴伐薪。

在戰前，白芒／大蠔地區的每個鄉村都擁有三四個捕魚用的罾棚。鄒氏在石角有兩個，靠近他們舊村的村址，何氏也有一兩個。林氏至少有三個，但他們的捕魚區在山的另一邊的小蠔灣，距離白芒／大蠔約兩英里外。白芒也有幾個，它們較為靠近村莊。其中一些罾棚在戰爭期間被摧毀。村民在 1955 年報告說只有四五個罾棚，而戰前的數目至少是這個數目的兩三倍。除了罾棚，白芒和牛牯塱還有幾艘捕魚用的舢舨（1955 年共有四艘）。大蠔從未有過這樣的舢舨。這些舢舨都不夠大，只能在近岸海域捕魚。

以白芒／大蠔這些罾棚或近岸舢舨捕獲的魚，大多由捕魚的人自己在家中吃掉。不過，有時候這些兼職捕魚的農民所捕得的魚數量很多，不是他一家能夠輕易吃完的。大蠔灣時常有蛋家漁民前來捕魚，他們每天都會派出舢舨，巡看陸上居民的漁獲。如果村民有多餘的魚，就會賣給漁民（當然價格很低）；漁民會把這些魚加進自己的漁獲中，再運到大澳或東涌的魚欄（魚類批發商）出售。村民這樣做，是因為他們無法迅速地把魚運到魚欄，以趁漁獲還新鮮時及時出售。因此，這裏的陸上居民，在經濟方面至少某程度上要依賴蛋家人的好意和協助，這種情況在新界其他地方並不常見。[90] 在東涌，村民也是全部都會捕魚。雖然東涌的鄉村也有一些罾棚，但村民主要靠自有的舢舨出海捕魚。

位於東涌灣的馬灣涌，有 20 艘水上人的漁船經常在此碇泊。這些漁船上的家庭與大澳的水上人家庭關係密切，但東涌的這群人是獨立的社群。大澳有許多使用大型拖網漁船的深海漁民，東涌漁民則都是使用中小型船隻的近岸漁民，他

90　關於南丫島最南端的類似情況，見 Patrick H. Hase, "A Small Island in the Midst of the Sea", in *Settlement, Life, and Politics*。

們普遍比大澳漁民貧窮。東涌漁民通常在大嶼山和大陸之間的水道捕魚，偶爾也會去到索罟群島附近。一年中的大部分時間，漁民捕得的魚僅夠餬口，剩餘的不多。他們把賺到的錢用於修理和改裝漁船，以為兩個主要的捕魚期做準備。這兩個捕魚期是農曆三月在石壁附近，以及農曆十二月在龍鼓灘附近。在這兩個捕魚期，外地漁民都會前來與他們競爭。如果這兩個捕魚期不見魚群蹤影，東涌漁民就會面臨重大問題。

若東涌漁民的漁獲特別豐盛，通常會運到可以賣得較好價錢的大澳或屯門出售；如果漁獲量只是一般，就不值得把船開到那麼遠的地方，他們就會在東涌把魚賣給馬灣涌碼頭的那三家小店舖，這幾家店也充當小型魚欄。這些魚欄在早年或許也將魚曬乾，再運到市區賣掉。不過，在 1920 和 1930 年代，有運貨帆船從東涌駛往市區，所以至少從那時起，這幾間魚欄就運出鮮魚。這三家魚欄還兼營雜貨和船舶用品，漁船可以在這裏補充糧水和整修。不過漁民在 1998 年時說，可以的話他們寧願去大澳買東西；只有在不便前往大澳時，他們才會利用馬灣涌的小店。陸上居民的主要市集是在東涌所城城門外；直至二戰結束為止，他們都很少到馬灣涌購物。1898 年後，馬灣涌的魚欄經營規模很小，生意不佳，利潤微薄。在 1898 年前它們的景況或許好得多，因為那時使用這個錨地的船遠較 1898 年後為多。在 1898 年前，這裏有一間船廠，可以燂船和修船，但到 1920 年時因生意太差而關閉。

漁民會把漁獲分類，分為優質魚、普通魚，以及小魚或受損的魚。品質優良的魚，可以的話會拿到屯門或大澳出售。小魚和那些被魚網毀損的魚無法賣給魚欄；不管是大澳還是東涌，魚欄都不收小魚或受損的魚。這些魚會在東涌地區內售賣。漁民會把這些魚拿去所城城門前方的街市售賣，或者用來交換蔬菜，又或者在大清早帶着它們到一個個鄉村沿村叫賣。

東涌漁民很貧窮。在日佔時期，市集受到嚴格限制時，許多東涌漁民餓死了。漁民很少吃肉。馬灣涌的一家商店在每月初一都會宰一頭豬賣給水上人，但不是每艘船都有能力每月購買豬肉的。

東涌有一個特點，那就是陸上居民和水上人關係良好。新界經常可見的歧視，在東涌幾乎都看不到。東涌的水上人大多是文盲，但他們沒讀過書只是因為太窮，而非被學校拒諸門外。他們的主要墓地在侯王廟範圍內；這反映他們與陸上居民之間的關係至少是大致和順，否則便不可能是如此。少數水上人甚至能在岸上租到房子，而似乎沒有遇到任何問題。在村民的記憶中，侯王寶誕時陸上人與水上人都是平等，大家都有花炮會，水上人的花炮會的運作方式，和陸上人的並無二致。1910 年侯王廟重修時，水上人當然也為之捐款（他們在東源堂的名義下捐款，因為錨地位於東西涌地區的東側）。兩個群體之間通婚「相當普遍」（「在戰後更加普遍」），這種情況也是比較特別的。

1998 年時一位陸上村民說，東涌的陸上人都捕魚，所以跟水上人的關係和睦，「水上人都認識我們，我們也都知道他們是怎麼生活的。我們怎麼會覺得自己與他們不同，或者較為優勝？」1998 年時只有一個熟人說他的家庭沒有捕魚，其他熟人的家庭都會捕魚。一位熟人說，他父親耕田，但他自己年輕時天天都捕魚。另一人說他種地，但經常捕魚，每週可以吃兩三次魚。如上所述，漁民說，東涌村民時常保有大約十艘的捕魚舢舨。

東涌灣內的沙洲和泥灘，是東涌所有陸上和水上居民都可使用的空地。至於白芒／大蠔村民也都可以自由進入他們的海灣中的貝類生長地。這些貝類可在淺水地區挖得，直到 1998 年仍然如此。這些淺灘非常廣闊，因此沒有必要像沙田等地區那樣限制出入；那邊每個鄉村每年只可在特定的日子進入灘岸。[91] 陸上居民和水上居民的婦女都常常在這裏挖蜆和挖蠔。

東涌漁民與其他地方的漁民的不同之處是，他們的船上除了天后像，還會有侯王像。對東涌漁民來說，在祈求免受風暴侵害時，他們首先會向侯王尋求庇佑；雖然如此，他們也會同時崇拜天后（通常是去大澳和屯門的天后廟）。

教育

與新界其他地方一樣，東涌和白芒／大蠔都非常重視教育。在 1920 年代，東涌地區有五間學校，分別位於馬灣涌、莫家、石榴埔、礮頭和下嶺皮；白芒

91　見 Patrick H. Hase, "The Nine Alliances of Lek Yuen: Traditional Sha Tin", in *Settlement, Life, and Politics*。

／大蠔地區也有兩間學校。水上人如果能夠上學的話，會去馬灣涌的學校。莫家的學校非常簡陋。石榴埔的情況也只是稍好一點。無論如何，大部分上學的東涌村民都會去下嶺皮或礦頭的學校。下嶺皮學校是最好的。它被稱為「書院」（Academy），而其他的都「只是學校」（“mere schools”），只教授最基本的初級技能。

香港政府在 1913 年後，開始審視新界村校，以便資助那些他們認為有價值的學校。那時，他們對下嶺皮「書院」的評價不高。下嶺皮的學校僅在 1920 年至 1926 年間獲得一次資助；而到了 1924 年至 1926 年間，下嶺皮的學校並沒有出現在資助學校，或非資助的「認可」（recognised）學校名單中（東涌的其他學校則從來沒有列入這些名單中）。村民很可能是受到政府的壓力，所以在 1927 年重建他們的「書院」，在下嶺皮建造了一座精緻的院落建築（該建築已不復存在）。在抗日戰爭結束後，這所學校搬進了東涌所城，在那裏運作至 2003 年學校停辦為止。

礦頭學校的舊校舍已有百多年歷史，按簡單的院落佈局而建，一側是教室，院落的盡頭是祖先祭壇。這所學校後來與隔壁的舊謝氏宗祠交換了場地，再後來在 1950 年代搬到一座專門建造的公立學校校舍。在 1970 年代的鼎盛時期，礦頭學校有 70 多名學生。

白芒的學校以更樓的地下為教室（更樓門上至今仍有一塊石牌標明該處是「**白望鄉學校**」，在插圖 011 可看到這座建築物）。曾在白芒和牛牯塱學校上學的耆老，於 1998 年至 2000 年受訪時，對它們評價不高（他們大多數人寫起字來都很緩慢和吃力）。但有了這些學校，村裏的幼童至少能夠接受基礎教育。在 1920 年代政府在考慮為獲認可的鄉村學校提供資助時，將牛牯塱學校列為「D 類」（最低級別，比可獲資助的最低級別還低兩級），對於白芒的學校更不屑一顧。兩校於 1955 年合併，遷往位於白芒與牛牯塱之間的隘口頂端的新校舍，由村民與政府聯合興辦，這所學校在這裏一直營辦至 1986 年，最後一名兒童離開這些鄉村為止。

保安

對東涌或北芒／大蠔這種靠務農自給的社會而言，其普遍特點是需要太平時世。戰爭或騷亂難免會令播種延遲、收成受損或被毀，以及田地或穀倉中的農作物被盜或損壞。軍隊會搶奪耕畜作食物，農民會被迫當軍伕，而這往往發生在每年農事最繁忙的時間。靠種植自給為生的農民，多半只能儲留幾個月的糧食，又沒有可以購糧的商店。收成損失或變壞，或者農作物被盜被毀，或者農民及其家人在關鍵時刻無法下田，對農民及其家庭來說，就算不用餓死，至少也要捱餓。國泰民安一向是農民新年最大的祈盼，即使在今天仍是如此。

東涌和白芒／大蠔有山為屏障保護，可避免與鄰近村落發生紛爭。不同於新界其他許多地方，這裏的村民沒有任何關於村落械鬥的記憶。東涌有赤貧農家偷盜農作物的問題，我們看到東涌社群如何試圖以訂立鄉規來應對這種情況，並靠巡邏農田來防範此事。不過，這個社群不必制定規則來應對其他村落的人士闖入侵擾。另一方面，東涌面臨嚴重的海盜威脅，這是一直令村民擔憂焦慮的問題。

海盜問題在十八世紀似乎並不嚴重。當時的清政府如日中天，國力鼎盛，海防設施，包括東涌的炮台和水師戰船，都運作得十分有效。但清朝在十九世紀走向衰落。海盜肆無忌憚地來到東涌灣，對破敗失修的防禦工事視若無睹。

1809 年東涌灣發生了一場清剿海盜的大規模海戰。在 1808 年至 1809 年，臭名昭著的海盜張保仔率領其船隊的數百艘船停留在東涌灣。這無疑會為村民造成了極大困擾和損失。張保仔最終在東涌被中葡聯合艦隊擊潰，他的船隊被趕走，在珠江西岸爆發第二次戰鬥後被迫投降。如上所述，1855、1856 和 1864 年，東涌附近海域再有其他清剿海盜的行動。

在晚清的最後 40 年，清廷嘗試改善政府效率。這幾十年間，東涌沒有海盜出沒的報告。不過，1890 年代駐在長洲的大清海關官員表示，如果當地有一天沒有至少一宗海盜出沒的報告，那就「極不尋常」。[92] 即使東涌沒有留下任何海盜出沒

92　見 L. C. Arlington, *Through the Dragon's Eyes: Fifty Years of a Foreigner in the Chinese Government* (London, 1931)。

的報告，但那時候很可能仍是個問題，只是沒有十九世紀中葉那麼嚴重。因此，到了 1998 年至 2001 年期，東涌和白芒／大蠔的年老村民仍經常指出，對海盜的恐懼是該地區生活中恆久的主題，也就不足為怪了。如上所述，1857 年時，東涌鄉耆老看到英國海軍船艦來到這個錨地時，他們的反應是向艦隊提供牲畜，希望藉此令村民的物資免受掠奪。村民的生活基本上十分貧困，仍獻上這麼豐厚的禮物，可見村民對海盜的恐懼有多深，也表明海盜為村民帶來的經驗有多惡劣。

白芒／大蠔地區的鄉村合組成一個「約」。「約」是地方鄉民宣誓組成的村際互助同盟。東涌鄉就是性質類似的「約」。新界各地村落都會組約，以合力對抗土匪或海盜，或抵禦其他地區的敵對村民。因此，東涌和白芒／大蠔地區的村落會組約，也就是自然不過的事；實際上，由於該地區偏遠且容易受海盜襲擊，若沒有組成這樣的互助自衛組織才算奇怪。白芒／大蠔組成的約稱為「三鄉約」，但除了白芒、牛牯塱和大蠔外，紅花頦的小村落可能也加入其中。田寮當然也是其中的成員，但它似乎被視為大蠔的一部分。所有向筆者透露消息的村民都一致肯定，三鄉的村落都屬於這樣的「約」。

三鄉約的耆老之間不設定期會面，但在有需要時就會開會，地點通常是在白芒的學校教室（白芒更樓地面樓層的房間）。

然而，三鄉約素來並不從屬於任何更大群體，傳統上與東涌或梅窩都沒有正式聯繫。三鄉約是個獨立自主的群體。到戰後政府推行鄉事委員會運動，希望把每個鄉村都歸入鄉委會地區時，三鄉約才與梅窩鄉事委員會正式聯繫起來。不過，過去這種與三鄉以外的鄉村不相往來的狀態，是因三鄉地處偏遠所致，而非村民不願意與其他鄉村建立更緊密的聯繫；當三鄉約獲邀加入梅窩鄉事委員會，他們就毫不猶豫地接受了。但在戰前，人們認為彼此相隔太遠，不可能建立這樣的聯繫。

然而，三鄉約與新界大部分的約似乎在兩方面有着顯著不同。如上所述，村民對海盜有着根深蒂固的巨大恐懼。在 1998 年至 2000 年，筆者所熟悉的村民都說，每當海盜或土匪來襲，村民就逃到山上，不會嘗試擊退他們。「他們比我們強大，如果我們與他們戰鬥，他們肯定會把我們殺光。」白芒／大蠔村民只會在土匪人數很少時才會與土匪作戰。村民都說，這是村民在戰前和日佔時期面對

｜插圖 012｜1993 年的大蠔更樓

土匪襲擊的反應。白芒／大蠔的三個鄉村各有一座更樓（牛牯塱的更樓已倒塌不存，但大蠔和白芒的更樓仍屹立，見插圖 012）。村民有幾把槍。大蠔有四把，全是三呎長的抬槍，以黑火藥發射。大蠔灣離海最近的鄉村田寮有「四五把」類似的槍，其中兩把留存至今（裝設在那裏作為風水器物），但它們似乎很少被用來抵抗海盜或土匪。這些村落中的更樓也不是炮樓。因此，三鄉約並沒有戰鬥的歷史。三鄉約中任何一個鄉村如發現土匪或海盜蹤跡，會發出警報，派人去警告其他鄉村，好讓大家有足夠時間撤退到山上的安全地點。但除非來襲的土匪數目真的非常少，否則他們不會嘗試去抵抗。這與新界大部分「約」對付土匪的態度截然不同：這些約大多確實會嘗試擊退來犯的敵人，而當中許多都留有鄉村英勇作戰和克敵制勝的光榮故事。村民擔心抵抗會遭屠殺，可佐證上文的想法，即大蠔村民在十九世紀中葉確實曾遭到殺戮；村民的態度無疑顯示他們過去曾受過重大創傷。

在東涌，東涌鄉也是一個類似的「約」。但由於有東涌所城存在，土匪和海盜不敢造次侵擾，村民面對的危險較小，尤其是在清軍力量鼎盛的時期。如果遭受土匪襲擊，村民會協助所城的士兵退敵。與白芒／大蠔的村民不同，東涌村民不大需要逃入山中。

宗教

在新界各地，有一種幾乎一致的情況，就是任何獨立的社群都擁有一座社區廟宇；該廟宇界定這個社群，為之劃出範圍。這種社區廟宇以特殊的方式體現這個社群，而廟宇的所有權，通常是與它所界定的社群一致。社區廟宇的出現，表明了有一個獨立自主的社群與它一同存在。另一種幾乎同樣是不謀而合的現象，是全體參與的集體宗教儀式，這些宗教儀式是社群自尊的公開表現，也是對其獨立地位和自我管理的又一次正式公開宣示。東涌的情況就是如此。東涌廟宇的歷史，似乎是從石門甲興建的一座小廟（玄壇廟，見插圖 007）開始，這裏的村落是建於 1682 年或之後不久，而這座廟大概是建村幾十年後興建；大約再經過一代人時間，就建成了侯王廟（見插圖 006）。

玄壇廟的建立年份，大概與 1702 年開始的李久遠堂租務糾紛有關。由於沙螺灣沒有和東涌村民一同參與糾紛，東涌村民不想再使用沙螺灣的廟宇，這就需要自己另建一間廟宇。東涌村民大概一直打算在今天侯王廟的所在地建造一間那樣的社區廟宇。但侯王廟的廟址是填海獲得的土地（如前所述，要在該處建廟是因為風水優良），要建廟就要等待填海工程完成，因此需要幾十年時間。所以，不想去沙螺灣，永久廟址又還沒有準備好，東涌村民就需要一座臨時廟宇，於是建了小小的玄壇廟。打醮（正式名稱是「太平清醮」）是顯示社群存在的最重要展現方式（見插圖 013）；東涌十年一度的打醮必定是從玄壇廟開始，這就表明這座小廟在某段時間曾是東涌的社區廟宇。因此，玄壇廟的興建，大概是發生在北大嶼山從原本的單一社群分裂為三個，以及東涌變為獨立社群的同一時間。確實的建廟年代不詳，但肯定是遷海令撤銷和東涌重新有人定居後約一代人的時間。無論如何，從時間尺度看，即村民在大澳和沙螺灣拜神的時間，他們在玄壇

｜插圖 013｜1988 年東涌的打醮活動

廟拜神的時間，以及侯王廟建造和啟用的時間（最晚在 1765 年），玄壇廟擔當東涌的社區廟宇不會超過大約一代人的時間。玄壇廟及圍繞它而建立的東涌社群，可能是從 1700 年左右開始的，即約莫在租金糾紛首次變得白熱化之時。大概自玄壇廟建立之初就開始，東涌村民每十年便舉行一次打醮。打醮是東涌村民宗教生活的高潮，包括漁民在內的所有村民都熱烈參與。這些慶典從禮俗方面，表現了東涌村民意識到他們是有別於其他社群的獨立社群。

然而，三鄉約與東涌以及新界大部分其他約區的不同之處在於，三鄉約似乎沒有任何集體宗教活動。如上所述，三鄉地區很窮。村民一直沒有餘裕建造自己的廟宇。他們要拜神祭祀時，會去東涌的侯王廟（奇怪的是，他們似乎不去他們的墟鎮長洲的廟宇）。但是，他們是以個人而非社群的身分前去東涌侯王廟。「東涌的集體拜祭活動是東涌鄉村民的事，三鄉並不參與。」因此，他們不參與東涌的打醮活動，只會去看打醮時上演的粵劇神功戲。他們自己也沒有舉行任何打醮儀式。

在三鄉地區，每個鄉村都有自己的大王爺，只有牛牯塱除外（牛牯塱有四個土地神社壇，一個供奉橋頭伯公，至於另外三個，一位熟人說沒有一個是大王爺社壇，而另一人則說這三個都是大王爺社壇。可能是村民對娘媽神壇的虔誠，使他們沒有去嚴謹區分他們的土地神）。大蠔的大王爺神壇位於山上高處的舊村內，已經無人拜祭。白芒的大王爺神壇位於更樓腳下，面向一條非常危險的「煞氣」走廊，至今仍然香火鼎盛。因此，三鄉約沒有全約共同拜祭的大王爺，這一點與新界其他沒有自己的廟宇的「約」相似。三鄉的村落大多有幾個伯公社壇。田寮有兩個，其中一個的地位可能比另一個高；牛牯塱有四個，包括橋頭伯公；白芒有三個，同樣包括橋頭伯公；大蠔新村有兩個，包括橋頭伯公。大蠔新村比其他鄉村少，是因為他們在山上的舊村子有幾個，儘管他們已不再去那裏拜祭。該地區沒有井頭伯公，原因很簡單：村民都是從溪流汲水，所以沒有水井。

在大王爺社壇之外，還有兩座娘媽神壇。白芒有一座，牛牯塱、大澳和田寮共有另一座。筆者所熟悉的村民無人知道這神明是誰。村民甚至不肯定這兩個神壇是否供奉同一位神祇，但是他們肯定祂是女性。雖然這位神明的稱呼和天后相似，但村民堅稱他們的娘媽不是天后。

娘媽神壇是白芒／大蠔地區的主要宗教場所。牛牯塱／大蠔的神壇被稱為「廟」，表明這神明的地位高於村裏的土地神，儘管拜祭的對象只是海邊一座小小的石神壇裏的一小塊石頭（見插圖 014）。牛牯塱／大蠔每年的娘媽拜祭活動曾是（現在仍然是）該地區的年度盛事，就連白芒的耆老和麒麟也經常參與（「即使這座神壇並不屬於他們也好」）。

拜祭娘媽主要是在新年期間。儘管前往牛牯塱／大蠔的娘媽廟甚為困難（村民安排舢舨接力將他們載到那裏，娘媽廟靠近最早的大蠔村村址，位於大蠔灣東北邊緣，在 1998 年時沒有可供步行前往的路徑），在一年將盡的最後幾天和新年伊始之後幾天，村民會放鞭炮和舞麒麟來拜祭牛牯塱／大蠔的娘媽，耆老和家族族長都會去上香。牛牯塱／大蠔的娘媽公認是大蠔灣錨地的守護神，所以在此處捕魚或碇泊的漁民都會拜祭。白芒娘媽位於舊渡船碼頭附近，守護碇泊在那裏的船隻。不過，在白芒和牛牯塱／大蠔，此神祇的主要功能是加強風水，協助化解直衝白芒的煞氣，並增強牛牯塱和大蠔的陰氣系統。

｜插圖 014｜1997 年的大蠔灣娘媽廟

娘媽是耐人尋味的神祇。這兩間廟似乎在新界是獨一無二的。在其他地方，這個神祇可能與天后混為一談，但這裏的耆老確信他們的娘媽並非天后。新界也沒有任何地方以海邊的一塊小岩石為形式來供奉天后（雖然許多天后廟似乎都是起源於在海濱大石下的拜祭）。更重要的是，在其他地方，天后似乎都沒有改善風水這種重要功能。這似乎很可能是三鄉地區獨有的神靈，可惜我們對祂知之甚少。

三鄉的每個村都會在每年正月二十日（大蠔）或正月十五日（白芒）舉行耆老宴。之後村民集體到土地神社壇和娘媽廟拜祭。然而，三鄉並沒有聯合宴請三鄉耆老的飯宴。正月二十日的筵席被稱為「蛋期」筵席，與其他地方的「社宴」性質非常相似。目前尚不清楚東涌是否有類似的事物。

第 2 章

西九龍：英國人到來之前

英國人到來之前的九龍

在英國人來到香港之前，九龍半島主要是一個典型以種植稻米自給的地區，與在它以北的地區，即今天的新界，幾乎沒有兩樣。本章以西九龍地區為焦點，[1] 因為對於九龍半島東北部和東部地區，已有其他人進行了大量研究（見地圖15）。九龍半島東北部有位於九龍城周圍的九龍平原。[2] 在開發前，那裏土地平坦肥沃，並有多條溪流從九龍群山流下，水源充足。再往東邊是今天的觀塘（早期大概是叫「官塘」），群山直插入海，可用於耕作的土地很少。該地區一直未被開發，直到十八世紀初才成為了重要的採石地點，從牛頭角到鯉魚門沿岸有一連串的石礦場。那裏的打石工人都是客家人。該地區被稱為「四山」或者「四石山」。[3]

---

1 在本章中，「西九龍」僅用於表示地理區域。這並不表示在 1899 年前，那裏曾出現具有這個名稱或相關性質的社會或政治實體存在。

2 有關九龍城的歷史，見 Elizabeth Sinn（冼玉儀），"Kowloon Walled City: Its Origin and Early History", *Journal of the Hong Kong Branch of the Royal Asiatic Society*, Vol. 27 (1987), pp. 30-45；James W. Hayes, Kowloon City and Kowloon Street: The Community Institutions of a Yamen, Market, and Rural Subdistrict", in *The Hong Kong Region 1850-1911: Institutions and Leadership in Town and Countryside* (Archon, 1977), pp. 163-180；Anthony K.K. Siu（蕭國健）, "The Kowloon Walled City", *Journal of the Hong Kong Branch of the Royal Asiatic Society*, Vol. 20 (1980), pp. 139-140，以及 "More about the Kowloon Walled City", *Journal of the Hong Kong Branch of the Royal Asiatic Society*, Vol. 26 (1986), pp. 265-266；魯金：《九龍城寨史話》（香港：三聯書店，1988）；以及趙雨樂、鍾寶賢主編：《九龍城》（香港：三聯書店，2001）。也見羅香林等：《一八四二年以前之香港及其對外交通：香港前代史》（香港：中國學社，1959），第四章，〈宋王臺與宋季之海上行朝〉，尤其是腳註；以及饒宗頤：《九龍與宋季史料》（香港：萬有圖書公司，1959）。關於衙前圍，見 Patrick H. Hase, "Beside the Yamen: Nga Tsin Wai Village", *Journal of the Hong Kong Branch of the Royal Asiatic Society*, Vol. 39 (1999), pp. 1-82；以及蘇萬興編著：《衙前圍：消失中的市區最後圍村》（香港：中華書局，2013）。也見本書第 6 章「寮屋區：有關侯王新村和古洞的歷史劄記」。

3 有關四山地區的歷史，見本書第 5 章「水道旁：鯉魚門地區的打石業與社會」；以及 James W. Hayes, "Ngau Tau Kok, A Newer, Specialist Settlement of Hakkas", in *The Hong Kong Region 1850-1911*, pp. 151-162。

｜地圖 15｜1860 年的西九龍

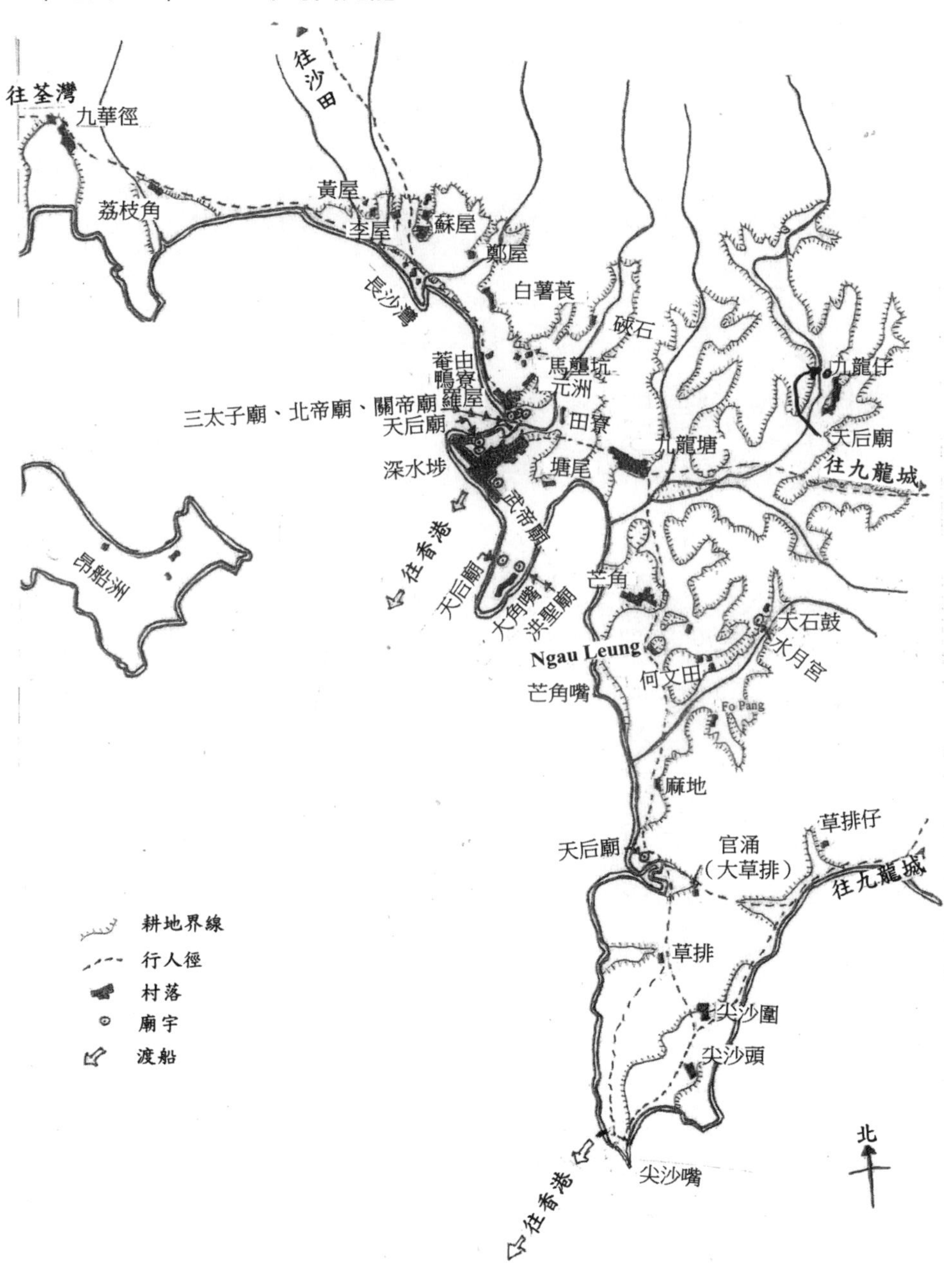

西九龍

關於英國人到來前的西九龍地區的歷史，幾乎沒有什麼證據留存下來，使得研究其歷史甚為困難。

在未被開發前，九龍半島西部和南部是一片崎嶇不平的荒山野嶺，許多深谷穿插於其中，多條小溪流就沿着這些深谷奔流入海。一份 1861 年的政府文件這樣描述：

> 由於有許多被深谷分割的小山丘，以及一片片的沼澤和稻田，地形十分崎嶇，其南部⋯⋯沿岸岩石嶙峋且陡峭。[4]

當地樹木稀少，僅在村落後方有一些風水林。沿着海岸及該地區一條主要溪流的河谷，零散分佈着一些可用於耕作的土地；這條溪流現在沿窩打老道下方的暗渠，流往花墟徑旁邊，之後再流到水渠道和長旺道的下方。

我們有一些很好的圖像，可以展現這個地區被英國人佔據之前的風景。奧古斯特 · 布爾熱（Auguste Bourget）於 1838 年從尖沙嘴繪畫香港的海港風景，展示了尖沙嘴的山丘；皇家工兵團的哥連臣中尉（Lt. Collinson）在 1843 年繪製了從北角之上的炮台山望向九龍半島南部的精細透視圖；另外還有若干照片留存下來，包括一組由費利切 · 貝亞托（Felice Beato）在 1860 年拍攝京士柏英軍營地的照片，清晰顯示了這個地區崎嶇荒蕪的地貌（見插圖 015、016 和 017）。[5]

對於九龍半島西部的歷史，也有人做過一些研究。許舒（James W. Hayes）寫過關於舊英屬九龍以及長沙灣鄉村的文章，[6] 施其樂牧師（Rev. Carl T. Smith）

---

4 *British Parliamentary Papers on China, 1861-1866*，見 James W. Hayes, "Old British Kowloon"，原載於 *Journal of the Hong Kong Branch of the Royal Asiatic Society*, Vol. 6 (1966), pp. 120-137，後重刊於其 *The Rural Communities of Hong Kong: Studies and Themes* (Hong Kong: Oxford University Press, 1983), pp. 48-60。（編按：因以上兩個版本的 "Old British Kowloon" 一文，頁碼和註釋編碼均不相同，以下提及本文時，頁碼或註釋編碼均以 1966 年版本為準。）

5 哥連臣畫了三幅九龍半島的繪圖。除了一幅從炮台山望向九龍之外，另一幅從慈雲山望向東九龍（見 Patrick H. Hase, "Beside the Yamen"），第三幅從維多利亞港西部一艘軍艦的桅杆頂部望向九龍。

6 James W. Hayes, "Old British Kowloon"; 以及 "Old Ways of Life in Kowloon: The Cheung Sha Wan Villages", *Journal of Oriental Studies*, Vol. 8, no. 1 (1970)，後以 "The Cheung Sha Wan Villages" 為篇名重刊於其 *The Rural Communities of Hong Kong*, pp. 74-102。

｜插圖 015｜1838 年的尖沙嘴山脊

由奧古斯特．布爾熱描繪。圖中山脊上的小徑有若干行人，那就是從尖沙嘴渡船碼頭通往芒角（旺角）和深水埔（深水埗）的主要行人徑。右方的繒棚一帶，在 1841 年以後將建成大排肋寮屋區。左方可見有另一些行人在山腳和農田之間行走，那是通向往九龍城的渡船碼頭的主要行人徑。圖中的農田則屬尖沙圍村所有。布爾熱還在尖沙嘴與香港島之間，加插了昂船洲的影像，目的似乎是想令構圖變得更豐富。

| 插圖 016 | 1843 年從北角所見的九龍半島景觀

本圖由哥連臣中尉繪製，圖中的地名則為本書所加。

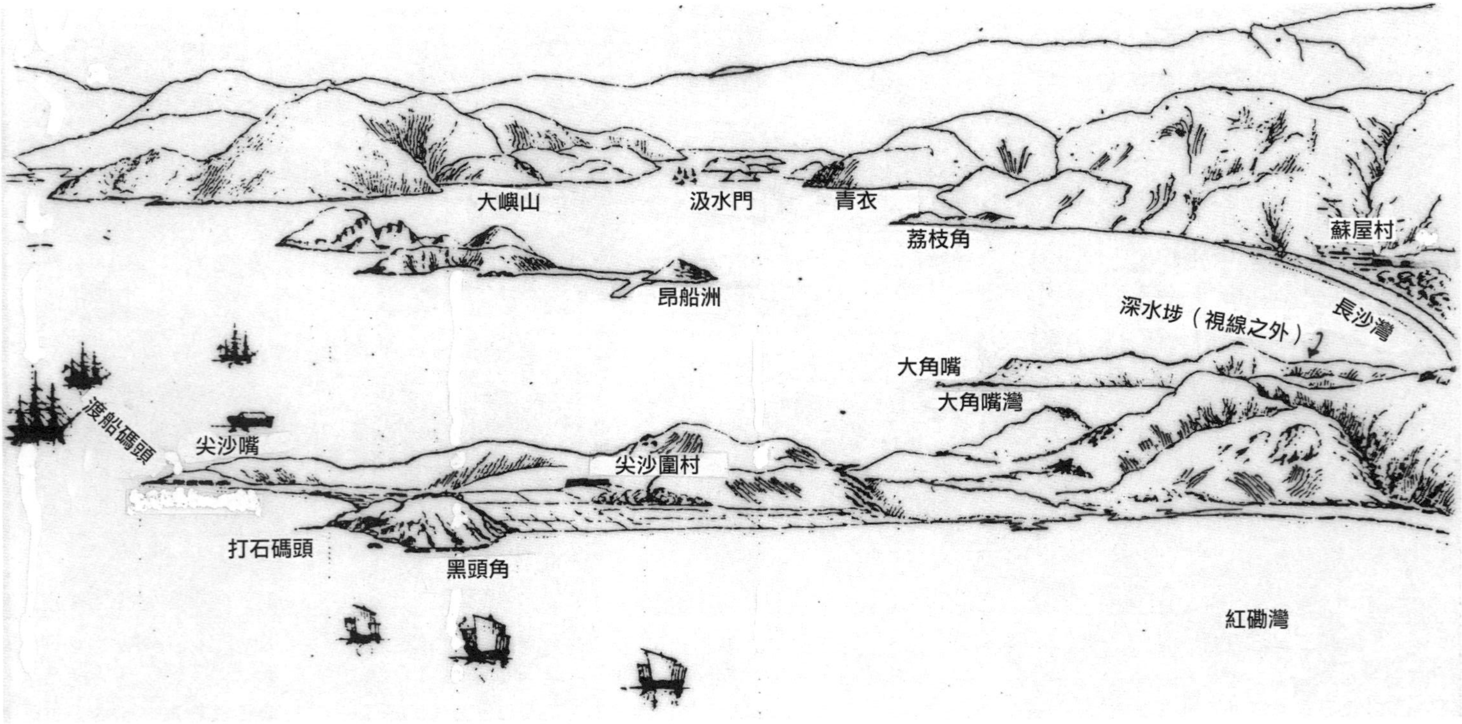

｜插圖 017｜1860 年九龍的英軍軍營

這是由費利切．貝亞托拍攝的一套五幅全景組圖當中的中間圖。中央偏右處可看到草排村。

也寫過關於紅磡和深水埗的文章。[7] 我們需要把所有這些研究整合在一起，並補充更多資料。[8]

英國人管治之前的西九龍地區的社會，已隨着城市發展而消失殆盡，彷彿不曾存在過（見地圖 15）。這裏的村落（有大約七個大村落或鄉，以及大約十幾個較小的聚落）都已被完全鏟除（除了九華徑，但該村與西九龍之間隔着一道巨大屏障，即名為「荔枝角」的岬角；在 1898 年之前，那裏通常不會被認為屬於

7　見 Carl T. Smith, "Sham Shui Po: From Proprietary Village to Industrial-Urban Complex", in *From Village to City: Studies in the Traditional Roots of Hong Kong Society* (Hong Kong : Centre of Asian Studies, University of Hong Kong, 1984)；以及其與 James W. Hayes 合著："Hung Hom: An Early Industrial Village in Old British Hong Kong", *Journal of the Hong Kong Branch of the Royal Asiatic Society*, Vol. 15 (1975)，兩篇文章皆重刊於 *A Sense of History: Studies in the Social and Urban History of Hong Kong* (1995)。

8　與本書中的其他文章不同，本文的內容幾乎完全沒有直接來自鄉村耆老的口述資料。不過在許舒的文章中，確實有從鄉村耆老那裏蒐集到的一些資料。許舒惠允筆者利用他的材料重新加工。

西九龍地區，此處不作深入討論）。許多新的道路和開發區就鋪設在它們的舊址之上。十九世紀末，這個地區有 11 間廟宇，如今僅剩一間仍倖存於其原址（深水埗的武帝廟）。這地區肯定會有幾十座福德祠，現在僅得一座仍屹立於其原址（尖沙嘴福德古廟，今隱藏在廣東道天橋下方，可由海防道臨時街市旁的窄路到達）。[9] 同樣地，這地區肯定也會有十多座祠堂，如今一座不存。雖然在 1950 年代末和 1960 年代初，許舒仍能與長沙灣村和芒角村的耆老會面並採訪他們，但是這些村落的氏族現在早已無影無蹤，被更廣大的城市人口所吞沒了。英國人管治之前已存在的深水埗墟鎮早已被完全重新開發，今天的道路佈局與 1898 年前的情況毫不相干。本區的山丘幾乎全被夷平，以提供更多可供發展的土地（包括「荔枝角」這個岬角的大部分範圍）。填海造地使九龍半島面積擴大至原來的三倍，如今只有靠查看舊地圖，才能確定原本的海岸線。可惜的是，在西九龍長大的年輕人大多以為，在十九世紀末的城市發展前這個地區是沒有歷史的。事實上，這裏在英國人到來之前，有着一段極為有趣而複雜的歷史。

本章會逐村討論這個地區的歷史，從南面的尖沙嘴講起，一直講到北面的長沙灣。

尖沙嘴

在 1860 年英國人佔據九龍之前，尖沙嘴半島比今天細小得多。在英國管治的頭四五年內，這裏就開始填海造陸，把海灣填平，並在半島海濱周圍修築道路。在 1860 年之前，這個半島南部海濱有一個名為「尖沙嘴灣」的寬闊沙灘，東西兩側均有陡峭的岩石岬角（見地圖 16、插圖 018 和插圖 019），西邊的岬角稱為「尖沙嘴」，東邊的叫「浮泡角」；後者今天稱為「黑頭角」或「訊號山」，

9　這座小小的福德祠（今天稱為「福德古廟」）的 1979 年碑記寫明：「九龍原係寶安縣之官富鎮，然則尖沙嘴之福德古廟，至今豈僅百餘年。」其他碑文提到這座福德祠在 1864 年（或 1924 年）、1900 年和 1979 年重修。因此，1979 年的碑記無疑反映了關於這座福德祠起源的蓬勃地方傳統。對於尖沙嘴村的土地廟來説，這個廟址是無可挑剔的，此地過去是村裏的稻田邊緣，平坦的土地慢慢變為尖沙嘴岬角的斜坡，隔着田地可直望這個鄉村。

在 1860 年時要比今天高得多。西側岬角的盡頭是一個長長的沙嘴，名叫「尖沙」。這個沙嘴上建了幾間小建築物。在這個海灣的東端有一條小溪流入海中，位置就在浮泡角下方。這條小溪的河口稱為「澳仔」（「小港灣」之意），是個小型的舢舨停泊處，也是個造船中心（見插圖 020）。這兩個岬角之間的海灘線，大約是在今天的北京道。尖沙嘴岬角西側海濱約在今天的廣東道，浮泡角東側海濱靠近今天的漆咸道。這個半島的西海岸荒蕪而多岩石，東海岸是一個長長的海灘，在北端變成了泥灘，一直延伸到離岸的一些岩石小島。尖沙嘴半島僅有幾處較為重要的耕地，位於半島的東南部。其中一處靠近北京道海灘的後方，在今天的加拿分道和漆咸道之間（即漆咸道海灘的後方）；另一處今天的柯士甸道末端的地區；以及一處谷地，現在由鐵路穿行。半島的西部和中部大多是荒蕪而破碎的岩石山丘，只有在今天天文台山的斜坡上，以及漆咸道海灘後方有一些風水林。

據 1819 年的《嘉慶新安縣志》記載，尖沙嘴地區有一個村落，名為「尖沙頭」。[10] 但到了 1860 年，區內已有四個務農的鄉村，還有三四個由臨時建築物組成的聚落。

有兩張早期地圖可提供有關十九世紀中葉這個地區的一些訊息，不過兩者都不完全準確。哥連臣中尉在 1845 年繪製的香港島軍用測量地圖，包括尖沙嘴的草圖（地圖 16），當中標示了一個大村落，哥連臣稱之為「Chimsa tsue」，位置大約在今天的金馬倫道、河內道之間；而在稍北邊一點還有另一個村落，哥連臣稱之為「Chowpae」，靠近今天的柯士甸道和彌敦道交界處，大概在今天的尖沙嘴警署所在地或附近。他還指出另外兩處有建築物的地點，一處是從漆咸道海灘稍往內陸的地方，位於今天赫德道一帶；另一處是位於浮泡角下方的南部海濱，那裏有一些零散而不相連的建築物，相當於今天中間道東部一帶。他沒有為這兩處地方命名。

10　張一兵點校的《深圳舊志三種》（深圳市：海天出版社，2006）收錄了康熙版和嘉慶版的《新安縣志》（以及 1464 年《東莞縣志》）。提到尖沙頭的部分在頁 656（《嘉慶新安縣志》卷二）。

｜地圖 16｜1845 年的「歌連臣地圖」

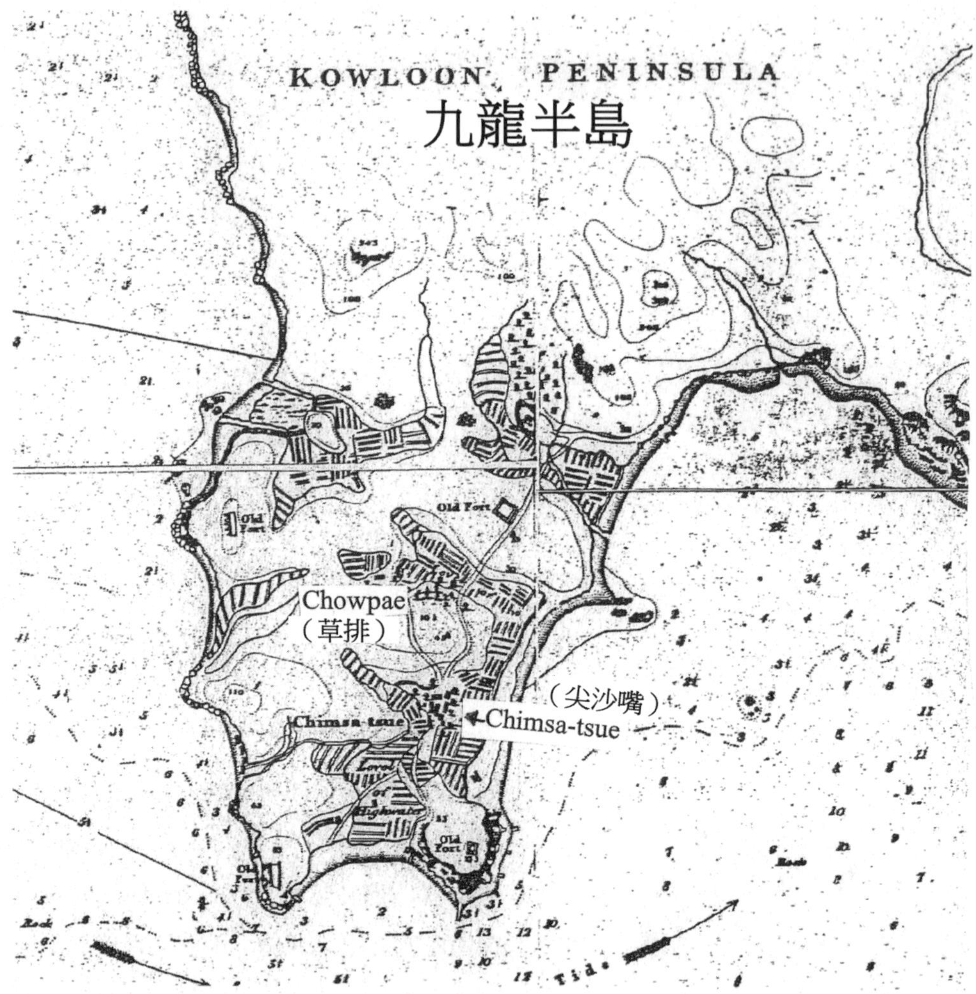

｜插圖 018｜約 1864 年的尖沙嘴

圖中可見尖沙圍村，還有及尖沙頭村後面的風水林，以及一些房屋。

｜插圖 019｜約 1865 年的尖沙嘴灣

｜插圖 020｜展示約 1845 年尖沙嘴澳仔附近的造船中心和捕魚舢舨的銅版畫
這幅銅版畫由 S. Fisher 根據 T. Allom 的繪畫刻鐫；T. Allom 的繪畫則依據由 R. N. Stoddart 船長所繪的「真實素描畫」（authentic sketches）繪製。

另外有一幅 1862 年至 1863 年的地圖（見地圖 17），是一項擬在尖沙嘴地區推行的發展計劃的草圖（該項發展計劃從未付諸實行）。這只是一幅示意圖，不甚準確。它標示了哥連臣稱為「Chimsa tsue」的村落，在這張地圖中稱為「Tsim-shaw-wye」另外也標示了哥連臣所稱的「Chowpae」，但沒有標出它的名字。位於漆咸道海灘後方、哥連臣未命名的村落地點上，這幅 1862 年至 1863 年的地圖標示了一個村落，並將之命名為「Tseen-Sha-tow」。這幅地圖也標出了浮泡角下方的海濱聚落，但也沒有命名。它標示了一個名為「Po Fau Kok」的聚居點，其位置不清楚，但靠近澳仔河口的頂部，大約是今天的國際電信大廈附近。它還標示了另外兩個不見於哥連臣地圖的村落：「Cho-pai-tsey」和「Koon-chung」，均位於「Chowpae」的北面。「Cho-pai-tsey」位於今天港鐵紅磡站附近，靠近公主道和加士居道天橋；而「Koon-chung」靠近今天炮台街和寧波街。這幅地圖還標出了西海岸沿岸的兩個聚落：北邊的叫「Tai-pai-lat」南邊的稱為「Tsim-sa-tsuey」；

｜地圖 17｜1862 年提出的尖沙嘴地區發展計劃

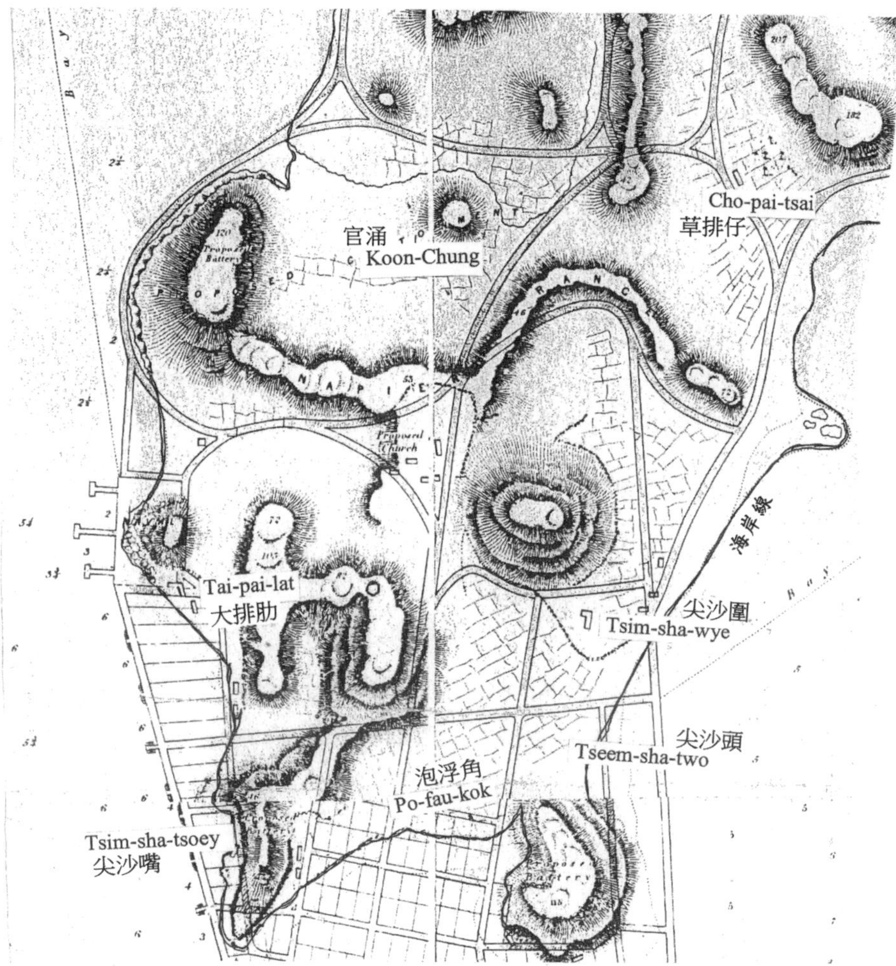

尖沙嘴岬角東側還顯示了一些建築物。

1862 年，英中土地委員會開會，試圖釐清英屬九龍居民的法律地位。1862 年土地委員會發現尖沙嘴地區有 542 英畝耕地，每英畝價值 146.96 元。[11] 委員會又發現這片土地的業權非常不清晰，很少地主曾經繳納任何地稅，而新安縣衙對這裏的土地「很少或沒有紀錄」。這裏主要的地骨主是錦田鄧氏，但另外一些氏

11　這個土地委員會的報告見 CO 129/85，香港歷史檔案館有其副本。

族也聲稱擁有這裏的地骨權（鄧氏為 176 英畝的土地呈交了 91 份聲稱是「紅契」的文件，即由縣衙蓋上紅色官印的地契；其他氏族為 276 英畝土地呈交 78 份文件，也聲稱是「紅契」）。鄧氏還聲稱擁有沿岸和近岸水域（seaboard）的地權。委員會發現，這些文件與縣衙持有的紀錄「很少一致，或完全不一致」。他們注意到，鄧氏長期以來對於該氏族哪一房人擁有這些地骨權一直有爭執，並曾就此事對簿公堂。鄧氏和其他氏族似乎也為誰真正擁有地骨權有過爭執。爭議各方都拿出了文件，但往往相互牴觸；委員會顯然對於他們所提交的許多契約是否有效抱有懷疑，認為不少是偽造的。整個西九龍尤其是尖沙嘴地區的地骨權極為混亂不清（這裏的地骨權似乎遠比新界其他地區混亂），可能是因為原有的明代地契和文件已全部散失，而這很可能是發生在遷海令期間，以致沒有一個氏族或群體能夠清楚證明他們的地權。

大部分尖沙嘴的實際耕作者都向土地委員會提交了白契，亦即未經官府蓋印的地契。土地委員會指出，這些「轉租租約、抵押證明和沒有蓋印的文件」，大多「外觀如此簇新，因此委員們認為，它們大部分是為了這次調查而製造的」。委員會的結論是，唯有對每塊地逐一調查，才能夠知道到底是誰擁有地權，以及屬於何種地權。總的來說，委員會發現所提交的文件「數量眾多、錯綜複雜，並且難以理解的」。結果，委員會決定，除非所提交的是真正的紅契，並與可實地明確辨認的地段相符，否則不會理會所提交的文件，而是根據實際使用情況提供補償。

這個土地委員會提交的報告，提及尖沙嘴地區的村落，稱它們為「Chim Sha-tsoei」、「Taipailat」、「Tseem Sha-two」、「Aotsai」、「Pao Fo Kok」或「Ao Tsai Shek Shan」、「Tsopai」和「Tsopai tsai」。報告並未附上標示這些村落地點的地圖。委員會報告中名為「Chim Sha-tsoei」的主要聚落，顯然是哥連臣所稱的「Chimsa-tsue」，以及 1862 年至 1863 年地圖中的「Tsim-Shaw-wye」。報告中的「Tseen Sha-two」顯然是 1862 年至 1863 年地圖中的「Tseen-Sha-tow」，也肯定就是哥連臣未命名的村落。報告中的「Ao Tsai」，大概是 1862 年至 1863 年地圖中靠近澳仔河口的「Po Fo Kok」。報告中的「Pao Fo Kok」或「Ao Tsai Shek Shan」，可能是浮泡角下方沿岸的聚落，在哥連臣的地圖和 1862 年至 1863 年地圖中均未命名。該報告的「Tsopai」，明顯就是哥連臣的「Chowpae」，其「Tsopai tsai」顯然與 1862 年至 1863 年地圖的「Cho-pai-tsey」是同一地方。土地委員會報告將「Aotsai」和「Taipailat」視為臨時建築物聚落，而「Taipailat」顯然與 1862 年至 1863 年地圖的「Tai-pai-lat」相同（見地圖 18）。

《華友西報》（1858 年 7 月 31 日）分辨出尖沙嘴地區的兩個地方，兩處都稱為「Chim sa choy」：尖沙嘴岬角下方沿岸的寮屋區（「新近興建的小房屋和店舖」）和「越過山丘不遠處的古老而正規的村落『Chim sa choy』」。1862 年土地委員會報告也將其「Chim Sha-tsoei」視為兩個獨立的聚落：一個是村落，另一個是寮屋區。

顯然，所有這一切都相當混亂和令人混淆不清。

「Chimsa tsue」、「Tsim-sa-tsuey」、「Chim Sha-tsoei」和「Chim sa choy」顯然都是尖沙嘴這個地名的不同音譯。「Tsim-Shaw-wye」無疑是「尖沙圍」（Tsim Sha Wai），而「Tseen-Sha-tow」和「Tseem Sha-two」肯定是「尖沙頭」（Tsim Sha Tau）。「Chowpae」和「Tsopai」是同一地名的變體，大概是「草排」（Tso Pai），而「Cho-pai-tsey」是「草排仔」。「Aotsai」或「Ao Tsai」大概是「澳仔」（O Tsai），而「Po Fo Kok」無疑是「Fau Po Kok」的變體，只是把前兩個字調轉了，亦即「浮泡角」。「Shek Shan」當然是「石山」。「Koon Chung」是今天寫作「Kwun Chung」的地名，也就是「官涌」。

造成這種混亂的原因，似乎是因為在香港的外國人將整個地區稱為「尖沙嘴」（今天仍是如此），而村民僅以這個名字來稱呼沿尖沙嘴岬角西側的寮屋區（「新近興建的小房屋和店舖」），而東邊「古老而正規」的村落則稱為「尖沙圍」或「尖沙頭」。這個村落由兩個區段組成，彼此相距幾百碼：北部區段是一個有圍牆防禦的聚落，稱為「尖沙圍」（即「尖沙的圍村」）；另一個區段名叫「尖沙頭」（新界有許多同一鄉村建於兩處地點的例子，例如粉嶺圍和粉嶺樓）。「草排」一直是這樣稱呼，它是一個獨立的村落。其他被標出名字的村落，大多是搭建了臨時建築物的聚落，亦即寮屋區：「大排肋」（Tai Pai Lat）是尖沙嘴寮屋區北面的延伸部分；「澳仔」是位於澳仔溪的一個小聚落，供該處船廠的工人居住；而「石山」聚落的小屋，則供在浮泡角山上石礦場的打石工人居住。

｜地圖 18｜1841 年的尖沙嘴

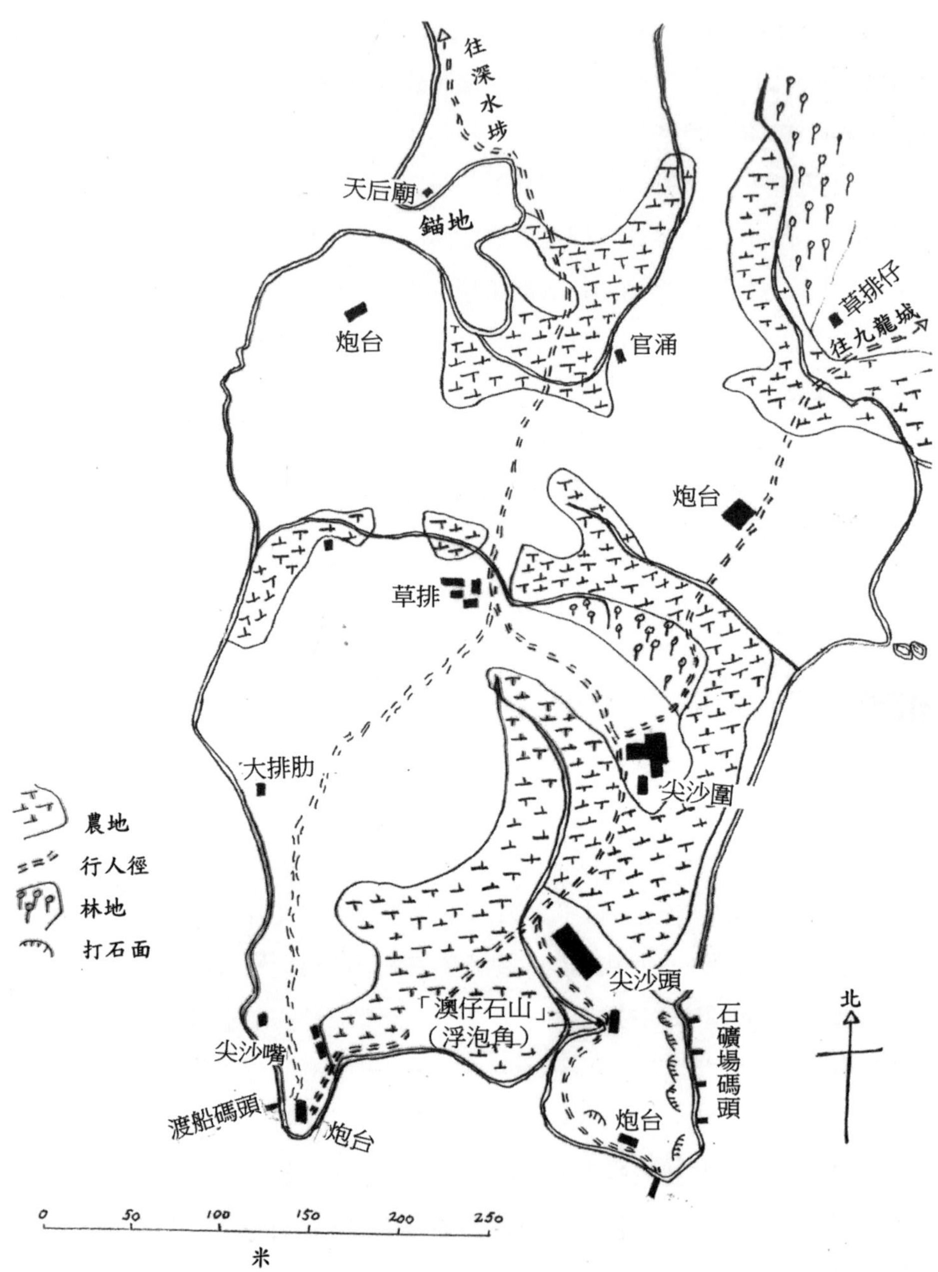

1862 年的土地委員會發現尖沙嘴地區有 342 間「屋宇」（tenements）須要補償（政府希望清拆整個尖沙嘴區以供發展）。它們被以不同的名稱描述為「房屋」（houses）和「建築物」（buildings），其中 106 間「屋宇」（大多稱為「房屋」）的價值由 79.32 至 266.67 元不等，大部分在 79.32 至 109.23 元之間。[12] 其餘 236 間大多被形容為「建築物」，每間價值由 52.12 至 56.42 元不等。「房屋」是定居已久的古老村落中的永久建築物。尖沙圍有 56 間，「澳仔石山」（這可能指尖沙頭村）有 34 間，草排 13 間，草排仔 3 間（最後這三間每間價值為 266 元）。「建築物」似乎是指寮屋村落中以磚瓦建造的臨時建築物（以木頭和茅草建造的建築物，不大可能會被認為應予補償）。這些「建築物」中，107 間位於大排肋（報告中稱這些建築物為「房屋」，但顯然是臨時構築物；大排肋和「尖沙嘴」分別位於沿尖沙嘴岬角西岸的寮屋聚落的北部和南部，中間隔着一個短的岩石海角，此海角可能稱為「Tai Pai Lak」；在另一種本地方言中，發音可能是「Tai Pai Lat」）；澳仔有 12 間。

目前不清楚尖沙嘴的村落建於何時，尤其是根本沒有任何證據顯示明代時這裏有村落存在（1688 年《康熙新安縣志》所載的 1643 年鄉村名單上沒有這個名字）。[13] 然而，在 1669 年遷海令撤銷後，馬上有一個村落在此地建立，或者可能是重建。據荃灣老圍許氏的族譜記載，他們的落擔祖最初定居尖沙頭，但發覺該地點易受海盜襲擊，因此遷往老圍。[14] 許氏族人約是在 1720 年定居老圍，因此他們定居尖沙頭的時間一定是在一代人之前，大概是 1690 年至 1700 年左右。許氏和其他人在十七世紀末落腳的村落，很可能是尖沙圍，而較靠近漆咸道海灘的村落，即尖沙頭，要到後來才有人定居（尖沙圍所在地點的風水較佳，而且與大海之間有屏障分隔，不為經過的海盜所見）。「尖沙圍」這個名字的意思是「沙岬上的圍村」，它必定是有圍牆保護的堅固村落，或者至少在中央有這樣的加固部分（大概是用來抵禦令許氏落擔祖所憂慮的土匪和海盜）。

12　除非另有説明，否則此書提及的貨幣均為「兩」和「錢」（這些是清代的貨幣單位：一兩等於 1.33 盎司白銀，一兩可兑換 1,388 文的銅錢），或者如此處所述，是指港元。

13　《康熙新安縣志》，卷三，《深圳舊志三種》，頁 254。

14　感謝許洪坤先生向筆者展示這份族譜。

尖沙頭村可能存續了相當長的時間，從而影響了今天尖沙嘴的街道佈局。尖沙嘴的街道佈局是一個南北向的網格系統，與彌敦道成平行或垂直，但這個網格有一個明顯的例外。寶勒巷和河內道之間的區域，是一個西北／東南向的區段。這裏非常靠近「Tseen-Sha-tow」或「Tseem Sha-two」，亦即尖沙頭村的舊址。這裏的村屋廢墟很可能存在了一段長時間，令新開闢的道路須改道繞過它們。

草排和草排仔的建村時間，可能比尖沙圍／尖沙頭的村落晚很多，大概是在十八世紀後期或十九世紀初期。

我們對在尖沙圍和尖沙頭定居的氏族一無所知，[15] 但許氏認為尖沙圍是多姓雜居。1862 年，這兩個村落大約有 100 間「房屋」。如果像後來座落在相對理想的地點的客家村落一樣，每戶平均擁有約 2.5 間房屋，那麼該村可能擁有大約 35 戶人家，這表示總人口大約在 175 人至 200 人之間。這裏和草排、草排仔和官涌一樣，都是客家村。

雖然大部分長居人口都是種植稻米自給的農民，但尖沙嘴半島也有一些自給自足的漁民。他們以舢舨捕魚，停泊在澳仔的小海灣（紅磡有更多漁民，以較大的船隻捕魚）。這些澳仔漁民都是近岸漁民，大概是把漁獲拿到附近的鄉村兜售。尖沙嘴地區也有造船的傳統，以浮泡角岬角的西側斜坡為中心（見插圖 020）。這些船塢有一些石砌房屋，供擔任主管的造船工匠居住；還有一些臨時木屋供一般工人居住。這種造船傳統是這一帶廣大地區的特色，在紅磡、油麻地、深水埗和牛頭角，造船都是重要行業。這種造船傳統很可能在英國人到來前就已是本區的特色，但在 1841 年後無疑有長足發展。浮泡角的船廠甚至在 1841 年後的若干年，都仍在蓬勃發展（如插圖 020 所示）。

浮泡角的斜坡也常有大量打石工人在工作，他們利用附近的五個碼頭把所開採的石材以船運走；哥連臣在 1845 年的地圖上標示了這些碼頭的位置。一如維多利亞港東部的其他石礦場，這些石礦場無疑也是從十八世紀初就開始運作。紅磡也是如此，遠在英國人到來之前，它就已成為重要的採石中心。和維港東部的其他石礦場一樣，這些石礦場在 1841 年後利潤變得非常豐厚，因為新建於香港

---

15 筆者未能找到港府對這些村落進行補償的詳細清單，只能找到它的摘要，當中沒有提及任何姓氏。

島上的城市，對它們開採的石材有無窮無盡的需求。打石工人當然非常不願意離開本區，中止他們有利可圖的生意，港府最終不得不以武力將他們趕走。[16]

尖沙嘴地區一直設有前往香港島的渡船碼頭。在十九世紀中葉前，這些渡船都是搖櫓舢舨。尖沙嘴渡船碼頭是長約 15 呎的石砌碼頭，位置靠近今天中間道和廣東道的交界。香港島的渡船碼頭靠近今天的永和街，在現代的填海工程開展前，這是橫渡海港最短的路線。其後中英在香港地區發生衝突（1839 年），清廷隨即在緊鄰渡船碼頭的地方修建炮台，以控制通往香港島的交通（見插圖 021 和 022）。

港府之所以急欲清理整個尖沙嘴，就是因為尖沙嘴／大排肋寮屋區。英國人一佔領香港島，數以千計的廣東人就蜂擁地來到九龍，顯然是看到了港島的新城市能提供賺錢的機會。當中大部分是誠實的商人，想來做正當生意；但也有許多是三合會成員，打算來從事不法勾當。許多這些騙徒惡棍定居尖沙嘴。三個黑幫成員（「Mah Chow Wong」、「Oong Tin Sing」和「Oong Min Doong」，現代音譯可能是「Ma Chau-wong」、「Ng Tin-sing」和「Ng Min-tung」）[17] 組成名為「Sam Loong Tong」（很可能是「三龍堂」）的三合會。大概在 1845 年，這個三合會控制了尖沙嘴／大排肋地區。此後，他們向想在那裏建屋的人索取金錢，然後向所有居民收租金和勒索保護費。鄧氏立即將這三名歹徒告上官府，聲稱「海濱」（seaboard）屬於他們，建於該處的木屋都應向他們繳租。知縣判鄧氏勝訴，但似乎收效甚微。若干年後的 1858 年，三合會仍然支配此地區，並且仍在收取租金（他們可能到了 1862 年仍然控制此地）。[18] 1858 年，寮屋區佔據了「長 1,000 呎，深 100 呎」的地帶。1862 年時，這裏有 224 座「建築物」（指磚石建築物），大概表示有大約 1,000 名居民。

許多向「三龍堂」租木屋的人都是騙徒惡棍和黑幫分子。這個新的寮屋區中的木屋靠近渡船碼頭，犯罪分子能輕易地橫渡海港，往來兩岸。住在這些木屋

---

16 見《孖剌西報》(*Daily Press*)。

17 漢字不詳。「Ma Chau-wong」可能就是「海盜」黃墨洲，在 1850 年代所謂的「高和爾事件」中，他涉嫌與當時的香港華民政務司高和爾（Daniel Caldwell）串通勾結。

18 The *Friend of China* newspaper (31 July 1858).

｜插圖 021｜1841 年的尖沙嘴炮台及渡船碼頭

由 John H. Collins 繪製。

｜插圖 022｜1841 年的尖沙嘴炮台入口及渡船碼碩

這幅銅版畫由 M. J. Starling 根據 T. Allom 的繪畫刻鐫；T. Allom 的繪畫則依據 Wright 中尉所繪的「真實素描畫」繪製。

的人，絕大多數都是單身男性。[19] 當知縣要掃蕩寮屋區時，這些歹徒就渡海到香港島；英國人打擊犯罪時，他們又渡海回來。在其他日子裏，他們可以每天往來兩地。因此，犯罪分子可以輕易地在不同的司法管轄區之間穿梭流竄，使這些尖沙嘴寮屋區成為兩地政府持續面臨的大問題，他們都非常渴望能清除這個罪犯淵藪。尖沙頭的老村落也要清拆，因為如果不徹底清理這個區域，歹徒只會從半島的西邊遷移到東邊。港府對清拆尖沙嘴的重視，從他們佔據尖沙嘴後隨即發出的公告可見一斑：

> 爾等果係安份良民在此地久居者，仍許現在照常安業，更應加意保護。所有新自外來並非居本處之人，此後概不容留，更不准匪徒如前混跡，致成賊巢。如有擅自窩藏者，查出一並嚴行究治。[20]

或許更能說明政府對清拆本區的嚴肅態度的是，政府樂意支付 107,995 元補償費用，這在 1860 年代可是一筆巨款。

政府從 1860 年開始清拆本區。一些尖沙嘴／大排肪寮屋居民在 1860 年遷走。以「Yip Sing-cheung」[21] 為首的一群人，在 1860 年搬到位於新邊境的深水埗；在那裏，他們顯然仍打算時常從新的邊界線上往返，延續他們的犯罪生涯。他們霸佔了「Chiu Tak-yau」所擁有的大片土地，[22]「Chiu Tak-yau」立即將他們告上公堂。「Chiu Tak-yau」聲稱，這些「横行不法、惡名昭彰」之徒，之前在尖沙嘴從事「詐騙勾當」。知縣得悉後十分關注，判「Chiu Tak-yau」勝訴，並派出士兵，促使「Yip Sing-cheung」遷走。然而，「Yip Sing-cheung」及其黨羽卻霸佔「Chiu Tak-yau」的土地旁邊的另一幅土地，並一直留在那裏，令深水埗在

19　在 1862 年，港府發現尖沙嘴一帶居住着 4,327 名成年人，其中男性 3,356 人，另有 778 名兒童。其中，大概有 500 名成年人（250 名男性和 250 名女性）是原有舊村落的村民，而大多數兒童都是這些村落的村民。由此推算，寮屋區有大約 3,106 名男性，可能還有 721 名女性，這表示區內人口中約 81% 是男性。見 Hayes, "Old British Kowloon", note 6。

20　見 Hayes, "Old British Kowloon", pp. 121-122；引文見香港政府的《憲報》，1860 年 3 月 24 日。

21　漢字不詳。詳細資料引自 1901 年提交給新界田土法庭的文件，這些文件今天僅存英文譯本。

22　與為撰寫本文而查閱的幾乎所有文件一樣，這裏提到來自田土法庭紀錄的文件只留存英譯本，當中沒有附上漢字。

往後幾十年成為一個無法無天、聲名狼藉的市鎮（見下文）。

1862 年，在清拆工作進行期間，這個地區卻發生了重大爭執。「尖沙嘴的客家移民」與「毗鄰村落的本地居民」[23] 之間爆發了「血腥而激烈的」村落械鬥。這大概應視之為尖沙嘴／大排肋寮屋居民與尖沙圍／尖沙頭村民之間的衝突，很可能是由於寮屋居民企圖霸佔尖沙圍／尖沙頭的土地。由此可見，這次清拆工作是件十分敏感的事件；而三合會人物又涉及其中，對清拆工作帶來不少困難。

清拆工作在 1864 年完成。[24] 村民的房屋、耕地、農作物和樹木都獲得了現金補償。他們也有機會獲得土地建造新的房屋（尖沙嘴／大排肋的寮屋居民只獲現金補償，並沒有得到安置）。鄧氏獲得了 12 幅大耕地作為移置其地骨權的補償，這些耕地大部分位於芒角村附近。少數村民選擇遷到油麻地錨地內緣附近的耕地，靠近今天的拔萃女書院和印度會的所在地；絕大部分人則寧願搬到將油麻地錨地與大海分隔的沙嘴上的土地。獲得移置農地的村民是草排的家庭，他們在舊官涌村旁邊建立了一個新村，稱之為「大草排」。在清拆工作展開後的幾個月內，其他村民陸續遷來，油麻地的沙嘴上湧現 90 多間房屋，形成一個新的港口城鎮（見地圖 19，插圖 23）。新的市鎮於 1864 年底建成，並立即大為興旺，很快便成為英屬九龍的重要經濟中心。[25] 可惜這個新的市鎮興建速度太快，未經任何規劃，缺乏飲用水，巷道狹窄，完全沒有排污系統，各行各業的人都在各處空地傾倒污水和廢物，這些情況嚴重威脅居民的健康。傷寒的爆發也是由此而起。結果政府決定將之清拆，另行規劃一座新的市鎮取而代之，內有（較為）寬廣街道、排水溝和公共設施的（1875 年）；這件事不難完成，因為組成 1864 年市鎮的地段，是以寮屋執照獲得的，要撤銷很簡單。建於 1875 年的市鎮（最初由廟街和上海街組成，並有圍繞公眾廣場而建的公共建築：廟宇、官立學校、警署和

---

23 The *Friend of China* newspaper（見 Hayes, "Old British Kowloon", p. 137, Addenda）。早在 1859 年，這裏就曾發生過村落械鬥。該報稱，械鬥是在「毗鄰村落的本地人居民」和「尖沙嘴的客家移民」之間爆發的，但事實上，在距離尖沙嘴兩英里範圍內並沒有本地人村落。這場械鬥的雙方，很可能是定居尖沙嘴已久的村民（他們或許得到來自芒角的鄰居支援）和尖沙嘴寮屋居民。

24 港府於 1864 年 5 月 14 日在《憲報》發出公告宣布清拆行動，要求居民在 6 月 30 日前接納補償並遷走。

25 見 1864 年的政府《藍皮書》。

| 地圖 19 | 1864 年至 1873 年的油麻地第一代市鎮

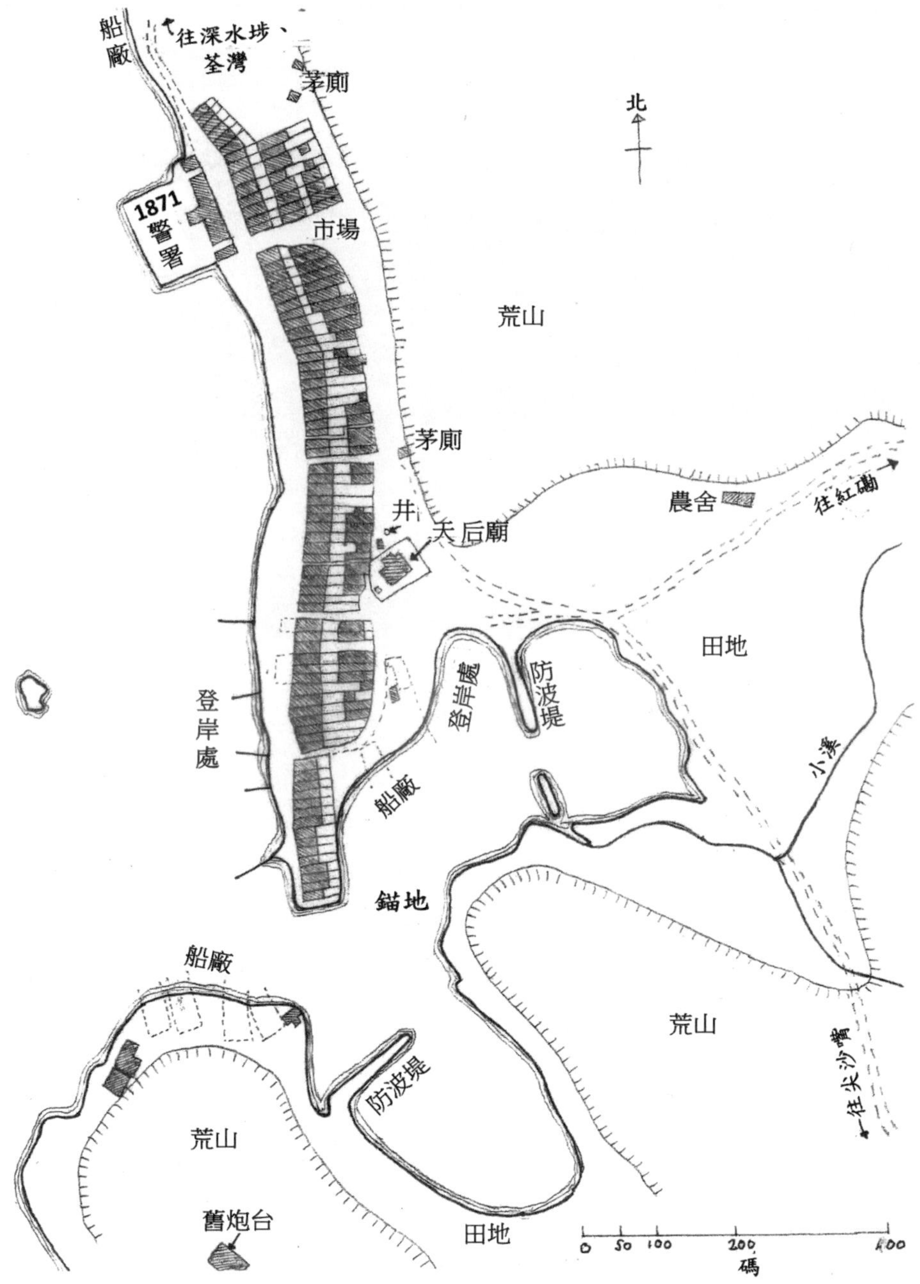

｜插圖 023｜約 1874 年的油麻地第一代市鎮

圖中的大型歐洲式建築物是警署。

街市）是今天油麻地的核心地帶（見插圖 024）。在 1875 年的市鎮中，有多少店主或土地業主是尖沙嘴村民，就無從稽考了。

沒有任何記載提及尖沙嘴地區在什麼時候曾有廟宇，很可能根本從來都沒有廟宇。然而，新界的鄉村甚少沒有可供他們的社群使用的社區廟宇。這種社區廟宇通常可供由幾個村落組成的社群使用。就尖沙嘴村的情況來說，他們很可能與北邊的芒角村結盟，兩村形成單一社群。因此，他們可能是到芒角（旺角）的大石鼓廟拜神（見插圖 025）。

尖沙嘴地區位處維多利亞港中部的咽喉，因此是建設防禦工事的要地。哥連臣繪於 1845 年的地圖顯示區內有四個「舊炮台」（Old Forts）。一個是守衛尖沙嘴渡船碼頭的炮台（見插圖 021 和 022），它大概最早是建於 1839 年，名為「尖沙嘴炮台」。位於浮泡角山的炮台大概名為「懲膺炮台」，[26] 可能是同年建造的。

26 尖沙嘴炮台並未出現在 1838 年的插圖 015 上，可能是翌年才建造。懲膺炮台在尖沙嘴，很可能就是浮泡角山上的炮台。

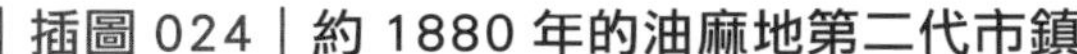

｜插圖 024｜約 1880 年的油麻地第二代市鎮

｜插圖 025｜約 1910 年的芒角大石鼓廟

相關修建計劃是由欽差大臣林則徐推行的。另外兩個炮台在稍往北一點的地方。一個扼守油麻地錨地的入口，保障停泊該處的舢舨安全。第四個炮台是在紅磡和尖沙嘴之間的槍會山地區，靠近草排仔村。紅磡地區可能還有另一個古老炮台。以上較後提及的炮台在1839年時已殘破失修，甚至可能已被廢棄；它們在該年獲得緊急整修，並與尖沙嘴的新炮台納入同一項建設計劃之中。上述後兩個炮台，就是油麻地的官涌炮台，以及草排仔的臨衝炮台。臨衝炮台是1845年地圖上所見的四個炮台中最大的，指揮整個炮台群的軍官很可能就駐在該處（見地圖18）。後兩個炮台最初是何時建立不得而知，很可能是清初加強當地海防的計劃的一部分。1840年英國人佔領了這些炮台（尖沙嘴炮台改名為「維多利亞炮台（Fort Victoria）」，懲膺炮台則改名為「阿爾伯特炮台（Fort Albert）」）。當尖沙嘴地區回到中方手中時（1841年），這些炮台被拆除，石材運到香港島，用於在那邊建造軍事設施。在1860年英國接管前，這裏再沒有新的海防建設。

油麻地

西九龍地區的中部，大約是今天亞皆老街和柯士甸道之間的地帶，在現代城市發展前是十分崎嶇的鄉村和郊野，盡是布滿深谷的岩石山丘。這裏可用於耕作的土地很少，大部分只是山與山之間的狹小地帶。因此，這個地區沒有大型村落，只有許多細小的聚落，大多是由零星散落在山丘上的房屋所組成。不過，在今天亞皆老街以北的地區有較多耕地，足以支持在旺角地區、鄰近今天的旺角道和花園街交界的大型村落（見插圖028）。那些分散的小聚落被稱為麻地、火棚、大石鼓（又名打石鼓）、「Ngan Leung」（又名「Ngan Pang」，漢字不詳）、何文田和芒角嘴（見插圖026）。麻地在今天彌敦道和窩打老道交界的南邊，大概在今天的文明里附近。火棚、大石鼓和何文田全都位於溪谷中，該條小溪沿今天的窩打老道沿線流動；火棚的所在地是今天的華仁書院一帶，何文田位於今天的染布房街及白布街一帶，[27] 而大石鼓則在今天的窩打老道與亞皆老街交界附近。

27 因此，這個名叫何文田的舊聚落，與今天稱為何文田的地區相隔一段距離。

|插圖 026|1877 年的芒角嘴村

「Ngan Leung」在稍往北一點的山東街／豉油街地區。芒角嘴位於海邊，緊靠芒角村面向海邊那一側，大概在今天的奶路臣街沿線某處，鄰近今天的上海街。蔴地是容氏居住的地方，而其他這些零散的小聚落，全都是芒角村氏族的族人居住。草排、官涌和草排仔實際上是這個由零散聚落組成的區域的最南端。

這些零散的小聚落建於何時，已無從稽考。然而，草排、草排仔和官涌出現於哥連臣在 1845 年繪製的地圖上，所以大概是在 1841 年英國人佔據香港島之前已經建村。這些小聚落可能全部或大多是在十八世紀末或十九世紀初建立。當時新界中部和東部各處都出現一種把邊緣地帶都開墾成耕地的過程；這裏也出現類似的過程，這些聚落的建立就是這種過程的一部分。何文田和火棚的情況尤其可能是如此，這兩個聚落在 1880 年代肯定至少有十幾間房屋。在 1841 年，它們大概都是十分細小的聚落，居民是靠種植稻米自給的農民。1862 年草排仔有 7 間「小屋」，1873 年有 6 間；大草排在 1873 年有 3 間；1869 年蔴地有 2 間（在

1873 和 1875 年時也是 2 間），1881 年有 3 間；而芒角嘴在 1862 年有 15 間。[28] 然而，這些小聚落擁有的細小耕地，特別適合於商品蔬菜種植業（包括花卉，以及那些容易腐爛而須在其市場附近種植的蔬菜，尤其是通菜和西洋菜），也適合污染嚴重或需要大幅土地，因而難以在維多利亞城找到經營地點的行業（特別是布料加工業，包括漂布、染布、碾布（Calender）和洗衣等工序，以及醬料製造商，特別是豉油）。在十九世紀末，所有這些行業都在區內蓬勃發展，這些老村落附近的山坡上興建了寮屋。到 1897 年，何文田（包括火棚和大石鼓）的人口已增至 297 人，這表示區內可能有 100 戶或以上的人家。[29] 為了方便這些村落居民將產品運往香港島，1841 年後不久，芒角嘴興建了渡船碼頭（最初可能很像尖沙嘴的渡船碼頭），原本是供搖櫓舢舨渡船使用。

1864 年前的油麻地區最顯著的特徵，是當地有一個巨大港灣（見插圖 024 和 027），從海邊（大約是今天上海街的位置）一直延伸至今天的志和街附近，大致上是今天的北海街與西貢街的範圍。今天的彌敦道貫穿這個港灣中央。港灣入口是一個頗為狹窄的開口，位置在今天甘肅街所在的地區（見地圖 19）。此港灣被稱為「官涌」，可能是修建官涌炮台防守這個港灣時得名，這大概是清初時的事。炮台位於一座小山上，在今天炮台街和北海街的位置。炮台在 1841 年被英國人拆除，但其斷壁殘垣一直留存到 1875 年，該年這座山被夷平，所得的沙石泥土用來填平港灣，然後開闢新的街道。

這港灣很淺，退潮時會變得乾涸（見插圖 027），只能供舢舨和其他小船使用。但對這些船來說，這個錨地極其重要，無論遇上什麼颱風，這裏都十分安全。事實上，它是整個維多利亞港最重要的小型船隻錨地。港灣入口附近的南面和北面都有船廠。這些船廠可能專門建造和修理使用此錨地的小船，通常停泊在此處的船，當然會到這些船廠燂船（燂船是燒掉船底的藤壺，並處理木板以防止新的藤壺附着的工作，每艘船每年都須燂船兩次）。退潮時，這些船廠會在乾涸

28　1862 年的數字來自田土法庭紀錄，CO 129/85，1869 年、1873 年和 1875 年的數字來自香港歷史檔案館的鄉村差餉紀錄冊。

29　當中 61% 是男性，見 Hayes, "Old British Kowloon", note 17。

| 插圖 027 | 約 1875 年的油麻地海灣退潮時的景象

的海床上作業，插圖 027 顯示兩名木匠從固定在該處海床的樹幹上鋸取木板。這個港灣被人繁忙使用，港灣北岸有一個登岸處。到 1882 年，這個錨地停泊了許多住家艇，衞生環境變得很惡劣；它後來被填平，並在其上修築道路以便發展。[30]

錨地的內側有一片農田（大約在今天京士柏公園運動場的所在地），它是官涌村賴以為生的田地（見地圖 18），也是重新安置草排村民的地點。

1864 年時，錨地的上岸處旁邊有一座小天后廟，朝向錨地（見地圖 18 和 19）。這座廟的創建年份不詳，但它當時已很古老，在 1860 年代已亟需大規模修葺。[31] 記錄這次重修的 1870 年碑記稱這是一座「古廟……此蔴地之有廟所

30　見 Hayes, "Old British Kowloon", note 40。

31　對這座廟的歷史更全面的論述，見 D. D. Waters, "The Temples off Public Square Street", in *In the Heart of the Metropolis :Yaumatei and its People*, ed. Patrick H. Hase (Hong Kong: The Royal Asiatic Society, with Joint Publishing, 1999), pp. 110-119。

由來焉……寢廟建而未宏。上棟下宇，以避風雨已矣……況夫世遠年湮」。[32] 在捐助重修者名單中，居首的是「**大鵬協鎮府**」，他是 1860 年英國人管治九龍之前的清軍指揮官，可見這次重修的募捐，是在英國人管治九龍半島之前便已開始。天后廟在這次重修中獲捐兩尊石獅，年份為 1864 年，再次表明早在 1870 年前，為這次重修的募捐行動就已開始。另一個指出這次重修是在 1864 年油麻地新城鎮創建前已開始的證明是，1870 年的碑文說這座廟是「**我油麻地一灣……闔灣修復**」，這表明發起重修的是當地的水上人。這座廟很可能早在十九世紀中葉前就已建立。事實上，一個如此重要乃至需要清軍炮台保衛的錨地，不大可能沒有廟。這廟十分可能是始建於清初，或許是十八世紀最初 20 多年間。

1870 年重修後，這間廟變得更大更華麗，但這只是維持了很短時間；1874 年它被颱風嚴重破壞，並於同年重建（地圖 19 所示的是 1870 年時的天后廟）。1875 年的碑文記載了 1874 年的重建，再次稱這座「**古廟，供奉有年**」。不過，這座建於 1875 年的廟存在不到一年，[33] 1875 年油麻地新城鎮的布局規劃，迫使這座廟搬遷；新廟址就在新開闢的公眾廣場東側。新的天后廟在 1879 年春節時落成，又再比之前那座更大更堂皇。[34]

在 1864 年尖沙嘴村民搬遷和油麻地首個市鎮建立前，油麻地地區的一切都是往內朝向錨地看。但 1864 年建成的這個小鎮往外望，朝向大海，前方是一個供運貨帆船使用的簡陋棧橋（見地圖 19）。1875 年這個市鎮重建時，這裏填海造陸，填出一個狹長的填海地帶，變成了更完善優良的海旁（這個海旁地帶是今天新填地街，見插圖 024）。因此，在 1864 年至 1875 年間，此市鎮和天后廟是分別朝向不同的方向（如地圖 19 所示），但 1875 年為這座廟搬到新廟址後轉了方向，變成與市鎮一樣朝向同一方向，面朝大海。

1875 年的發展計劃局限在沿着海岸的狹長地帶，以新的油麻地市鎮為中

---

32 科大衛、陸鴻基、吳倫霓霞編：《香港碑銘彙編》（香港：香港市政局，1986），第一冊，頁 147。

33 同上註，頁 157。

34 同上註，頁 239。

心，東緣是彌敦道，西邊為新填地街，由佐敦道往北至太子道。開發這片土地至少花了 50 年。因此，彌敦道以東的土地要直到 1920 年代才開始受到重視，並獲得開發。那些位於彌敦道以西的村落（廠地、Ngan Leung、芒角嘴）因而在 1870 年代就被清拆，彌敦道以東的聚落（芒角、何文田、火棚和大石鼓）則要到 1920 年代中期才清拆。

芒角村

芒角村（見地圖 20）在 1923 年因城市發展被清拆前，是一個有大約 109 間房屋的村落，周圍有 75 間小木屋。這些村屋佈置在多個台地上，朝向風水最佳的方向（見插圖 028）。這些小型建築物可能與 1860 年英國接管九龍半島後，在區內發展起來的商品蔬菜種植業和鄉郊工業有關（當中許多大概是從事這些行業的工人的住所）。在芒角的小村落中，也有芒角村民的房屋，在 1923 年清拆前的一個世代中，這些房屋數目銳增，以應付區內的郊區工業所需。

在 1860 年時，芒角村相對於尖沙嘴村的大小已很難猜想，但這兩村的規模可能大致相若，芒角可能稍大一點。當時芒角的人口或許大約在 200 人至 250 人之間，1897 年時，對芒角（不包括那些小村落）常住居民的人口普查發現，那裏有 218 名居民，其中 102 人（47%）是男性，顯示那時有些人移居村外，可能是去了油廠地。[35]

芒角被列入 1819 年的《嘉慶新安縣志》內的村落名單中，稱為「芒角村」。[36] 沒有任何現存證據可供確定本村的始建時間，但估計可能與尖沙嘴的建村年代相若，即十七世紀末某個時候，最遲在 1700 年左右。和尖沙嘴一樣，這是個雜姓的客家村（村中有分屬七個姓氏的居民）。在 1841 年維多利亞城建立前，這裏與北部地區的大多數鄉村一樣，是典型以種植稻米自給的鄉村（見插

35　見 Hayes, "Old British Kowloon", note 17。1897 年的人口普查可能沒有充份紀錄兒童人數，所列出的數字似乎基本上只包含成年人和將近成年的人。

36　《嘉慶新安縣志》，卷二，《深圳舊志三種》，頁 656。

｜插圖 028｜約 1860 年的芒角村

圖 028）。不同於許多九龍的村落，這裏沒有石礦場，也沒有船廠。1841 年後，商品蔬菜種植業和鄉郊工業日益成為當地的主要產業。1841 年以前，本村沒有碼頭。芒角嘴是一片荒涼的海灘，受暴風雨吹襲時缺乏屏障（當時村民會使用油麻地錨地天后廟前的上岸處）。1841 年後不久，這裏似乎建造了一個供搖櫓舢舨渡船使用的小型渡船碼頭，以便將商品蔬菜種植業和鄉郊工業產品運往維多利亞城。

本村西面有一個海灣，將之與大角嘴隔開。這個海灣很容易受到來自南方的風暴吹襲，所以停泊的船不多。這個海灣往內的部分海水較淺，而且泥沙含量高。九龍西北方的一條主要溪流從今天九龍塘流到此處，在此海灣東側出海，就在芒角稍北的地方，溪口一帶較多沼澤。芒角與大角嘴幾乎沒有連繫。在 1920 年代以前，沒有堤道或橋樑跨越兩地中間的這個海灣。

本村的正北方是九龍塘，這個大型村落位於溪流的北邊。1950 年代許舒訪談

｜地圖 20｜1923 年的芒角村

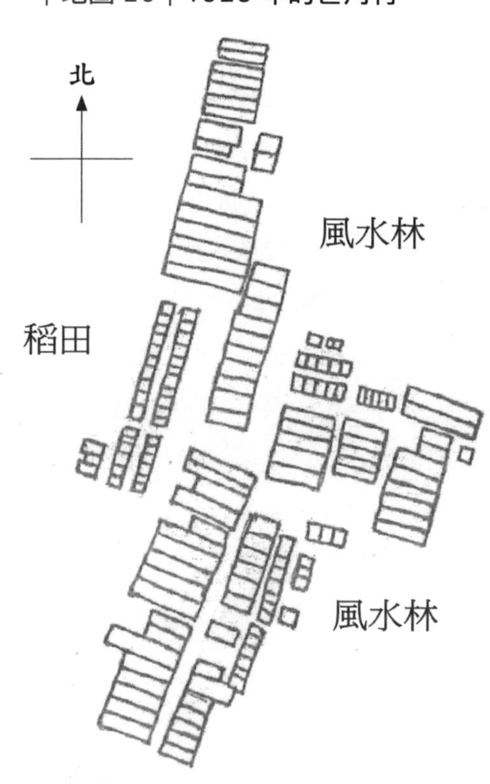

芒角村民時，他們非常清楚地指出，兩個村落之間有重大的地方政治分歧。芒角村民告訴許舒，「對面河的人」與他們是截然不同的。九龍塘村民不會到芒角的廟拜神，芒角村民拜神時，也不會到與九龍塘關係密切的廟宇，尤其是深水埗那些主要廟宇。芒角村民想要開店的話會到油麻地，而非深水埗；九龍塘村民則相反。芒角村民只會在九龍城或油麻地購物，而九龍塘村民則在深水埗購物。大角嘴被視為深水埗的一部分，這是芒角村民對大角嘴不感興趣的原因之一。從尖沙嘴渡船碼頭往北的主要行人徑，在渡過芒角和九龍塘之間溪流時須依靠一段很不好走的踏腳石。兩村都不想投入資金去造一座橋（唯一能不沾水安全渡河的地點，要在東邊繞一大段路）。因此，芒角和九龍塘顯然屬於兩個獨立的社群或者「鄉」。

芒角村有一座觀音廟（通常稱為「水月宮」，見插圖 25）。它建在大石鼓的一塊岩石上，要走 2 條 30 級的階梯才能到達（該地點現在是中電鐘樓文化館的一部分）。大石鼓村的名字可能就是來自這座廟所在的岩石（一塊鼓形大石）。這座廟建在此處，而非靠近旺芒角，是因為此處是風水寶地。這座廟的建築非常精緻；但後來因為要拓寬亞皆老街，這座廟也須搬遷到山東街（1927 年）。山東街新廟的碑文寫着「**大石鼓水月宮已歷百有餘年**」，但所謂「百有餘年」，不能過於執着於字面意思：其意是「超出人們的記憶」。它可能建於十八世紀初。這座廟在 1927 年遷址前，香火很鼎盛，每年的觀音寶誕都十分盛大熱鬧。[37]

1860 年前，芒角很可能與尖沙嘴結盟。如上所述，當時這兩個村落形成單一的鄉（見地圖 21）。因為尖沙嘴缺乏廟宇，假如沒有與芒角結盟，村民就沒有社區廟可去拜神了。因此，尖沙嘴村民很可能在大石鼓的芒角水月宮拜神。這座廟建在芒角村東南面逾半英里的地方，遠離任何大村落，由尖沙嘴前往很方便。如果尖沙嘴的村民通常在大石鼓拜神，那就表示尖沙嘴和芒角之間有密切的政治聯盟。現今沒有確鑿證據證明這種政治聯盟存在，但從 1864 年起兩村村民都熱衷於投資於油麻地新市鎮就可看出一些端倪；九龍其他鄉村的村民很少（如有的話）這樣做。

如上所述，油麻地市鎮始建於 1864 年，原本是用作重新安置尖沙嘴村民；他們在此後一段時間對於該市鎮仍然很重要。不過，芒角村民遇有機會就會參與油麻地的活動。1890 年的油麻地天后廟碑記記載了當年重修的情況，其中有 11 位捐助者標明是來自芒角。在這塊碑記上如此標明地方的捐贈者，都不是住在油麻地。[38] 那 11 位來自芒角的人全都記錄在第一塊碑記上，此碑記所列的是捐款金額較大的捐贈者。在這 11 個捐贈者，10 個是以商號或店舖的名義捐款。這些來自芒角的商業捐助者，無疑是商品蔬菜種植商或鄉郊工業的商號，他們通過油麻地把產品運出，所以很樂意捐助重修當地的廟宇。

黃蘭生（1878-1935）的事業，說明芒角村與油麻地之間的緊密聯繫。[39] 他父親是芒角的農民。他哥哥大約在 1890 年於油麻地開了一家蔬菜批發行，從芒角

---

37 見 Hayes, "Old British Kowloon"。

38 《香港碑銘彙編》，第一冊，頁 239-247。

39 有關黃蘭生的事業，見 Hayes, "Old British Kowloon"。

| 地圖 21 | 1860 年九龍地區的地方政治群組

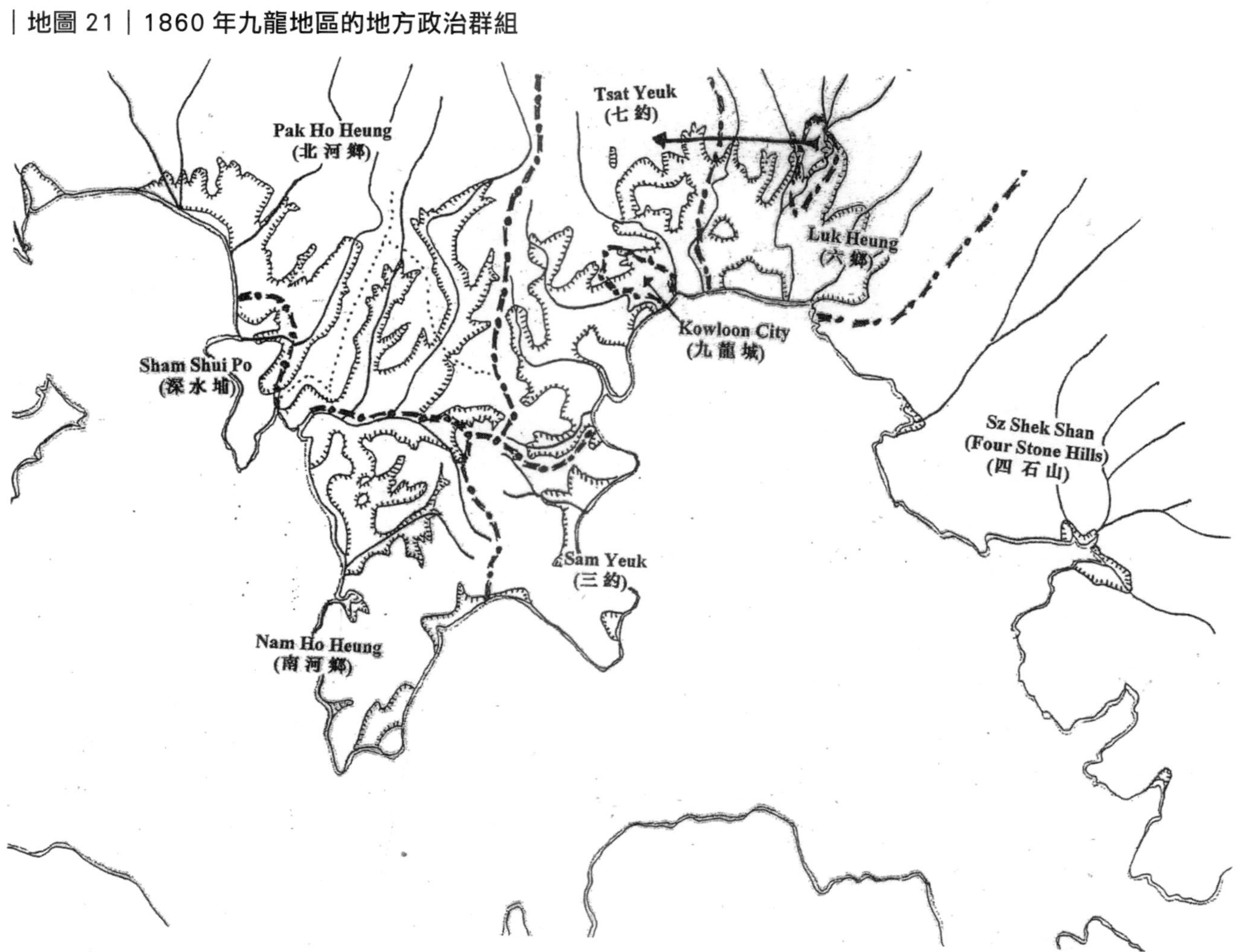

菜農那裏收購蔬菜（可能主要來自他父親和其他近親，也有來自芒角其他種植商品蔬菜的農民，以及與油麻地商業網絡有密切關係的人），然後運送到香港島。黃蘭生最初開了一家雜貨店（約 1900 年），但很快就開始發展其他業務。他買下兩艘蒸汽船，營運往來油麻地和芒角與香港島之間的渡船服務，運送其兄批發的蔬菜是他的主要業務。他發跡顯達，加入油麻地街坊會 30 年，又擔任大石鼓水月宮的值理、中國電船商會會長，以及保良局總理。然而，他在各個階段的成功都是以其家族生意為基礎，亦即種植商品蔬菜，批發蔬菜，然後將這些蔬菜運往香港島。像他這樣在油麻地鎮內興旺發達的芒角村民所在多有。把油麻地天后廟和山東街水月宮捐贈給東華三院是備受爭議的事件，而黃蘭生也密切參與其中。

政府為進行城市發展而清拆芒角村及其田地（1923 年）後，決定以清拆前區內廣為人熟悉的商品蔬菜種植業和鄉郊工業，為新街道命名。除了因村名而得名的旺角道，還有今天的豉油街、花園街、通菜街、西洋菜街、黑布街（指染布）、染布房街、白布街和洗衣街。這些街名清楚反映了 1923 年前區內重要的商品蔬菜種植業和鄉郊工業：種植花卉和較易腐爛的蔬菜，以及加工布料和釀製豉油。

在芒角／尖沙嘴鄉的東南方，沿九龍半島東岸的鄉村形成了一個稱為「三鄉約」的鄉區，以紅磡天后廟為中心。這是一個採石區，類似觀塘沿岸的「四山」。這三個鄉村分別是紅磡（包括大灣）、土瓜灣和鶴園（包括石山）。在三鄉約以北、1898 年前的邊界以南的地區（馬頭涌、馬頭圍、馬頭角和凹背壟），則屬於「九龍七約」的一部分（見地圖 21）。

「對面河」地區

從芒角村以北跨過河流的地方，就是芒角村民稱為「對面河」的地區。它包括九龍塘和九龍仔這兩個繁榮的大型鄉村、深水埗墟鎮及其附屬郊區聚落、石硤尾山谷以及長沙灣。如果說西九龍的歷史普遍缺乏史料為證，那麼這一地區的情況便尤其嚴重。對於九龍仔或九龍塘、石硤尾地區或長沙灣大部分地區的歷史，我們都幾乎一無所知。長沙灣許多村落的名字——黃屋、白薯莨、馬壟坑、菴由、海邊仔、羅屋，都已從公眾記憶中消失，甚至連這些地名的漢字怎樣寫，現在也大多無法完全確定。[40] 關於此地區的大部分地方，現存的唯一證據是集體官契，但它錯漏百出，不像新界其他地方彙整得那麼完善和易讀易懂。[41]

深水埗

在「對面河」地區之中，最重要的地方就是深水埗的墟鎮。長沙灣海灣東側邊緣有一個岬角，岬角的南面是大海，北面是海灣最內側的部分；岬角的西部形成西角山，往東的地方地勢變低（見地圖 22），之後再往東一點地勢又變高，形成了山丘，特別是墟鎮東方緊鄰的上圍山和東北方的元洲山。名叫「大水坑」的溪流在海灣最內側的部分奔流出海。深水埗墟鎮就建於大海與大水坑之間的地帶，橫跨西角山以東的低地，位於西角山與上圍山之間。

九龍西北部的地骨權由錦田鄧氏所有。大嶼山北岸的地骨主李久遠堂將其擁有地骨權的土地，劃分為一系列的收租區。[42] 鄧氏也是如此，但他們的收租區面積比李氏的小很多，每區大多只有一個村落，並由鄧氏的不同分支擁有。在一份 1867 年的地契中，鄧氏的一個分支將其擁有的深水埗地骨權賣給另一個分支；地契上寫有關於深水埗區邊界的簡短說明。[43] 上述的邊界基本上是指收租區的邊界，但居民普遍視之為這個市鎮的邊界（見地圖 23）。深水埗區的東面以九龍塘的地骨權土地為界，東北以硤石（Kap Shek）的地骨權土地區域為界，南面以大海為界，特別包括大角嘴和西角山半島（可能還包括昂船洲，但地契中沒有提

40　關於此地區，見 Carl T. Smith, "Sham Shui Po: From Proprietary Village to Industrial Urban Complex"，以及 Hayes, "The Cheung Sha Wan Villages"。

41　集體官契沒有寫出土地擁有者或其所屬村落名稱的漢字，沒有區分祖堂和個人擁有的土地，也沒有區分住宅和用於祠堂之類的其他用途的建築物，它沒有記錄抵押貸款，而且在丈量和登記工作中明顯馬虎草率，常常將土地的所有權撥歸祖堂，而沒有去確定到底是誰實際有權耕種土地或住在房屋中，並且在某些地方的紀錄有明顯錯誤。出現這些問題，主要是源於這是最早制訂集體官契的地區之一；後來的地區在丈量和登記方面就做得小心仔細得多。

42　見本書第 1 章「海南柵：大嶼山北岸的聚落與社會」。

43　此地契以及本節中提到的所有其他地契，今天都僅留有英文譯本，保存在田土法庭的文件中。見 Carl T. Smith, "Sham Shui Po"。

｜地圖 22｜1901 年的深水埗墟鎮

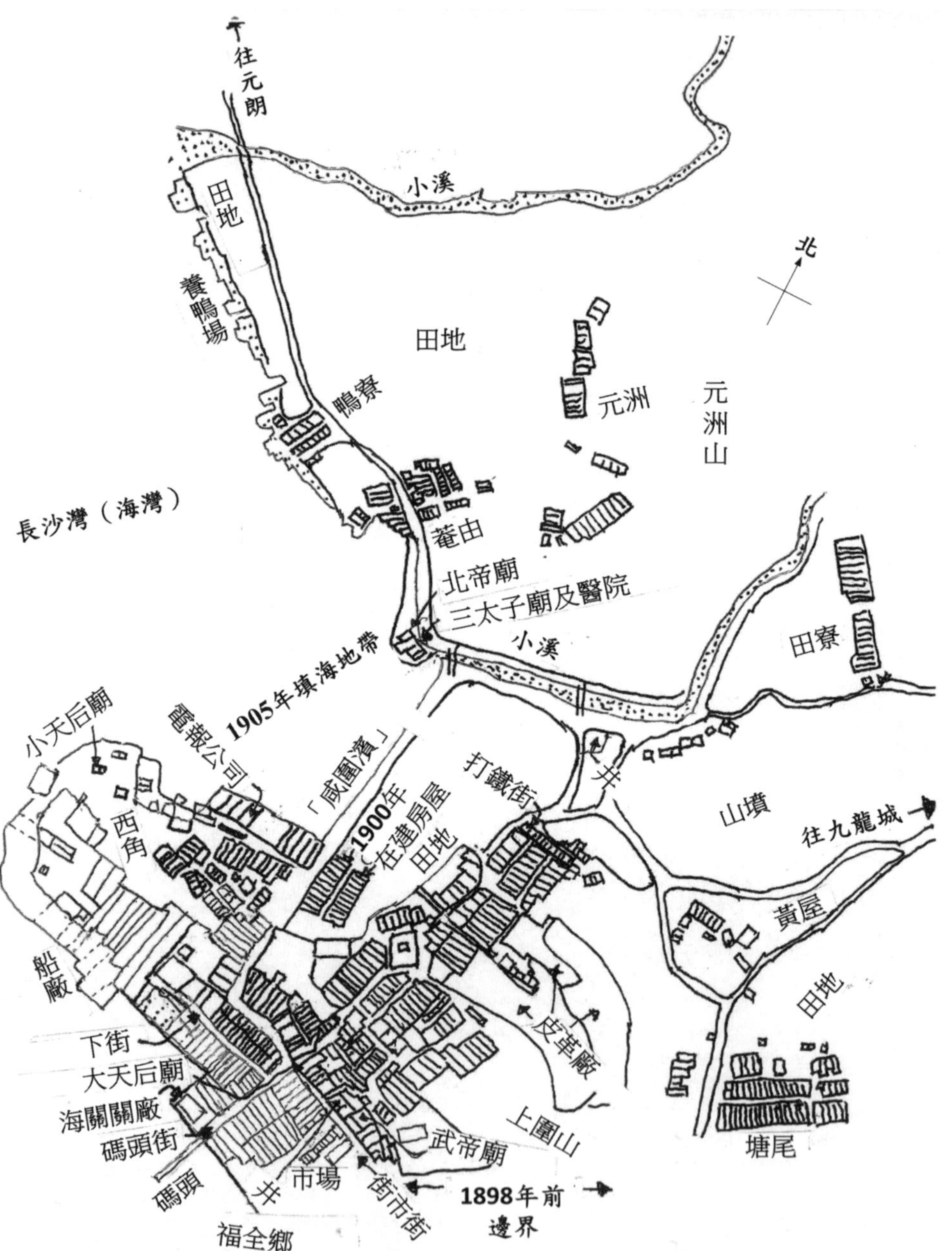

及）。地契並沒有寫明西北方的界線在哪裏，但可能是長沙灣的地骨權土地區域邊緣（或者長沙灣最東端的地骨權土地地區，假如長沙灣的地骨權是一分為四的話，而這似乎滿有可能）。這些 1867 年的界線顯示，深水埗市鎮，除了市鎮本身，還包括大約九個村落：大角嘴、塘尾、黃屋、位於黃屋北面一個名稱不詳的村落、田寮、元洲、菴由、鴨寮和「羅屋」（其中一些聚落名稱的漢字不能完全確定）。這些村落被視為深水埗市鎮的一部分，是其附屬的衛星村落。下文會進一步討論它們。

到十九世紀末，深水埗已是個繁榮的大型墟鎮。在集體官契中，鎮上登記了 377 個建屋地段，總計 8.64 英畝的建築用地，這代表大約 550 間房屋和店舖（鎮上有一些建屋地段，涵蓋兩三幅或以上的獨立屋地）。1911 年的人口普查統計，市鎮人口為 2,085 人（若包括福全鄉的話就有 2,946 人；按照 1860 年的邊界線，這個近郊區域位於香港地區一側），不包括這裏的水上人口；這顯示當時深水埗的陸上人口與長洲相若，或者說比大澳多（在 1899 年至 1911 年間，這個市鎮沒有太大增長，見下文）。[44]

本鎮似乎很可能建於十八世紀初。在這裏建鎮似乎涉及四個因素。首先，維多利亞港西部一向都有漁民；但這片海域離外海太遠，漁民無法參與深海的黃花魚捕撈。因此，這片海域的漁船很小，頂多是中型船，沒有任何能夠在遠海長期作業的大型漁船。這些漁船需要可以抵禦颱風的錨地。油麻地有可供舢舨使用的安全港灣，但那裏的水太淺，就算是對小型帆船來說，該錨地也不易使用。這些漁船需要更為深水的錨地，以讓它們可以安全停泊。深水埗（意思為「水深的上岸處」）是可供中小型漁船停泊的安全錨地。此處是一個斜斜地延伸到深水中的海灘。除去南方和西南方外，它對於從其他方向吹來的風，都有很好的屏障遮蔽，因為它四周都是離海岸很近的山丘，更遠的地方則有山脈。如果風暴從南方或西南方吹來，那麼在西角山後面就有一個非常安全的避風錨地。漁民一定很早就使用這個錨地。海灘中央有一座天后廟（稱為「大天后廟」，以別於市鎮內其

44　這裏把深水埗（1,577 人）和西角（508 人）的人口合計為深水埗鎮的人口，因為西角一直被認為是本鎮的一部分。然而，其他郊區小鄉村的人口並沒包括在內。

| 地圖 23 | 1867 年深水埗墟鎮的邊界

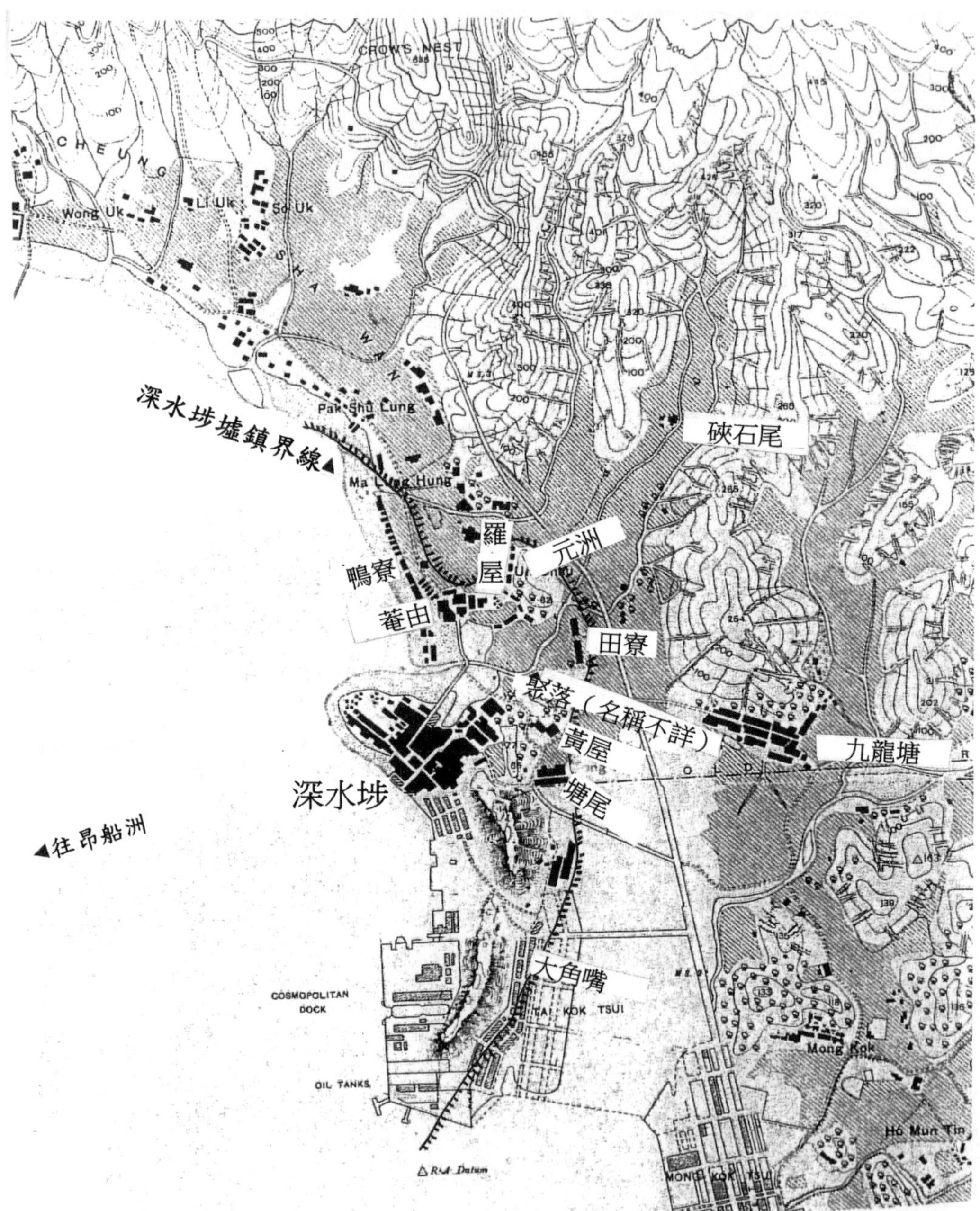

他重要性較低的天后廟），面向上岸處，大概是由這些漁民所建。一份 1810 年的地契提到這座廟，以之作為界標；1844 年，施美夫牧師（Rev. George Smith）曾到訪這座廟，並對它作過簡短的描述（他說當時有三座神壇，一個供奉天后；而根據他的描述，另一個供奉生育女神金花娘娘，還有一個很可能供奉觀音）。[45] 1891 年發生的一場大火，燒毀了深水埗市鎮大部分地區；天后廟也被燒毀，其後在 1901 年重建。該廟在 1913 年拆卸，1915 年在新址重建，可惜舊廟的碑記或其他顯示年代的器物幾乎都沒有留存下來，只有一個 1901 年的聚寶爐，以及改懸於在新址重建的三太子廟中一個 1886 年的大鐘除外。[46] 因此，我們無法確定天后廟始建於何時，但大概不晚於十八世紀初，亦即與庇護附近其他上岸處的廟宇的建立年代大致相若。

九龍塘村位於深水埗稍東的海岸，是在遷海令撤銷後隨即建立的（大概在 1680 年至 1700 年間的某個時候）。九龍塘村的村民很可能和其他沿海的客家村一樣，會想以舢舨在村落附近的近岸水域捕魚。但是，該村前方的水域既淺又飽含泥沙（見插圖 029），又沒有可以輕易地把舢舨搬運上岸的地點。因此，村民需要在稍遠一點的地方找一個舢舨上岸處，而唯一的地點就是深水埗。深水埗這個名字的確有可能是由九龍塘村民取的；不同於該村附近的淺水區，這是個深水埠頭。這裏的天后廟以外的首批建築物（茅棚和雜貨店，以及向漁民出售必需品的幾家小商店）很可能也是由九龍塘村民興建的。長沙灣村民向許舒提供的資料也佐證了這一想法，即該鎮「前身是客家村」（後來成為講廣東話的

---

45 George Smith, *A Narrative of an Exploratory Visit to each of the Consular Cities of China, and to the Islands of Hong Kong and Chusan, in Behalf of the Church Missionary Society, in the years 1844, 1845, and 1846* (London, 1847), p.79。施美夫說主神壇供奉「三個佛」，這可能是指天后和兩個被祂收服的妖怪隨從。另一個神壇有一個抱着男孩的女神，似乎很可能是金花娘娘。他還說這座廟是供奉「『慈悲女神』（goddess of mercy），亦即『天國女王』（queen of heaven）」的，顯示那裏也有供奉觀音的神壇。在 1915 年重建的天后廟中，第二個神壇是供奉觀音的，看來早期該廟的情況也有可能是如此。

46 有關 1901 年的重建年份，請參閱 *Temple Directory* (Hong Kong: Temples Unit, Home Affairs Department, 1980，未出版), p. 78，以及華人廟宇委員會 1966 年在廟中所立的廟誌（見《香港碑銘彙編，第二冊，頁 576）。關於 1901 年的聚寶爐，請參閱《香港碑銘彙編》，第三冊，頁 717；大天后廟在 1915 年拆卸，於新址重建，與小天后廟合而為一，新廟有一個新鑄造的鐘（同上書，頁 727）；舊大天后廟的鐘改懸於新的三太子廟中（同上書，頁 704）。

｜插圖 029｜約 1860 年的九龍塘村

這是一套三幅的全景組圖當中最右方的一幅圖。

本地人市鎮）。[47]

區內的主要行人徑，是從九龍城通往元朗再到南頭縣城的主要路線。這條路穿過九龍塘村前方，繞着九龍塘灣的海岸走，然後穿過元洲村南面，經過跨越大水坑的橋樑，之後就來到長沙灣的海灘後方，由此通往荔枝角，再由這個岬角到荃灣和元朗。從跨越大水坑的橋上，有一條小徑向南一直通往海邊；小徑與海岸相會的地方就是上岸處，大天后廟就建在這裏。由橋到上岸處的行人徑，後來變成了打鐵街（為深水埗市鎮而開闢，見地圖 22）。

另一個重要因素是打石工人來到了這個地區。大角嘴半島西岸有一連串石礦場，昂船洲上也有一些。昂船洲和大角嘴之間有渡船連接。沙田詩人許永慶在非常接近集體官契制訂之時寫下一系列關於九龍、荃灣和香港的〈竹枝詞〉，當中提到了這渡船：

47 見 Hayes, "The Cheung Sha Wan Villages", pp. 75 & 96。

順風時過昂船洲。[48]

這兩個地方在 1860 年以前都被視為深水埗市鎮的一部分。1867 年關於這個市鎮的範圍的描述中，特別以「大角山」為界標，而大角嘴鄉村中的洪聖廟，常被稱為「深水埗洪聖廟」。1860 年設立的邊界，來打破了石礦場與這個市鎮之間的緊密聯繫；該邊界將市鎮與石礦場分隔開來，石礦場在之後不久就關閉了。[49] 大角嘴的石礦場外露於西側，打石工人住在山上，而這個半島受屏蔽的東海岸，則建了一座小小的洪聖廟來保護這個小村落。[50] 大角嘴的石礦場外的水很深，常有波濤和巨浪；石礦碼頭，以及停泊在此的笨重運石船（大尾艇），就靠一座小小的天后廟庇護。[51] 這些石礦場開採上好的石材。這些石礦場的開設時間，不大可能晚於維多利亞海港東部的石礦場，即十八世紀初葉至中葉。在石礦場工作的人是成群的單身漢。他們需要在附近的市鎮，買酒、尋歡、採購石礦場所需物資（大米、其他食品、優質的打石工具等），以及維修乃至建造運石船。從這些石礦場沿着大角嘴半島的海岸通往深水埗的行人徑，事實上是通往大角嘴石礦場的唯一陸上通道。最遲在 1730 年至 1740 年間，石礦場及其工人的需求，以及他們手上的現金，都成為促使深水埗市鎮發展的巨大推動力，直到 1860 年代初石礦場消失為止（尖沙嘴和紅磡的打石工人的需求，則可在九龍城得到滿足）。

最後，長沙灣地區建立了農業村落（1739 年至 1750 年，見下文）後，就須在附近建立墟市；因為如果要到九龍城的舊墟市，就須翻越九龍群山，步行三英里之遠，十分不便。

因此，所有這些因素表明，深水埗建鎮之初，只是在大天后廟旁建立一些茅

48　見程中山輯註：《香港竹枝詞初編》（香港：匯智出版有限公司，2010），頁 67。程中山用的是「乘」字，而非「順」字，但村民第一次唸這首詞給筆者聽時是用「順」，這個字似乎更符合原意。「乘」和「順」在本地方言中發音很相似。

49　大角嘴石礦場於 1864 年關閉，原址出售給一個新船塢，即四海船塢（Cosmopolitan Docks）。昂船洲於 1863 年被清空，移交軍方使用。

50　這座廟宇於 1930 年清拆遷建，而據當時所知，這座廟「已歷多年」，大概表示至少有 100 年歷史，見《香港碑銘彙編》，第二冊，頁 497，〈重建大角咀洪聖廟碑記〉。

51　在該地區給予四海船塢後，船塢保留了這座廟，船塢工人也會到廟裏拜祭。它於 1882 年重修，1898 年在新址重建，並於 1929 和 1957 年再次重修。可惜，1970 年代船塢關閉，土地改作興建住宅房屋，這座廟被拆卸。不過，廟中的古代題字被抄錄下來，可以在《香港碑銘彙編》中找到。

棚、雜貨店和小商店，時間大約是在 1720 年；之後在十八世紀中葉前，迅速發展成為名副其實的市鎮。這個市鎮現存最早的地契也點出了這個年代，這些地契顯示這個市鎮的邊緣地區在 1790 年至 1820 年間處於蓬勃發展階段，如下文將進一步討論的，這表明這個市鎮的核心區，肯定是在至少幾代人之前就已經發展起來了。[52]

本鎮的核心區是沿海灘後方的小路開設的一連串店舖，它們位於大天后廟兩側。這條海濱小路之後成為街市街（也稱為「正街」），這條街向西方提供通往西角山的通道，西角山是本鎮的船廠和石灰窰的所在地；往東邊，這條街變成了一條小徑，沿着海岸拐彎到大角嘴的石礦場。打鐵街在大天后廟西側的街市街相連（關於打鐵街，見插圖 031；關於全鎮，見插圖 030 和 032）。

在大天后廟以東隔了十個舖位、面向街市街的地點，是這個市鎮的主廟：供奉關帝的「武帝廟」，又稱「協天宮」。有關於這座廟的最早記載，可見於一份 1879 年的地契的殘存文件（作為地界的標記）；但它肯定是建於該市鎮發展的一個非常早的階段，因為它坐落在一條主要購物街的黃金商業地段（佔四個舖位）

52 關於這些地契，見 Carl T. Smith, "Sham Shui Po"。這些地契僅有英文譯本留存。

｜插圖 030｜1898 年從上圍山望向深水埗中部

前景設有庭院建築物，可能市鎮上的學校。這是一套兩幅的全景組圖中，位於左方的圖片。關於右方的照片，見插圖 032。

｜插圖 031｜1898 年的深水埗打鐵街

｜插圖 032｜1898 年從上圍山望向深水埗北部

圖中可看到「咸圍濱」(Ham Wai Bund)，以及在其旁邊的電報公司辦公室及附設的私人碼頭。這是一套由兩幅照片組成的全景組圖中，位於右方的圖片。

的大型院落中。它的廟址位於一條極佳的風水線上；人們認為這個市鎮的繁榮，就是仰賴這條風水線。這座廟剛建成時，很可能標示着市鎮的東部邊緣。這座廟仍矗立於原址；但舊有的廟毀於 1891 年的大火，今天的廟是其後重建的，在 1894 年竣工（見插圖 033），當中沒有任何器物能提供關於其創建年代的資料。詳細記錄重建捐款的長篇碑記，並沒有說明建廟年代，但提供了大量關於這座廟風水的資料，它指出：

> **溯自香港山，前面嵯峨，接鳳翥龍蟠之勢；深水涉、羅胸浩瀚，擴捧天浴日之奇。都市以此稱雄，廟堂於焉最盛。**[53]

這座廟還擁有二級和三級風水線（見地圖 24），風水極佳。

武帝廟剛建成時，肯定是位於海邊。但 1850 年代末沿岸填海造地，可能會造成風水線遭受阻擋；為了保護它，廟前的大片填海區並沒有開發（在 1913 年

｜插圖 033｜約 1990 年的深水埗武帝廟

53 《香港碑銘彙編》，第二冊，頁 281-291。

| 地圖 24 | 武帝廟的風水

武帝廟
大角山
九龍
二級風水線
主要風水線
二級風水線
維多利亞港
VICTORIA HARBOUR
HONG KONG ISLAND
香港島
KOWLOON BAY
NGONG SHUEN CHAU
(Stonecutters Island)
KENNEDY TOWN
SAI YING PUN
CHUNG WAN
(Central District)
TSIM SHA TSUI
SHAM SHUI PO
CHEUNG SHA WAN
LAI CHI KOK
KOWLOON TONG
HUNG HOM
WAN CHAI
ABERDEEN HARBOUR
SHOUSON HILL
WONG CHUK HANG

清拆舊市鎮以供開發時，居民因為這座廟的風水意義而請願要求保留，並獲同意，但它前面的區域被開發了，令這座廟失去了風水視界）。這個空地被用作市鎮上的墟市，只准設立小販攤檔。到了 1860 年，這個墟市變成位於新邊界的旁邊，並成為了跨境走私到香港市區的中心。港府在墟市邊緣建造了一個過境檢查站，檢查往來的貨物是否藏有違禁品（英國士兵會用棍子去戳那些綁成一捆捆或裝在桶子裏的貨物，看看是否暗藏包裹，特別是鴉片，見插圖 034）。

在大天后廟和武帝廟之間的中間點，有鎮上的一口主水井（井頭）。它位於街市街外一個有圍牆環繞的院落中，院落佔地約有一間屋的大小，井上則有大樹遮蔽。一如武帝廟，這口井所在的院落，肯定是在這個鎮開發之初就闢建的，因為該院落佔據了鎮中心的商業精華地帶。這並非鎮上唯一的公共水井，在打鐵街北端，那道跨越河流的橋樑橋頭還有一個，在橋東面約二三十碼處有另一個。

｜插圖 034｜約 1880 年深水埗墟市的過境檢查站

圖中有士兵在檢查貨物中有沒有違禁品。

它們都坐落在有圍牆的小院落裏，其中一個的開口面向打鐵街，另一個則面向行人徑。

街市街往西通向西角山半島。到十九世紀末，該半島的西南和西部海岸有一連串的船廠（見插圖 035）。北部海岸還有幾個船廠，以及十幾個石灰窰。到十九世紀末，在半島的西北角建有一座小天后廟（稱為小天后廟，以區別於市鎮中心的天后廟——大天后廟），庇護西角山後面的避風錨地。在小天后廟對面這個海灣的北岸，還有另一座供奉北帝的小廟，大概與小天后廟建於同一時期。兩座廟之間形成的一道線，劃出了錨地安全區域的界限。一些關於西角山最西端、靠近天后廟的土地的英譯地契得以留存下來，顯示從乾隆年間（1736-1795）開始，此處的大部分土地都屬於崔氏 *；他們大概是從鄧氏手中買下這一帶的地骨權。[54] 一份 1823 年的地契稱有關物業為「屋地」（house-land），並提到「在大石的一側」有一座福德伯公神壇。這座露天神壇很可能後來被改建成小廟，而這很可能是小天后廟的前身。鄧氏在 1867 年「恭敬虔誠地」將廟所在的土地捐贈給了這位女神，這大概是這座小廟發展的最後階段。[55] 附近另一塊土地有 1829 年的地契（英文譯本）保存下來，當時有人取得其地皮權（土地擁有者在 1873 年買下其地骨權）。崔氏的地契記載，第一個崔氏族人獲得土地時，即 1796 年前，他的目標是要把它發展為房屋和店舖用地。到十九世紀末，崔氏的物業包括「房屋和石灰窰」，還有一個或以上的繒棚。崔氏買下這裏的地骨權，可能是因為該地區到十八世紀中後期已成為了有價值的發展用地。

在市鎮的最北端，就在打鐵街盡頭的橋樑南邊，以及距離打鐵街不遠的地方，鄧氏在 1810 年把該處的一幅土地以地皮租佃的方式賣給周氏，供其開發房屋和商店。後來這片土地大部分被開發成一系列帶有附屬建築物的院落，包括至少兩家皮革廠，可能還有製鐵工場以及相關的附屬建築。在周氏於 1810 年獲得的土地與打鐵街之間，有兩幅由葉氏和戴氏擁有的地段，興建了單層的店屋。這

*　編按：本部分提及的姓氏或姓名，在原始資料中大多只有英文譯音，沒有中文字。因此，這裏的中文姓氏或姓名，大多是根據英文譯音再轉譯成中文。

54　關於這些地契，見 Carl T. Smith, "Sham Shui Po"。這些地契僅有英文譯本留存。

55　見 HKRS490-28-26410, Hong Kong Public Record Office。

兩個沿着主街建造的地段，可以假定其發展時間早於位置稍遜的周氏土地，因此可能是在十八世紀後期。緊挨着葉氏土地的北面，是一幅正對着打鐵街最北端的地段，是黃氏從鄧氏手上獲得地皮權後加以開發的，時間大概與周氏的發展年代差不多，即十九世紀初。因此，這個市鎮最北端的地區，似乎可能是在十八世紀末至十九世紀初積極發展起來的。

在打鐵街從葉氏和戴氏的店屋對面，也就是打鐵街的西側，有一小片填海區。填海區的北部發展為一個有十間店屋的區段，後方有一個共用的院落；南部則發展為一個八間店屋和一個共用院落的區段。鄧氏在 1882 年將這裏的地骨權賣給了曾氏和李氏，曾氏買下北部店舖的業權，李氏則買下南部店舖的業權。鄧氏賣地的原因，是保護此地的海堤已被沖毀，需要全面重建，而鄧氏不想花錢修復，賣地條件之一是曾氏和李氏須支付所有這些費用。曾氏和李氏很可能在 1882 年前曾向從鄧氏租下這裏的地皮進行開發。雖然無法確定，但海堤似乎不會在短短幾十年間就完全失修，這表明這裏的填海和開發，最初也是在十八世紀末進行的。如下文進一步討論的，修復海堤的工作最終被納入更廣泛的填海工程之中。

十九世紀末，深水埗的主要街道（街市街和打鐵街）後方是一片亂七八糟的巷弄，沒有任何清晰的規劃（見地圖 22）。打鐵街和街市街下半段之間那片小巷

| 插圖 035 | 約 1899 年深水埗西角的造船廠

縱橫的區域，最遲到了十九世紀初也已在開發。葉氏在 1879 年把這裏部分地區的地皮權賣給李氏。出售的葉氏族人稱，是他祖父從鄧氏手中買下此土地的所有權，他祖父購買的土地被稱為「屋地」。葉氏很可能是在約 1825 年至 1850 年之間的某個時候獲得這片土地，但開始發展的時間或許更早一些。

然而，如果說這個市鎮最西端的西角山盡頭、最北面的部分，以及那些主要街道後方雜亂的巷弄，全是在十八世紀後期至十九世紀初期積極開發，那麼市鎮的中心區，即大天后廟周圍，沿街市街和打鐵街下半段的區域，開發時間就可能更早得多，從而支持了上面提出的說法：市鎮起源於約 1720 年的幾家雜貨店和小商店，到 1740 年左右發展成為一個真正的市鎮。早在 1841 年英國人佔據香港島之前，深水埗毫無疑問已是重要的商業中心。

1819 年的《嘉慶新安縣志》提及「深水埔」，也支持了上述推論。[56] 由於《縣志》似乎只會記載發展完備的地方，由此也可見本鎮的建立時間似乎是十八世紀。

在市鎮的前方在 1860 年之前曾進行兩次大型填海工程。本鎮的丈量約份地圖（與集體官契相關）表明，在街市街向海一側、打鐵街以西的部分，曾有一條狹長的填海地帶。與其他海濱市鎮一樣，填海活動可能是零星地進行的，最初是在海灘上建造高腳屋，後來加固為磚瓦建造的店屋。在打鐵街以東，沒有任何跡象顯示當地曾進行這種零星的填海活動，這可能是因為要保護兩座廟宇的風水。但是，在 1850 年代末，這裏進行了更大範圍的填海。在制訂集體官契時，該填海地帶已發展為約 60 個店屋用地，另加市鎮上的墟市和大清海關關廠（佔四個店屋的用地）。這個填海區的中心鋪設了一條街道，作為打鐵街的延伸，並命名為碼頭街；在其朝大海的一端，建造了一個完善的新碼頭。在較早前的街市街填海區後方、與碼頭街成直角之處，開闢了另一條向西伸延新街道——下街。如上所述，碼頭街的東邊保留了一大片區域，用作鎮上的街市；在碼頭街後方建了一排八間商店，面向街市。之所以說這個大面積的填海工程是在 1860 年前進行的，是因為填海區前方的海堤橫跨了 1860 年的邊界，這條海堤肯定是在劃出這

56　見《嘉慶新安縣志》，卷二，載《深圳舊志三種》，頁 668。深水埔在《縣志》中標示為村莊，但一些其他海岸錨地墟市也是這樣標示的。

條邊界前建造的。然而，進行填海的時間頂多是 1860 年前一兩年，因為將會納入香港範圍的那部分填海區，在 1860 年時並沒有重大的開發（那時區內的建築物僅有「一些茅棚和茅廁」；但此後本區的發展很迅速，到 1911 年時已經形成了一個相當大的城郊區域，稱為「福全鄉」，當年有人口 861 人）。在海堤後方填土，以及在填海區發展商店，必定需要好幾年時間。1867 年中國海關在深水埗設立關廠時，得以在碼頭旁邊的海濱取得大片土地；而填海區上商舖的地契，同樣是從 1860 年代後期開始出現的。

然而，舊鎮區前方的這大片填海土地，只夠滿足本鎮在十多年內對於發展空間的持續需求。如上所述，保護打鐵街北部的海邊商店和工場的海堤，在 1882 年已徹底失修。但是，人們並沒有修復這個海堤，而是開展一項更大規模的填海工程。從街市街的最西端向北鋪設一條往北的新街道，其北段的四分之三是建在一個巨大的新濱岸上。這條街名叫「咸圍街」（Ham Wai Street），新的濱岸稱為「咸圍濱」（Ham Wai Bund，見插圖 032）：這個新的濱岸很可能建於 1882 年。[57] 新濱岸後方的區域（亦即新濱岸與保護打鐵街地段的舊濱岸之間的地方）填了海，最初是作為農業用地；但幾乎可以肯定，待該處土地沉降完成後，人們就打算將該處用於進一步發展市鎮。在新街道的盡頭建了一座精美的新石橋，取代打鐵街盡頭的舊橋，成為鎮上的主要橋樑。這次填海必然涉及許多捐款人。工程開展後，在新的濱岸與西角山北岸之間角落，也可以進行填海。華合電報公司於 1883 / 1884 年在這塊新填海地興建了新辦事處。因為香港政府不允許電報公司在香港的管轄範圍內營運電報線路，所以這裏已是該公司線路最可能靠近香港的地點（見插圖 032）。[58] 在這條狹長填海地帶上興建的建築物（包括電報公司）是兩層的。鎮上大部分較早期興建的房屋和商店都是單層的（1850 年代末填海的土地上的一些商店，在 1898 年也變成了兩層，見插圖 030）。1860 年代

57 中文名字不詳。

58 港英政府希望由一家英國公司壟斷通往廣州的電報業務，但當時清政府拒絕英國公司在其管治範圍內營運電報線路。為了報復，港府也拒絕其中國競爭對手在香港境內營運電報線路。最終，大約在 1884 年初華合電報公司被中國電報局收購，該局與英方的一家電報公司在中環設有聯合辦事處，在那裏遞交的電報，先由汽船送往深水埗電報公司辦事處後方的私人碼頭，再從那裏發送出去（這個私人碼頭可見於插圖 032）。

的地契描述過其中一些房屋，所有描述都說是單層結構。在制訂集體官契時，新濱岸後方的土地由沙田韋氏的祖堂「Wai U Yam Tong」擁有。[59] 然而，「Wai U Yam Tong」在 1900 年時正忙於開發本地區，以建造更多店屋。一個面向「咸圍街」的大地段已賣給當時的主要土地開發商李炳，他建造了一排九間店屋（到 1900 年還沒有完全竣工）。在李炳的那些房屋後面，開闢了一塊一模一樣的地段，但在集體官契制訂時，那裏的工程似乎才剛剛開始。這些店屋可算是「現代」（modern）的，即有三層樓，只是還沒有排水系統。其餘填海所得的農業用地，在集體官契丈量約份地圖上標示為另外八個區段，顯然是供未來發展之用。同樣是在 1890 年代末，在北帝廟和菴由村之間的一段前灘填了海，並在該處建了一排兩層高建築物。此外，丈量約份地圖顯示，在集體官契制訂之時，「咸圍濱」以西剛剛開展更大範圍的填海工程（深水埗的丈量約份地圖上有顯示，但沒提供任何細節，而在緊鄰深水埗以北地區的丈量約份地圖則沒有顯示）。

這一切都表明，深水埗從約在 1720 年的海濱茅屋和小商店開始，直到 1900 年，經歷了一個又一個年代的持續不斷發展。1841 年香港開埠，固然大大推動了深水埗的發展，但深水埗在那時之前已經是一個重要的城鎮地帶（以新界的標準而言）。

長洲和大澳的地骨主將這兩個市鎮的地皮權逐屋出租，並逐屋收取租金。坪洲的地骨主則以區段為單位出租地皮權，讓地皮主建造一排排店舖，然後將之租給個別店主，作為地皮的分租戶。[60] 深水埗的地骨主顯然採取第二種做法。來自深水埗市鎮的已知地契，無論是地皮權租約，還是把某幅土地的地骨權賣給之前以地皮租約持有該土地的人，全都是以區段為單位，這些區段通常可以建造多達 20 家店舖。大多數店主是以地皮分租的方式持有店舖，可能是按年租賃。

可惜的是，集體官契對我們了解十九世紀末本鎮的土地持有模式沒有多大幫助。土地投機者看出深水埗的衛生環境十分惡劣，所以新的英國當局很可能清拆本鎮。投機者把所能購買的商店用地全都買下，以便在重建程序展開後能夠獲

59　Wai 是「韋」，其他漢字不詳。

60　見本書第 4 章「地與海：鹽業、漁業與香港港口城鎮的社會發展」。

利。楊南安[61]就是其中之一，他買下鎮上一大半的屋地；其他土地炒賣者，尤其是「Au Lo-uk」，也緊隨其後。因此，我們無法得知更早期的土地持有模式。儘管如此，我們仍可以看到九龍塘和其他幾個當地村落的村民擁有一些物業。楊南安與友人創辦「深水埗土地發展公司」，但因過度擴張，公司在 1902 年倒閉破產。[62] 這使得擁有「咸圍濱」後方物業的李炳成為最大的土地投機者。香港政府希望清拆和重新發展本鎮，因此希望停止在這個等待清拆的市鎮上作進一步的建設。政府於是與李炳達成協議。李氏停止他的發展計劃，將自己擁有的土地全部交給政府，換取政府答應讓他在新的規劃區獲得更多土地。這使得政府能夠順利進行計劃中的清拆工作（從 1913 年開始）。

最能體現九龍塘村民對本鎮感興趣的事物，是三太子廟內一口 1886 年的鐘（如上所述，它可能是從大天后廟拿來改掛在三太子廟的）。它是由九龍塘村民的祖堂崇福堂捐贈的，當中 11 捐贈者來自黃氏，另有至少 21 人來自村中其他 17 個氏族，以及其他人士。[63] 有人告訴許舒，指一名九龍塘村民在重修武帝廟時也捐贈了大鐘；但這看來不太可能，不過九龍塘村或許捐贈了神案和其他一些家具。[64]

從 1867 年起，中國海關在本鎮派駐了一艘海關蒸汽艇和大量人員。1860 年後，該市鎮上還駐紮了一些巡邏邊境的中國士兵。這些士兵騎馬巡邏，並住在鎮上。

不同於新界的其他墟鎮，深水埗是工業市鎮。它在 1860 年前有石礦場，甚至在 1860 年後市鎮北邊的山坡上還有一些小型石礦場（主要是為市鎮內的建築項目開採石材）。我們從 1903 年深水埗的地稅冊中，可以對大約在制訂集體官

---

61 英文名是 Yeung Nai-on。

62 見 Carl T. Smith, "Sham Shui Po"。

63 《香港碑銘彙編》，第三冊，頁 704。

64 Hayes, "The Cheung Sha Wan Villages", p. 96。此鐘由「沐恩信士王泗必堂」在 1887 年捐贈，王泗必堂顯然是祖堂。不過，九龍塘姓氏為「Wong」的人都是黃氏族人，村裏沒有王氏。然而，王氏家族在本鎮上舉足輕重：1899 年，小天后廟的三位值理中有兩人是王氏族人（三人分別是王占利、王二和陳寬，當中似乎以王占利最重要）。請參閱文件 HKRS 490-28-26410，香港歷史檔案館。1887 年捐贈的武帝廟祭壇，由「沐恩弟子曾樹榕敬送」。這位捐贈者很可能是九龍塘村民（此銘文和鐘銘均未有收錄於《香港碑銘彙編》中）。鄭振來也於 1887 年捐贈了一個鼎，他可能也是九龍塘村民（《香港碑銘彙編》，第三冊，頁 707）。

契的時期，於深水埗經營的行業有所了解。[65] 例如，當中列出了深水埗的 19 間鐵匠工場。從丈量約份地圖可見，這些工場大多有放置鍛造車間的堅固結構，設於有圍牆的院落中，這些院落中有木炭和煤堆，還有各種貯藏室，分別用於存放進口的鐵枝、木材和等待運出的製成品，這些貯藏室和倉庫大概都是以木和竹製成。最初，這些鍛造車間肯定是忙於為石礦場製造鑿子和其他打石工具，但在 1860 年之後，它們大概主要從事製造錨、鉚釘和釘子、繫纜柱，以及船塢所需的其他重要零件，乃至可能是新界各地所用的農具。1903 年的名單上還有 11 家釀造中式烈酒的釀酒廠（主要送往香港島出售）、4 家染布工場為附近村落所製的麻布染色。另有 30 家製造線香的「檀香器」（Sandalwood Ware）公司；香木會在山邊的水磨坊裏舂成香粉，之後運到市鎮上製成線香。此外，至少有 2 家皮革廠和皮革工場，生產新界各地使用的皮革製品。西角有大約 20 多家船廠，這是本鎮工業的中流柢柱；這行業在十九世紀末迅速發展，那時在本鎮北面的長沙灣海灣沿岸又再建立了 20 多家船廠（1903 年，廣義的深水埗地區有 45 家船廠）。在十九世紀末，位於「咸圍橋」（Ham Wai Bridge）以北的鴨寮的十多家養鴨場，它們完全以商業化方式養鴨，可能還會進行烤鴨和曬臘鴨的工作。最後，1898 年時有十多家石灰窰（位於西角山的西北岸）；這個產業從一開始到至少十九世紀末，都對本鎮十分重要。1903 年，緊鄰 1860 年邊界的城郊區福全鄉也有 5 個石灰窰。[66] 1898 年後，新來的英國當局迫令這些石灰窰關閉，因為它們非常靠近市鎮的住宅區，並且污染嚴重；皮革廠也因同樣理由被迫關門。

這裏肯定也有桶匠和其他包裝物料（草蓆、藤籃、木板等）的製造商。由於有數量不少的船廠，鎮上顯然也必定有製帆商、製繩商、製槳商等商家。船塢所需的木材和瀝青、燂船用的山草、鐵枝、皮革廠所需的生毛皮、木炭和煤、製帆商的墊子、製繩商的麻、薪柴、製桶用的板條和其他包裝材料，均用船運來；每天肯定都有大量的物資在鎮上的碼頭卸貨。1841 年後，本市鎮（如油麻地）也成為供應港島上的新城市所需的商品蔬菜種植業重鎮。牛、豬、家禽、水果、蔬

65 感謝施其樂牧師讓筆者翻閱這本地稅冊。

66 見福全鄉的 1903 年地稅冊，HK Record Series, 38 D & S No. 2/103，香港歷史檔案館。

菜、供小型爐灶用的木柴、雞蛋等貨物從附近的鄉村運到鎮上，先存放在鎮區邊緣的圍欄或倉庫中，然後橫越維多利亞港，運到香港島的批發欄。[67] 從 1841 年起，大部分在這裏被送到岸上的鮮魚，也被轉運往香港島進行鮮魚貿易。許舒指出，政府在 1903 年的交通調查發現，每天約有 175 車至 200 車，每車重 100 磅的柴薪會從沙田運到深水埗，其中大部分會賣給批發商並運往香港島。[68] 從長沙灣和其他北九龍鄉村運到鎮上的柴薪，數目至少也大致相當，所以每小時大概有 50 車柴薪（約 2 噸）運進市鎮來。由於它的位置緊鄰 1860 年的邊界，賭博（在港英管治範圍被禁止）蓬勃發展。1875 年時這裏有十家賭場，到 1898 年可能增加了一倍（1890 年代後，厲行改革的九龍司巡檢嘗試關閉九龍城的賭場，許多賭場就搬到這裏）。除了這一切，鎮上還有各種可想而知的服務業：茶樓和糕餅店（1891 年的一場大火始於其中一間茶樓）、鋸木工、家具製造商、藤製品經銷商、雜貨店、屠宰場、裁縫、女裁縫師、渡船經營者、百貨商店等。在 1903 年，福全鄉內有 45 家須付差餉的「連住所的商舖」，差餉租值從小商舖的 20 元，到大商舖的 235 元）不等；若單計深水埗市鎮本身而言，肯定至少也有三四百家商舖。[69] 此外，鎮上也盛行賣淫活動。

我們從武帝廟內 1894 年的捐贈碑記，可以一窺這個市鎮的貿易聯繫。碑記中有許多註明了居住地的鎮外捐助者，當中大部分來自九龍、香港島和荃灣地區。住得較遠的捐助者，有 9 位來自長洲，12 位來自西貢。捐贈者很少來自比這兩地更遠的地方，但本鎮至少應該與佛山有密切的貿易關係，那裏肯定是用於加工的鐵料的來源地。西貢的捐助者數量眾多，乍看之下有點出乎意料。這可能是因為西貢是香港及鄰近地區之內的另一個重要的釀酒中心；而且像深水埗一樣，西貢也向香港市區出口大量的酒。

詩人許永慶在關於九龍的〈竹枝詞〉中寫到深水埗：

---

67 「欄」的意思是批發商，通常用來指香港傳統的批發商。

68 Hayes, "The Cheung Sha Wan Villages", note 13, 見 *The Rural Communities of Hong Kong*, p. 257, note 13, from *Sessional Papers* (1903), p. 209。該調查是為評估擬建的九廣鐵路可行性的工作的一部分。

69 見 1903 年地稅冊。

長沙灣出九龍塘，深水埗前過客商。[70]

在這名十九世紀末的村民眼中，深水埗最顯著的特色是外來的客商，這點很耐人尋味。

由於有上述的重工業活動，深水埗大概成為了九龍和新界墟鎮中最骯髒、最不衛生的地方。打鐵工場產生的灰塵、煤煙和煙霧；來自皮革廠非常噁心的廢物，包括有毒廢水、極度難聞的氣味和煙霧；禽畜糞便的惡臭；石灰窰冒出令人窒息的煙霧（距離住宅區實在太近）；製香工場的粉塵；煮瀝青的濃烈氣味（船廠的數量那麼多，每天至少都會有一間在煮瀝青）；還有工場的錘打活動，以及驅趕禽畜穿越街道往碼頭所造成持續的噪音——凡此種種都令這個市鎮相當令人生厭。此外，與其他新界墟鎮一樣，深水埗也沒有排污系統。夜香（糞桶）、廚餘和廢水就棄置在屋外或店外，或傾倒於街道或小巷邊緣的排水溝中。許多工業廢物可能也是如此處理。街坊會（主宰本鎮的商人組成的委員會）可能會僱用掃街工來疏通排水溝，並將廢物運到鎮邊的院落中，讓其發酵成堆肥，再讓本地村民買去當水肥（長洲就是如此）。但是，這種清潔工作大概不會很有效。然而，不管掃街工效率有多差，要是沒有他們，這個鎮很快就會變得不宜人居。鎮上的主要街道都鋪上花崗岩石板，但這些石板直接鋪在泥土上，沒有灌漿。商店和住宅的「空地、庭院和相關區域」也是如此，都是在下方的泥上直接鋪紅磚而沒有灌漿。小巷和較差的房屋的院子，則可能只有泥土地面。這使得廢物和污水可滲入下面的土壤，令土壤變得有害。然而，政府衛生醫官在 1904 年表示，除非先安裝適當的排污系統和下水道，否則鋪密道路或庭院的地面只會適得其反，因為這樣做只會令污水在地面積聚成水坑，之後流入房屋；而讓污水滲入下面的土壤，反而使其「或多或少得以淨化」。[71] 固體廢物和黏糊糊的半固體垃圾都不得不靠掃街工去清除。到頭來，這個鎮全靠夏季大雨沖刷水溝。但是，打鐵街是彎來彎去的，無論雨下得多大，要沖刷乾淨這條街的水溝還是很困難的的（見插圖 031）。更何況打鐵街

70 見程中山輯註：《香港竹枝詞初編》，頁 65。

71 見 File No 5184/04 Ext, in “Letters to Government, Vol. III, 1904”, A/40/11/11, Hong Kong Public Records Office。

和武帝廟之間的巷弄亂七八糟，本來就不是那麼容易把穢物沖掉，而且它們很可能大多只有泥土地面。簡言之，這個市鎮根本就是個火災隱患兼老鼠天堂。

在這種情況下，這個市鎮在 1891 年遭逢大火災，並在 1894 年爆發鼠疫，也就不足為奇了。這次瘟疫非常嚴重。在制訂集體官契期間，鎮上有一家「醫院」（建在「咸圍橋」對面，北帝廟旁邊）。它是建於 1894 年還是之前，則已無從稽考，但肯定在 1894 年的瘟疫中使用過。這是一個「臨終之家」（Dying-House），那些被認為活不下來的病人都被送到這裏，以免他們死在鎮裏造成污染。

街坊會窮盡一切方法消除瘟疫，但都無濟於事。最後，市鎮北方那些小型石礦場的打石工人建議舉行驅瘟巡遊。他們都是來自惠陽的客家人。[72] 舉行儀式時，靈媒進入出神狀態，被神明上身，然後坐在由利刀製成的椅子上，被抬到瘟疫肆虐的地區巡遊，手上揮舞着大劍，以神明的聲音命令病魔退散。這次驅瘟巡遊奇蹟般有效，疫癘頓時消退。在此次驅瘟巡遊中，附於靈媒身上的是惠陽的重要神明哪吒三太子；但除了深水埗這座三太子廟，新界區鮮見同類廟宇。街坊會為感謝神恩，在醫院旁邊、「咸圍橋」對面建廟供奉三太子。它由一個客家打石工人組織的神功值理會管理，而這個值理會獲正式視為街坊會轄下的一個小組委員會，其主席此後在街坊會中佔一席位，這在 1894 年前是不可能的。在 1894 年後的幾十年裏，一年一度的三太子誕是非常熱鬧和人潮擁擠的活動，有神功戲表演和發射喜慶沖天炮等活動，那些經歷過瘟疫的人每年都會前來感謝神明。[73] 在抗日戰爭結束後，這些每年一度的慶祝活動式微了，因為那些對於神明顯靈有親身記憶的人已日漸凋零。這裏不是唯一在 1890 年代瘟疫肆虐之時舉行驅瘟巡遊的市鎮，長洲也舉行過一次（那裏的神靈是北帝，祂也有效地平息了瘟疫）[74]，而近年觀塘也曾舉行驅瘟巡遊（該處的神明是齊天大聖）。

1894 年後，矗立於「咸圍橋」旁的「醫院」變得更像是一間病院，而非臨

---

72 有關這場瘟疫和消除瘟疫的巡遊，參閱民政署廟宇小組未出版的 *Temple Directory*, p. 65；以及華人廟宇委員會於 1966 年在廟內所立的廟誌（《香港碑銘彙編》，第二冊，頁 573）。

73 關於神功戲和發射喜慶沖天炮，見 Hayes, "The Cheung Sha Wan Villages", p. 97。

74 見 V. R. Burkhardt, *Chinese Creeds and Customs*, Vol. II (Hong Kong: South China Morning Post, c1982), pp. 111-112，以及民政署廟宇小組未出版的 *Temple Directory*。

終之家；它大概是由九龍城樂善堂管理。到 1910 年，它開始向病人派藥，並收容重病患者。[75]

這座市鎮可能是從其歷史上的最早階段起就由街坊會管理。街坊會是由該鎮主要商人組成的委員會。關於深水埗街坊會如何管理各項事務的，我們所知甚少。例如，我們不知道街坊會是否像在長洲和大澳那樣是由同鄉會組成；我們只知道武帝廟值理會和三太子值理會（兩者都是街坊會之下的委員會）都是由客家人組成，不過兩者分屬兩個截然不同的客家社群。許舒從長沙灣村民那裏得知，街坊會內有長沙灣村民的代表，但他們大有可能是在深水埗市鎮上經營店舗或工場的村民。[76] 街坊會擁有鎮上的基本公共設施，但通常是以間接方式管理。首先，街坊會擁有鎮上的廟宇，但每間廟都由自己的值理會管理，而值理會主席在街坊會內佔有席位。許多其他公共設施，都交由某間廟的值理會控制和管理。因此，市集和碼頭歸武帝廟所有，並由該廟的值理會管理（街坊會在 1904 年修葺和加長了碼頭，令蒸汽渡輪可以更方便地停靠。那時蒸汽渡輪剛開始取代舊式的搖櫓舢舨，提供往來香港島的服務）；位於碼頭街和街市街交界處，與大天后廟相鄰的一座小建築物內，放置了市鎮的公秤；公秤的運用由該廟的值理會管理。武帝廟值理會由客家人組成，可能主要是來自九龍塘。在 1907 年，他們就如何運用來自碼頭和街市的收入，與街坊會中佔大多數的廣東人爆發重大爭執（由於街坊會在 1904 年支付了重建碼頭的費用，他們認為街坊會在碼頭的管理上應有更大發言權，並應分享來自碼頭的收入），此事最終被交予華民政務司處理。[77] 公共水井是如何管理的，我們無從知曉，但它們終歸肯定也屬街坊會所有。街坊會興建及管理醫院，又建立了三太子廟以感謝神明顯靈消除疫癘。如上所述，街坊無疑僱用了掃街工。

深水埗有一所不錯的學校。它在 1910 年至 1920 年獲得政府資助（它在 1920 年關閉，校舍被清拆）。在 1919 和 1920 年，學校的地址為打鐵街 9 號，可

75　本鎮在 1915 年左右被清拆重建時，政府另建一間公立醫局取而代之。

76　Hayes, "The Cheung Sha Wan Villages", p. 84.

77　同上註，p. 96。

能就是插圖 030 前景中建有圍牆的方形院落中的堅固建築物。雖然學生人數常有變化，在某些年份有多達 86 名男生，但通常只有三四名女生。[78]

在香港和鄰近地區的街坊會大多都會僱用更練維持治安。深水埗街坊有否這樣做不得而知。在 1860 年之後，甚至或是更早的時候，本鎮無疑名聲非常狼藉，是眾所周知是犯罪猖獗的危險之地。1860 年，一些曾為患於尖沙嘴的三合會分子（如上所述，他們在尖沙嘴組織往來於兩個司法管轄區的匪幫）遷到深水埗。他們試圖侵佔私人土地，但在一宗經由知縣審理的訴訟後被驅逐，之後他們就在先前非法佔用的土地旁邊的西角山租用土地（附近其他地區在不久之後發出的地契訂明，不允許「犯罪分子」（criminal characters）在那裏定居，可見這群人的存在，引起了這些地區的不安）。1875 年，香港警方稱，在九龍各地為非作歹的匪幫是以深水埗為大本營，帶頭的人是「慣犯」（old offenders），很可能就是指這一夥人，他們再次在中英兩個司法管轄區之間穿梭，作奸犯科。鎮上賣淫業盛行，賭場眾多，都為三合會提供了豐富的機會。1860 年以後，以這個鎮為中心的賭博活動，也將受到三合會幫派的支配，或至少受到其影響。走私份子也與三合會有密切連繫，他們走私的物品包括鴉片和中國烈酒，鎮上釀造的酒許多都被走私到香港市區。

如上所述，1867 年時，深水埗市鎮範圍的界線除了市鎮本身，還包括約九個附屬的衛星聚落。塘尾（見插圖 029，前景）是吳氏的單姓村（祖堂是「Ng Wing Li Tong」，在集體官契中，所有村屋都登記在這個名字之下），而黃屋是曾氏的單姓村（所有村屋都是由「Tsang Shing-Fuk」、「Tsang Shing-on」和「Tsang Shek-po」聯名擁有，他們可能是該氏族祖堂的司理）。田寮是謝氏的村落，村內所有房屋都登記在「Tse Kau」、「Tse Lap-lung」和「Tse Yam」的聯名之下，這三人很可能是祖堂的司理。到十九世紀末，這三個鄉村似乎已成為從事商品蔬菜種植業的聚落，為深水埗和香港島的市場生產食品。事實上，塘尾被視為養豬業的重鎮；在 1911 年的人口普查中，它被稱為「豬寮」（The Pigsties），而黃屋則被稱為「上豬寮」（The Upper Pigsties）。

78 Annual Reports of the Director of Education, *Administrative Reports*, "Vernacular Schools".

「咸圍橋」對面是一片佈滿小茅屋、小房屋和狹窄小巷的區域，當中不同的部分被稱為鴨寮、菴由、羅屋和雞笪樹。區內沿海部分大多是養鴨區和加工區，稍往內陸的地方主要養豬，再往內則是商品菜區。從丈量約份地圖上清楚可見，養鴨場（約有 20 個）位於高、低水位之間的泥地，周圍有柵欄圍繞，稍往內陸的地方是工人的小屋。鴨寮和菴由建在非常低窪之處，位於十分脆弱的海堤後方，淹水的風險一直很大。他們在某個時候於本地區的內陸建造了一座小小的關帝廟，大概是希望神明能保佑他們不受大海侵擾。居民不僅養鴨和宰鴨，還收集和儲存鴨毛，賣給雞毛帚製造商。由於地勢極低，即使下大雨，也無法有效沖洗小巷，難以清除充斥其中的穢物，更不用說也無法驅散生活在該村及四周的幾萬隻鴨子所產生的嚴重瘴氣。工務司署在 1910 年所做的一項調查發現，本地區「骯髒且不衞生」。[79] 1911 年（人口普查後不久）發生了一場大火，將這些村落夷為平地，當局乘機清拆本地區，加高地勢並出售以進行開發（關於補償的爭吵花了四年時間才平息）。關帝廟沒有另覓地點重建，我們對它幾乎一無所知。所有這些聚落都是多姓雜居，沒有佔主導地位的氏族。

在 1860 年前，這個未命名的聚落，以及元洲（也稱為「圓嶺仔」）和大角嘴，主要是打石工人的聚落，他們在黃屋和田寮之間的山丘北側（該山丘的西側和南側山坡被用作深水埗的墳地）及元洲山的石礦場工作。這裏的石材用於附近地區，尤其是深水埗市鎮內的建築項目。組織驅瘟巡遊的打石工人，很可能是來自未命名的聚落。元洲的大部分居民都來自黃氏家族（那裏許多建築物都是登記在「Wong Ho Sz」名下）。

根據 1911 年的人口普查，在新界區城鎮聚落的常住人口中，遠超 50% 是男性。深水埗也不例外，男性佔人口中的 65%（西角若單獨點算，則男性佔 61%）。深水埗附近的衞星聚落大多有此特點：在鴨寮，男性佔 70%；田寮「佔 75%；黃屋（上豬寮），佔 63%。明顯地以一個定居氏族為主的塘尾（豬寮），人口則沒有那麼失衡，男性佔 59%。因此，似乎在所有這些聚落中，都有單身男

79　見 Carl T. Smith, "Sham Shui Po", *A Sense of History: Studies in the Social and Urban History of Hong Kong*, p. 185，引自 P.W.D Report, *Hong Kong Blue Book*, 1911。

子受僱去打理養鴨場和養豬場，或許還有商品菜園。離市鎮較遠的長沙灣各鄉郊村落，人口大多比較均衡。

在深水埗鎮被清拆以供發展（1913 年開始，第一次世界大戰期間中斷，之後於 1918 年恢復）之後，舊的深水埗街坊會解散。碼頭於 1918 年被政府收回，街坊會市集於 1918 年關閉，取而代之的是一座政府街市。西角山及該市東方和東北方的山丘被夷平，所得沙石用於一項主要的填海計劃（從 1921 年開始積極進行）。新街道嚴格遵照網格模式鋪設（它們不循從舊的街道路線），並設有排污系統。新居民搬來了，新的商店和公司也遷來了。舊的行業很少倖存下來（例如，在 1922 年的《中華人名錄》中沒有記載深水埗有打鐵行，只有三家「酒莊行商店」，而且他們很可能是零售商而非釀酒商）。[80] 新的深水埗與舊的沒有實質聯繫。遺憾的是，在 1950 和 1960 年代研究廣義深水埗地區歷史的學者，都找不到能夠講述在 1913 / 1918 年舊深水埗市鎮清拆前是什麼模樣的人。

九龍塘

九龍塘是一個龐大而繁榮的客家村，但我們對它的歷史知之甚少（見地圖 25，插圖 029 和 036。集體官契中登記了本村的 201 個房屋地段，屋地總面積約為 3.12 英畝，約相當於 312 間一般大小的村屋的面積。這大概是表示，當地約有 150 間至 200 間房屋（有許多房屋比一般的大）。然而，1911 年的人口普查數字僅為 185 名居民（113 名男性和 72 名女性）。這項統計數據令人大惑不解。人口普查的數字肯定太低了。一個擁有這麼多房屋的鄉村，至少應有 100 戶常住家庭，而這意味着總人口約為 400 人至 500 人。

集體官契無助於確定常住家庭的數目。此處（以及「對面河」地區的其他地方）的測量員似乎不管實際上的屋主是誰，將許多房屋都登記在各氏族的開基祖名下，甚或更奇怪地，登記在祖堂的一位或多位司理的名下。此外，測量員似乎常常將一整片房屋當成一個地段登記。這樣做無疑是為了省工夫走捷徑：與其

80 *Anglo-Chinese directory, Hong Kong* (Hong Kong: Publicity Bureau for South China, 1922).

｜插圖 036｜約 1910 年的九龍塘村

試圖在一群堂親之間判斷誰擁有什麼，不如統統登記在祖先名下，讓村民自己去爭吵誰擁有什麼，持有多少份額。因此，在九龍塘鍾氏的屋宇地段中，[81] 有 13 個（共 0.52 英畝的屋地，或約 52 間一般大小的房屋）登記在「Chung Lim-kui」和「Chung Lim-shing」的聯名名下；曾氏的屋宇地段中，有 2 個（共 0.31 英畝的屋地，約 31 間一般大小的房屋）登記在「Tsang Tak-yeung」名下；而黃氏的屋宇地段中，有 3 個（0.19 畝的屋地，約 19 間一般大小的房屋）登記在黃維才、黃仕邦、黃維英和「Wong Kwai-cheung」的聯名名下；還有 62 個（0.98 英畝的屋地，即約 98 間一般大小的房屋）以「Wong Man-shui」的名義（「Wong Man-shui」可能是開基祖，而黃維才和他的同僚是祖堂的司理）。這幾組已登記的屋主名下的房屋，佔全村房屋總數超過三分之一，屋地總面積約三分之二。這種只能以「草率」稱之的測量，令集體官契的細節蒙上一層迷霧，使人無法知道到底是

81　集體官契中沒有標示漢字。

| 地圖 25 | 九龍塘村

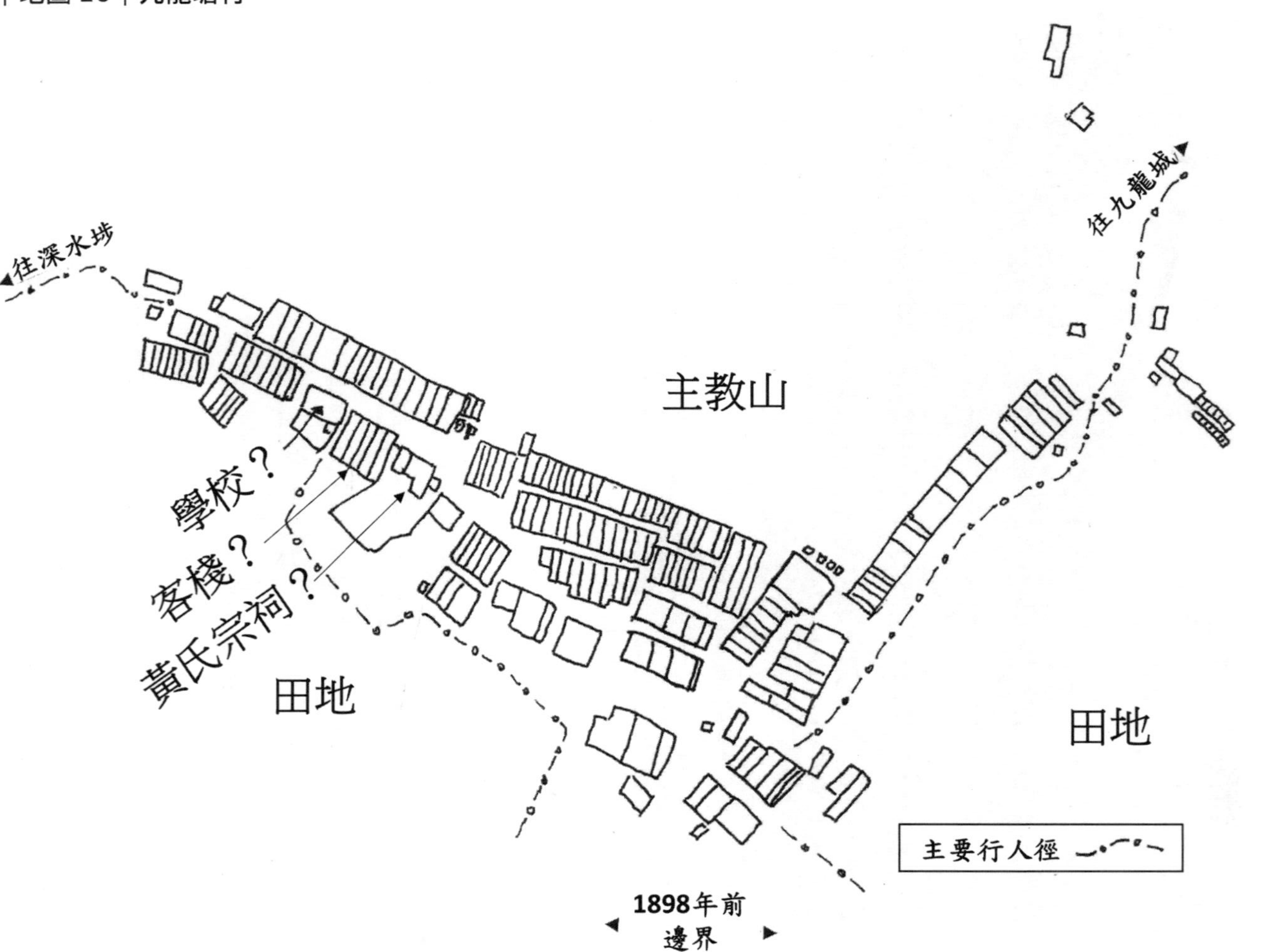

誰人真正擁有哪一間房屋。

然而，本村顯然是以黃氏為主，他們擁有村中超過一半的房屋。1887 年向深水埗大天后廟捐獻大鐘的捐助者中，有一半的耆老也是黃氏族人。他們與河流另一邊的芒角的大家族黃氏沒有關係。村裏有大約 17 個或以上的其他氏族，當中一些氏族人數很少。

本村是沿主教山的山腳而建，山腳的斜坡有茂密的風水林（本村位於今天的警察體育遊樂會及毗鄰的大坑東遊樂場的所在地）。本村有兩張十分清晰的照片留存下來，一張大約攝於 1859 年至 1860 年（見插圖 029），另一張大約攝於 1910 年至 1920 年（見插圖 036）。村中約三分之二的部分位於山的西南面，其餘三分之一位於東南面。村中最古老的部分，緊鄰那條沿海邊而走的主行人徑（如上所述，這是從九龍城前往元朗和縣城南頭的行人徑）。穿過村落的中心，行人徑向海一側有一小塊區域，曾在某個時候（1859 年至 1860 年之前，因為插圖 029 顯示該區域已開發）填了海，上面建了約 30 至 40 間房屋。

這個填海區的中心部分包括三組建築物，看起來似乎都是公有的。中間是一組共 5 間大屋。這 5 間屋登記為黃觀保、「Tsang Yik-tsoi」和雷有富聯名擁有。在集體官契制訂之時，這些人可能是九龍塘村民的祖堂崇福堂的耆老。1886 年時，黃觀保、雷有富是崇福堂的耆老，為大天后廟捐獻大鐘。由此觀之，他們很可能在 14 年後成為資深的耆老。這 5 間屋用途不明。村落擁有的公有物業不外乎學校、村公所、禮儀用品貯藏室，以及供耆老偶爾使用的會所。但這些似乎都不大可能是這些建築物的用途，因為它們很大，在地圖上看起來建得很牢固。它們很可能被用作客棧。大埔附近的泰坑村村長文湛泉就經營了一家客棧，利潤頗豐。[82] 九龍塘位於香港島和深圳，以及九龍城和南頭之間，在這裏開客棧很可能有利可圖。不過這純屬推測。

在這 5 間房屋的西邊，有一座與主要行人徑平行的建築物（它不像上面討論的 5 間房屋那樣與行人徑成直角），位於一個院落裏，連同旁邊 2 間房屋，都登

82　見 Patrick H. Hase, *The Six-Day War of 1899: Hong Kong in the Age of Imperialism* (Hong Kong: Hong Kong University, with the Royal Asiatic Society, Hong Kong Branch, 2008), pp. 175-176。

記在「Li Kun-yam」和「Cheung Lap-kan」名下。這兩個名字都不見於 1886 年的大天后廟的鐘銘，但這兩人在集體官契制訂之時必定是村中耆老，而且那座建築物一定是公有的（否則很難想像兩個來自不同氏族的人何以會共同持有物業）。這座建築物很可能是鄉村學校，相鄰的房屋一間是教師的住所，另一間可能是武術教師的住所。九龍塘的這間學校於 1921 年獲得政府資助（120 元），當時校內有 40 名男生和 6 名女生。

緊挨着這 5 間房子的東邊，有另一座位於一個大院落裏的大型建築物。它登記在黃維才、黃仕邦、黃維英和「Wong Ka-hing」名下。這些人無疑是黃氏耆老。如上所述，有三塊屋地登記在黃維才、黃仕邦、黃維英和「Wong Kwai-cheung」名下，可能因為他們是祖堂司理。除「Wong Ka-hing」和「Wong Kwai-cheung」外，其他人的名字均見於 1886 年大天后廟的鐘銘上。[83] 黃維才在 1886 年的鐘銘中排名第二，表明他在 1886 年已經是氏族中的資深耆老。這座建築物很可能就是黃氏宗祠。[84]

沒有任何直接證據顯示九龍塘村建立於何時。然而，本村所支配的農地，遠比西九龍其他村落的居民都要多，而且更為優質。因此，它的建立時間極不可能晚於芒角村或尖沙頭村。後兩者似乎是建村於 1700 年左右。因此，九龍塘很可能是在 1680 年左右建村的。事實上，這裏的農地非常廣闊，如果西九龍有任何明代建立的村落，這裏就是最有可能的地點。1643 / 1688 年的村莊清單中有趯尾村和犬眠村，這兩個後來已不再使用以上名字的鄉村，一定在香港或鄰近地區的某處，其中一個可能的地點就是九龍塘一帶。然而，假如是這樣，它們和九龍塘村也沒有直接的歷史關係，因為明代建立的村落都是本地村，而九龍塘是客家村。因此，這是於十七世紀後期或十八世紀初新建的村落，不過有可能是建在一個已荒廢的舊村遺址之上。[85]

九龍塘的集體官契中有一個耐人尋味之處，那就是「Wai U Yam Tong」在

83 另一名黃氏族人「Wong Man-shui」名下登記了非常多的建築物，他很可能是家族的開基祖。

84 1887 年在大天后宮鐘銘上留名並登記為集體官契屋主的耆老，除上述名字外，還有邱六壽、江亞福和湯林柱。

85 《康熙新安縣志》，卷三，《深圳舊志三種》，頁 254。

那裏擁有土地。1860 年前，九龍塘村外的淺水區已填了海，開闢為耕地（在插圖 029 可見該填海區）。然而，在集體官契中，這片面積可觀的填海土地（7.2 英畝），亦即沿這個海灣的主要行人徑向海一側的所有耕地，還有村落前方的所有土地，連同塘尾村前方至少一半的土地，全都登記在「Wai U Yam Tong」名下。如前所述，這是沙田韋氏的祖堂。該堂亦在集體公契中登記為深水埗「咸圍濱」內農地，以及元洲村和田寮村之間的大部分農地的所有者，這兩處農地面積合共 3.86 英畝。因此，在集體官契制訂時，這個祖堂在整個地區登記擁有超過 11 英畝農地。

韋氏以外的沙田村民表示，韋氏在十九世紀後期曾試圖從鄧氏手上奪取「長沙灣」的地骨權，並以「控制水源」為手段，但在知縣審理案件後敗訴。[86] 韋氏在此地擁有超過 11 畝土地，很難不令人想到是與此事有關。韋氏手上的土地都在深水埗市鎮周邊。如果韋氏覬覦該地區某個部分的地骨權，那麼他們着眼的目標似乎更有可能是深水埗市鎮，而非長沙灣。控制水源不大可能對那裏的任何行動有所幫助。許舒所接觸過的本地村民都說，從九龍山脈流到這個地區的水非常豐沛，沒有一個鄉村要為水煩惱。

香港政府曾規定，集體官契的測量人員只能將地皮主，即擁有耕作權的人，登記為地主。然而，韋氏在這裏顯然是地骨主（除了「咸圍濱」內的土地例外，這片土地肯定已經全租給了九龍塘和元洲村民，大概是按標準的地皮租賃方式，交由村民耕種），所以韋氏被登記在集體官契中，是極為不尋常的。韋氏肯定是從鄧氏那裏獲得了所有這些土地的地骨權，大概是透過購買取得，時間可能是在 1867 年或稍早一點，那時鄧氏的一個分支把深水埗區其餘部分賣給另一個分支。韋氏可能指望買下這些地骨權後，可以從鄧氏手上榨取深水埗市鎮其他地方的地骨權，但這個如意算盤被知縣打破了。可惜我們目前仍無法得知有關這些事件的更多詳情。

86　見 Patrick H. Hase, "The Nine Alliances of Lek Yuen: Traditional Sha Tin", in *Settlement, Life, and Politics: Understanding the New Territories* (Hong Kong: City University of Hong Kong Press with the Royal Asiatic Society, Hong Kong Branch, 2020)。

石硤尾

石硤尾谷位於東面是九龍仔和西面是長沙灣之間。它的歷史大概比整個新界任何其他地方都更鮮為人知。現存唯一的證據是集體官契，但這地區的集體官契，製作得比任何其他地方都馬虎，有些地方難以閱讀或很難讀懂。沒有任何與村民的訪談紀錄保留下來，目前所知也沒有任何早期照片留存。

丈量約份地圖顯示石硤尾谷有六個聚落，但僅標示其中兩個的名稱：硤石尾（Kap Shek Mai）和硤石白田（Kap Shek Pak Tin）。丈量約份地圖僅以草圖形式顯示這些聚落，聚落中的房屋沒獲編配獨立的地段號碼。但是，集體官契提供了截然不同的資料。

丈量約份地圖上所見最大的聚落是硤石尾，它位於今天的石硤尾（靠近今天的窩仔街遊樂場的東端）。一如所有這些石硤尾谷的聚落，硤石尾被描繪為農業用地，上面屹立着一些建築物（丈量約份地圖 4:9 的第 571 號地段）。丈量約份地圖顯示它由九座建築組成，鬆散地排列在一起。一座大約是一般村屋的標準尺寸，另外兩座大約是標準尺寸的一半，其餘六座畫得十分小。這個聚落很可能包括三間房屋和六間附屬建築（豬圈、牛棚、茅廁等）。

在稍向東北的地方，丈量約份地圖上顯示名為「硤石白田」的聚落，當中有三間小房屋和三間附屬建築物，坐落在一大片農地中（第 632 號地段）。這個小村落後來似乎經過重建，成為兩排短短而平行的小房子（見插圖 037）。

另一個顯示在丈量約份地圖上的地段主要是農地，當中也有一座大房屋（約兩間標準房屋的大小），位於硤石尾和白田兩個聚落之間，約在今天的白田街和窩仔街的交界處，但沒有標示名字。

因此，在丈量約份地圖上，硤石尾村的位置是在丈量約份 4:9 的第 571 號地段。在集體官契中，這個地段被登記為包括 1.09 英畝的農地和 0.08 英畝的屋地，並支付 9.90 元地稅。租戶是黃茂昌和「Wong Shing-cheung」，他們大概是共同承租了整個地段。兩人還在石硤尾一帶共同擁有其他一些農業地段。

丈量約份地圖顯示硤石白田聚落位於第 632 號地段上。但在集體官契中，這地段被登記為純粹的農業地段，由「Wong Ka-cheung」和「Wong Kwai-cheung」

｜插圖 037｜約 1953 年的白田寮屋區

在寮屋群之間可見到兩排平行的村屋。

擁有，包括 0.7 英畝的農地，並支付 3 角 5 分的地稅。在丈量約份地圖上，硤石白田和硤石尾之間的第 685 號地段上有一座獨棟的大型房屋；該地段在集體官契中登記為純農業用地，由「Wong Fuk-cheung」擁有，包括 0.1 英畝的農業用地，並支付 5 角的地稅。

丈量約份地圖和集體官契之間的證據差異很難調和。黃茂昌、「Wong Shing-cheung」、「Wong Ka-cheung」、「Wong Kwai-cheung」和「Wong Fuk-cheung」很可能全是近親。第 571 號地段（硤石尾聚落）上的建築物，面積不可能像集體官契所指那樣有 0.08 英畝，根據丈量約份地圖所示，它們的面積不會超過 0.03 英畝左右。黃氏在石硤尾地區擁有的土地似乎被捆綁在一起，寫進集體官契並歸入第 571 號地段中；而丈量約份地圖顯示，它們實際上是分散在三個地段之上，各登記在不同的擁有者名下，彼此相隔幾百碼。這麼草率的測量和登記，在集體官契中很不尋常。

一條主要行人徑穿越這個山谷，從深水埗市集通往沙田。從丈量約份地圖可見，在山谷東部邊緣、靠近這條行人徑的地方，有三個小聚落。

這三個聚落中，最北端那個位於硤石尾的東北方，靠近今天的石硤尾公園，由兩間並排的房屋組成。第二個聚落在硤石尾稍往東北的地方，靠近今天的香港盲人輔導會，大概由兩間小屋和一間附屬建築物組成。第三個聚落位於硤石尾的東南方，靠近今天的石硤尾邨街市，只有一間零丁的小屋。

這三個位於山谷東側的無名聚落中，最北端的那個坐落在第557號地段上，在集體官契中登記為1.75英畝的農地和0.03英畝的屋地，承租人是「Tse Lap-lung」，地稅為8.34元。「Tse Lap-lung」亦與「Tse Kau」及「Tse Yan」在石硤尾／白田一帶共同擁有多處其他農地。「Tse Kau」和「Tse Yan」也各自擁有農地。而該屋地實際上也很可能是由「Tse Lap-lung」、「Tse Kau」和「Tse Yan」共同擁有。「Tse Lap-lung」似乎在這裏一帶沒有自己的農地。

今天香港盲人輔導會所在地附近的聚落位於第556號地段，登記為0.12英畝農地和0.01英畝屋地，繳納2.65元地稅。租戶為「Wong Ka-cheung」和「Wong Kwai-cheung」，他們共同擁有這幅土地。兩人在這一帶還共同擁有其他農地。

三個無名聚落中，最南端的那個，位於第553號地段上。它被登記為有0.99英畝的農地和0.02英畝屋地，支付2.35元的地稅，承租人是「Tsang Hung-üt」，[87] 他在這一帶還擁有其他純農業用地。

在集體官契制訂期間，石硤尾區的所有屋主都是九龍塘村的村民。黃茂昌和「Wong Shing-cheung」也共同擁有一些毗鄰九龍塘村的農地，「Tse Lap-lung」和「Tsang Hung-üt」也是如此。黃茂昌與「Wong Kwai-cheung」均在九龍塘村擁有房屋（「Wong Kwai-cheung」是與黃維才、黃仕邦及黃維英聯名擁有）。「Wong Ka-cheung」和「Wong Fuk-cheung」似乎在九龍塘村或附近沒有任何物業，但他們無疑是與黃茂昌、「Wong Kwai-cheung」和「Wong Shing-cheung」有密切關係，並且也是九龍塘黃氏的成員。1886年，黃茂昌是九龍塘村祖堂崇福堂的耆老之一；當時該堂向深水埗大天后古廟捐獻了一口鐘（見上文）。因此，石硤尾谷似

---

87 集體官契中寫作「üt」，今天一般會寫成「yuet」，「Ü」見下文）這個姓氏今天通常也寫作「Yue」。

乎被視為廣義上的九龍塘村的一部分。

根據集體官契，在廣義的九龍塘地區，一級農地以每英畝 5 元出租，二級農地每英畝 3 元，三級農地每英畝 1.50 元。石硤尾谷內的農地，幾乎全被評為二級或三級。有些土地（如第 560 號地段）以每英畝 1.25 元出租，有些（如第 572 號地段）則以每英畝 1.75 元出租，原因不明。因此，從農地看來，石硤尾只算是邊緣地帶；而山谷中的聚落，大概是於九龍塘地區可供務農的土地的最高點。

石硤尾谷內的聚落，很可能全都是在集體官契制訂前不久才建立的。實際上，有些集體官契承租人似乎是石硤尾最早的定居者。最早在廣義的石硤尾地區定居的人可能是「Wong Ka-cheung」、「Wong Kwai-cheung」、「Wong Fuk-cheung」、黃茂昌和「Wong Shing-cheung」的祖父，甚或是曾祖父，定居時間可能是十九世紀上半葉的後期。白田聚落的歷史可能比硤石尾聚落晚了一個世代，並且是由來自後者的人所建的；「Wong Fuk-cheung」擁有的大房子很可能是再經過一個世代後才建造的。山谷東邊的三個小聚落無疑是較遲才建立的，時間略早於十九世紀末。在這一帶填海造地，並在九龍塘谷北端建立聚落的人，可能是「Tse Lap-lung」及其兄弟（可能是「Tse Kau」和「Tse Yan」的父親），又或者是「Tse Lap-lung」及其兄弟的父親。總的來說，此山谷中各聚落的的建立時間，都不大可能早於十九世紀中後期；即使當中個別聚落的建立時間略為早一點，也早不了多少。

在十九世紀後期，人口增加對可用農地的供應帶來壓力；在新界許多地方，可耕作地區邊陲的山邊都開闢出的邊緣土地。沙田的一些邊緣山村，如牛凹和花心坑，就是在這時期建村的。[88] 這些十九世紀末建立的邊緣聚落，許多只能存活一兩個世代的時間，之後就因土壤肥力下降而被荒棄。但石硤尾的村落較為幸運。它們可能從建村之初起或在建村後不久，就從事商品蔬菜種植業、飼養家豬和其他食用動物，並經由附近的深水埗港口銷售到香港市區；種植水稻只是其次要作物。這種生產方式使它們得以繼續存在，直到 1950 年代被新建的寮屋區所吞沒。

88　關於牛凹和花心坑，見 Hase, "The Nine Alliances of Lek Yuen"。

九龍仔

一如九龍塘，九龍仔也是個繁盛的大型村落，而我們對它的歷史也幾乎一無所知。就目前所知，甚少有關於本村的照片留存下來。舊村由三排南北向、平行排列的房屋組成，位於區內主要溪流的東岸（見地圖 26；該溪流今天奔流在窩打老道地底的管道中）。本村到今天已為劍橋道所覆蓋，範圍大約是在打比道和對衡道之間。村的北面有一座天后廟；在天后廟和本村的主要部分之間，矗立着另一座較大的建築物，可能是吳氏宗祠（集體官契中，吳氏宗祠是登記在「Ng Chak-shan」名下）。這兩座建築物與村落的主要部分之間隔着一些空地。它們面向西北偏西，此坐向略為不同於這個村落的其餘部分。在主村落稍為往東的地方有一個附屬聚落，稱為「Ting Shan Uk」(可能是頂山屋。如果從主村望去，這個聚落會屹立在天際線上)；這個聚落在今天的喇沙利道西面，面向西南方。主村附近沒有風水林。舊村的南面是新村，彼此之間有隔着一片空地，上有一些茅廁和豬圈。新村有五排短而平行的房屋，大致朝向西南，為今天的志士達道所覆蓋。本村共有 117 個屋宇地段（1.71 英畝的屋地）。根據 1911 年的人口普查，有人口 285 人(男性 154 人，女性 131 人)，這大致符合以房屋數量推算的人數。

吳氏是本村的主要氏族，擁有 70 個屋宇地段，約佔 60%；其餘 40% 的屋宇地段由其他八個氏族擁有。村民主要是客家人，但至少有一個本地人氏族（蘇氏，見下文）。

九龍仔有許多耕地，但質素並不是最好的，而且肯定比九龍塘附近的土地貧瘠。九龍塘控制了溪流入海處沿岸的肥沃土地。因此，九龍仔村的建村時間，不大可能是在九龍塘村建村之前，而應該是在之後，所以大概是在 1700 年至 1710 年間。

天后廟可能是建村後不久便興建的，最遲約在 1720 年至 1730 年間。九龍塘和九龍仔在廟前合辦打醮，[89] 此活動很可能自建廟之初就開始舉辦（這將在下文

89　打醮是新界許多鄉村社群每十年舉行一次的儀式，全稱「太平清醮」。

| 地圖 26 | 九龍仔村

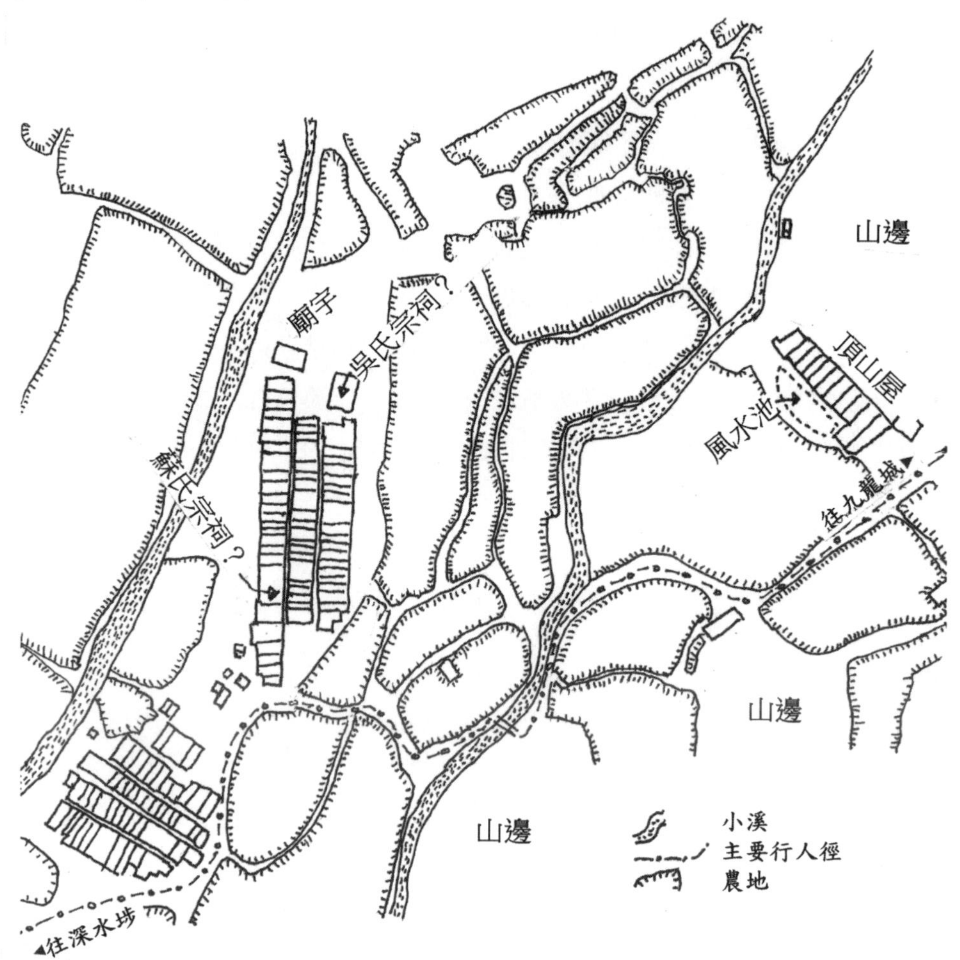

長沙灣部分進一步討論）。[90] 由於這兩個村落它們同屬一個建醮社群，它們顯然組成了一個「鄉」。如上所述，在溪流另一邊的村落，即芒角和尖沙頭，很可能形成了以芒角天后廟為中心的另一個鄉。

本村有一所優良的學校（很可能是在吳氏宗祠舉辦）。它在 1920 年至 1925 年（翌年本村因城市發展而被清拆）獲得政府補助。1920 年時它有 24 名男生，

90 見 Hayes, "The Cheung Sha Wan Villages", p. 85.

獲補助 60 元，到 1925 年有 14 名男生和 13 名女生，補助金為 120 元。[91]

與九龍塘一樣，集體官契的測量員在丈量九龍仔時，也是只顧省功夫走截徑。他們在舊村和頂山屋把 16 名吳氏族人登記為 23 間房屋的屋主，每間屋都有一個有名有姓的擁有人。但是，他們把新村的 46 間房屋全都登記在「Ng Pak-wan」名下，此人肯定是開基祖。

九龍仔毗鄰由九龍城通往元朗及南頭的主要行人徑。這條路到九龍塘後，從溪流旁邊往上來到新村，然後經過舊村和頂山屋附近，繼而穿過今天的九龍仔公園，直達九龍城。從九龍仔前往九龍城比前往深水埗近得多。村民會到九龍城購物；若要做生意，一般也會到九龍城去。那時，這裏沒有大路可從本村翻山越嶺前往沙田。1860 年後，香港政府鋪設新的邊界路（Border Path，今天界限街的前身），這條路徑平坦而筆直，大量交通轉到了這條新路，九龍仔就變得沉寂下來。

長沙灣的村落

長沙灣在開發前，是一個擁有細沙海灘的長形海灣（「長沙灣」就是因此得名）。1844 年，施美夫牧師形容這片沙灘「優美、寬敞、多沙」。[92] 山脈離海岸很近，在山腳和大海之間，只有一條細長的可耕作地帶。多條溪流從九龍山脈流下，縱橫交錯地穿越這片耕地，為它帶來充足水源。該區域被分為四部分：最西邊的是黃屋村和李屋村，東邊是蘇屋村，再往東是上李屋村和白薯莨村，最後是羅屋村和馬龜坑村，這個部分最靠近深水埗（見地圖 27）。

長沙灣擁有西九龍歷史上幾乎唯一確切可考的年份，那就是蘇屋村建於 1739 年。許舒從蘇屋那裏看到一本族譜。這本族譜是摘錄自另一本顯然已不再存在的、更完整的族譜，所以只涵蓋了這個氏族的一個支系。一如這類摘錄族譜常見的情況，在此族譜中，關於此支系的開基祖之前的早期部分，內容被大幅縮

91 Annual Reports of the Director of Education, *Administrative Reports*, "Vernacular Schools".

92 *A Narrative of an Exploratory Visit*, p. 69.

| 地圖 27 | 1901 年的長沙灣

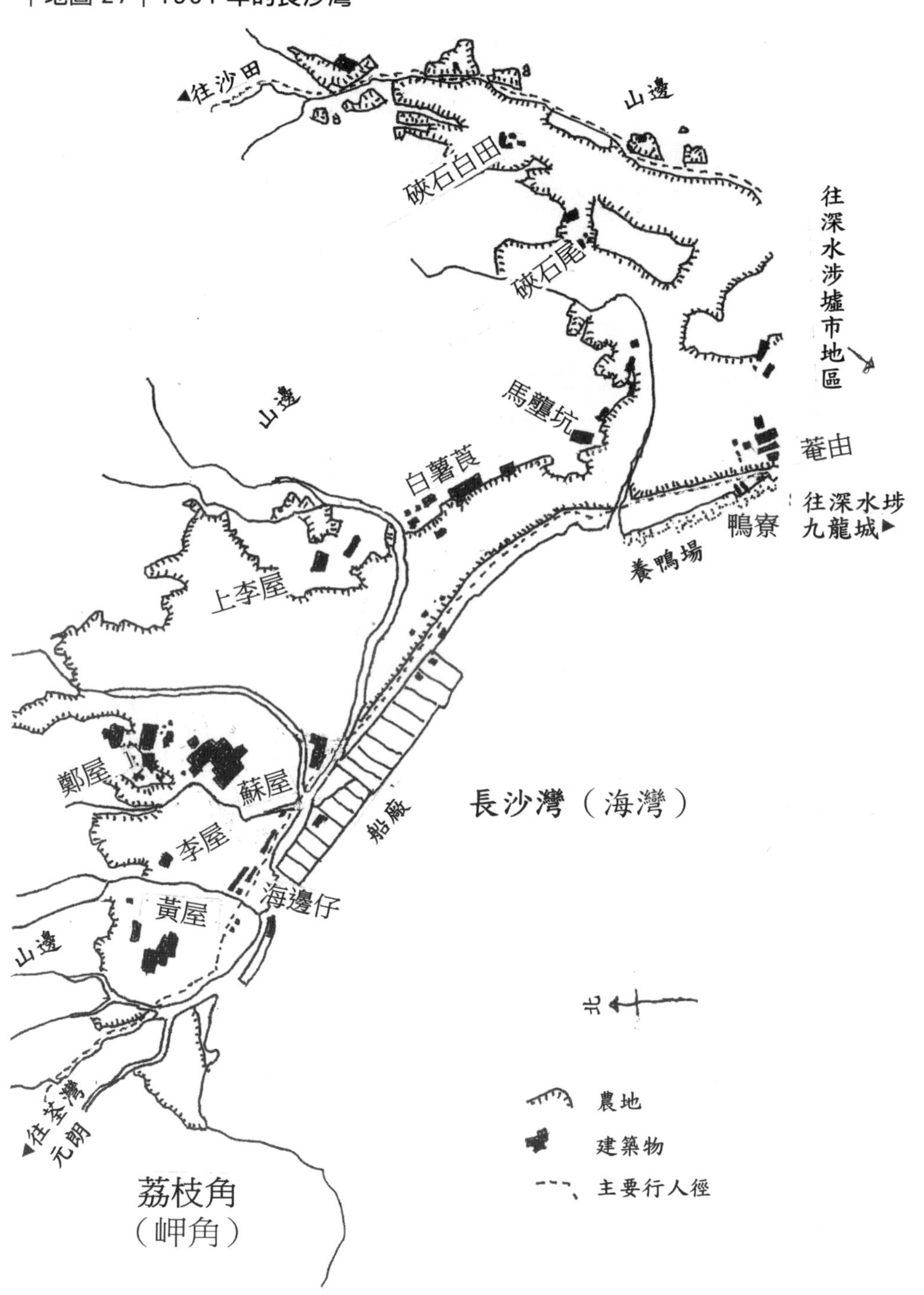

減。根據許舒所看到的族譜的記載，蘇氏的開基祖蘇庭慶在 1690 年出生於南頭附近的一個村落，結婚後育有五個兒子，並在 1739 年建立蘇屋村。許舒還透過訪問蘇氏族人得悉，九龍仔村蘇氏與蘇屋村蘇氏關係密切。蘇氏是本地人（講粵語），蘇屋是西九龍唯一的本地人村，其餘都是客家村。許舒認為蘇庭慶在 49 歲時，帶同家眷（包括全部五名兒子）從南頭附近的鄉村直接搬到蘇屋。

然而，從多種原因看，這是不大可能的。首先，從故鄉搬到新的土地開墾，並在遙遠的他方安身的男人，幾乎全是十幾二十歲的單身男子。通常促使他們的人生經歷如此巨變的原因是貧困：祖先留下的土地，不足以同時支持離鄉之人及其兄弟的生活所需。如果蘇庭慶在此地區的第一個定居地點是蘇屋，那便很難理解，為什麼蘇氏的一個分支之後會離開該村搬到九龍仔；須知蘇氏在蘇屋附近有很多土地，而九龍仔的所有土地在那時都已被佔用了。同樣難以理解的是為何九龍仔（一個原本完全是客家人的村落，並且在那時已建村很久）的村民會接受一小群本地人村民搬到他們之中。

不過，如果假設蘇庭慶大約在 1707 年至 1710 年他十幾歲時定居在九龍仔，也就是說大約在九龍仔村初建之時，就在那裏開墾土地、興旺事業、結婚，生下五個兒子，然後他手頭有了錢，租下蘇屋地區的地皮，並於 1739 年搬到那裏建立了他的新村，但留下了一個兒子在九龍仔料理他已在那裏開墾的田地，那麼一切就說得通了。相對於後來已變成根深蒂固的客家村，九龍仔在建村初期比較有可能會接納新來的本地人。再者，蘇屋亦屬於九龍塘／九龍仔建醮社群的一部分。許舒與在 1900、1910 和 1920 年參加過這些打醮活動的蘇屋村民談過，當中 1920 年是他們最後一次舉行打醮的年份（九龍塘、九龍仔，以及蘇屋的大部分地區，在 1920 年代就被清拆發展；而在廟前舉行打醮的九龍仔天后廟，也同時被清拆）。打醮很可能是在九龍仔天后廟落成後就開始舉行，最有可能的時間是 1720 年至 1730 年。如果蘇庭慶在天后廟建成並首次打醮時住在九龍仔，那麼他很可能是帶着打醮社群成員的資格遷到蘇屋。許舒推測蘇屋獲邀加入打醮社群，是因為在 1739 年時，九龍塘、九龍仔和蘇屋是本地區僅有的鄉村。但這不太可能，因為正如許舒還指出的那樣，長沙灣最西端（黃屋和李屋）和兩個東邊地區（上李屋和白薯莨，以及馬壟坑），很可能與蘇屋同時租下地皮，所以蘇屋作為

|插圖 038|1921 年的蘇屋村

長沙灣唯一村落的時期，應該是不存在的。因此，打醮社群的成員資格，佐證了蘇庭慶是先定居九龍仔，到他有餘裕租用地皮時才遷往蘇屋的說法。

在集體官契中，蘇屋村登記了 70 個屋宇地段（總面積 1.45 英畝），它們（除了三個地段例外）全登記在落擔祖蘇庭慶名下，亦即「蘇庭慶祖」。我們知道，這種情況是丈量草率和敷衍了事的結果，許舒曾採訪的村民說，村中所有房屋都是由個別家庭擁有，蘇庭慶祖沒有房屋，只有一些田野和祠堂。在 1911 年人口普查中，此村人口為 157 人（男性 84 人，佔 54%）。這似乎有點偏低。蘇屋村附近幾乎沒有風水林，村屋四周全是田地（見插圖 038）。

蘇屋的地皮租約很可能明確排除了海灘和海床。我們知道，鄧氏十分看重本族對於海床和海岸的權利。1845 年尖沙嘴海岸被寮屋居民佔據，他們曾就着此事向知縣申明這一點（見上文）。到 1898 年時，蘇屋前方和白薯莨前方的海灘都已經或正在填海，用於建造一系列船廠。這似乎並沒有為蘇屋或白薯莨村民帶來任何收入。而海灘的土地可能是單獨以另一地皮租約租出，或者更可能是那裏的地骨權也被出售了。1898 年時，船廠的正後方、蘇屋村的前面，原本是海濱沙丘的地方，坐落着一個由一些細小的房屋組成的村落，名叫「海邊仔」。毫無疑問，它是船廠工人的居住地（在 1911 年的人口普查中，「長沙灣」有人口 653 人，其中 496 人〔72%〕是男性，所指的大概就是指這些船廠的工人，亦即住在海邊仔的那些人）。

在一般情況下，一個地區的地皮佃戶可以讓外來氏族加入分享租佃權，地骨主通常不能反對；但是，如果主要的地皮佃戶放棄承租，那麼這些後來加入的人的權利也會隨之失效。[93] 蘇氏似乎行使了這項權利。在集體官契制訂時，蘇屋村後方的山腳是一片零散的房屋區，沒有明確的規劃。楊氏、鄭氏、凌氏、呂氏等氏族的人居住於此，還有少數其他氏族的住戶。集體官契將此區域視為蘇屋村的一部分，但村民似乎通常稱其為楊屋或鄭屋（楊氏擁有 4 幅屋宇地段，共 0.11 英畝的屋地；鄭氏則有 3 幅屋宇地段，共 0.11 英畝的屋地）。蘇氏很可能讓這些其他氏族加入共享地皮租約（當然還會分擔支付應繳納的地租）。[94]

蘇氏擁有一所學校，建在村落的後方，位於該村和楊屋之間。這所學校聲譽頗佳，在 1923 年至 1926 年間，每年都獲得政府補貼（180 元至 280 元不等）。這所學校通常有大約 42 到 47 名男生，偶爾有一名女生。這所學校似乎為長沙灣的所有鄉村服務。它通常有一名外來的老師（1926 年的老師是「Leung Yuk-ching」）。

長沙灣的鄉村有大量耕地，從九龍山脈奔流而下的溪流，為之提供豐沛的灌溉水源，但土質一般。這裏土壤很淺，底土中有許多岩石。施美夫牧師在 1844 年 12 月下旬到訪本地區時（他從深水埗的碼頭沿着海灘後方的小徑步行，一直走到荔枝角岬角，並經由一些「非常蜿蜒曲折」的小徑，去到至少一個當地鄉村），發現田地處於「中度的耕種狀態」，種了番薯和椰菜（在他來到時應該還沒種植水稻）。[95] 他顯然不覺得這裏的土地是優質良田。

蘇屋已經煙消雲散，彷彿不曾存在過一樣。但是，此鄉村有一個遺跡留存了

---

93 這種事情曾發生，比如在西貢區，見本書第 3 章「仇與恨：早期西貢的聚落與政治，1550 至 1911 年」。

94 上引 1911 人口普查報告。

95 *A Narrative of an Exploratory Visit*, p. 78.

下來。在 1930 年代中期，一些年輕的潮州人來到，買下了建於蘇屋村原址主要部分之上發展的新都市項目當中的第一代店屋。由於附近沒有廟宇，這些年輕的潮州人便到附近那時還沒拆卸的蘇屋村福德伯公廟拜神。幾年後，日本人侵佔香港，這個小小的潮州人群體來到福德伯公面前，以最虔誠的態度擲筊詢問福德伯公，他們應返回潮州還是留下來。福德伯公肯定地說：「留下來。」所以他們就留下。當日佔時期結束時，這群人全都存活下來，沒有人因飢餓、暴力還是任何其他原因而死亡。他們認為這是福德伯公顯靈保佑。戰後，他們繼續極為熱情地拜祭福德伯公。但再過幾年，由於要興建李鄭屋邨第一期的公共房屋，福德伯公廟不得不清拆。這些潮州人決定將福德伯公廟一磚一瓦地拆卸，然後在往西邊一點的地方重建。又過了幾年，該處也要用來發展明愛醫院，因此他們再次小心翼翼拆卸福德伯公廟，在呈祥道和大埔道之間一塊地上重建，成為名叫「福德念佛社」的廟宇建築群的中心。[96] 福德念佛社已經發展成一個重要的廟宇建築群，佔地數萬平方呎；位於其中心、主殿中的蘇屋福德古廟，是主要的拜祭對象，並且是整個建築群的主祭壇。在福德伯公寶誕那天，這個念佛社非常繁忙，因為它到今天仍是西北九龍潮州社群的宗教重地。

長沙灣最西端的區域以黃屋（集體官契中寫作「Wang Uk」，但後來通常稱為「Wong Uk」）為中心。此村位於今天的青山公路及其南面地區，介乎昌華街和興華街之間。集體官契顯示該處有 41 幅屋地，其中 18 幅地登記在黃氏名下，當中 16 幅又以「Wong Kwok-cheung」的名字登記，這大概是落擔祖的名字；另外 15 幅地登記在陳氏名下，當中 8 幅以「Chan Kwai-ying」、7 幅以「Chan Yuk-shan」的名字登記；另有 4 幅登記在余氏名下；還有 4 幅登記在李氏名下，姓名為「Li Chun-kang」。長沙灣黃屋地區的最東端，與黃屋隔着一條大溪流的就是李屋。這是一個較小的村落，位於今天的長發街，介乎保安道與青山道之間。「Li Chun-kang」與「Li Chun-shun」登記為此處 11 幅屋地的擁有人（Li

---

96　在 1970 年代末，鄭碧木先生告知筆者該神壇的歷史。在 1934 至 1935 年，他以 16 歲之齡來到香港，並在長沙灣買下一間店，開了一家米舖。那些潮州人詢問神明應否留下時他也在場，其後他又參與了兩次福德古廟的重建。他曾擔任福德念佛社主席多年。他所說的事，也得到念佛社另外幾位耆老確認，他們也是從 1930 年代末起便一直住在長沙灣。「福德」是土地神的正式名稱。

Chun-kang 在黃屋還擁有另外 4 幅地），但也有登記在「Chan Yeung」（1 幅屋地）、「Kong Ha-po」（1 幅屋地）及「Tsang Shing」及「Tsang Kung-po」（3 幅屋地）名下的房屋。由於黃屋有李氏的房屋，而李屋有一間陳氏的房屋（「Chan Yeung」很可能是黃屋氏族的成員），黃屋和李屋顯然關係很密切。這裏可能有兩份地皮租約，由溪流分隔的兩村各有一份，並在同一時期出租。在 1911 年的人口普查中，兩村加起來的總人口為 271 人（男性 141 人，佔 52%）。此數目符合根據房屋數目的推測。

這裏的海灘和海灘後方的區域，不像東邊同一部分那樣被用作船廠。此地區填海所得的土地用於農業。此地區兩條溪流之間的地帶由李屋（登記在「Li Chun-kang」名下）填海；在集體官契制訂時，更西邊的地區正在填海，但沒有標明擁有人的姓名。這裏的地皮主選擇把填海土地用於耕作，而更東邊的人可能出售地骨權用作船廠，由此可見不同的發展策略，兩處地方大概屬於不同的地骨主。

李屋的大部分耕地和房屋一樣，都以「Li Chun-kang」的名義登記在集體官契中，但有一小塊地區以「Li Fuk Tin Tong」的名義登記，它大概是一個祖堂；這表示李屋的李氏與白薯莨的李氏有聯繫，白薯莨的一些房屋也是登記在這個名字之下。

蘇屋以東的長沙灣區主要由李氏族人定居，有上李屋和白薯莨這兩個村落（見插圖 039）。上李屋由李氏定居。集體官契登記了 27 幅屋地，由「Li Shang」和「Li Fat」聯名擁有。白薯莨由李氏和駱氏定居。登記在「Fuk Tin Tong」名下的屋地有 22 幅，登記在「Li Muk-shan」名下的屋地有 47 幅，另外還有 3 幅登記在「Li Po」名下。駱氏有 34 幅屋地，登記在許多不同的名字之下。[97]

許舒採訪了上李屋和白薯莨村民，他們都表示兩村的關係非常密切。他們各有祠堂，各自成一氏族，但又強調彼此的關係很密切。在長沙灣以西、茘枝角岬角以西，有九華徑這個大型村落。此村大約在 1700 年由曾氏和李氏建立，早於長沙灣的任何村落。在集體官契中，九華徑的所有李氏房屋均登記在「Fuk Tin

97 許舒說，白薯莨由李氏和淩氏族人定居，兩個氏族分別住在村中的不同部分，由一堵牆分隔。然而，集體官契沒有顯示有淩氏住在這裏，這兩個氏族應該是李氏和駱氏。

|插圖 039|1921 年的白薯莨村

Tong」名下（九華徑與長沙灣、九龍塘和九龍仔在同一丈量約份，因此這裏也可見同類的省工夫走捷徑的做法）。白薯莨和九華徑有同樣名稱的屋主，除了顯示彼此關係密切，也顯示蘇屋以東的村落與九華徑有密切聯繫。黃屋／李屋地區有一些以「Fuk Tin Tong」名義登記的耕地，顯示李氏也與其他這些村落有密切聯繫。

在新界有一種常見的情況：不少鄉村在遷海令撤銷後隨即建立，那時有大量土地需要由佃戶來開墾；在鄉村中的氏族站穩腳跟後，就會盡量把周邊土地都租下來，以確保氏族的子孫後代有足夠空間繁衍擴展。[98] 不過，根據許多地方的鄉村耆老說，佃戶須在承租後一年（兩次收成）內到該處定居並耕種，地皮租約才算有效；如果佃戶承租後把土地閒置，地骨主就有權取消租約，將土地重新

98　比如南丫島就有清晰的例子，見 Patrick H. Hase, "A Small Island in the Midst of the Sea: The History of Lamma Island", in *Settlement, Life, and Politics*。

出租。所以一個新立足的家庭如果有兩三名兒子，待第二子到了可以犁地的年齡（大概是 17 歲左右），就會為這名年輕兒子租一塊地，在該處建一間小屋，派他去居住並開始開墾耕地：一兩年後又會如法炮製，為第三子做同樣的事，直至沒有兒子可派、沒有土地可獲得，或者家中現金用完（地骨主會收取一筆現金，作為租地皮的參加費，通常是五年或十年的租金——如果因土地閒置而令租約作廢，這筆款項不會發還，因此在這片土地上建一間小屋並耕種一些土地十分重要）。就長沙灣李氏的村落而言，九華徑李氏似乎派出了四名年輕後代去佔取這些土地，可能是該氏族的第二代。「Li Chun-hang」、「Li Muk-shan」、「Li Shang」、「Li Fat」似乎是九華徑李氏這些分支始祖的名字。這四個分支和黃屋黃氏的定居時間，即使比蘇屋晚，也不會晚太多。事實上，這些地區似乎很可能在單一次的招納佃戶歷程中就全部租出了。

在集體官契中顯示「Fuk Tin Tong」也擁有蘇屋前方的大片填海土地。在集體官契制訂時，該片土地仍在填海，尚未開發；官契訂立之後，不久該片土地就被多家船廠佔用（在集體官契制訂時，白薯莨前方的填海土地已被開發為造船廠，「Fuk Tin Tong」在該處也擁有一些土地）。「Fuk Tin Tong」獲取這些土地，大概是用作投資：要麼是先租用地皮，然後尋找地皮分租戶；要麼買下地骨權，然後尋找按年租地的佃戶。

在 1911 年的人口普查中，上李屋有人口 68 人，其中男性為 38 人（56%）；白薯莨則有 151 人，其中男性為 61 人（40%）。估計當時白薯莨大部分男性人口都不在村中，有些大概是在深水埗工作，另一些人則可能在海外謀生。

在長沙灣的最東邊最靠近深水埗的地方，建立了馬壟坑和羅屋村。馬壟坑是以余氏為主的村落，有 47 幅屋地登記在多個名字下，「Ü Kwai-lam」、「Ü Sam-fuk」、「Ü Fat」聯名擁有 20 幅地，「Ü Kwai-yeung」則擁有 11 幅地。這個余氏與黃屋的余氏是否有關係並不清楚。羅屋以羅氏為主，他們是 38 間房屋的屋主，其中 22 間由「Lo San-yau」、「Lo Shek-on」和「Lo Shai-on」聯名擁有，另有 16 間登記在「Lo Ying-hop」名下。

到十九世紀末，長沙灣最東端的這些鄉村，大多都發展成從事商品蔬菜種植業的聚落，但大部分還沒有演變至男女人口失衡的地步。在 1911 年人口普查時，馬壟坑有 371 人，其中 200 人為男性（54%）；白薯莨有 151 人，其中只有 61 人為男性（40%，這個村一定有很多男性在船上工作）；上李屋有 68 人，38 人為男性（56%）。人口普查沒有提供羅屋的數字，它隱沒在雞笪樹和鴨寮的數字之中。

第 3 章

仇與恨：早期西貢的聚落與政治，1550 至 1911 年

導言：地理環境與資料來源

乍看之下，西貢（Sai Kung）這個名字似乎是「西方的進貢」之意[1]；但此地名後半部分所用的字，其實很可能是一個水上人用語的音譯，而這個字沒有標準的漢字表達方式。香港地區有許多沿海地方的名字，都有發音為「Kung」、「Keng」或「King」、「Kong」或「Kang」的字眼，但若按照其字面意思來解釋卻往往很難說得通。它們大部分都可能是某個水上人所用字詞的變體，這個字的發音大概是「K'ng」，帶有一個模糊的元音。從帶有這些字的地方的自然環境推斷，這個字最初的意思可能是「有小岬角為屏障的錨地」。「西貢」這個地名的第一個字無疑是「西方」的意思，但此地位於中國東部海岸，面朝一望無際的大海。唯一會認為西貢在「西方」的地方，大概是糧船灣洲和滘西洲這兩個位於西貢稍東一點、在糧船灣海中間的小島（見地圖 28）。糧船灣洲和滘西洲是糧船灣海漁民的主要錨地，因此，「西貢」這個名字，可能是由從這兩個位於東面的離島望向該地的船民所取。這個名字的意思可能是「西方的山丘錨地」。而最遲從 1860 年代起，此地名中的第二字就已寫成「貢」。

在從事農墾的定居者眼中，西貢地區（在本章中所指的是「西貢六約」，即今天西貢區中部，因此不包括清水灣或坑口）的吸引力遠低於新界大部分其他地區（見地圖 28）。西貢十分多山，極少平坦肥沃的土地。在西貢大部分地區，唯

1　本章中的地名均採用 *A Gazetteer of the Place Names in Hong Kong, Kowloon, and the New Territories* (Hong Kong: Government Printer, 1969) 所列的名稱，首次出現時兼標出漢字。人名則採用標準的粵語拼音。

一能夠用於耕種的土地，是山坡上一些面積細小的土地，分佈於從山峰流下的季節性小溪的沿岸。事實上，它代表了 1688 年《康熙新安縣志》中對該縣的描述：「**邑地枕山面海**」，意思是本縣多山，而且山丘多與大海相鄰；以及「**新安……其地多高山峻嶺，而鄰於大海**」。[2] 因此，本地區的在相對較晚的時期才有人

｜地圖 28｜西貢地區

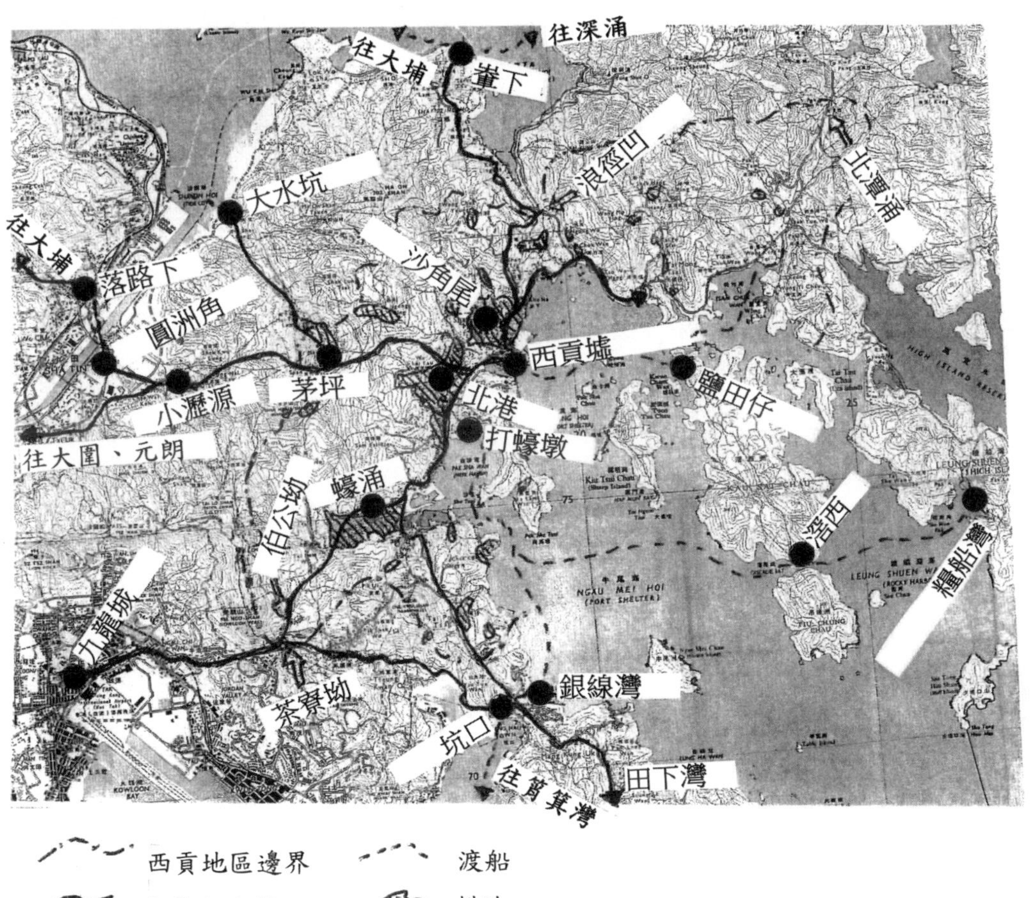

2　《新安縣志》的最佳現代版本是張一兵點校的《深圳舊志三種》（深圳市：海天出版社，2006）。此處引文見 1688 年《康熙新安縣志》，卷一和卷四，載《深圳舊志三種》，頁 228 和 292。

定居，許多十九世紀末建立在這裏的村落，規模都很小或非常小，而且都很窮或非常窮。

相較於新界其他地方，西貢非常偏僻荒涼。由北潭涌（關於西貢的村落，見地圖 29）再往內陸的荒郊地區，道路狹窄又崎嶇，令出入十分危險。據海下村的耆老說，從北潭涌和深涌渡船碼頭步行到該村，要足足兩小時才能抵達；在十九世紀後期或二十世紀初期，如有村民須前往墟市，他們的家庭會派一些年輕人拿着竹火把到碼頭迎接傍晚到達的渡船，為返村的村民沿途照明，以防他門在漆黑的山徑中滑倒和摔斷腿，變成那時出沒於當地的老虎的獵物。人們也希望火把能夠嚇跑老虎。海下村民有時候會乘搭北潭涌渡船到西貢售賣貨物，有時候也會從深涌乘搭渡船到大埔墟。從海下村到深涌的路途，跟前往北潭涌同樣遙遠，在黑暗中同樣危險，而且也有虎患，所以和北潭涌的情況一樣，也會有人持火把在深涌接船。

沙田石古壟村的詩人許永慶（1839-1921），十九世紀後期在本地頗有名氣。他與來自沙田另一鄉村小瀝源的友人吳耀章（另一位在本地頗有名望的學者）步行遊歷，逐一到訪本地鄉村。許永慶之後以當時在廣東非常流行的〈竹枝詞〉形式，寫下了一系列詩歌，描寫到訪過的村落。[3] 在他寫西貢村落的詩歌（成篇於1880 年至 1890 年）中，曾在幾處評述過此地區的荒涼偏遠。他兩次提到該地區的鄉村居民以弓箭在山中打獵，主要是獵黃麖，還提到該地區鄉村的小孩因為少見陌生人而驚慌逃跑。

……黃麖仰走懼桑弧。

斬竹灣灣作戰弓，黃毛鷹子走無踪。[4]

3　有關許永慶的詩，見程中山輯註：《香港竹枝詞初編》（香港：匯智出版有限公司，2010），頁 44-72。程中山在註釋中摘錄了詹伙生（又名詹雲飛）寫給筆者的一封信的內容，以此為各首詞提供背景資料。關於廣東竹枝詞的流派，見吟香閣主人編：《羊城竹枝詞》（1877 年）。這本書收錄了廣東各地詩人創作的大量竹枝詞，大部分創作於十九世紀。

4　詩中字句只是說小孩跑得無影無踪，但詹伙生說，當中含意是他們因遇見陌生人而逃跑了。

｜地圖 29｜西貢的村落

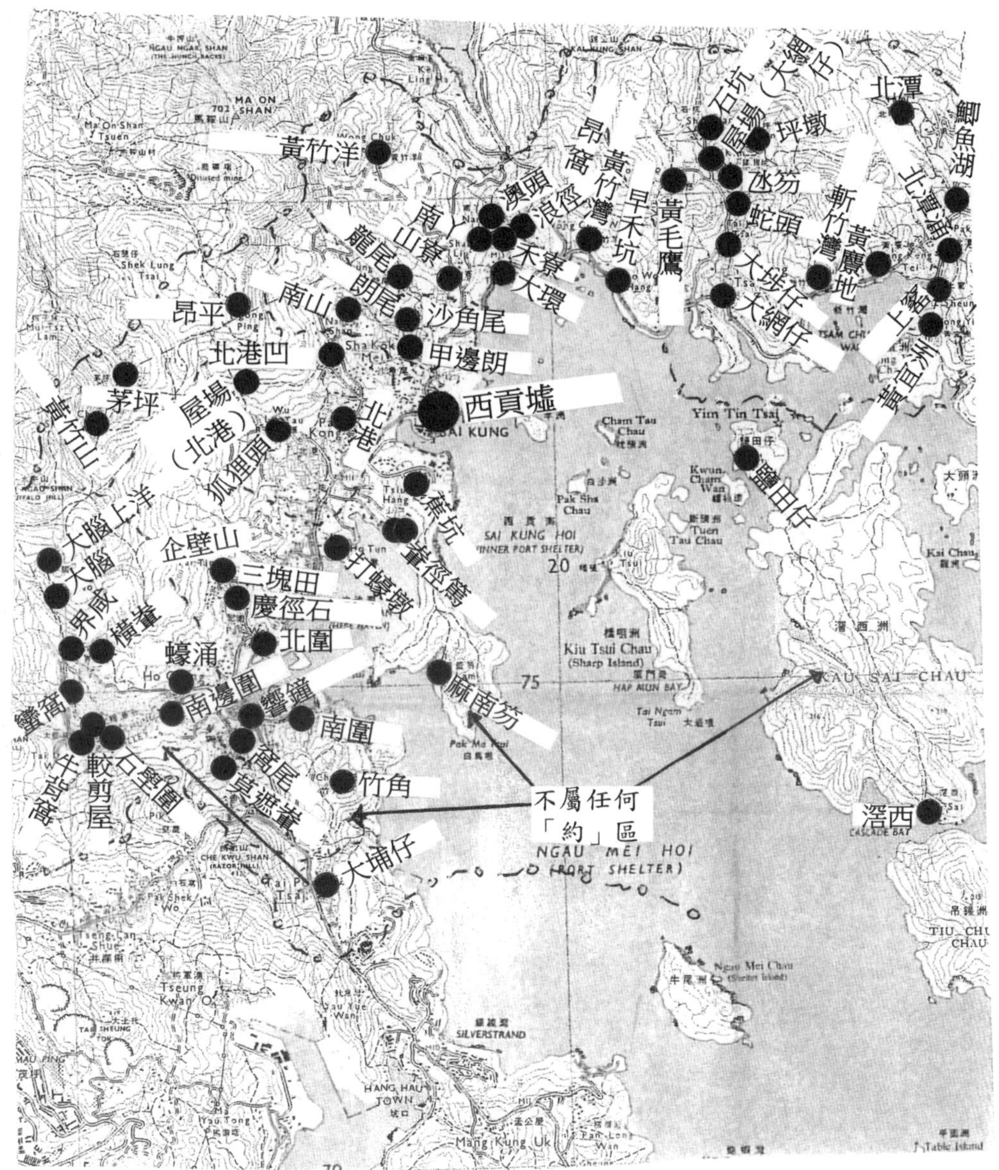

西貢地區邊界

「約」的邊界

西貢地區的村落

研究西貢早期歷史十分困難，因為可供研究的資料很稀少。此外，現有資料許多都是口述材料，缺乏當時的書面文獻佐證，因此有不完整、有偏見或片面的風險。此外，現有資料往往來自非常少數的地方，因此同樣很可能是有偏見和片面的。舉個例子，對於十九世紀初北港與蠔涌之間曠日持久的爭端，我們所掌握的唯一證據是來自北港；我們對於蠔涌一方對這場爭執的說法一無所知。在任何詳細研究中，都必須考慮到這一點。儘管如此，即使考慮這點，證據雖然稀缺而且片面，但似乎仍可以進行研究，嘗試從中得出本地歷史的一鱗半爪。

1550 年前的西貢地區

若干年前，筆者有幸得以詳閱西貢北港駱氏的族譜。這本族譜包含兩篇關於北港早期歷史的短文（見附錄）。它們闡明了西貢地區的早期歷史。筆者覺得這兩篇文章可以為西貢早期歷史的研究提供初步資料。另外，筆者向本區鄉村多位耆老所做的訪談，以及在力所能及的範圍內所盡量查閱的本地氏族族譜，也可作為補充資料。本章就是上述研究的成果。

在南漢（907-971）、宋代（971-1279 年統治香港地區）和元代（1279-1368）時，香港地區都屬於當時的東莞縣。明代（從 1368 年開始）也是如此，直到 1573 年東莞縣被一分為二，南部三分之一的地區變成新安縣為止。在此期間，東莞被劃分為多個稱為「都」的分區，其中八個「都」位於沿海地區（見地圖 30）。[5]

從南漢到十四世紀末，大約五百年的歲月裏，這些沿海地區的「都」，在大

5 關於新安縣早期歷史，見張一兵〔深圳博物館編〕：《深圳古代簡史》（北京：文物出版社，1997）。另見 Patrick H. Hase, *Forgotten Heroes: San On County and Its Magistrates in the Late Ming and Early Qing* (Hong Kong: City University of Hong Kong with the Royal Asiatic Society, Hong Kong Branch, 2017)。關於西貢及其歷史的研究，見馬木池：〈十九世紀香港東部沿海經濟發展與地域社會的變遷〉，載朱德蘭主編：《中國海洋發展史論文集》，第八輯）（台北：中研院中山人文社會科學研究所，2002 年），頁 73-103。另見 C. Fred C. Blake, *Ethnic Groups and Social Change in a Chinese Market Town* (University of Hawaii Press, 1981)，以及 David Faure（科大衛），"Sai Kung: the Making of the District and its Experience during World War II", *Journal of the Hong Kong Branch of the Royal Asiatic Society*, Vol. 22 (1982), pp. 161-211。後兩者主要論述此地區在 1900 年後的情況。

｜地圖 30｜東莞縣和新安縣沿海的「都」

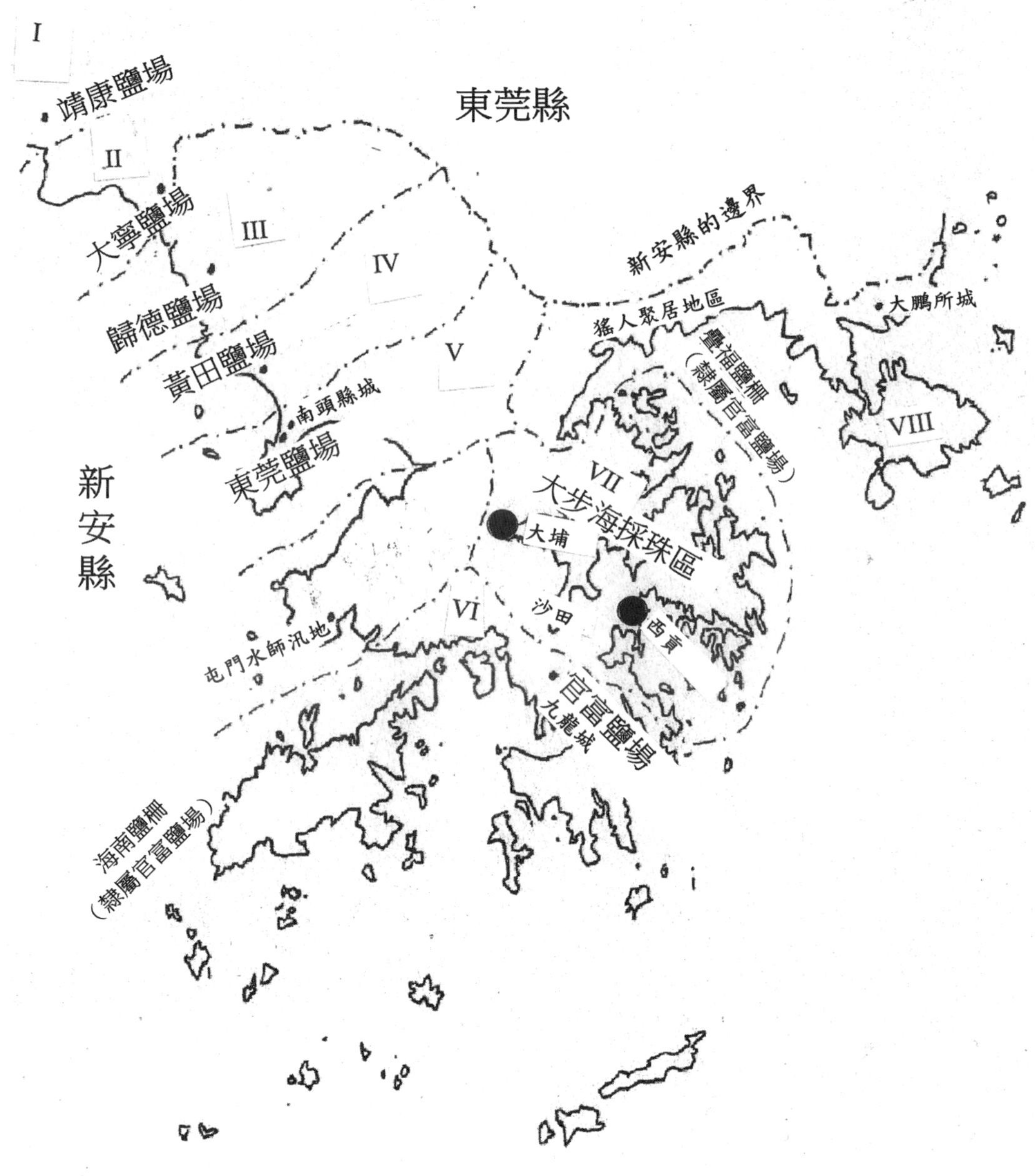

I至VIII　「都」的編號

部分時間裏都完全或局部處於朝廷專賣制度的支配之下：其中七個「都」受到食鹽專賣機構控制，一個受官方採珠機構支配。此外，一大片海濱地區（最初大致相當於今天的屯門區和元朗區）由水師控制。十二世紀中葉前，專賣機構和水師對其所屬沿岸區域的控制似乎非常嚴密。[6]

東莞縣沿岸是離廣州最近的鹽產地，該處的鹽田對廣東的食鹽貿易至關重要。這些鹽田建立於公元三世紀之前，可能是在南越王朝（公元前二世紀）時已建立。大多數的鹽田似乎是以罪犯為鹽工。據 1464 年《天順東莞縣志》所載，經略於 1208 年決定：

> 廣州所屬鹽場僻遠，非商賈所經之地，歲入無幾，徒為民害，悉行除罷。[7]

這是《縣志》編者在書中「鹽場」一節唯一提到的明代以前事件，明顯認為此事意義特殊。[8] 廣州經略口中「非商賈所經之地」的說法，表示這些鹽田在 1208 年及之前是由朝廷直接管理。這可能暗示製鹽工人是受軍事紀律控制的奴隸或罪犯（該地區古代的非漢族人被徵召到鹽場，特別是在大嶼山的鹽場，成為朝廷的奴隸）。這些鹽場在 1208 年關閉後不久又重開，與其他地方一樣，變成由商人經營，僱用自由身的鹽工製鹽。在 1208 年以前的時期，為了管制進出鹽田的人、杜絕走私和減少工人潛逃的風險，普通百姓似乎被禁止進入鹽專賣機構控制的沿海地區；這些地區相信都被劃為禁區，只有獲地方當局允許並獲發通行證的人才能進入。這些鹽場禁區有重兵戍守。[9]

屯門水師駐地周圍的區域同樣屬於禁區。屯門是進入珠江船舶的主要海關管制港口，所有駛往珠江的船，都必須停下來接受海關和保安搜查。在此設立禁

---

6 關於這些「都」的詳細討論和它的歷史，見 Hase, *Forgotten Heroes*。

7 見《天順東莞縣志》，卷三，載《深圳舊志三種》，頁 171。該評語所指的是 1208 年，但應理解為涵蓋了之前的所有時期。「廣州」大概是指廣州府，即珠江口地區。迄今為止，香港地區鹽貿易的歷史還缺乏充分的記述與研究。

8 同上註。

9 例如，單單在官富這個產鹽區，宋代時就有 300 名士兵駐守，而官富只是東莞的六個產鹽區之一。

區，是為了杜絕走私，以防外國船隻在接受海關搜查前，卸下違禁品並交給中國的同謀者。這個禁區及駐守當地的水師，大概是在公元五世紀上半葉後期建立，甚至可能更早。

官方採珠機構原本控制了一大片區域，可能包括今天的西貢、沙田和大埔，或許還包括沙頭角（見地圖 30）。朝廷對珍珠需求甚殷，朝服、掛飾和各種宮廷器皿都需要珍珠來裝飾。在早期，中國有兩個主要珠場，一個在海南沿海，另一個以大埔為中心，兩者都受官方採珠機構控制。大埔的採珠機構在南漢時期肯定已經存在，甚至可能更早。[10]

如果走私食鹽是個大問題，那麼走私珍珠的問題顯然更嚴重，因為珍珠非常珍貴，而且體積小，很容易被人挾帶私逃。珠民偷竊珍珠、珍珠被非法賣給平民，以及珍珠被偷運出採珠場的風險在所難免。為降低這些風險，大埔從南漢時期起就有大量士兵駐守（據記載駐有數千人）。這支駐軍在採珠地區巡邏，嚴禁普通百姓進入採珠場範圍，除非持有相關地方官員頒發的通行證。漢人百姓更被嚴禁在此定居。這些士兵還充當護衞，護送從大埔運往廣州的珍珠。實際潛入水中採珠者，是從久居本地的非漢族族群中徵召的；他們成為朝廷的奴隸，受到軍法約束，被禁止離開該地區，也不能改變行業。在十四世紀末之前，這些半漢化的珠民，以及監管他們的漢人士兵和監督採珠的官員，似乎是整個地區唯一的居民。

採珠人的生活非常艱苦，有許多人溺水身亡，或被鯊魚咬死。1324 年，東莞縣士人張惟寅上書宣慰司慷慨陳詞，痛斥這樣的制度「驅人於死地」，認為「愛育黎元……優恤百姓」的朝廷，又「豈肯捐生民之命，以致無益之貨哉？」[11] 採珠活動因而停止，之後時開時停。最終，香港地區的採珠活動於 1384

10　見羅香林等：《一八四二年以前之香港及其對外交通：香港前代史》（香港：中國學社，1959），第三章，〈大埔海與其他自五代至明之採珠〉。

11　《康熙新安縣志》，卷十二，載《深圳舊志三種》，頁 494-499；《嘉慶新安縣志》，卷十二，載《深圳舊志三種》，頁 1006-1012；部分英文譯文見 *New Peace County: A Chinese Gazetteer of the Hong Kong Region*, Peter Y. L. Ng, with Hugh D.R. Baker (Hong Kong: Hong Kong University Press, 1983), p. 120；全譯文見 Lo Hsiang-lin, *Hong Kong and its External Communications* (1963), pp. 50-55。另見羅香林等：《一八四二年以前之香港》，頁 58。

年永久廢止，官方採珠機構離開此地區。[12] 雖然針對這種殘酷制度的怒吼，例如張惟寅的抗議，是令廢止採珠的主要原因，但更重要的是珍珠資源已經枯竭殆盡：到 1384 年，當地幾乎已採不到珍珠，產量少得已不夠抵銷派駐當地的採珠官署和駐軍的成本。

從十二世紀前期開始，南宋朝廷就日益為財政問題而煩惱。南宋長年與蒙古等外敵交戰，軍事開支不斷上升。售賣或釋出國土，幾乎就是朝廷唯一增加額外收入來源的辦法，因此土地的處置成為愈來愈緊迫的財政問題。結果，鹽田、採珠和水師禁區逐步縮小，並開放給百姓定居。[13] 似乎是從這個時期起，才有漢族平民開始在九龍的城鎮和南頭居住。事實上，到了十四世紀末，唯一似乎仍受到管制而普通百姓無法進入的地區，是屯門水師基地周圍的一小塊區域（大約是今天屯門區的範圍）。[14]

因此，從 1384 年起，舊的官營採珠區域可供漢族移民居住。何真是元朝末年的廣東豪強。他幫助明太祖控制了南方，受到太祖賞識厚待。1368 年明朝建立後不久，他就被任命為左丞，並獲授予廣東省為封地。他在 1387 年獲封東莞伯，在東莞地區獲得大片產業，幾乎可以肯定包括在 1384 年關閉的大埔舊官營採珠場。這片封地大概還包括西貢。他應當曾尋找農業佃戶來開發這個地區，從而使其能產生利益。但在 1393 年時，他的家族因為太祖的偏執而垮台：太祖指控他們涉及藍玉謀反的陰謀（何真本人已在 1388 年身故），整個家族除了一名年輕人及時逃脫，其他人都被處決。[15]

何真生前開始發展大埔附近的地區，以及梧桐河流域的上游地區，後者過去可能也在舊官營採珠地區範圍之內；當中的大埔頭、龍躍頭、萊洞等鄉村由與何真關係密切的鄧氏定居。[16] 1393 年何真家族被清剿，似乎令該地區在往後一段時

12　見羅香林等：《一八四二年以前之香港》。

13　深圳谷和雙魚河上游地區，似乎在 1050 年左右開放百姓定居；錦田谷和今天凹頭以北的元朗地區則約從 1125 年開始；九龍半島從 1163 年開始，大嶼山從 1205 年開始。在凹頭和泥圍之間的地區（元朗區的南半部）可能是從十四世紀末起開放百姓定居。

14　屯門區似乎是從十七世紀中葉起才開放百姓定居。

15　這名年輕人後來成為深圳何氏家族的開基祖。

16　何真沒有子嗣存活下來；他的繼承人是他兄弟的子女，其中一人嫁給一名姓鄧的年輕人，此人是何真最倚重的軍事顧問之一的孫子。

間沒有人再來定居，這大概是因為當地再沒有強大的家族推動此事。下一次定居潮似乎要再過近一個世紀之後，即 1488 年才出現，那時沙田首次有人來定居。位於沙田平坦肥沃地區的鄉村大多是從那時起，至大約 1525 年至 1535 年之間建立的。[17]

正是由於這些原因——該地區長期處於官方採珠機構的支配之下，然後是何真家族的垮台，加上西貢普遍多山、缺乏吸引力和貧瘠的自然環境，所以漢人要到十六世紀中葉，在沙田第一波的定居結束之後，才開始來到西貢定居。在 1384 年至 1550 年間，沒有證據表明西貢地區有人居住。那時山上或許已有一些非漢人部落居住，《新安縣志》提及猺人居住在大鵬灣周邊的山區，[18] 但即使是這樣，也沒有關於他們在西貢地區有任何聚落的記載。或許在這 170 年的時間裏，這個地區基本上是杳無人跡的。

本地人的聚落，1550 至 1725 年[19]

如上所述，西貢區的定居時間按理說會晚於更具吸引力的沙田區。事實上，西貢地區首次有人定居的時間不早於十六世紀中葉，大約是 1550 年，即沙田大部分優良土地被佔取後一個世代的時間。

西貢只有三個尚算寬敞，且土地還算平坦和不至於太偏僻的區域（見地圖 28）。西貢最早的定居活動，包括三個村落，分別屬於三個區域的中心。這三個村落就是蠔涌、北港和沙角尾。來到這三個村落定居的人，全是講粵語的（本地）氏族。1688 年的《康熙新安縣志》中收錄明末（1643 年）的村落名單，包

17　沙田的氏族一致認為最早定居沙田的是大圍韋氏。韋氏的族譜記載，他們在 1488 年開始在此定居。在接下來的 50 年裏，至少有五六個其他氏族繼韋氏之後來到。見 Patrick H. Hase, "The Nine Alliances of Lek Yuen: Traditional Sha Tin", in *Settlement, Life, and Politics: Understanding the New Territories* (Hong Kong: City University of Hong Kong Press with the Royal Asiatic Society, Hong Kong Branch, 2020)。

18　提及猺人住在大鵬灣地區的，是《康熙新安縣志》，卷三，載《深圳舊志三種》，頁 272（這點在後來《嘉慶新安縣志》卷四也被提及，載《深圳舊志三種》，頁 699；但在 1662 年至 1669 年的遷海令之後，似乎不大可能有任何猺人聚落存活下來）。《縣志》提及的是柑坑山，那是沿大鵬灣北岸的山脈舊名，但猺人很可能早已在大鵬灣沿岸各山區活動。

19　「本地」的意思是「講粵語的」，是新界講粵語的氏族使用的術語，以將自己區別於從十七世紀末起遷入該地區的客家（「外地人」）氏族。粵語和客家話無法互相溝通。

括這三個鄉村，但並沒有其他西貢地區的鄉村。[20]

蠔涌

西貢中部的大部分地區，似乎在某個時候落入了新安梅林的黃氏手中。[21] 這是新安地區最古老和富庶的大族之一。他們要麼是在官營採珠機構停止在該地區運作後獲得這裏的土地，或者更可能的是在何真家族垮台之後，在十五世紀某段時間獲得。黃氏為他們的土地尋找佃戶，而蠔涌和北港的村落似乎是在十六世紀中後期建立，建村群體從黃氏手中獲得這些地區可世代傳承的地皮權。[22]

---

20 《康熙新安縣志》中包含的村莊清單，見卷三，載《深圳舊志三種》，頁 246-267。但是，《康熙新安縣志》添加了一個腳註（見《深圳舊志三種》，頁 267），上面說由於「兵燹寇疫之後，繼以遷界」和「況新安地方，兵民雜處，又值遷初復」，所以縣志的編纂者「今亦仍《舊志》，而存其名」。換句話說，因為許多新安鄉村在 1688 年時仍未重建，或者仍在重建之中，所以沿用亂局開始前最後年代的村落列表。《新安縣志》曾於 1636 年和 1643 年印行（就目前所知，這兩個版本都沒有留存下來，1643 年版在刊行前已籌備了好幾年）。1643 年版的《新安縣志》很可能採用了 1636 年版的村莊列表，而《康熙新安縣志》中保留的正是該列表。蠔涌黎氏說，大浪灣這個極其偏遠的村落也是建於明代（見下文），但這不大可能。黎氏的一個分支可能定居於該處，但那是發生在很久以後（見下文）。

21 梅林，今天被稱為上梅林和下梅林，位於離深涌西北方約五英里的山腳下。黃氏家族在明初從福建遷至此地。

22 對於新界地區可世代相傳的地骨／地皮租用制度，參見 Patrick H. Hase, *Custom, Land and Livelihood in Rural South China: The Traditional Land Law of Hong Kong's New Territories, 1750-1950* (Hong Kong: Hong Kong University Press with the Royal Asiatic Society, Hong Kong Branch, 2013)。地皮佃戶，包括原承租人及其後代，以及任何從他或其後代手上永久購買或抵押土地的人，須向地骨主支付租金，而地骨主被認為是該土地的田賦繳納人。租金在雙方同意後通常不可再增加。地皮主擁有耕作土地和獲取其勞動成果的絕對權利。他對地骨主的唯一義務是付租。地皮佃戶承租的區域，很多時會覆蓋一些自然景觀（通常是兩個山脊）之間的大片區域。地皮佃戶通常有權隨他選擇的大小開墾耕地。無論開墾的面積有多大，地租都不會隨時間而提高。就這兩個村落而言，黃氏為它們所在的地區繳納了田賦。

蠔涌氏族一致認為，最早定居於此的氏族是黎氏（見插圖 040）。[23]《黎氏族譜》亦有此說法：「**君祐祖為蠔涌開基振業**」，又說：「**余祖自明季移居蠔涌，温張二姓仝居**」。

《黎氏族譜》記載，明成化年間（1465-1487），君祐之父可富先移居新安（從東莞縣城）。君祐的第八世子孫活在 1749 年至 1790 年間和 1752 年至 1792 年間，第十世子孫生於 1834 年、1842 年、1849 年、1852 年和 1854 年。這些年份若要說得通，就須假設可富遷往新安時非常年輕（大約 14 歲），那時是成化年的晚期（表示他出生於 1470 年左右），而且他很晚才結婚：君祐（他的第三子）的出生年份不可能早於 1525 年至 1530 年。

或許最有可能的情況是，可富出生於一個赤貧家庭，家人把家中的資金都給了他，叫他離家去闖天下。這種情況在本地並不罕見，沙田大圍和田心韋氏的落擔祖，還有沙角尾及其他地方都是如此。[24] 這樣的少年通常在 14 歲左右就被送出家門，尋找願意僱用他為「長更」的家庭，以工作換取衣服、食物和居所，而不支薪水。這樣的「長更」似乎不可在受僱期間結婚，但僱主在他們工作 15 至 20 年後為他們尋找新娘的情況似乎並不少見。如果可富的情況是這樣，就可以

23 本節的大部分材料取自黎氏、鄭氏、駱氏、謝氏、温氏、張氏和韋氏的族譜，以及這些氏族的耆老在 2003 年為筆者提供的講解。《駱氏族譜》是該氏族第三房的族譜。筆者還查閱了坪山《黎氏族譜》，他們與蠔涌黎氏有密切關係。對於耆老們的幫助，筆者銘感五內。

24 見 Hase, "The Nine Alliances of Lek Yuen"。

| 插圖 040 | 約 1960 年的蠔涌村

解釋他為何會到了年紀那麼大才生孩子了。[25]

族譜沒有說明可富住在新安的什麼地方，但暗示可富死後，他的三名兒子中至少有兩人搬到了其他地方。可富的長子定居在新安東北部的坪山（這很可能是可富過去所住的地方）。族譜記載，可富的次子遷居今天新界最東端的大浪西灣（大浪位於今天的西貢區內，有許多平坦肥沃的土地，但極為偏遠且路途阻隔，要前往當地必須長途跋涉翻山越嶺，或者由水路前往；不過走水路也很不容易，因為水路十分艱險）[26]，但這不大可能；更可能的情況是，由可富次子的後裔組成的此氏族分支，在後來移居到當地。可富及其後人在移居大浪前，可能與長兄的後人一直住在坪山。假如可富的小兒子君祐出生於 1525 年至 1530 年間，大概是在 1550 年左右開始，可能有能力開闢新土地並建立新聚落，而這正是蠔涌耆老指出當地建村的大約年份。君祐可能在建立新聚落後結婚，他的兒子（他僅有一子）要到約 1570 年才出生。

蠔涌村民說，村中廟宇（車公廟）是蠔涌建村後「僅幾年」就建立的。他們說的建廟年份是「1555 年左右」或「1585 年前不久」，後者更為可能（見插圖 041）。他們的唯一證據只有口頭傳說，但他們指出的年份，似乎與君祐可能落戶此山谷中的年代吻合。蠔涌村民和大部分沙田村民都很肯定，沙田大圍村民要在那裏興建車公廟時，是從蠔涌「請來」神明的，[27] 這表示在沙田請神之時，蠔涌車公廟已頗有歷史，而且有一定的名聲。蠔涌村民和大部分沙田村民都認為，沙田車公廟的建立，是為了消除一場在明末肆虐沙田的可怕瘟疫；那很可能就是發生在 1629 年的那場瘟疫，[28] 而這再次表明蠔涌車公廟的建立年份很可能是在 1585 年左右，這顯示黎氏族人定居的年份也可能是 1550 年左右。

---

25 雖然當「長更」的生活很艱苦，但總勝過行乞或參軍，所以這復多時是唯一選擇。

26 關於由水路出入大浪灣的問題，見 *Southern District Officer Reports: Islands and Villages in Rural Hong Kong, 1910-1960*, ed. J. Strickland (Hong Kong: Hong Kong University Press with the Royal Asiatic Society, Hong Kong Branch, 2010) pp. 276-279。

27 本地建廟有一項儀式上的要求，那就是，如果可能的話，會從某座較早建立的廟宇把神明「請」到新廟中供奉。「請神」時會舉行各種莊嚴的儀式。請神通常會選擇到一座神蹟顯赫的廟宇去請。此後，新廟和舊廟的神靈被視為「兄弟」(或者「姊妹」)。

28 《康熙新安縣志》，卷十一，載《深圳舊志三種》，頁 439。

｜插圖 041｜1998 年的蠔涌車公廟

蠔涌村民的另一個關於建村年份的口頭傳說，提到村前防護石牆的初建時代。蠔涌地勢低窪，易受洪水侵襲，故在村前修建了一道圍壆防洪（見插圖 040）。1971 年將此圍壆改建為水泥牆時豎立一塊碑文，上面說「**蠔涌圍壆相傳建於明末斯時正立於村之久**」，所以圍壆原有的大概是建於 1550 年至 1644 年間。

所有這些年份都只是以口頭傳說為依據，但這些傳說都互相吻合，並有根據族譜估計黎君祐的出生年份來佐證，因此，黎君祐建立蠔涌村的年份很可能是 1550 年左右。

關於村中其餘氏族，村中耆老認為，温氏和張氏是繼黎氏之後不久移居蠔涌的，這與《黎氏族譜》所記載相同。一位很可能是來自蠔涌的張姓女子，於 1630 年左右嫁給了北港駱氏，由此可見張氏最晚在那時已定居蠔涌。

蠔涌車公廟的建立，大概與這些新移民的到來有關。在不止一個氏族定居蠔涌後，村民就會希望有一座能代表整個蠔涌鄉村群體的廟；就像在沙田的大圍一樣，神明可能是想像出來、被視為屬於全體社群的「村太公」。一旦有多於一個氏族定居，地皮租佃權就可能被視為一種集體租佃權，而非黎氏獨有，並須通過這座廟來管理。如果有一座廟可以十分清楚而明顯地代表整個村落社群，這個村落社群的事務便肯定會更為易於管理。因此，最早移居此地的氏族似乎很可能是在 1550 年至 1585 年間來到的。

《張氏族譜》指先祖孫隆公於 1471 年定居蠔涌，[29] 但是這個說法無疑是錯誤的。這與村中一致認為黎氏族人約在 1550 年最早定居此地的觀點完全牴觸。這個錯誤有可能是在 1934 年複製原有族譜時發生的。舊族譜（現已不存）中似乎缺了一頁，1934 年抄寫的人把舊族譜的第一頁上的最後一句（寫了 1471 年的年份），與那時尚存的下一個頁面上的文字（記載孫隆公在蠔涌定居）拼湊起來，好像兩頁的內容是關於同一個祖先。然而，孫隆公的玄孫生存於 1671 年至 1713 年間，其後兩代的族人分別生存於 1697 年至 1771 年間和 1723 年至 1756 年間。以此推算，孫隆公本人很可能出生於 1550 年代，他可能在 1580 年左右定居蠔涌。[30] 這個氏族有三代人的紀錄可能就此湮沒。1471 年大概是指孫隆公的高祖父從原來的村落遷往一個新地點的年份，孫隆公之後從那裏遷往蠔涌。但是，孫隆公無疑確實定居在蠔涌，他葬在靠近蠔涌的白沙灣；其妻也葬在蠔涌。

温氏稱該氏族在蠔涌的分支的落擔祖是善慶公，並說善慶公是在温氏於大埔樟樹灘定居了兩代人時間後遷到蠔涌。善慶公生有四名兒子，但只有第三子宜集公長大成人並娶妻生子。不幸的是，宜集公被土匪擄走，善慶公嘗試尋找營救，但兩父子最終都沒有回來。那時善慶公應已六十多歲，甚至七十多歲了。據族譜記載，這群由李奇率領的土匪，與知縣李可成激戰後被打敗。此事發生在蠔涌，族譜說這場戰鬥發生在 1671 年。[31] 這表明善慶公出生於 1610 年前幾年。因此，

29 見馬木池：〈十九世紀香港東部沿海經濟發展與地域社會的變遷〉，頁 86。

30 1471 年這個年份在本質上不大可能，因為西貢有人定居的時間不可能早於沙田，而且 1471 年也不能稱為「晚明」，亦即圍壆碑文所指的建村年代。

31 關於李奇以及該場戰鬥，見 Hase, *Forgotten Heroes*。又見《温氏族譜》，當中記載此戰中有「百餘人」被殺。

他可能在 1620 年代定居蠔涌。但是，温氏也有可能在更早的時間曾搬到蠔涌的。善慶公之母是駱氏族人，很可能是來自西貢北港的駱氏。因此，首先遷居蠔涌的人，很可能是善慶公之父勝耀公，時間大約是在 1585 年至 1600 年。這至少表明善慶公曾考慮搬到該地區。不過如果是這樣，那麼勝耀公最終還是回到了樟樹灘，因為他和其妻都葬在該地。

第四個定居蠔涌的氏族是劉氏。他們沒有族譜，但根據他們的口頭傳說（其他氏族並無異議），他們較温氏遲了幾年來到蠔涌，所以大概是在 1630 年左右。

1662 年，新建立的清朝為了防止沿海居民向鄭成功領導的台灣地區明朝殘餘勢力提供支援，強迫沿海地區的居民全部遷往內陸，蠔涌村居民和新界區所有其他聚落的居民都被趕走，房屋被拆掉燒毀，令人無法居住。[32] 這事件稱為「遷海」，對居民造成極大創傷，《縣志》估計有一半甚至更多的居民死亡。[33]「遷海令」於 1669 年撤銷，倖存的村民之後就返回舊地重建村落。

今天居住在蠔涌的其他氏族，都是在十七世紀後期、十八世紀和十九世紀初期，即遷海令撤銷之後才搬到那裏的。當中唯一可以追溯其到達蠔涌的大約時間的是謝氏。該氏族的族譜記載，他們的落擔祖於 1646 年在沙角尾定居。他和妻子育有四個兒子，但二人在吵架後分道揚鑣：落擔祖帶着三個兒子留在沙角尾，妻子則帶着第四子搬到蠔涌。這名兒子就是蠔涌謝氏的開基祖。這場爭執可能是由於遷海令的動盪時期所採取的行動而起的。這次家族分裂可能是在遷海令撤銷後隨即發生的，時間是 1669 或 1670 年。約在 1700 年，蠔涌一名黎氏族人娶了一名謝姓的女士，很可能是來自蠔涌謝氏。北港的一名駱氏族人也娶了一名謝氏族人，時間大約是 1670 年；但這位女士較可能是來自沙角尾的謝氏家族。

大概在十八世紀初葉至中葉，蠔涌氏族迎來另一個本地氏族袁氏進入蠔涌社區，但袁氏寧願在蠔涌谷內的蠻窩和莫遮輋建立自己的村落，而非居住在主要聚

32　荷蘭人稱鄭成功為「Koxinga」，這是其頭銜「國姓爺」的音譯。鄭成功曾獲南明隆武帝賜姓朱（明室的姓氏），以嘉許他忠心扶助岌岌可危的明朝。

33　「丁半死亡」，見《康熙新安縣志》，卷十，載《深圳舊志三種》，頁 415；「死喪已過半」，見《康熙新安縣志》，卷十一，載《深圳舊志三種》，頁 445-448。另參看《嘉慶新安縣志》，卷十四，載《深圳舊志三種》，頁 884。

落中。

似乎可以肯定的是，蠔涌的地皮租約非常靈活，新來的氏族（温氏、張氏、劉氏、謝氏、袁氏）也被納入租佃契約內，因此，無論有多少土地被耕種，有多少氏族在那裏耕種，各氏族支付給黃氏的地租依舊不變。

此外，在遷海令撤銷後，客家人家庭遷入本地區尋找土地，主要發生在十八世紀初葉至中葉。那些定居於蠔涌谷邊緣（即是蠔涌村以東、通往山谷的狹窄入口之內，這是此租佃區的界線）的村落，例如界咸和大腦的人，也很可能同樣被納入租佃契約內。因此，他們會成為蠔涌的地皮分租人，向蠔涌支付租金。到十八世紀中葉，蠔涌村的群體很可能已毋須自行籌錢付給黃氏，而是將全部義務轉嫁給這些新建立的客家村落。

沙角尾

西貢第二大的優良地塊以沙角尾村為中心。這裏的良地較蠔涌少，因此建村興建時間可能晚於較具吸引力的蠔涌。事實上，沙角尾似乎是在蠔涌之後約一代人的時間建立的，但早於第三個本地古老村落北港，亦即在 1575 年至 1581 年之間（關於這些年份見下文）。

沙角尾是一個有大約十三四個原居氏族的村莊，但只有四個氏族（韋、謝、劉和張）定居當地較長時間；其他氏族全都是在十九世紀的不同時期搬到這裏來的。本村由沙田韋氏的韋乾慶（1489-1553）的後代建立。現在的村中耆老說，沙角尾是從龍躍頭鄧氏手中獲得地皮權而建立的。鄧氏應該是在何真家族垮台後獲得這裏土地的地骨權，大概與黃氏控制這裏南邊的地區的時間相若。鄧氏一直從沙角尾收租，直至香港政府接管新界為止。[34]

韋氏從 1488 年起落戶沙田大圍。[35] 韋氏的落擔祖韋建元有三名兒子得以長大成人並成婚，他們是韋乾慶、韋衍慶（1495-1562）和韋德慶（1510-1596）。

---

34 沙角尾耆老向許舒提供的口述資料。

35 詳情來自《韋氏族譜》及韋氏耆老的口述資料。

最初，他們一家住在散布於田地間的房屋裏，大部分在名叫白石的地區，其位置靠近今天的田心。但是，在 1568 年至 1571 年間，香港地區遭到土匪林鳳蹂躪。[36] 當時許多鄉村都感到需要築圍牆，以抵禦海盜團夥的襲擊。例如，九龍城附近的衙前圍村就是這樣做。韋德慶和其他一些住在該地區的氏族決定在田心建造一個有圍牆的村落，以便在必要時可以抵抗土匪襲擊。韋衍慶的後代決定走同樣的路，在沙田一些其他氏族支持下，於距離田心約一英里的大圍建造第二個圍村（這個新圍村的正式名字是「積存圍」）。大圍村民對衙前圍的工程印象深刻，並聘請了為衙前圍佈置圍牆的風水大師[37] 來為他們設計圍牆。他規劃的圍村布局與衙前圍的如出一轍。大圍的城牆可能是建於 1574 年（年份見村中主要伯公神壇所刻的文字「**明朝萬曆二年正月廿日中午立圍**」）。田心的耆老說，他們的圍牆與大圍的圍牆「大約同時」建造和竣工。因此，約從 1574 年起，除了韋乾慶的後裔例外，所有韋氏族人都準備搬到在堅固的新圍牆內居住。在接下來若干年間，村民放棄了他們散落各處的房屋，搬進有建於新圍牆保護的新屋裏去。

建造這樣的圍村耗資不菲，而且需要很長時間才能完工。圍牆須建於堅實的石砌地基上，高 20 呎，厚數呎，堅固且建造精良；圍牆頂部要有槍眼和炮洞；要有一個堅固的門樓，上方有炮樓，圍門必須非常堅固（衙前圍的圍門是以鐵包覆三英寸厚的實木）；在圍牆內，須鋪設小巷和挖井，並為全體村民規劃可建造房屋和附屬建築的地點；要購買大炮和抬槍，[38] 以及供槍炮用的火藥；通常會在城牆外挖一條護城河，寬度可達 50 呎，深度可達 6 呎。建造這類防禦工事的群體，接下來幾代人很可能都會出現經濟拮据。為了建造圍牆（可能需要好幾年才能完成），許多村民的家庭往往不得不暫緩在獲分配的地段上建造住宅或農舍的

36　《明史》記載林鳳殺了兩萬人；《康熙新安縣志》卷十一（「寇盜」部分），載《深圳舊志三種》，頁 442，清楚表明他是這個縣的大患（沒有點名），在「人物志」部分，他在關於鄧孔麟和鄧師孟的條目中被點名為主要威脅（卷十，載《深圳舊志三種》，頁 421 及 429）。他可能是在 1570 年蹂躪該縣的「倭寇」或「倭賊」的首領，並於 1571 年圍攻新安縣東面的大鵬所城，見《深圳舊志三種》，頁 442。澳門的葡萄牙人也受苦於他，並稱呼他為 Limahong。關於沙田的圍村，另見 Hase, “The Nine Alliances of Lek Yuen”。

37　風水，即「堪輿學」，是研究某個地區內「生氣」流動的學問，目的是在為建屋造墳選址時，能夠充分利用這種力量的助益，藉此令居民趨吉避凶、家道興旺。

38　抬槍是發射小圓彈的長槍，類似於歐洲的火繩槍。

計劃；他們要花較長的時間，可能長達十年之久，以積蓄資金，然後才能夠來實現這些計劃。[39]

韋乾慶的後人不願搬入新的圍村，可能是因考慮到新防禦工事的成本（無論是積存圍還是田心村，韋乾慶的後人都不曾在圍牆內擁有物業）。然而，新防禦工事的興建，將迫使韋乾慶的後人尋找新家園；如果他們仍住在那些零散分佈於沙田田野的房屋，便會成為區內土匪的主要目標；土匪很可能會繞過堅固的圍村，尋找容易下手的孤立房屋（該氏族的族譜提到韋乾慶時說：「**此公原居田心圍後**」，亦即白石）。因此，大約在 1574 年，或者之後不久，當大圍和田心開始修建圍牆時，韋乾慶的後人也可能隨即移居沙角尾。沙田韋氏是從龍躍頭鄧氏手上租下地皮建村的，而韋乾慶大概是從他的地骨主身上得知沙角尾有地皮出租，便從鄧氏那裏租下沙角尾的地皮。

韋乾慶的後代遷居沙角尾的年份不早於 1553 年，也就是韋乾慶去世那年（族譜上寫明遷往沙角尾的是韋乾慶的後人：「**後有子孫遷居沙角尾**」），儘管此舉不太可能早於 1574 年至 1581 年間。後一個年份是韋乾慶最小兒子的妻子去世那年。她葬於沙角尾，她的丈夫於 1583 年也葬於附近；她的兒子和兒媳分別於 1615 年和 1614 年葬於附近。

最終，有若干沙角尾的韋氏族人離開了那裏，返回沙田，遷入明末在沙田建立的徑口村，此村大概是由十九世紀末居住在那裏的三個氏族，或者當中的一兩個氏族建立的。[40] 據《韋氏族譜》記載，這發生在「乾隆年間」（1736-1795）：「**後至乾隆年間又勝隆公子孫由逕口舊村遷居**」。勝隆公於 1745 年去世，其遺孀則在 1755 年過世，搬家肯定是發生在那之後。據族譜記載，勝隆公的後人中首個葬在徑口的是他的第三子韋宗榮，他在 1786 年去世。[41] 遷往徑口的是韋乾慶

---

39 如果在新的房屋建好前就有土匪來襲，這家人會在圍牆內分配給他們的地點上搭建臨時茅棚，作為暫時棲身之所。

40 今天徑口被視為兩個村落：上徑口村和下徑口村，亦見 Hase, "The Nine Alliances of Lek Yuen"。

41 這一時期許多該氏族死者的埋葬地點，族譜都沒有記載。

後人中的二房，亦即韋乾慶次子的後裔。[42] 這次遷居非常毅然決然：韋勝隆的後人帶着他和他的妻子的骨殖，還有韋勝隆之父韋子昌（1634-1700）的骨殖，重新安葬在新家附近。

根據《謝氏族譜》記載，謝氏在 1646 年遷往沙角尾。根據劉氏的氏族記憶，他們在 1669 年遷海令撤銷後立即遷往那裏。一名姓張的人，具體來說是「來自沙角尾」的張氏族人，於 1720 年左右與北港的駱氏結婚，因此張氏在十八世紀初也已定居此地。

所有這些氏族都是本地人，在毗鄰的沙頭角地區不曾建立客家村落。

北港

西貢第三個古老的本地人村落北港，是在本區三處肥沃土地中面積最小的。關於這個村的聚落歷史，我們所知道的情況主要是來自《駱氏族譜》（見附錄）：

> 我祖至北港，李姓次第而到。駱李二姓初到，先在左側圍籬居住。
> 本村原係莫姓所居，後我祖遷歸此住，莫姓轉遷瀝源大圍村去了。

據族譜記載，北港氏族的落擔祖駱維紳因時勢所迫，不得不與兩名兄長離開駱氏原居的東莞縣竹岡（這幾兄弟是定居當地的駱氏第十五世）。這是明代天啟年間（1621-1628）的事，明末盜賊蜂起無疑是促發此事的源頭。這幾兄弟搬到新安縣城南頭附近的白石。大哥留在當地，成為白石（以及南頭一帶）駱氏的落擔祖；二哥搬到新界中部的蕉徑，是該村的駱氏始祖。[43] 駱維紳移居北港。他似乎是在幾兄弟到了白石後不久，就搬到北港來的，即大約 1630 年，那時他應是 35 歲左右，並且肯定是攜同家眷前來。他三名最年長的兒子似乎都在 1640 年代

42　二房是韋乾慶的次子韋弘業（1516-1577）的後人，但連續五代人中每代只有一名男丁能長大到結婚生子，所以韋勝隆生前是二房唯一的男子。他有四個兒子。「房」是氏族的分支。通常每一房是開基祖所生的各個兒子的後人，或者首個有多於一名兒子存活至成婚的祖先所生的那些兒子的後代。

43　據族譜記載，這位兄弟遷到雙魚水口蕉徑村，這裏的「水口」只能表示「泉水出口」，因為蕉徑旁邊就是水泉，但遠離河口。

或 1650 年代結婚（第四子在能夠成婚之前就去世，1662 年頒布遷海令時他可能只有二十出頭；最小的兒子可能是在遷海令撤銷後結婚）。《駱氏族譜》明確表示，本村和蠔涌一樣，是向梅林黃氏永久租用地皮建村的。

駱氏是在遷海令實施（1662 年至 1669 年）前幾十年定居北港的。駱維紳在 1662 年之前就去世，葬在北港附近他自選的墓地，但他的五個兒子中有三人在大遷徙時死於路途中，其氏族不知道某些人所葬之處。長子葬於新界以北較遠處的樟木頭；他的遺孀保住性命，帶着三名年幼的兒子回到村裏。次子也存活了下來，帶着妻子回到村裏。第三子死去，沒人知道他葬於何地，但他的遺孀倖存，帶着兩名男嬰回來。第四子沒有結婚就去世，不知葬於何處。最小的兒子也倖存並回來了，後來結婚育有一子。因此，今天這個氏族的四房，就是第一、第二、第三和第五子的後人。

李氏是繼駱氏之後的若干年內前來定居的，但肯定是在遷海令頒布（1662 年）前。駱維紳的第三子大約在 1650 年左右娶了一位姓李的女士，可能是來自定居北港的李氏，說明那時李氏已定居北港，所以其定居時間大概只比駱氏定居遲了幾年（這位女士後來喪夫，是遷海令撤銷後帶同年幼兒子回到這個村落的寡婦之一）。

今天住在北港的其他氏族（鄭、劉、梁）是遷海令撤銷後才定居此地的。大家都相信鄭氏是遷海令撤銷後首個定居當地的氏族，但據開基祖鄭品貴（約 1690-1730）可能的出生年份推斷，定居時間大概不會早於 1720 年至 1750 年間，可能是該時期當中較早的時間。[44] 在 1755 年左右，一個註明是「來自北港」的劉氏族人與一名駱氏族人結婚，因此這個氏族一定是在鄭氏之後沒過了多少年就定居在那裏的。然而，劉氏最終大多定居在沿北港谷外圍建造的新村落，從 1755 年起是在北港凹，後來則在屋場。

然而，關於駱氏定居的說法指出，駱氏族人到達時本村已經存在，是由莫氏所建立。但《駱氏族譜》指出，在駱氏來到後某個時間，莫氏就遷到了瀝源（沙

---

44 《鄭氏族譜》顯示，筆者所訪問的鄭氏耆老是第二十五世（由定居之前村落的開基祖算起），而落擔祖鄭品貴為第十七世，因此大概是出生在 1690 年至 1730 年間。

田）的大圍。[45] 今天大圍的莫氏族人看到這種說法時，感到很驚訝，因為他們沒有任何在北港居住時期的氏族記憶。他們相信自己一直住在大圍，而從未在新界區其他地方居住。

大圍有一座侯王宮。它要麼是在這個新的圍村建立時一併興建的，要麼歷史更為悠久，是在遷海令撤銷後，在此村重建完成後，連同村民的房屋遷到新修建的圍村內。侯王宮的側廳供奉着「**二十九位開基宿老之神位**」。今天村中的耆老認為，這 29 位宿老是遷海令撤銷後重建此村和侯王宮的人。神位所寫的韋氏族人姓名，大多能在《韋氏族譜》中找到。他們都是於十七世紀中後期在世的男子，村中流傳的口頭傳說無疑是正確的。[46]

這 29 人之中並無莫姓人士，故可推斷莫氏是在 1669 年遷海令撤銷後若干年才遷往大圍，並且是在此村重建後才來到，故此在 1669 年之後的若干年裏，莫氏的族長仍算不上是村中的宿老。所以，大圍的首批莫氏定居者一定是在此村重建後才加入大圍的鄉村社群，時間約是 1690 年至 1700 年。《韋氏族譜》記載，大約在 1615 年，一名韋氏男子娶了一名莫氏族人，但她很可能是一位當時仍居於北港的莫氏女子。

大圍的莫氏耆老說，他們「大約在 400 至 450 年前」離開舊村（在深圳附近），[47] 這表明他們在北港建村的年份大約是 1600 年或稍早一點。今天的莫氏耆老說，該氏族是兩兄弟的後裔。看到《駱氏族譜》中說至少有些莫氏族人原本居住在北港，他們就認為或許兩兄弟中一人最初定居大圍，另一人則在北港，而第二人的後代最終來到大圍，加入第一人的家庭會合。但這不大可能，因為在侯王宮內十七世紀末的宿老名單中，沒有任何莫氏的名字。莫氏兄弟在北港建村的年份，可能是在 1600 年左右，因為這兩兄弟幾乎肯定是一同搬到鄰近的地區。由於北港平坦肥沃的土地面積遠小於蠔涌或沙角尾，故此北港不大可能與蠔涌或沙角尾同時或更早建村的；但若在繼沙角尾之後約一個世代的時間才建村，看來是

45　「瀝源」是沙田的舊名。

46　建造新的圍村需要一些時間，房屋和附屬建築須待圍牆建成才興建。這 29 個名字可能是主持儀式標誌這項工程完成及這座新廟啟用的人。

47　大圍莫氏耆長老的口述資料。

可能的。駱氏在莫氏定居北港後大約三十年後來到，而再過約六七十年後莫氏就遷走，搬到大圍有圍牆保護的安全之地。

從十九世紀初與蠔涌爭執的紀錄（見下文及附錄）清楚可見，北港地皮租佃的情況與蠔涌相似，因此非常靈活。這是意料中事，因為兩者都是向同一個地骨主承租地皮權。因此，任何得到莫氏接納並容許加入北港社群的氏族，都會納入租約之內，不會導致須繳交的地租增加。在遷海令之後，北港的氏族似乎已能夠控制他們所在的幾乎整個山谷地區，只有一個非常小的客家村建立於山谷之內，那就是在北港外圍的狐狸頭。[48] 就像蠔涌谷的客家村一樣，狐狸頭建村很可能是作為北港的地皮分租戶。然而，關於與蠔涌的糾紛的文獻清楚地表明，北港向黃氏支付了地租；如果狐狸頭向北港支付租金，也不足以抵消北港的所有應繳的租金。

這三個本地人的鄉村群體，過去都是每十年一次舉行打醮活動。[49] 打醮活動在日本侵佔香港後便停止了，戰後只有蠔涌村恢復舉行。

定居模式

耐人尋味的是，建立沙角尾村和北港村的兩個氏族，可能在遷往西貢之前便已相識，甚至有親緣關係。韋乾慶的長孫韋厚懷（1572-1631）大約在 1590 年至 1596 年間娶了一位姓駱的女子（他們的兒子韋彥侯生於 1597 年）。韋厚懷與駱氏族人結婚後幾年，田心的一名韋氏族人也在 1605 年左右與一名駱氏族人結婚。駱姓在新界地區並不常見，很難不令人猜測這兩位女士是駱維紳的親戚，而駱維紳搬到新安地區，是因為他已經有姻親在那裏。駱維紳在搬到北港前，大約 1610 年也娶了一名韋氏族人，此人不清楚是來自沙田還是沙角尾的家族。駱維紳的第二子駱曜和在搬遷後不久，也在 1645 年左右娶了一名韋氏族人。另有一

48 在 1911 年的人口普查中，狐狸頭只有九名居民，見 *Papers Laid before the Legislative Council of Hong Kong, 1911* (Sessional Papers), No. 17/1911, "Report on the Census of the Colony for 1911", (Hong Kong: Government Printer, 1911), Table XIX。

49 打醮是許多新界鄉村或鄉村社群每十年舉行一次的儀式。打醮的全稱是太平清醮，是在新界所舉行最重要的儀式。

些第四世和第七世的駱氏族人與韋氏族人結婚。

在駱氏遷往西貢前，駱氏與韋氏是如何認識的，我們不得而知；但駱維紳在最終決定放手一搏遷往新安前，很可能已籌劃了幾十年，所以這家人在這幾十年間一直在這個地區尋覓。因此，無論結果如何，駱氏和韋氏很可能在十六世紀末駱氏定居西貢前就已有親緣關係，並且在其後幾代人的時間裏，繼續保持着密切關係。

大約在 1615 年，大圍一名韋氏族人與一名大概是來自北港的莫氏族人結婚，是大圍氏族與這些西貢移民之間有密切關係的另一例證。莫氏大約在 1670 年遷往大圍，很可能是由之前曾有莫氏女子嫁給大圍男子的事實所促成的。

如上所述，蠔涌的温善慶的母親是駱氏族人，可能是北港人。因此，温善慶在定居之前也可能在該地區有親戚。他自己娶了一名應當是來自沙角尾的韋氏族人，他的兒子則娶了一名估計是來自蠔涌的黎氏族人。顯然，温氏確保他們與其他本地人定居家族能保持密切關係，這是該氏族的早期做法。

鄭氏在北港定居的背後，可能有非常類似的情況。如上所述，第一個定居該處的人是鄭品貴，他大概出生於 1690 年至 1720 年。因此，他的曾祖父鄭觀德可能出生於 1600 年至 1630 年左右。他住在白石，大概是駱氏三兄弟在 1620 年代遷去的同一個「白石」，其他鄭氏族人住在白沙，可能是蠔涌黎氏的祖先所來自的地方。鄭觀德可能在 1640 年至 1650 年代與一名駱氏族人結婚。在這種情況下，幾乎可以肯定是駱氏三兄弟中最年長那人的近親，他們恰好在那個時期住在白石。後來鄭品貴的小兒子、一名孫子、一名玄孫都娶了駱氏族人為妻。因此，鄭氏搬到北港，似乎很有可能是因為知道他們在那裏已有姻親，並確保他們此後保持密切關係。

移入的氏族長期與他們的原居地保持聯繫。當駱寵芳（1793-1875）想學風水時（見本章附錄），便先到白沙求助於鄭廷恩；鄭廷恩可能是北港鄭氏的遠房親戚。在駱氏與蠔涌的紛爭中（見本章附錄），駱寵芳向黃貝嶺一名姓張的友人求助，此人幾乎可以肯定與沙角尾張氏（該氏族自稱是黃貝嶺張氏的分支）有關係，因此可能也與駱寵芳有關係：駱寵芳的祖母來自沙角尾張氏，而其曾祖母來自蠔涌張氏。

如果我們有更充分的證據，可能會比現在從頗為不完整的證據所見，看到這些新來氏族之間有更深的關係。但從現有證據可以清楚看到，先前與已定居附近的其他氏族通婚，往往是促使氏族到某個地區定居的因素。在某些事例中，氏族的搬遷是經過數十年策劃才付諸實行的。

西貢的客家人聚落，1669 至 1850 年

1911 年的人口普查提供了本章討論的西貢地區 64 個客家村的人口數字。這些鄉村平均只有 39 人（最多約 8 至 10 個家庭）。它們大部分是單姓村，幾乎全都很貧窮，1898 年前的耆老沒有受過什麼教育。這些鄉村的氏族鮮有書面形式的族譜；就算有族譜，往往也是非常簡短籠統。有些族譜有書頁缺漏，或者某些書頁的順序錯誤。這一切都令研究客家人在西貢的聚落異常困難。

南約理民府官（South District District Officer），特別是高志（Austin Coates）和許舒（James W. Hayes），在 1950 年代走訪西貢所有村落，向當時的耆老詢問建村年份，或村中氏族定居的時間或大約時間，或者至少是該氏族居住在那裏的世代數目。[50] 在某些情況下，此資料隨後會寫入理民府官的訪問報告中。可惜耆老的答覆有時候十分含糊（「一百多年」，意思是「超出人們的記憶」，但有時候在紀錄中就寫作訪問年份前 100 年）；有時候則因為「面子」攸關，他們會提出一個早於真實情況的時間。耆老在講述氏族歷史的細節時，有時候所指出的氏族建立年份，並非該氏族建立該村的年份，而是在西貢建村的落擔祖的故鄉村落的建立年份，因而變成是氏族來到西貢前的一個世紀或更早（特別是理民府官詢問該氏族在村中定居以來的世代數目時，更容易出現問題：耆老所提供的，可能是從氏族的開基祖住在原來的村落時算起的世代數目）。因此，對於這些證據必須非常謹慎地對待；但在大多數情況下，我們僅有的證據就只有這些。

遷海令（1662 年至 1669 年）對新定居於西貢的本地人氏族造成很大創傷。1669 年遷海令撤銷時，北港駱氏只剩下兩名男子（一人未婚）、三名婦女（其中兩人是寡婦）和六名嬰兒，這可能是典型情況。毫不奇怪，西貢的三個本地人村

---

50 這些探訪的紀錄，見 *Southern District Officer Reports*。

落，亦即蠔涌謝氏，北港鄭氏和劉氏，以及沙角尾張氏，全都在尋找新移民，以填補遷海令期間死去的人所造成的缺口。

在 1669 年後的此一時期，客家氏族從東北方進入新界地區尋找土地。許多客家氏族遷入西貢地區（主要是在十八世紀中葉和十九世紀中葉之間）。三個明代村落的本地人氏族趁客家氏族還沒到來佔地之前，就盡量佔據土地，以在自己的地盤維持主宰地位，藉此確保本氏族在未來有廣大的擴張空間。這是遷海令撤銷後新界地區的普遍做法。許多氏族會把幾乎所有年輕成年男性派去佔取建村地點（據新界幾個地方的耆老說，佃戶必須住在該地並在其上耕作，地皮租約才算有效，因此需要有一個成年男性住在該處，才能支持這種佔有土地的主張），通常只會在原來的聚落留下一兩名成年男性。

於是，來自蠔涌氏族的群體建立了石壆圍；大藍湖，包括牛背窩（主要由温氏的多個群體建立）；牛寮（主要由劉氏的一個群體建立）；還有兩個袁氏的村落（均位於蠔涌谷內）；以及清水灣半島入口處的大埔仔（由温氏的一個群體建立）。這些從屬村落的建立時間不詳，但很可能都是建於十七世紀後期或十八世紀中葉。這些村落的建立，保證了蠔涌的本地人氏族能直接支配蠔涌山谷中所有肥沃平坦的土地。大約在 1775 年，一小群來自蠔涌的人及另外一些氏族，也定居於遠在清水灣半島的相思灣。[51] 蠔涌的客家人只能在這個山谷最外圍的地方建村，通常是在十分邊緣的土地上，例如界咸和大腦，並且如上所述，他們大概僅是蠔涌的地皮佃戶，而時間大多是在十八世紀上半葉的後期。[52]

在北港，本地人氏族同樣嘗試在北港凹和屋場（兩者主要由劉氏居住）這些北港山谷的邊緣地帶建立新的從屬村落，藉此阻止遷入的客家氏族獲得山谷中的土地。北港凹可能建於 1755 年左右，屋場則約建於 1855 年。[53] 之後來到的客家人只能在山谷中的狐狸頭獲得立足之地，他們的身分大概是北港的地皮分租戶。有一群北港人也加入了蠔涌人的行列，定居相思灣。如上所述，駱氏的一個分支

51　*Southern District Officer Reports*, p. 313。

52　界咸可能建立於 1700 年至 1715 年左右，請參閱 *Southern District Officer Reports*, p. 219。大腦建村的時間肯定也大致相若。

53　*Southern District Officer Reports*, pp. 244-245。

定居在本地區最東端的大浪西灣。該氏族聲稱那是明代的事，但似乎較可能是發生在遷海令撤銷後不久。然而，如前所述，定居在大浪灣的那群人，較可能是該氏族原先定居在坪山的一個分支。

來自甲邊朗主村的群體在沙角尾和牛寮建立了從屬村落，但這些從屬村落的建村時間不詳。之後來到的客家人家庭，沒有一個能夠在沙角尾山谷的周邊獲得立足之地。

由於遷海令撤銷後，原有各村落剩下的男人很少，這些從屬村落建立時，大多是只由一名男子帶同他的家人建立，但這已足以把外來的客家人拒諸於有關的土地之外。到了約 1725 年至 1755 年，三個本地人村落恢復正常運作，每個村周圍的邊緣區，都建立了在家族血源上關係緊密的從屬村落。

於是，在西貢中部（大埔仔和沙角尾之間），客家移民大多只能獲得數量較少而普遍澆薄的土地。大部分平坦肥沃的土地，仍然牢牢掌握在歷史悠久的本地人村落手中；也有少數一些客家人定居在這些村落，他們似乎多半是作為本地人村落的地皮分佃戶。因此，在區內的大部分地方，這三個古老的本地人村落仍然在社會上佔主導地位。

然而，這三個本地人村落沒有足夠人力佔據西貢中部的每一塊可耕地；在這些舊本地人村落主導和支配的地區以外，仍存在一些客家氏族可以進駐的地方。北港的沿海地帶（白馬嘴半島，以及今天的打蠔墩、蕉坑、麻南笏〔又名麻藍笏〕和沙嘴等村落的所在地）因而得以擺脫從屬於北港的地位（這些村落大多位於非常邊緣的土地上：其中麻南笏約建於 1855 年，蕉坑則約建於 1800 年，而這裏的其他村落大概也建於相若的時期）。[54]

同樣地，蠔涌的近海地區（南圍、北圍、窩尾、竹角、三塊田和慶徑石等村落），擺脫了受蠔涌支配並從屬於它的地位，由客家移民定居。這片土地相對上不算太過邊緣。紀錄顯示北圍可能建於 1680 年左右，而南圍大約建於 1760 年。[55] 南圍由一個邱姓的氏族建立，建村者是兩兄弟中的哥哥，弟弟則是荃灣關

54 同上註，pp. 240, 255。

55 同上註，pp. 228, 237。

門口邱氏的始祖。荃灣邱氏約建立於 1760 年，由此推算南圍的建村時間很可能也是 1760 年，因為這兩兄弟很可能是同時來到本地區。[56]

沙角尾以北及以東的地區亦擺脫了沙角尾的控制。這個地區稱為「十鄉」，以黃竹灣的天后廟為宗教儀式的中心（該廟在日佔時期被毀，後來重建）。[57] 此地區新建立的客家村落，似乎大多是在十七世紀末後期十九世紀初向上水廖氏的丙山祖租得地皮。這個地區的主要村落是建於 1700 年左右的大環。[58] 在大環往內陸地區有一些較小的村落，當中的禾寮建於十八世紀中葉，大約是 1725 年至 1750 年，很可能在這段時間的前期。[59] 與禾寮處於同一山谷的村落（南丫、澳頭、浪徑）大概建於與禾寮相若的時期（可能是發生於同一次的招租過程）。[60] 黃竹灣據說約建於 1825 年。[61] 定居山寮的人是從大環遷來，時間大約是在 1725 年。[62] 定居早禾坑的人與定居禾寮的人屬同一氏族，定居時間大概是同一時期或稍晚一點，大約在 1750 年至 1775 年間。位於早禾坑上方山丘的昂窩，大約建於 1800 年。[63] 龍尾和鄰近的山寮一樣，建村於 1725 年左右。[64]

西貢和沙田之間的高地（包括昂平、茅坪和黃竹山等村落），也完全是由包括客家人和本地人的移民開墾和定居。這地區地勢高而偏僻，但有面積很大的耕地。昂平（客家村）的建村時間約為 1800 年至 1825 年間，黃竹山的建村時間可能更早，大概是由九龍衙前圍李氏這個本地氏族的一個分支在 1725 年左右建立。茅坪（另一個客家村）是三個鄉村中最大的，村民可能也是在 1725 年左右

56 Elizabeth Lominska Johnson and Graham E. Johnson, *A Chinese Melting Pot: Original People and Immigrants in Hong Kong's First 'New Town'* (Hong Kong: Hong Kong University Press, 2019), p. 48.

57 關於十鄉及其廟宇，見 *Southern District Officer Reports*, p. 252。

58 *Southern District Officer Reports*, p. 252.

59 見 Hase, *Custom, Land and Livelihood*, pp. 252-253。

60 *Southern District Officer Reports*, pp. 255-256, 指出澳頭是在 1770 年左右建村，而南丫則約建於 1700 年，但後一個年份似乎太早了。

61 *Southern District Officer Reports*, p. 260.

62 *Southern District Officer Reports*, p. 259 提出山寮的建村時間是 1825 年（高志的說法）或 1700 年左右（許舒的說法），但約 1725 年似乎可能性較大。

63 見 Hase, *Custom, Land and Livelihood*, p. 454, note 18，以及 *Southern District Officer Reports*, pp. 257-258。

64 *Southern District Officer Reports*, p. 251.

來到定居。[65]

大網仔的氏族全都在同一時間定居此地，其中曾氏的落擔祖，根據族譜記載大約生於 1765 年，而該村大概建於 1785 年至 1790 年間。[66] 屋場（或許更恰當的稱呼是鐵鉗坑）建於地勢最高的可耕作邊緣土地上，建村時間大概是 1810 年至 1820 年左右。[67] 在大網仔地區的其他鄉村中，蛇頭大概建於 1800 年左右，坪墩也建在地勢最高的可耕作邊緣土地上，時間大約是 1755 年（這個年份可能不大可信）；黃毛鷹約建於 1800 年，斬竹灣約建於 1825 年。[68] 在西貢北部的大部分地區，村民都是根據上水廖氏丙山祖發出的地皮租約前來定居。

西貢灣各島嶼上的村落，尤其是糧船灣洲的村落，約建於 1700 年（白臘）至 1855 年（蛇灣，也叫大蛇灣），北丫和東丫則約在 1780 年至 1800 年建村。[69]

位於北西貢地區最東端的大浪灣地區，向來十分偏遠。如上所述，區內有大量可耕土地，但無論循海路抑或陸路均很難進出此地。[70] 這裏被稱為「六鄉」，[71] 傳統上不被視為西貢地區的一部分。在這一地區的村落中，大浪灣最早由北港駱氏的一個分支定居。據《駱氏族譜》的說法，定居時間是在明代，但如上所述，較可能的時間是在遷海令撤銷後初期，即十七世紀末。這是個本地人村落。[72] 爛泥灣據稱大約在 1680 年至 1700 年間建村，而浪茄則大約在 1800 年。[73] 黃宜洲（又名「黃泥洲」）稍為接近西貢，但傳統上有時也被認為與爛泥灣和大浪灣一樣，不屬於西貢地區；它大約在 1750 年建村；上窰則在約 1770 年。

---

65 同上註，pp. 229-230。黃竹山所聲稱的建村年代大約是 1690 年至 1700 年，但這或許是太早了。

66 *Southern District Officer Reports*, p. 261，提出這些氏族約在同一時期來到的說法，但指出該村是在十六世紀中葉有人定居的說法太早。這很可能是曾氏落擔祖的故鄉村落的氏族的建立時期。

67 見拙文 "Uk Tau Village and the Books of Cheng Yung（鄭榕）", *Journal of the Royal Asiatic Society Hong Kong Branch*, Vol. 47 (2007), pp. 33-40。海下建村年代的資料來自《翁氏族譜》。

68 *Southern District Officer Reports*, pp. 263-266, 268, 270.

69 同上註，pp. 286-292.

70 關於進出此地的問題，見 *Southern District Officer Reports*, pp. 273-278。

71 關於六鄉，見 *Southern District Officer Reports*, p. 271。

72 遷海令撤銷後，其他氏族也來到，與黎氏同居此地，例如 1750 年的林氏，*Southern District Officer Reports*, p. 280。

73 *Southern District Officer Reports*, pp. 274, 276.

西貢半島北部中央地帶最北端的一組村落（白沙澳、荔枝莊、南山洞）以共同租約方式建立（由上水廖氏丙山祖租給「六合堂」，那是所涉及的六個氏族的祖堂），建村時間大概是在十八世紀初期至中葉。[74] 本地區的其他村落似乎都建於十八世紀後期或十九世紀初。至於海下，則是在 1811 年從六合堂三村手上獲得分租權而建立。[75]

位於浪徑凹北側的十四鄉地區，傳統上不被視為西貢地區的一部分；此地是一個比較肥沃的地區，約一半人口是客家人，一半是本地人。然而，此地的定居者，無論是客家人還是本地人，全都是遷海令撤銷後移入的。十四鄉地區的村民也是向上水廖氏丙山祖租下地皮而定居下來的，時間大多是在約十七世紀後期至十八世紀初。[76]

大埔仔以外的清水灣半島地區（撇除在相思灣的蠔涌人和北港人）也是由客家移民定居。然而，這地區傳統上不被視為西貢的一部分，而是屬於坑口和將軍澳地區。

根據 1911 年的人口普查，本章討論的西貢地區中約 76% 的人口是客家人。然而，三個主要的本地人村落，卻在區內五大村落中佔了三席。

這一切表明了什麼？這似乎是表示，佔據沿海較優良土地的主要客家村落，大多是建於 1700 年至 1725 年間，但南圍的建立時間似乎要再晚一個世代以上。這似乎是最有可能的定居時間，尤其是對大環而言；北圍可能早一點，南圍則稍晚一些。這些鄉村在 1911 年時都是區內的客家大村落：北圍有 83 名居民、南圍 324 人、大環 129 人（另有 73 人在山寮）。由這些主要村落往內陸去、位於頗為優良的土地上的村落，比如禾寮，似乎大多建於晚一代人的時間，主要在 1725 年至 1750 年間。再往山區的高地村落，大多建於十八世紀下半葉；而建於十分

74 見 Hase, *Custom, Land and Livelihood*, pp. 392-395。

75 根據《翁氏族譜》。

76 關於十四鄉的聚落，參見 Hase, *Custom, Land and Livelihood*, pp. 54-55。西貢的天主教傳教士在 1867 年指出：「西貢和周遭很大範圍內的所有村落，都須向上水的一個強大家族付租。他們是靠武力收取這租金，並無法律依據。此地租是向所有耕地徵收的。」關於上水人對於他們在西貢東北地區的控制權有多重視，見 Sergio Ticozzi, "The Catholic Church and Nineteenth Century Village Life in Hong Kong", *Journal of the Royal Asiatic Society Hong Kong Branch*, Vol. 48 (2008). pp. 111-149。

邊緣地帶或較偏僻山谷的村落，則大多建於十九世紀上半葉。這裏的一些村落很可能是 1841 年英國人佔據香港島以後建立的。

上水廖氏丙山祖掌握了沙角尾北方和東北方整個地區的地骨權，包括十鄉、十四鄉、西貢北部及北潭涌地區。這使廖氏成為本地區的主要參與者；因此，他們試圖以暴力消滅區內的天主教勢力（見下文），也就不太令人意外了。大部分信教的人都是來自西貢北部山區貧窮的客家人家庭，因此很可能是廖氏的佃戶。廖氏清楚知道，天主教的傳播將會削弱他們對佃戶的控制。

關於西貢客家村落的定居和發展歷史，我們想必可以找到更多細節；但以上所述的大略情形，似乎已比較接近真實的歷史發展模式。

十九世紀初的地方政治

到了十八世紀末，那三個古老的本地人村落在西貢中部地區還能維持一貫的重要地位；但客家人的到來，令整個西貢地區的政治結構發生重大變化，那些古老村落的勢力也就不如以往了。然而，蠔涌社群似乎已經開始採取行動，試圖扭轉這種地位和權力下降的趨勢，甚至在可能的情況下實現對本區的全面控制，而這三個本地人村落在之前兩百年的密切和友好的關係也就結束了。這裏需要強調的是，正如前面提到，關於上述情況所引起的政治爭端，我們所掌握的唯一證據是來自北港的，因此很可能是片面的。

如上所述，蠔涌似乎成功令蠔涌谷周邊的客家村變成蠔涌的佃戶，這些村落以蠔涌地皮分租戶的身分持有土地。把從這些客家村收取的租金加起來，恐怕和蠔涌付給梅林黃氏的租金一樣高。因此，最遲到了十八世紀末，蠔涌的所有付租義務，可能都已轉嫁給他們的客家分租戶。蠔涌可能安排讓客家村落代蠔涌直接向黃氏繳納地租，而這種安排並不少見；[77] 如果是這樣，蠔涌便可能分文不用付給

77　這樣的安排並不稀奇：海下村是六合堂的地皮分租戶；而六合堂是個由六姓氏族合組的組織，向上水廖氏租下北西貢半島最北部三分之一的地皮。海下的租金很可能相當於六合堂付給廖氏的租金，而海下人直接向廖氏付租，六合堂因而不用付租。參見 Hase, *Custom, Land and Livelihood*, pp. 392-396。

梅林了，而且可能在十八世紀後期的大部分時間都是這樣。他們甚至開始覺得自己應該可以取消與黃氏的正式關係，擺脫租戶身分。因此，大約從 1810 年起，他們不准他人向黃氏支付地租；客家村落所繳付的地租，現在都轉交了給蠔涌。

1819 年，黃氏以蠔涌人不交地租為由向縣衙告狀。官司纏訟七年，直到 1827 年黃氏擔心再打下去會破產而撤銷控訴。蠔涌因此變相勝訴，成為蠔涌谷的地骨主和地皮主。蠔涌因而有資格向官府登記繳納這個山谷的田賦，並繳納黃氏先前所付的田賦；而他們很可能確實這樣做了。蠔涌成為地骨主，那些客家村落現在正式成為蠔涌的地皮租戶，而他們的地租無疑也成為了蠔涌社群的收入。

假如黃氏仍然持有把蠔涌谷地皮權租給黎氏的明代地契，並在 1819 年呈交知縣查閱，很難想像蠔涌人如何能成功以這種赤裸裸的手段，迫使黃氏放棄對於蠔涌谷的權利。因此，黃氏的地契，大概是在發出後近三百年間的某個時候遺失了。事實上，蠔涌社群可能知道地契已不復存在，因此阻止人們繼續向黃氏支付地租。黃氏拿不出地契，又無法出示蠔涌繳交地租的紀錄（假設那些客家村一直直接向黃氏支付地租），這事將令知縣相信蠔涌社群，與黃氏之間沒有租佃關係。

蠔涌在這場官司中大獲成功，以及他們的地位從地皮佃戶一躍成為更高級的地骨主，似乎令蠔涌得寸進尺，想要人們接受蠔涌是西貢中部其餘地區的地骨主，把區內所有其他氏族都變成蠔涌的地皮佃戶。

蠔涌是截至當時為止西貢最大的村落。在 1911 年的人口普查中，蠔涌以及蠔涌谷內與之有家譜上的聯繫的附屬村落，共有 551 人；[78] 加上大埔仔又有 138 人，而蠔涌谷內的客家佃戶和盟友又有 237 人，總計便有 926 人。沙角尾的主村和有家譜上的聯繫的附屬村落，加起來有 395 人。北港的主村和附屬村落有 281 人，再加上狐狸頭的 9 人，總數為 290 人。沙角尾和北港兩村的規模都不及蠔涌的一半，但卻已是區內第三和第四大村。蠔涌因而在人數上有明顯優勢，讓它能夠欺凌鄰居。

今天的耆老（蠔涌和北港）說，蠔涌人最初試圖將蠔涌沿海的客家村納入

78　見 1911 年人口普查報告，表格 XIX。

他們的支配範圍，這些村落可能也是黃氏的地皮佃戶。[79] 蠔涌和南圍之間有過一段不堪回首的記憶，發生於何時已無人記得，但很可能是在十九世紀上半葉的後期。南圍是當時西貢地區最大的客家村，在 1911 年的人口普查中有 324 名居民（其次是有 162 人的鹽田仔，之後是有 142 人的黃宜洲）。兩村爆發械鬥，蠔涌發炮攻擊南圍，引發大火重創南圍。這場械鬥極可能是因蠔涌企圖逼迫南圍向蠔涌付租而起。械鬥結的果無從稽考，但南圍似乎保住了獨立地位。

對於蠔涌試圖強迫北港接受從屬地位，將之變成蠔涌的佃戶，我們有較多的資料。《駱氏族譜》中的兩篇文章（見本章附錄）詳細討論了蠔涌的這一舉動。這些文章表明，駱寵芳是北港對抗蠔涌這些舉動的核心人物。

在十九世紀頭十年，駱寵芳在成長過程中，深感自己的氏族和村落不斷受更強大的氏族和村落「凌欺」，並欲報「此仇此恨」。北港所受的「凌欺」和「此仇此恨」無疑是來自蠔涌。蠔涌當時準備與黃氏攤牌，拒絕以後再向黃氏繳付地租。北港作為西貢區內另一個向黃氏租用地皮的重要本地人村落，假如與蠔涌結盟，同樣拒絕再向黃氏支付地租，蠔涌的處境就會更為有利。因此，蠔涌自然想拉攏北港跟他們聯手，但卻被北港拒絕；後者指他們是黃氏的佃戶，對黃氏有義務，所以會繼續向黃氏繳交地租。對北港來說，來自蠔涌的指責、侮辱，甚至小規模的暴力，恐怕已成家常便飯。

駱寵芳深信，除非家族能夠變得更富有，地位更高，否則家族和村子的未來是沒有希望的，家族將「百世」無法自立。他下定決心要實現這一目標。駱寵芳似乎來自一個較為富裕的家庭，幾乎可以肯定是當時北港最富有的家庭。有了這筆財富，地位也就隨之而來。駱寵芳很可能是當時村長的兒子。如果是這樣，就可以解釋為什麼他在這麼年輕時就滿懷這樣的政治雄心。

族譜沒有提及駱寵芳家族是如何致富，但它透露了，這些財富是由駱寵芳的父親駱錫大一手積累的，而他的祖父駱君一則毫不富有。據族譜記載，駱君一的三名兒子中，駱錫大是長子；次子駱振大（約生於 1765 年）「因家貧出繼」，由深圳附近的赤尾的林氏收養；三子駱有為還沒成婚就死去。駱寵芳是駱錫大兩

79 蠔涌和北港耆老的口述資料。

個兒子中的次子，但其兄長駱廷芳於 1819 年就去世，終年三十五歲，當時尚未成婚；駱寵芳時年二十六七歲，繼承了父親及祖父的全部土地和財產。由於駱君一是其高曾祖父駱麗和的唯一後人，所以駱寵芳實際上繼承了其氏族這個分支的所有土地和財富。

駱寵芳最初似乎是打算研讀經典，以便在科舉考試中取得功名，來達到他提高身分和地位的目標，藉此令蠔涌難以欺凌他的氏族和村落（蠔涌氏族中沒有在科舉考獲功名之人）。因此，他在 17 歲時（1810 年）於當地鄉村學校完成整整 10 年的學習後，搬到縣城南頭，向一位著名學者拜師學習。這是想參加科舉考試的人會採取的正常途徑，而參加科舉無疑是駱寵芳的目的。[80] 不幸的是，駱寵芳抵達南頭後不久，就在光天化日之下被綁匪擄走，並被囚禁在該幫綁匪的巢穴長達 10 個月，直到家人付出 1,000 多元才獲釋。即使到了十九世紀末，100 元也足以購買能滿足一個鄉村家庭生存所需的土地，1,000 元更足以建立一個新的村落；因此在 1810 年，1,000 多元是一筆鉅款，證明了這個家族多麼富有。[81]

介紹駱寵芳生平的文章解釋說，這幫綁匪是由新安縣北部沙井的陳氏成員所組織的，大本營部設在該匪幫領袖在當地擁有的一間房屋。這些匪幫領袖是「**陳桂籍之兄弟**」。陳桂籍最晚在 1840 年代考獲進士，是當時唯一獲此功名的新安縣人。他的出生時間不會早於 1790 年左右，但很可能早在 1810 年就已成為大有希望的士人，他後來成為重要的抗英人物。[82] 由於這幫綁匪與這位前途無量的士人關係密切，所以能夠派出兩名成員滲透到縣衙去當手下，也就不足為奇了。每當有該匪幫可以下手的目標來到南頭，「**狗生員**」就向該綁匪通風報信。不過，也有可能是蠔涌人將駱寵芳的名字傳到縣衙的人耳中。駱寵芳歷劫歸來後，一心

80 想要參加科舉考試的年輕人，通常必須是來自輸納地稅的家庭，列在縣衙的田賦登記冊上，見 Hase, *Custom, Land and Livelihood*, pp. 44-46。駱寵芳的家族大概買了一小塊繳納地稅土地，藉此將自己登記在田賦冊上。這種做法並不罕見，見 Hase, *Custom, Land and Livelihood*, pp. 46-48。

81 見 Hase, *Custom, Land and Livelihood*, p. 75。

82 關於陳桂籍及其生平，見 Rev. Krone, "A Notice of the Sanon District", 1858, reprinted *Journal of the Hong Kong Branch of the Royal Asiatic Society*, Vol. 7 (1967), pp. 104-137 (p. 128)。他的父母在 1840 年代末至 1850 年代初去世，那時他已經擔任官職好些年。按常理來說，他的「兄弟」應是指他氏族中的近親或堂兄弟。關於他作為反英領袖的角色，請參閱 Christopher Munn, *Anglo-China: Chinese People and British Rule in Hong Kong, 1841-1880* (Richmond England : Curzon, 2001), passim。

要「**報此仇此恨**」。不過，該幫綁匪遠在沙井，顯然完全不怕會遭受報復。由此看來，駱寵芳想要報復之事，似乎是反映他認為有一些在近處的人參與此事，向他們報復是可以做到的。因此，駱寵芳很可能懷疑綁架案是由蠔涌策劃的。由於他被綁架一事大大減少了駱氏這個北港首要家族手上的資金，[83] 這肯定是對北港領導層的沉重打擊，而這將對蠔涌有利。

被綁架獲釋後，駱寵芳尋思如何挽救北港，以擺脫其弱小受欺凌的局面。他「**清夜細思**」，最終決定放棄學習四書五經參加科舉的念頭：他覺得光靠取得「**功名**」並不足夠。他決定遂轉而鑽研風水。他認為北港的風水很差，氏族的墓穴選址不佳（族中成員大多是「**愚農**」，對風水缺乏深入了解）。詳細研究風水可能會帶來巨大變化，並為北港帶來亟需的富貴和顯赫地位。他與友人鄭廷恩「**共投莞邑明師潘海鏡先生門下。日值學習地理一業不辭勞苦日登山以看古墓。考究龍穴砂水。夜看秘書**」。五年後，駱寵芳成為道行甚高的風水大師，並返回北港。估計他回鄉的時間大約是 1815 年或稍後一點。[84] 他開始研究氏族墓地，找出當中缺失，擬定改善之策。

然而，在這項改善計劃付諸實行前，蠔涌社群就開始要求北港承認他們是蠔涌的佃戶，並每年向蠔涌支付 200 石租穀（1827 年，就在蠔涌打贏與黃氏的官司之後），否則將面臨後果。自明代以來，北港每年只付給黃氏 93 石租穀，如今要支付 200 石，相當於把租穀增至原來的 215%。儘管在當時這項要求肯定伴隨着欺凌與暴力而來，並且若他們繼續不肯屈從的話還會面臨更大的暴力威脅，但北港仍拒絕了這項要求。北港起初「**情願**」向蠔涌提供 200 元，而以「**不加租穀為甘**」，期望對方會放棄其不合理要求（這筆錢名義上是「**帮花**」蠔涌籌備演神功戲，大概是蠔涌每十年一次的打醮儀式的一部分）。蠔涌立即拒絕，繼續要求北港接受佃戶身分。北港拒絕，並在縣衙興訟控告蠔涌。

在縣衙前，因「**被他（蠔涌）串衙控為十惡霸耕**」，北港人擔心知縣會判

---

83 如前所述，北港駱氏為此事付出了 1,000 多元，這在當時來說是一筆鉅款。

84 這再次說明，駱寵芳的家財非常可觀，就算向給綁匪支付了「千餘元」，家裏還能拿出五年的學費，這筆錢必然不少。

蠔涌勝訴，這表明知縣受到蠔涌的霸道行為所影響。幸好一位「**張姓朋友**」（族譜的文章沒有講明是誰的朋友，但言外之意一定是駱寵芳的朋友）介紹了他的兄弟張得茂，他是深圳黃貝嶺（又稱「向西村」）村民，對北港的案件感興趣（如上所述，張得茂可能是駱寵芳的遠房親戚）。張得茂是任職藩司的官員，頗有影響力。他又推薦兩名狀師，他們是南海縣的師爺，南海縣是管轄廣州府西半部的縣。這些在廣州府的師爺於對處理租佃糾紛案件經驗豐富。這兩名狀師提出了有力的理據，促使知縣將案件交予藩司處理，而藩司無疑是聽取張得茂的意見，在知縣面堂纏訟七年後判蠔涌敗訴（1834 年）。族譜暗示，若非與張得茂的交情，以及他願意推薦這兩位狀師，「**蛇欲吞象**」的蠔涌很可能勝訴。

兩名狀師將案件重心放在他們出示了黃氏發給北港的地契上。不同於蠔涌的地契，這份明代地契仍然存在，並呈交知縣和藩司（黃氏在北港的官司中可能被當作與訟一方）。蠔涌一定以為這份地契和蠔涌的地契一樣已經丟失了，但它最終被找出來，可能是在黃氏檔案文書中搜尋很久後才發現的；之後地契就呈交當局，那時可能已是 1834 年了。

這裏所出示的地契，必定是當初莫氏承租北港的那張地契。莫氏離開北港時，租約就作廢了，駱氏和李氏獲發新的租約。根據當地的習慣土地法，如果地皮佃戶全體氏族離開承租地，租約就無效，而地骨主可以簽發新的租約。如果新氏族進入該地區，他們可以加進原初的佃戶中；但是，如果原初的佃戶離開，租約就會無效，必須重新協商。1834 年時似乎沒有呈交關於第二次租賃的地契，租賃也很可能是以口頭方式安排，沒有書面地契證明。可想而知，黃氏會趁莫氏的租約失效的時機加租。1834 年出示的明代地契顯示，按此地契徵收的租穀為每年 58 石，但北港人實際上支付了 93 石，[85] 黃氏應當是把土地租予駱氏和李氏時加了租，加幅達五分之三。[86] 藩司裁定，所出示的地契證明黃氏與北港之間存在租佃關係，但應付的租穀為地契上訂明的 58 石，而非北港一直支付的 93 石；黃氏無法就其收取的租穀數量提出書面理據。

---

85 石是乾貨（這裏是指穀物）的計量單位，一石等於 100 斤（133 磅）。

86 原來的 58 石增加 60% 是 92.8 石，上捨後即為 93 石。

藩司這項裁決，令蠔涌不能再壓迫北港，北港視之為「**天幸**」；但仍有些事情懸而未決，因為黃氏對於藩司裁定他們往後只能要求北港繳付 58 石租穀耿耿於懷。但是，黃氏見北港自 1819 年第一次訴訟至今 14 年來，始終忠於他們，是如此「**良佃**」，便打算妥協，一勞永逸地了結此事。他們要求北港請他們的「**朋友**」，即兩名狀師，擬定一個最終的折衷解決辦法。兩位狀師建議北港買斷黃氏的地權，此事於 1841 年實現，北港人付出 1,270 元向黃氏買斷土地。因此，北港就像先前的蠔涌一樣，成為了他們村落所在地區的地骨主和地皮主，但又無損他們的榮譽、誠實或名聲。北港因此將有資格向官府登記土地繳納地稅，他們也就這樣做了，向官府繳納黃氏先前所付的地稅（「**印契承稅歸將粮田，遞年安納**」）。

雙方就北港買斷黃氏地骨權所商定的金額，很可能相當於藩司所頒布的應繳租穀 58 石的 10 年總額。在馬灣，大約與北港發生這些事件的同一時期，新安縣儒學正副堂以每石租穀等於 1.6 兩銀的比率兌換成白銀，以當時當地 0.72 兩銀兌一元的固定標準兌換率折算，相當於每石兌 2.2 元。每石兌 2.2 元很可能是廣泛使用的兌換標準。[87] 按一石兌 2.2 元換算，再下捨十位數以下的小數，並且不計之前每年支付的小額現金租金，1,270 元便相當於北港 58 石租穀的 10 年總額。租金的現金部分本來是「**火耗**」，旨在抵償以白銀繳租時白銀中所含的雜質（租金是以穀物計價，但在新界地區，它都是以標準兌換率換算後以白銀支付）。租金中「火耗」這個現金部分是按已換算的租金的 4% 計算。北港人這次買斷黃氏的土地，大概是使用了其他方式來保證所支付的白銀全都是優質白銀（可能是以貿易銀元支付），因此可以免除「火耗」。[88]

這場官司在知縣和藩司堂前纏訟七年之久，北港一定為此付出了巨額訴訟費用，包括支付給兩名狀師大概不少的酬勞，更不用說為買斷黃氏土地所支付的大筆金錢了。毫無疑問，這筆錢主要是來自於駱寵芳的財富。然而，在 1834 年後，北港終於擺脫了自 1810 年以來駱寵芳一直想要結束的淩欺和仇恨，因為蠔涌在這兩次訴訟上耗費太多，以至不再有財力像以前一樣仗勢淩人。

---

87 見 Hase, *Custom, Land and Livelihood* ，尤其是 pp. 239-243。

88 關於「兩」和「元」之間的當地兑換率，見 Hase, *Custom, Land and Livelihood*, Appendix, pp. 405-407。

不過，北港的一些李氏族人是龍躍頭鄧氏而非黃氏的地皮佃戶。[89] 他們向鄧氏所租的土地（僅約一英畝），很可能位於北港主要地區以東、靠近西貢墟的地方，因此位於以沙角尾為中心的龍躍頭勢力範圍之內。李氏向鄧氏支付地租使用這塊土地，直至香港政府接管新界為止。

北港社群很可能在與蠔涌的爭端圓滿落幕後，就立即興建北港天后廟，大概是藉此酬謝神恩（見插圖 042）。耆老說這座廟建於「清代」，當中一些人認為最可能的時間是十九世紀中葉。廟中最古老的器物可追溯至 1873 年，但這座廟在 1890 年代就已很「古老」了。[90] 人們不清楚廟中神明是從哪裏「請來的」。這座廟比蠔涌的廟小得多，可能反映北港社群在長期纏訟後所受到的經濟壓力。由於會到這座廟拜神的社群人數不多，北港擔心香火不夠鼎盛，所以安排村中所有家庭輪值，使神明在全年中的每個節日都得到適當的祭祀。輪值的細節寫在木板上掛於廟中。[91] 村民還僱用了一名廟祝，為了保證他能把廟妥善打理。他們約定每家人每年兩次給他六斤大米。[92]

1841 年後，耗資不菲的官司結束後，蠔涌社群明顯出現經濟壓力，但只有《黎氏族譜》透露出端倪。該族譜記載，蠔涌黎氏中有三名族人在 1850 年代前往加州淘金：生於 1820 年的黎瑞廷（他去金礦時已結婚）、黎連福（出生年份不詳，但可能是 1820 年代某個時候。他去淘金時已結婚並生下一子）和黎奕芳；黎奕芳生於 1834 年，在 1853 年至 1854 年間前往金礦，至 1860 年客死異鄉，從沒結婚。黎連福和黎奕芳都死於淘金的地區。黎瑞廷將黎奕芳的骨殖帶回家鄉蠔涌；至於黎連福是在何處去世和下葬，族人並不清楚。黎瑞廷和黎連福都屬於黎氏的第十九世，那一代總共只有六個人，故有三分之一的人去了加州。前往加州的男性族人比例這樣高，透露出一種窮途末路的氣氛，尤其是當中兩人是留下妻子和

89　一位生於 1883 年的村中耆老於 1963 年向許舒提供的口述資料。

90　同上註。

91　村中的家庭被分成五組，這些小組稱為「甲」，他們分別負責在每年的九個指定節日去拜祭。現在的廟中寫有輪值安排的木板，大約於 1960 年製作，它取代了一塊舊的木板。村民相信輪值制度自廟建成以來就一直存在。那木板申述了設立該制度的目的：「凡在北港村居住者，當有責任為本村當負一切事務與公益，群策群力誠心合作。」

92　一位生於 1883 年的村中耆老於 1963 年向許舒提供的口述資料。

｜插圖 042｜1998 年的北港天后廟

幼兒離鄉別井。

《黎氏族譜》中提到該氏族的風水大有問題，這是他們備受壓力的另一跡象。族譜記載，蠔涌的温氏、張氏族人有「數百」，而黎氏「僅數十」。貧困也令黎氏十分憂慮。因此，該氏族決定將葬在舊墳中的祖先全部遷葬到新地點，因為這些舊祖墳都被認為風水欠佳。此舉從 1869 年開始，當時黎氏請了一位風水大師出謀劃策。他在 1870 年指出，有 20 多個祖墳需遷葬，這項浩大的工程可能需十年左右才能完成。

在北港，駱寵芳自 1820 年代以來一直想進行的搬遷祖墳工作，最終在 1865 年開始，並於 1885 年完成。駱寵芳把風水之術傳授給孫子駱炳文；他生於 1840 年代中期，到 1860 年代已盡得駱寵芳的真傳。遷墳工作由駱炳文負責，因為在 1860 年代駱寵芳年事已高，體弱多病，無法擔當這項工作。但氏族中有部分人反對遷葬落擔祖，所以他的墳墓沒有搬遷。撰寫族譜的駱炳文寫道，他擔心族人將會為此感到後悔（見插圖 043）。

｜插圖 043｜北港《駱氏族譜》書影

圖為族譜中展示的落擔祖墳墓的風水地圖，以及相關的文字描述。

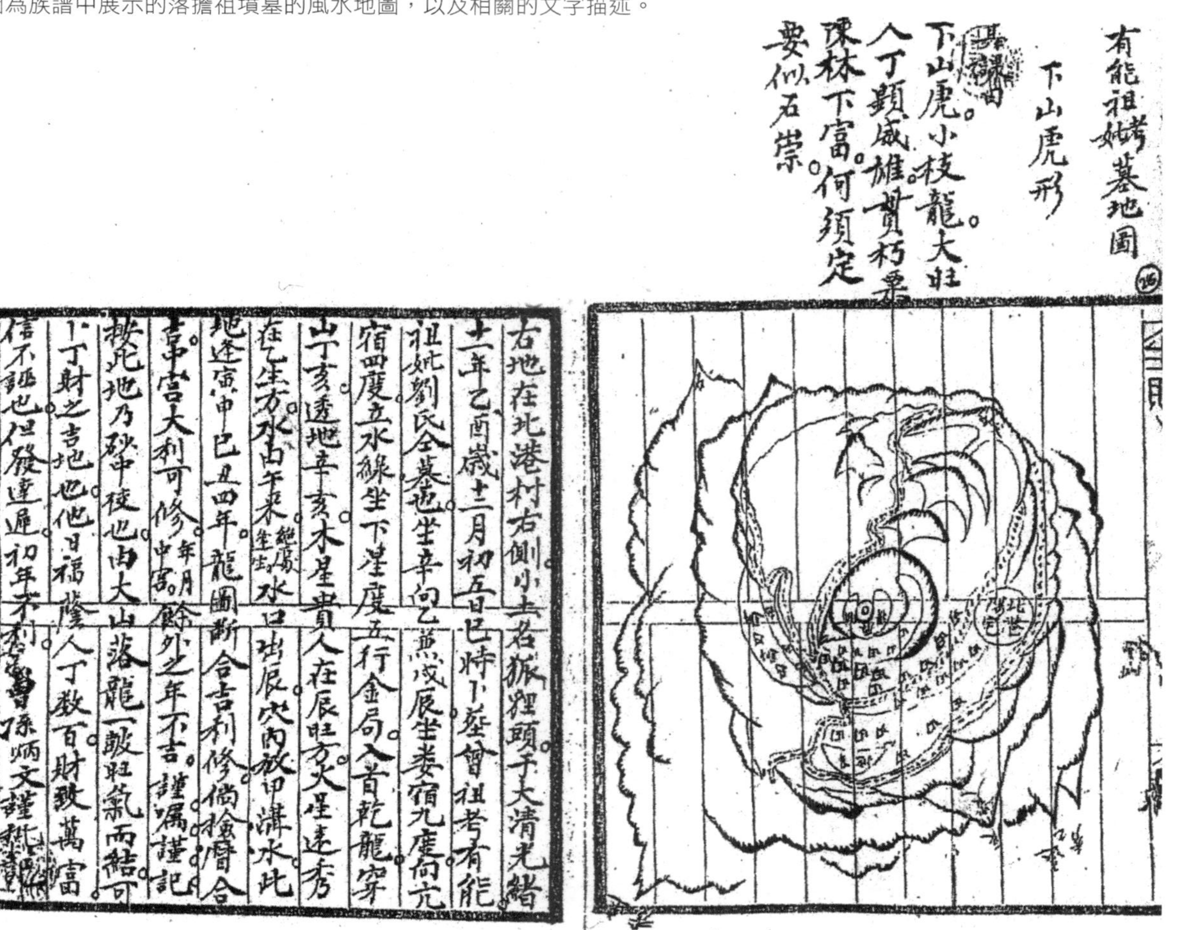

有能祖妣考墓地圖

下山虎形

下山虎。小枝龍。大旺人丁顯威雄。貴朽[illegible]深林下富。何須定要似石崇。

右地在北港村右側小土名狐狸頭。于大清光緒十一年乙酉歲十二月初五日巳時下葬曾祖考有能祖妣劉氏合墓也。坐辛向乙兼戌辰。坐婁宿九度向亢宿四度。立水線坐下星度五行金局。入首乾龍穿山丁亥。透地辛亥木星貴人在辰旺方。火星遠秀在乙生方。水由午來絕處逢生。水口出辰。穴內放甲辯水。此地逢寅申巳亥四年。龍圖斷合吉利修。倘[illegible]合[illegible]中宮大利可修。年月中宮。餘外之年不吉。謹囑謹記。按此地乃砂中枝也。由大山落龍一般旺氣而結可下丁財之吉地也。他日福蔭人丁數百。財致萬富信不誣也。但發達遲。初年不利。[illegible]孫炳文謹誌蠔涌在 1800 年至 1834 年間的行為，導致西貢社群在地方管理上長期存在的問題。西貢是惡名昭彰的海盜淵藪，西貢村民須防範海盜。組成「約」是新界村民抵禦海盜和土匪的常用方法。「約」是一群鄉村宣誓建立的聯盟，彼此以兄弟相待，任何一個盟友受襲，其他宣誓結盟的村落都會傾盡所有人力幫忙，協助遇襲的鄉村自衛（「約」在這種情況下的意思是「誓約」）。[93] 憑藉這樣的安排，即使各個村落都沒有足夠人手獨力抵抗外敵，也可以透過與鄰近鄉村結盟來鞏固防衛。

一個「約」會與其他鄰近的「約」結成鄉約聯盟，這樣一旦發生重大襲擊事件，就可以召集整個地區的人手。鄉約聯盟地區通常會圍繞着重要的禮俗為中心組織起來，這樣鄉約聯盟的成員就會不時一同拜祭酬神，藉此加強「兄弟情誼」。顯而易見的是，這樣的體系只有在區內的每個村落都須參與其中時，才能夠正常運作；如果有若干鄉村被排除在這個體系之外，海盜或土匪要下手就會容易得多。在新界大部分地區，這種鄉約聯盟運作都十分良好。例如，沙田的「瀝源九約」，或者「沙頭角十約」，[94] 均涵蓋各自地區的每個鄉村，並且都以一個共同的重要禮俗為中心；其他幾個鄉約聯盟地區也是如此。瀝源九約和沙頭角十約至今仍作為禮俗機構持續運作。

但是，在西貢地區，相應的「西貢六約」一直未能正常運作，並且最終衰微瓦解（它最晚到了十九世紀中葉時肯定已瓦解），主要原因似乎是蠔涌的剛愎和欺凌。北港耆老表示，他們依稀記得祖父母曾提過這個組織。他們猶豫了很久

---

93 見 Patrick H. Hase, "Cheung Shan Kwu Tsz, an old Buddhist nunnery in the New Territories and its place in local society", *Journal of the Hong Kong Branch of the Royal Asiatic Society*, Vol. 29 (1989), pp. 121-157；"The Mutual Defence Alliance of the New Territories", *Journal of the Hong Kong Branch of the Royal Asiatic Society*, Vol. 29 (1989), pp. 384-388；以及 "Bandits in the Siu Lek Yuen Yeuk", *Journal of the Hong Kong Branch of the Royal Asiatic Society*, Vol. 32 (1992), pp. 214-215；以及 David Faure, *The Structure of Chinese Rural Society: Lineage and Village in the Eastern New Territories, Hong Kong* (Hong Kong: Oxford University Press, 1986)，尤其是 pp. 100-127；以及 Hase, "The Nine Alliances of Lek Yuen"。

94 關於「瀝源九約」，見 Hase, "The Nine Alliances of Lek Yuen"；關於「沙頭角十約」，見 Patrick H. Hase, "The Alliance of Ten: Settlement and Politics in the Sha Tau Kok Area", in *Down to Earth: The Territorial Bond in South China*, eds. David Faure and Helen F. Siu (Stanford University Press, 1995)。

後指出，這六個約區是蠔涌、北港、沙角尾、茅坪、北潭涌和十四鄉。[95] 他們所提的十四鄉肯定是錯誤的，第六個約區應是大環一帶的十鄉。以大網仔村為中心的區域可能屬於北潭涌約的一部分，不過有些耆老覺得大網仔和北潭涌一直是各自獨立的區域（這兩個區域各自以一個大王爺社壇為中心）；若是如此，或許茅坪僅與這個鄉約聯盟維持鬆散的聯繫，並沒有被視為一個完整的「約」（見地圖 29）。然而，該鄉約聯盟沒有作為主軸的共同重要禮俗：他們沒有六約打醮，也沒有為整個六約服務的廟宇。值得注意的是，六約中三個是本地約，三個是客家約，可見它與其他幾個鄉約區域一樣，試圖保持族群之間的平衡。

在這些「約」中，北潭涌／大網仔約似乎運作良好。不過，至少在大部分時間裏，這兩個地區是獨立運作的。山脈以南、早禾坑以東一帶的村落，除了很偏遠的大浪灣地區，都在這個鄉約聯盟之內。同樣，十鄉似乎發揮了應有的功能，區內的每個村落都是聯盟的成員，並且在禮俗上以黃竹灣的廟宇為中心。在山上高處的三個村落，由於地處偏遠，不怕土匪來襲，彼此也相安無事（三個村在茅坪共用一個大王爺社壇）。問題出在西貢中部的三個約：蠔涌、北港和沙角尾。在這三個約中，加入鄉約聯盟的村落，似乎都是與主村有血緣或租佃關係的村落。這表示從西貢墟（它不屬於西貢六約）直到銀線灣，以及海灣中所有島嶼的沿海村落，全都在這個體系之外，而正是這些地區最易受到海盜威脅，本身也最有可能淪為海盜。這些西貢中部的沿海村莊，似乎沒有幾個願意加入由本地人大村落領導的聯盟，而且沒有一個願意與距離它們最近的本地人村落結盟。因為他們擔心大村落很可能要求它們支付租金或其他款項。蠔涌覬覦南圍時所發生的事情，沿海村落的村民都記憶猶新。

如上所述，詩人許永慶在 1880 年至 1890 年間寫了很多關於本地鄉村的詩歌。許永慶在寫西貢鄉村的詩中，婉轉地提到蠔涌和北港之間爭執的後果。他提到竹角和南圍這兩個位於蠔涌東南的沿海村落時，說當地的男人「**勇壯**」。這可能表示他們處於戒備狀態，做好軍事準備以防禦任何來自近鄰蠔涌的進一步攻擊。南圍可能在十九世紀初與蠔涌的鬥爭中遭到嚴重破壞；但北港在訴訟中獲

95　蠔涌和沙角尾的耆老說，他們完全沒有聽過這個組織。

勝，大概保證了南圍能維持獨立地位，不會受到蠔涌這個實力已削弱的鄰村所支配。許永慶還說到北圍，此村緊鄰蠔涌東北部，位於南圍北面，彼此相隔一個海灣；他寫道：「**北港北圍連絡盡**」（另一個版本是「**北港北圍聯絡盡**」）。許永慶所說的「連絡」，很可能是一種政治聯盟，目的是共同防禦蠔涌。北圍不在北港約之內，這肯定是一個結構鬆散的聯盟。許永慶亦說沙角尾村人「**壯勇**」，這大概也指村民接受武術訓練，以保持本村的獨立地位。上述小瀝源附近的插桅杆村村長詹伙生在私下與筆者的通信中說，沙角尾要求村中年輕人全都習武：在每年的新年，沙角尾還派出村中年輕人到鄰近鄉村表演武術和舞獅，大概是為了展示沙角尾的人訓練有素，十分強壯，是惹不得的。

蠔涌和其他大村落的行為，以及他們在十九世紀初試圖主宰本地區時所表現出的凶暴和剛愎，導致西貢區應付海盜和土匪的鄉約聯盟體系無法正常運作，並最終完全崩潰，失去作為當地社群管理要素的功能。

路與渡船

在邁入現代之前，在西貢區內和前往西貢區的旅行，都是通過狹窄的行人徑和小型渡船（見地圖 28）進行的。行人徑往往是目的地之間最直接的路線。它們不是為任何輪式車輛設計的，也不能供馬匹行走。人們步行前往目的地；如有攜帶的貨物，就會放在籃子裏，再放在扁擔的兩端，並把扁擔扛在肩上。這些貨物的擔子可重達 75 斤（100 磅）；如果只走一段短距離，或是由專業的苦力來挑，擔子更可重至 100 斤（133 磅）。[96] 如果要運送的東西太重，超出一個人所能荷負，則放在一根桿子上，由兩個、四個或更多的人合力扛着走。在一些地方，作為主要路線的行人徑會穿越陡峭的斜坡，這些行人徑往往就會變成一連串連綿不斷的簡陋石階。在日本侵佔香港前，渡船大多是舢舨或小型帆船；它們既載客，

96 村裏耆老的口述證據。100 斤相當於一擔，傳統上應是成年男子能夠負荷的重量。然而，這是一個很重的重量（它比英擔重五分之一，英擔被認為是英國成年男子能夠負荷的恰當重量）。在路況差的小徑，尤其是山路，就以 75 斤（100 磅）的「山擔」為準，它略輕於英擔。

也運貨。由於交通不便，當時的村民大多只會在不得不前往本地墟鎮時，才會離開鄉村。十九世紀末至二十世紀初對於這些行人徑的描述說：「**往來交通……是靠行人徑，它們約五呎寬，鋪了花崗岩板。穿過耕地的道路，不過是相鄰田地之間的田埂**」；[97]「〔許多小徑的〕**構築方式都十分簡陋，最為講究的部分也只是以花崗岩板鋪在約三四呎寬、隆起於路面的小徑上。**」[98]

目前為止，西貢地區最重要的行人徑徑是從九龍城出發，橫越蠔涌前方，經過北港，穿過西貢墟，到達沙角尾。在十八世紀初西貢設墟前，西貢居民要到九龍城買東西或出售貨物，即使西貢墟成立後，有些居民仍偶爾會到九龍城去，因那裏商店數量更多、種類更廣。因此，自十六世紀中後期本地人首次定居西貢以來，這條小徑就必定是區內的主要道路。這條小徑被稱為「普通路」，意思是「普通的路」，在這裏的語境下可以理解為「大路」。西貢墟始建於十八世紀初葉至中葉，這條行人徑繞着漁民的重要錨地沿岸轉彎，那一段「普通路」成為這個新墟市的主要街道。這條街在今天稱為「普通道」（見下文）。

這條行人徑最初由九龍城大約沿着今天清水灣道的路線，一直延伸到飛鵝山山下的茶寮凹。茶寮凹的意思是「有茶屋的山口」，曾有一個小茅寮賣茶給旅人；那些旅人從九龍城走了一段又長又陡的上坡路，或者從將軍澳走了一段同樣又長又陡的上坡路，或者從蠔涌走了一段更加陡峭的上坡路，走到該處時，任誰都需要休息一下，喝碗茶解解渴。在茶寮凹的分岔路，一條支線向東南延伸，陡峭地下降到將軍澳的海岸，通往坑口，再爬上清水灣半島的山脊到達田下灣。這條行人徑「修築得很堅固」。[99] 往西貢的主要道路由茶寮凹向上攀登，沿着今天的飛鵝山道，一直到伯公凹。伯公凹的英文名稱為「稅關」（Customs Pass），是

97　這是輔政司駱克（James Stewart Lockhart，又譯駱檄）在 1898 年所寫。他在富饒的元朗地區看到這些小徑。*Extracts from a Report by Mr Stewart Lockhart on the Extension of the Colony of Hong Kong: Mr Stewart Lockhart to Colonial Office*, October 8, 1898, in *Papers Laid before the Legislative Council of Hongkong, 1899* (Sessional Papers), (Government Printer, 1900) No 9/99, p. 190, section "Roads"。

98　這是南約理民府官佩普洛 (S. H. Peplow) 在 1930 年所寫的報告，見 *Southern District Officer Reports*, p. 10。

99　W. Schofield, "Memories of District Office South, New Territories of Hong Kong", *Journal of the Hong Kong Branch of the Royal Asiatic Society*, Vol. 17 (1977), p. 152。此篇回憶文字寫於 1958 年，所指的則是 1923 年至 1926 年他擔任南約理民府官的時期。

指十九世紀及之前矗立在這裏的一座小營寨，駐紮在此的士兵會檢查旅客，並對運往九龍城的貨物徵收厘金。[100] 這條路從伯公凹沿直線經過牛背窩下降到蠔涌。這段路確實很陡峭，對於扛着沉重貨物的旅客來說很艱辛。從蠔涌直到沙角尾，這條行人徑就是沿着今天的西貢道的路線。

這條「普通路」就像本地的其他行人徑一樣，不過是一條約兩三呎寬的小徑。有些地方鋪了粗糙的花崗岩板，其他地方則可能只是泥土路。這條小徑沿陡峭山坡延伸的部分，由一段又一段以石材鋪成的階梯所組成。不太重要的小路通常是泥土路，但在陡峭的地方通常會有用粗石鋪成的石階。蠔涌和伯公凹之間的「普通路」的原始路徑至今仍然存在。

除了「普通路」外，區內還有許多其他重要的行人徑。最重要的是那些穿越山嶺，將西貢與其西北方的沙田谷連接起來的路徑。

這些行人徑中，最重要的是將西貢墟與小瀝源和圓洲角碼頭聯繫起來的路徑，從圓洲角渡船碼頭有舢舨横越沙田海前往落路下，該處有道路經大埔坳翻越山嶺前往大埔。這條路之後從大埔直達深圳，再到南頭縣城。這條行人徑從北港開始，經陡峭的上坡路到達茅坪和黃竹山，再横越石芽山的山肩，之後極陡峭地下降到小瀝源，途經石古壟及大藍寮（見地圖 28）。

這是一條非常重要的路徑。它不僅是西貢到大埔的交通要道，也是大量本地交通的必經之路。小瀝源村民會到西貢墟賣東西，尤其是會把柴薪運到西貢，賣給當地柴商。這種生意是小瀝源村民的重要收入來源，但揹着一捆捆不便攜帶的木柴翻山越嶺，是十分艱辛的事。小瀝源附近的插桅杆村村長詹伙生在給筆者的私人信件中，感慨萬千地描寫從他的鄉村到西貢的路途：

> 去西貢必經黃竹山，由西貢回來亦要經過黃竹山。後山上亦咁高，落山亦有咁長，居民擔柴過活，常常要經過該山，正苦不堪矣！[101]

100 這可能是《康熙新安縣志》卷八和《嘉慶新安縣志》卷十一中提到的「飛鵝蒲營盤」，載《深圳舊志三種》，頁 387 和 854。

101 見註 3。

許永慶在寫沙田村落的詩中，也間接提到通往西貢（那是他和詹伙生都會前往的墟市）的路途艱辛，他說：

層巒聳翠多奇景，黃竹山高不必驚。

在這條行人徑以外還有其他選擇，但同樣都崎嶇難行，所以大多數村民都是走主要的行人徑。

從小瀝源的海岸，有一條重要行人徑沿着海岸前往大圍。在十九世紀，從西貢到大圍再往元朗的交通，都是走這一條路。

從茅坪的主路分出一條重要的岔路，陡峭下切經過梅子林到大水坑的沙田海沿岸，從那裏可以乘舢舨橫渡沙田海到達馬尿水（今天通常寫作「馬料水」）的碼頭。

第二條重要的翻山步道是從沙角尾村開始的。它向東北方向延伸，直達澳頭村（原字可能是凹頭，指山坳的入口）附近的山坳（這個山坳以前名為「浪徑凹」），從那裏沿着一條鄰近今天的西沙路的走線，直到輋下地區，那裏有渡船碼頭，有渡船開往大埔（可能每天對向只有各一班），也有舢舨渡船經企嶺下海到深涌村及西貢北部地區。這條前往大埔的渡船航線，收費比從圓洲角穿過沙田海的舢舨渡船要貴很多，因為它要橫渡整整六英里的大海，而非僅僅幾百碼；但這遠比長途跋涉翻越大埔坳舒適。縣官及其他前往西貢的富裕旅客，都會選擇此路線。一份大概源自 1720 年代的禾寮村建村地契提到這條路線，稱其為「浪徑凹大路」。[102] 在 1860 年代末，上水村民派人襲擊西貢，他們乘船沿這條路線來到輋下。這支隊伍的目的是殺害西貢的天主教徒，鏟除天主教會在那裏的影響力，因為他們認為天主教削弱了他們對本區的控制。他們在坳口遭遇伏擊，襲擊行動失敗。[103] 穿越茅坪和澳頭附近的路徑，有部分路段到今天仍然存在。

這兩條翻山越嶺的主要路徑並非從西貢墟開始，而是從北港和沙角尾的鄉村開始的；我們可以很有把握地推斷，是在十八世紀初墟鎮建立前就已存在的。由於早期西貢本地人村落與沙田區有密切聯繫（如上文所述），可以肯定這兩條路

---

102 見 Hase, *Custom, Land and Livelihood*, pp. 252-253。

103 見 Ticozzi, "The Catholic Church and Nineteenth Century Village Life in Hong Kong"，特別是 pp. 125-127。

徑在十六世紀中葉最早有人定居西貢時就已經很重要。

除了這些主要的行人徑，還有許多不同類型的小徑，通往山上或區內的小村落。

離開沙角尾後，「普通路」變成了一條小徑，蜿蜒繞過山丘到達北潭涌，那裏有多條小徑，旅人可經由這些小徑前往這個偏遠角落的各個鄉村。

除了行人徑，西貢地區還有兩條重要的渡船航線（見地圖 28）。其中一條連接西貢墟與北潭涌。北潭涌與西貢墟之間的行人徑差劣不便，北潭涌一帶的村民寧可搭船，因此這條渡船航線對當地十分重要。每天對開一班船，早上從北潭涌開出，傍晚返航。許永慶在描寫西貢鄉村的詩中提到這艘船：

木頭舟自北潭開。

在十九世紀後期，第二條主要渡船航線它不是從西貢墟出發，而是從白沙灣內端的打蠔墩村出發；從西貢墟步行到那裏大約需要半小時。使用打蠔墩的碼頭，可避開白馬嘴附近經常波濤洶湧的水域。但這個碼頭可能在西貢墟建立之前便已經在運行。打蠔墩碼頭是北港的上岸處。這艘渡船開往清水灣半島東側的銀線灣。從銀線灣步行一小段路（雖然要翻過陡峭山坡）可到對岸的坑口。在坑口有另一艘渡船前往香港島的筲箕灣。香港政府接管新界後幾年，這個渡船碼頭由打蠔墩遷往西貢墟。[104]

除了這些主要的渡船外，還有一些「街渡」[105] 往來西貢墟和這個港灣內的村落，它們大多是小舢舨。這些街渡大多是前往西貢墟，但為滘西州和糧船灣洲錨地的漁民服務的街渡，是使用打蠔墩的渡船碼頭。許永慶在描寫西貢鄉村的詩中寫道：

滘西海隔打蠔墩。

104 關於這些渡船，見 Schofield, "Memories of District Office South", p. 152。渡船碼頭原本設在打蠔墩的説法，是來自村中耆老的口述資料。

105「街渡」是地方上的鄉村渡船，而非來往大區域的渡船。在十九世紀它們多半是搖櫓舢舨；相對來説，區域渡船通常會使用小型帆船。

西貢墟

客家人到來後，本區的總人口開始鋭增。最遲到了十八世紀中葉，本區開始需要有自己的墟市（先前在明代時，居民到九龍城做買賣；但因為通往九龍城的行人徑相當陡峭，即使做一點平常的買賣也會十分艱辛）。西貢墟可能建立於十八世紀上半葉，大概是在 1720 年代，但沒有具體證據可證明確切的建墟時間。到了 1875 年，天主教傳教士稱西貢是「**非常重要的地方，許多人時常前往**」，因為「**那裏有一個人人都會去的墟市**」。他們說，自 1865 年（該年傳教士首次到這個早已十分重要的墟鎮落腳）以來，「**它已非常繁榮，貿易和商業發展迅速**」。[106]

這個墟鎮起源於一小群商店和工場，它們位於一個丘陵半島海邊的小海灣的沙灘後方。漁民以這個海灣為錨地（見地圖 31 和 32）。他們可以這裏賣魚，購買大米、蔬菜和木柴；在這個早期城鎮，還可找到船棚、製繩廠、木匠、鐵匠和船用雜貨商。當地村民還可以在那裏獲得自己無法生產的商品——油、豉油、鐵製品、鹽、皮革或木製品，以及醫生、禮俗專家、殯葬業者等人士的服務。這個墟鎮也很適合燒珊瑚製造石灰，而建築業對石灰的需求很大；正如下文所述，這是西貢的著名產業。

「普通路」環繞着這個海灣的岸邊而行（與今天的普通道不同，後者並非穿過半島的「頸部」）。自十六世紀沙角尾建村以來，就已經有人使用這一條路。

西貢的錨地能抵擋風暴，十分安全。錨地所在是一個丘陵海角，南北都有海灣（見地圖 31）。在這個海角的海邊盡頭有一條沙嘴，將海角與一個丘陵小島連接起來，形成「連島沙洲」。這表示主錨地在西北和東南方都有山丘為屏障，西方也有其他山丘保護。如果遇到重大風暴襲擊此範圍，沙嘴的另一邊還有一個安全的避風錨地。

墟市的選址是經過精心挑選的。那裏附近沒有農地，而且位處北港和沙角尾之間，因此不受任何一方支配，也沒有任何一方人擁有這個地點或附近其他土地的早期地骨權。這個墟是典型的錨地港鎮。它並非由當地村民擁有或支配，而是

106 Ticozzi, “The Catholic Church and nineteenth century village life in Hong Kong”, p.133.

｜地圖 31｜西貢墟的地形

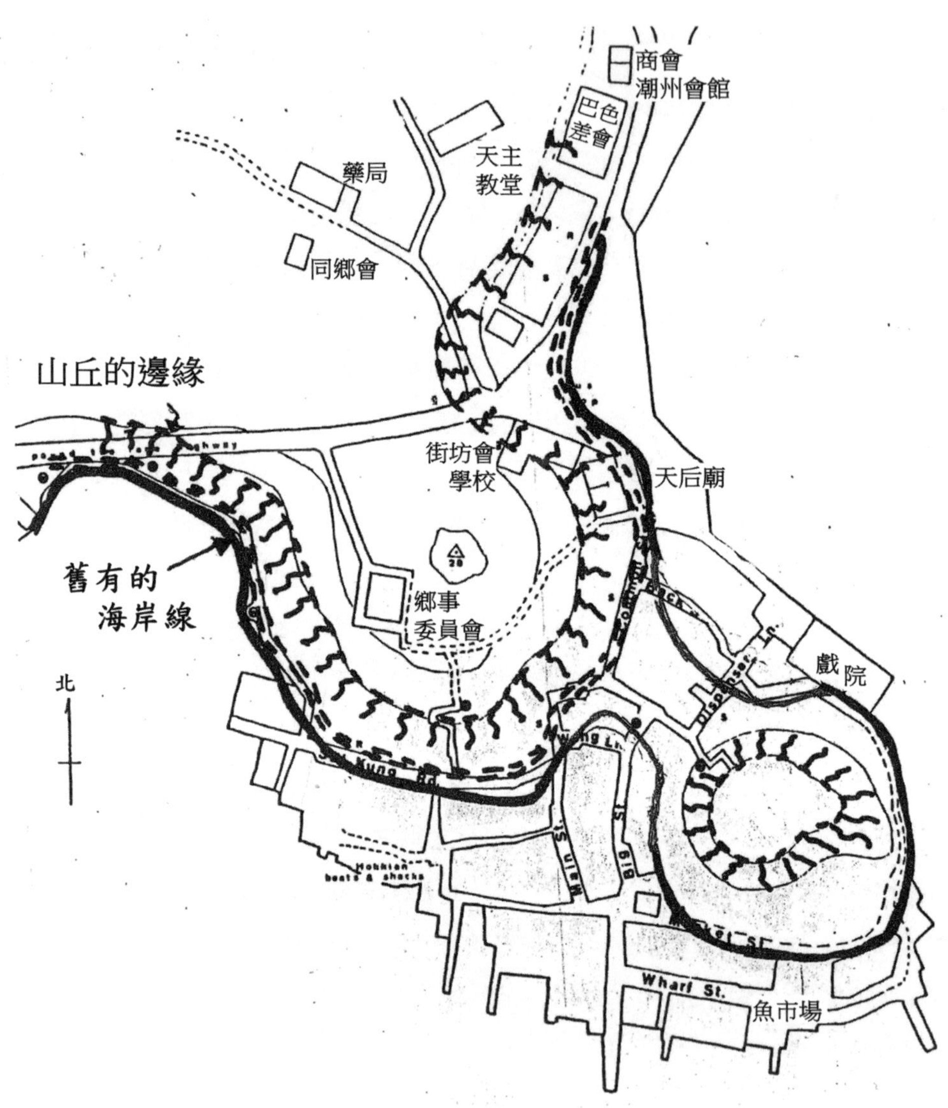

商會
潮州會館
巴色差會
天主教堂
藥局
同鄉會
山丘的邊緣
街坊會學校
天后廟
舊有的海岸線
鄉事委員會
北
戲院
Wharf St.
魚市場

| 地圖 32 | 十八世紀初期的西貢墟

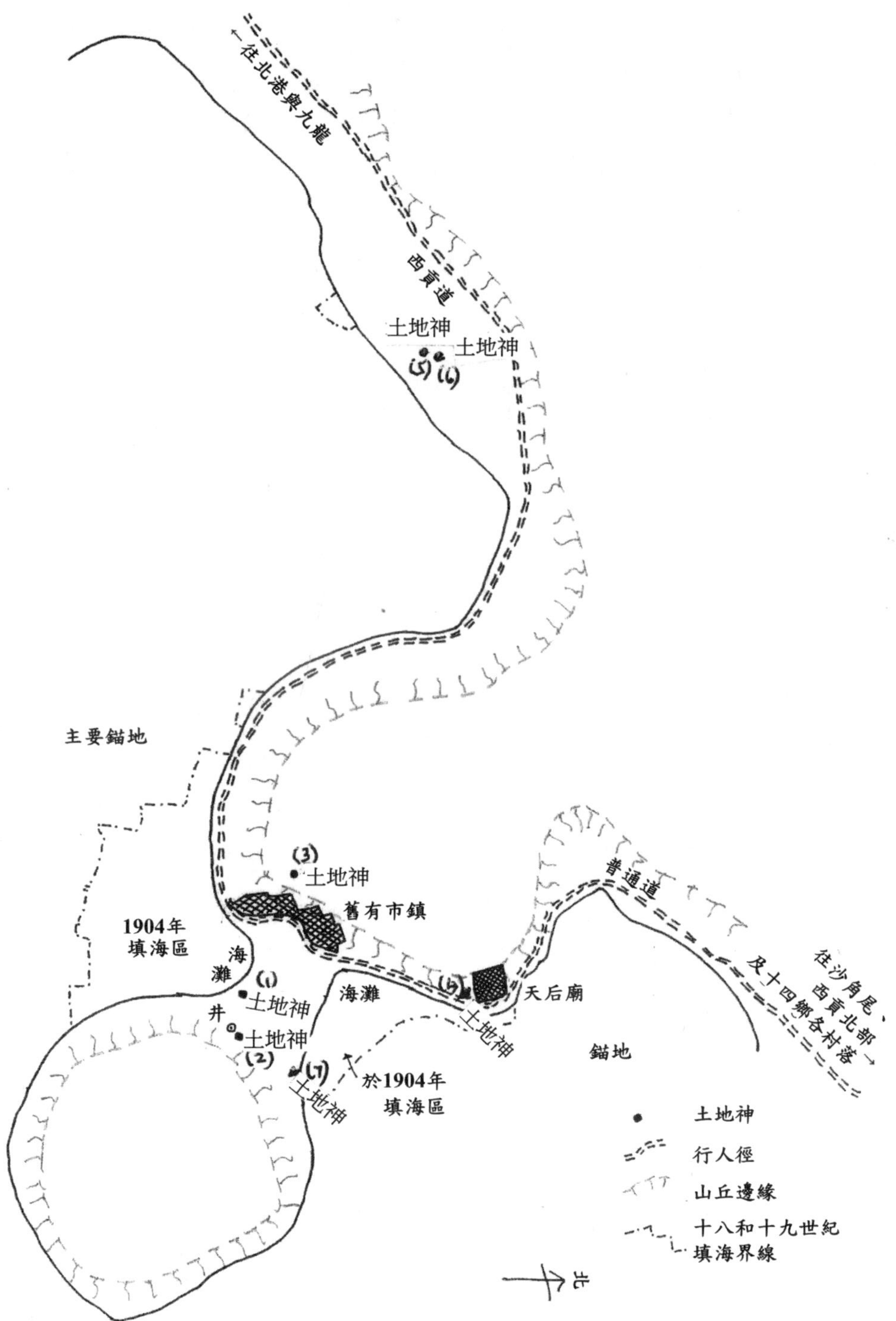

由「街坊會」這個由鎮內商人組成的委員會管理。一如其他由街坊會管理的港口城鎮的典型情況，街坊會是由幾個小組委員會組成，分別代表鎮內屬於不同方言群體的商人。西貢有三個這樣的小組委員會，分別講粵語（本地話）、客家話和福佬話。客家商人大多是來自西貢鄉村的村民。[107] 講粵語的商人有些同樣是西貢村民，但也有一些是來自九龍城和其他講粵語的墟鎮的商人。福佬商人大多是魚販，或者是與漁民緊密合作的人。

到港英政府來到這裏，並繪製本鎮最早的地圖時（1904 年，見地圖 33），這個小海灣已經填海，填海工程大約分五到七個階段連續進行（最後兩個階段到 1904 年時仍未完成），錨地已移至主海灣（見地圖 34）。雖然此鎮在十九世紀中後期發展迅速，但所有這些活動沒有大約 100 年時間是不可能完成，甚至更有可能需要 150 年，因此本鎮的建立時間，可能是在十八世紀中葉或稍早一些。

本鎮的核心部分是「普通路」在靠近陸地一側的一小群房屋，位於錨地的盡頭。市鎮沿着「普通路」發展起來，特別是向西延伸，然後藉着一系列填海工程進入錨地。我們從鎮上的土地祠（共有 8 個）可以一窺早期城鎮的面貌（見地圖 32）。其中兩個（地圖 32 上的 1 號和 2 號）在錨地最內側附近，位於海平面，一個朝西南，一個朝正西，都旨在庇蔭這個錨地。它們位於海平面；在它們設於該處之初，這個錨地顯然仍未填海，因此土地神朝向錨地的視線未被阻擋。然而，位於錨地西側的第三個土地祠（3 號）設在「普通路」後方的風水山上，這樣做顯然是要確保它的視線就不會被建築物遮擋，而那些建築物肯定在這個土地祠設於該處的那天就已經存在；這位土地神於是可以越過建築物的屋頂往外看去。除了保護錨地的三個土地祠外，還有另外五個土地祠。一個（4 號）庇護避風錨地，另外兩個（5 號和 6 號）在鎮的西面入口，一個是該處錨地的土地神，另一個是「普通路」的土地神。第七個是天后廟的土地祠，就設在天后廟內（見

107 其中之一是翁仕朝（1874-1944），他是西貢北部最北端的海下村村民，其藏書現存於香港政府轄下的康樂及文化事務署設於銅鑼灣的中央圖書館。他在 1890 年代接替堂兄兼老師翁善思於西貢墟行醫；翁善思則從大約 1880 年起在那裏行醫。見 Patrick H. Hase, "Village Scholars in the Traditional New Territories and their Book Collections", *Journal of the Royal Asiatic Society Hong Kong Branch*, Vol. 63 (2023), pp. 179-225。

｜地圖 33｜1904 年的西貢墟

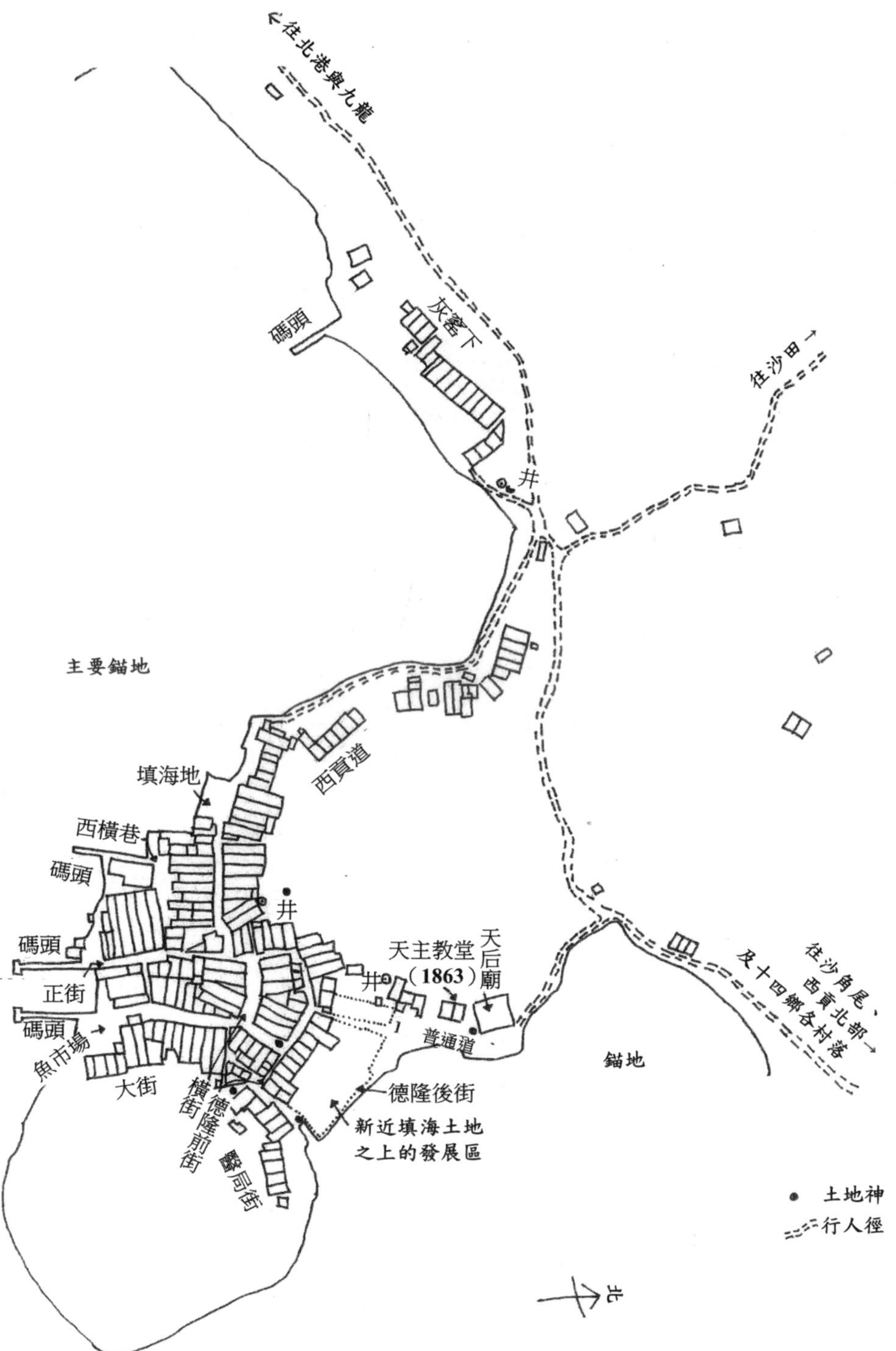

｜地圖 34｜西貢墟填海的不同階段

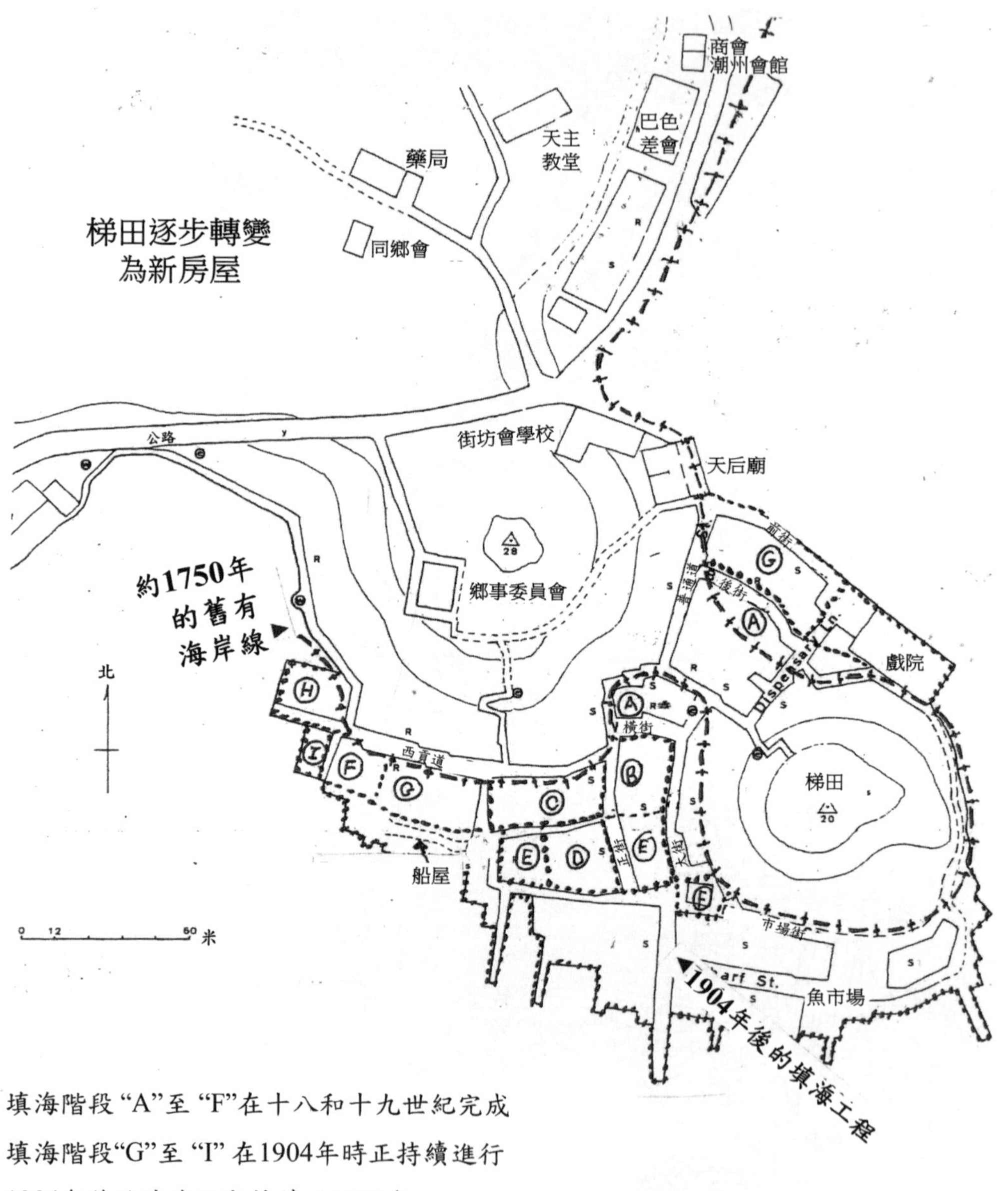

填海階段“A”至“F”在十八和十九世紀完成

填海階段“G”至“I”在1904年時正持續進行

1904年後的填海活動持續至1970年

下文）。最後一個土地祠（7 號）負責照看德隆街地區。這些土地祠大多是在這個鎮發展之初就已設立了。

這個錨地的填海工程從海灣的內側開始，初時從海灘往外填出一小塊狹長的土地（見地圖 34）。原本的沙灘變成了德隆前街，舊的沙嘴區域發展成一排房屋和庭院，一直延伸到對面避風錨地一側的沙灘；該處開闢成另一條道路：德隆後街。德隆前街的前方填出了一小塊狹長的土地，靠海的一側是一條狹窄的街道，名叫橫里（或橫街）；從橫里到德隆前街的新填海土地上，興建了一排房屋。內錨地的其餘部分最終被填海造陸，以鋪設另外三條街道：兩條大致呈南北向的街道，從橫巷伸延至大海（正街和大街）；另一條也是大致呈南北向，從西面的「普通路」伸延至大海（西橫巷）。在這三條街全都在半途明顯地改變了方向，而在正街和西橫巷之間，一條小巷恰好在發生轉向的地方連接這兩條街道。這必須說明，這三條街道是在兩個不同時期鋪設的；它們所在的土地，是在兩次不同的工程中填海造陸而成的。最後，在制訂集體官契前還開展了另一次填海工程，地點在德隆後街靠海的一側，避風錨地被填平（集體官契制訂之時，此填海工程還在進行中），西橫巷以西的「普通路」向海一側也填出一塊地，在集體官契制訂時，最靠近西橫巷的地帶已經開發，但再往西的部分是後來才填海，在集體官契制訂時尚未完成。在西橫巷、正街和大街這三條主路的盡頭，各自建了一個大碼頭，大街盡頭的碼頭前方留出一個區域，用作鎮上的市集。

一如大部分新界墟鎮和沿海錨地，西貢市郊有許多衛星聚落。西貢篤（也稱灰窰下）和油麻莆是當中較為重要的兩個。西貢篤位於西貢主鎮區西面半英里處，是西貢的 20 座石灰窰的所在地。這裏的石灰窰不像深水埗那樣窰靠近住宅區，因此雖然它們也會帶來嚴重污染，但相對上倒沒有造成太大問題。[108] 西貢篤的唯一居民是石灰窰的工人。油麻莆位於西貢墟的主要風水山後方，此地是商品菜園，為西貢墟生產蔬菜。

鎮內有一座規模很大的廟宇，即天后古廟（見插圖 044）。有點令人訝異的是，它面向避風錨地，而非主錨地。西貢天后古廟的建築有點與別不同。目前的

108 見本書第 2 章「西九龍：英國人到來之前」。

｜插圖 044｜1998 年西貢墟的天后古廟及協天宮

形制（基本上是 1916 年重建後的形制）由五個開間組成。最北端（從廟外望向廟的正面，位於最右邊）是西貢街坊值理會的辦公室和耆老聚會的地方。它至今仍在使用，主要用於開會討論年度神誕的安排。旁邊往南的開間是協天宮，右四是天后廟。這兩間廟都有各自的大殿入口，每一個入口上方都刻有廟的名稱。兩個大殿大小相同，殿內裝飾都經過精心設計，以確保不會有一個殿比另一個顯得更為華麗或重要。在 1916 年前（或者是某個更早的重建年份之前，惟沒有任何相關的證據留存下來）這兩間廟很可能是各自獨立存在的，後來才被重新安置在同一座建築物中；不過今天鎮上沒有人認為情況是如此。這兩位神明涵蓋了全鎮：天后特別眷顧漁民，關帝則是商人最篤信的神明，因為祂喜歡公道和誠實的交易。

這兩個主殿各有一個神龕，上面都只奉祀一位主神；除了兩個主神的助手和守護大門的門神外，殿內沒有其他陪祀的神祇。不過，只有天后廟的大殿有大鐘。那裏有一塊 1847 年的殘破雲板，以及一個美國海軍銅鐘。該銅鐘可能是在 1948 年至 1949 年間歸這座廟所有，那時西貢公路（這是西貢和九龍城之間的公路，在這時期建造）正在興建中。

這座廟的中殿在香港地區可能是獨一無二的。中央大殿通常是最重要的，供奉廟的主神，但在這裏供奉的是鎮上的三個主要土地神（地圖 32 中的 1 號至 3 號的那些）。根據鎮上耆老的說法，這座神祠之所以被安置在這裏，是「為了方便」，讓忙碌的商人可以一次祭拜這三位土地神，而不必去分散於鎮上各處小巷的土地神祠拜祭。最南端的開間有另一個供奉鎮上土地神的神祠，這兩位土地神原本的神祠位於錨地的最內端（5 號和 6 號），這裏建了一個一模一樣的土地神祠供奉。這座神殿供奉的第三位土地神是神廟本身的土地神。避風錨地的土地神（4 號）就在廟外的廟前院。本鎮的第八位土地神，即醫局街盡頭的那位（7 號），不屬於街坊會所有，而僅是德隆街居民所有，因此廟內沒有為祂建一個相同的神祠（這個土地祠應是在德隆街建成時才設立的，所以大概沒有其他的那麼古老）。在這個最南端的開間內還有供廟祝所用的貯物間。土地神出現在中央開間，似乎是在強調天后廟與協天宮的重要性無分軒輊。

這座廟在戰後隨即獲得重修，並在過去幾十年間多次修繕。這些修復工作並非都符合這座廟原本的傳統風格，尤其是在廟宇的外部，而在辛亥革命後移居香港的晚清遺老陳伯陶的精美題字得以保存下來，為兩個主要入口增色不少。該廟建於何時無從稽考。現存最古老的器物是 1847 年的雲板，但這是否最早的建廟年份，就非常值得懷疑。這座廟的歷史大概要悠久得多，可能建於十八世紀上半葉後期，或更早一點；其始建年代應與本地其他錨地的廟宇相似，且如上所述，原本可能是建在另一個地點。

這座廟原本面向大海。廟前空地是進入鎮內的道路的一部分，所以每名經過的行人都會受神明的注視。街坊會擁有廟後的山丘（因為它對此鎮的風水十分重要，所以必須由集體擁有，以保證風水不會受破壞）。不過到了戰後，廟後方不大影響風水的部分，被用來建造一所新的街坊會學校（戰前的舊學校可能是使用廟側廳的街坊會辦公室），並在近山頂的地方興建鄉事委員會的建築物（兩者均建於 1950 年代後期至 1960 年代初期）。

1911 年，西貢墟的人口有 512 人，其中男性有 320 人（62.5%）；西貢篤的人口有 29 人（其中男性有 12 人，佔 41%）；油麻莆的人口有 31 人（其中男性有

24 人，佔 77%）。因此，此鎮當時的人口多於大埔新墟（472 人），而與元朗墟（559 人）相若。在集體官契制訂的時期，此鎮有約 180 間房屋。

有人認為在西貢墟建立以前，西貢村民生活的中心地點，是糧船灣洲的漁民錨地。這是非常不可能的。糧船灣天后廟一直被視為本區首屈一指的廟宇（很可能由於有這座廟宇的存在及其崇高地位，窒礙了六約其他宗教中心的發展）。然而，陸上居民要到達糧船灣洲是極為困難的。在西貢墟建立以前，西貢村民生活的中心地點應該是九龍城。

西貢的天主教

天主教隨英國管治而傳入香港地區，若瑟神父（Fr. Theodore Joset）* 於 1841 年成為香港新設的天主教傳教區的首任宗座監牧。到了 1849 年至 1850 年間，第一批天主教傳教士開始在大陸上的荃灣和九龍城傳教。1858 年，首批天主教傳教士從鉛礦坳翻越九龍山脈到達大埔，他們在大埔外的碗窰村成功令「大約六七人」入教。1860 年，當地建立了一座小教堂，駐有兩名神父。他們的「堂區」涵蓋九龍山脈以北的新安縣全境，以及歸善縣（後改名惠陽）和陸豐。著名的安西滿（Volonteri）地圖就是由其中一位神父製作，是他在這片廣袤地區不斷逐村遊歷的副產品。

傳教士在大多數地方都受到冷待。在極少數地方，傳教士獲准購買土地或建立教堂。即使在 1860 年代末有大量村民信奉天主教的碗窰，傳教士也只獲准租用一間廢棄的貯藏室，供他們用作教堂、住所和學校。

當幾位神父在 1865 年首次到訪西貢，出乎意料地獲得積極迴響。[109] 街坊會

---

* 編按：若瑟神父原籍瑞士。

109 關於天主教在西貢的情況，見 Ticozzi, "The Catholic Church and Nineteenth Century"; S. Ticozzi, *Historical Documents of the Hong Kong Catholic Church* (Hong Kong: Hong Kong Catholic Diocesan Archives, 1997)；S. Ticozzi, *Il PIME e La Perla Dell'Oriente* (Hong Kong: Caritas Printing Training Centre, 2008)；G. Criveller, *From Milan to Hong Kong: 150 Years of Mission* (Vox Amica Press, 2008)；T. F. Ryan, S.J, *The Story of a Hundred Years: The Pontifical Institute of Foreign Missions (P.I.M.E.) in Hong Kong, 1858-1958* (Hong Kong: Catholic Truth Society, 1959)。

允許他們買下一間面向普通路，與天后廟只隔了兩戶人家的大屋，作為居所和小教堂（1866 年）。新界其他墟鎮均不允許傳教士在市鎮內設立傳道站點。傳教士在西貢的傳教卻不受妨礙，很快就有許多人入教，尤其是漁民（在 1866 年的五旬節有 19 人受洗）。當主教到訪西貢時，街坊會領袖會前來迎接。街坊會認為天主教為這個鎮帶來大大繁榮起來（教友會在重要節日來到鎮上做彌撒，在儀式結束後到鎮上的餐廳飽餐一頓，餘下時間則在鎮上購物）。

1866 年，幾位神父接見以製鹽為業的鹽田仔陳氏耆老代表，對方告訴神父，他們全族決定集體皈依天主教。他們已燒掉土地神和神像，正專心閱讀神父派發的各種小冊子，並希望領洗。由於天主教神父那時還未到過鹽田仔，此事大大他們出乎意料。但其後神父訪問了該島，發現村民似乎確實下定決心，並在盡他們所能研究教會的教訓。全體村民（30 人）於是在 1866 年的聖誕日受洗。

這不是西貢地區唯一全村或村中大部分人入教的事件。大浪（80 名村民在 1867 年耶穌升天日領洗）和赤徑（也在 1867 年）也出現集體入教的情況。到 1905 年，除了西貢鎮內主要的天主教教堂（見地圖 35），在西貢北部的山中各處，至少還散佈着 8 座小型的天主教教堂，每座小教堂服務一個或幾個信奉天主教村落（除了教堂本身之外，這些小教堂還設有供神父度宿的房間，另外通常還有一間附屬的學校教室）。到 1870 年，已有 13 個鄉村入教；到 1879 年，西貢的天主教徒人數為 300 人，「鄉村」中還有另外 350 人。這些教堂輪流舉行彌撒，通常每月一兩次。由於有許多人入教，西貢在 1867 年與「大陸區」的其餘部分分開，並獲派專職的神父。1931 年，西貢地區被分割，大浪獲派專職的神父，負責本地區東部的鄉村教堂。至 1953 年為止，在十九世紀建立的小堂以外，又增加了三四間鄉村小堂。教徒都是來自較貧窮的客家村落以及漁民；那三個古老的本地人村落很少人（如有）信教。傳教士很照顧教徒，並盡力令他們能過更好的生活。當廖氏前來試圖殺死教徒時，一位「和神父」（Fr. Volonteri，又名安西滿）和教徒一起去進行伏擊，並且在整個戰鬥過程中都在場（至少一名廖氏族人在戰鬥中被殺）。[110] 大約在 1880 年，另一位「和神父」（Fr. Piazzoli；他

110 見 Ticozzi, "The Catholic Church and Nineteenth Century"。

| 地圖 35 | 二十世紀初西貢地區的天主教教堂

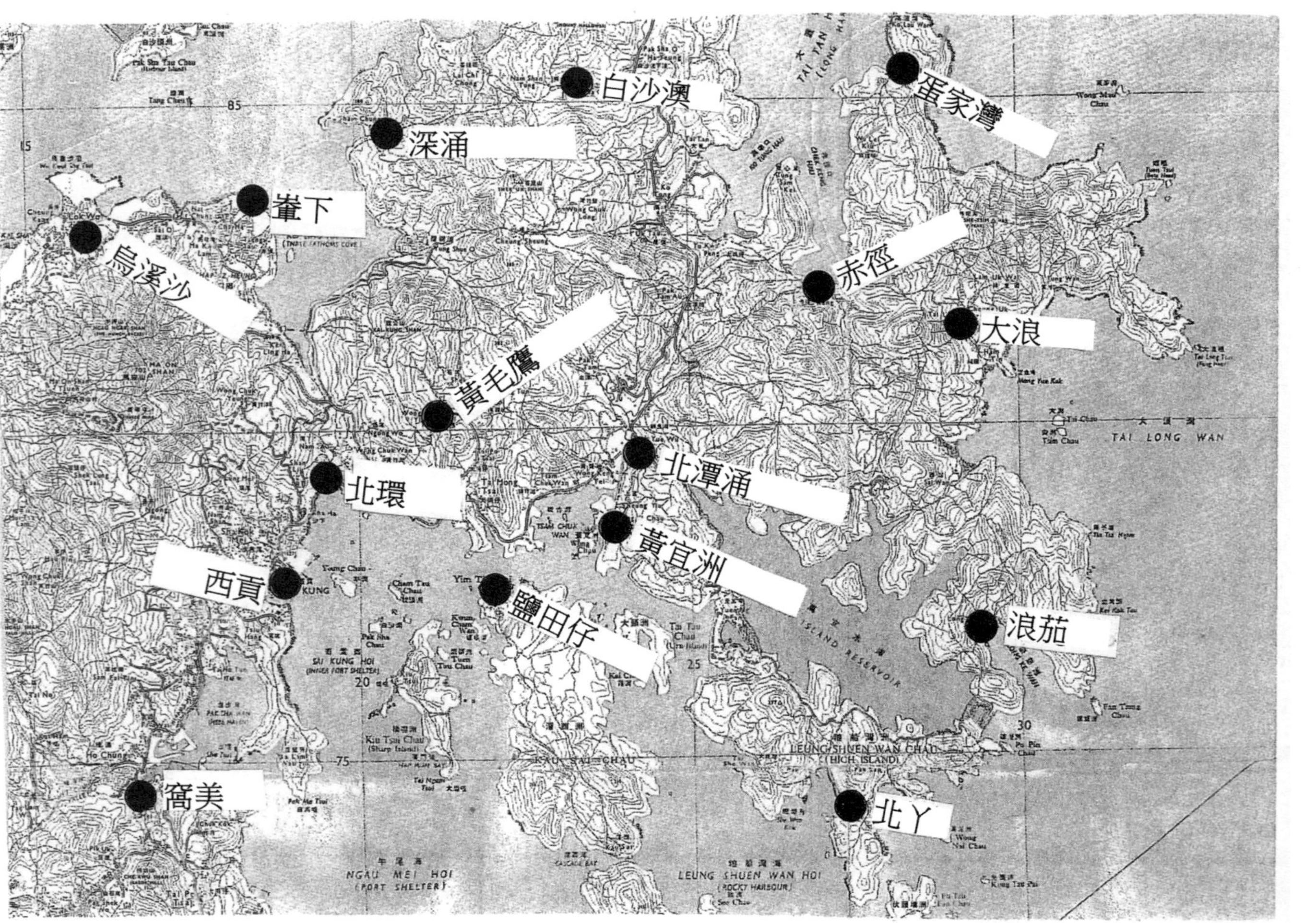

後來晉牧，稱「和主教」）協助深涌村民在村前的海灣填海以增加耕地；當地骨主來到，要求他們為新填出的土地繳納租糧，和神父稱他們為「土匪」，並從歐洲引進現代步槍，教導村民如何使用（他年輕時曾在意大利軍隊服役），把這些人趕走。

鹽田仔除了是首個以上述方式集體入教的村落之外，也是最早建造自己的教堂的村落。那教堂就在村後山丘的山頂上（見地圖 36），建於 1867 年初，1879 年曾重新擴建（見插圖 045），是香港現存最古老的天主教教堂（今日的香港主教座堂建成於 1888 年）。大浪和赤徑小堂也是在 1867 年動工。鹽田仔教堂呈西式風格，規模很大，建造精良，可容納當時全島居民約 100 人。它漂亮得令人驚訝，有一個祭壇，有點像十九世紀中葉澳門巴洛克風格教堂的鄉村版。其餘六座鄉村小堂的歷史也可追溯到 1880 年前，但沒有一座像鹽田仔的那麼古老和漂亮。這些小堂大多仍然存在，修葺狀況不一。如今大部分用作供郊野公園遊客使用的營地。

除了教堂之外，天主教會還建學校。大約在 1867 年，天主教會於西貢開設了一所小學；其後在天主教徒人數眾多的村落（包括鹽田仔），也開設了一些學校學校。1924 年，崇真學校在西貢開辦，是當時新界僅有的七所高級小學之一；其餘分別是位於長洲、元朗、大埔和油麻地的官立學校（它服務沙田的村落）；位於沙頭角、由村民開辦的學校；以及大埔一家官立的「師範學校」，為鄉村小學培訓教師。崇真學校在西貢聲譽很好。它從 1951 年起改為中學，1959 年搬遷到位於鎮上的山丘上的新校舍。

本區的天主教徒人數穩步增長。1870 年全區有 650 人，1910 年有 2,100 人，到 1930 年代有約 3,000 人（1936 年有 630 人定期參加彌撒，約佔當時區內總人口的 7%）。到 1959 年，天主教徒的人數之多，已遠非墟鎮上的舊教堂所能容納，教會於是在鎮後方山丘上的崇真學校旁邊建造了一座新教堂，即現在的聖心堂。

可惜，西貢大部分的天主教村落都位於偏遠地區，大多數至今仍然沒有道路連接。在 1960 年代和 1970 年代初期，這些村落的人口開始外移。大浪灣教區在 1974 年被取消，因為大部分人都離開了。到了 1970 年代末，大部分鄉村都

｜地圖 36｜鹽田仔村及其鹽田

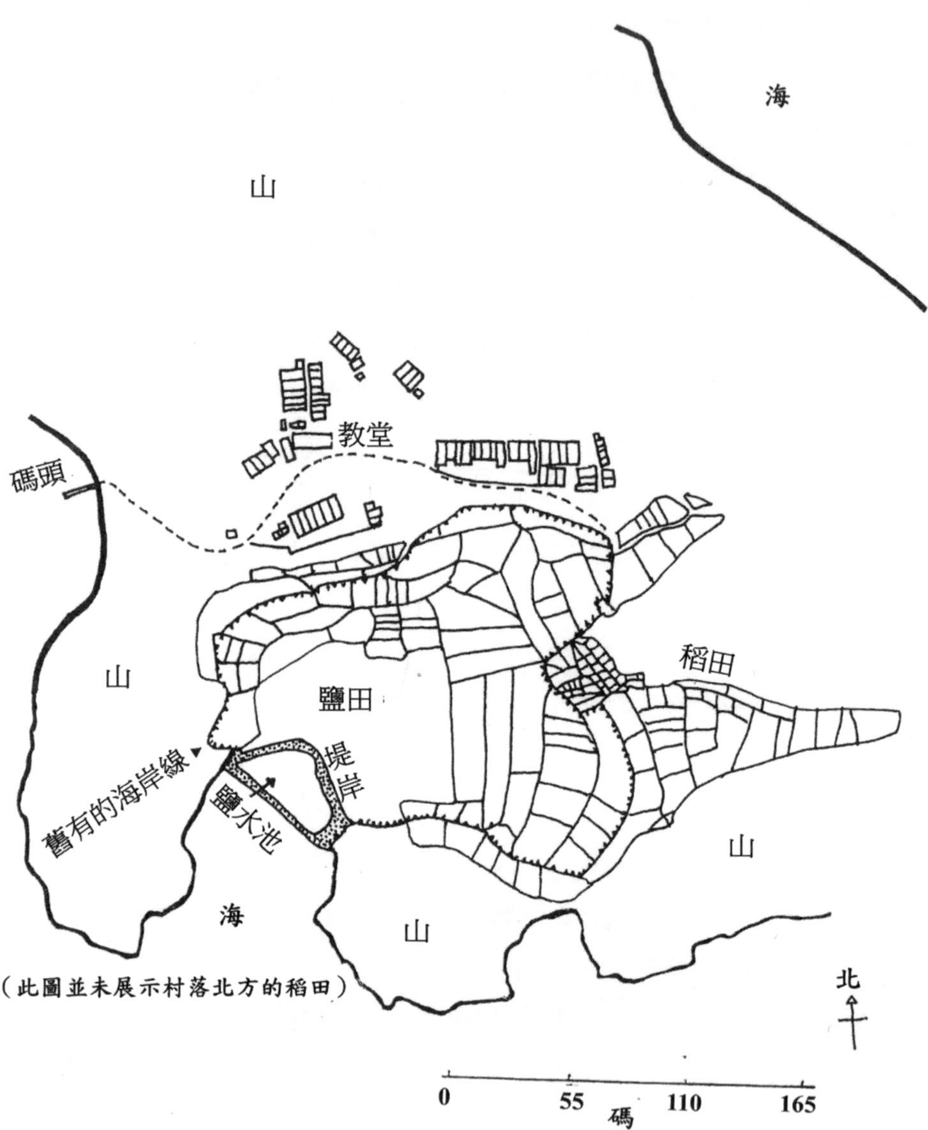

｜插圖 045｜1998 年的鹽田仔聖約瑟小堂

沒有人居住了。今天，彌撒只是定期在窩尾（西貢和市區之間）的小堂舉行。直到大約 1990 年代，鹽田仔還定期為留在那裏的六位老人舉行彌撒，但隨着學校關閉，渡船服務取消，最後的老人不得不在 1998 年放棄在當地居住，而遷往西貢。現在那裏不再定期舉行彌撒。然而，每年一次，在離聖若瑟瞻禮（5 月 1 日）最近的星期天，世界各地的陳氏族人都會回到鹽田仔做彌撒，那時小堂就會座無虛席，到處擠滿了人。

在日佔時期，西貢有三位神父殉難了。當時本區處於游擊隊控制之下（日本人從未能完全控制本區）。許多游擊隊員都是共產黨人，他們大多持反宗教立場。部分游擊隊領袖曾於 1920 年代在「海陸豐蘇維埃」中接受訓練，當時也有不少宗教信徒殉難。1942 年 8 月 15 日，西貢堂區司鐸郭景芸神父被殺，他的繼任者丁味略（E. Teruzzi）神父也於同年 11 月 26 日被殺。大浪司鐸黃子謙神父則於同年 11 月 15 日在那邊被殺。由於主教無法保證神職人員在西貢的安全，區內的傳教站不得不於 1942 年 11 月起關閉，直至 1945 年以後才得以恢復。

經重建的鹽田仔教堂在 1879 年由福若瑟神父（Rev. Fr. Joseph Freinandemetz）主持開幕。年輕的他在該年抵達香港後，便獲任命為西貢堂區神父，這是他作為傳教士所出任的第一個職位。這座鹽田仔教堂是福若瑟的香港歲月的永恆紀念物。這座小堂尊聖若瑟（St. Joseph）為主保，無疑是福若瑟神父按自己的名字選取的。福若瑟神父也是聖言會的創辦人之一。他在中國傳教多年，最終成為華北地區的主教。他為人極富奉獻精神和熱情，深受他所服務的民眾愛戴。他於 2003 年獲冊封為聖人。雖然聖福若瑟在西貢僅一年多，但鹽田仔村民仍對他深感懷念，並為能有這位聖人作為第一位在他們的教堂主持彌撒的神父而感到自豪。

工商產業

在西貢墟內，有和其他港口城鎮一樣的工匠商人——鐵匠、木匠、製繩匠、製帆匠、銀匠、醫師、染布工、裁縫、造船匠等。這些商人大多只在鎮上經營，只有少數人所生產的東西會輸出區外。商戶中以雜貨店數目較多，主要經營穀物和乾製食品，並往往兼營釀酒廠、屠宰場、醬料廠等業務。西貢墟輸出的產品主要是鮮魚、石灰、酒和木柴。

直至當時為止，使用「普通路」並通過伯公凹營盤的輸出產品的生意，以鮮魚和木柴貿易最為重要。維多利亞港的水很渾濁，該處捕得的魚，品質並不是上乘的；而西貢附近海域水深而清澈，海底多石頭，出產的魚品質優良。九龍城有不少富裕居民，有能力購買優質魚。魚販（其中有幾家在西貢墟經營）在大清早向西貢漁民買下在那裏捕獲上岸的優質魚，小心地裝在籃子裏，然後由魚販僱用苦力運往九龍城，可趕及送到兩個小時後在當地開始營業的早市。

1840 年代香港島上建立了城市後，西貢魚販亦安排把鮮魚運往香港島。運往香港島的魚是由苦力運到九龍城，之後或許會再由其他苦力接力運往油麻地，再以恆常來回海港兩岸的舢舨送到香港島。西貢的魚販會擔任代理人，替九龍城或油麻地的生意夥伴買魚。運魚的苦力十分專業，且非常強壯和堅韌，能夠帶着 100 斤（133 磅）的貨物穩步疾走，在兩個多小時內走 7.5 英里的路程到達九龍城，或者在大約三小時內走 9.5 英里的路程抵達油麻地。因此，漁獲會在早上 7 時左右運抵九龍城，或者在早上 8 時 30 分左右運抵香港島。在十九世紀中後期，在香港島出售的鮮魚中，有很大一部分是通過這種方式從西貢運來的。

然而，香港島居民對優質魚需求甚殷，從西貢運來的漁獲無法滿足全部需要。漁民在大嶼山四周或香港南面海域捕得的魚，也會運往香港島；又或者先在深水埗上岸，再由苦力運到香港。不過，這些地區的魚種與海水清澈的西貢沿岸不同，所以不會對西貢的鮮魚貿易構成直接競爭。

在吐露港捕獲並在大埔上岸的魚，會由大埔魚販處理；當中不少也會由苦力運往香港島。漁獲大清早就從大埔運出，上午10時左右可到達香港。鐵路通車後，這種貿易就立即改用新的鐵路運送。

這種鮮魚貿易是西貢漁業的核心。魚乾和鹹魚貿易是香港仔、長洲和大澳的漁業社群的重要支柱，但在西貢則微不足道。西貢漁業所買賣的幾乎全是鮮魚。在十九世紀末，運魚的苦力會在清晨時分絡繹不絕地經過伯公凹的營盤。

這些運魚苦力從九龍城或油麻地回程時，會為西貢的店家運送他們店裏需要，但在西貢無法獲得的貨物。西貢的魚販和柴商會為其他西貢店家擔任代理人，替他們採購和運回這些貨品，從中賺取佣金。許多來自西貢貧窮鄉村的男男女女，都要靠擔任運魚苦力和柴薪搬運工來幫補收入。

開往銀線灣的渡船對西貢墟非常重要，主要是因為它對於西貢另一項主要的輸出產業，特別是在十九世紀中葉之前而言十分關鍵。這項產業就是石灰業。石灰是砂漿、灰泥和塗於建築物外部的石灰水的重要成分。廣東省沒有石灰岩，製造石灰的唯一可用的原料是珊瑚或貝殼：「**燒製石灰是（新界的）重要產業，以珊瑚和蠔殼代替石灰岩作為原料**」，「**長期以來，整個新界都是以貝殼和珊瑚生產石灰……小窰是新界各地海邊的常見事物，在裏面可用松樹或灌木樹枝生火，將珊瑚燒成石灰窰**」。[111] 每個產蠔的港口都有石灰窰，但這種石灰來源僅能滿足一小部分石灰需求；廣東使用的石灰，大部分必須靠燒珊瑚生產。不過，珊瑚需要在高鹽分而乾淨的水中生長，而珠江流域的水域過於渾

---

111 James Stewart Lockhart, "Report on the Extension of the Colony of Hongkong", in *Papers Laid before the Legislative Council of Hongkong* (Sessional Papers 1899) (Hong Kong: Government Printer, 1900), No. 9/99, "Industries"; and G. N. Orme, "Report on the New Territories, 1899-1912", in *Papers Laid before the Legislative Council of Hongkong* (Sessional Papers 1911) (Hong Kong: Government Printer, 1912), No. 11/1912, para 82.

濁，鹽分太低，不適合珊瑚繁衍。

離廣州最近而盛產石灰的地方就是香港，尤其是西貢地區。該處的水域長滿珊瑚。布滿大鵬灣的珊瑚船以人力把珊瑚挖出，之後運往西貢的灰窰。這些灰窰位於西貢墟西面入口稍遠處的灰窰下。珊瑚放在小灰窰裏，以木材為燃料燒製石灰；灰窰需要大量木材作燃料，當中大部分是從沙田區翻山越嶺運來的，其餘則來自西貢各地。燒製石灰不時會產生令人窒息的毒霧，因此西貢灰窰需要建在離市鎮區稍遠的地方。理民府官寫到坪洲的灰窰時說，「**窰中不斷冒出濃煙和石灰塵**」，西貢灰窰的情況也是如此。[112] 這些灰窰有自己的碼頭，讓珊瑚船把珊瑚運上岸。二十世紀初，這個地區大約有 20 座灰窰，在此之前的數量應該也大致相若；周圍的鄉村還有更多的灰窰。鄉村灰窰生產的石灰（大部分是季節性的）由船運到西貢，賣給西貢的石灰生產商。西貢和鄉村灰窰生產的石灰，會經由窰苦力從灰窰下運到打蠔墩，再由渡船運往銀線灣；來自坑口的苦力會從這裏把石灰翻山越嶺運到坑口碼頭，然後石灰會再被送往筲箕灣。

筲箕灣是維多利亞港的打石業重鎮。從十八世紀初葉至中葉開始，由筲箕灣末端的阿公岩沿着海岸幾乎直到北角，有着一連串大型石礦場。[113] 這些石礦場開採和打磨香港花崗岩。這些石礦場使用專門的大尾艇，筲箕灣的小港口是他們的母港；大尾艇將石材運往廣州和珠江三角洲的城市，而這種交易自從十八世紀初以來就已經十分重要。[114] 石船的船主也代理西貢石灰，將石灰連同石材一起載運送；石材和石灰是相輔相成的生意，在廣州和珠江三角洲的港口也是由同一批商人一併處理的。西貢石灰商以石船船主為代理人，便毋須另行覓船將石灰從西貢運往廣州。西貢的這種石灰貿易大概也同樣可以追溯到十八世紀初葉至中葉；而到了十九世紀末，石材貿易和石灰貿易之間的密切關係已有相當悠久的歷史。

1841 年後，香港島上建立了新城市，筲箕灣的石礦場場主為他們的石材找到了一個比廣州近得多的重要新市場。然而，在二十世紀初之前，香港島東部仍

---

112 見 Schofield, "Memories of District Office South", p. 148。

113 關於石材貿易、筲箕灣及其發展史，見本書第 5 章「水道旁：鯉魚門地區的打石業與社會」。

114 見本書第 5 章「水道旁：鯉魚門地區的打石業與社會」。

沒有任何道路可用於運送沉重的石材，所以這裏出產的石材仍要靠石船來運送。港島的新城市中的新建築物，與先前廣州的建築物一樣，對於西貢石灰也有大量需求，因此石灰和石材同樣是一起運往這座新城市的。

到了十九世紀中葉，有些帆船直接從西貢運載貨物到香港，其中一些帆船很可能運載石灰。許多這些帆船除了船艙外，甲板上還有細小的船室，可以租給較為富裕的乘客（往返香港和西貢傳教站的天主教神父經常搭這些帆船）。但是這些帆船不能用來運魚，因航行時間太長，漁獲無法保持新鮮。

大嶼山南岸也有珊瑚，坪洲和深水埗的石灰窰就是用這些珊瑚資源。[115] 坪洲石灰窰的石灰生產，一直持續至日本侵佔香港為止（在英國人管治深水埗後不久，政府就以石灰窰由於對環境造成極大危害為由，關閉當地的石灰窰）。青衣在 1917 年至 1926 年左右也有石灰窰，尼姑洲（今天稱為「喜靈洲」）同樣有石灰窰。[116] 在十九世紀後期至二十世紀初期，坪洲和深水埗的石灰窰生產的石灰，只出口到香港市區。

然而，從二十世紀初開始，這種手工製作的石灰被認為品質太差，不適合用於香港市區內顯赫的建築，因而需求日減，且漸漸被進口石灰所淘汰。

除了鮮魚和石灰，西貢還有另外兩項重要的輸出產業：釀酒和柴薪。傳統上，每個墟鎮都會有一間或者幾間釀酒廠，釀製酒水在鎮上出售。這些釀酒廠「往往附屬於某間雜貨店」。[117] 店主會買下多餘的穀物儲存起來，以防區內日後發生飢荒。如果穀物開始變舊，店主要避免投資血本無歸，最簡單方法是將穀物釀成酒，放在店內出售。在十九世紀初，一如所有其他地方墟鎮，西貢肯定也有幾間這種供應本地需求的小型釀酒廠。

不過，在 1841 年香港島建立維多利亞城後，這座新城市的人口不斷增長，以致對烈酒有無窮無盡的需求。地方墟鎮的釀酒廠為了出口到香港島，就開始全力大量釀酒，生產數量遠多於過往。在十九世紀後期至二十世紀初，運往香港島

115 見本書第 2 章「西九龍：英國人到來之前」和第 4 章「地與海：鹽業、漁業與香港港口城鎮的社會發展」。

116 見 Administrative Reports, "Report on the New Territories"。

117 見 Administrative Reports for the year 1910, Appendix I, "Report on the New Territories", pp. I. 4-I. 5。

的酒，主要由來自深水埗、荃灣地區，以及其他鄰近維多利亞港、有便利的交通路線可通往香港市區的村落的釀酒廠釀製。這些釀酒廠在二十世紀初的規模已變得很大，並會使用進口的穀物。西貢也大規模地參與了這種貿易。

大鵬灣地區貧窮、多山、耕地少但人口更少，所以經常有一些餘糧，西貢商人就把這些餘糧運到鎮上，在那裏釀酒並輸往香港市區。從 1909 年開始，「土酒」也被徵稅，酒稅在 1910 年降低，1916 和 1921 年又提高，而徵稅的規定也在 1927 年收緊了。[118] 然而，西貢非常偏遠，收稅的餉員很難有效地監管。結果，本鎮所釀的酒許多都逃了稅，沒付稅就偷運到市區。從 1916 年起，新界北區的酒稅，有約四分之一是由西貢支付；但可以肯定地說，這是大大低估了那裏的生產量。[119] 西貢生產未完稅的酒價格低廉，所以儘管其運輸成本較深水埗或荃灣生產的酒為高，但因為深水埗或荃灣的酒大多繳納了酒稅，西貢的酒仍可以在香港的市場上佔一席之地。

西貢生產的酒，可能主要是由從西貢直接開往香港的帆船運送的。事實上，這些直航帆船之所以存在，很可能是由於有愈來愈多的酒需要從西貢運到市區。經由坑口前往的舊渡船航線，不適合進行這種貿易，因為經由這條路線運輸的東西必須經過多重轉運，令陶製的酒瓶很容易被打破，或者酒水在途中被偷走。

沙田東部及西貢各地的村民都會把柴薪運到西貢墟。鎮上的石灰窰和釀酒廠是柴薪的重要買家，但柴薪的主要市場是在九龍。早在十九世紀末之前，九龍就幾乎已把所有森林砍伐殆盡，因此燃料非常短缺。與九龍距離最近的柴薪產地之一是西貢（另一個是沙田南部，該處出產大量木柴運往深水埗）。[120] 西貢墟的柴商會盡量買下村民運到墟市的柴薪，再由專門的苦力運往九龍城或油麻地。1841 年以後，部分柴薪被運往同樣極度缺乏燃料的香港島。苦力一天可以來回西貢和九龍城兩趟，似乎是清早為早市運送鮮魚，之後大約在中午時分把柴薪運到那裏。1941 年的一段關於西貢的描述說：

118 見 Administrative Reports, "Report on the New Territories"。

119 同上註。

120 見第 2 章「西九龍：英國人到來之前」。

> ……由少數的聚居，由長久的時間逐漸結集起來，今日儼然成新界東部的唯一市鎮……[121]

如上所述，開往鹽田仔村（見地圖 36）的街渡，是為西貢墟較為重要的街渡航線之一。這個村落可能與西貢墟大約建立於同時，即十八世紀初葉至中葉。它幾乎沒有可耕作的土地，村民全靠鹽田維持生計。鹽田仔生產的鹽，全都運到西貢墟出售；而西貢區內所需的鹽，全由鹽田仔生產。因此，直至日本侵佔香港以前，在西貢地區常常可看到從鹽田仔運鹽到西貢墟的鹽船。這些鹽船也載客。據鹽田仔的耆老說，村中每戶人家都有一塊鹽田，或至少與其他人共同擁有一塊鹽田；而每塊鹽田都與西貢墟的某間雜貨店訂有協議。這些人家會把鹽一袋袋運到該店，商店則用大米、鐵器和其他他們所需物品代替貨款。乍看之下，村民似乎任由店主宰割；但由於鎮上還有其他商戶，如果店主過於貪得無厭，其他商戶便可能會乘機把鹽戶爭取過來，與他們另訂合約。在 1898 年以前，這些鹽場都無須繳納鹽稅，因為它們規模太小，不值得政府多費功夫去徵稅（《大清律例》允許規模小的鹽場免繳鹽稅）。

前面也提到，海盜是西貢地區的大患，部分原因是當地的「約」效率不彰。事實上，在 1898 年前，海盜劫掠和賊贓的銷售是西貢的另一項主要行業。西貢的墟市是惡名昭著的海盜淵藪。1898 年前，在香港的外國人不敢到此地旅行，因為這樣做要冒被擄劫和勒索贖金的巨大風險。西貢被視為「**香港境內最糟糕的〔地方〕……當地人……幾乎都以海盜為日常職業。但他們『下班』後，模樣就像普通漁民和農民一樣，香港沒有人信任該地區的任何人士**」。[122] 唯一經常到那裏旅行的外國人，就是上述 1865 年至 1867 年間活躍於西貢的天主教傳教士。儘管如此，傳教士一直很清楚區內的海盜活動及其對傳教士的威脅。[123] 帆船在區內平靜地航行卻遭襲擊，是司空慣見的情況。1878 年 5 月 11 日，當時負責西貢傳教團的和神父（Fr. Piazzoli，他後來晉牧，稱「和主教」）

121《爛頭島開發》（香港：天下通訊社，1941）。

122 見 Ryan, *The Story of a Hundred Years*, p. 44。

123 同上註，pp. 44 & 139-140。

寫信給教區的副主教：「星期四晚上……兩艘帆船襲擊了我們，戰鬥持續了一段長時間，我們可憐的船艙成為了堡壘；他們兩次攻來，兩次都被擊退。我沒有時間把細節一一寫出，閣下只須知道，15 名水手中有 3 人受傷，4 人死亡。」[124] 這次襲擊發生在西貢海入口處，當時和神父正從香港島返回傳教區，他清楚知道這次受襲並不稀奇。西貢是海盜發動襲擊的理想地點：所有從廣洲和香港前往中國北方地區或海域的船，都會經過西貢海的海口，那裏有許多島嶼，尤其是果洲群島；海盜可以在那裏等待單獨航行、容易下手的帆船。因此，在西貢至香港島航線上行駛的帆船，始終處於危險之中；直到英國人接管本區後，問題才得以解決。不過，在 1898 年前，海盜活動也或多或少為西貢帶來繁榮。

結論

西貢地區的早期歷史闡明了本地生活中的許多重要因素。這裏的定居活動的歷史顯示，首先是講粵語的本地人，在經過一段時間的試探後，終以地皮佃戶的身分落戶於此；而租地給他們的地骨主，則住在其他地區。其後定居者之間頻繁通婚，因此新建立的鄉村彼此關係密切。這些鄉村曾向一些新來的氏族敞開大門，那些氏族正是有關鄉村想要的新來者。

客家人的到來，為這個體系帶來了壓力。本地人村落開始把盡量多的土地保留在自己手上，並試圖迫使新來的客家人接受成為大村落的地皮分租戶地位。不過，在外圍地區，尤其是西貢北部、十鄉和茅坪的山區盆地，移民前來定居，並沒有受到本地人大村落的干擾；但在西貢中部地區不同群體輻輳之地，出現了一些緊張和棘手情況。

十九世紀初，蠔涌村民試圖主宰整個地區。他們擺脫了佃戶身分，成為本鄉的地骨主。他們與南圍械鬥，又長期嘗試迫使北港屈服。他們在知縣面前纏訟 14 年，成功踢開了他們的舊地主；不過，他們未能促使知縣裁定北港是蠔涌的

124 *The Hongkong Catholic Examiner*, May 20, 1878.

佃戶。蠔涌最終失敗了，官司開支很可能將他們推向破產邊緣。北港最終也獲得了地骨主的地位，但也付出了高昂代價。然而，蠔涌的行為顯示了十九世紀初的地方政治是多麼險惡、無情和不講道德的。

這些事件揭示了本地區的綁架問題，以及縣衙如何處理案件，都很值得探討。我們應鼓勵研究者詳細探討新界各地的定居過程和早期政治史，這類研究可能會發現更多具有啟發性的知識。

附錄：北港駱寵芳的生平和時代

（摘自《駱氏族譜》）

族譜派引敘[125]

始高祖維紳公，廼津埔筋竹岡鄉十五世傳。明天啟朝與長兄維碧公，次兄維茂，客遊偶到新安南頭白石村。於是長兄維碧安居白石。至今散居南頭各處皆維碧後裔。次兄維茂公，遷到雙魚水口蕉逕村，又卜居焉。我　始高祖維紳公，始至北港村，與本邑梅林村黃姓發批墾闢創業。娶妻韋氏，所生五子。我祖至北港。李姓次第而到。駱李二姓初到，先在左側圍籬居住。本村原係莫姓所居，後我祖遷歸此住，莫姓轉遷瀝源大圍村去了。然後此庄山嶺田地係我祖管業。每年還納租穀玖拾叁石，租錢拾千零八十文，于黃姓田主所收。世代遞年還收安業。後因鄰村蠔涌，為因租穀與黃姓田主爭訟。自大清道光元年辛已歲，訟至道光七年結案。奈因黃姓田主躲案，反被蠔涌村佃反其主，官司贏了。連我北港此庄一切，亦贏歸蠔涌收納。奈蠔涌人心不足，蛇欲吞象，要加勝我北港租穀貳百石。我北港此時情願帮花銀貳百大員於他演戲，不加租穀為甘。奈彼決意不肯。此時迫于無奈，我北港自道光七年丁亥歲，又與地鬧訟。被他串衙控為十惡霸耕，官批起佃之詞，無計可施。猶幸本邑深圳向西村一位張姓朋友到此，荐他一個兄弟張得茂，在藩司金科。代荐南海縣狀師二人，一潘老二，壹梁老六。得他二人共為畫策，是以官訟贏其蠔涌。至道光十四年甲午歲結案。斯是止還租穀伍拾捌石，租錢四千七百文。因何先日還租穀九十三石，租錢拾千零八十文。後如此還少。乃梅林黃宅其契原底係印租穀伍十八石。奈他詭偽濫收多租穀叁拾五石。所以我北港與蠔涌爭訟其庫司，自行呈明。此時知覺亦天幸也。苐梅林田主當日見我北港官司贏倒蠔涌，他又浼我

125 筆者十分感謝高添強協助把這兩篇附錄翻譯成英文。

北港耆老荐潘梁二狀師與他籌策較訟，當時又將此租業訟贏斷歸黃姓業主管收。其梅林田主當日見我北港如此良佃，思以恩報。即願將我北港此庄租米田場山嶺一切，賣斷於我北港稅割印契，自耕自納。道光弍拾壹年辛丑歲。該銀壹千貳百七拾大員，與他黃姓一切買斷。印契承稅歸捋粮田。遞年安納。乃上代之世譜詳，未得細考。令只得原雄遷廣卜居東莞支派分遷至北港之世詳註列，為子孫後覽。俾可知祖本之流傳，澤後世之鼎盛焉。

大清光緒拾九年歲次癸巳十傳炳文謹續敘

續修譜跋敘

嘗謂水尋源，木尋本。人之祖本豈能罔焉。

余本不肖。乃少年辱承　祖父命負笈他鄉，志欲功名顯達，以報　親恩。奈不幸生逢亂世，兼之族小受凌，住處非美。年登年十七從師于新安城內。豈料被城內狗生員庚體全陳夢芥二人，宄串沙井陳西仰處陳桂籍之兄弟。匪首陳翰泉陳應用二人，統帶匪黨數十人，膽敢于白日擄捉到沙井，禁困十月。勒贖花銀千餘員，方得回家。斯時在家清夜細思，欲作志功名以報此仇此恨。轉想安邑世情以族大為贏，族小者雖功名亦難奈他何。況且自料住宅不如人，風水究竟無美穴大地。除此兩件，到底百世受凌無疑矣。再轉思惟風水可以變遷，有風水目下雖族小無富貴，後日必成巨族，富貴繁盛，功名顯赫，必不致累世受他人之凌欺也。於是尋訪明師，究學地理真訣，千里無辭。乃幸蒼天亦順人之意。猶幸相荐者得其人焉。幸得莞邑世交一位知友，白沙鄉鄭廷恩。他亦專究地理真訣，亦欲妥親骸之安，亦欲福子孫之盛。於是同心同德，共投莞邑明師潘海鏡先生門下。日值學習地理一業不辭勞苦日登山以看古墓，考究龍穴砂水。夜看秘書，忖思度真偽道理。如此在師側從學五年始回家。前後點吉壤妥安先靈並繪圖存焉。如世系編續亦余註集。奈前代先人總是愚農，並未有一人註續世譜以被後覽僅以口遺囑記。兹余不忖鄙陋，只得編續世系流傳，被後觀詳。知我　祖先起始來歷，得以後世有澤焉。余亦不負跋修衷矣。

旹

大清光緒十九年歲次癸巳仲春吉日十傳孫炳文謹敘

第4章

地與海：鹽業、漁業與香港港口城鎮的社會發展

本章嘗試把許舒（James W. Hayes）[1] 詳盡且極具價值的著述加以彙整並發揚擴大，藉此全面介紹香港島和新界南部港口城鎮的發展史，包括香港仔／鴨脷洲、赤柱、坪洲[2]、長洲和大澳（見地圖 37）。眾所周知，這方面的研究存在方法上的缺陷。大部分論據，尤其是關於這些城鎮最初建立和早期發展的部分，都屬於默證；而且當中使用的統計數據，很少有可以依賴的細節。無論如何，由於這些城鎮十分重要，卻全都缺乏任何考古證據，因此我們只好利用了存在於歷史紀錄中的些許蛛絲馬跡，嘗試描繪其城鎮生活的起源及後來的發展史。若是在論述過程中，這些蛛絲馬跡所負擔的分量過重，以致論述有欠穩妥，或者稍有與現實不符的情況，那還請讀者海涵。採用上述做法，是因為從中似乎仍可以看到一幅前後一致的畫面；即使當中個別參考資料零散和存有疑問，但最終所拼湊出的畫面之連貫，大概表明這些論述雖不中亦不遠矣。

本章第一部分嘗試勾勒這些漁港的發展史。所有這些城鎮看來都是「自然而然」建立的，亦即它們並不是按照計劃發展的城鎮，最初也不是通過任何有計劃

1　James W. Hayes, *The Hong Kong Region 1850-1911: Institutions and Leadership in Town and Countryside* (Hamden, Conn. : Archon Books, 1977), ch. 2 "The Community of Cheung Chau", and ch. 3 "The Community of Tai O"; "Hong Kong Island before 1841", *Journal of the Hong Kong Branch of the Royal Asiatic Society*, Vol. 24 (1984), pp. 105-142；"Peng Chau between 1798-1899" in *The Rural Communities of Hong Kong: Studies and Themes* (Hong Kong: Oxford University Press, 1983)；另見其 "Cheung Chau 1850-1898: Information from Commemorative Tablets", *The Journal of the Hong Kong Branch of the Royal Asiatic Society*, Vol. 3 (1963), pp. 88-106；以及 "Notes and Impressions: The Cheung Chau Community", in *Down to Earth: The Territorial Bond in South China*, ed. D. Faure and Helen Siu (Stanford, California: Stanford University Press, 1995)。非常感謝許舒博士為筆者撰寫本章所提供的協助，以及慷慨允許筆者彙整發揚他的研究成果。

2　坪洲較常見的英文音譯應是 Ping Chau，但 *A Gazetteer of the Place Names in Hong Kong, Kowloon, and the New Territories (Hong Kong: Government Printer, 1969)* 以 Peng Chau 為這個島名稱的音譯，這是為了把其英文名稱與大鵬灣的 Tung Ping Chau（東平洲）作區分。

| 地圖 37 | 香港的港口城鎮

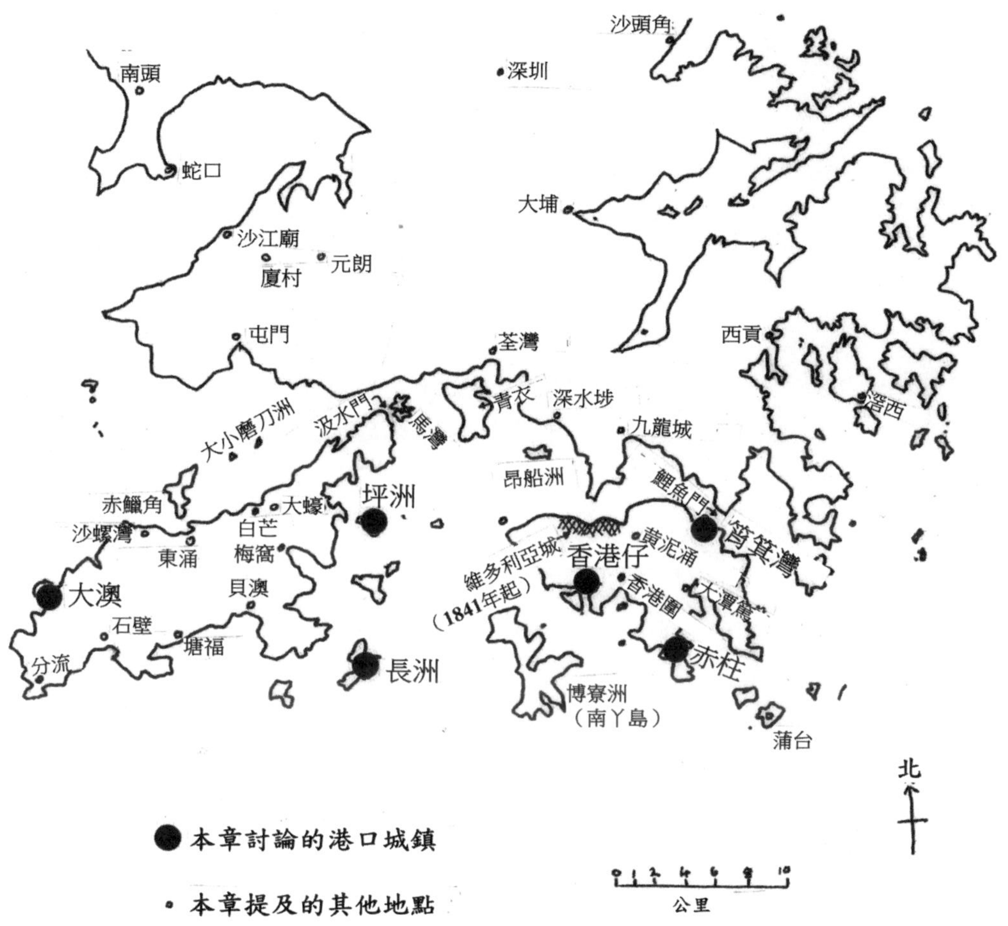

的建鎮行為發展起來的；而僅僅是因為一兩個商人在該處的臨時木屋開設商店或工場，其他人看見它們生意興隆而加入，最終形成了城鎮。在大澳，城鎮生活開始出現的時間，似乎不會早於 1580 年至 1600 年左右，長洲則約在 1690 年至 1700 年之間，而其他城鎮要更晚一些；所有這些城鎮發展最蓬勃的時期，是從十八世紀中葉到整個十九世紀。促成這一發展的因素，相信是本地漁業結構的變化，尤其從自給捕魚變為高度複雜和資本化的產業；這種變化源自人們發現遷移的黃花魚魚群，以及由此產生將鹹魚銷往華南內陸地區的貿易。所有這些錨地城鎮都以從事這種鹹魚貿易為主，並由從事這種貿易的商人所主宰。本章的第二部分試

圖找出這些城鎮在十九世紀末至二十世紀初的人口規模，以及背後的一些社會背景。

除了上述及本章詳細討論的六個錨地港口城鎮外，香港地區還有許多其他沿海墟市，它們在某種程度上也算是錨地城鎮（見地圖 37）。這些包括南丫島的榕樹灣[3]、馬灣[4]、荃灣[5]、深水埗[6]、油麻地[7]、紅磡[8]、九龍城[9]、西貢[10]、沙頭角[11]、大埔[12]和其他一些小地方。這些城鎮大多比本章所詳細討論的要小得多，它們並非以鹹魚商業貿易為主（其中一些城鎮主要從事鮮魚貿易）；[13] 而且它們既是水上人的市場，也是陸上人的市場。這些規模較小的港口城鎮的商人大多是新界當地人（大型港口城鎮的商人，大多來自新界以外的地區）。假如這些其他地方的某些發展特徵，有助於闡明本章所深入討論的錨地港口城鎮的發展，本章也會加以討論。除了這些城鎮，筲箕灣還有一個重要的港口城鎮。此鎮的發展史與其他城鎮

3 見 Patrick H. Hase, "A Small Island in the Midst of the Sea: The History of Lamma Island", in *Settlement, Life, and Politics: Understanding the Traditional New Territories* (Hong Kong: City University of Hong Kong Press with the Royal Asiatic Society, Hong Kong Branch, 2020)。

4 見 Patrick H. Hase, "By Violent Waters: The History of Ma Wan", in *Settlement, Life, and Politics*。

5 見 David Faure（科大衛）, "Notes on the History of Tsuen Wan", *Journal of the Hong Kong Branch of the Royal Asiatic Society*, Vol. 24 (1984), pp. 46-104。

6 見第 2 章「西九龍：英國人到來之前」，以及 Carl T. Smith（施其樂）, "Sham Shui Po: From Proprietary Village to Industrial-Urban Complex"，載 *A Sense of History: Studies in the Social and Urban History of Hong Kong* (Hong Kong: Hong Kong Educational Publishing, 1995), pp. 163-202 ，重刊自 *From Village to City: Studies in the Traditional Roots of Hong Kong Society*, ed. David Faure, James Hayes and Alan Birch (Hong Kong: Centre of Asian Studies, University of Hong Kong, 1984), pp. 73-105。

7 見第 2 章「西九龍：英國人到來之前」。

8 見 Carl T. Smith（與 James W. Hayes 合著）, "Hung Hom: An Early Industrial Village in Old British Hong Kong"，載前引 *A Sense of History*（原刊於 *Journal of the Hong Kong Branch of the Royal Asiatic Society*, Vol. 15 [1975], pp. 318-323）。

9 關於其概況，見本書第 6 章「寮屋區：有關侯王新村和古洞的歷史劄記」以及當中的參考資料。

10 見本書第 3 章「仇與恨：早期西貢的聚落與政治，1550 至 1911 年」。

11 見 Patrick H. Hase, "The Alliance of Ten: Settlement and Politics in the Sha Tau Kok Area"，見上引 *Down to Earth*, pp. 123-160；"Sha Tau Kok in 1853", *Journal of the Hong Kong Branch of the Royal Asiatic Society*, Vol. 30 (1990), pp. 281-297；以及 "Eastern Peace: Sha Tau Kok Market in 1923", *Journal of the Hong Kong Branch of the Royal Asiatic Society*, Vol. 33 (1993), pp. 147-202。

12 現有對於大埔的早期歷史的研究十分不足。

13 特別是在沙頭角運上岸的魚，在破曉時分就由苦力運到深圳的早市出售，而在大埔和西貢運上岸的魚，同樣由苦力翻山越嶺運到九龍城，再到油麻地和香港島。苦力必須在天亮前就開始運魚，以期能趕及早市的開市時間。

迥然不同。它是一個石材港口，是大部分運送石材的大尾艇的錨地。這些大尾艇從維多利亞港東部的石礦場將石材運到需要的地方，使用大尾艇的人既非漁民，也非一般陸上居民，而僅限打石工人；至少在十九世紀中葉前是如此。[14]

港口城鎮的早期歷史

南部沿海之所以出現這一連串大型港口城鎮，原因在於商業捕魚業，尤其是對黃花魚（一種中型海魚）的商業捕撈。[15] 黃花魚的花膠是傳統的（至今仍是）美味佳餚，並大量出口到內陸；但是黃花魚本身，尤其是從十八世紀初葉至中葉開始，則為龐大的鹹魚醃製產業的主要成分，這裏討論的港口城鎮都以這種貿易為主。

黃花魚生活在離岸一段距離（100 英里內）的水域，通常是大群地出現（更準確地說，在過度捕撈令其數量銳減前曾是如此）。不過，這種魚對於水温非常講究。夏季時，魚群會出現在長江口；但隨着冬季臨近，這一帶水域變得太冷，黃花魚就會南遷，最終在北部灣過冬。春天來臨，熱帶的陽光令海水變暖，牠們又開始向北洄游。但在某些年份，由於不明原因，魚群會失蹤，或者數量很少。

龐大的捕魚船隊經常會尾隨黃花魚群。來自澳門地區、福建南部港口以及汕頭地區的大型漁船，會一次出海好幾個月追捕牠們。來自其他地區的捕魚船在魚群經過他們的母港時也會加入捕魚行列，通常是每年春季和秋季各一兩個月的時間。這個體系需要在沿海有一連串港口城鎮，令捕魚船隊可以在這些港口城鎮迅速卸下漁獲，賣給魚販；魚販可以安排取出魚鰾製成花膠，再把花膠和魚肉曬乾、醃製，然後出口到內陸市場；漁船可以在那裏補給糧水，也可以暢順和有效率地完成一些必要的小維修，減少耽擱的時間，以便盡快再回去追捕魚群。在捕捉黃花魚的季節以外，這些船隊會出海捕捉其他可以醃成鹹魚的魚種，並出口到內陸地區。在港口城鎮，無時無刻都可看到在陽光下曬魚的情景。

14　有關筲箕灣的發展歷史，見本書第 5 章「水道旁：鯉魚門地區的打石業與社會」。

15　感謝 Ana Brito Sousa 和她在澳門海事博物館的同事們對這一部分的建議和評論。

香港南部海岸的港口城鎮，是這個沿海漁業體系的重要部分，其主要功能是應對春秋兩季魚群經過這個地區的捕魚高峰期，以及在這兩個旺季之間相對平靜的時期。本地黃花魚的主要收獲季是晚秋，即 11 月和 12 月。香港地區的南部港口城鎮，各自都有具相當規模的捕魚船隊，全面參與捕捉黃花魚的工作。不過，香港地區的城鎮很少擁有極大型的拖網漁船：出沒於區內的極大型漁船主要來自北方的港口，以及澳門地區，本地的港口城鎮也會為它們提供服務；但本地的漁船只有大型（而不是極大型）、中型和小型的。大型或中型船隻可以參與捕捉黃花魚，但較小的船基本上是近岸漁船，無法安全駛往離岸水域去追捕魚群。在本地的淡季，黃花魚遠離本地時，當地較大的船隻會深入南海，捕捉生活在珊瑚礁的其他魚類；不過在危險的仲夏颱風季節，以及春節期間，它們通常都留靠近母港的地方。

黃花魚最肥美的季節是在深秋，亦即牠們游經珠江三角洲的時候。因此，在此時節追捕魚群的捕魚船隊，在途經香港地區和澳門地區時，規模是最為龐大的，而香港地區的港口城鎮對整個行業至關重要。由於在這些港口城鎮上岸的漁獲品質上乘，因此所生產的花膠和鹹魚在廣東也享負盛名。

因此，港口城鎮的早期歷史反映了本地商業捕魚業的歷史，尤其是黃花魚的捕撈。雖然有關黃花魚產業的證據很稀少，卻可見一些端倪，因此該產業似乎是在十六世紀後期才在香港地區開始，並在十七世紀初才真正發展起來；然後經過遷海令期間的中斷後，在十八世紀初恢復。

明朝因為擔心民眾接觸外國人會危害國家安全，所以嚴禁民眾下海，違者會被以死罪論處（《大明律》第 246 條），[16] 朝廷在 1551 年明確指出此禁令包括漁船。沒有證據顯示在明朝中期以前，廣東沿海（或中國其他沿海地區）有任何深海捕魚活動，也沒有證據表明廣東沿海到內陸地區有任何鹹魚商業貿易。到明

---

16 *The Great Ming Code, Da Ming Lü*, trans. Jiang Yonglin (University of Washington Press, 2005)。有關這部分的概述，見 Patrick H. Hase, *Forgotten Heroes: San On County and Its Magistrates in the Late Ming and Early Qing* (Hong Kong: City University of Hong Kong Press with the Royal Asiatic Society, Hong Kong Branch, 2017), ch. 6, "Salt and Fish"。（編按：本章中提及的《大明律》的條例數字，均由有關律例的英譯本所加。中文律例原文，見《大明律》中的「兵律」裏面的「關津」部分的「私出外境及違禁下海」條。）

｜地圖 38｜1573 年新安縣漁民所歸屬的「社」

代中葉為止，東莞／新安縣衙唯一允許的漁業，是在珠江及其支流以小船進行自給捕魚。漁民沒有可以繳納土地稅的土地，所以須繳納魚課。漁民被納入不同的「社」，向所屬的社繳納魚課。然而，根據 1688 年的《康熙新安縣志》（當時的香港地區屬東莞縣），後來屬於新安縣的社都在永平河沿岸，那是珠江主要支流之一（見地圖 38）；其他東莞縣的社都位於東江沿岸。[17] 最南端的社位於南頭以

17　《康熙新安縣志》，卷六，載張一兵點校：《深圳舊志三種》（深圳市：海天出版社，2006），頁 372-373。

北，離大海甚遠。這清楚表明，明中葉時縣衙所知道的漁民，只有以小船在內陸水域捕魚自給，並向沿岸鄉村出售少量鮮魚的漁民。魚課僅向以船為家的全職漁民徵收；細小的舢舨和陸上居民使用的舢舨，均免徵此稅，陸上居民用來從陸上捕魚的罾棚也不用繳稅。運貨帆船也以其他的方式徵稅。

不過，新安知縣在十六世紀後期某個時候開始發出許可證，允許漁民在珠江以外的大海捕魚。[18] 有 126 名漁民以每人每年一兩的費用領取了這種許可證。在 1595 年，知縣喻燭認為一兩的費用太貴，會令漁民難以買米，故將許可證費用降至八錢。[19] 知縣李鉉（1635 年至 1637 年在任）豁免貧困戶的許可證費，受益戶達 23 個。[20] 知縣周希曜（1640 年至 1644 年在任，但寫於 1643 年前）稱這種許可證費用為「**出海稅**」。付費後，漁民可到遠離陸地的深海捕捉黃花魚，但這明顯仍然違反《大明律》的條文。一些要撈錢的縣衙官吏注意到了這點，向持許可證的漁民收取額外費用，威脅他們如果不付錢將按《大明律》第 246 條被起訴。知縣周希曜大怒，發出條議稱漁民無意接觸外國人，只是想在困苦環境中謀生，故他特准漁民外出捕捉黃花魚，並嚴禁任何人以起訴來威脅他們：[21]

> 民瘅而危，莫漁蛋為甚。或扁舟一葉，或枯竹數根，破浪衝濤，與陽侯爭旦夕之命；每見颶風倏作，則哭婦沿濱。夫處至危至險之地，求不可必得之魚，以供不能蠲免之課。矧課無蠲免，而丁有逃亡，言之可為寒心。乃近來海面一帶，半為奸人投獻之資。古王政，澤梁無禁，今豪右之勢，問諸海濱矣。如分流湖一海，乃新安諸水瀦匯之區，秋杪，邑民採捕黃花魚，以為完課糊口之需。而異豪謀出海稅，欲攘而有之；且瞞控當道，指使衙官，以刑威逼劫之。知縣周希曜嚴禁侵奪，將投獻者，經置之法；海濱

---

18 《縣志》沒有説明這種付費領取許可證的制度由何時開始推行，但很可能是在 1570 年代。

19 《康熙新安縣志》，卷六，載《深圳舊志三種》，頁 374。有關的許可證費用是由縣衙設立的，不屬國家的税收，因此可由縣官修訂。

20 同上註，頁 373。

21 同上註，頁 373。《縣志》並沒有具體説明這是一條議，但上文下理清楚地表明，這是知縣周希曜發布的條議的摘錄。

之民，得以守嘗利矣。

以上所述都並非確鑿無疑的，但它確實表明香港地區的深海商業捕魚，是大約始於 1580 年，並迅速發展到有約兩百艘船從事此業的規模，到 1640 年至 1643 年它已經有了法律上的地位，知縣發布條議，賦予此行業法律保障。《縣志》中關於鹽的記載，也暗示了同樣的情況。

本地的食鹽貿易以引額來控制。引額大概是南宋後期制定的，東莞和新安與其他所有的縣一樣，都須購買預定數量的鹽。[22] 然而，漁民並沒有單獨獲得配額，而必須與陸上鄰居一起買鹽。在漁業還是自給漁業且買賣的都是鮮魚時，這樣做的問題不大。然而，捕捉黃花魚的漁業需要大量的鹽。在 1880 年，兩廣總督接到香港地區漁民的陳情。他們在出海時被緝拿私鹽的官船懷疑走私而被捕，實際上他們只攜帶了捕魚所需的最低限度的鹽。兩廣總督十分關注此事，派出專家調查，發現每艘從事深海捕魚的中型漁船（可載魚 15 噸）每次出海到漁場捕魚需要大約 5 噸鹽。更大型的船則按比例需要更多的鹽。總督因此規定，漁船所帶鹽量若符合規定，不可視為走私鹽的疑犯起訴。[23] 在此之外，港口城鎮的魚販使用了更多的鹽。自從新安縣的漁船開始出海捕捉黃花魚以來，就會需要那麼多鹽。在 1600 年時，應該有大約 200 艘這樣的漁船，他們所需的鹽數量約為一年 5,000 噸，魚販需要更多。顯然，這會為本地的鹽業帶來重大問題。漁民的鹽必須來自「**餘鹽**」，亦即限額以外生產的鹽。

根據《縣志》，本地鹽業最早出現供不應求的跡象，是在 1594 年至 1599 年間。當時知縣喻燭發現，哨守官兵勒索灶戶，要收取費用才允許他們出售新安縣北部的歸德鹽場生產的餘鹽。知縣喻燭大怒，將歸德銷售點從鹽專賣機構手中拿走。他將銷售點交給由當地灶戶組成的集體組織，給予他們較大的自由度出售餘鹽，並從賣鹽所得收入向縣衙支付一小筆佣金，縣衙則向鹽專賣機構支付其預期可得的鹽餉。知縣喻燭於是在歸德設立「**鹽埠**」（這個詞在當地是用來表示自由

22　關於這部分的概述，見 Hase, *Forgotten Heroes*, Ch. 6, "Salt and Fish"。

23　見《粵東省例新纂》（台北：成文出版社，1968）第二冊，頁 761-789。原出版於 1846 年，約十九世紀後期重印並增加附錄。

買賣鹽的市場）。[24] 這個銷售點出售的鹽可能是賣給漁民。

知縣烏文明（1634 年）和李鉉（1635 年）同樣發現在稍往南面的南頭附近的鹽銷售點有重大問題：鹽專賣機構把這個銷售點租給一名商人，他壟斷了唯一可用的上岸處的使用權，他以此來壓榨灶戶（用遠低於市價的價格購買他們的餘鹽）和漁民（以天價賣給他們）。結果，發生了多宗爭執和打鬥事件。一些買鹽的人遭到壓榨。十多名居民向知縣烏文明請願，要求改革賣鹽制度，無果而終。[25] 知縣李鉉寫了一篇非常慷慨激昂的請願書，要求將銷售點從鹽專賣機構手中取走，交予由灶戶組成的集體組織控制，而他們須向縣衙支付佣金，縣衙再向鹽專賣機構支付預期的鹽餉。他描述的景況很淒涼，縣內的耆老士紳向他力陳疾苦，灶戶貧困艱辛令人有椎心之痛。[26] 然而，他的陳情遭到拒絕。知縣周希曜（1640 年至 1644 年，但在 1643 年前署任）再次要求將銷售點變成「埠」（他也收到縣中精英的請願書），但再被拒絕。他立即重新呈遞陳情書，這次獲得批准，設立了一系列鹽埠，其中一個位於南頭附近的白石，專門向漁民賣鹽。[27]

因此，《縣志》中關於鹽的詳細資料再次表明，從 1590 年代開始，漁民對鹽的需求對當地的鹽貿易造成了重大問題，直到 1640 年至 1643 年專門為漁民設立自由貿易的鹽埠才得以（暫時）解決。

綜合《縣志》的說法，約 1580 年至 1590 年前，香港地區似乎沒有建立起依賴黃花魚鹹魚貿易的港口城市。但是，考慮到鹹魚貿易需要魚販、船舶用具店和修船廠一起支援，本地理應在 1580 年後不久，便已建立了港口城鎮來提供這些服務。這些年份都是從這些文獻中的線索和有所暗示的記載推論出來，所以都很薄弱，如果有更確鑿的證據（尤其是考古證據），可以隨時修正。

最早提到後來成為港口城鎮的錨地（坪洲例外）的文獻，似乎是郭棐在十六

24 《康熙新安縣志》，卷十二，載《深圳舊志三種》，頁 450；也見卷六，頁 374。

25 同上註，頁 374。

26 同上註，頁 450，也見頁 374。

27 同上註，頁 374-375、453。關於白石埠，見頁 374、453。

世紀末繪製的《廣東沿海圖》。[28] 此地圖中的大嶼山提到大澳、石壁、塘塿（即塘福）、螺盃澳、梅窠村（即梅窩）、大蠔山、東西涌、沙螺灣和雞公頭。它也提及長洲。在香港島，它提及香港、赤柱、大潭、稍箕灣（即筲箕灣）、黃泥埇，以及在灣仔和西區兩個今已不存在的地名——春磑和鐵坑。在香港和大嶼山周圍的水域，它提及春花落（幾乎肯定是青衣）、仰船洲、浦苔、博寮、担竿洲、赤臘洲和上下磨刀。它也提及急水門和鯉魚門。地圖上沒有提及坪洲。

在這張地圖上標示的地方中，有些地方在繪製地圖時肯定是農業聚落。梅窩顯然如此，地圖上它的名字後有「村」這個字，另外至少可以假設貝澳、黃泥涌和石壁，甚至東涌的情況可能也是如此。其他一些地方顯然只是地理或航海參照物的名稱，亦即無人居住的島嶼，例如上下磨刀，以及那時的赤鱲角（赤鱲洲）和昂船洲（仰船洲），或汲水門和鯉魚門水道。有一些則肯定是錨地，附近沒有任何陸上聚落，例如筲箕灣（當地的陸上聚落要約到 1725 年才建立）[29]、雞公頭和大潭篤。因此，香港仔（香港）、赤柱、長洲和大澳在這時必定是被用作錨地，此時使用這些錨地的，應是近岸航行的運貨帆船而非漁船，但這地圖無助於確定那時是否有岸邊聚落為錨地提供支援。

南部港口城鎮的錨地肯定很早期已有水上人使用，但這一點極缺乏考古或歷史證據佐證。在十六世紀後期至十八世紀以前，使用率不可能很頻繁。這些錨地似乎很可能已經使用了好幾千年，但在當中的大部分時間裏，肯定只是被極少數船隻使用，那大概都是近岸航行的貿易帆船；而且直到某個很晚近的時間之前，這些船似乎得不到任何來自這些錨地的陸上支援服務。

如上文所述，以及下文會更詳細討論那樣，所有這些城鎮都是「自然生成」，而非有計劃地建立的。在香港地區，有一些有規劃地建立的鎮，例如廈村和沙頭角。在這些經規劃而建鎮的例子中，城鎮是在某個時間點設計布局和出售

28　重刊於 Hal Empson, *Mapping Hong Kong: A Historical Atlas* (Hong Kong: Government Information Services, 1992), p. 84，圖 1-3。地圖上可見在香港島與九龍之間、大澳對開，以及香港仔與南丫島之間的水域內有船隻航行。本地圖中所用的漢字，有些不見於任何字典，以上是與地圖上所用的漢字最接近而又能查到的。

29　關於筲箕灣的歷史，見本書第 5 章「水道旁：鯉魚門地區的打石業與社會」。

土地，通常都可以確定當地的城鎮生活是從何時開始的，或者至少可找到大致的時間。例如，廈村至少大約可以追溯到1760年代，而沙頭角則是十九世紀最初20年。然而，就這裏所討論的港口城鎮而言，最初的陸上定居點，都不過是零散於錨地海灘後面的少量茅棚和木屋，一些懷有期盼的商人在那裏開業與漁民做買賣。這種茅棚和木屋聚落慢慢發展成具規模的鎮，通常會填海造陸，在新得的土地上闢設新的街道。由於最早到達的商人是以這種「摸着石頭過河」的方式開店，所以在所有這些鎮中，這種發展開始於何時，只能大略地推斷。通常能夠確定的（而且只是粗略地）是海灘後方零散的茅棚和木屋發展到可稱之為「鎮」的時期，並假設最早在那裏開業的商人，大概是在早一兩代人的時間來到的。

據我們所知，大型拖網漁船、深海捕魚和規模可觀的鹹魚貿易，要直到晚明（從十六世紀中葉開始）才發展起來，也只見於一兩處地方（尤其是澳門地區）。大型拖網漁船價格不菲，要合乎經濟效益，必須有專業的商業魚販配合，這些魚販有財力買下整批漁獲，並有資本和人脈，把醃製好的鹹魚銷往內陸地區。此外，這樣的漁業需要龐大而複雜的支援網絡。靠捕魚自給的蛋家漁民可以自行維修漁船，他們會把船拖到沙灘上停放好幾天，以火「燂船」，燒掉藤壺；但大型拖網漁船需要複雜專業的支援體系，才能保持船隻適合出海航行並可有效運作。

因此，建立一個真正的捕魚產業，生產商業化數量、供長途貿易之用的廉價鹹魚，是非常昂貴的事，並且需要大量複雜的基礎設施才能成功。不過，這樣的產業於某個時候在華南沿海建立起來後，就很可能會蓬勃發展；這是因為農民對於廉價蛋白質來源的需求很大，廉價鹹魚在內陸地區的市場肯定非常可觀。

地方漁業從蛋家漁民在近岸家庭式自給捕魚，轉變為深海商業拖網捕魚，並非蛋家人靠自己的資源就能成事。它需要龐大的資金投入。這種轉變首先發生在何處，以及是由誰提供資金，目前尚無法稽考。澳門地區是可能的地方之一。在晚明以前的多世紀裏，已有大型貿易帆船從珠江口駛往東南亞的港口。在葡萄牙佔據澳門地區（1540年）後，大部分這類貿易都集中在那裏（部分原因是明廷禁止從中國港口出發的國際貿易，而葡萄牙人對此置之不理）。貿易帆船的船主有深海經驗，也有資金，可能有興趣出資支持大型漁船到深海捕魚。再者，葡萄牙人在澳門地區定居之前，已有數百年的深海捕魚經驗，自然會支持澳門地區的深海漁業。一旦漁民開始到深海捕魚，很快就會發現黃花魚和魚群的遷徙模式。因此，在十六世紀中葉，即葡萄牙人佔據澳門地區後大約十來二十年之間，很可能就由澳門地區帶動珠江地區開始發展真正的商業化漁業；而在福建的港口，可能幾乎在同時也有相似的發展（從福建的港口開往台灣地區和菲律賓進行貿易的深海帆船，會帶動這種漁業）。

若說商業漁業是在十六世紀中葉於澳門地區開始，那麼這種產業在 1580 年至 1590 年左右擴展到大澳，在 1690 年至 1700 年左右擴展到長洲，在 1700 年至 1725 年左右擴展到香港地區的大多數其他港口，也是合乎預期的情況。1650 年至 1684 年是本地政治極為動盪的時期；特別是在禁海令之下，漁民再度被禁止出海（1660 年至 1684 年），無疑會引致這種產業的發展一度中斷。另外，假如鹹魚從十六世紀中葉起就開始從澳門地區出口到內陸地區，在初始階段這種新產品需要先尋找進入內陸市場的途徑；之後在內陸民眾發現這種新而廉價的蛋白質來源，其銷售額應當會急劇增長。換句話說，我們可以預期，這個產業會形成一個賣方市場（sellers' market）*，鹹魚產量多少便能賣出多少。十八世紀中後期很可能就是這種賣方市場出現的時期。換言之，這個新產業從十六世紀中葉開始建立，大約在 1580 年至 1600 年起擴展到香港地區，然後由十八世紀初開始發展得非常蓬勃。這是我們預期會看到的情況，且似乎也符合我們所找到的事實。

因此，如果我們假定新的漁港城鎮在香港地區出現，背後反映了一個非常成功的新興產業，出現於十六世紀中葉，並從十六世紀末開始擴展到香港地區，那麼上面提及的漁港發展史，就顯得合情合理了。

若要確定這些在沿海錨地的陸上聚落出現的時間，鎮上廟宇的建立年代是頗有用的判斷依據，因為在大部分情況下，這些廟可能在建鎮初期就已出現。在水上人口的生活中，宗教一直發揮十分重要的作用。水上人經常因暴風雨而面臨風險，海上的岩礁和巨浪所引起的危險是他們生活中永恆面對的問題。在漁民使用某個特定錨地之初，通常會在海邊大石之下的露天神壇拜祭海神；到他們財力上有餘裕後，這些神壇就會被正式的廟宇取代。建立正式的廟宇所需的資金，則

---

*　編按：「賣方市場」是指因產品供不應求，造成對賣家有利的市場狀況。

往往要等到錨地開始發展出為漁民提供的陸上支援服務之後才能夠湊齊，因為要到那時候才會有陸上商人能夠出資贊助漁民建廟。在那些沒有發展出港口城鎮的錨地，廟宇通常要等到十八世紀，或十九世紀初葉至中葉才會建成。有許多香港的廟宇，從現存證據看來，是取代了早期的露天岩石神壇（例如深水埗的西角天后廟和鯉魚門的天后廟）；[30] 另一些現有的廟宇圍繞一大塊石頭而建（通常岩石一半在廟內，一半在廟外，在赤柱、鯉魚門、蒲台、塔門和香港島的灣仔都是如此），估計也是以現有的廟宇取代了早期的露天神壇。在少數一些地方，露天神壇從來沒有升格為廟宇，比如位於香港仔墟南端大石角的神壇（見插圖 046）。

廟宇建立年代的證據，通常是來自廟中捐助碑記的序言，或廟中標示了年代的現存器物。捐贈碑記的序言，通常會講述募款當時當地社群的民間傳說或集體記憶，或者是該廟的歷史。這些捐贈碑記的序言和器物年份都不盡然可靠。雖然城鎮大多在發展初期就會建廟，但在某些情況下，廟宇會比城鎮更古老，因此即使可以確定建廟年代，也無法以此來推斷建鎮的時間。油麻地鎮於 1863 年才建立，但廟宇的歷史顯然更為悠久；馬灣的廟宇至少比陸上聚落古老幾十年；鴨脷洲的廟宇最晚可追溯至十八世紀中葉，但該處的鎮要到十九世紀末才出現；它們都是這種情況的例子。社群的集體記憶有時也會出現嚴重錯誤。在十九世紀後期，人們相信灣仔的廟宇是建於英國人到來之前，[31] 但其實正式的廟宇幾乎可以肯定是在英國人到來後不久才建成的，在此之前這個聚落的宗教中心是位於同一地點的戶外社壇。標示了年份的文物，可能連建廟的大約年代都無法指出。例如，在深水埗的武帝廟，留存下來的文物，沒有一件是 1891 年前的，但這座廟在 1891 年時可能已至少有 150 年歷史，它在該年遭遇祝融，早期文物大多被燒毀。同樣，在某些情況下，廟宇會從其他地點遷至現址（例如，香港仔的天后廟是在 1851 年遷至現址的 [見插圖 047]，但之前曾長期存在於另一個地點；另外還有長洲的北帝廟 [見插圖 048]，長洲居民相信它之前曾存在於另一處，1777 年

30 見本書第 2 章「西九龍：英國人到來之前」及第 5 章「水道旁：鯉魚門地區的打石業與社會」。

31 例如 E. J. Eitel, *Europe in China: The History of Hong Kong from the Beginning to the Year 1882* (Hong Kong: Kelly and Walsh, 1895), p. 190 所述；另見 Hayes, *The Hong Kong Region 1850-1911*, p. 129。

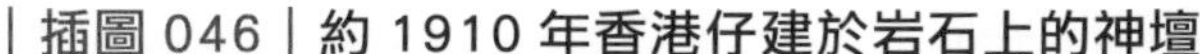

｜插圖 046｜約 1910 年香港仔建於岩石上的神壇

｜插圖 047｜約 1900 年的香港仔天后廟

｜插圖 048｜約 1920 年的長洲北帝廟

才遷至現址的）。因此，若要把捐贈碑記或現存器物所提供的年代視為建鎮年代的證據，必須小心謹慎。在許多情況下，港口城鎮廟宇的建立年代，可以被視為該城鎮形成過程的最終階段（不要忘記，在海灘後方開業的第一批商人，可能早在一代或更多代人之前已經來到）。或許有一天，考古學能夠更清晰地確定這些城鎮廟宇的建立年份。但迄今為止，沒有任何一間城鎮廟宇曾進行考古調查，因此這種潛在的證據在目前仍是付諸闕如的。

大澳：建鎮之初

以上我們談論過有關廟宇建立年代的種種問題，接下來便討論一下大澳的情況。大澳居民認為，鎮上的廟宇大多建於晚明或清初（基本上是十六世紀末或十七世紀上半葉，遷海令頒布前的歲月。對這個地區而言，遷海令時期是 1662 年至 1682/1684 年）。楊侯古廟是例外，鎮民認為它的建廟時間再早一些（見插圖 049）。[32] 這些傳說看來很接近事實，而且晚明時期正是這個鎮本身最早建立的

32 關於大澳的廟宇，見 Hayes, *The Hong Kong Region 1850-1911*, pp. 97-103。

｜插圖 049｜約 1920 年的大澳楊侯古廟

時期。若考慮到商業化漁業在香港及鄰近地區可能出現的時間，上述的建鎮時間大致上也是合理的。大澳似乎是新安縣境內首個商業漁港，並且似乎在建鎮後一個世紀裏是唯一的同類港口。

位於鎮外郊區新村的天后廟（見插圖 050），有一篇 1838 年的碑文，寫明「**斯廟建於順治元年左右**」，即約 1644 年。[33] 另一篇 1895 年的碑文則說，此廟的所在地是本鎮原址：「**矧其附立新村之地，統歸大澳之源**」，不過此說非常值得懷疑，除非它所指的是這座廟前面的外港錨地，此處在某種意義上可以說是本鎮之起源，葡萄牙人的堡壘和明朝水師基地確實是設在這個地區（葡萄牙人在十六世紀初佔領了大嶼山 [Tamaõ Island] 好些年，並在該處建造堡壘和教堂。明朝軍隊驅逐葡萄牙人後，建立水師基地巡邏當地水域，以將夷人驅諸門外。葡萄牙堡壘和明朝水師基地很可能都在大澳地區）。[34]

在墟鎮上的關帝廟（見插圖 051），一篇 1852 年的碑文稱「**本廟興創以計貳伯餘載**」。[35] 在另一篇 1903 年的碑文說：「**溯此廟創建，自明朝以來，歷有**

33　科大衛、陸鴻基、吳倫霓霞編：《香港碑銘彙編》（香港：香港市政局，1986），第一冊，頁 90。

34　同上註，頁 295。

35　同上註，頁 103。

｜插圖 050｜1998 年的大澳新村天后廟

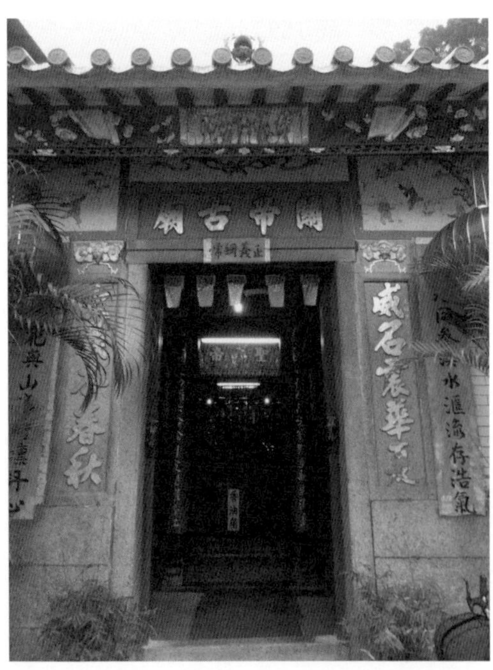

｜插圖 051｜2014 年的大澳關帝廟

三百餘載」。[36] 儘管這些年份都不甚準確，但似乎都指向晚明，也許是 1600 年左右，或者稍早一些。

石仔埔的洪聖廟內，一篇 1802 年的碑文說：「**洪聖古廟，創建以來，威靈萬古**」。這種說法通常表示建廟年代超出最年長居民的記憶，也超出了最年長居民年輕時從當年耆老口中聽到的故事，亦即至少比碑文的年份早 100 年或以上。因此，在本例子中很可能是指大嶼山在遷海令撤銷後獲准復界之前（即 1682 或 1684 年，後一個年份是重新開放海洋的時期，而前一個年份是朝廷准許人們再次在這個島上定居的時間），因為遷海令撤銷後於此地建立的任何新廟宇，在 1802 年時大概都在記憶範圍之內。[37] 這種說法大致重複於 1840 年的碑記中（「**不知創建於何年**」）。[38] 不過，在光緒年間（1875–1908，較有可能是光緒初年）的碑文中，這種說法變成「**大澳石仔埔，向有古廟，建自前朝，歷年已久**」。[39] 這當然也很含糊，但似乎又一次指向明朝，大概是晚明。

墟鎮上的天后廟（與關帝廟相鄰，在十九世紀的一次重修後，合建在同一屋簷下）僅在 1835 年的碑文中說「**不知創建於何年**」。[40]

這四座廟中現存年代最久遠的物品，是這幾家廟內分別收藏的幾個銅鐘，鐘上銘文的年份分別是 1713 年、1741 年、1746 年和 1772 年。[41]

然而，大澳的主要廟宇，是位於鎮外的楊侯古廟（見插圖 049）。大澳鎮民深信此廟是鎮上最古老的廟宇。[42] 廟內有一篇 1877 年該廟重修的捐助碑記：

> **我澳楊侯古廟，歷創有年……民物安阜，均沾大德，是以地因神而靈，不特施威風於宋代，廟得實而顯。**[43]

36　同上註，第二冊，頁 335。

37　同上註，第一冊，頁 59。

38　同上註，頁 95。

39　同上註，第二冊，頁 390。

40　同上註，第一冊，頁 84。

41　同上註，第三冊，頁 656、663、665、674。

42　資料來自筆者與大澳耆老的討論。

43　此碑記並沒收錄於《香港碑銘彙編》。感謝許舒博士慷慨提供一份副本。

碑記說這座廟「**歷創有年**」，之後有一些含糊的記述，乍看之下令人以為該廟自宋代就已建於當地；但碑文可能只是想說，這位神明自宋以來已施加庇蔭，不一定是說這座廟從那時起就在那裏。

楊侯無疑就是指宋帝昰之舅楊亮節。楊亮節面對勢如破竹的元軍進擊時，對於無力回天的宋朝竭盡忠貞，令民眾尊他為神。[44] 他獲封侯封王，因此通常被稱為「楊侯王」。不過，滅宋的元朝把南宋太皇太后和年幼的宋恭帝在 1276 年投降視宋亡之年，宋末的兩名小皇帝（宋恭宗同父異母的兄弟）因此是叛亂者，而楊侯王則是大叛徒。對元朝來說，無論公開祀奉楊侯王還是小皇帝的都是造反行為。

九龍城民眾稱，他們欽佩楊侯王公忠無私，但元朝時只能在「心中」尊崇，因害怕元朝當局而不能公開供奉。直至明朝建立（1368 年）後，令公開祀奉宋代朝臣在政治上不再成為問題。他們聲稱九龍城侯王廟是在明初建於楊侯王生前住過的房屋原址上。這座侯王廟建於明初是很有可能的。九龍城居民也聲稱他們的侯王廟是香港及鄰近地區最古老的侯王廟。這些地區的任何侯王廟，實際上都不大可能比九龍城侯王廟古老，當然更不可能會有任何建於元代的侯王廟。然而，1877 年的碑記暗示，當時的大澳村民認為他們的廟早在遷海令之前便已存在，因此在明代應已建成了。

今天大澳楊侯古廟內現存最古老的器物，是一口 1699 年鑄造的鐘。目前管理該廟的華人廟宇委員會以這口鐘的鑄造年份為建廟年份，[45] 但大澳和東涌村落的居民都不以為然。[46] 居民指出，這口 1699 年的鐘，只是表示遷海令後該廟修

---

44 關於楊亮節更多資料，見本書第 1 章「海南柵：大嶼山北岸的聚落與社會」。學者陳伯陶在 1917 年已詳細提出楊侯王就是楊亮節的證據（《香港碑銘彙編》，第二卷，頁 447-448），而羅香林在《一八四二年以前之香港及其對外交通：香港前代史》（香港：中國學社，1959）也提出證明。筆者認為陳伯陶和羅香林的觀點可信，因此接納楊侯王就是楊亮節的說法。

45 例如，華人廟宇委員會在 1966 年和 1975 年立於廟內的廟誌均作此說。見《香港碑銘彙編》，第二冊，頁 573；以及 *Temple Directory* (Hong Kong: Temples Unit, Home Affairs Department, 1980，未出版）p. 37。

46 東涌村民告訴筆者，他們的祖先初到東涌時（約 1682 年至 1700 年），東涌還沒有興建廟宇，村民就到大澳的侯王廟拜神，而大澳侯王廟在那時已很古老。到了十八世紀中葉，他們要建立自己的廟宇時，由於之前的這段淵源，東涌村民就選擇侯王為他們的神明。更全面討論見本書第 1 章「海南柵：大嶼山北岸的聚落與社會」。

復重建的年份，它的建立時間要更早一些。由於大澳居民聲稱此廟是鎮上最古老的廟宇，再考慮到傳說中關帝廟的建立年代，便意味着侯王廟的建廟年代可能是明代早期或中期。大澳楊侯古廟建於明代中期是很有可能的，香港地區供奉這位神明的廟宇，似乎一般都是建於明初而非較後時期（例如，九龍城侯王廟，如上文所述，可追溯至明初；位於沙田大圍的侯王廟可追溯至 1574 年或更早；至於位於大嶼山石壁的侯王廟，當地村民認為也是建於明代）。當然，也有可能在遷海令之前，這裏只是一座供奉侯王的露天神壇，到 1699 年才重建為正式廟宇；但總的來說，它更像是一座明代廟宇。

然而，如果這座侯王廟是建於明朝中葉，那麼問題就來了：該廟是為何人而建的？因為當時本區沒有重要的農耕聚落（由於該廟是建在一個小島上，明代時有一條很深的水道將之與大嶼山主島分隔開來，即使本區曾存在任何農業社群，建於該處的廟宇對他們都非常不便）；且如上文所述，那時本地不可能有任何重要的漁業社群。此廟的設計是為了庇蔭鄰近的錨地（見地圖 39），廟的風水線將內港錨地（在明代它還沒淤塞前可能是主要錨地）一分為二，沿着或靠近這條風水線停泊的船隻，會獲得神明庇佑。肯定常常有沿海岸航行的商船使用這個非常安全的錨地；但他們也只是間歇和偶爾使用這個錨地，似乎不大可能建造這座廟。建廟者或許是明代水師；如前所述，明朝水師可能將這個錨地用作其中一艘戰船的基地。如果是這樣，這座廟就應是建於十六世紀中葉，大約比最早的城鎮中心的建立早了一代人的時間。這個想法很有意思，因為這個年代似乎是正確的，並為這座廟的建立提出了來自水師的推動力。此外，這位神明顯然是漢人，畢生致力保護宋朝抵抗蒙古蠻族，因此對當時的明朝水師來說，這位神明肯定是具有吸引力，因為他們正在繼續努力把葡萄牙蠻夷趕出本地區。

楊侯古廟當然長期以來一直是本鎮的主要廟宇，墟內的天后古廟中一篇 1835 年的碑記稱，該廟建於「**本澳楊公洲**」，而新村天后古廟 1838 年所立的碑記，也用「楊公洲」來稱呼大澳島。如果在 1835 年和 1838 年整個大澳島被稱為「楊公（侯王）洲」，那麼在十九世紀初，供奉該神明的廟宇就顯然是主廟。

然而，即使楊侯古廟是大澳最古老的廟宇，但今天的城鎮並非建在該廟附近，因為本鎮顯然是沿着關帝廟而建（見地圖 39）。事實上，關帝廟內 1852 年

｜地圖 39｜約 1600 年的大澳

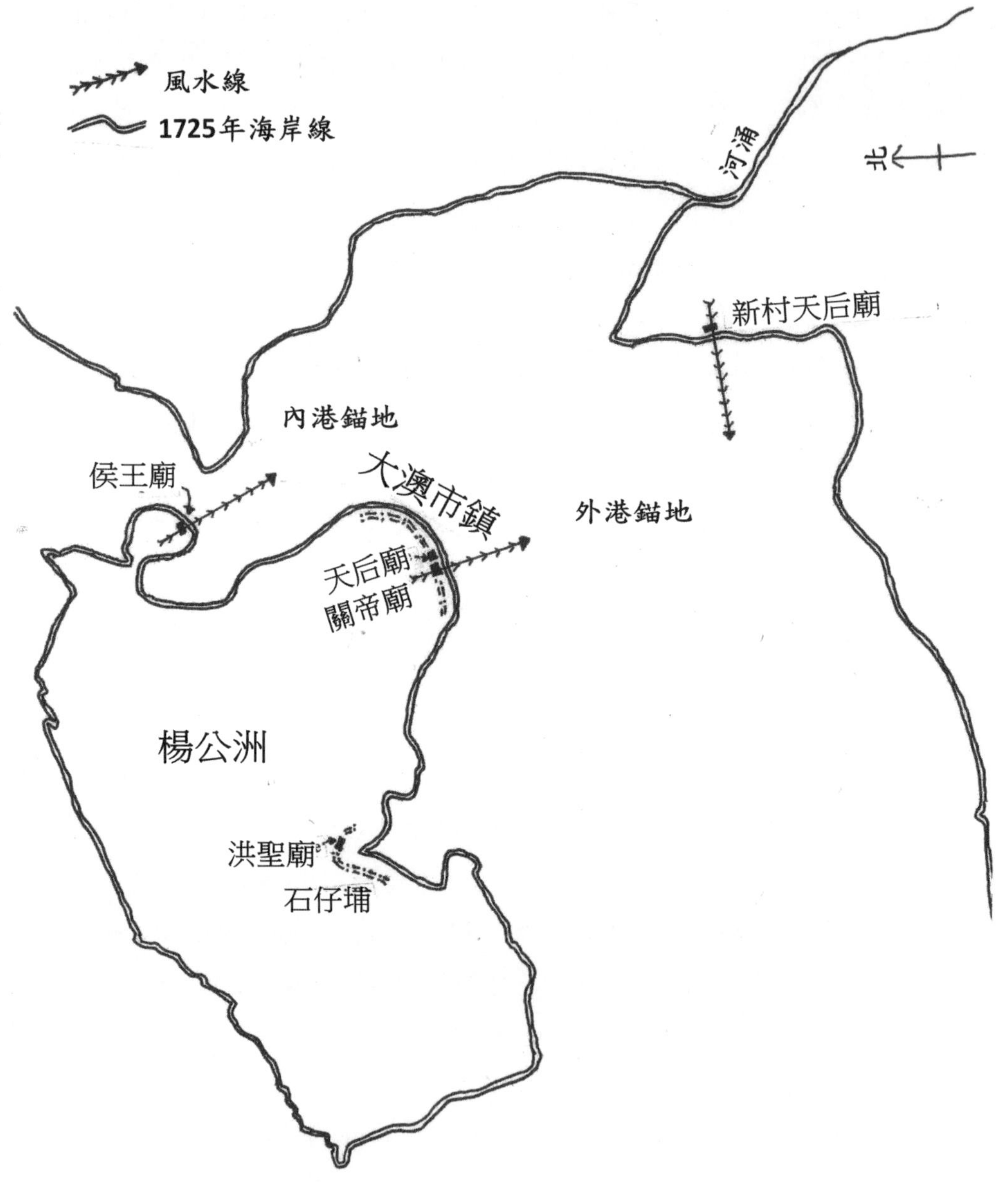

所立的碑誌就特別寫明，這座廟是與城鎮同時建立的，而鎮與廟的淵源息息相關：

> 本澳內開建以來，仰荷武帝煌煌之澤……

幾乎可以肯定，本鎮起源自散落於島上沿岸的茅屋、曬場和船塢，毗鄰關帝廟，與大海只隔一條小徑，這條小徑是今天吉慶後街的前身（吉慶前街和街市街建在填海土地上，時間大概是二十世紀初，見地圖 40 和下文的討論）。因此，本鎮的建立時間不會比關帝廟的建廟時間早太多，亦即約在 1580 年至 1590 年間。

1688 年《康熙新安縣志》中的縣內村莊列表中沒有包括大澳，《縣志》特別指出，此表是引錄自 1643 年遷海令前所編纂的列表。然而，我們卻難以由此得出清晰的結論，因為《縣志》似乎根本沒有提到任何錨地。[47]

如上所述，侯王廟顯然是為庇佑大澳的內港錨地而建。上文也曾指出，廟址也位於一條非常強大且重要的風水線上，這條線將內港錨地一分為二。關帝廟和新村天后廟也有一條重要的風水線面向外錨地（見地圖 39）。新村天后廟內 1838 年和 1895 年的碑記清楚地表明，這座廟（關帝廟大概也一樣）主要是為了保護錨地的船隻而建的（1838 年道光十八年的碑記指出，當年重修這座廟的捐款中，大約四分之一是來自本鎮的拖網漁船），[48] 1895 年的碑記尤其指出：

> 伏以地近海濱，端藉神靈之保障；旅同林立，尤憑聖德以敷施……啟者大澳之重修古廟，供奉天后元君聖母為群生所托，祥徵海國。

關帝廟內 1852 年的碑記，同樣不止一次說到該廟同時庇蔭「水陸士庶」。內港錨地很可能歷史較為悠久，但隨着它慢慢淤塞，漁船漸漸開始使用外港錨地。假如在建鎮時期，愈來愈多鎮上的船使用外港錨地，本鎮沿着關帝廟而建的

47 《康熙新安縣志》，卷三，載《深圳舊志三種》，頁 246-267。《縣志》（頁 267）說明該清單是取自《舊志》（即 1643 年的《縣志》），因為在遷海令的混亂之後，許多村落仍未重建，因此該清單是源自晚明。縣內的墟市清單（頁 268）也沒有任何有用的訊息，但它只包括內陸的墟市。

48 見 Hayes, *The Hong Kong Region 1850-1911*, pp. 100-101。

｜地圖 40｜1904 年的大澳墟鎮

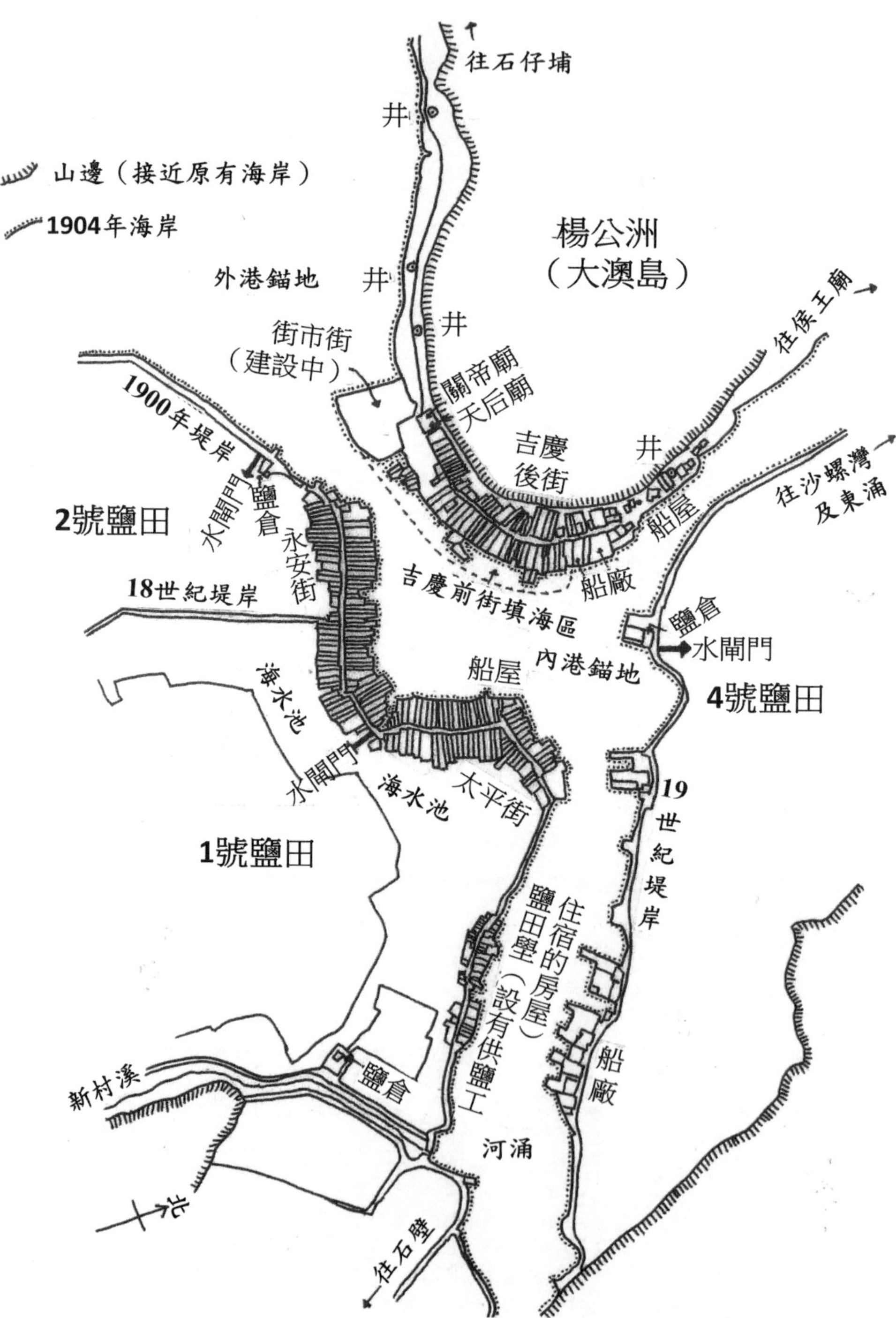

情況就顯得十分合理了。假如葡萄牙人的堡壘和明朝水師基地也是設在這個地區，那將進一步證明這個海灣在十六世紀和十七世紀初的吸引力。但在考古調查發現它們的遺跡之前，這一點當然難以證實。

大澳：後續發展

假如大澳的墟鎮是與關帝廟同時建立的，並沿着該廟而發展起來，時間大約是在十六世紀末，那麼到了 1662 年遷海令頒布時，還不可能會有太多的建設。那時肯定只有沿岸的一些零散的茅屋、院落和曬場，在石仔埔洪聖廟附近可能也有類似的零散事物。1898 年，大澳鎮沿吉慶後街、吉慶前街、街市街、永安街及太平街這五條街道興建（見地圖 40）。其中，除了吉慶後街外，其餘都建在填海土地上，填海工程的開展時間不會早於十八世紀中葉。因此，至少五分之四的城鎮是在 1682 或 1684 年後，即針對沿海水域的遷海令撤銷之後發展起來的。

地圖 41 顯示大澳及其鹽田在最後期的狀態，時間大約是 1913 年（關於大澳及其鹽田，見插圖 052）。根據新村天后古廟立於 1838 年的碑記，大澳最早的鹽田（1 號鹽田）建於乾隆年間（1736-1795），碑記說：「鹽圍築於乾隆之歲。」[49] 大嶼山在明代時已有鹽場，1688 年的《康熙新安縣志》慨嘆遷海令撤銷後鹽場未能恢復，故此靠近新村天后廟的鹽場，是在十八世紀中葉將早期的鹽場修復而成的。

1789 年，兩廣總督裁撤了監管本地的鹽政機構，允許鹽商在沿海自由做生意，並且每年向他們收取巨額的租金；這項規定的前提是這些鹽不得運到內地買賣，對鹽專賣機構在廣州的大鹽倉構成競爭。可想而知，此決定會導致本地製鹽業的大規模擴張。或許就是在這個時期，香港及鄰近地區逐漸棄用以往堆成臨時土丘濾出鹵水，再熬煮結晶的製鹽方法（沒有任何永久性鹽場），改為設置有永

49　碑記在對該廟風水的描述中包含了這句話，因為建在廟與大海之間的鹽場嚴重影響這個地點的風水。值得注意的是，這句話刻在碑記的時候，人們對鹽田的建立或重建還有很清晰的記憶。《香港碑銘彙編》中抄錄這段碑記的文字（第一冊，頁 90）有誤。抄錄本寫作「盜圍」，但仔細核對碑記原件會發現，第一個字顯然是「鹽」的簡體字「盐」。

地圖 41 | 約 1920 年的大澳及其鹽田

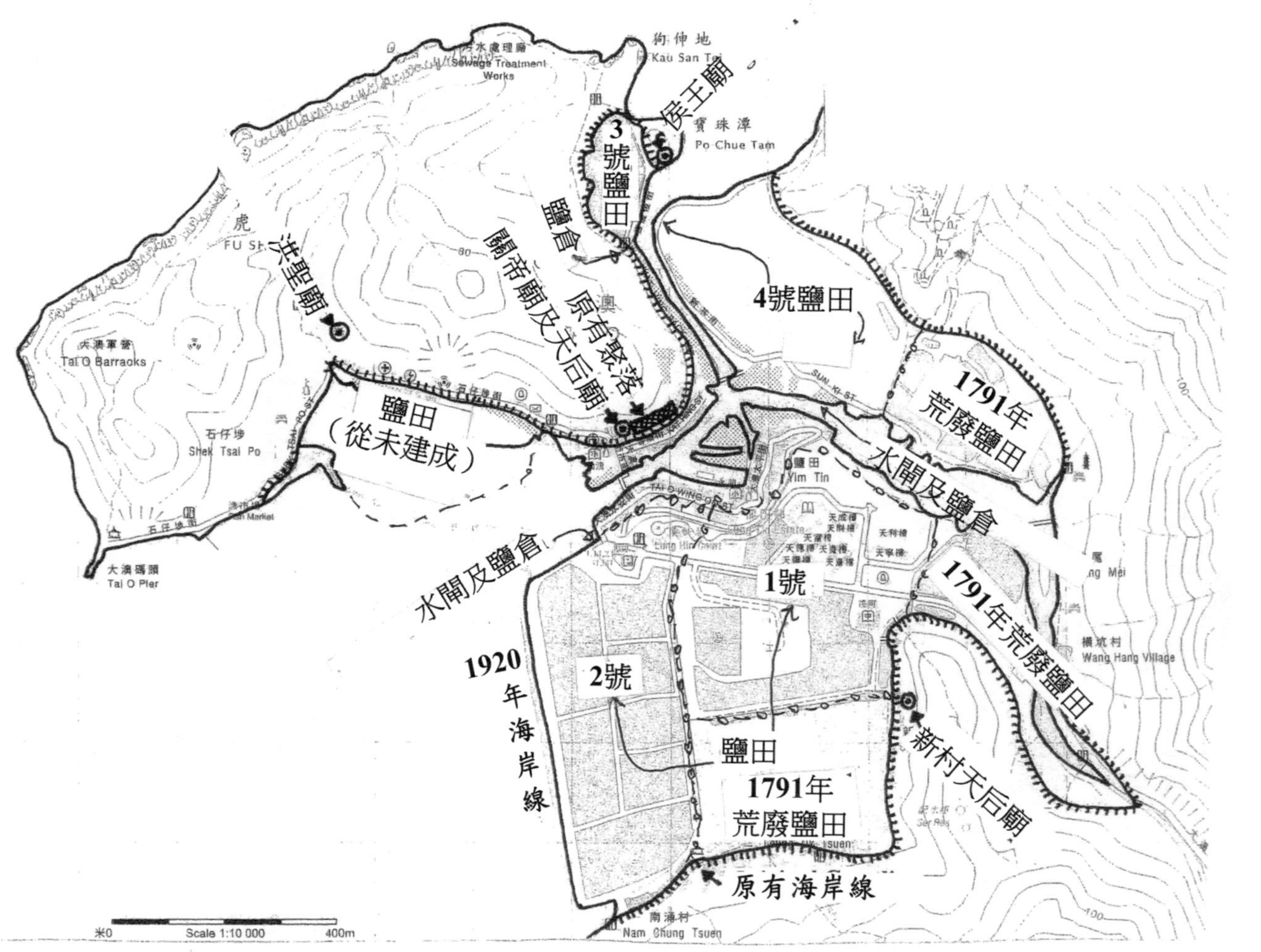

｜插圖 052｜1953 年的大澳及其鹽田

1 號及 2 號鹽田背後就是大澳城鎮，右方較遠處則是 4 號鹽田。

久濾池的永久鹽場，以日曬蒸發結晶的方式製鹽。新的製鹽方法令鹽產量大增，但會涉及重大的投資成本。[50] 然而，就此處的討論而言，上述的鹽田是建於十八世紀中葉還是末葉，相對來說並不重要；關鍵的事實是，它在更早之前並不存在。在 1904 年，本鎮一半以上的人口是住在永安街和太平街，這兩條街道建在新鹽場的堤岸上（見地圖 40）。堤岸的頂部被用作街道，房屋建於後方的海水或鹽田的海水池之上，以柱子支撐起來。因此，這些街道是不可能建於鹽田開闢（或恢復）之前。但在 1838 年，這些街道早已建成並有人居住。該年新村天后古廟的碑記說，這些街道是在神明保護的範圍內：「環繞有太平、永安之街衢」。

50 本地原來的製鹽方法，似乎是採用臨時堆出的土丘濾鹽。灘塗泥漿會堆成土丘，下設溝槽。之後在土丘上淋海水，濾出鹽分；含有鹽分的鹵水會順着溝槽流到大桶中，然後鹵水會被取去並煮沸。泥漿之後會放回海灘。從明代中葉開始，香港及鄰近地區地區開始採用設有永久濾床的鹽田，這大大提高了產量；但是使用這種鹽田的代價是重大的資本開支，包括建設和維護方面的成本。更全面的討論見本書第 1 章「海南柵：大嶼山北岸的聚落與社會」。大嶼山的明代鹽田，到 1688 年仍未修復，這些鹽田是使用永久濾床——池漏；乾隆時代大澳新村的鹽田也是如此（見《康熙新安縣志》，卷六，載《深圳舊志三種》，頁 364-365）。

｜插圖 053｜1956 年的大澳及其鹽田的航拍照片

城鎮的上方是 1 號及 2 號鹽田，左下方則是 4 號鹽田。

因此，在 1838 年，這些街道大概已經很發達，有許多居民需要神明庇蔭。

大澳河涌東岸橫坑村的 4 號鹽田，可能建於十八世紀末至十九世紀初（見插圖 053）。這個鹽田位於從舊內港錨地填海所得的土地上。連接大澳與東北方村落（尤其是沙螺灣和東涌）的行人徑已改道，沿新堤岸的頂部伸延，但行人徑沿線並無興建房屋。然而，鎮上的大多數船廠都遷到新的堤岸，它們於 1904 年已在此運作，那時它們可能已在此經營了至少幾十年。在 1902 或 1904 年，當地正經歷由刮土淋鹵鹽田變為日曬鹽田的過程。

2 號鹽田是英國人在 1898 年佔據新界之後不久開闢的，很可能是從 1900 年開始建造。英國人所繪的關於本區的最早期地圖（1904 年出版的地形測繪圖，根據大約在 1902 年所進行的測量繪製，見地圖 42）上沒有顯示鹽田。然而，從 1904 年的集體官契地圖可見，鹽田的堤岸已建成（見地圖 43），但是內部尚未成形。鹽田似乎在 1913 年左右才全面投產。然而，最接近十八世紀末開闢的 1 號鹽田的那段新堤岸，似乎是最早修建的，其沿線的屋地隨即發展起來；在 1904 年，該地區的房屋已建成並有人入住（見地圖 43）。開發這個新鹽田的公司，大概是打算透過出售這段堤岸的屋地，從這個開發項目獲得早期收入。1904 年，永安街的這一端約有 45 間房屋，而沿着十八世紀堤岸有約 115 至 120 間（即佔 1904 年時河涌南岸房屋總數約 28%，不包括在 2 號鹽田堤岸的鹽田壆上的棚屋）。

街市街及吉慶前街所在地的填海工程是在二十世紀初進行的。吉慶後街靠海一側零星的填海工程，可能是在十八世紀後期至十九世紀中葉之間進行的。到集體官契制訂時（1904 年），天后廟以東的吉慶後街朝海一側直到船廠，已建起了一排房屋（關帝廟及天后廟前方已填海，但因風水原因及為舉行神誕而留作空地）；這一排房屋以不同距離延伸到河涌中，每一間房屋在面向河涌的一方都設有上岸處（見地圖 40）。這一排房屋可能源自是建於原有海濱的高腳屋和船屋；後來可能主要靠把廢物傾倒在屋下，把高腳屋下方的空間填滿，然後高腳屋便改建成為磚石結構的房屋。吉慶前街的填海工程包括重建這些房屋：一排新建的房屋會面向新建的吉慶前街，然後還有一排重建的房屋會朝向吉慶後街；在吉慶前街另一側，會建一排新的房屋，都是沿着河涌的一條共同界線而建，每間屋都有上岸處。吉慶前街的填海工程是在 1904 年後不久開始的。街市街的填海工程已於 1904 年完成，但那時填海區之上的房屋仍未建成（見地圖 40）。在十九世紀至二十世紀初，為擴大海濱港口城鎮的可建設面積而進行的填海工程，在香港地區十分常見（另見下文），而大澳的填海工程，無論在年代乃至填海的規模和性

｜地圖 42｜1904 年大澳的地形測繪圖

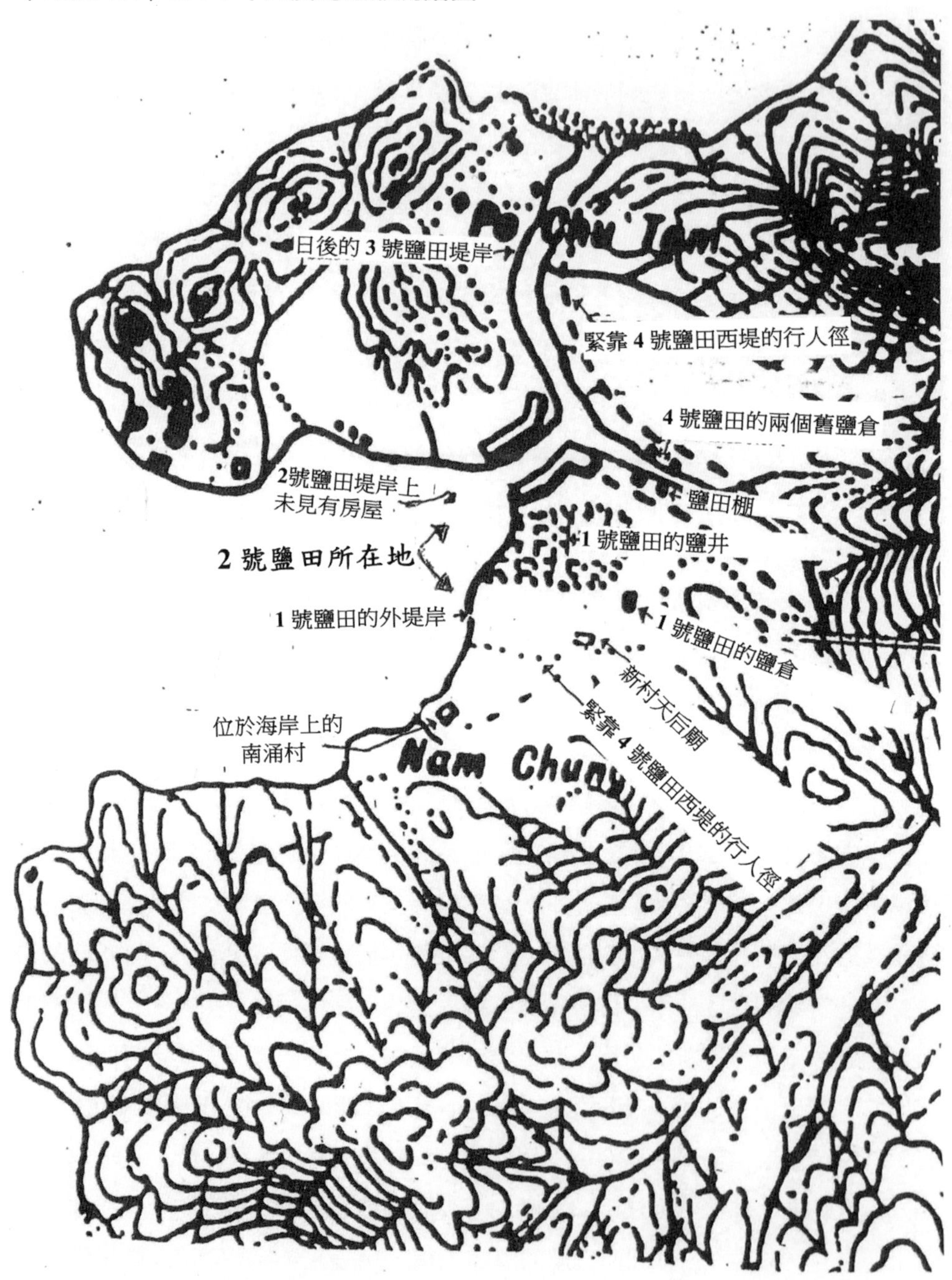

| 地圖 43 | 1904 年的 2 號鹽田

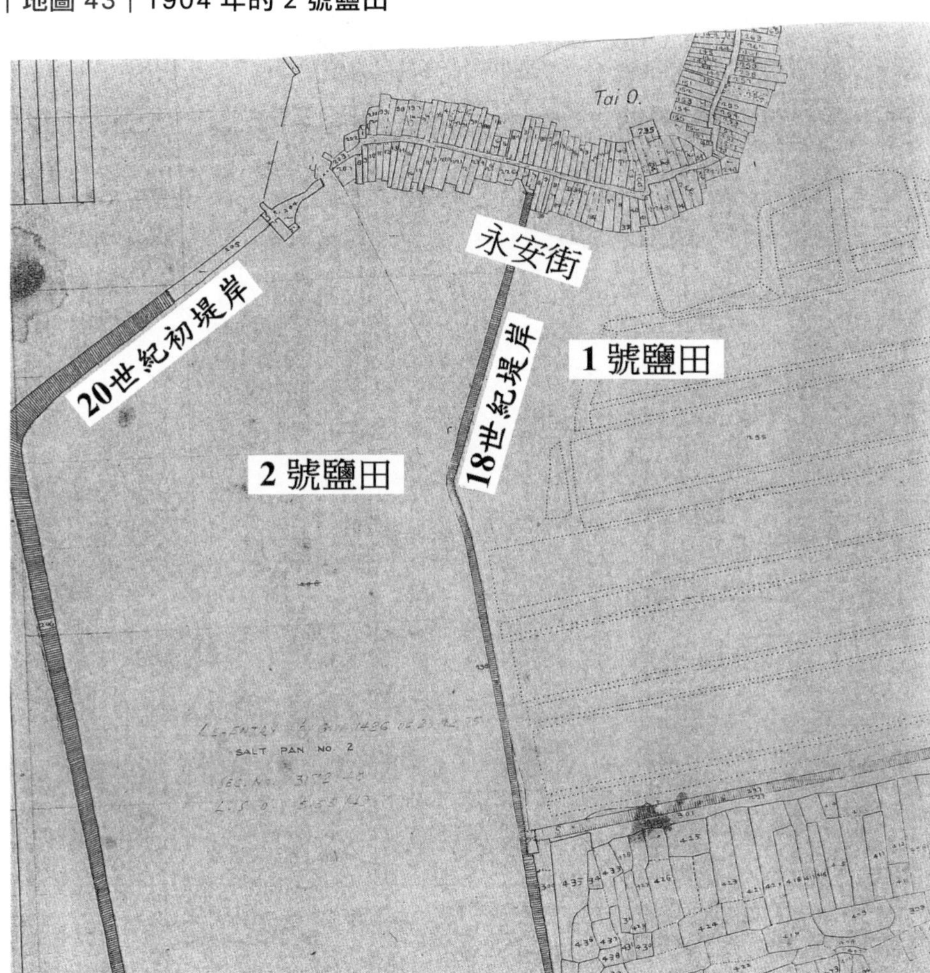

質，都符合這種共同的模式。[51]

船屋和高腳屋（見插圖 054）很可能從最初起已是大澳的地方特色。如上所述，1904 年時存在於吉慶後街向海一側的房屋，前身很可能是十九世紀沿着原

51　例如，類似的填海工程也在長洲（可能從十九世紀初開始分階段進行，見下文）、香港仔（1845 年前不久至十九世紀中葉分階段進行，見下文）、筲箕灣（1860 年）、西貢（十九世紀中葉至二十世紀初分階段進行）、馬灣（1890 年）、深水埗（十九世紀初葉至中葉）等地進行。

｜插圖 054｜1953 年的大澳棚屋

有的海岸線建造的高腳屋或船屋；後來它們的下方逐漸地填海造陸，就被以石材和瓦片建造的永久建築物取代。當然，到了 1899 年，船屋和高腳屋已成為本鎮的顯著特徵；由於它們如此引人注目，有時候甚至被認為是大澳獨有的特色。事實並非如此，此類小屋在本地十分常見。例如，在馬灣（事實上在二十世紀初，該鎮住在這類房屋的居民比例比大澳還要高）[52]、長洲和筲箕灣就有很多；從西貢和赤柱的填海地形看來，這類房屋也可能是這兩個城鎮在十九世紀的顯著特徵。在 1904 年大澳的高腳屋及船屋，大部分建於吉慶後街北端向海一側、造船廠的東北方，以及太平街向海一側（見地圖 40）。如下文所述，在 1911 年至 1921 年

52 見 Patrick H. Hase, "Beside Troubled Waters", in *Settlement, Life, and Politics*。

間，大約有 1,200 名大澳居民住在這類小屋中，約佔本鎮總人口的 20%。

就這樣，大澳鎮從原本只有一條沿海岸零散而建的街道，擴展為有五條街道、發展完善的區段；這種發展大約發生在十八世紀中後期至二十世紀初期。因此，在 1898 年後來到這個小鎮的英國人發現，它的大部分地區的發展歷史還不到一個半世紀，儘管它的起源可追溯到大約三個世紀之前。街市街和吉慶前街，連同永安街的尾段，都是在二十世紀初新建的，這反映大澳在當時顯然仍在快速擴張。吉慶後街向海一側的房屋，似乎是建於十八世紀後期至十九世紀後期；而永安街和太平街的房屋，似乎是建於十八世紀中葉至十九世紀中葉。由此看來，在英國人到來前的一個多世紀裏，本鎮顯然一直處於不斷擴張和發展的狀態。其他港口城鎮的情況似乎也是大同小異；正如下文將會進一步討論那樣，各城鎮幾乎都在同一時期進行了大規模擴張。

可是，如果說大澳是從晚明計起的一段時期裏有長足的發展，其他城鎮初建的情況就不是如此了。大澳的傳說反映本鎮及其廟宇的起源可以追溯到晚明，但香港地區其他港口城鎮的情況似乎並非如此；這些城鎮的傳說（必須記住這種證據的局限）反映，它們是在 1682 或 1684 年對於沿海水域的遷海令撤銷後才建立的。

長洲：建鎮之初與後續發展

若有關大澳建鎮和早期發展的證據很薄弱，頂多只能算是暗示性質，那麼關於長洲的證據就遠較大澳不確定，充其量只是非常微薄的蛛絲馬跡，從中可推測這個鎮始建於 1684 年至 1700 年左右，[53] 以及它的人口在十八世紀至十九世紀之間迅速增加，社區面貌也變得大為繁複。我們很清楚它非常薄弱，而且結論是在缺乏確鑿證據的情況下得出，但我們所擁有的就只是一些蛛絲馬跡和假設。儘管如此，我們似乎仍能從雲霧裏推導出一幅條理分明的歷史圖像。

53　對於新界大陸地區的遷海令於 1669 年廢除，但對於離島的則直到 1682 年才撤銷，而海洋則要等到 1684 年才向漁民和商人重新開放。

大概在明初，長洲被授予黃維則堂，那是南頭黃氏的祖堂。根據該氏族的傳說，1890 年至 1900 年間出生的氏族耆老為第二十七世，而長洲是賜給其八世祖的。[54] 不過，最早明確提及他們擁有長洲的氏族族譜，寫作時間不會早於 1779 年。[55] 以 30 年為一代計算，這位第八世祖約生於 1330 年；若以 25 年為一代計算，則約生於 1415 年。他獲賜地時幾乎可以肯定已是暮年，所以獲賜地的時間可能是在 1380 年至 1465 年之間，當中的中心點是 1420 年代，但晚至 1460 年代也完全是有可能的。

黃氏應該會盡他們所能從長洲獲取各種利益。但在明代時，島上似乎還不大可能建立了任何岸上設施，遑論城鎮或原始城鎮聚落了。比起明代時的黃氏，我們對十九世紀中葉馬灣的地骨主曾氏，以及同時期南丫島大部分土地的地骨主姚氏所知更多。[56] 在馬灣和南丫島還沒有任何岸上港口聚落時，曾氏和姚氏依靠向漁民收取泊船費賺取收入；這泊船費除了包括在海灣碇泊的權利外，可能還有從錨地旁邊的井中汲水的權利。其他費用還包括使用燂船場、砍柴的權利、使用海岸（例如在岸上曬帆和補帆）以及在島上安葬先人的費用。

明代時，黃維則堂很可能也會向使用長洲錨地的船家（在那時期大概是以近岸航行的商船為主）收取類似的泊船費，而這是當時該堂從此島獲得的主要收入。黃維則堂甚至在 1898 年時，肯定仍有向船家收取燂船費，以及使用海岸曬網曬帆的費用，並向陸上居民收取設置罾棚捕魚的費用。我們可以假設，黃維則堂在 1898 年之前也會收取泊船費。因此，明代時黃氏在長洲的行為，可能與同時代馬灣曾氏和南丫島姚氏的非常相似。[57]

在明代，長洲無疑曾有陸上活動，否則很難看出黃維則堂在那時期如何從這座島獲得任何收入。與此同時，假如陸上活動僅限於曬帆修帆、汲水、砍柴、在沙灘上燂船、在沙灘後方的山丘埋葬屍體，以及設置罾棚，那麼它們的性質甚至

54 Hayes, *The Hong Kong Region 1850-1911*, p. 59 and note 14.

55 Choi Chi-cheung（蔡志祥）, "Reinforcing Ethnicity: The Jiao Festival in Cheung Chau"，載上引 *Down to Earth*, p. 105。

56 見上引 Hase, "A Small Island in the Midst of the Sea" 及 "By Violent Waters"。

57 Hayes, *The Hong Kong Region 1850-1911*, p. 60.

連原始城鎮都稱不上。漁民在這裏所做的事情，與其他沒有岸上城鎮或原始城鎮聚落的錨地，例如在十九世紀發展出城鎮之前馬灣或南丫島，以至是直至非常晚近時期為止的涽西等地，沒有什麼兩樣。

假使晚明時長洲曾有過某些原始城鎮聚落，那到了十八世紀時，似乎也沒有任何相關的記憶得以留存下來，並滲入後來的長洲口述傳說之中。這大概表示，如果在十七世紀初葉或中葉有陸上居民定居長洲，那麼在遷海令撤銷後，他們沒有任何後人返回長洲，將他們的傳說流傳給後遷海令時期的居民。但總體而言，明代時長洲是不大可能有陸上聚落的。雖然這屬於默證，但是關於本鎮起源於明代的傳說付諸闕如，似乎顯示就算 1682 年前長洲有陸上居民，數量也是非常稀少，否則應當總會有一些關於明代祖先的記憶流傳到近代。

在十九世紀末至二十世紀初，唯一定居長洲並聲稱自明代起就與這座島有聯繫的人，肯定只有當時住在那裏的黃維則堂的後人。這個氏族雖然在明代時從這座島獲取收入，但當時並無族人定居島上；該氏族在明代似乎只會住在南頭縣城。最早在長洲定居的黃氏族人，很可能是在十九世紀初才遷到當地。1955 年時，擔任該氏族司理的黃氏耆老生於 1894 年，是居住長洲的第五代；因此第一代定居在長洲的黃氏族人（據這位耆老說是從南頭遷到這座島上的）大約出生於 1774 年（以 30 年為一代計算）或 1794 年（以 25 年為一代計算），很可能是在 1800 年至 1820 年之間開始定居這座島上的。[58]

因此，在 1682 年以前，長洲很可能實際上並沒有岸上聚落；島上的城鎮是在 1682 年之後才建立的。

有關這座島傳說當中提及首次有人定居的年代，為以上結論提供了有力的佐證。1955 年時，理民府官高志（Austin Coates）注意到當時島上流傳關於長洲建鎮的傳說。他得悉最早的定居者是五個福佬（這裏指來自惠州的人）家庭，他們定居在海灘後方一個在 1955 年時和今天都稱為「學佬巷」（原本大概稱為「福佬

58　Austin Coates, "Cheung Chau", in *Southern District Officer Reports: Islands and Villages in Rural Hong Kong, 1910-1960*, ed. J. Strickland (Hong Kong: Hong Kong University Press with the Royal Asiatic Society, Hong Kong Branch, 2010), p. 184.

巷」）或「五舊屋」的地方，該處位於長洲的中心，靠近墟市。這五個人後代的世系細節，強烈表明他們是在 1682 年至 1700 年間開始在島上定居。高志聽說這五人或者他們的直系後裔在住處附近建了一座小廟，後來才被鎮北端更大更華麗的北帝廟（見插圖 048）取代。[59] 許舒提及一份私人收藏的文件，當中指出長洲的惠州人決定在長洲建造一座精美的廟宇供奉北帝，並於 1777 年派代表到家鄉惠州的北帝廟進香朝聖。[60] 此事的儀式辦得十分隆重，他們從惠州把神明「請」到長洲，並將一包香灰從惠州帶回來，成為新廟香爐的基礎。新廟於 1783 年落成，掛上由「**歸邑弟子建廟值事**」[61] 所立的牌匾。翌年，亦即 1784 年，這座廟裝上了一口新的大鐘；大鐘通常是新廟宇最後裝設的事物。[62]

不僅是惠州人，長洲各族群普遍都認為這些傳說真確，由此表明長洲最早的陸上定居者，即那五名福佬商人，可能大約在 1682 年至 1700 年定居島上；他們建了一座小廟，時間大概是 1700 年至 1710 年左右，在 1777 或 1784 年被現在的北帝廟取代。在高志或許舒所得悉的資料中，無法找到任何明代有人定居的傳說或相關線索。1955 年時，最早那五名福佬定居者的後代仍住在島上，沒有人提出有誰比福佬人的氏族更早來到長洲定居。

可惜，長洲的碑記不如大澳那麼豐富；不過，現存碑記內容與上述傳說的內容相符。鎮內有一碑記，提及本鎮的建立。它記載了 1870 年長洲鎮安公局（亦稱外長洲鎮安社防禦公局）重修之事。[63] 鎮公安局和團練均成立於 1850 年代初；那時正是混亂的太平天國時期，律法難以有效施行，成立鎮公安局和團練是為了應對頻頻發生的海盜襲擊事件。這碑記表明長洲建立於「數百年」之前：

> **嘗思為山基乎積簣，眾志可以成城。我等外長洲祖業相承，于茲數百年。凡夫耕山釣水，居貫行商，四方雲集，稱為樂土矣。**

---

59 同上註。

60 見 Hayes, *The Hong Kong Region 1850-1911*, p. 74。

61 《香港碑銘彙編》，第三冊，頁 782。「歸善」或「歸邑」都是惠陽縣的舊稱。

62 同上註，頁 678。

63 同上註，第一冊，頁 142；另見 Hayes, "Cheung Chau 1850-1898"。

對於「數百年」的說法不必太過執着，它的意思不過是「超出人類的記憶」，可以是只有「一百多年前」。同時，假如我們將「幾百年」解作「兩百年」，那麼 1870 年前的兩百年，便似乎是指本鎮建於 1682 年遷海令撤銷之後不久。無論如何，碑文的意思至少表示 1870 年的長洲耆老相信本鎮是在十八世紀初葉或中葉前建立的。

新安／東莞社群（後改稱寶安／東莞）及惠潮社群（惠州和潮州）普遍被認為是在長洲定居最久的社群。但是，這兩個社群的家庭定居長洲的時間，極不可能早於 1682 年至 1700 年（就惠潮社群而言）或約 1700 年至 1720 年（就新安／東莞社群而言）。長洲新安／東莞社群的耆老認為他們的會所是創立於 1800 年，[64] 而組成此會所的家庭可能已定居了一段時間，大概有好幾代人，這樣才有餘裕成立同鄉會所。因此，新安／東莞社群似乎可能是在十八世紀初來到長洲的。

長洲的惠潮人士最遲於 1770 年代開始正式形成社群，當時這個社群組織代表團前往惠州進香朝聖，並從惠州北帝廟帶回香灰，令長洲得以建造供奉此神明的大型廟宇。如上所述，他們在 1783／1784 年完成興建北帝廟。他們的同鄉會似乎也同樣是在 1770 年至 1784 年間成立。長洲這個族群的創始人是「五個福佬商人」，人們相信這五人是島上最早的定居者。如上所述，他們很可能是在 1682 年至 1700 年左右前來定居的。

因此，新安／東莞和惠潮社群的傳說，與 1870 年鎮安公局碑記隱含的意思相吻合，顯示本鎮的建立時間為十七世紀末至十八世紀初，大概是 1700 年左右或稍早一些。似乎沒有其他時期能吻合所有事實。

1819 年的《嘉慶新安縣志》，把長洲列為墟市，[65] 是 11 個註明是「新增」的墟市之一（全部墟市合共 41 個）。這大概表示是在「上一份縣志（1688 年）之後建立的」，因此這條資料也顯示長洲墟市是在 1682 年遷海令撤銷後的時期

64　見 Hayes, *The Hong Kong Region 1850-1911*, p. 62。來自東莞和新安的居民原本可能只有一個會所，後來稱為「寶安會所」。這個會所後來一分為二，分別代表兩縣居民。成立於 1800 年的會所即今天的東莞會所。另見 Hayes, "Cheung Chau 1850-1898"。

65　《嘉慶新安縣志》，卷二，載《深圳舊志三種》，頁 645。

建立的。現存最早特別寫明長洲是城鎮的銘文，似乎是來自北社天后廟內一個 1785 年的香爐，其上的銘文稱長洲為「**長洲墟**」。[66] 1819 年《嘉慶新安縣志》有關長洲的記載也說：「**長洲……商賈多聚集於此。**」[67]

遷海令撤銷後（如上所述，1682 年沿海島嶼開放讓移民前來定居，以及 1684 年海洋重新向漁民開放），為漁民找鹽似乎已成為當務之急；而在此前的十六世紀期至十七世紀初中葉，此事一直是大有爭議的問題。《縣志》沒有記載關於這個問題的進一步評論，而白石鹽埠之設似乎能夠應付漁民的需要。十八世紀初，漁民的食鹽配額獲得批准（750 噸，這頗為不足，但之後定期增加，到 1819 年時已達 15,000 噸）。[68]

兩廣總督在 1749 年重整鹽埠。珠江沿岸的鹽埠合併為一。這個經整合集中的鹽埠位於彭城（近南頭），並在長洲以及大鵬灣的鹽田增加兩個「子埠」。為避免明末時因鹽埠受人壟斷而造成的問題，每個鹽田在鹽埠各有自己的店舖，訂明以較高的價格出售標準等級的鹽（每斤十二文半錢，這是合理的數額）。彭城埠再被指定向新安縣和東莞縣的陸上居民售鹽（山埠），而子埠則向漁民售鹽（海鹽）。同時，又成立一支共有六艘巡船的查緝走私船隊。[69] 長洲增加了一個附屬鹽倉，以及《縣志》中提到了島上商人眾多，可作為本鎮到 1749 年時已發展很完備和繁榮，並且已被視為漁民生活的主要中心的證據。《縣志》對於此處討論的任何其他港口城鎮，都沒有這樣的評述。[70]

1789 年，總督允許鹽田承租人只要不把鹽賣到內地，就可以自由買賣；於是，大澳的鹽田承租人實際上獲准在大澳建立鹽埠。每個鹽田都有一個鹽倉，鹽

66 Choi, "Reinforcing Ethnicity", p. 107；《香港碑銘彙編》，第三冊，頁 678。

67 《嘉慶新安縣志》，卷四，載《深圳舊志三種》，頁 709。

68 同上註，頁 816。關於這部分，見 Hase, *Forgotten Heroes*, Ch. 6, "Salt and Fish"。

69 《嘉慶新安縣志》，卷八，載《深圳舊志三種》，頁 816。

70 此處討論的其他港口城鎮，均未包括在 1819 年《縣志》的墟市列表中。它們在那時當然都已存在。坪洲作為「錨地」（平洲灣）被列入村莊名單（見《嘉慶新安縣志》，卷二，載《深圳舊志三種》，頁 655）。關於在新安縣所能撈捕的魚種的部分，有「黃花魚」的條目，指出這種魚是在秋季於大澳撈捕（「黃花魚……採於大澳海中，自九月至十一月」）（見《嘉慶新安縣志》，卷三，載《深圳舊志三種》，頁 691）。另外還提到大澳的汛地（《嘉慶新安縣志》，卷十二，《深圳舊志三種》，頁 862）。除此以外，《縣志》中並沒提及這些港口城鎮，也沒有被視為村莊。其背後的含義尚不清楚。

｜插圖 055｜1998 年大澳 3 號鹽田的鹽倉

倉的地面層設有銷售處，漁民可以在該處買鹽（其中一處在侯王廟附近，留存到近年，見插圖 055）。1841 年英國人佔據香港島後，也有人不動聲色地在香港仔建立鹽埠。1922 年時那裏有 5 家鹽行，其中 4 家在香港仔大街與湖南街交界附近，毗鄰當地的碼頭；還有一家在鴨脷洲。這些商販可能從十九世紀中葉起就在香港仔賣鹽了。同年香港還有另外 25 家鹽行，其中 15 家在干諾道西或附近（也是毗鄰碼頭），10 家在九龍的油麻地（在新填地街和廣東道，毗鄰當時的碼頭），它們也為漁民服務。[71] 因此，從 1643 年為漁民設立鹽埠之初，到二十世紀，漁民獲得食鹽的途徑一直在穩定地改善；不過鹽工的工作環境仍然很艱苦。

長洲的建鎮時間為 1682 年至 1700 年間，與鎮上廟宇的建廟可能年代（十八至十九世紀）一致。長洲島上有 7 座廟，其中 4 座位於鎮區之內（見地圖 44）。

長洲鎮的主要廟宇北帝廟，是在十八世紀初第一批惠州人定居島上後不久建立的，並如上所述，在 1777 或 1784 年於新址重建（見插圖 048）。這座廟在

71　見 *Anglo-Chinese Directory Hongkong* (The Publicity Bureau for South China, 1922), pp. 255-256.

1904 年以前一直由惠潮社群持有和維護，此後則改由全島人負責。一年一度的太平清醮（在長洲又稱為「包山節」）儀式就是在北帝廟舉行的。[72] 這座廟建在北社街的北端，那是十八世紀中葉本鎮最早建於海灘後方的一排零星房屋的盡頭。相對於原來的海濱，這座廟處於稍往後方的位置；在廟和大海之間，有一塊因風水理由而預留的空地（見插圖 057）。

洪聖廟是鎮區內的另一座廟宇，與緊鄰的大新街上的居民，以及島上的新安和東莞社群關係密切。[73] 我們對這座廟的歷史所知不多：廟中最古老的器物是 1813 年鑄造的鐘；唯一一篇碑記由華人廟宇委員會在 1966 年所立，它把大鐘的鑄造年份視為建廟年份。[74] 但這座廟的歷史大概更為悠久，與今天鎮上另一端的北帝廟（由島上的惠州社群所建）大約建於同一時期，亦即可能是十八世紀中期至後期。這座廟建在原來的海岸邊之上，比高水位線高約 20 呎。廟下方的區域，包括大新街，大概是在十八世紀中葉填海造陸而成的（人們認為鹽埠就是設於這個區域）（見插圖 056）。

｜插圖 056｜1898 年的長洲洪聖廟

該廟位於圖右。圖左設有旗桿和碼頭的建築物，是清朝粵海關轄下的長洲關廠。留意在廟宇和關廠之間還有一些船屋。

72 Choi, "Reinforcing Ethnicity", p.109；太平清醮主要由海陸豐人舉行，他們屬於惠潮社群的一部分。另見 *Southern District Officer Reports*, pp. 196-201。

73 Hayes, *The Hong Kong Region 1850-1911*, p. 74.

74 《香港碑銘彙編》，第二冊，頁 571；以及第三冊，頁 682。

鎮上最古老的宗教中心是兩座天后廟，一座位於鎮的北端，另一座在南端。這兩座廟隔着錨地彼此面對（參見地圖 44、45 和 46），標示出安全的碇泊範圍。從這兩座廟的名稱清楚可見，它們都取代了較早期的戶外神壇。北邊那座廟名叫「北社天后廟」。「北社」的意思是「北方的社壇」，「社」是地方上對戶外神壇的通稱；南方那座廟名叫「大石口天后廟」，顯然指的是位於具風水作用的岸邊巨石之下的社壇。這兩座廟，以及它們前身的社壇，標示錨地的南北邊界。建廟之前的社壇很可能在明代時就已存在，但正式廟宇取代社壇大概是十八世紀初期或中期才發生的事，並標誌着這個錨地開始出現真正的城鎮生活。

北社天后古廟有長洲唯一提及此廟建立的碑記（1889 年），這篇碑記大概可視為該廟自建廟之初就是這個錨地和城鎮的中心的宣言：

> 然而長洲灣美天后廟者，昔為一洲之形勝建也。[75]

在北社和大石口天后廟內，現存最古老的器物都是大鐘，兩口鐘分別在 1767 年和 1772 年鑄造。[76] 因為鑄鐘的費用高昂，所以大鐘通常是在廟宇落成後才捐贈給廟宇的。這兩口鐘可以說是透露了，這兩座廟在十八世紀初期或中期的某個時候，取代了原有的社壇。

島上另外三座位於城鎮範圍外的廟，也是建於十八世紀末或十九世紀初。西灣天后廟位於主錨地以南一個附屬的小錨地旁邊，廟內有一口 1774 年鑄造的鐘。[77] 觀音灣水月宮（觀音廟，也在附屬錨地，位於島的東邊）有一塊匾額，年份為 1847 年。[78] 通往這座廟的小路是修築於 1840 年。[79] 一塊記錄這座廟重修的石碑標示的年份為「戊戌年」，這裏所指的可能是 1838 年。[80] 這座廟建立的時間，比起 1838 年的重修大概至少早了一代人，即可能在十八世紀末就已建廟。

---

75 同上註，第一冊，頁 226。

76 同上註，第三冊，頁 672、675。

77 同上註，頁 676。

78 同上註，頁 784。

79 同上註，第一冊，頁 114。

80 同上註，第二冊，頁 602。

｜地圖 44｜長洲

長洲
CHEUNG CHAU
原有的海岸線
現有的海岸線
北社天后廟
北帝廟
原有聚落
觀音廟
洪聖廟
大石口天后廟
南氹天后廟
西灣天后廟
東灣仔
TUNG WAN TSAI
北角咀
Pak Kok Tsui
大鬼灣
TAI KWAI WAN
長洲灣
CHEUNG CHAU WAN
觀音灣
KWUN YAM WAN
饅頭石
Loaf Rock
西灣
SAI WAN
花坪
FA PENG
太石口
TAI SHEK HAU
仙人井
SIN YAN TSENG
南蛇塘
NAM SHE TONG
白鰽灣
PAK TSO WAN
九宮塘
Kau Kung Tong
長洲避風塘
Cheung Chau Typhoon Shelter
仙公洞
Sin Kung
米0 Scale 1:14 000 560m

| 地圖 45 | 約 1750 年的長洲

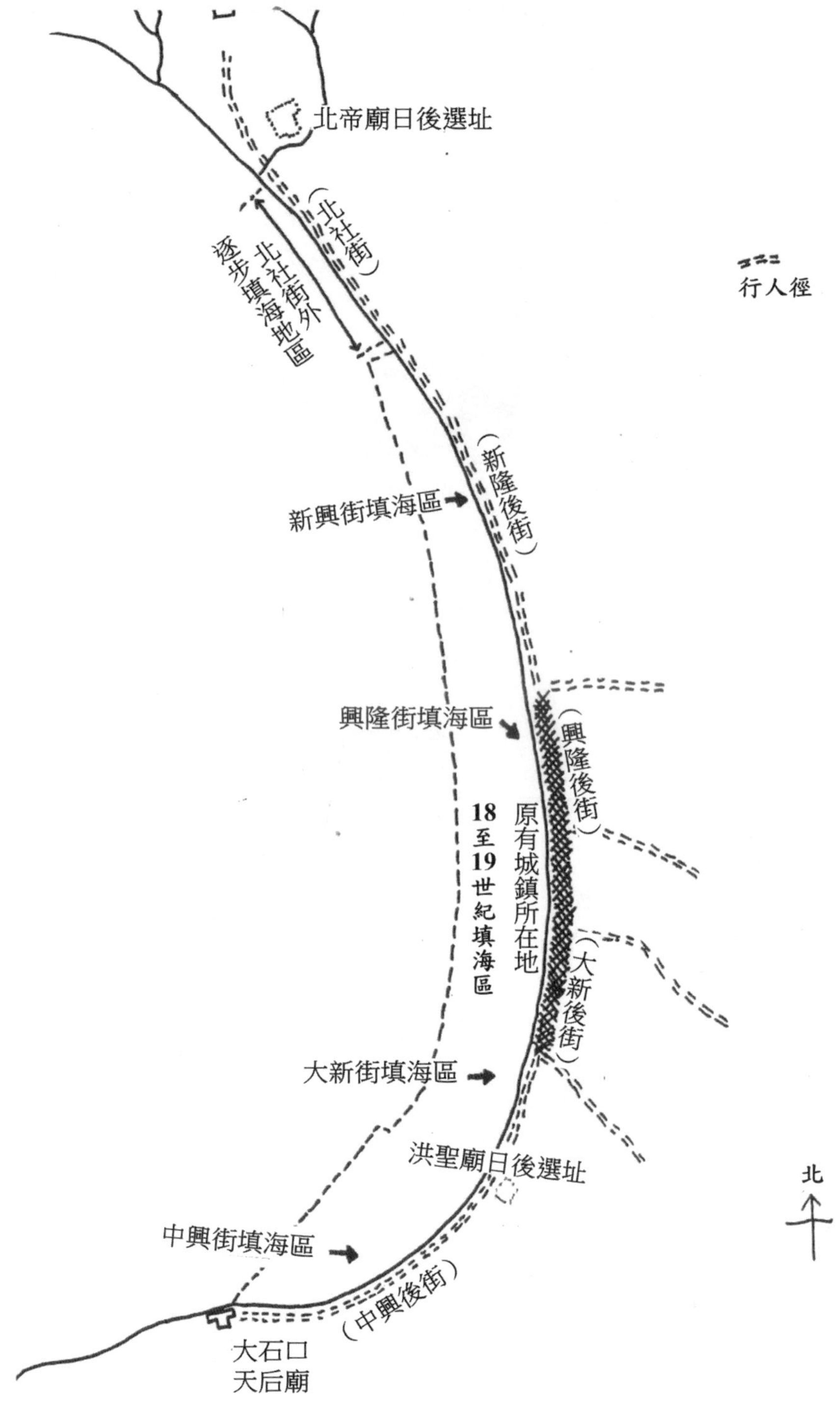

｜地圖 46｜1904 年的長洲

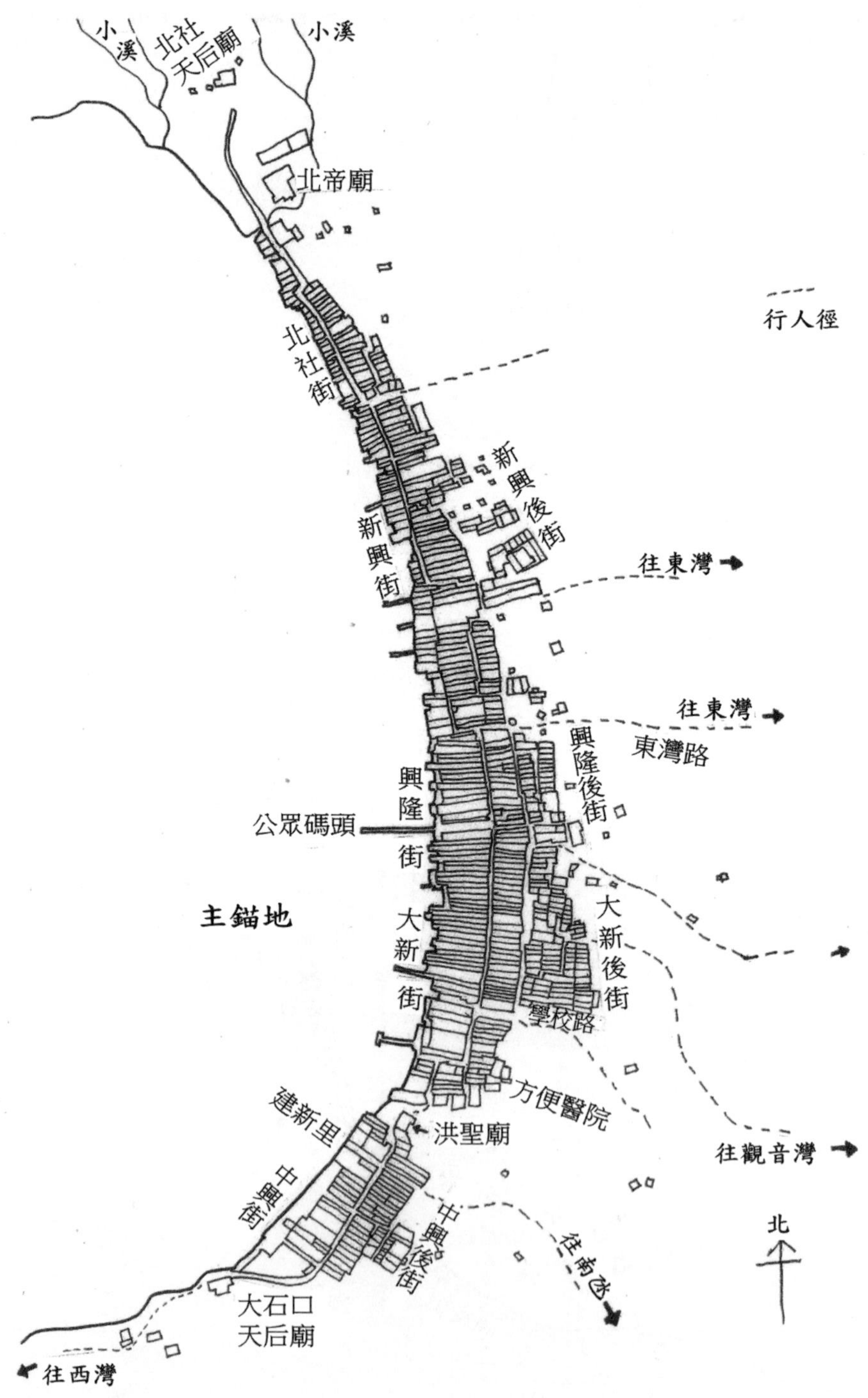

最後一座是南氹天后廟，它位於海邊的峭壁上，庇護在該海岸捕魚的漁民，也為長洲南部鄉郊的商品菜園服務。廟內有一個沒註明年份的碑記，關於這座廟的歷史，它寫着「**矜不能稽之史傳，由來久矣**」。[81] 這座廟中沒有明確定標示年代的器物，但建廟時期可能與主鎮區以外的其他廟宇相若，即大概是十八世紀後期或十九世紀初。

然而，長洲的填海工程可能是分階段進行的，首先完成填海的是中部（興隆正街），早於北部新興街的填海工程，大概也早於南部大新街的填海工程。這點清楚見於興隆正街和新興街明顯不連貫的走線（見地圖 44、45 和 46），表明這一兩條街不是單次作業中鋪設的。中興街和建新里的填海工程也必然是另外進行的，因為那裏的填海線比大新街／興隆街／新興街的填海工程更靠海（見地圖 46）。然而，興隆街、大新街和新興街一帶在 1904 年前早已填海。到那時候，在這三個地區沿着原有填海線建造的房屋，已零星地進行了進一步的填海工程（在許多情況下是高腳屋的擴展，見地圖 46），這個過程肯定需要一些時間。因此，這三個填海工程一定是在十八世紀後期至十九世紀中期進行的，而大新街填海工程可能至少在十八世紀末已完成。然而，中興街的填海工程可能要晚得多。該區在 1904 年前沒有時間進行零星填海，而且該區的布局顯然比北部的街道寬敞；該區可能只曾在十九世紀後期填海。

在本鎮的北端，沿着北社街向海的一側，還有另一片填海區。北社街是海灘後方最早的街道之一，這些街道應該是在十八世紀中後期於北社街向內陸一側修築的。不過，這條街向海的填海區（新北社街），看起來很像大澳吉慶後街向海一側的房屋。這片區域最初是一排海邊船屋和高腳屋；後來它們下方的區域被逐漸填平，就由磚瓦結構的建築物取代。事實上，1955 年時這個地區還有一些高腳屋，另外在大石口天后廟西南方的西灣也有一些。[82] 北社街前方這個零星進行

81　同上註，頁 609。

82　W. J. Hinton 在 1929 年指出：「在（長洲錨地）東端有一個由舢舨組成的水上村落……這些舢舨要是太老舊而無法浮於水上時，就會被拖到高水位線以上的地方，一些家庭或其他人就住在那裏，直到它爛成碎片。」（"Cheung Chow — Long Island", reprinted in *Journal of the Hong Kong Branch of the Royal Asiatic Society*, Vol. 17 [1977], p. 133.）高志在 1955 年指出，「在鎮北端的北帝廟附近，以及南端方的中興街較遠一端的周圍，有許多家庭住在陸地上的船艇中，這些船艇是靠石頭支撐或架在木柱上。」見 *Southern District Officer Reports*, p. 187，另見插圖 056。

的填海工程，約可追溯到十九世紀，即與大澳吉慶後街的房屋興建時間相若。

興隆大街向海一側是長洲的海傍街。這條街是在二十世紀在填海區上開闢的（約 1920 年代；有關海傍街開闢前的長洲海濱，見插圖 057 至 060）。[83] 值得注意的是，北社前街的填海工程，與大澳街市街及吉慶前街的填海工程約莫是同時展開的。由這一切可見，在十八世紀末至十九世紀，憑着在填海區上鋪設了新街道和進行發展，長洲鎮的面積擴展至原本的四倍。因此，1904 年時長洲鎮的主要部分，是建在過去約 120 年間填海所得的土地之上。這個時段幾乎是與大澳填海的時段相同（關於二十世紀初的長洲，見插圖 058 和 059）。

長洲鎮最初起源於散落在海灘後方的棚屋和曬場，至十八世紀中葉正式確立為城鎮。這個時間也可從鎮上各族群建立同鄉會和辦事處的年份得到所佐證。如上所述，新安／東莞會所大概成立於 1800 年。惠潮府（惠潮人的同鄉組織）的正式成立，可追溯至 1777 或 1783 年惠州商人聯手建立北帝廟之時。在 1904 年，惠潮府在新興街有一個會所，但這可能是用來取代北帝廟內較早期的辦公室，無法以此來確切地推斷新興街填海的時間。其他長洲族群的同鄉會，最遲到了十九世紀中葉都已成立。街坊會這個管理本鎮的商人委員會，最遲從十九世紀中葉起已經運作（例如它在 1870 年於鎮上建立方便醫院，又 1873 年建造了大型義塚，而這些不大可能是這些商人最早的集體行動）。[84] 本鎮在十八世紀末至十九世紀有能力組成這些同鄉會，進一步證明本鎮在這時期已十分繁榮。[85]

---

83 海傍街的填海工程，首先在 1913 年以小規模的形式展開，見 *Hong Kong Administrative Reports for the Year 1913,* Appendix I, "Report on the New Territories for the Year 1913", p. I.10。至 1918 年，填海工程開始如火如荼地位行，見 *Hong Kong Administrative Reports for the Year 1918,* Appendix J, *Report on the New Territories for the Year 1918*, Appendix J, "Report on the New Territories for the Year 1918", p. J.11。到了 1923 年，海傍街上屋地的價值已被認為十分高昂，見 *Hong Kong Administrative Reports for the Year 1923,* Appendix J, "Report on the New Territories for the Year 1923", p. J.12。

84 見 Hayes, "Peng Chau between 1798-1899", p. 246, note 28。然而，在 1850 年代初，鎮安公局和團練的成立，似乎主要由新安／東莞族群主導，而非全鎮參與的事情。在十九世紀，街坊會主要是由惠潮人控制（見 Hayes, "Notes and Impressions: The Cheung Chau Community"）。在那個時期街坊會似乎是在北帝廟開會，該廟那時完全是惠潮人的財產，鎮安公局和團練僅是由商人社群中說粵語的人成立，可能是因為街坊會內部對於是否需要這些昂貴的新事物有分歧。

85 關於二十世紀初的長洲，見 Hinton, "Cheung Chow— Long Island", pp. 130-143；以及 W. Schofield, "Memories of the District Office South, New Territories of Hong Kong", *Journal of the Hong Kong Branch of the Royal Asiatic Society*, Vol. 17(1977), pp. 144-156, 也可見於 *Southern District Officer Reports,* p.176-181。

如下文所述，長洲由街坊會，亦即商人組成的委員會管理。街坊會是由定居島上各族群的耆老組成。[86] 在十九世紀末，這些族群包括惠潮群體（由惠州、潮州和海陸豐三地的人組成）、新安／東莞群體（後來分裂為寶安群體和東莞群體）以及來自四邑的群體（澳門以西地區）；漁民對島上的生活雖然非常重要，但是街坊會中卻沒有漁民代表。四邑群體似乎是在其他族群之後來定居的（他們的同鄉組織是在十九世紀中後期才成立，遠遠晚於惠潮和新安的同鄉組織），但如上所述，很可能是自長洲有陸上聚落之初起，惠潮群體和新安／東莞群體就已在商人中佔主宰地位。惠潮人住在墟市北部的地區，講粵語的族群住在南部地區，這種劃分強烈表明兩者基本上是在同時代建立的；這兩個族群的傳說也是這樣講的。這兩個族群都擁有各自的廟宇，惠潮人有北帝廟，而新安／東莞人則有洪聖廟（兩座天后廟一直由全體島民共同擁有）。然而，儘管這兩個族群肯定是大約同時定居島上，即十七世紀末至十八世紀初，但在二十世紀初之前，長洲社會一直是由惠潮人主導。因此他們的廟宇，即北帝廟，比新安／東莞人的洪聖廟大得多，裝飾也華麗得多；而街坊會也是由惠潮人控制。直至二十世紀初開始，粵語族群的財力和人數不斷增加，島內各族群之間的權力分布才變得較為平均。即使在今天，在島上的儀式安排中，仍可找到一些顯示惠潮人早期主宰地位的遺風舊俗。[87]

因此，儘管僅有薄弱證據，但長洲的歷史似乎大體上與大澳非常相似。大澳起源於海濱的一排零散的木屋、商店和曬場，時間大約是 1580 年至 1600 年；長洲的情況大同小異，最初也是起源於一排零散於海灘後方的海邊木屋，但時間大約是 1682 年至 1700 年，那是在遷海令造成的間斷之後。這兩個鎮的廟宇都是在建鎮後 50 年內興築的，大澳是在約 1590 到約 1640 年之間（當中楊侯古廟可能較早建成），長洲則從約 1700 年或稍晚到約 1750 年間（由最古老的兩座天后廟取代早期的戶外神壇）。[88] 在十八世紀後期至十九世紀後期，這兩個鎮均填海造

86 關於長洲的管理，見 Hayes, *The Hong Kong Region 1850-1911*，以及 “Notes and Impressions: The Cheung Chau Community” 和 “Cheung Chau 1850-1898”；也見 Choi, “Reinforcing Ethnicity”。

87 見 Choi, “Reinforcing Ethnicity”，以及 Hayes, “Notes and Impressions: The Cheung Chau Community”。

88 在 1930 年代末，有人提議清拆長洲鎮，並以網格狀的現代道路系統重建。相關的地圖留存至今，從中可看到這項提議之下的街道布局。然而，日本的侵略，促使這個提議無疾而終。

｜插圖 057｜約 1920 年從長洲北部南望的風景

圖中下方偏左可接通海灣的空地，就是北帝廟前因風水理由而預留空的空地。

｜插圖 058｜約 1920 年從海中望向長洲

| 插圖 059 | 約 1915 年的長洲海濱

| 插圖 060 | 約 1925 年在長洲碼頭所見的島上風景

｜插圖 061｜約 1920 年長洲曬魚的情景

陸，並在新得的土地上鋪設新街道，令兩者的鎮區面積均擴大至原來的四倍；這種擴張持續到二十世紀初期，在當時新的填海土地上鋪設了更多新街道。兩地的水上人口都佔總人口的一半以上，且兩地的社會和經濟都十分依靠一年一度的黃花魚漁獲（見插圖 061）。

坪洲

如上所述，坪洲是在本文所討論的錨地中，唯一沒有包括在郭棐於十六世紀末所繪地圖的地方，說明這座島在當時並非重要錨地。儘管如此，本鎮仍有大量水上人口，並在十八和十九世紀參與了深海捕魚業。因此，坪洲的深海漁民在 1834 年帶頭向兩廣總督請願，反對官兵徵用他們的船去對付海盜。兩廣總督同意這樣做是濫權行為，下令把他的裁決勒石，豎立在受影響的漁港，包括坪洲；此碑今天仍然保留在坪洲天后廟前。[89] 由此可見，本鎮到 1834 年時已經擁有一支龐大的深海捕魚船隊，能夠提供資金支持向兩廣總督請願這樣的重大舉措。許

89 《香港碑銘彙編》，第一冊，頁 83-84。

舒指出，約有 200 艘漁船參與這次請願。[90] 1857 年，這些深海捕魚船成立了名為「平和堂」的協會，藉以確保他們在鎮上的地位，以及在相關事務獲得應有的重視。[91] 因此，即使這個錨地在 1600 年時還微不足道，它在 200 年後也已成為一個重要港口。

根據坪洲天后宮內一塊 1877 年的碑記所述，該廟始建於 1798 年（見插圖 062）。[92] 廟中有一塊捐贈碑記的年份也是 1798 年，但碑文沒有序言，無法提供關於建廟歷史的資料。[93] 然而，廟中有兩口分別鑄於 1752 年和 1792 年的鐘。[94] 華人廟宇委員會根據 1792 年的鐘假設這是建廟年份，[95] 但 1792 年供奉於「天后元君殿前」的鐘，是由一群捐助者捐贈，其中一人就是 1752 年的唯一捐鐘人，因此，年代較早的那口鐘，也很可能是為這間廟而鑄造的。由此推測，這座廟在十八世紀中葉已存在，1752 年的鐘很可能就是在建廟最後階段鑄造的。1792 年至 1798 年大概是這座廟的重建年代，或許是在新地點重建。這個錨地出現城鎮生活的時間，可能稍晚於迄今所討論的其他城鎮；而這座廟大概是在城鎮生活開始後不久就建立，或許是在十八世紀初期。現今島上定居歷史最悠久的家族，大約是在 1800 年前來定居的，[96] 這表明島上首次有人定居的時間，不會比此早了多少個世代。

這裏的錨地是一個淺海灣，北方和南方都有岬角。沿着海岸有一條靠近水邊的行人徑（見地圖 47）。一如我們討論過的其他港口城鎮，這裏最早的城鎮生活痕跡，肯定是在這條路靠近內陸一側的一排建築物。這條路後來成為永安街。天后廟位於原有街道的北端，街道南端位於這座廟與一道建於一條間歇河之上的橋

90　Hayes, "Peng Chau between 1798-1899", pp. 35-36.

91　同上註，p.35。

92　《香港碑銘彙編》，第一冊，頁 183。

93　同上註，頁 51。

94　同上註，第三冊，頁 668 及 678。《香港碑銘彙編》把主殿那口鐘的年份寫作 1785 年（乾隆五十年），但其他學者包括許舒和華人廟宇委員會，認為銘文是寫乾隆五十七年，即 1792 年，而這個年份似乎較為可能。

95　見 *Temple Directory*, p. 101，以及華人廟宇委員會 1996 年在廟內所立的碑誌。

96　見 Hayes, "Peng Chau between 1798-1899"。

｜插圖 062｜2018 年的坪洲天后廟

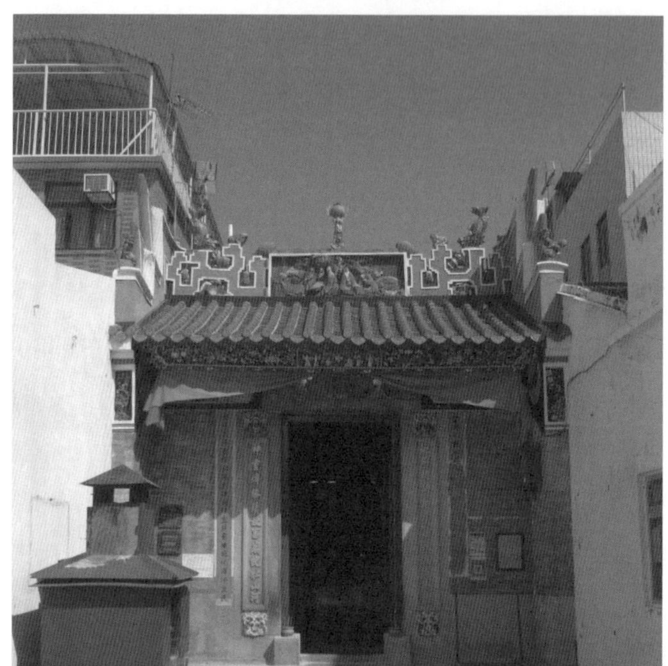

樑之間的中間點。在某個時候，永安街朝海的一側填海造陸，得出一片土地；大部分土地用於興建更多房屋，但廟宇正前方的區域因風水原因而空置。在 1904 年（集體官契制訂之時）之前，這條街靠海一側的一排建築物，藉着零星地填海，並且多以高腳屋的方式向海灣延伸（見地圖 48）。這些填海工程可能是在十九世紀初期或中葉進行的。不過，另外三個填海區顯然是在 1904 年之前不久才填出的。北方的岬角向海灣填出了一片土地；市鎮的東南部，在那道跨越河流的橋的前方也填出了一片土地。兩者都在 1904 年前完成，不過當時這兩處都沒有任何重大發展，只有幾間小屋，可能主要是用來燒石灰的。這些填海工程大概在 1904 年時才剛剛完成，有待全面開發。第三個填海區緊鄰天后宮的西北方。1904 年時該地段也沒有任何發展。這再次表明，這次填海工程可能是最近才進行的（經過最後這次填海後的本鎮概況，見插圖 063）。

｜地圖 47｜坪洲

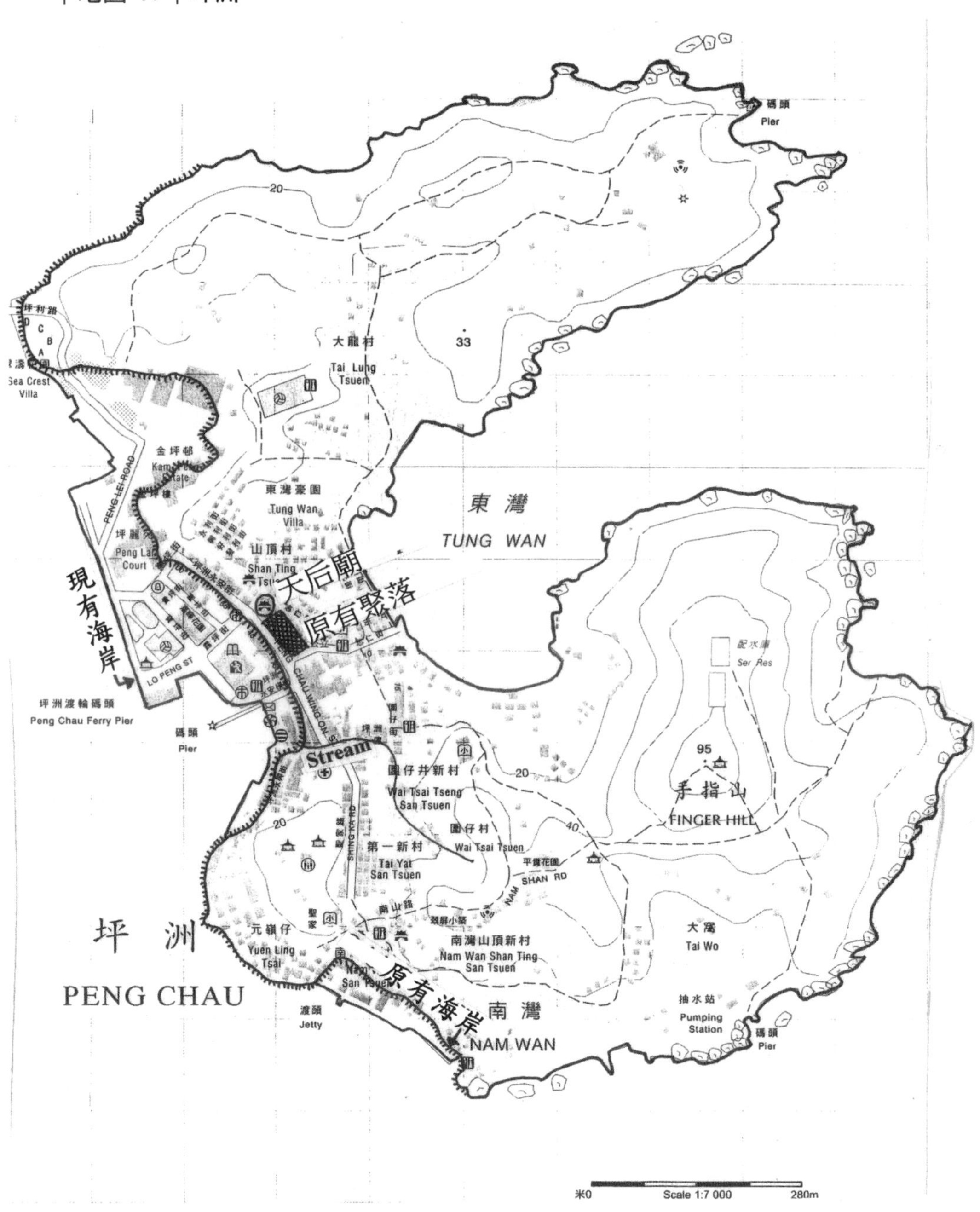

碼頭
Pier
20
33
大龍村
Tai Lung Tsuen
Sea Crest Villa
金坪邨
PENG LEI ROAD
東灣豪園
Tung Wan Villa
東灣
TUNG WAN
坪麗苑
Peng Lai Court
山頂村
Shan Ting Tsuen
現有海岸
天后廟
原有聚落
配水庫
Ser Res
LO PENG ST
坪洲渡輪碼頭
Peng Chau Ferry Pier
碼頭
Pier
Stream
95
圍仔井新村
Wai Tsai Tseng San Tsuen
20
手指山
FINGER HILL
圍仔村
Wai Tsai Tsuen
40
第一新村
Tai Yat San Tsuen
NAM SHAN RD
南山路
元嶺仔
Yuen Ling Tsai
南灣山頂新村
Nam Wan Shan Ting San Tsuen
大窩
Tai Wo
坪　洲
PENG CHAU
原有海岸
渡頭
Jetty
南灣
NAM WAN
抽水站
Pumping Station
碼頭
Pier
米0　Scale 1:7 000　280m

｜地圖 48｜1904 年的坪洲

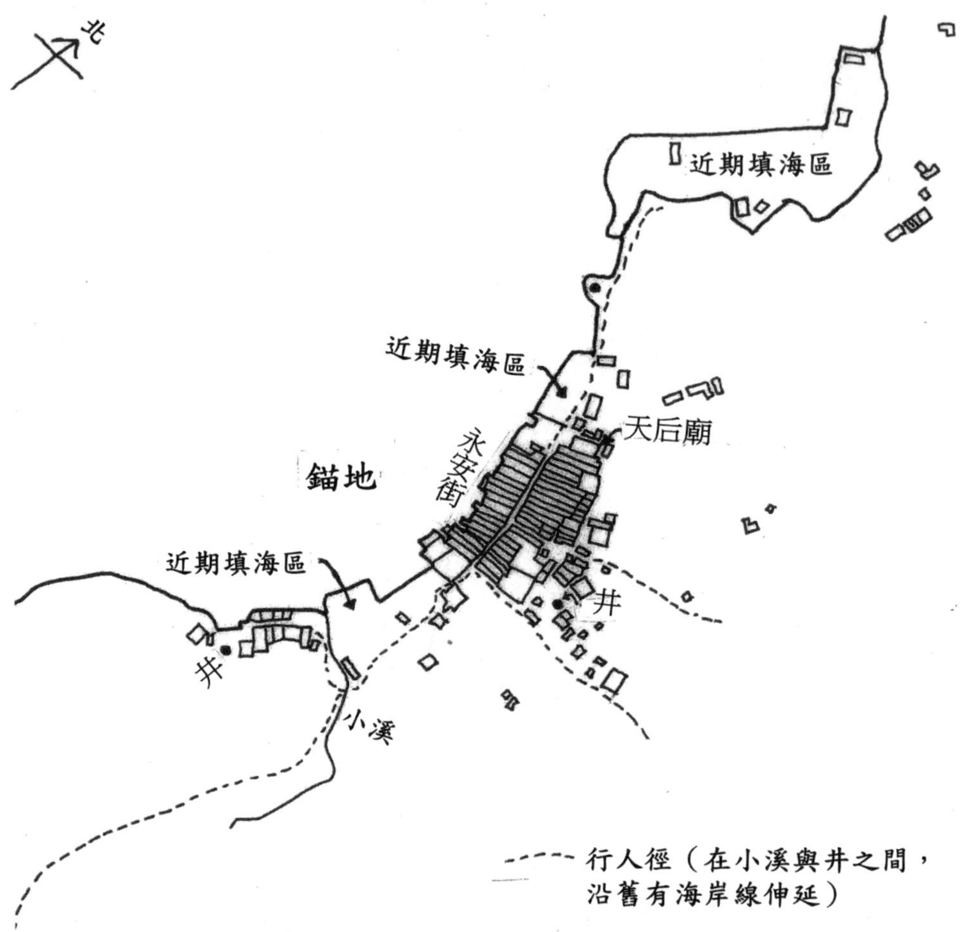

這些十九世紀後期的填海區大多由燒石灰業使用。這個行業對坪洲十分重要。坪洲和大嶼山之間的海域可以採集珊瑚和貝殼，因此坪洲或其附近地區可以發展出重要的燒石灰業。1901 年時，有 80 多艘船採集珊瑚用作燒石灰的材料，有 760 人在這些船上工作。1904 年時，坪洲約有十幾個石灰窰。[97] 這些船和人員大多只在個別季節進行上述工作，在其他時間則進行近海捕魚。根據紀錄，當

97 見 Hayes, "Peng Chau between 1798-1899", p. 38，資料來自 *Hongkong Government Gazette,* Government Notification No. 557/1901。

｜插圖 063｜1945 年的坪洲

中的福佬人夏季用船捕蝦，冬天則採挖珊瑚。[98] 燒石灰對西貢也很重要。[99] 根據 1921 年的人口普查紀錄，新界南地區約當年有 18 名男性和 2 名女性全職駕駛石灰船，另有 183 名男性和 3 名女性是燒石灰工人，其中大概一半在坪洲工作，其餘則在西貢。[100] 1901 年，石灰船包括 20 艘「帆船」（junks）和 60 艘「小艇」（boats），而在 1921 年那 20 名全職在石灰船上工作的人，可能都是 20 艘較大的船的船主，其餘的船只是以此為兼差。

98　見 Hayes, "Peng Chau between 1798-1899", p. 36。許舒私下告訴筆者，一名生於 1909 年的近岸漁民向他提供的證詞，此人在夏天捕蝦，在冬天採集珊瑚。他的船是在 1920 年代初以這種方式按季節採集珊瑚的「五六十艘」船之一。

99　見本書第 3 章「仇與恨：早期西貢的聚落與政治，1550 至 1911 年」。

100　*Census Report, 1921*, Tables 28 and 18。燒石灰工人是從鹽洲（可能位於海豐縣）整批請來的單身男子（這是許舒根據出生於 1877 至 1909 年間的坪洲耆老向他口述的證詞，所提出的個人看法）。他們住在石灰窰旁的木屋中。

燒石灰業很可能在十九世紀後期有所擴大，而這時期坪洲的填海工程與這個行業的擴大有關（香港建築業對石灰的需求，在十九世紀後期持續增長）。不過這個行業最遲從十九世紀初開始，就已對坪洲十分重要。然而，在十九世紀末填海之前，石灰窰很可能設於坪洲對面的大嶼山海岸或附近的無人島（特別是位於今天大嶼山愉景灣內的稔樹灣，以及今天稱為「喜靈洲」的尼姑洲），或者附近其他地方，而非坪洲島上。但一般而言，稔樹灣和尼姑洲在很大程度上也可被視作坪洲的一部分，那裏的石灰窰肯定是本鎮經濟的一部分。燒石灰很令人厭惡，石灰窰需要遠離民居，只有在十九世紀末進行填海工程後，坪洲石灰窰的位置才會離鎮區夠遠，使坪洲居民能容忍它們設在島上。[101] 這個行業在兩次世界大戰之間較之前略為衰落。[102]

坪洲市鎮在十九世紀中葉繁榮起來。從一份留存至今的 1882 年地契可見當時店舖買賣市場之活躍。[103] 街坊會（與其他港口城鎮一樣，這是由顯赫商人組成的委員會）管理本鎮，並建造街坊會辦公室、學校和醫院。醫院（義祠）在 1850 年前就已存在，街坊會辦公室和學校建成的時間也不遲於此；因為到 1900 年時醫院已殘破不堪，而學校和辦公室（建在天后宮兩側）在 1876 年至 1877 年與天后宮一起重修，所以它們一定是建於至少一代人之前。[104] 至少有 26 家商號捐款支持 1798 年的天后宮重修，而 1877 年的重修則有 50 家商號店捐款；這些商號中的大部分，甚或全部，均屬坪洲商號。1866 年時，坪洲上的新安和東莞商人生意很發達，能夠慷慨捐助修葺長洲的新安／東莞學校，即使他們不大會使用這間學校也好。[105]

---

101 許舒告訴筆者，坪洲一位生於 1877 年的耆老告訴他，島上是直至 1900 年左右才有石灰窰。1900 年前最有可能設有石灰窰的地點，是坪洲對面大嶼山沿岸的稔樹灣地區，以及坪洲以南的尼姑洲（喜靈洲）。尼姑洲在 1919 年時仍有石灰窰：Schofield, "Memories of District Office South", p. 147. reprinted in *Southern District Officer Reports*.

102 Schofield, "Memories of District Office South", p. 147-148, reprinted in *Southern District Officer Reports*.

103 Patrick H. Hase, *Custom, Land and Livelihood in Rural South China: The Traditional Land Law of Hong Kong's New Territories, 1750-1950* (Hong Kong: Hong Kong University Press with the Royal Asiatic Society, Hong Kong Branch, 2013), pp. 287-288.

104 Hayes, "Peng Chau between 1798-1899", p. 45.

105 同上註。另外，18 名住在大澳、同屬這個族群的商人也捐助了這個項目。

在整個十九世紀，坪洲似乎都有渡船來往珠江三角洲的城市。在 1821 年，來往該島和香山市的渡船向坪洲天后宮捐贈了一個香案，[106] 一艘開往石龍的渡船和兩艘前往佛山港口陳村的渡船，於 1878 年捐款重修這座廟。渡船數目眾多，是這時期坪洲繁榮程度的另一指標。本地的一些其他港口城鎮也有類似的渡船，例如大澳的廟宇捐贈碑記上經常有多達 14 艘渡船的名字，但大多沒有說明是開往哪裏。只有在大澳洪聖廟的 1802 年碑記上才註明了一兩艘渡船的目的地，其中一艘開往陳村。長洲北帝廟的 1889 年碑記上也記錄了兩位陳村捐款者，這表明長洲與陳村之間也有着密切聯繫。大澳洪聖廟 1840 年碑記上有兩名捐款人來自市橋，一人來自香山，很可能是指前往這些城鎮的渡船。香港仔與陳村的聯繫也很密切熱絡：在 1773 年，至少有 16 名來自陳村的人共同向鴨脷洲洪聖廟捐贈一口鐘。[107] 從坪洲開出的渡船所運載的貨物肯定是石灰。在珠江三角洲的平原，燒製石灰所需的原料非常短缺，但石灰對於建築工程和許多其他行業來說是不可或缺的。因此，這些珠三角城市不得不輸入石灰，而坪洲顯然是供應來源之一。大澳和長洲渡船大概主要是將鹹魚運往珠三角，並運回工業製品和奢侈品；坪洲的渡船雖然也可能載運鹹魚，但石灰無疑是其主要支柱。

因此，雖然坪洲在明代時並非重要錨地，但它發展為港口城鎮的時間與長洲相若，或許比長洲晚一代人左右，而且發展歷史非常相似：最早是在十八世紀初出現一排海濱棚屋和曬場；隨着城鎮逐漸發展，到了下一代人時就需要廟宇；到了十九世紀中葉需要填海造陸以興建更多房屋；到了最初建立後約 100 年左右，陸上和水上居民都能夠組建一些複雜的集體組織；之後從十九世紀末起，就需要面積更大的填海區以供城鎮的重要產業使用。

赤柱

香港仔／鴨脷洲以及赤柱的早期發展史，與長洲十分相似。在這兩個城鎮居

106 見 Hayes, "Peng Chau between 1798-1899", p. 42。《香港碑銘彙編》沒有收錄這碑記。

107《香港碑銘彙編》，第三冊，頁 676。

民的傳說中，都沒有透露出任何關於明代有人定居的線索；而且這兩地的廟宇，似乎都只能追溯到十八世紀，而非更早（儘管沒有可證明年代的確鑿證據）。雖然這不能被視為證據，但這確實表明這兩個錨地在明代很可能還沒有城鎮生活；而這兩地的城鎮和坪洲一樣，都是從十八世紀開始發展的。

赤柱有三座廟宇。主廟是天后廟，較小的兩間是水僊廟（見插圖 064）和北帝廟（見插圖 065），[108] 另外還有一座供奉大王爺的小廟（見地圖 49 和插圖 064）。根據華人廟宇委員會（今天負責管理該廟的機構）的資料，天后廟是在 1767 年由陳信澤先生 [109] 領導村民創立的。此年份是廟內的鐘上的年份，而陳信澤是捐鐘人的名字。廟宇委員會很可能只是假設鐘上的資料代表了建廟年份。除此之外，廟內的舊碑文就只有 1938 年所立的重修碑記，但當中沒有任何關於廟宇歷史的有用資訊。[110] 鐘是昂貴之物，通常在廟宇落成很久之後才捐獻，往往是用來取代雲板或其他較便宜的器物（例如，八鄉天后廟的鐘是在 1861 年鑄造，但廟內的碑記是 1786 年的；打鼓嶺 / 坪源天后廟有 1727 年的雲板和 1756 年的鐘）。因此，我們完全可以設想，赤柱天后宮的歷史要比 1767 年更早一些。我們可以很有把握地說，最有可能的建廟年代，大致是十八世紀初期或中葉。

至於較小的北帝廟，有一塊 1802 或 1805 年的雲板。[111] 同樣負責管理這座廟的華人廟宇委員會認為，該廟建於 1805 年，是由當時赤柱的潮州漁民興建。[112] 這似乎很可能是委員會聽信了赤柱社群對廟宇歷史的解說後所得出的結論，大體上沒有值得懷疑之處。潮州人是赤柱惠潮社群的主體，這座北帝廟的建立似乎與長洲惠潮社群在 1784 年建立北帝廟的情況相似，不過赤柱的這座廟要小得多，也沒有那麼華麗堂皇。赤柱北帝廟取代了早先的戶外神壇，它建在一個小懸崖上的一塊巨石之下，下方是一堆海中亂石（見插圖 065），此廟建在這裏，那塊巨

108 插圖 065 是 V. R. Burkhardt 所繪的圖畫，取自其 *Chinese Creeds and Customs*, Vol. 3 (Hong Kong: South China Morning Post, Ltd., [1953-1959])。

109 見 1966 年華人廟宇委員會在廟內所立的碑記。

110《香港碑銘彙編》，第二冊，頁 541。

111《香港碑銘彙編》，第三冊，頁 680。

112 見未出版的 *Temple Directory*, p. 17。華人廟宇委員會認為雲板上所載的年份是嘉慶十年（1805 年）而非七年（1802 年）。

｜插圖 064｜約 1910 年的赤柱灣

天后廟在圖中的中央，大王廟則在中間偏右的位置。圖右可看到鎮上最東面和最西面的房屋，登岸處蓋有雨棚。水僊廟是圖下左方的小丘上。北帝廟在圖左方最邊緣處。

｜插圖 065｜1950 年的赤柱北帝廟

由 V. R. Burkhardt 繪製。此圖描繪該廟在抗日戰爭後，經過重修之後重開，並在海灘上表演木偶戲。北帝廟位於圖中行人徑的盡頭。

｜地圖 49｜1922 年的赤柱

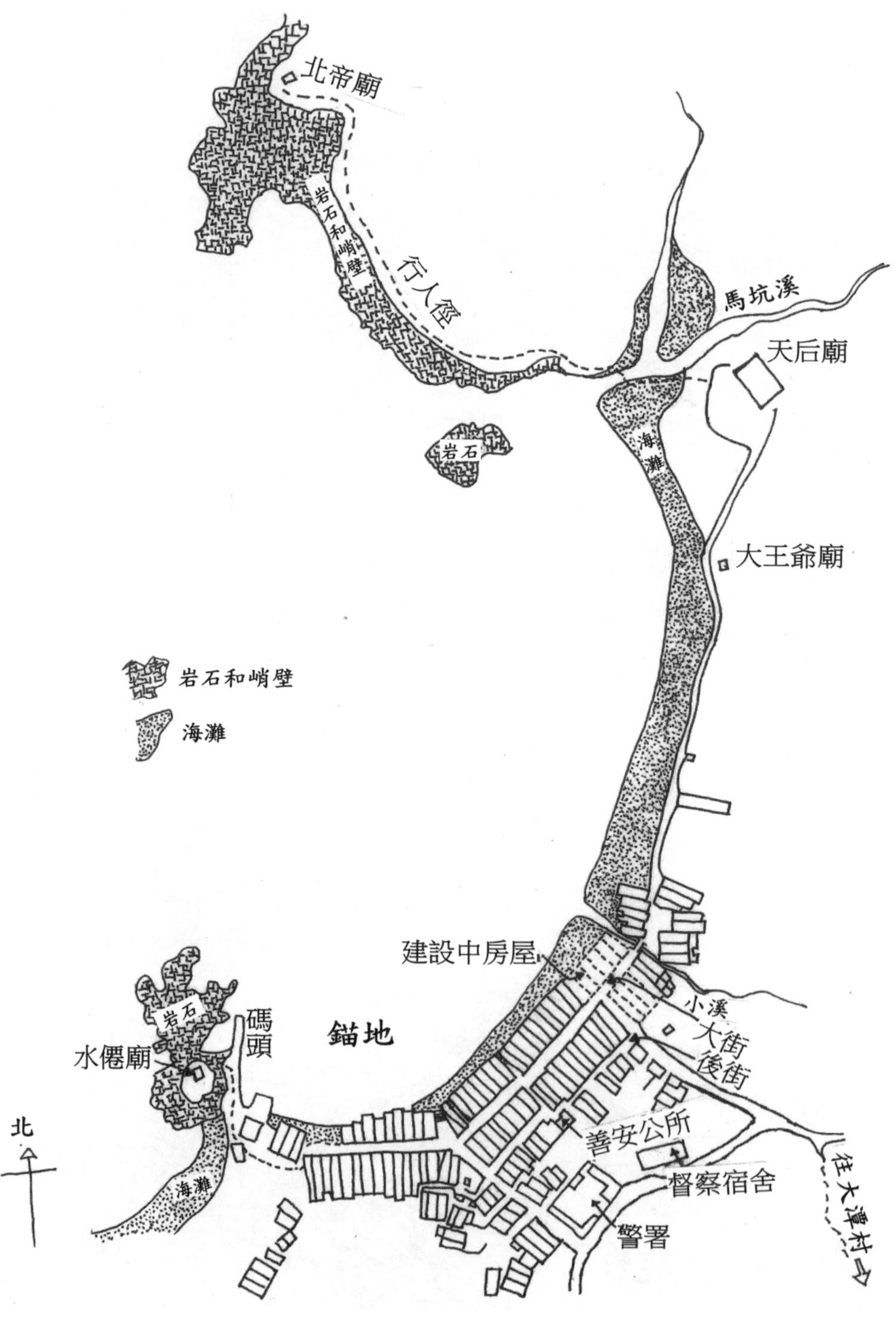

石一半在廟內，一半在廟外。

水僊廟或大王宮都沒有可供推斷年代的資料留存下來。不過，大王宮有一塊雲板，與北帝廟的雲板非常相似，可能是來自相近的時期。水僊廟的建廟年代可能也相若，不過華人廟宇委員會在 1993 年豎立在那裏的碑記，只說它「**年久**」。它曾在「癸酉年」重修（大概是 1873 年）。水僊廟肯定也是取代了原本的戶外神壇而建的，它和北帝廟一樣，矗立在一座小懸崖頂部的一些巨石前，下方是一堆海中亂石。

在長洲，當地兩座天后古廟隔着錨地的海灣彼此面對；赤柱的情況也一樣，北帝廟和水僊廟隔着錨地的水面相對（見地圖 49）。與長洲相似，赤柱這兩座廟的前身的戶外社壇，是這個錨地最古老的禮俗中心，但它們似乎在十九世紀初期之前不大可能升格為廟宇。在兩座廟宇升格後，北帝廟與長洲兩座天后廟一樣，供奉着華南地區的一位重要神靈，但水僊廟所供奉的仍是水上人的一位無名守護神（「水僊」的意思是「水上神仙」）；許多這些錨地的戶外小社壇，初時可能都是供奉這樣的神明。

值得注意的是，赤柱廟宇的建立年代與長洲非常相似。這個鎮的前身，大概是十八世紀初期建成的一排零散於海岸的小屋和院落（再次和長洲、大澳和坪洲的情況如出一轍）。這個鎮沿着一條緊靠在海灘後方、建於高水位線之上的行人徑發展起來。這條路後來成為赤柱大街（見地圖 49）。在大街後方稍高處的斜坡之上，鋪設了第二條街道——後街。最早的房屋和商店沿海灣的南端，建於大街朝向陸地的一側；而天后古廟則獨自矗立在海灣的北端。那條行人徑穿越一條小溪的地方與水僊廟所在岬角之間的區域，是本鎮最古老的部分。[113] 赤柱大街靠海一側的房屋和商舖，顯然是建在沙灘上，最初可能是高腳屋，後來經過逐步填海之後，改建為磚瓦結構的房屋（見插圖 066）。人們仍可從大街穿過若干小巷和一些階梯前通往沙灘（見地圖 49；保留通往沙灘的路對這個市鎮仍然至關重要，

113 1922 年的地圖顯示這條溪流以南有一塊空地，但它在 1922 年時可能並非未開發的地區，而是屋地，當時那裏約有十間房屋正在重建（可能之前受火災或風暴破壞）。地圖 49 將該區域顯示為「正在興建的房屋」。1922 年時，這條溪流以北的開發才剛剛開始。

｜插圖 066｜約 1935 年的赤柱海濱

山上的歐洲式建築就是瑪利諾神父宿舍。

因為鎮上的舢舨被拉上岸後會停放在沙灘上）。沙灘上的開發肯定是在十九世紀中葉以前進行的，因為 1847 年興建的街坊會辦事處（善安公所），是建在後街一個風水不佳的位置，正對着向下通往海灘的主巷道；可見到了 1847 年，鎮內大街大概已缺乏合適的位置，後街也沒有風水好的地方可用，因此那時斜坡上好一大片地方已發展得相當成熟。1859 年興建的警署及其相鄰的督察宿舍時，就必須選址在更高的斜坡上，所以 1922 年地圖（見地圖 49）上顯示的開發項目，必定是在十九世紀中葉以前已經完成的。

主錨地就在鎮前，受水僊廟岬角的保護。這是這個海灣中最安全的部分，不過仍然無法屏蔽來自西南方的風暴（由此看來，天后廟朝向這個不受屏蔽的方向，是有重要意義的）。水僊廟岬角西面有一個避風錨地。在水僊廟岬角下方是這個海灣最平靜的水域，靠近該處有一個登岸處，可供小船卸貨（它也被來自蒲台島的渡船所使用，見插圖 064）。海灣的入口受到北帝廟和水僊廟庇佑，如上所述，它們隔着錨地寬闊的水面相對。

從下文可見，赤柱早期的發展歷程，與長洲和坪洲非常相似：三地的城鎮大概都是起源於十八世紀初，從海灘後方一條沿着高水位線開闢的行人徑向陸地一側發展起來。這三個鎮的形狀和佈局都很相似。然而，赤柱在十九世紀並沒有大規模擴建，也沒有像長洲和坪洲那樣在填海區鋪設街道。從最初建鎮到十九世紀中葉，赤柱市鎮肯定是迅速成長，從大街靠海一側，以及後街和其上方區域都發展起來。但英國人到來後，這種擴張似乎畫上了休止符。從十九世紀中葉至 1922 年間，這座城鎮擴展不大。這很可能是因為新政府對這裏的發展施加限制：它很明顯是將香港島南岸的發展重點放在香港仔。

如同長洲和坪洲一樣，可以假定赤柱的商人社群從很早期起就組織起來。潮州社群的組織很完善，因此在 1802 或 1805 年能把北方的戶外社壇重建為北帝廟；街坊會於 1847 年已很興旺，能夠興建善安公所作為辦公室。從善安公所這個名稱可見，主導這項建設的人是來自惠州（歸善）和新安的商人。一如長洲和大澳，主導赤柱的商人是來自香港地區以外的潮州、惠州、新安和東莞。赤柱的富庶程度從來不及長洲，但它的商人社群仍相當成功，與長洲社群大約在同一時期各自建立了社群組織；到 1847 年時，街坊會已有能力興建自己的辦公室了。

香港仔 / 鴨脷洲

香港仔 / 鴨脷洲錨地內共有三座廟：香港仔的天后廟（見插圖 047）、鴨脷洲的洪聖古廟（見插圖 67）和鴨脷洲的觀音廟（見插圖 068，關於本鎮以及天后廟和洪聖廟，見地圖 50）。關於它們的歷史證據很薄弱，現存的碑記極少。觀音廟有 1891 年的碑記，但沒有記載該廟的歷史，只說該廟是古廟：「**鴨脷洲有水月宮古廟**」。[114] 華人廟宇委員會在 1966 年試圖了解該廟宇的歷史時，鴨脷洲社群告訴他們該廟有「百年歷史」，因此他們將建廟年份定為 1866 年。[115] 然而，「百年」是本地村民的標準說法，意思是「超出人們的記憶」，應視之為「1866

114《香港碑銘彙編》，第一冊，頁 248。

115 見 *Temple Directory*, p. 7。

| 插圖 067 | 1960 年的鴨脷洲洪聖廟

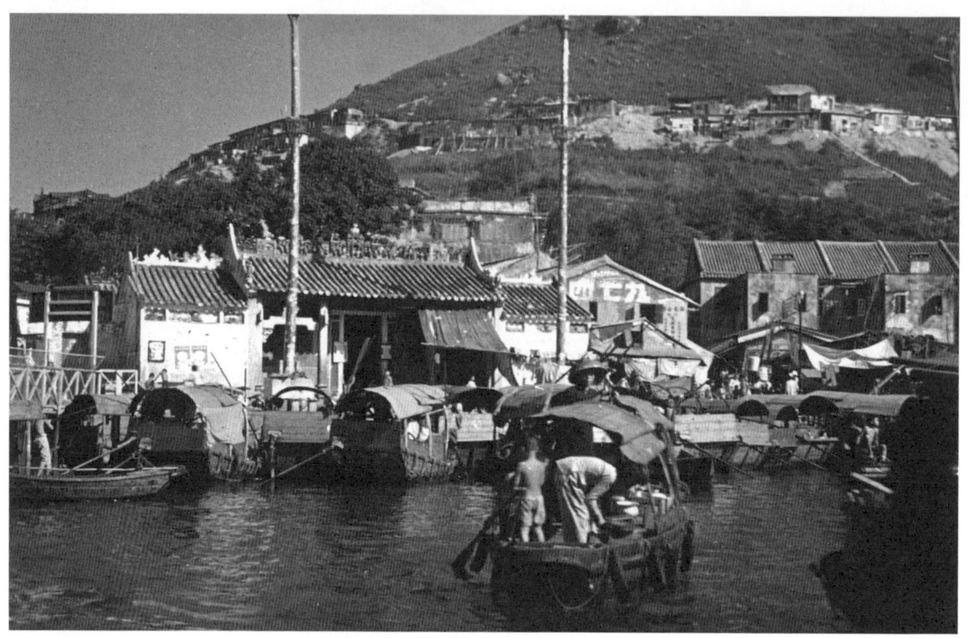

| 插圖 068 | 1990 年的鴨脷洲觀音廟

| 地圖 50 | 1860 年的香港仔

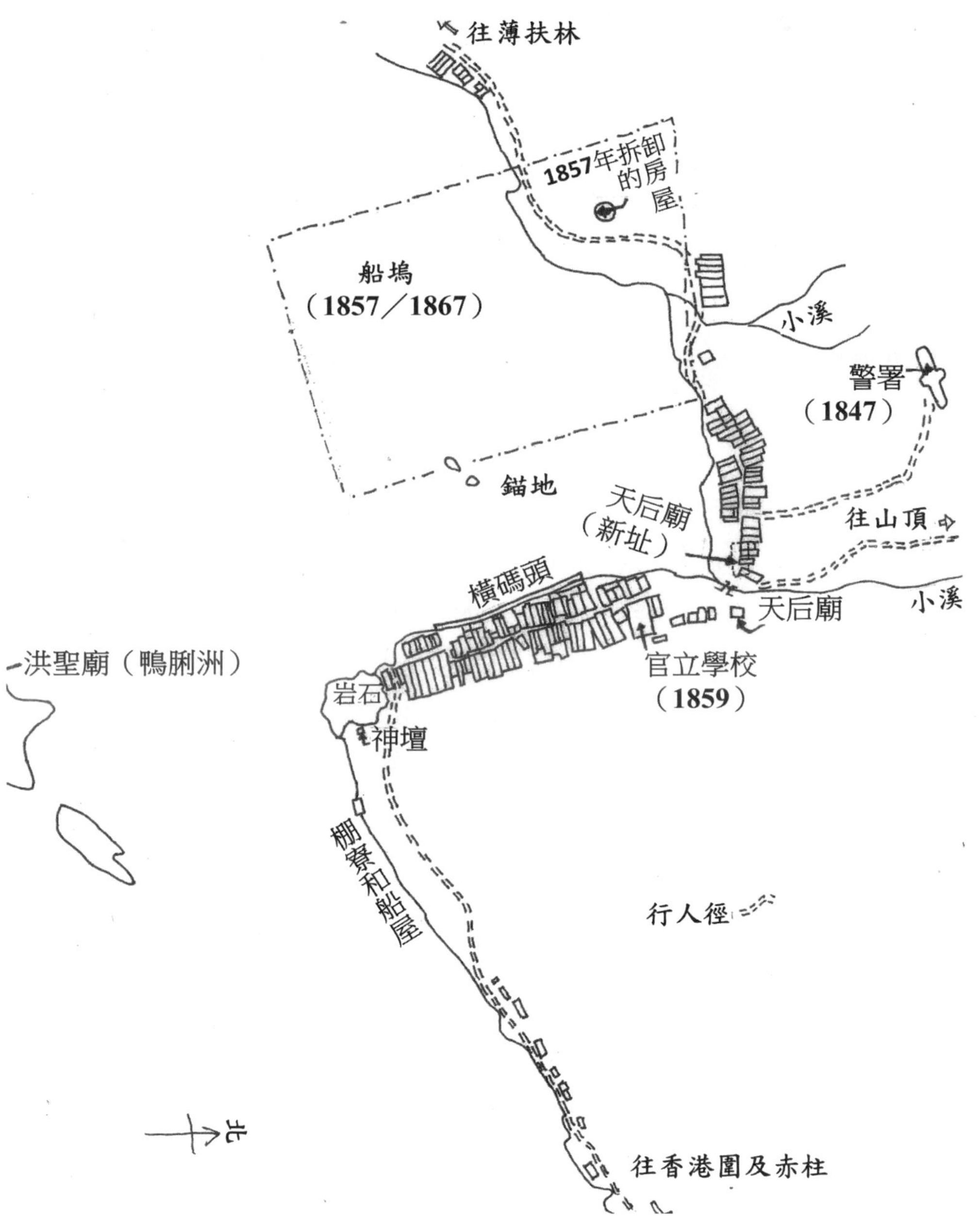

年之前的某個時候」。事實上，1891 年的碑記缺乏細節，幾乎肯定地表示在 1891 年時，建廟的年代已「超出人們的記憶」。因此，這座建廟年代很可能是在十八世紀的某個時候。這座廟矗立在一塊突出到錨地中的岩石上，它很可能取代了早期的戶外社壇，不過這點缺乏直接證據佐證。這座廟的地點隔絕，直到過去幾十年，這個鎮才發展到這座廟所在的地方。

鴨脷洲的主要廟宇洪聖廟有一口鑄造於 1773 年的大鐘，由 16 名來自陳村的人捐贈。華人廟宇委員會認為鑄鐘的年份就是這座廟興建的年份。[116] 廟內有一塊 1888 年的碑記，但沒有提供有關該廟歷史的資訊。同樣，可想而知這座廟比鐘的年代更早，但總的來說，這座廟的建廟年份不大可能早於十八世紀初期至中葉。華人廟宇委員會說，這座廟是鴨脷洲居民建造的，但這顯然是不正確的：在十九世紀後期以前，鴨脷洲並沒有居民（根據哥連臣於 1843 年繪製的地圖以及其他十九世紀中葉的地圖，鴨脷洲除了船廠的小屋外，並無其他房屋）。這座廟肯定是由這個錨地的漁民和香港仔居民所建的。

香港仔天后古廟內並無古代碑記，這實在非常可惜。今天廟中最古老的器物是 1851 年鑄造的鐘 [117]（廟內另有一個更古老的鐘，鑄造於 1648 年，但上面的銘文清楚表明它原本不是為這座廟鑄造，而是後來被放到這裏來的），支撐排煙口的主要柱子也是 1851 年的，祭壇上的一塊大匾額是 1852 年的。[118] 華人廟宇委員會認為鐘和柱子所標示的 1851 年，是廟的重建年份，[119] 這很可能是對的。1860 年的地圖顯示了 1845 年至 1851 年間本鎮的情況（見地圖 50），可見現時的天后廟為發展用地。它被標示為「Joss House」，但顯示上面有四棟舊屋和狹長的前灘。此外，在東面，與現在的廟隔着一條溪流的另一地點也標示為「Joss House」（它位於今天嘉諾撒培德書院的校址之內），看起來它在 1845 年已在那裏。之所以繪製這張 1860 年地圖，是因為政府打算重新規劃這個鎮，以鋪設更寬廣筆直

116 見 *Temple Directory*, p. 4，以及華人廟宇委員會在 1973 年在廟內所立的碑記。見《香港碑銘彙編》，第三冊，頁 676。

117《香港碑銘彙編》，第三冊，頁 689。

118《香港碑銘彙編》，第三冊，頁 784（該書沒有收錄柱子上的刻字）。

119 見未出版的 *Temple Directory*, p .33，以及華人廟宇委員會在 1966 年在廟內所立的碑記。

的街道；繪製地圖是為了顯示須向哪些建築物提供補償。舊的 Joss House 或許無法配合於新的佈局而須搬遷。另外也可能是因為香港仔社群想要一座更大、更堂皇的廟（東部的 Joss House 大約只有現廟的三分之一）。但是，無論是哪種情況，現在的廟顯然是重建的，可能是在 1851 年將舊廟遷到新廟址上重建。似乎沒有任何舊廟的器物被帶到新廟，因此現存的廟宇中沒有任何東西可以讓我們確定香港仔最早建廟的年份，但舊廟無疑在英國人到來前已建立了很久，可能早在十八世紀就存在。此外，舊廟比十八世紀鴨脷洲的洪聖廟小得多；而直到新的、規模更大的香港仔天后廟落成，能與它分庭抗禮之前，洪聖廟肯定是整個錨地的主要廟宇。這座舊廟位於本鎮主要發展區的北端。1845 年時，這個發展區的南端和今天一樣，有一個位於巨石之下的戶外社壇，水陸居民都來拜祭（見插圖 046）。這幾乎是本章所討論的港口城鎮中，唯一受漁民重視卻沒有升格為廟的主要戶外社壇。

在英國人到來前，香港仔舊大街地區已經進行了一些填海工程。哥連臣中尉在 1845 年提到：「（村落）前方有一個鋪設得不好的橫碼頭」。[120] 這可以在 1860 年的地圖（地圖 50）中看到。[121] 1845 年時，鎮的中心有一條斷斷續續的狹窄街道（見插圖 069）。這條街向海一側的房屋是建於人造的平台上，大概是為了將它們升高，以免受到風暴湧浪所影響。在它們下方低很多的位置，沿着大海邊緣有一條狹窄的橫碼頭或海旁路，僅略高於正常的高水位線；它肯定就是哥連臣所說的「鋪設得不好的橫碼頭」。和赤柱的情況一樣，從那些房屋走幾道石階可到達這個碼頭，公眾從大街可經由幾條狹窄小巷來到。[122] 這個橫碼頭和可能至少一部分的房屋平台，無疑是建在填海土地上。一如赤柱，道路靠海一側最早興建的房屋，可能是建在海灘上的高腳屋，後來海灘被鋪設成橫碼頭。

英國人佔據香港島後不久，就接管了香港仔鎮。1847 年，這裏興建了一座警署（1891 年在新址建立了一座更大的警署取代它），1849 年，這裏則興建了

120 Hayes, “Hong Kong Island before 1841”, p. 107.

121 此圖是取自一幅雕版畫，該雕版畫是根據默多克・布魯斯（Murdoch Bruce）一幅繪於 1843 年的畫為藍本。但該雕版畫正反顛倒了，此處把它反轉以顯示為正確的模樣。

122 這些石階和小巷因為複製時縮小了比例，因此在地圖 50 上看不到，但在原圖上清晰可見。

｜插圖 069｜1846 年的香港仔第一代城鎮

由默多克 · 布魯斯（Murdoch Bruce）繪製。原來由 A. Maclure 製作的雕板是從後雕刻的，因此出現前後對掉的情形；這裏回復了正確的方向。在圖中心的小岬角上的建築物是鴨脷洲洪聖廟。畫家在圖畫的右方「破格」添加了更多的景物，以改善圖畫的整體景觀。

一座天主教堂。1859 年，這裏又興建了一所官立學校，佔據三幅屋地的面積。[123] 最重要的是，政府認為本鎮衛生欠佳，鎮上的小巷狹窄阻礙交通。最遲在 1860 年，也可能是再早十年，政府規劃了新的布局，以網格形式鋪設更寬闊的街道，並留出空間設置公共廁所和政府辦公室（尤其是 1874 年的船政廳署）。政府要求居民重建他們的物業，以配合新的佈局，而政府則將那個橫碼頭加高並拓寬，變成寬闊的海旁。1891 年的地圖顯示重建確實發生了，但重建後的房屋雖然尚算能符合新的城鎮佈局，卻不符合政府的最新理念，所以政府在 1891 年收回整個城鎮將之清拆，形成更符合 1860 年佈局的新地段，並把土地出售；而這種

123 關於政府工作的資料取自 *Historical and Statistical Abstract of the Colony of Hong Kong, 1841-1930* (Hong Kong: Government Printer, 1932)；關於天主教堂，資料取自 Sergio Ticozzi, *Historical Documents of the Hong Kong Catholic Church* (Hong Kong: Hong Kong Catholic Diocesan Archives, 1997), pp. 28-30。

1891 年的佈局，才是今天的香港仔的由來。鴨脷洲市鎮的發展要到了 1891 年之後才出現，並依據政府為該處所作的進一步規劃佈局進行。由於政府從 1850 年代起開始就介入本鎮的規劃和佈局安排，在大澳和長洲明顯可見的那種依循傳統海岸線的發展方式，並沒有出現在香港仔。政府對於重新發展香港仔的興趣，很可能是赤柱在十九世紀中葉後發展停滯的原因之一，甚至是主要原因——政府很可能希望將香港島南面的發展，集中在擁有更現代化佈局的香港仔。[124]

假設香港仔天后廟是建於十八世紀中葉，那麼這個錨地的廟宇似乎全都是建於十八世紀，因此它們的年代與赤柱和長洲的廟宇非常接近。也就是說，這裏的港口城鎮大概與坪洲和赤柱有着共同的發展歷史，第一個岸上聚落出現在十八世紀初期，而它所需要的廟宇則在約一代人之後出現。哥連臣的地圖顯示，一如之前討論過的其他港口城鎮，香港仔鎮的早期發展，是一排零星散落於岸邊的小屋，這些小屋由一條沿海灘後方鋪設的小徑連接。儘管與大澳和長洲一樣，香港仔舊大街地區在 1845 年前已開始填海，以提供土地建造更多房屋，不過在此之前填海幅度可能不大。

有趣的是，位於南丫島的小鎮榕樹灣（約建於 1820 年，是香港仔的衛星墟鎮）是另一個具有上述大部分發展因素的城鎮。它也是沿着一條環繞錨地後方的行人徑朝向陸地的一側建立起來，並在十九世紀末於行人徑向海一側的海灘填海區上建立更多的商店。鎮上有一座天后廟，歷史可能比這個鎮更悠久，因為它也為附近建於十八世紀的村落服務。這座廟在 1876 年重修，但它一定是建於至少一兩代人之前。[125]

必須承認，上面提出的所有年代，以及從中得出的結論，都是以非常薄弱的證據為依據。日後的考古發現或許會大大增進我們對這些港口城鎮歷史的了解。然而，目前我們所掌握的就只有上述證據。但另一方面，儘管證據薄弱且

---

124 1930 至 1931 年有人提議把赤柱清拆重建，但不了了之。見 Schofield, *Memories of the District Office South*, reprinted in *Southern District Officer Reports* p. 153。因為「該村莊將被重新規劃和現代化」，所以 Schofield 監督了赤柱的一項調查，以確定哪些人有權獲得賠償。對於長洲也有大致屬於同一時期的計劃，但可能是由於戰爭的威脅，這些計劃被無限期擱置。

125 有關榕樹灣的歷史與發展，見 Hase, "A Small Island in the Midst of the Sea"。

缺乏深度，但現有證據確實顯示，所有這些城鎮都是依循着一種連貫一致且大體相似的發展過程；在更進一步的考古證據出現之前，我們可以認為，以上的結論大致上是正確的。

港口城鎮和陸上墟鎮

在十八和十九世紀，不但在南部沿海地區，而且在整個香港地區，城鎮生活大為擴張。香港地區內的西貢、深水埗和荃灣也都在十八世紀初建立城鎮，廈村約在 1760 年建立，沙頭角約在 1800 年，而馬灣、榕樹灣和坑口可追溯至十九世紀中後期。大埔新墟則建於十九世紀末。因此，乍看之下，港口城鎮的建立似乎只是一個廣泛的社會現象的一部分，是整個香港地區普遍城鎮化的一環。

然而，事實上南部沿海港口城鎮的建立和發展，似乎與這些其他墟鎮的發展有着顯著差異。就荃灣[126]、沙頭角[127]和廈村[128]而言，新墟鎮的建立，似乎完全是這些地區農業人口增長的反映。這些地區的村落要麼就是在 1669 年遷海令撤銷後才建立，要麼就是在那時才重建的。到十八世紀中後期，這些地區的農業人口已增長至相當程度，使得市場買賣服務無論在社會方面抑或經濟方面都變得不可或缺。於是新墟鎮自動形成，這實際上是個必然的發展階段。

這些墟鎮都位於它們所服務的農業地區的中心，處於自然形成的交通節點。它們都是由所服務的農村村民團體建立的，並且在大多數情況下，一直是由建鎮的村民委員會，而非鎮上商人組成的街坊會管理。因此，這些新墟鎮的建立都是經過深思熟慮的，以便為持續發展的農業地區提供必需的服務。多個墟鎮（特別是廈村和沙頭角，還有大埔新墟）的佈局，都明顯帶有經過精心規劃的痕跡，內有筆直的街道呈格狀排列，形成整齊的長方形街區。有些墟鎮（尤其是廈村）顯然是建於古老的農業聚落旁邊。另一些（例如沙頭角和荃灣）則建於填海所得

---

126 關於荃灣的歷史和社會，見 Faure, "Notes on the History of Tsuen Wan"。

127 見 Hase, "The Alliance of Ten"、"Sha Tau Kok in 1853" 及 "Eastern Peace"。

128 見 Hase, "The Tangs of Ha Tsuen and their History", in *Settlement, Life, and Politics*。

土地的中心，而填海是為了提供額外的耕地，這應被視為當地農業人口試圖擴大他們的地區經濟基礎所採取的行動。因此，這些新墟鎮深深植根於創建和管理它們的當地農業社群，它們的建立是相關農業社群成長的自然而且必然的結果。它們大多是特意建立的墟鎮，其布局是按計劃安排，建鎮的社群積極為土地尋找租戶。另一方面，南部港口城鎮則完全是自然而然發展起來的，起源於看到營生機會的商人在海灘後方零散興建的院落和棚屋。在這些港口城鎮的建立過程中，都不會有本地村民在當中扮演着任何重要角色。這些港口城鎮幾乎沒有一個留下任何關於布局規劃的證據。地骨主的角色似乎通常都很被動（長洲、坪洲和馬灣肯定是如此，大澳和坪洲可能也一樣）。雖然他們從在自己的土地上發展起來的新城鎮獲得豐厚利潤，而這無疑也促進了這些城鎮的發展，但他們似乎並沒有協助為城鎮尋找新居民，也沒有參與管理城鎮。

或許更重要的是，這些新興的陸上墟鎮並沒有像南部港口城鎮那樣出現爆炸性的成長。從建鎮到英國人佔據新界之間的時間裏，多數這些墟鎮的規模大約增長了一倍，所反映的是他們所服務的農業地區人口在同一時期的增長。這些墟鎮開始時規模都頗小，然後通常一直維持不太大的規模，在 1900 年時人口最多只有幾百人。

在十八和十九世紀建立的其他城鎮中，馬灣和坑口都是在 1841 年維多利亞城建立以後才建鎮的。它們基本上是城郊聚落，其經濟上的存在理由，是向維多利亞城提供鮮魚和柴薪。這些城鎮自成一格，與 1841 年前建立和發展的古老城鎮是截然不同的，而後者的建立也並不反映外來商業社群來到香港的情況。[129]

西貢[130]和深水埗[131]應被視為介乎南部港口城鎮和新興傳統陸上墟市之間的事物。一方面，兩者的建鎮，都是起源於由外地商人在有大量水上人居住的錨地沿岸的海灘後方興建的零星小屋和茅棚，後來由鎮上商人組成的街坊會管理。另一方面，兩者都建立在重要農業區域的中心地帶，建鎮時農業人口在快速增長；

---

129 見 Hase, "By Violent Waters"。

130 見本書第 3 章「仇與恨：早期西貢的聚落與政治，1550 至 1911 年」。

131 關於深水埗的歷史和發展，見 Smith, "Sham Shui Po"，以及第 2 章「西九龍：英國人到來之前」。

城鎮發展起來後，許多商人從鄰近地區來到鎮上。在這兩個城鎮中，水上人口中包括一些從事深海商業捕魚的船隻；但這兩個港口其實都不適合這個行業，而它們的漁業人口大多是近海漁民。這兩個城鎮都在十九世紀都在填海區上修建了新街道，因而有了長足的發展。然而，兩者都既是海上墟市也是陸上墟市。此外，在 1841 年後，深水埗與馬灣和坑口一樣，逐漸發展得更像是香港市區的城郊聚落。它大大參與了為香港市區供應鮮魚、柴薪和新鮮蔬菜的貿易。因此，在發展歷史上，這兩個城鎮與南方港口城鎮既有許多相似之處，但也有不少迥異的地方，應視之為自成一格的城鎮類型。

因此，儘管南部港口城鎮的建立和早期發展，是處於整個香港地區廣泛城鎮化的時期，但是，無論是在十九世紀擴張的程度，還是在它們與所在地區的地方農業社群的結構關係上，這些港口城鎮的早期歷史都迥然不同。因此，我們必須尋找它們建立和發展的獨有原因。正如上文已詳述，這些城鎮在其地點、生活、社會和經濟方面，都具有強烈的海洋性；它們的建立和發展的原因，在本質上也同樣具有海洋性。這些港口城鎮的誕生、生活和發展，都是仰賴新的商業化鹹魚貿易，以及新近出現的黃花魚深海捕魚業。

人口、經濟和社會

直至 1920 年以前，大澳、長洲、坪洲、香港仔／鴨脷洲（它們分別位於香港仔海港的兩側，共同構成單一的城鎮綜合體）和赤柱這些新界南部和香港島的漁港，是市區以外香港地區最大的城鎮綜合體。1911 年時，長洲、大澳和香港仔／鴨脷洲的人口均在 6,000 至 8,000 人之間，是市區以外當時香港地區最大的三個聚落（這些人口統計數據將在下文更詳細討論）。[132] 繼它們之後最大的是九

132 關於 1911 年人口的詳細資料，取自 *Report on the Census of the Colony for 1911*, 27 October 1911, in *Papers laid before the Legislative Council, 1911* (Hong Kong Sessional Papers: No 17/1911), p. 103 (1-62) (Hong Kong: Noronha & Co., Government Printer, 1911)。關於 1921 年人口的詳細資料，取自 *Report on the Census of the Colony for 1921*,15 December 1921, in *Papers laid before the Legislative Council of Hong Kong, 1921* (Hong Kong Sessional Papers: No 15/1921), pp. 151-232, (Hong Kong: Noronha & Co., Government Printer, Hong Kong, 1921)。

龍城，在 1911 年有紀錄的人口為 6,325 人，但這是包括九龍城墟鎮以及九龍城地區約 15 個鄉村的人口，由於這些鄉村大部分是大村落，因此可能至少有 3,000 人是住在鎮外，住在九龍城鎮內的人只有 3,000 多一點。下一個較大的城鎮是深水埗。到 1911 年時，它已經開始成為城郊聚落，擁有 2,946 名陸上居民，另加約 1,000 名水上人口，附近的附屬聚落有另外約 1,000 名居民。[133] 繼九龍城和深水埗之後的是坪洲和赤柱，1911 年時的總人口分別約為 1,900 人和 1,100 人，它們的規模是新界最大墟鎮（元朗，1911 年人口 559 人）的兩三倍。這些港口城鎮完全支配了香港地區南部沿海的社會。

如上所述，這些港口城鎮由魚販主導，他們具有資本和專業知識，有能力處理每年一度的黃花魚漁獲。[134] 這些商人規模龐大又財力雄厚，有足夠資金在漁獲送到時將之統統買下來，並且還掌控着曬魚乾和醃製鹹魚所需的大片土地（見插圖 061）。他們擁有製作花膠以及把鮮魚醃成鹹魚和曬成魚乾的專業知識，又擁有人脈和資金，以便隨後將曬乾的魚裝入桶子或製成墊子包裝，運到內陸給廣州和珠三角其他城市的代理商。這些魚販許多都是本地商人，但也有來自福建、潮州的福佬人。這些福佬人主要與來自他們家鄉港口的船交易，他們買賣的鹹魚，大多是運到他們的家鄉。四邑商人的情況大致相同，他們主要與江門貿易。

許多魚販還與近岸漁民交易，尤其是買蝦製成蝦醬，這是這些港口城鎮的另一項重要的外銷產品。大嶼山附近海域是重要的捕蝦場。在二十世紀初夏天的旺季，除了當地船隻外，還有數以百計來自沿海其他地方的小船也會來此處捕蝦，因此在區內水域捕蝦的船可多達 1,000 艘。[135] 這項貿易與魚乾和鹹魚貿易一樣，是十分資本化和複雜的。幾乎所有捕獲的蝦都賣去製成蝦醬，然後大批出口到內陸。跟醃鹹魚和曬魚乾的貿易一樣，港口城鎮的商業魚販對蝦醬貿易同樣重要。

除了魚販之外，這些城鎮在十九世紀和二十世紀初都有船廠和燂船場，可以

---

133 關於深水埗人口更全面的討論，見本書第 3 章「仇與恨：早期西貢的聚落與政治，1550 至 1911 年」。

134 關於這些港口城鎮，特別是長洲和大澳的社會、經濟和歷史背景，以及城鎮的政治領導和政治發展，請參閱 Hayes, *The Hong Kong Region 1850-1911*, 第 2 章及第 3 章。

135 G. N. Orme, District Officer, *Report on the New Territories, 1899-1912,* in *Papers Laid Before the Legislative Council of Hong Kong, 1912,* (Sessional Papers), No. 11/1912, pp. 43-63 (Hong Kong: Noronha & Co., Government Printer, 1912), p. 54.

｜插圖 070｜1978 年鴨脷洲的造船業

修理漁船或建造新船（見插圖 070）；還有製繩工場、船槳和滑車製造商、製帆商、專門製造船隻所需的錨及鐵鏈的鐵匠，以及桶匠、墊子製造商等，以為捕魚船隊提供重要物資和服務。售賣柴薪、蔬菜、家禽和大米的商人，供應淡水的商人，裁縫和藤帽商人，棉被製造商，醫生和其他服務行業都一直存在，為漁船船員提供服務。每個港口城鎮都至少有一座廟（如上所述，大多數會有兩三座），以便船員在下一次出海前可以去拜祭海神。通常還可找到茶樓、糕點店、妓院和酒館，讓船員在難得的閒暇休息放鬆，尤其是當他們的船需要修理幾小時或一兩天而無法出海的時候。事實上，在居於沙田石古壟的詩人許永慶眼中，長洲的妓院是當地最顯著的特色；他在〈竹枝詞〉中描寫了香港、九龍、荃灣等地的鄉村，其中大約於 1890 年寫道：

揚帆直抵大嶼山，更到長洲訪玉顏。[136]

因此，為捕魚業提供服務，需要具一定規模的城鎮社群。由於有這樣的社群存在，這些城鎮同時發展成為當地農村的中心，也就令人毫不意外了。村民

136 許永慶寫了三組分別關於沙田、西貢鄉村，以及香港和九龍其他地方的詩歌，據知有兩個鈔本和兩個沙田鄉村耆老口述的版本。其中一個版本收錄在程中山輯註：《香港竹枝詞初編》（香港：匯智出版有限公司，2010），頁 44-71。

在這裏賣掉剩餘的農作物和從山上砍下木柴，也依靠這些城鎮為他們提供所需的服務：犁、鐮刀和其他農具的製造者，以及供奉庇佑陸上居民的神明的廟宇。因此，所有這些行業和服務也都能在港口城鎮找到。

在捕魚以外，這些城鎮還有其他重要行業，特別是大澳的製鹽業和坪洲的石灰業，以及尤其見於長洲、大澳和鴨脷洲的造船業，但各大城鎮基本上仍是以漁業為主。

因此，商業化捕魚業孕育出大城鎮，就一點也不足為奇了。我們從 1911 年香港的人口普查，可看到香港地區各鄉村和城鎮的人口，長洲的陸上人口為 3,244 人，大澳 2,533 人，坪洲 642 人，香港仔及鴨脷洲 2,751 人，赤柱 350 人。除長洲和坪洲例外，從事商品蔬菜種植業的鄉郊地區（大澳的橫坑有 90 名居民，新村有 42 人；香港仔的田灣有 111 名居民；赤柱的大潭篤有 76 名居民，黃麻角 28 人，馬崗 7 人及舂磡角 10 人）都沒有計入這些總數中。有 118 名居民的石仔埔和有 167 名居民的沙田（鹽田壆，鹽工的聚落）在人口普查中作為獨立的聚落，但計入了大澳的總數中，因為這些聚落的本身具有城鎮特質。長洲和坪洲的數字包括島上所有居民，把從事商品蔬菜種植業的鄉郊地區也納入其中。長洲和坪洲商品蔬菜種植各自的總人口大概在 100 至 150 人左右，使得長洲城鎮內的陸上人口約為 3,100 人，而坪洲城鎮則約為 500 人。

要列出這些城鎮的水上人口的詳細數目有點困難。1911 年人口普查將南部沿海地區的水上人口劃分為長洲、大嶼山、香港仔和赤柱，1921 年人口普查則劃分為長洲、大澳、香港仔和赤柱（兩次人口普查均將維多利亞港地區的水上人口分開點算：1911 年時單獨列舉的「筲箕灣」名目下，可能隱含所有新界北部的水上人口；在 1921 年的人口普查中，這部分細分為「筲箕灣、荃灣和新界北」點算）。問題在於判斷住在東涌、梅窩和大嶼山其他地方，以及住在坪洲和南丫島的水上人口，被計入哪一項點算。東涌、梅窩和大嶼山其他地方的水上人口，估計是連同住在大澳的水上人口，一同列在「大嶼山」或「大澳」的標題之下；但是坪洲和南丫島的水上人口，就較難判斷被列入哪一項中。綜合各種因素考慮，南丫島的水上人口很可能被列在長洲之下。由於新界的水上人口顯然是與香港島的水上人口分開統計的，所以他們不大可能被藏在維多利亞港的名目之下。

感覺上，坪洲水上人口最有可能的是計入「大嶼山」和「大澳」之下。統計陸上人口時，坪洲與長洲屬於單一普查區，但水上人口則完全分開統計，所以這並不表示坪洲的水上人口是計入長洲的。若我們假設南丫島漁民被列在長洲下，而坪洲漁民被列在「大嶼山」和「大澳」下，這似乎較為合理；因為從數字上看，大澳錨地的水上人口比長洲錨地多，這完全違反當時的觀察家的結論：他們都指出大澳的漁船隊規模稍為小於長洲。

南丫錨地（榕樹灣和索罟灣）的水上人口不算多，加起來大概不過幾百人，但坪洲的水上人口卻相當可觀。1911 年長洲水上人口錄得 4,442 人，其中或許有 4,200 人住在長洲而非南丫島，其餘則住在南丫島。在 1921 年的紀錄中，長洲水上人口稍有減少，為 3,552 人，其中約 3,300 人住在長洲而非南丫島。在坪洲，1850 年代有紀錄顯示當時這個錨地有 200 艘漁船，以及數目不詳的小型近岸船隻。在 1890 年代，另一項紀錄再次提到那裏有 200 艘漁船，這次還指出那裏另有約 300 艘小型近岸舢舨。[137] 1890 年代在長洲駐守過幾年的大清海關稅務司阿林敦（Lewis Charles Arlington）是觀察敏銳之人，他說當時長洲共有 900 艘「船舶」（junks）。[138] 目前尚不清楚阿林敦所說的「船舶」到底是什麼意思，也不清楚除了較大型的漁船，當時在這個錨地有多少近岸小舢舨停泊，但阿林敦所說的「船舶」似乎包括所有大大小小的漁船。在這種情況下，應假定坪洲的水上人口大約是長洲的三分之一，即 1911 年時約 1,400 人；而 1921 年時大概也差不多。在 1911 年，「大嶼山」的水上人口為 5,413 人，1921 年時「大澳」為 3,894 人。如果假設其中約 1,400 人住在坪洲，而大嶼山的各個小錨地可能有 200 多人，那麼在 1911 年時，實際上住在大澳錨地的水上人口約為 3,800 人，亦即僅比長洲少一點，但 1921 年只有約 2,300 人，比當時的長洲少很多。

整個十九及二十世紀，大澳日漸淤積，以大澳為錨地的漁船規模因此縮減。但是，1911 年至 1921 年間，「大嶼山」和「大澳」所點算出的水上人口跌幅似乎太大，不可能單單出於這個原因。也許是 1911 年的人口普查員將住在大澳

137 見 Hayes, “Peng Chau between 1798-1899”。

138 阿林敦是大清海關駐長洲的稅務司。見 Hayes, *The Hong Kong Region 1850-1911*, p. 58。

固定船屋的居民歸類為「水上人口」(floating population)；但在 1921 年時，他們則被歸類為「陸上人口」(land population)。1921 年的人口普查報告明確指出，「水上人口」僅包括那些居住在領有牌照的船隻上的人，根據定義只包括適合航海的船隻，而不包括船屋；[139] 但 1911 年的情況不太清楚，居住在大澳船屋的人，當然認為自己屬於水上人口，因此他們在當年很可能會與其他漁民被一同點算。[140] 直到 1911 年，船政道才開始簽發船屋許可證，這強烈表明，在此之前，政府將此類小屋的居民視為水上人口的一部分。[141] 在這時期的大澳，可能約有 1,200 人住在船屋中。1911 年至 1930 年間，大澳有超過 300 間這樣的房屋，[142] 如果這 1,200 人在 1911 年被記錄為水上人口，但在 1921 年被記錄為陸上人口，那麼，1911 年時大澳水上人口的真正數字約為 2,600 人，這似乎較為可能，也更符合 1921 年的數字。理民府官高志計算出 1955 年時大澳的水上人口為「約 2,000 人」，[143] 這再次佐證了 1911 年時大澳水上人口約為 2,600 人、1921 年時約 2,300 人的推想；從 1911 到 1955 年的 44 年間，由於港口淤塞，水上人口減少了 23%。與 1911 年相比，1921 年長洲的水上人口明顯略有下降，可能是由於同樣原因：在此時期的長洲，住在船屋中的人肯定十分多，可能多達幾百人。[144]

1911 年人口普查指出，香港仔水上人口為 8,900 人，赤柱為 72 人。赤柱的水上人口會使用赤柱、大潭篤和蒲台的錨地，但視赤柱為主錨地。然而，1911

139 在戰後確實如此。理民府官高志在 1955 年特別指出：「（大澳）人口有一個不尋常的特徵，就是有大量漁民住在建於海灣入口的高腳木屋內。他們都被包括在陸上人口的數字中。」見 *Southern District Officer Reports*, p. 58。

140 *Census Report, 1921*, section V, para 7.

141 見 *Hong Kong Administrative Reports for the Year 1911,* Appendix I, *Report on the New Territories for the Year 1911*, p. I. 14。

142 1911 年政府向大澳的船屋發出了 221 份「樁柱屋」(pile-hut) 許可證，*Hong Kong Administrative Reports for the Year 1911,* Appendix I, *Report on the New Territories for the Year 1911*, p. I. 14；這不大可能表示當時存在的船屋全部只有這麼多。經過一場大火減少了它們的數目後，1916 年時「仍有 350 間」木屋，*Hong Kong Administrative Reports for the Year 1916,* Appendix J, *Report on the New Territories for the Year 1916*, p. J. 12。在 1926 年，「約 300 間」木屋被一場大火燒毀，*Hong Kong Administrative Reports for the Year 1926*, Appendix J, *Report on the New Territories for the Year 1926*, p. J. 18。另見 Schofield, *Pile Houses at Tai O, Lantau Island, Hong Kong, 10th January 1937*, *Journal of the Hong Kong Branch of the Royal Asiatic Society* , Vol. 10 (1970), pp. 197-200。

143 *Southern District Officer Reports*, p. 55.

144 見 Coates, "Cheung Chau", in *Southern District Officer Reports*, p. 187，並見插圖 054。

年香港仔／鴨脷洲和赤柱的水上人口數字，可能不是這些錨地的典型情況。事實上，人口普查官在 1911 年的人口普查報告中叫人注意這些紀錄，並說他認為這些數字並非一般情況，並指出在人口普查當天，大多數赤柱漁民很可能都在香港仔，並被計入香港仔的統計數字中。[145] 他認為，1901 和 1906 年的人口普查數字可能更準確。在這兩次普查中，赤柱的水上人口數字分別為 881 人和 695 人，而香港仔／鴨脷洲的水上人口數字分別為 5,251 人和 5,637 人。1911 年人口普查中數字偏離正常情況的原因尚不清楚。人口普查當天是 5 月 20 日，並非任何節慶的日子，但如人口普查官在報告中指出的那樣，那天天氣極為惡劣，赤柱的船艇可能駛到香港仔，在當地屏蔽較佳的錨地躲避風雨。

和 1911 年一樣，1921 年人口普查時，這地區的水上人口分別列入「香港仔」和「赤柱」。[146] 1921 年的水上人口數字為：香港仔 7,924 人，赤柱 275 人；1921 年的情況很可能和 1911 年時一樣，許多赤柱漁民都計入香港仔的數字中。香港仔的人口普查日期（4 月下旬）恰逢天后誕（1921 年是 4 月 30 日），一些赤柱漁民很可能去了香港仔看大戲，而沒有參加赤柱天后廟的慶祝活動。或許我們應和 1911 年的人口普查官一樣，假設 1901 年和 1906 年的人口普查數字，代表了二十世紀初赤柱和香港仔／鴨脷洲正常的水上人口，即二十世紀初期赤柱正常的水上人口數字為約 750 人，香港仔／鴨脷洲則為約 5,400 人。

還有一些關於 1841 年至 1845 年間赤柱和香港仔人口的參考資料，可以一同檢視，幫助我們了解英國人佔據香港島之初的情況。這些參考資料或多或少都是僅憑印象得出的，因此十分值得懷疑。事實上，在某些情況下它們比隨意猜測強不了多少。儘管如此，它們似乎確實提供了前後一致的畫面，表明這兩個城鎮在 1841 年已是擁有 800 至 1,800 名人口（包括陸上和水上居民）的重要地區。

一位駐赤柱的傳教士分別於 1842 和 1843 年對該鎮進行了一次私人的人口普查。他估計 1842 年本鎮的總人口（可能包括陸上和水上人口）在 800 到 1,000 之間。根據他的統計，1843 年時本鎮陸上有 145 間房屋，包括「零散分佈於郊

145 *Census Report, 1911*, para 35-36.

146 *Census Report 1921*.

區的家庭」（在大潭篤、春磡角、馬坑和黃麻角從事商品蔬菜植種業的人）。他指出，這些房屋中有「一半或以上」是商店（比如說，145 間中有 75 間）。有 25 間房屋可能是屬於在郊區從事商品蔬菜種植業的家庭，這樣的話，鎮區內則約有 45 間家庭住宅。如果當時鎮上約有 120 間房屋，就與現存本鎮最早的詳細地圖一致；這張繪於 1922 年的地圖顯示，不計附屬房屋和茅棚，當時鎮上約有 150 間堅固房屋（見上文地圖 49）。據此，這 80 年間本鎮的房屋數量增加了大約 25%，這樣的數字看來是可信的。

這位傳教士假定，這 145 間屋平均每間有 4 名居民，從而估計本鎮及其郊區的陸上居民總數為 580 人（如果假設這些房屋中有 25 間是位於郊區，那麼鎮區內就有 480 人）。[147] 這個數字恐怕是高估了。在二十世紀初，香港地區任何一個墟鎮中的店舖，都很少會有多於一兩名居民，多數只會有一名看守人（店主的家人會住在他原本的村落）。如果假定鎮上每個家庭住宅有 5 人居住，而每間商店平均只有一人，那麼鎮上有 120 間房屋，就代表常住的陸上人口約有 300 人；如果每個家庭住宅有 4.5 人，每間商店一人，那就代表常住的陸上人口約為 275 名。因此，考慮到 1840 年代初赤柱房屋的數量，當時陸上人口總數可能有大約 275 至 300 人；換句話說，這個數字只比 1911 年點算的數字少大約 10%–17%。如果水上人口也只比二十世紀初（即約 590 至 650 人）少大約 10%–17%，那麼 1840 年代初該鎮的總人口就在 875 到 1,000 之間，與 1842 年的估計非常吻合。

可以肯定的是，當時赤柱的水上人口很多，因為在 1840 年代初，赤柱每年生產「約 500 噸」魚乾；[148] 而且 1842 年 1 月一份本地報紙的報導，把赤柱描述為「大型漁船隊集結之地」。[149] 總的來說，在 1841 年至 1911 年間，赤柱的規模相對來說只有較小程度的擴充，因此這個鎮在英國人到來前的規模，僅比在二十世紀初的時候稍為小一點而已。

---

147 Hayes, "Hong Kong Island before 1841", p. 111，當中有羅孝全牧師（Rev. I. J. Roberts）所做的這些人口普查數字。

148 同上註，p. 119.

149 *The Chinese Repository*, Vol. X, 592，重刊於 Geoffrey Robley Sayer, *Hong Kong 1841-1862: Birth, Adolescence, and Coming of Age* (London: Oxford University Press, 1937), p. 121。

本區唯一留存下來的早期碑記，也可以佐證以上的估計，即初時鎮上有約 45 戶居民、和約 75 家商店和陸上人口約 300 人。這是赤柱街坊福利會（善安公所）內一塊 1847 年的捐贈碑記。這是一個街坊會辦事處而非廟宇，所以不大可能有鎮外的人為它捐款。此外，由於街坊會成員全是陸上商人，因此可以假設所有捐贈者都是赤柱的陸上居民。當時期有 111 人為有關項目捐款。這顯然完全符合對當時該鎮的陸上人口估算，即大約有 75 家商店和約 45 個家庭，相當於 275 至 300 名居民。

香港仔的證據比較好一些。一幅關於本鎮的大比例地圖留存下來，這張地圖大概是 1860 年的，它所顯示本鎮的情況，可能就是 1845 年時的樣子，同時並標示了該鎮直到 1860 年的發展（見上文的地圖 50）。這張地圖雖然在某些地方缺乏細節，但似乎顯示鎮上大約有 150 間房屋。如果將之與 1845 年英國皇家工兵團哥連臣中尉繪製的小比例香港地圖相比較，可看出在建造香港仔船塢時（1857 年），可能拆掉了一個小區的建築物。此外，在鎮的東部邊緣，哥連臣的地圖上所見的房屋數量，似乎比大比例地圖多得多。出現此情況的原因，可能是大比例地圖只記錄永久建築物（此地圖的主要目的是要顯示如果開發此地，有哪些建築物在清拆時需要賠償），而沒有記錄茅棚和船屋。此鎮的這一部分可能主要被這些臨時建築物佔據，因此出現在哥連臣的地圖上，但在大比例地圖上未有顯示。一位敏銳的觀察家（坎寧安上尉，Capt. Cunynghame，寫於 1843 年）注意到香港仔鎮區內有「大約 200 座」建築物；若我們在大比例地圖上補回 1857 被拆卸的建築物以及臨時建築物，再加上圖中所示的永久建築物，兩者所反映的情況便大致相當了。另一位早期觀察者（哥連臣中尉，寫於 1845 年一封私人信件）提到該鎮「商店數量十分充足」。哥連臣在 1845 年所繪的地圖顯示，除了洪聖廟的廟祝以及一兩間船廠的常駐工人和看守人外，當時海港內鴨脷洲一側即使有居民，人數也極少。假設每座建築物的居民人數與赤柱相若，那麼該鎮的陸上人口可能有 400 至 500 人。至於水上人口，哥連臣中尉談到平時日「約 50 艘」漁船，圍繞海灣中心的兩塊岩石停泊在這個錨地。不過，1846 年港督的漢文正使郭士立（Charles Gutzlaff）在政府的年度出版物，即 1845 年的「藍皮書」中指出，這個錨地在新年時「泊滿了」船。哥連臣中尉還推算（如果這是用來描述在一封私人信中提出極為粗略的數字的恰當字眼的話），平日大約有 1,000 人出現在這個墟市；假如這裏的常住的陸上人口有 500 人，加上住在那大約 50 艘漁船上的人，以及從附近村落前來墟市的村民，這個推算應大致正確。

港府在佔領香港島後不久就進行人口普查。調查結果在 1841 年 5 月 15 日刊登於《憲報》，[150] 但估計是在此之前某個時間，亦即英國人佔領香港島後數週之內便已寫好。眾所周知，英國人來到香港後，香港地區的水上人口鋭升，但這次人口普查距離佔領日期如此接近，所以當中的數字必然是指長期定居香港島的水上人口，因為在這麼早的日期只會有很少新來者已經到來。這次人口普查估計當時有 2,000 人住在「船上」（in the boats）。這 2,000 人肯定幾乎全是住在赤柱和香港仔。[151] 1845 年進一步的人口普查顯示有 3,600 名「住在船上的華人」（Chinese in boats），這表示水上人口在英國人佔領香港島後的四年間增加了約一倍。這種增幅完全是有可能的，並且佐證了這樣的觀點：1841 年的 2,000 人是長居此地的水上人口，新增的那些水上人都是在 1841 年後才來到的。[152] 假設這些人口中有三分之二住在香港仔／鴨脷洲錨地，三分之一住在赤柱及其附屬錨地，那麼便再次顯示赤柱的水上人有約 650 人，香港仔則有約 1,300 人。

1844 年，香港政府禁止新安知縣繼續向現於香港註冊的漁船徵收每艘船 400 元的捕魚税。有 150 艘船受到這項決定影響，這些船大概都是以赤柱或香港仔／鴨脷洲為根據地。[153] 本來只有較大的漁船須繳納此税，小型近海捕魚舢舨和用作渡船或貨船的船隻均免繳此税；估計可能每有一艘船納税，就至少有兩艘船免税。以赤柱為基地的繳税大型漁船看來不會超過 50 艘，其餘 100 艘可能是以香

150 Printed as Appendix II in Sayer, *Hong Kong 1841-1862*。

151 Eitel, *Europe in China*, pp. 168-169 假設人口普查中關於漁民的數字，是指新近來到這個海港的水上人，但這一定是錯誤的。這 2,000 人是指香港仔和赤柱居住在船上的漁民，也許還包括一些住在筲箕灣的人。1841 年的人口普查顯然做得很倉促，許多地方都不準確。因此，它説赤柱的陸上人口為 2,000，顯然是過高，而且完全沒有列出香港仔陸上人口的數字。儘管如此，這個水上人口數字看起來是合理的。

152 G.B. Endacott, *A History of Hong Kong*, 2nd ed. (Hong Kong: Oxford University Press, 1973), p. 65.

153 見 Eitel, *Europe in China*, p. 215。 筲箕灣當時並非漁港，當地的船僅用於把從筲箕灣石礦場開採的花崗岩運往外地。石船（大尾艇）是為運送石材而特別改裝，無法用於捕魚。不同於漁船，石船船員的家人一般來説可能是在岸上居住的。

港仔／鴨脷洲為基地。

如上所述，1890 年代長洲有 900 艘「船舶」（可能包括大型和小型漁船），1911 年那裏的水上人口約為 4200 人，即每艘船舶有大約 4.6 人。如果在 1840 年代赤柱有 50 艘繳稅漁船和約 100 艘免稅舢舨，以 1911 年長洲每艘船 4.6 人的數字計算，那麼這些年赤柱的水上人口就介乎 650 人至 700 人之間，接近上面提出的 650 人。這反過來又表示，香港仔／鴨脷洲的人口大約是其兩倍。[154] 因此，在 1840 年代初，香港仔／鴨脷洲錨地的水上人口總數可能約為 1,300 人，儘管只有在新年，也許還有颱風季節的高峰期，他們才會全部停泊「在母港內」（at home）。換言之，在 1840 年代初，香港仔／鴨脷洲錨地包括陸上和水上人口的總人口約為 1,800 人，這已是一個龐大的城鎮社群。事實上，早在 1793 年，英國皇家海軍已注意到這裏的墟市有能力為一艘船艦提供所需的補給，[155] 而且顯然早在 1841 年以前就已是很繁榮的墟市。在 1841 到 1911 年間，這個錨地的陸上人口增加了大約 5 倍，水上人口增加了大約 2.5 倍，發展情況與同一時期人口只有相對細微變動的赤柱頗有不同。這是因為對小型船舶來說，香港仔／鴨脷洲錨地是香港島最安全、保護程度最高的錨地，本來就是新來的漁民理所當然的落腳點。因應這些年間住在香港仔／鴨脷洲錨地的船隻數量激增，政府於是在 1874 年於香港仔設立大型的船政廳（Harbour Office），以便控制和管理那裏的漁船。

由此可見，在英國人來到香港前，赤柱和香港仔已是規模較大而重要的錨泊城鎮；不過在 1841 年英國人佔據香港島後，香港仔的規模擴展得尤其急促。

因此，若將上述數字加在一起，估計在二十世紀初，長洲總人口（陸上和水上居民合計）很可能是大約 7,450 人，香港仔／鴨脷洲約為 6,100 人，坪洲約 1,900 人，大澳約 6,350 人，赤柱約 1,100 人。幾乎所有這些地區的水上人口都多於陸上人口（長洲約佔總人口的 56%，香港仔／鴨脷洲約 89%，坪洲約 74%，大澳約 41%（以上述水上人口為 2,600 人計算），赤柱約為 68%。經四捨五入後，

---

154 長洲的數據大致佐證每艘船有 4 至 4.5 名居民的這個比例。根據在長洲住過好些年的大清海關官員阿林敦説，1890 年代那裏有「至少 900 艘」船（見 Hayes, *The Hong Kong Region 1850-1911*, p. 58），以及大約 4,200 名水上人（1911 年），即每艘船有約 4.6 名居民。見下文。

155 Hayes, "Hong Kong Island before 1841", p. 115.

水上人口平均佔大部分港口城鎮人口的一半至三分之二左右。

根據上述各港口城鎮的事例，似乎可以肯定，這些港口城鎮最初都是用作漁民的錨地，並且缺乏來任何來自陸上的重大支援。它們地名佐證了這種觀點。「洲」，如長洲、坪洲和鴨脷洲，意為「島嶼」，具體而言是指船隻可以安全停泊的島嶼。「澳」，如大澳，意為「港灣」。「港」（如香港仔，還有如「西貢」中的「貢」，可能是「港」的變體）的意思是「港口」或「錨地」。「灣」，本義是「海灣」，但也有「錨地」的意思，如榕樹灣、馬灣、荃灣等地名大概表示出這點。「埔」，如大埔，意思是「上岸地點」；而「埗」，如深水埗，可能是這個字的變體。因此，在此處討論的所有城鎮中，只有赤柱（「紅色的柱」）和沙頭角（「沙丘的尖端」）在地名中沒有提到錨地的字眼。因此從這些地名可見，錨地是最早期人們關注的焦點。

這些錨地都十分安全。赤柱有兩個錨地，在水僊廟岬角的兩側各有一個，即鎮前方的主錨地，以及在岬角另一邊的大潭篤錨地；船隻可以根據風暴的風向，選擇在其中一個錨地停泊。赤柱的主錨地也受到岩石岬角的保護，除了西南方向，其餘各個方向吹來的風都能屏蔽（見地圖 49）。在坪洲和長洲，錨地是受到島上山丘屏蔽的海灣，從大部分的方向提供庇護；而在唯一暴露的方向，則有幾英里外的大嶼山山脈為之遮擋。香港仔／鴨脷洲和大澳是非常安全的錨地，幾乎完全被陸地包圍。香港地區的南部海岸很危險：岩石嶙峋，吹向岸風時會非常危險。對於本地漁民來說，安全的錨地是不可或缺的，好讓他們能在本地受颱風和熱帶風暴頻繁侵襲的季節中受到保護，免於船毀人亡。這五個大型港口城鎮的錨地，是沿此處海岸僅有的安全錨地。可以很有把握地假設，自從此地區有了水上人口開始，這些錨地就為漁民所使用。由此看來，這些錨地已使用了一段十分長的時間，即使錨地的城鎮遠遠沒有那麼古老。

這些錨地幾乎全都受到神明庇護。在赤柱，保護錨地的岬角上的北帝廟和水僊廟，劃出安全停泊的範圍。兩座廟之間形成的一條線，就是安全錨地的界限，沿這條線或此線向陸地一側停泊的船隻，都受到神明庇佑（見地圖 49）。在長洲也可見完全相同的情況，當地兩座天后廟之間形成的一條線，劃定了錨地的界限，沿這條線或在此線範圍內停泊的船隻，都受到神明保護（見地圖 44）。在香港仔，從鴨脷洲洪聖廟到香港仔市鎮南邊那塊設有社壇的大石所形成的一道線，劃出了此錨地的東側邊界；西界可能是從鴨脷洲水月宮至分隔香港仔與田灣的岬角頂端（此處未知是否有社壇，洪聖廟及戶外社壇見地圖 50）。在地圖 50 上可以看到哥連臣提到的錨地中心的兩塊岩石，它們幾乎正是位於該劃定範圍的中央。在大澳，舊錨地（內港錨地，見地圖 39）並沒有以這樣的方式明確界定，但楊侯古廟的主風水線（見地圖 39）標示出安全和受保護的區域，船隻會盡量靠近這條線停泊。當船改到外港錨地停泊，關帝廟和新村天后廟的風水線，可能就劃出了最受保護的界線。只有坪洲似乎並沒有顯示神明庇佑範圍的明顯界線。

這些大型港口城鎮全都是在陸路貿易和交通不便的地方發展起來的。長洲和坪洲是小島，其城鎮位於多山且人煙稀少的海岸邊，位置並不方便。大澳位於離海岸不遠的小島上，但周圍群山環繞，陸路進出十分困難，要麼經由陡峭難走的山坳，要麼須走漫長而崎嶇的海邊小徑，或者乘搭渡船。香港仔／鴨脷洲及赤柱的地點不便，遠離香港島的主要農業中心，尤其是遠離往來香港島和九龍的渡船停靠的渡船碼頭（即後來文咸東街對開的永勝街附近）。這些港口城鎮沒有一個位於輻輳交會之處、通往廣大農業地區入口的錨地、連接地帶或任何其他可以吸引陸上交通的地點。這些港口城鎮在規模擴大和趨於繁榮之後，全都發展了一些陸上商業活動。但這些發展並非因其地點便利所致；反之，這些發展要克服地點上的種種不便。這些城鎮只面向大海，它們的地點基本上只方便水上人口。如下文進一步討論，正是這一最重要因素將這些港口城鎮，與香港及鄰近地區遠離公海的港口有所區別。九龍城、深水埗、荃灣、西貢、沙頭角甚至深圳（當時是重要的河港）等地都有大量漁民，他們以這些城鎮為主錨地。但是，這些城鎮的所在地不僅是漁民可以停泊的地點，同時也是陸上居民自然而然形成的貿易集散地。深圳、九龍城和荃灣都是位於廣大農業地區的中心，而沙頭角也處於一個大農業區的便利位置。所有這些城鎮都位於輻輳交會之處，或者重要的連接地帶，是陸上貿易自然聚集之地。在這些地方，魚販、船廠和其他海上行業都未能主宰當地的社會和經濟；儘管他們一直存在於城鎮之內，但他們只能與其他以陸上居民為主要服務對象的商人，共享作為當地社會和經濟精英的地位。

因此，此地區南部沿岸的港口城鎮，幾乎完全是海洋性格，在外貌和地形上與內陸城鎮截然不同。這在長洲的例子中清楚可見。這個大鎮對柴薪、肉畜、家禽和蔬菜有着永不滿足的胃口，島上細小的農業區只能滿足一小部分需求。因此，這個港口城鎮不得不向附近較大的大嶼山尋求供應。事實上，現存最早提及長洲的 1779 年文獻指出，長洲無法種植水稻，其貧瘠的土地只能種植蔬菜。[156] 長洲和大嶼山的梅窩之間有渡船連接（見地圖 51）；長洲所需的木柴和其他物資，大都是靠這條重要的航線運來。但梅窩的社群太小，無法滿足長洲的所有需要，而大嶼山北岸尤其是白芒和大蠔一帶的村落，也深入參與了與長洲的貿易。[157] 然而，由大蠔前往梅窩的渡船碼頭，須經過一個非常陡峭崎嶇的山坳——望渡坳（大概是得名於到達山頂太晚的人，只能看着山下遠處的渡船開走而興嘆）。來自白芒／大蠔地區的稻米、柴薪、豬和牛，都必須靠人力沿這條路線運送。[158] 因此，向長洲鎮供應物資，最簡單的情況還是要搭一趟不太便利的渡船，最繁複的情況是還要穿越崎嶇漫長的山路。由於運送貨物到島上的成本高昂，所以在長洲出售的柴薪和其他用品都很昂貴，比其他較適合陸路貿易的城鎮都要昂貴得多。[159] 白芒村民向筆者表示，有時候長洲會耗盡物資（例如梅窩渡船因颱風停航幾天），而當村民能夠再次前往梅窩時，就會遇上一個「賣方市場」：數十名長洲商人在渡船碼頭等候他們，迫切想要購買柴薪或食物。[160] 長洲連食水都無法自給。島上水井很少，其中大部分的水都很淺，而且帶鹹味和嚴重污染。[161] 該島北端的廟宇附近的溪流（見地圖 45 和 46），全年大部分時間都是乾竭的。食水必須用專門建造的運水船從大嶼山運來（1911 年時，有 30 名男性和 3 名婦女全職

156 見 Choi, "Reinforcing Ethnicity", pp. 104-122, at p. 105, and n. 7 (p. 248)。此參考資料取自長洲全島的地骨主黃維則堂的族譜。

157 關於這種貿易，見本書第 1 章「海南柵：大嶼山北岸的聚落與社會」。

158 見本書第 1 章「海南柵：大嶼山北岸的聚落與社會」。

159 例如，高志在 1955 年指出：「（在大石口的燂船海灘）燂船用的山草的價格，可能是全香港最高的。」*Southern District Officer Reports*, p. 192.

160 筆者與白芒地區耆老的討論，1999 年。

161 根據許舒的個人意見，飲用長洲井水的人經常患上痢疾。理民府官徐家祥（Paul Tsui）在一份 1950 年撰寫的報告中強調運水船對長洲的重要性（見 *Southern District Officer Reports*, p. 164）。徐家祥也提到長洲水井中的水，他說「汲得的是鹹水」，所以「只能用於洗滌」。高志在 1955 年指出，「水是用舢舨從大嶼山運來的，然後一桶一桶出售」，見 *Southern District Officer Reports*, p. 187。

| 地圖 51 | 從南頭到長洲的交通路線

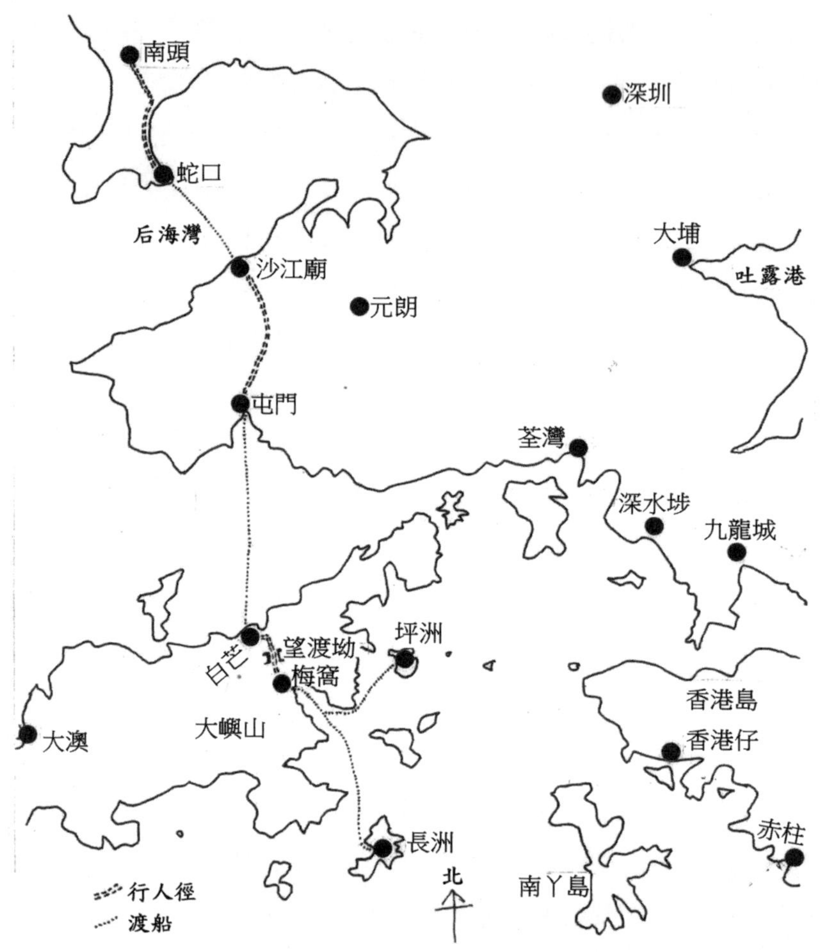

負責分配食水、操作這些運水船，並把運到島上的水零售；在 1921 年則有 16 名男性和 11 名女性從事這些工作；這可能表示有四五艘全職運作的運水船）。[162] 雖然坪洲島上的水井能供應充足的優質水，也有較多比較優良的菜田，但居民仍須依靠來自梅窩的渡船，獲取大部分所需的食物和柴薪。

162 *Census Report, 1911*, Table 36，以及 *Census Report, 1921*, Table 28 "Occupations of the Chinese Population of the New Territories (Southern District)"。所有這些運水船都在長洲工作，因為其他城鎮都沒有供水問題。事實上，正如徐家祥在 1950 年指出（見 *Southern District Officer Reports*, p. 163），坪洲以其井水充沛、優質而聞名。長洲的水會泵入碼頭的水箱，然後賣水的人會來抽水再運到鎮上。

在十九世紀初期，長洲和大澳已成為新安縣最大的三四個聚落當中的兩個。南頭縣城與長洲和大澳之間因公務需要而有大量交通往還。通往長洲的正式交通，也須取道大蠔至梅窩之間的崎嶇山坳（見地圖 51）。由於南頭和長洲之間這條交通路線十分重要，但又不便行走，因而促使朝廷在白芒設置汛所（有汛兵五人）來巡邏山坳（這個汛所是在十八世紀某個時候設立的；這些保障這條路徑安全的士兵，一直留守至 1898 年）。政府又在 1827 年花費巨款，在行人徑經過的溪流上修築橋樑（當時建了建少三座非常精美的橋樑，而築橋的石匠是縣衙從距離該地區東北 120 英里的五華縣請來的）；[163] 在此之前，這條路線在大雨後大概無法通行。也正是由於山坳艱辛難走，白芒村民於是提供山轎服務，把旅客抬過山坳到渡船碼頭，這無疑也增加了長洲許多服務的成本。在英國人到來之前，大澳有一小支駐軍戍守：從縣城到大澳，須乘搭從屯門到大澳的渡船。[164]

這些錨地城鎮附近要麼完全沒有農地，要麼數量很少。在長洲、坪洲和赤柱，島上或者在兩英里範圍內完全沒有稻田。這些城鎮的郊區的商品蔬菜種植業者，是在很細小的土地上種植蔬菜和飼養家禽；這些土地是在岩石之間的縫隙中十分費勁地開闢的，無法將之淹滿水來種植水稻，所以大多用於「旱作」（dry cultivation）。不過，由於在鎮上出售這些農產品可獲得不錯的利潤，加上從較遠的大農村將家禽或蔬菜運來很困難，因此花費許多氣力開闢這些小田地仍是值得的。在大澳，錨地另一側的附近地區有一小塊農地，但面積十分小，小得連一個小農村的正常需求都無法滿足。香港仔內陸地區有大量優質農田，但全都是由香港圍這個古老的大型村落所擁有，沒有一塊是由港口城鎮控制的。位於香港仔的郊區田灣的商品蔬菜種植農夫，與赤柱、長洲和坪洲的那些大致相同，都是在細小的「旱作」田地上種植。

這些港口城鎮在 1911 年，以及之前的幾十年間，顯然在香港地區發揮了重要的經濟和社會作用。由於這些港口城鎮在 1911 年已甚具規模，並有很重要的

163 其中一座橋近年被更換了。另外兩座保留着 1827 年的形貌，只是在其表面鋪設了一層混凝土，並保留着細小的碑刻，詳細記錄了竣工日期、新橋名稱和石匠的姓名及祖籍。這些碑記並沒有收錄在《香港碑銘彙編》中。

164 見 Hayes, *The Hong Kong Region 1850-1911*, p. 91。

社會意義，但它們似乎都只有相對較短的歷史，這乍看之下也許令人驚訝。在大約 1580 / 1600 年之前，這些地方似乎沒有一個已成為重要的聚落；大多數城鎮在 1700 年，甚至再晚一點的時間仍未出現。它們似乎全都要等到十八世紀後期，才發展到 1911 年那種舉足輕重的地位。

城鎮的管理

所有這些錨地城鎮都是由街坊會管理。街坊會是由商人組成的委員會，由較富裕的人士掌控。所有這些城鎮的街坊會，在結構上都會保證鎮上所有商人團體在委員會中擁有代表。在長洲和大澳，當地商人社群中的每個族群都有代表參與。其他港口城鎮的做法大概也一樣。特別是在大澳，各個街道也有各自的代表。關於讓誰人加入街坊會，主要是通過協商和公議，很少會舉行選舉。街坊會的職能在各城鎮中非常相似，儘管不會完全相同。同樣地，在每個城鎮，街坊會都有類似的財政來源。一個非常值得注意的情況是，雖然這些城鎮都是以漁業為主，但沒有一個街坊會中有船主作為會員；在所有這些城鎮中，街坊會成員全是陸上商人。

這裏先以長洲街坊會為例子說起：它的主要職責之一是保障食水供應穩定。[165] 據知街坊會另外建造了一個碼頭供運水船停泊，並可能將該碼頭的使用權招標，藉此保障這項重要資源，並確保有足夠的人投標，以保證食水供應不虞匱乏。考慮到運水船可能的數量，這個碼頭相信會被頻繁使用。除了管理供水，長洲街坊會還肩負許多其他重要職責。它擁有公眾碼頭，負責它的維護，並擁有往來長洲與梅窩及香港的渡船，這些渡船停靠在公眾碼頭，並且是租予營運商經營的。[166] 鎮上的街道必須保持清潔。[167] 目前尚不清楚長洲街道的清潔工作是如何進

---

165 有關街坊會的一般情況，見 Hayes, "Notes and Impressions: The Cheung Chau Community"，以及 *The Hong Kong Region 1850-1911,* ch.2。

166 Walter Schofield, "Memories of the District Office, South, Hong Kong"（提到 1923 至 1926 年的時期）, *Journal of the Hong Kong Branch of the Royal Asiatic Society*, Vol. 17 (1977), pp. 144-156, reprinted in *Southern District Officer Reports*, p. 179，當中提到街坊會及其渡船。

167 見 Coates, "Cheung Chau", in *Southern District Officer Reports*, p. 187。

行的，但很可能是像坪洲那樣，依靠一群掃街工。然而，長洲街道的維修似乎是由地骨主黃維則堂負責，結果島上街道的狀況普遍不佳。鎮上的市集須加以治理。鎮上有一所醫院，即方便醫院（1878 年）。這間醫院由街坊會擁有，須維護和規管。扶貧濟困也是街坊會的職責。街坊會還為窮人設立義塚（1873 年），並在島上興辦學校。[168] 街坊會也須組織公共工程並支付其費用；如果開支高昂，就要發起募捐。[169] 鎮上的廟宇大多歸島上的不同族群所有，而非街坊會（如上所述，長洲街坊會是由這些不同族群的代表組成），但街坊會負責每年一度在這些廟中舉辦的神誕。[170] 它要保養城鎮的廁所，並規管把廁所的夜香供應島上的菜農之事。它必須組織更練，以保障這個鎮的安全，尤其是在夜間，就像在坪洲和大澳所做的那樣。[171] 它須負責接待到訪本島的貴賓，並與政府保持良好關係。此外，街坊會還有其他職責。[172] 長洲街坊會聘請一名稱為「地保」的人員，負責管理日常事務；大澳街坊也會如此（在大澳，他被稱為「保長公」或「約保」）。[173]

所有這些工作都十分花錢，大多是根據招標承包的方式向服務提供者付費。渡船和運水船以招標方式，交給投標價最高並收取最低票價和費用的人經營（經營者可保留所有來自船票和使用渡船費用的收入；水大概是以由街坊會和運水船經營者商定的價格售賣）。所有港口城鎮的街道，可能都是靠掃街工清潔，他們以價高者得的方式獲得合約（掃街工獲得鎮內焚化爐［由街坊會擁有］和附近垃圾曬場的營運權，焚化爐用來燃燒可燃垃圾，垃圾曬場則把灰燼與狗糞、魚內臟

---

168 Hayes, *The Hong Kong Region 1850-1911*, p. 66.

169 Hayes, "Notes and Impressions: The Cheung Chau Community".

170 關於街坊會和神誕，見 Paul Tsui, "Cheung Chau Island: A Theatrical Performance", in *Southern District Officer Reports*, p. 197。街坊會收取特殊費用以補貼成本。在坪洲和其他一些城鎮，神誕並非由街坊會管理，而是由一個在神明面前擲筊選出的臨時組織負責，但候選人一律是來自街坊會的高層人物，而該組織的運作方式，通常是類似於街坊會轄下的小組委員會。見 Hayes, "Peng Chau between 1798-1899", p. 46。

171 Hayes, *The Hong Kong Region 1850-1911*, p. 67，當中提到長洲更練。許舒也提到坪洲街坊會出資聘用的「四五名村莊守衛」，以及大澳上類似的組織（見 Hayes, "Peng Chau", in *Southern District Officer Reports*, p. 166；另見 "The Tai O Community", p. 97 及 "Peng Chau between 1789 and 1899", p. 47)。

172 Hayes, *The Hong Kong Region 1850-1911*, p. 67.

173 這名大澳的人員可能是約保，一份 1867 年的地契中提到他充當中間人，見 Hase, *Custom, Land and Livelihood*, p. 284。

和街市的其他廢物，以及其他可堆肥的垃圾混合在一起，最後曬乾的混合物會賣給菜農用於施肥），[174] 鎮上的廁所同樣以招標方式交由經營者管理，由其保持清潔，售賣由此所得的肥料，可以收回部分成本。[175] 廟宇同樣由廟祝管理，他們須就按年計算的租金出價投標，但可保留來自祭品的收入。

雖然招標制度降低了開支，但街坊會仍然需要定期的現金收入來補貼經費。目前尚不清楚長洲街坊會是如何獲得所需資金的，但在香港地區其他的一些城鎮，包括坪洲和大澳，尤其是沙頭角和廈村，街坊會（或者廈村的村落社群）對每家商店和住宅徵收現金費用，[176] 長洲街坊會很可能也是如此。每年在廟宇舉行宗教儀式的開支，肯定是靠收取這樣的費用來支付的。

其他錨地城鎮的街坊會的職責與長洲街坊會的非常相似，似乎全都廣泛使用招標制度，藉此減低開支。我們對坪洲街坊會的收支所知最清楚。[177] 除了按月徵收的費用，街坊會還以價高者得方式，將島上㷭船場的使用權租給經營者，並把島上主要渡船的經營權出租，藉此獲得可觀的收入。然而，長洲街坊會並沒有從㷭船場獲得收入，因為這些㷭船場仍由地骨主黃維則堂控制；大澳、榕樹灣和馬灣也有這樣的安排。[178] 坪洲、九龍城、深水埗和長洲同樣有醫院。但據我們所知，在長洲以外，就只有九龍城設有義塚，不過坪洲街坊會為貧民施棺贈殮。[179] 對於其他錨地城鎮，我們所知較少，但估計除了個別最小的城鎮之外，很可能普遍至少有徵收費用、僱請更練和掃街工等做法。街坊會將許多渡船出租，但並非

174 在政府接手這項工作前，長洲的街道是如何清潔的，我們並不清楚；但坪洲街坊會僱用了「清掃工」（見 Hayes, "Peng Chau", in *Southern District Officer Reports*, p. 166），可以假設長洲街坊會也是如此。

175 高志在 1955 年提到鎮上廁所的糞便會被出售。他還指出，如果按照提議建造政府「水廁」，農民會難以獲得足夠的肥料。見 *Southern District Officer Reports*, p. 192。

176 許舒指出，坪洲（見 *Southern District Officer Reports*, p. 166）和大澳（見 *The Hong Kong Region 1850-1911*, p. 97）都按月收取費用。沙頭角和廈村也收取類似的費用（見 Hase, "Eastern Peace" 以及 "The Tangs of Ha Tsuen and Their History"）。

177 Hayes, "Peng Chau", in *Southern District Officer Reports*, p. 166，以及 "Peng Chau between 1798-1899"。

178 關於大澳的情況，參見 Hayes, *The Hong Kong Region 1850-1911*, p. 90，當中指出香港政府於 1906 年租出㷭船場，這無疑是繼承了原本的地骨主李久遠堂的地位，另見 *The Hong Kong Region 1850-1911*, p. 66；以及 Coates, "Cheung Chau", in *Southern District Officer Reports*, 192。關於馬灣和榕樹灣，見 Hase, "A Small Island in the Midst of the Sea"。

179 關於這間坪洲醫院和贈棺，見 Hayes, "Peng Chau between 1798-1899", p. 45。

全部。在大澳，街坊會以招標方式，把連接該鎮兩半部分的重要渡船出租；但開往珠江三角洲城鎮的長途渡船，似乎是獨立運作的。在香港仔，街坊會以招標方式將橫跨海港連接香港仔和鴨脷洲的重要渡船出租；但長途渡船，尤其是前往南丫島的航線，也是獨立營運。在坪洲，街坊會把由坪洲開往梅窩和開往香港島的重要渡船，以招標方式出租，但長途渡船同樣是獨立營運。街坊會似乎普遍支持辦學，也會安排廟宇的慶典。許多在錨地城鎮的街坊會都建立了辦公室和公所。赤柱於 1847 年建立名為「善安公所」的辦公室，而坪洲街坊會可能在相若的時期於天后廟的側廳設立辦公室和公所。其他城鎮的情況尚不清楚。

儘管街坊會僱用了街道清掃工，並將廁所的糞便賣給農民，但在英國人看來，這些城鎮衞生情況極差，對公眾衞生構成重大威脅。每天清晨，每間房屋和店舖的糞便和清洗用的水，都被倒在外面街道的排水溝裏，等待雨水把它們沖走。許多街道和小巷都沒有鋪面，當排水溝堵塞時，常會溢出污水，令街巷變得泥濘不堪。街角到處堆放着小山般的糞便，等待農民來收集。每天要處理的魚數以千計，雖然大部分都在海裏清除內臟，但仍有大量魚類廢料。魚販隨手將這些廢物傾倒在角落，留待街頭清潔工來處理。1863 年，筲箕灣爆發霍亂，政府清拆該鎮，並重新規劃更寬廣的街道和排水溝。油麻地在 1871 年同樣被清拆和重新規劃，紅磡在 1881 年發生大火後也被清拆和重新規劃。香港仔在 1860 年經過局部重新規劃，並於 1891 年全部清拆和重建。1913 年至 1917 年及以後，深水埗全部清拆重建，同一時期荃灣也被局部重建。在 1920 年代初，九龍城市集一帶被清拆和重新規劃。政府在 1920 年代末至 1930 年代曾想清拆和重建長洲和赤柱，但因財政緊絀而作罷，之後又有日本侵略，這些重建規劃最終從未實現。1894 年至 1897 年間，鼠疫肆虐錨地城鎮。我們知道西貢、深水埗和長洲都爆發了鼠疫。在深水埗和長洲，街坊會舉行了福佬人的「驅瘟遊行」，處於出神狀態的靈媒坐在由利刃製成的轎子上穿過街道，揮舞「驅魔劍」驅除病魔。[180] 華人廟宇委員會（管理北帝廟的組織）認為，長洲在更早的 1777 年曾爆發瘟疫，同樣以「驅魔劍」驅除。這把在長洲用過的寶劍，至今仍保存在北帝廟的側殿

---

180 見 Choi, "Reinforcing Ethnicity"，以及 Burkhardt, *Chinese Creeds and Customs*, Vol. 2, pp. 111-112。

內。[181] 在深水埗，為感謝神靈將瘟疫從該鎮驅除，瘟疫平息後建了一座新廟供奉神明。[182]

181 側殿有華人廟宇委員會張貼的公告，當中提及 1777 年的瘟疫。

182 見本書第 2 章「西九龍：英國人到來之前」。關於西貢的疫症爆發，我們有當時在鎮上當醫生的翁仕朝的文件，他購買了關於鼠疫的書籍，並仔細加以註釋，從中清楚可見，對他來説應付鼠疫是是一大難題（翁仕朝的文件，現藏於香港康樂及文化事務署的中央圖書館）。見本書第 3 章「仇與恨：早期西貢的聚落與政治，1550 至 1911 年」。

第5章

水道旁：鯉魚門地區的打石業與社會

在過去很長的一段歲月裏，鯉魚門一直是客家打石工人聚居之地，他們在該處山上開採上好的花崗岩（這種石上佈滿漂亮的雲母斑點，打磨後會泛起光澤）。[1] 在鯉魚門水道對岸有筲箕灣的石材港口和墟市，為鯉魚門提供服務。本章討論維多利亞港東部地區的建築石材貿易，以及鯉魚門所在的四山社群，還會詳細論述鯉魚門村及筲箕灣的港口城鎮的發展和社會史。

建築石材貿易

維多利亞港東北部的開發，要比其西面的地區晚很多。九龍城是兩千多年前中國鹽專賣制度下建立的製鹽重鎮。[2] 衙前圍、馬頭圍和蒲崗這些位於九龍城周圍平坦肥沃的平原上的主要村落，是在十二世紀中葉的宋代建立的。[3] 在香港島，黃泥涌這個大鄉村擁有廣闊肥沃的耕地（今跑馬地馬場的所在地），同樣宣稱起源於宋代。所有這些鄉村，以及九龍半島的尖沙嘴和牛池灣之間的大部分其他村落，都與新界許多其他鄉村一樣，是以種植稻米自給的農耕村落。

---

1 香港所有傳統石礦場都是開採這種石材。

2 有關九龍寨城的歷史，見 Elizabeth Sinn（冼玉儀）, "Kowloon Walled City: Its Origin and Early History", *Journal of the Hong Kong Branch of the Royal Asiatic Society* , Vol. 27 (1987), pp. 30-45；Anthony K. K. Siu（蕭國健）, "The Kowloon Walled City", *Journal of the Hong Kong Branch of the Royal Asiatic Society*, Vol. 20 (1980), pp. 139-141；蕭國健：《九龍城史論集》（香港：顯朝書室，1987）；魯金：《九龍城寨史話》（香港：三聯書店，1988）；羅香林等：《一八四二年以前之香港及其對外交通：香港前代史》（香港：中國學社，1959），第四章，〈宋王臺與宋季之海上行朝〉；以及饒宗頤：《九龍與宋季史料》（香港：萬有圖書公司，1959）。

3 關於衙前圍的歷史，見 Patrick H. Hase, "Beside the Yamen: Nga Tsin Wai Village", *Journal of the Hong Kong Branch of the Royal Asiatic Society*, Vol. 39 (1999), pp. 1-82。

然而，維多利亞港北岸的牛池灣以東以及香港島大坑以東的地區，幾乎全無平地。在這些地區，陡峭的山丘直插入海；溪流在山邊切割出深谷，卻沒有在山腳和海岸之間形成任何平地，而是直接奔流入海。因此，想要尋覓土地種植水稻的村民對這些地區都不感興趣。這些地區在十八世紀前似乎都不見任何開發活動。不過，在十八世紀期間，儘管缺乏耕地，但沿維多利亞港的南北岸，還是建立了一系列聚落（見地圖 52）。

｜地圖 52｜約 1850 年香港地區的手工打石場

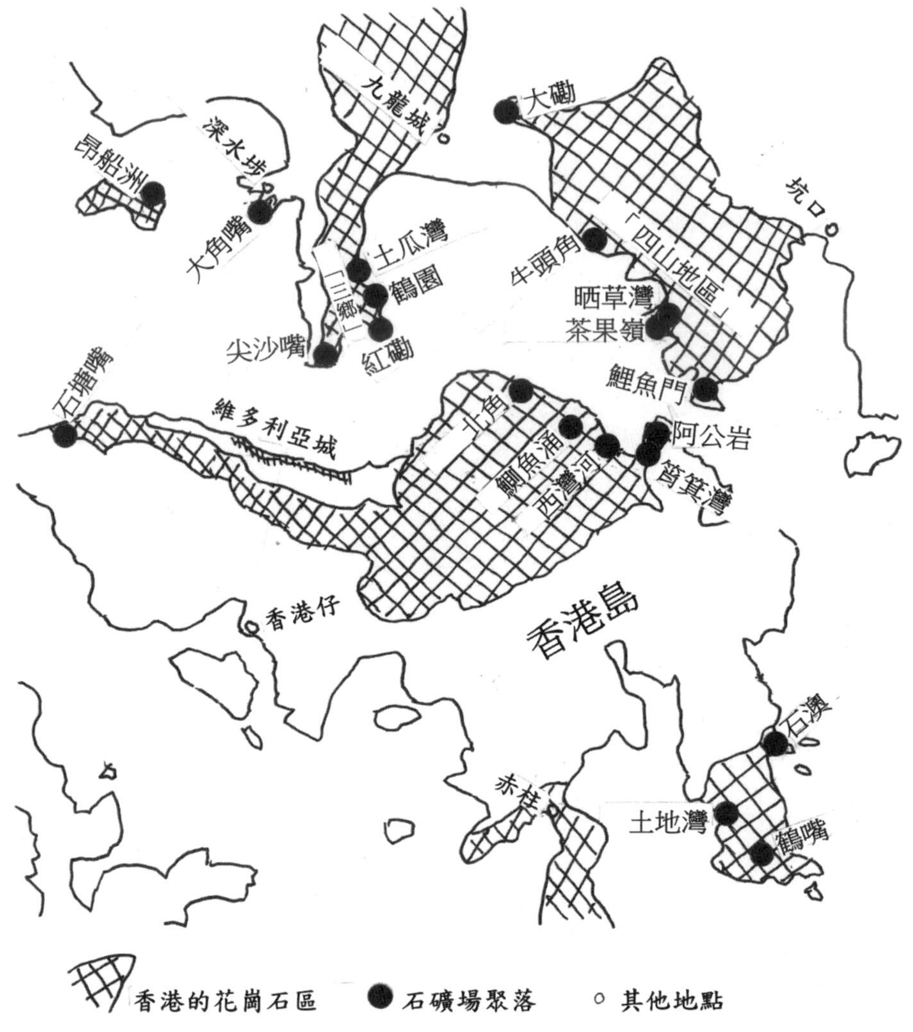

在一個幾乎全無耕地的地區之所以會有這些開發，是因為區內有品質上乘的建築石材。在中國南方地區，缺乏輪式車輛，也沒有供它們行駛的道路；而石材又太沉重，因此幾乎不可能從陸路運走。大型傳統中式建築的巨大石柱、門框、門楣和門檻石，或者興建新橋樑所需的大量巨石，甚至簡陋建築物的地基，或者鋪設行人路所需的大量大石，情況尤其如此。實際上，這些用途所需的石材全都只能靠水路運送。因此，開採建築石材的石礦場必須臨近水邊，基本上就是要位於海岸。

十八世紀前，廣州所用的建築石材大多來自虎門周邊地區，虎門位於香港至廣州之間的半途，是珠江收窄之處。但到了十八世紀，當地較易開採的石材已逐漸被開採殆盡，剩下的石材已較難開採，廣州的建築商開始往遠一點的地方尋找優良石材。下一個離廣州最近、位於海岸而又有優良建築石材露頭的地區就是香港，這裏有大量紋理細緻的優質花崗岩。

維多利亞港中部有一些石礦場，主要包括土瓜灣的石山地區、靠近紅磡的大環，以及和尖沙嘴。維多利亞港西部也有石礦場，主要包括石塘嘴、昂船洲和大角嘴。在香港島南岸還有其他石礦場，如鶴嘴半島上的石澳和土地灣。不過，維多利亞港東部才是打石業最重要的地區。在十九世紀後半葉，從香港島的鰂魚涌到阿公岩，以及對岸牛頭角至鯉魚門之間的四山地區，都有幾乎連綿不絕的石礦場。

在十九世紀中葉前，建築石材的開採和運輸，以及鹹魚貿易，都是本地最重要的產業。1846 年，港督的漢文正使郭士立（Charles Gutzlaff）指出：

> 香港唯一的出口產品是花崗岩，雖然這是非常不值一提的物品，但它仍然僱用了許多人手，使用大量船隻（每艘大約 70 到 100 噸），並須投入一些資本。上述的船隻至少有 100 艘，每月滿載貨物離開這〔地方〕前往內地。人們認為這種生意有利可圖，因為對石材的需求一直很大，且現在各地正大興土木，石材往往能賣得好價錢。[4]

---

4 *Annual Administrative Reports, 1845* ("Blue Book"), "Remarks upon the present state of Native Trade with the Colony of Hong Kong", C. Gutzlaff, 6th January 1846 (R.L. Jarman, *Hong Kong Annual Administrative Reports, 1841-1941*, Vol. 1 (Slough, England: Archive Editions, 1996), p. 77. 郭士立在前一年（1845 年 4 月 1 日）說：「除了花崗岩外，這個島嶼沒有任何出產。」(Jarman, *Hong Kong Annual Administrative Reports*, p. 71.)

在 1849 年，從香港開出的石船的官方數字為 456 艘，1850 年為 467 艘，1851 年為 565 艘（換句話說，每月約有 38 至 48 艘船開出；這個數字比郭士立所說的「每月 100 艘」更可能符合事實）。從 1852 年起，就再沒有石船開出的統計數據。[5]

在十九世紀及更早的時期，維多利亞港周遭的這些石礦場全都是靠人力開採，使用大錘、冷鑿、鑽頭和楔子以傳統方式開鑿岩石。石塊是以「入楔劈石法」(feathering) 從石礦場採掘面鑿出。在採掘面上標示要開鑿的石塊，然後用鑿子和錘子打出界線，再以手鑽沿界線在石上每隔幾英寸鑽一個孔，接着用錘子把乾木楔敲入孔中。木楔之後以水浸泡直到膨脹，並沿着鑿出的界線將石頭撐開。這種破石方法是高技術工作。插圖 071、072 和 073 展示傳統石礦場的運作：在插圖 071 後方可見一群打石工站在竹棚架上入楔破石；前方可見一名女子在敲鑿用於鋪路的碎石，而她所坐的地方附近有一批準備運出的石板；畫面中央有幾間由以剩餘石料建造的小屋，大概是供在石礦場工作的單身男子居住。插圖 074 顯示鯉魚門一個殘存的石礦場採掘面上的入楔劈石痕跡，長長的垂直凹槽可見用來放入乾木楔的鑽孔。炸藥要在 1920 年代才開始使用，而且自此之後也為石礦場帶來很大問題。

開鑿出來的石塊，會在現場進行打磨和表面加工。打磨和表面加工是在石礦場採掘面底下附近的工作棚內完成的。工作棚通常只是幾根柱子加上上蓋，四邊沒有遮擋，或者是一邊或兩邊敞開的茅棚（見插圖 075）。用作地基的石塊只會草草加工一下，或者完全不加工。用於鋪設道路、小徑和橋樑的石塊，也只會給予非常粗略的表面加工，而且只會處理頂面。新界尚有不少傳統石橋存在，鋪砌這些橋的石板側面全都沒有磨平而留有鑽孔痕跡。然而，用於門楣、門檻、門框、柱子，以及裝飾區內許多傳統建築正面的外露石板，都經過精細的表面加工。平整表面和打磨都是靠人手使用平整錘和滾壓輪來完成。一般只有石材正面是有加工的，埋在牆中的那些表面，通常是粗糙的。石材打磨工也是高技術工人。

5 Enclosure No. 4, "Remarks on the Native Trade at Hong Kong during 1848", in "Blue Book" for 1848, Jarman, *Hong Kong Annual Administrative Reports*, p. 106.

｜插圖 071｜約 1910 年的一處石礦場

遠處有打石工站在竹棚架上入楔破石。中間有一間以剩餘石料建造的小屋。前方有一名女子在敲鑿用於鋪路的碎石，此外還有一批準備運出的石板。

｜插圖 072｜約 1920 年的一處石礦場

幾名女子在敲鑿碎石。

｜插圖 073｜約 1920 年某「鄰近九龍城」的石礦村

同樣有幾名女子在敲鑿碎石。

｜插圖 074｜約 1950 年的鯉魚門舊石礦採掘面

採掘面上的垂直線，就是入楔劈石痕跡。

石塊加工後，就從石礦場採掘面以人力搬運到幾碼之外的岸邊，那裏會有供石船（大尾艇，見插圖 076）停靠的碼頭或棧橋。這些石船是專門為這個行業而建造的，寬大的船艙裏有特別加固的橫樑，可以承載沉重的石塊。在石礦場與碼頭之間，會設有專供打石工人拖動石材的運輸路徑。

每個石礦場的勞動力由約六七人至 20 人不等。1844 年一位傳教士到訪筲箕灣以西地區時，在他身邊有「大約 20 人」聚集，他們都是當地一個石礦場的工人；但維多利亞港地區的大部分石礦場，規模都比這個石礦場小。[6] 這些工人大多是打石工或打磨工。打石工從石礦場採掘面開鑿石塊，打磨工則把從採掘面上開鑿出來的石塊加工。這兩組工人各自獨立，因為兩個工種所需的技能截然不同。另外通常還會有一名鐵匠，負責為打石工製造、修理和磨利工具，還有一些苦力（規模較小的石礦場只會在有需要時才去僱用這些人，但較大的石礦場會有自己的苦力班底）和一名文書人員。石礦場設有棚寮，用於儲存物資，或者作為鐵匠或打磨工的工棚。

1878 年至 1892 年晒草灣某石礦場的地契（如今只有英文譯本留存下來），羅列了石礦場的設施，從中可見傳統石礦場所需的事物。[7] 這些地契提及「石礦場附有兩間茅棚屋」（可能是供打磨工使用），緊鄰石礦場有一些「菜田」，附近有「一排五間瓦頂屋」（應是單身工人的宿舍），使用「搬運車路和碼頭」的權利（「搬運車路」大概是打石隊搬運石材所用的運輸路徑，而這個石礦場可能是使用某種推手推車以方便搬運：在晒草灣，「碼頭」肯定是長長的突堤碼頭），碼頭附近的「岸上有適合貯存、運送和裝卸石塊的土地」。在 1860 年，昂船洲一個石礦場有用圍牆圍起來的院子，院子是從大門進入，裏面有「鐵匠工棚」（參

6 這名傳教士是香港聖公會首任會督施美夫 (George Smith)。關於施美夫，見 *Journeys with a Mission: Travel Journals of The Right Revd George Smith, First Bishop of Victoria* (Hong Kong: The University of Hong Kong Libraries [2019]), video；關於向石礦場工人傳教，見 George Smith, *A Narrative of an Exploratory Visit to the Consular Cities of China, and to the Islands of Hong Kong and Chusan, in behalf of the Church Missionary Society, in the years 1844, 1845, 1846* (London: Seeley, Burnside, 1847), 74。見 James W. Hayes（許舒）, *The Hong Kong Region 1850-1911: Institutions and Leadership in Town and Countryside* (Hamden, Conn.: Archon Books, 1977), p. 152。感謝許舒博士協助和鼓勵筆者撰寫此文。

7 Hayes, *The Hong Kong Region 1850-1911*, p. 153.

｜插圖 075｜石材打磨工

｜插圖 076｜大尾艇

｜插圖 077｜1902 年阿公岩的石礦場

見插圖 077 阿公岩類似的院落）。[8]

每個石礦場都是由一名「石山主」經營。石山主通常須從知縣處獲得特別租約以經營石礦場；在英國人佔據礦場所在地區之後，則須從香港政府處獲得類似的特別租約（見插圖 078）。石山主通常會為石礦場工人供餐，傳統上這是他們工資的一部分；石礦場通常還會有一些小田地，用來種植蔬菜供工人食用，上文所述的晒草灣石礦場就有這樣的菜田。鯉魚門村民說，不少石礦場也在礦場邊緣的棚子裏養豬。打石工人住在海邊的鄉村，距離工作地點只有幾碼到四分之一英里；有時工人也會住在石山主擁有的小屋裏，就像在上文描述的晒草灣石礦場那樣。

8　同上註，p. 154。

｜插圖 078｜1848 年香港政府發出的打石牌照

香港巡理衙門　照得曾炳馮帝雅植三人覲到
署副巡理何路科大老爺面前共認欠
大英皇帝銀叁千大員此銀定然呈繳故今應將子孫受業代理之人同結時一千八百四十八年八月
二十二日即戊申年七月二十四日註名並圖章為據
一結得曾炳在　巡理衙門投得照後開各例式承辦香港全島開山取石以一年為滿自一千
八百四十八年九月初一日起至一千八百四十九年八月三十一日止納餉銀叁千大員此銀定必[illegible]
進香港公庫其銀先繳一半其餘一半限擬六個月繳清　計開各例式
一量地官所稱係要地即行禁止不得在該處取石
一凡石山附近一帶道路承辦取石之人務須看顧倘有牽拍石塊損壞道路係承辦之人修好
倘若不修　量地官倩人修整各使費係承辦之人抵出
若曾炳或子孫受業代理之人清繳該石餉及所辦各事均照例式滿期後此結作為故紙
若不遵依此結是實

曾　德和圖記
馮　正昌圖記
黎　東美圖記

見証　吳鳳山

石船為石礦場提供運輸服務，將石材運到廣州或其他買下石材的地方，但是這些船通常並非由石山主擁有。船主似乎大都是當地墟鎮，尤其是筲箕灣和九龍城的商人。石船是專為運載巨大石塊而改裝，較難改用於其他貿易，需要作相當大的投資。陳得亨（1828 年至 1892，又名陳哲明）是典型的石船船主。[9] 他是將軍澳村民，是個勤奮的成功商人。他在九龍城擁有一家商店（「義興號」），另外在佛山擁有另一家。他有一艘石船，用來把從四山開採的石材運往佛山，這艘船回程時，也會將五花八門的貨物，尤其是鐵，運回九龍。他無疑是充當了四山在佛山的代理人。正是因為他與四山有這樣的聯繫，每當石材行情暫時下跌時，他都能以低價購入石材，之後用自己的石船將石材運到將軍澳，用於各種公共建設，包括在坑口墟興建公眾碼頭、在將軍澳興建另一個公眾碼頭、重鋪從將軍澳到井欄樹和壁屋的小路，以及在將軍澳興建學校和賓館。陳得亨成為九龍城的重要商人，並於 1880 年成為九龍城樂善堂的創始總理之一。他是石礦場所須依賴的地方商人的典範；沒有他們，石礦場就無法運作。

在香港島和對岸的石礦場工作的打石工人都是客家人。許多人來自香港東北方的地區，尤其是歸善縣（後稱惠陽）和惠州，也有不少來自遠至距離香港 100 英里的長樂縣（後稱五華縣）。因此，1898 年前已落戶牛頭角、1966 年時長居當地的九戶家庭中，有五戶來自歸善縣，一戶來自惠州，一戶來自五華（其餘的不知是來自何處）。[10] 1898 年前已落戶茶果嶺、1966 年時仍居當地的九戶家庭中，兩戶來自五華（其中一戶在遷往茶果嶺之前曾定居昂船洲，時間大概是 1860 年），四戶來自惠陽的龍崗區，三戶來自惠陽其他地區。[11] 他們都出身專門打石的村落。

石匠（即利用石礦場開採的石材建造房屋、道路、橋樑等的人），通常是從打石工人的家庭中招募的。來自打石家庭的男人通常更喜歡當石匠。這些石匠負責實際建造房屋等建築物，相當於今天的建築師和建築公司。石匠通常以小組方

9 細節來自將軍澳《陳氏族譜》和對陳氏耆老的訪談。感謝陳氏耆老讓筆者翻閱這本族譜。

10 Hayes, *The Hong Kong Region 1850-1911*, p. 155.

11 此細節來自許舒博士所有的一份調查清單，蒙他慷慨提供。

式工作，由石匠工頭為首。這些一組一組的石匠，每年夏天都會從一個地方到另一個地方去建造建築物、橋樑等，冬天則帶着所賺得的銀子和稻米回家。四山一帶的石礦村曾有不少石匠長居，例如十九世紀末，牛頭角村就有兩位石匠工頭，根據預定行程，帶着一群群石匠，從一個地方到另一個地方工作；工作地點包括大嶼山和澳門。[12]

石山主經常透過廣州的石行東主公會與客戶打交道；一些大型建築項目，很多時也以同樣方式聘請石匠工頭負責監工。這個公會稱為「東家行」或「永勝堂」。石礦場和公會之間一般是通過石船船家來聯繫，後者經常充當中間人和掮客。在另一些情況中，石船船主會為石礦場充當代理人，佛山的陳得亨就是如此。客戶很少直接與石山主打交道，除非客戶就住在石礦場附近，而這種情況是極少數。不過，客戶與石匠工頭之間的直接聯繫較為常見，因為石匠工頭每年往往都沿着人們熟知的路線巡回，潛在客戶知道在哪裏可以找到他們。石匠工頭也經常充當代理人，為他們家族的石礦場出售石材。1841 年後，石行東主公會亦在香港開設辦事處，另外在澳門也有辦事處。香港和廣東的石行東主公會均與魯班廟的管理人員關有着緊密的關係，該廟所供奉的就是建築業的神祇。

打石工人也組織了行會（名為「西家行」），它與石山主商討聘用打石工人的標準僱傭條款。標準條款的大部分細節，都關乎石山主為屬下提供的膳食。

儘管打石工人大多是男性，但石礦場也不只僱用男性。有些婦女就成為了技術精湛的石材打磨工。1841 年後，花崗岩碎石有很大市場，尤其是香港島上要鋪設道路，故需求甚殷；因此，許多婦女受僱於石礦場，負責把石塊廢料敲碎（參見圖 071 至 073）。許多石礦場還僱用婦女擔任廚師，或從事一般搬運工作。

石礦村的建立

在最初，許多打石工人都是把家眷留在家鄉，獨自來到香港，並且會只在這裏工作幾年。1844 年的一份香港政府報告談到鯛魚涌石礦場時說：

12　Hayes, *The Hong Kong Region 1850-1911*, p. 156.

他們（打石工人）慣於按照這行業的狀況來來去去。[13]

然而，隨時日過去，愈來愈多打石工人在石礦場附近的村落長期定居，還攜同家眷長住下來。到了十九世紀中葉，這些鄉村全都有長居的村民群體；不過直到二十世紀初，仍有為數不少的單身男子獨居於這些鄉村，與家人異地分隔。我們從 1911 年的人口普查中可以看到當時四山的人口分佈情況。[14] 在當時的新界鄉村，男性通常佔人口的 51% 左右；若某些鄉村的人口明顯偏離這個比例，那就是受到某些特殊因素所影響。那年在四山男性佔總人口的百分比，鯉魚門為 55.7%、晒草灣 60.3%、茶果嶺 63.5%、牛頭角 71.4%。維多利亞港東部其他地方的石礦村，也可見類似的比例：阿公岩男性佔 59.9%、大環 62.9%、石山 64.3%、七姊妹 65.0%、西灣河 74.2%。鶴嘴半島上的土地灣有一個很大的石礦場，根據人口普查記錄，該處有 54 人，其中 53 人是男性（唯一的女性幾可肯定是廚娘）。不過，在附近的鶴嘴村，當時有許多男子都在這個石礦場工作。根據該村的人口紀錄，男性只佔 38%；換言之，在人口普查當天，很多男性村民都不在村內，幾乎可以肯定是去了土地灣的石礦場。因此，1911 年時，在這些維多利亞港東部的鄉村中，有 11.4%–42.8% 的人口是單身男性，平均約為 28%。所以，1911 年時這些石礦場仍然有大量暫居的單身男子；不過當時在各個村落中，大多數人口都在「標準家庭單位」中生活。

在 1898 年前就居住在牛頭角的九個家庭中，五個是自十九世紀中葉起來定居的，其餘則在 1870 年至 1890 年間落戶該處。鯉魚門的情況也大致如此。最早定居當地的是葉氏，今天該氏族的耆老認為，最早來永久定居的祖先是在 1840 年來到，另外兩戶（曾氏和張氏）則於次年前來定居。在茶果嶺，十九世紀末住在該

13 郭士立的說法，引自 Enclosure 1, in No. 1 to the "Blue Book" of 1844, a Report by the Colonial Treasurer, Montgomery Martin. Jarman, *Hong Kong Annual Administrative Reports*, p. 9。

14 關於這次人口普查的詳情，見 *Report on the Census of the Colony for 1911*, in *Papers Laid before the Legislative Council of Hongkong, 1911* (Sessional Papers) (Hong Kong: Government Printer, 1911), No. 17/1911。關於人口普查中社會和人口資料的討論，見 Patrick H. Hase, "Traditional Life in the New Territories: The Evidence of the 1911 and 1921 Censuses", *Journal of the Hong Kong Branch of the Royal Asiatic Society*, Vol. 36 (1996), pp. 1-92。

村的家庭，也是約 1850 年後才來到。定居歷史最悠久的家庭是曾氏和李氏。[15]

十九世紀中葉攜眷來到四山定居的村民，通常不會斷絕與家鄉的聯繫。許多人在一段時間內繼續回鄉料理各種事務，例如為兒子尋找妻子。另外，儘管新界的客家村幾乎都有祠堂，但四山完全沒有。故此，這個地區的家庭即使住在石礦場，仍然認為自己屬於故鄉的家族。許多家庭在石礦場定居數十年或一代人的時間後就返回內地。另一些家庭則因一家之主要尋找工作機會，而從一個石礦村搬到另一個；特別是有些打石工人在工作了一段時間，在積攢了足夠金錢後，通常會到另一個地方自己當上石山主。因此，定居石礦村的氏族，在祖先前來定居之前，當地很可能已有一些家庭，他們在石礦場居住一段時間後最終還鄉，或遷往另一個石礦村。

朱氏家族就是代表這些早期打石工人的典型。朱居元生於 1723 年，[16] 從故鄉長樂（五華）縣來到香港地區打石，時間約莫是 1740 年前後。到 1762 年，他 39 歲時，事業已經很興旺，所以能夠娶妻（他的妻子比他年輕許多）。他帶着妻子在九龍城外的沙浦村租屋居住（這表明他當時在附近的石礦場工作，可能在四山一帶）。朱居元在 1781 年去世前，共生下九個孩子（包括七個兒子，不過不是所有兒子都能活到適婚年齡）。後來朱居元成為石山主，在鶴嘴租了一個石礦場，地點在今天的土地灣或附近。他在生時，最年長的三名兒子協助他經營石礦場；他去世後，他們就接管石礦場。朱居元和這三名兒子在石礦場附近的鶴嘴建立了一個小村落，三名兒子結婚後就帶同妻子到那裏居住。因此，鶴嘴村可能是在 1775 年左右建立，並且在 1790 年代兒子們結婚後，村中就有了長居的家庭。鶴嘴是典型的石礦村，田地較少。朱居元的四子和五子繼續隨母親住在沙埔。朱居元死後，其遺孀用了這兩個兒子分得的家產在九龍城附近買下土地。四子朱仁鳳結婚（五子在未到適婚年齡之前便已去世）後，在這裏建立了大磡村。朱仁鳳生於 1771 年，而大磡村大概是在 1795 年左右建村的。大磡有稻田，不過大多比較貧瘠；當地還有一個小型石礦場。這個石礦場離海較遠，故所產石材主要是

15　關於茶果嶺，許舒博士容許筆者使用他在 1960 年代中期進行訪談的紀錄。筆者對此十分感激。

16　本段落資料來自《朱氏族譜》，感謝朱氏耆老讓筆者查閱。

供應鄰近的鄉村和九龍城所需。朱居元的遺孀安葬於大磡附近，朱居元本人則葬於鶴嘴附近。他們最年幼的兩名兒子最終回到五華，繼承那裏的家族土地。朱居元為家族留下了一筆可觀的財富，不僅有能力在大磡買地，朱仁鳳還能為兒子朱奕相（1808-1867）提供教育，令他能夠在「**九龍寨軍官封六品**」，時間大概是 1843 年九龍寨城重建駐軍之時。朱氏族人的經歷是香港打石業早期歷史的縮影：一個人獨自來到香港地區，經過約一代人的時間後，舉家遷往石礦村；這名打石工人發跡興旺，最終在另一個地方成為石山主。

另一個代表這些趨勢的打石工人是曾貫萬。[17] 大約在 1824 年，時年 16 歲的曾貫萬和他的兄長從家鄉長樂（五華）縣來到香港地區；他們的家族好幾代人都是專業的打石工人。曾氏昆仲的親戚於 1824 年前已在「九龍城附近」經營一個石礦場多年，兄弟二人最初在親戚處當打石工人。這個石礦場的具體位置不詳，但很可能在四山地區。在那裏工作了約 10 至 15 年後，曾貫萬得以在西灣河獲取一個石礦場 —— 三利石塘，並成為石山主（三利石塘大概成立於 1830 年代末，略早於英國人佔據香港島）。曾貫萬亦在筲箕灣墟開了一家店舖。到了 1840 年代，他 30 多歲時，娶了一名筲箕灣的蛋家女子為妻，兩夫婦同住在筲箕灣。他事業大為興旺（1872 年筲箕灣興建天后廟時，他擔任總理並且是捐款最多的人；1876 年該廟遭颱風破壞而須重建時，他是值事兼主要捐助者；這兩項個事實反映他當時是當地的重要社區領袖）。[18] 他有財力在沙田購買土地（1848 年），其後更在當地建村，稱之為「山廈圍」，現在通常被稱為「曾大屋」，約於 1874 年竣工；然後他再活了十多年，直到 1888 年才去世（見插圖 079）。

許多其他打石工人也依循同樣的模式來到香港地區，然後在此定居。不過，很少人會像朱氏一樣發展興旺，像曾貫萬那麼富甲一方就更罕有了，而我們對他們所知也很少。

---

17 關於曾貫萬，見 Rosemary Lee, "Tsang Tai Uk", in *Beyond the Metropolis: Villages in Hong Kong*, ed. Patrick H. Hase and Elizabeth Sinn (Hong Kong: Joint Publishing with the Royal Asiatic Society, 1995), pp. 158-171。

18 科大衛、陸鴻基、吳倫霓霞編：《香港碑銘彙編》（香港：香港市政局，1986），第一冊，頁 152、167。

｜插圖 079｜約 1900 年的曾大屋

整個十八至十九世紀，客家人不斷遷徙到新界尋找耕地，通常是在位於邊緣地帶或山邊的地點。客家打石工人移居本地，也可視為客家人整體遷移趨勢的一部分。在某些情況下，遷到四山的打石工人，與遷來本地尋找耕地的其他客家群體是有密切關係。茶果嶺鄧氏就與鹿頸、青衣、橫台山和萬山等地的鄧氏有親族關係，茶果嶺劉氏則與黃麖地的劉氏是親戚。

可惜，關於維多利亞港東部廣泛地區的打石業歷史，僅有極少文獻紀錄可尋，例如區內就沒有 1822 年以前的碑記留存下來。然而，如上所述，大磡村朱氏的落擔祖於 1740 年左右來到九龍城地區當打石工人，最初是為一位已在區內經營石礦場的石塘山主工作。由此看來，大約從 1725 年起，甚或可能更早一些，九龍城附近已出現少量正在經營的石礦場；不過從目前的證據看來，十七世紀時它們的數量似乎不會太多。但到了十九世紀初期，九龍沿岸已有不少石礦場，例如，1822 年就有 31 個塘（石礦場）為重修九龍城侯王廟捐款。[19] 因此，從九龍城附近的第一批石礦場在 1725 年左右開業計起，到大約一個世紀後，打

19 《香港碑銘彙編》，第一冊，頁 78。

石業仍然欣欣向榮。目前沒有證據顯示維多利亞港香港島一側的石礦場最早於何時開業，但似乎很可能同樣是在 1725 年左右。

筲箕灣

香港島東北部以及對岸的四山地區的石礦場及石礦村，都十分依賴筲箕灣（因其海灣形狀而得名）的墟鎮及港口。對於打石業十分重要的石船，有許多就停泊在筲箕灣。這裏也有一個小墟市，可以買到石礦村無法種植的糧食，包括稻米（大部分是由柴灣村民拿到那裏售賣的）和魚（來自當地漁船；自十九世紀中葉以來，一直有許多漁船使用筲箕灣錨地）。[20] 來自四山鄉村和維多利亞港對岸香港島石礦村的村婦，也可以在這裏售賣她們所養的豬和雞，以及她們所種植、超出打石工人所需份量的蔬菜。儘管九龍城也停泊了不少石船，但經常光顧當地墟市的打石工人卻較少（石山和大環的工人除外）。

流經鯉魚門水道的潮急浪，經常令船隻受阻無法通過（帆船只有在特定的潮汐狀態下才能通過這水道）。筲箕灣也為這些滯留的帆船提供服務，因而變得更為興旺。1848 年的「藍皮書」提到受潮水所阻而逗留筲箕灣（及其他地方）的帆船，在當地購買產品所帶來的生意：

> 然而，停泊在這裏船很少會不買點東西，由於平均每月約有 80 艘帆船在該地，這樣花掉的金錢總數不容小覷。[21]

在十九世紀，筲箕灣是聲名狼藉的海盜橫行之地，經常有不少賊贓在此出售。根據一個流傳甚廣的故事，有人把一個裝魚乾的籃子留在曾貫萬的店中，他在籃子裏發現了一批被海盜偷走的白銀，從而發了大財。[22] 鯉魚門水道的潮急浪高也為海盜提供了可乘之機：因為船隻必須停泊在海峽入口處，等待合適的潮汐

20 本節的大部分資料取自 1998 年時筆者對鯉魚門耆老的訪談。對於他們願意耐心解答，筆者銘感五內。

21 "Remarks upon the Native Trade at Hong Kong during 1848", in "Blue Book" for 1848, Jarman, *Hong Kong Annual Administrative Reports*, p. 106。這 80 艘帆船是運貨帆船，不包括石船、漁船和鹽船。

22 沙田鄉村耆老在 1980 年提供的口述資料。

狀態；此時它們面對順着潮水來襲的海盜，只能任其宰割。筲箕灣是大部分石船的母港，如郭士立所說，這些石船每月行駛 50 至 100 趟。因為裝卸石材需要大量人手，所以船員很多。石船離開石礦場時滿載石材，航速一定很慢，但回程時通常沒有或者只有少量貨物。這些船員眾多，但載貨量小故速度較快的船，在回航時一有機會就可能會變成海盜船。

船政司（The Harbour Master）在 1887 年撰寫的報告，記述了大約 20 多年前海盜活動的情況：

> 1866 年前，在本地及鄰近地區水域，海盜劫掠屢見不鮮，而筲箕灣是把帆船改裝為海盜船的重鎮，惡名昭彰。它靠近鯉魚門水道，人多勢眾和有大量武器的帆船船長，就藉此地利尾隨那些被確定載有鴉片或其他貴重貨物的船舶。海盜常常在夜間被追上和襲擊這些船，並大量使用「惡臭彈」（"stinkpots"）和各種武器。[23]

事實上，1850 年代後期，清政府曾在香港地區一帶進行大舉肅清海盜的行動。那時，九龍巡檢司和大鵬協副將剛剛重返先前因太平軍入侵，而一度棄守的九龍城衙門。四山社群的建立可能是 1850 年代這場清剿海盜行動的結果，下文將更詳細討論。在同一時期，港督麥當奴（Sir Richard G. MacDonnell）也在維多利亞港的香港島一側發動一場大規模的剿滅海盜行動。

1860 年以前，沿着筲箕灣海岸是一片雜亂無章的店舖和工場，中間夾雜着一些石礦場，它們之間僅有一條斷續不連貫的行人徑連接（見地圖 53）。鎮上缺乏有效的污水系統，人類糞便到處堆積，嚴重威脅公眾衛生。港府認為本鎮是一次霍亂大爆發（1857 年或 1858 年）的源頭，決心整頓，因此在 1860 年及之後開展大規模的清拆全鎮行動，並以更好的規劃重建；城鎮的中心由一條合乎規矩的道路貫穿（筲箕灣東大街，食品墟市在這條街上舉行），並在靠海的一側的一

23　Harbour Master's Report for 1887, in *Papers Laid before the Legislative Council of Hongkong* (Sessional Papers), p. 258，另見 James W. Hayes, "Hong Kong Island before 1841", *Journal of the Hong Kong Branch of the Royal Asiatic Society*, Vol. 24 (1984), p. 117。

｜地圖 53｜1863 年的筲箕灣鎮

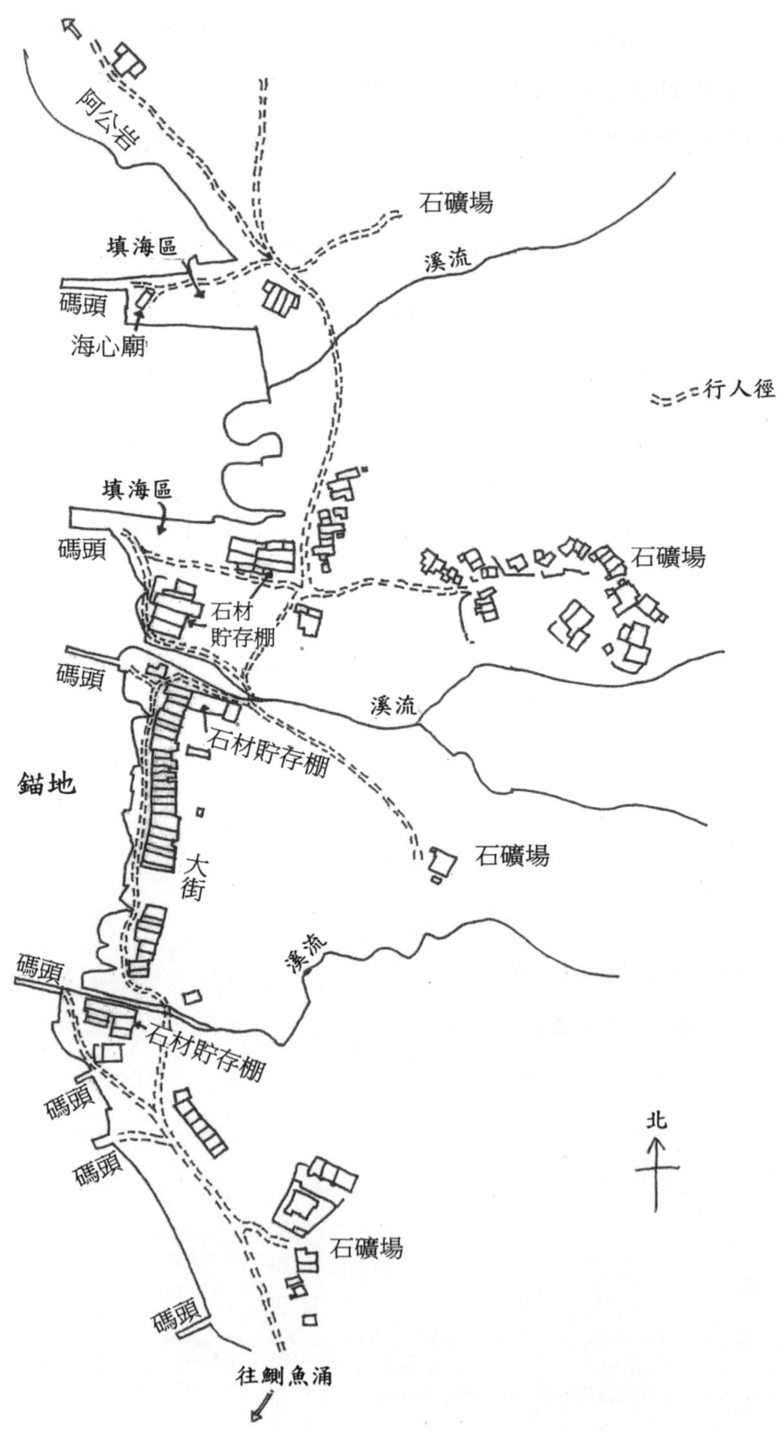

片填海土地上設置更完善的登岸處。這時正是港督麥當奴嚴厲打擊海盜的時期。此次重建的部分目的，是為了打造一個讓警察更容易進入和控制的城鎮。重建工作並沒有延伸到本區最北端的阿公岩，阿公岩直到二十世紀初仍保留着它大部分的舊面貌（見插圖 077）。

筲箕灣作為港口，似乎是在十八世紀初期至中葉建成的。本鎮還有「餓人灣」的別稱。村民在 1858 年解釋這個名稱的由來，說一些船因遭遇颱風而好幾天無法離開這個錨地。當時區內沒有任何地方可以找到食物，所以待到天氣好轉可以離開前，船員都已快餓壞了。有些商人注意到此事，並發覺這裏是個優良錨地，且經常有些船隻因無法通過鯉魚門水道而被迫停泊於處，於是就在這裏開店。很快有其他人起而效法，本鎮就此誕生。當然，這個故事要能成立，前提是這場風暴發生時，筲箕灣沒有岸上聚落。[24] 由於區內初時完全沒有耕地——當地的山丘直插入海，根本沒有平坦土地 [25] ——若說區內沒有任何岸上聚落也不足為奇。村民在 1858 年時說，此事發生在「約 150 年前」，亦即十八世紀初。本鎮到十八世紀初期至中葉無疑已發展得很完備，而這一切大概是從約 1725 年開始的。筲箕灣和鯉魚門地區第一批石礦場可能也是在這個時期開業的。

因此，如前所述，大約從 1725 年開始，除了滯留在海灣內的水手外，「餓人灣」店舖的顧客，大概已包括當地居民和新開業石礦場的工人；筲箕灣的原始城鎮生活，大概就是從這個時期開始的。然而，筲箕灣地區可能要等到大約 1750 年至 1800 年之間，才成為重要的打石地區；此時從北角到阿公岩沿岸都闢設了石礦場。到了 1840 年代，這片海岸肯定有大量石礦場，例如 1845 年有 48 座石礦場為修建筲箕灣海心廟而捐款。[26] 因此，筲箕灣這個港口城鎮可能在十八世紀後期才真正興旺起來。

目前還不清楚鎮上最早的廟宇建於何時。最古老並留存至近年的，是建於

24　Rev. W. Lobscheid, "A Few Notices on the Extent of Chinese Education and the Government Schools of Hong Kong" (Hong Kong: China Mail Office, 1859), p. 38；另見 James W. Hayes, "Visit to Old Shau Kei Wan — 24th May, 1969", *Journal of the Hong Kong Branch of the Royal Asiatic Society*, Vol. 10 (1970), p. 183。

25　最近的農村是柴灣，或者另一個方向的紅香爐（銅鑼灣）。

26　《香港碑銘彙編》，第一冊，頁 98-101。

1845 年的海心廟。當年的捐款碑記提到從香港仔天后廟請神，並建造宮宇成為新廟。這座供奉天后的廟宇建在離岸不遠的一個小島上，對陸上居民來說，位置並不方便。這座小廟似乎不大可能是 1845 年時區內唯一的宗教中心，它可能是為取代一個戶外神壇而建。

不過，鎮內還有另一座天后廟，似乎比海心廟要古老得多，而且可能是興建在這個錨地的第一座廟宇，但原本的廟址並非現今所在的地方。今天的天后廟內可追溯年代的最古老器物，是 1872 年的捐贈碑記，碑記稱這座廟是一座「古廟」，提到它有多年歷史（「迄今⋯⋯ 歷年⋯⋯ 」）；又談到本錨地舊有的天后宮（「念予灣　天后之原宮也⋯⋯ 」），以及此前數代人的努力（「前人拮據」），之後才談到當時的廟宇的興建工作。[27] 然而，另一塊 1876 年的碑記說，「天后廟，創建始自壬申（1872 年），繼遭風于甲戌（1874）」。[28] 毫無疑問，政府從 1860 年開始重建這個鎮時，原有的廟宇也須拆卸；而 1876 年的碑記中所說的「創建」，其實是指 1872 年在新址上重建。筲箕灣其他廟宇的建廟年代，似乎都只是在 1870 年代或之後不久。

像筲箕灣這樣的港口，不可能長期沒有廟宇（香港地區頻繁使用的錨地都有廟），而且供奉天后的「古廟」在 1872 年遷至新址時，原址上的廟可能已有 150 年歷史。如果在現今廟址以外的另一處地方，曾有一座天后古廟，就可以佐證「餓人灣」錨地在十八世紀初期或中葉建立了城鎮的假設。

從上述 1845 年的海心廟碑記清楚可見，本鎮當時肯定有很蓬勃的公共生活。此碑記清楚地表明，這座廟的興建是一項集體行動：

> 爰商同志，共樂輸成。一人成舉，眾信同聲。

此外，捐助建廟的人分為 4 組：「經理」（共 4 人）、「首事」（也是 4 人）、「信士」（45 人）和普通捐助者（約 210 人）。「經理」這個名稱清楚表明，當時此地是有一個代表當地社群的管理委員會。石山主是這個社群的主要人物，但其他商

27　同上註，頁 152-157。

28　同上註，頁 167-172。

業群體也十分矚目。這個管理委員會無疑是當地商人組成的街坊會，從其存在可見，本鎮在此時期十分蓬勃。

最初，筲箕灣這個港口城鎮只從事石材貿易。例如，在 1845 年為海心廟捐獻的人士當中沒有魚販或漁船，幾乎可以肯定那是因為當時鎮上沒有這些行業。不過，漁民不久之後就開始使用這個錨地，因為新建的維多利亞城對魚類的需求，令香港漁民總數增加。因此，根據 1872 年的筲箕灣天后廟碑記，也就是現存第二早的筲箕灣鎮碑記所載，[29] 修建天后廟的捐款者中有 12 個「批發商」——9 個「欄」（批發商）和 3 個「棧」（中間批發商），他們肯定是做批發的魚販。1875 年，當天后廟遭颱風破壞後再次重修，[30]「海外漁樵」是熱心支持募款活動的群體之一，捐款者中還有 16 個「批發商」—— 8 個「欄」和 8 個「棧」，無疑也是做批發的魚販。

從繪於 1845 年的哥連臣地圖所見，筲箕灣地區完全沒有房屋，這與香港仔和赤柱可見許多房屋成很大對比。那時該處肯定有一些房屋，以支援該年海心廟的興建，但數目一定很少，而且大部分可能都是茅棚和其他臨時建築。

地圖 53 所依據之原始地圖繪製之時，港府正在收回土地，以便改善本鎮衛生和減少公共安全威脅；繪製地圖可能是為了確定在收地過程中須向哪些房屋提供補償，因此當中不包括臨時建築物，而這肯定為數不少。

1860 年，鎮內有四個石礦場（在主鎮區以外的北部和南部，還有許多其他石礦場）。最北端那個似乎完全沒有永久建築物，儘管該石礦場似乎頗為繁榮，有能力在其碼頭開展大規模填海工程，包括將海心廟所在的小島連接到大陸。這個石礦場甚至連石材的貯存棚，似乎也是用茅蓆搭建的。相比之下，往南的下一個石礦場，在 1863 年時似乎所有建築物都是以石材造，並且填了海獲得大片土地設立碼頭。第三個石礦場的大部分結構，在 1863 年時肯定仍然是以茅蓆搭建；這裏僅有的石砌結構，似乎是石山主的房屋，以及碼頭旁邊的石材貯存棚。鎮上最南端的石礦場有許多石材建築，包括石山主的房屋和石材貯存棚，但可能

29　同上註，頁 152。

30　同上註，頁 167。

還有一些茅棚。若在圖中所示的石材結構以外，加上沒有畫出來的臨時結構，這個鎮將是一個非常雜亂無章之地，滿是狹窄小巷和死胡同。

本鎮位於跨越本區的大溪流（共兩條，都是間歇河流）的橋樑之間，位置在上述第三個石礦場的前方。它由一排約 30 間永久建築物組成（可能還有許多茅棚），面向一條位於海灘後方的行人徑。這裏沒有順岸碼頭或公共突堤碼頭，到 1863 年也沒有進行任何填海工程（為本鎮提供服務的船隻，必須使用鄰近的石碼頭）。在 1863 年前，本地區很骯髒，幾乎沒有長居的家庭，許多單身男子擠在衞生不佳的小屋和茅棚裏。可想而知，這裏經常出現各種疾病，包括 1857 / 1858 年的霍亂大爆發。[31]

在鎮內，各石礦場之間有打鐵工場，以製造和修理打石工具；也有木匠工棚，專門製造和維修把石塊拖運到碼頭的滑橇；還有為石礦場提供服務的其他必要行業。另外，還有一家負責修理石船（筲箕灣約有 25 至 30 艘）和燂船的船廠，[32] 以及為打石工人提供服務的妓院、醫生、食品店、裁縫等行業。

四山地區：地理形勢

如上所述，牛池灣以東的海岸非常陡峭，沒有平地。花崗岩山丘之間由一個個海灣隔開，這些海灣可以供船停泊，但卻沒有任何值得一提的平地。牛池灣以東的第一座海邊山丘是牛頭角，牛頭角與茶果嶺之間隔了一個觀塘灣。茶果嶺以東是觀塘仔灣（又稱「油塘灣」），它把茶果嶺與鯉魚門西部後方的山隔開，而鯉魚門西部與鯉魚門的主要部分又被酒灣分隔。

這些海灣大多有相當深的海水。只有觀塘灣是淺水的，退潮時會乾掉。鯉魚門村民在 1998 年時說，「觀塘」（這原本是海灣的名稱，而非陸上任何地方或聚落的名稱）其實應是「乾塘」灣，意思是「乾的泥灘」或「有潮汐淺灘的乾涸海床」（可能表示原名是乾蹚灣）。十九世紀末，晒草灣村民在這個海灣頂部開闢

31 Lobscheid, “A Few Notices on the Extent of Chinese Education”.

32 郭士立（見上文）說，石船運載石材從筲箕灣開出，每月約有 50 至 100 趟。由於許多航程都較短，這表示每艘石船每月大約航行三至五次，這樣的話全部就共有約 25 或 30 艘船。

了一小塊耕地。1966 年這地區被清拆以發展觀塘新市鎮工業區時，有分別屬於 7 個姓氏的 15 戶人在這裏種田。[33] 在這些家庭中，好幾個是從父親（其中一個案例是祖父）那裏繼承了土地，而他們的父輩和祖父輩從 1890 年代（有一個案例是 1886 年以前）起就在這裏務農。此處的填海工程在 1902 年完成，但當時可能只有一代人的歷史。

本地區的打石工人建立了四個鄉村，即「四山」（又稱「四石山」）。牛頭角村建在同名山丘下的岸邊（見地圖 54）。晒草灣村面向觀塘灣較淺的水域，其石礦場位於茶果嶺山的北側。茶果嶺村與牛頭角村一樣，建在山腳下的岸邊，面臨較深的水域。鯉魚門村建在酒灣東西兩側。

由於這些村落前方的水域較深，牛頭角和鯉魚門的石礦場採用順岸碼頭和棧橋，但沒有必要建造突堤碼頭，或只須建造很短的突堤碼頭。茶果嶺村的主要部分也是如此，該村的觀塘仔部分情況亦相若。至於茶果嶺的蛋家埕部分，以及晒草灣，因為它們面向觀塘灣較淺的水域，所以需要建造突堤碼頭；當中尤以晒草灣的碼頭較長。

這些村落的形態都與本地以種植稻米自給的典型村落不同。每個村落都由零散不相連的細小房屋群組成（見地圖 55，顯示鯉魚門村的佈局）。這些村落的佈局似乎都不大注重風水，只有區內兩座廟的方位坐向例外。每個石礦場都有一群房屋，供石山主和工人居住，建於最方便前往工作區和碼頭的地方。此外，許多房屋都很簡陋，只是以石礦場廢料為建材的小屋，通常沒有窗戶，高度勉強能讓人站直身子。由於它們只是用來讓在石礦場工作幾年的單身漢容身，所以沒有必要建得太好（見插圖 071）。每個村落都有十個或以上的小型石礦場，所以這些村落都是由零散的房屋群組成。晒草灣村及茶果嶺村形成了幾乎連續蔓延的房屋群，由觀塘仔灣延伸至觀塘灣。有幾個村落的不同部分有各自的名稱，茶果嶺村因此分為蛋家埕、茶果嶺和觀塘仔；鯉魚門村東部分別有下環和媽山；酒灣對面的鯉魚門村西部通常稱為「三家村」，不過這個名字更適合用來稱呼整個村落。

區內有一條重要的行人徑，從鯉魚門渡船碼頭（連接四山和筲箕灣墟的重要

33　細節是蒙許舒博士慷慨提供的。

｜地圖 54｜四山社群

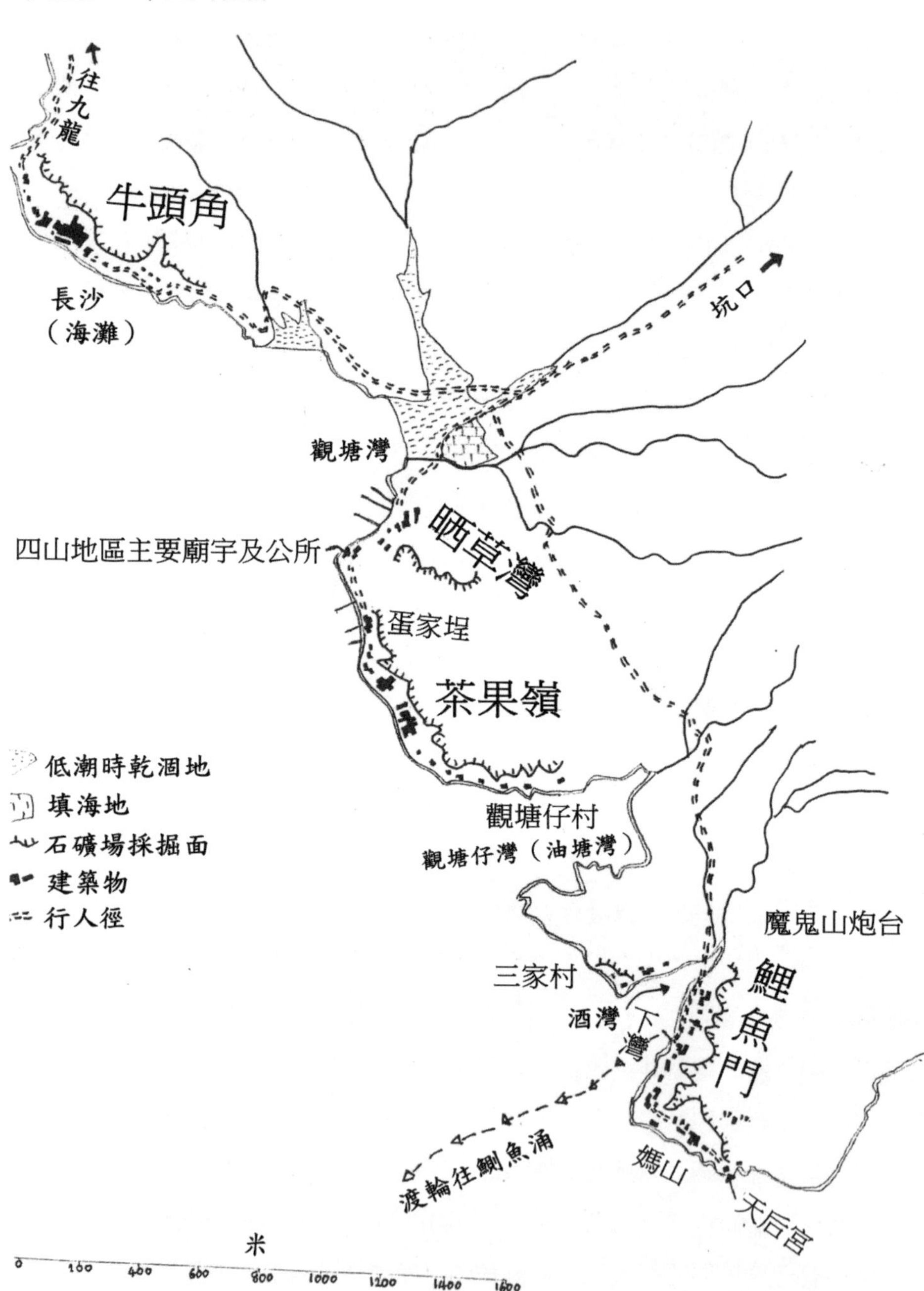

往九龍
牛頭角
長沙
（海灘）
抗口
觀塘灣
晒草灣
四山地區主要廟宇及公所
蛋家埕
茶果嶺
低潮時乾涸地
填海地
石礦場採掘面
建築物
行人徑
觀塘仔村
觀塘仔灣（油塘灣）
魔鬼山炮台
三家村
鯉魚門
酒灣
下灣
渡輪往鰂魚涌
媽山
天后宮
米
0
200
400
600
800
1000
1200
1400
1600

| 地圖 55 | 1901 年的鯉魚門村

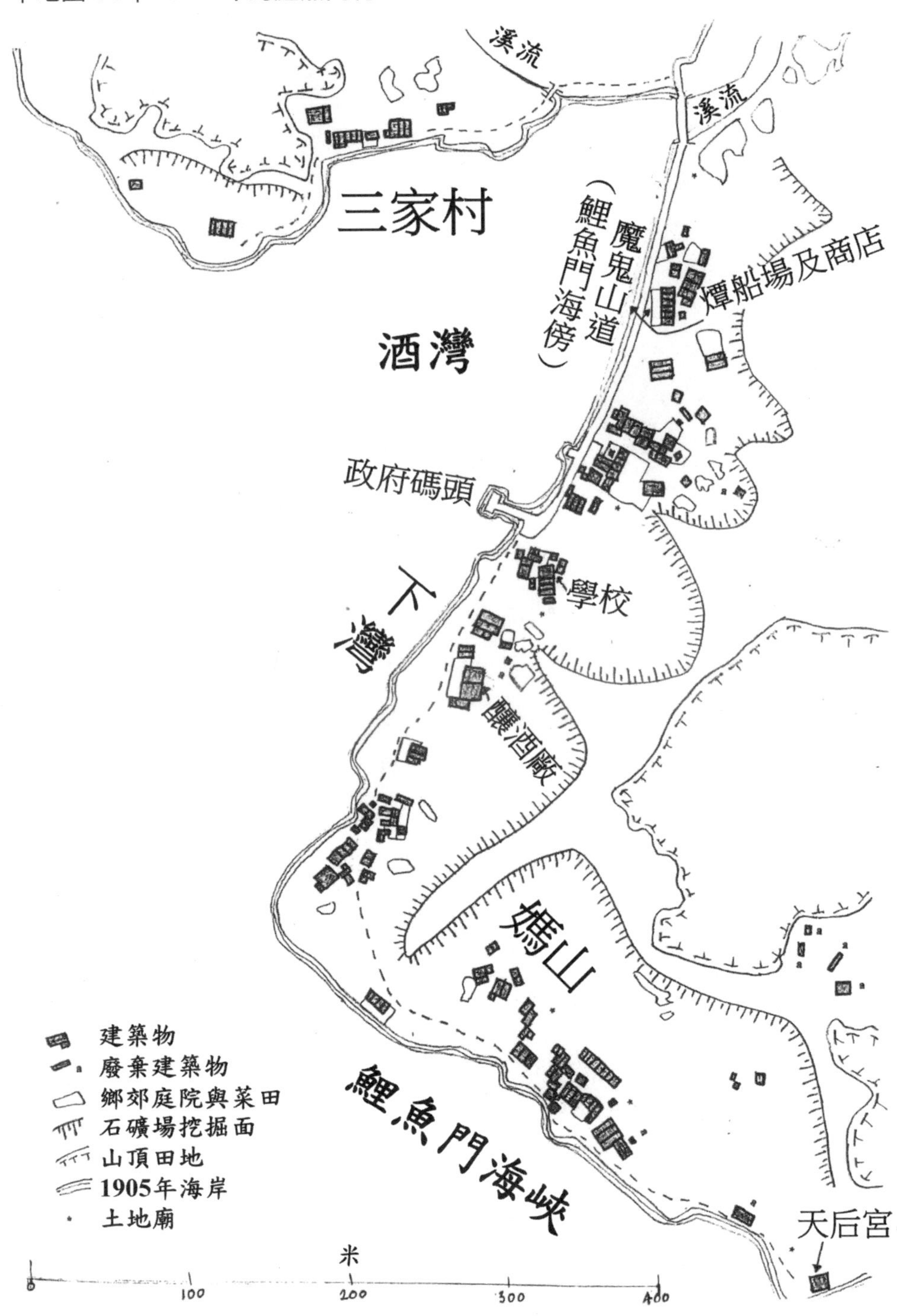

渡船在這個碼頭靠岸）通往九龍城和坑口。這條路經潮汐淺灘橫越觀塘灣；這是只能在退潮時使用的堤道，如上所述，這可能是「觀塘」這個名字的原意。

這些鄉村當中，牛頭角村已在1966年被清拆，片瓦無存，其原址就理在今天的觀塘工業區下方。牛頭角山也已被鏟平，所得的泥石用於在觀塘和啟德填海。晒草灣也不見痕跡了。該村在1948年被清拆，用來興建油庫，後來再發展為今天的麗港城。不過，茶果嶺村的主要部分以及鯉魚門村在酒灣以東的部分仍然存在（酒灣以西的地區及其後方山丘，在大約1970年發展工業區時已消失）。茶果嶺村現正面臨清拆，以騰出地方發展公共房屋。

四山社群

在香港島，筲箕灣和鰂魚涌的石礦場在十九世紀和二十世紀初幾乎沒有共同組織。每個石礦場都各自為政。沒有具規模的「鄉村」。如上所述，到1845年時筲箕灣已有街坊會和廟宇管理委員會，但再往西的水清灣、西灣河、淺水碼頭等，則僅僅是地名，以我們所知，這些地方都沒有形成鄉村或群體共同感（見插圖080）。由於石礦場有大量單身漢居住，氏族結構很薄弱或根本不存在，又缺乏由村長或氏族耆老主持的地方管理制度，吵架、鬧事、爭執在這裏的生活中幾乎無日無之，也就不足為奇了。每個石山主僅有權控制自己的石礦場及其工人。運輸路徑和碼頭的使用權、碼頭附近貯存場地的控制權、食水的獲取權，以及在石礦場之間小塊平地上耕種權，都可能引起爭執。更嚴重的是石山主之間經常為了爭生意、為了石材訂單的公平分配問題而齟齬爭吵。此外，打石工人和海盜之間過從甚密，三合會和其他犯罪分子也肯定想在石船生意中分一杯羹，這些情況也令犯罪和暴力的氣氛籠罩此地。總而言之，石礦場和打石工人眾所周知是麻煩和動盪多事的。1844年，香港政府的一份報告談到打石工人時說：「大多數人都是毫無道德操守的，不可以為他們會循規蹈矩。」[34]

34 郭士立的說法，引自 Enclosure 1, in No. 1 to the report by the Colonial Treasurer, Montgomery Martin, "Blue Book" of 1844, Jarman, *Hong Kong Annual Administrative Reports*, p. 9。

｜插圖 080｜約 1910 年的筲箕灣道

圖左是石礦場，圖右是石材貯存棚和運輸路徑。

在香港島，1841 年後警察經常巡邏以約束打石工人。政府在 1840 年代修建了從銅鑼灣通往筲箕灣的道路，途經所有石礦場的前方，以確保能夠便捷地進出這個麻煩的區域（見插圖 080）。港英政府還對石礦場的租約續期採取嚴格政策，作為管控手段；這與傳統上中國政府幾乎不論任何情況都會讓石礦場自動續約的做法不同。港府在 1860 年及之後重新規劃筲箕灣鎮，部分原因是為了更有效地維持區內的治安。

在北岸，打石工人之間長期的騷動，促使知縣和軍隊直接介入，並強制實行石礦場的自我管理制度。現在無法追溯實施此制度的確切時期，但如上所述，以 1850 年代末最為可能。1843 年九龍司巡檢和大鵬協副將把衙門遷往九龍寨城後，動盪不安的石礦村幾乎就在他們的門前；而區內的暴力事件不斷，顯然被視為丟臉之事，令人無法接受。在經歷 1850 年代末太平軍的侵擾之後，當局在本地區進行清剿海盜運動，隨後又推行一項強制所有石山主參加的自我管理制度。

1850 年代實行的制度，僅能透過蕭雲厂所寫的報紙文章，以及其後羅香林在其著作的註釋中的討論來了解。[35] 蕭雲厂沒有詳細說明他從何處找到關於此管理制度的資料，有些地方似乎純屬臆測（尤其是他說觀塘仔原稱官富寨，名字來自駐紮當地的官兵，而茶果嶺得名於村民做來送給官兵的茶果；而另有一些地方，他又顯然混淆不清）。但他表示，從他在 1950 年代中期寫作該文時算起，這管理制度就已實行了「百多年」。蕭雲厂又指這全是廣東水師提督李準的主意。儘管蕭雲厂的敘述混亂，但還是可以從中得知 1850 年代的一些主要元素。

李準在 1871 年出生，在 1909 年曾任廣東水師提督，並陪同載洵親王官式訪問香港（見插圖 081），但他在 1850 年代肯定並不在那個官位。[36] 關於 1892 年至 1893 年改革四山管理制度的詳情，則可從那時制訂的執行章程的英文譯本中得知，但蕭雲厂並不知道這份文件（在 1950 年代，香港歷史檔案館仍未成立，該文件並未開放讓公眾查閱）。[37] 蕭雲厂顯然是透過與當時的鯉魚門村耆老討論而得悉有關管理制度的資料。這些耆老肯定曾向他提及李準的名字和官銜，並說出「百多年前」這個時間。蕭雲厂認為兩者應該放在一起看，但這顯然是不正確的。「百多年前」通常表示「超出今人的記憶」，而在這裏必須這樣理解。然而，1892 年至 1893 年所推行的管理制度改革，距蕭雲厂於 1950 年代初與鯉魚門耆老談話僅 60 年。事實上，他所接觸的人當中，有許多肯定都見過李準，因此在 1950 年代，他的事跡不能被稱為「超出今人的記憶」。因此，有關說法應理解為：1892 年至 1893 年的「改革」只是重申當時早已存在的制度。至於「改革」的推行者，最有可能是時任廣東水師提督鄭紹忠，即李準的其中一名前任。有關的制度應在很早以前便已實施。最可能的時代是 1850 年代末，當時當地的九龍司巡檢和大鵬協副將亟需重振他們的影響力和威望，因為他們此前在 1854 年太平軍來襲時曾望風而逃。[38] 這個時期在海港對岸，港督麥當奴正好也在嘗試對香

---

35 羅香林等：《一八四二年以前之香港》（香港：中國學社，1959），頁 185，註 12。有關蕭雲厂，也見張瑞威：〈鯉魚門的歷史、古蹟與傳說〉，《華南研究中心資料通訊》，第二十期（2000 年 7 月 15 日）。

36 見陳成漢主編：《早期香港的名人訪客》（香港：香港歷史博物館，2017），頁 279。

37 H.K. P.R.O. file C.S.O. 1903, Ext/292. 見 Hayes, *The Hong Kong Region 1850-1911*, pp. 159-160。

38 見 Hase, "Beside the Yamen", 尤其是 pp. 27-28。

｜插圖 081｜1909 年載洵親王訪港留影

圖為載洵及其隨行人員與港督盧吉（Sir Frederick Lugard）及本地上流社會人物合照，時任廣東水師提督李準站在第二排最右方。

港島沿岸的打石工人採取類似的控制措施。

因此，儘管蕭雲厂的說法所能提供的細節十分少，但即使不能確定細節，也可以看出 1850 年代管理制度的主要元素。

這個管理制度的主要特點，是把石礦場集中成四個「鄉」：牛頭角、晒草灣、茶果嶺和鯉魚門。各「鄉」的石山主會開會，從中選出一人為頭人；四名頭人輪流從他們當中推舉一人為總頭人。此外，又設立公所，讓各頭人在此開會議事。

1850 年代的制度似乎還要求頭人為所有運出的建築石材徵稅，並約束打石工人的行為。到後來，徵稅似乎是按價每兩八分的稅率徵收（8%），而總頭人又可以保留其中 40%「作為辦公開支」（包括舉行儀式和營辦學校的費用）。在某段時間（可能是在 1850 年代這個定居時間），總頭人還獲得小官的各種儀仗，包括可坐四人大轎，有旗手開路（旗幟是白底鑲藍邊的），還會鳴鑼以警告途人要肅靜迴避，另外還有一名火槍手護衛。這些人全都穿白色制服，他們還可獲得「警察」提供服務，「警察」也穿着白色制服。[39] 新界區沒有一個村長有如此風光的官方地位。

這個複雜的制度「恩威並施」，並設有「制衡」機制，是典型的中國式「權宜之計」。它的運作談不上很好，因為我們對於往後 40 年四山地區的所知，幾乎都是因為該制度未能控制地方騷動而造成的問題。

1863 年，廣州天主教堂動工興建（見圖 082）。這座精美的哥德式建築全以石材建造，帶有拱形石屋頂。廣東從來沒有全以石砌的建築，大教堂成了一個奇蹟。廣州人稱它為「石室」，至今仍是如此。四山的一批石礦場獲得為大教堂提供石材的合約。這些石礦場不僅要在十年間供應大量石材，而且每塊石材都必須經過精心塑形和打磨，才能滿足製作拱頂和柱子的要求。

｜插圖 082｜約 1910 年的廣州天主教堂

39　1998 年鯉魚門耆老受訪時，轎夫、火槍手、旗手和他們的白色制服，在耆老的民間記憶中仍然歷歷在目。

然而，這份合約引起了一些問題。獲得合約的石礦場為了提升產能以履行合約，從其他石礦場挖角技術工人；得不到合約的石礦場則認為自己遭到排擠，無法沾手一筆好生意。有人聲稱為大教堂供應石材的石礦場在重要風水地點採石，破壞風水。結果兩個陣營之間爆發爭執和糾紛。1885 年，四山的問題牽連到總理衙門（當時的外交機構）。總理衙門下令關閉與大教堂合約有關的石礦場。新安知縣不得不承認，因為這種貿易極有利可圖，有「不法之徒」無視公告，繼續在那裏採石。知縣說：「爭執衝突不輟，繁複訟案纏繞多年。屢接諭令……封禁山場，倘有不從，即照例懲辦。」打石活動像以前一樣繼續進行，無視知縣下令停止。知縣不得不多次到訪該地區，並召見各石山主，但都無濟於事。違令行為、騷動和爭執一如既往繼續出現。知縣因擔心情況雪上加霜，拒絕要求開闢新石礦場的新申請，但這些新的申請者「名聲較佳」，對於被拒參與利潤豐厚的生意頗有怨言。[40]

到 1891 年，四山問題再次交由當時的廣東水師提督處理。他又一次採用中國古代「恩威並施」的方法，把 35 年前建立的制度徹底改革。他首先慷慨捐助重修晒草灣天后宮及公所（1891 年），其後（1892 年）將牛池灣海關碼頭至鯉魚門角的整個海濱，賣給區外的商人「Ho Lap-pun」（中文姓名不詳）。「Ho Lap-pun」由此獲得了四山所有突堤碼頭、橫碼頭和上岸處的所有權。他因而須負責收取石船的稅款。「Ho Lap-pun」則須保證官府能全額收得應繳的稅款。鑑於過去 35 年的歷史，水師提督顯然懷疑頭人是否願意和有能力妥善徵收稅款。此後，頭人每隔一段時間（很可能是每季一次）就須按照估計的石礦場產量以每兩八分的稅率，向石礦場再徵一次稅，獲取收入。最後，水師提督頒布一套全面的規章制度來規範石礦場和頭人的行為，副本掛在公所供所有人查看（1893 年）。大概就是在這個時候，「乾蹚灣」開始被稱為「官塘灣」，意思是「官批石塘」（現在的「觀塘灣」似乎是後來出現的新地名）。

然而，和先前一樣，頭人須就任何暴力或動盪事件向知縣負責。一小批直

40　詳情（僅有英文譯本）見 H.K. P.R.O. file CSO 1903 Ext/292；Hayes, *The Hong Kong Region 1850-1911*, pp. 159-160。

接向巡檢和大鵬協副將負責的「委員」或「巡查」(很可惜，與「四山」社群運作有關的文獻，僅有英文譯本留存下來）被派駐在公所，以監督頭人，並在他們無法控制區內的騷動時通報事件。這批「委員」的組成，大概是起源 1892 年至 1893 年的改革計劃，相信是為了矯正過去 35 年的弊病。這些「委員」的工資，是從支付給巡檢的稅餉中撥出 60% 來支付的。「委員」要密切注意頭人是否有侵吞款項或其他犯罪行為，並將證據報告巡檢，以便施加適當的懲罰。這表示那些弊病已愈來愈嚴重。

這些新的規則相信與 1850 年代制定的章程大致相同，但無疑更加全面和明確。頭人被責令「不可偏袒生事，賺多報少，或侵吞盜用款項」(相信這是引入「Ho Lap-pun」負責徵費的背景)。頭人與「委員」須「合力認真辦事。若有胡作非為之淵藪，一經查出，必嚴懲降級，絕不寬貸」。石船船主被勒令不得強迫石礦場賒賬，而須以現金付錢，並且在繳納稅餉前不得離開。這再次表明四山地區的管理積弊甚深（在許多情況下，由於與客戶打交道的人是石船船主，而非石山主，所以他們能夠壓榨石礦場）。這些新章程頒布後，兩廣總督悄悄撤銷了關閉向廣州天主堂供應石材的石礦場的命令，並允准「可信之人」租地開設新的石礦場。

香港政府接管新界後，頒布新章程（1904 年）管理四山的石礦場。[41] 這些規例與 1892 年至 1893 年制定的舊規則大同小異。租約的條件列明，政府向每個石礦場徵收地稅。此外，所有從石礦場運出的石材，都須按價徵收稅餉。頭人須確保所有稅餉全都及時妥納。如遇有人拒不繳納，頭人可要求警察協助，促使對方繳納稅餉。如果對須徵費的石材測量或定價之事有爭議，四位頭人須開會解決：如果無法達成一致意見，則交由華民政務司（Registrar-General）定奪。在應向政府繳交的費用付清後，倘有剩餘金錢，「照行議定稟准安撫司〔華民政務司〕善法開銷」。如前所述，「善法開銷」顯然被設想為在區內舉行宗教儀式和營辦學校的費用。

1904 年條例所帶來的重大變化，只是取消了為總頭人配備的旗幟、轎夫和

41 H.K. Government Gazette, 24 June 1904。另見 Hayes, *The Hong Kong Region 1850-1911*, p. 160。

火槍手，以及須繳交的費用大幅上升。1898 年，知縣從四山石礦場租金中獲得的總收入為 120 兩（相當於 221 元）；在 1912 年，租金高達 15,000 元，即增加了 68 倍。此外，稅餉從 8% 提高到 14%，是原來的 1.75 倍。[42] 稅餉大增肯定為一些利潤微薄的石礦場造成嚴重問題。

四山的廟宇

晒草灣天后宮

四山社群有兩座廟。最重要的廟宇是位於晒草灣和茶果嶺之間的岬角的天后宮（該廟於 1948 年遷往觀塘仔）。這座廟附設供四山頭人議事的公所。另一座廟宇是位於鯉魚門村的天后宮，這座廟至少從十九世紀中葉起就歸鯉魚門社群所有。下文將詳細介紹這兩座廟宇。

在 1850 年代末，四山在官方壓力下分成四個「村落」；但在祭祀儀式上，它們似乎更簡單地分為三個。因此，鯉魚門人一直較注重自己在媽山的天后宮，而非晒草灣天后宮，而鯉魚門村的祭祀活動大多在媽山舉行。牛頭角的儀式集中在大王爺社壇（這個社壇可追溯至 1821 年）舉行的年度飯宴和各種集體祭祀活動（包括盂蘭節）。晒草灣天后宮只有晒草灣人和茶果嶺人定期去拜祭，不過鯉魚門和牛頭角都會派一兩位耆老作為代表參加拜祭。

晒草灣比其他三個「村落」小得多。根據 1911 年的人口普查，鯉魚門村有 255 人，牛頭角村有 440 人，茶果嶺村有 211 人，而晒草灣村只有 58 人。從很多方面來說，晒草灣應該被視為茶果嶺的北部，而非一個真正獨立的村落。

四山公所毗鄰晒草灣天后宮，是天后宮建築群的一部分。公所無疑是建於 1850 年代末，天后宮則大概在早一代人時就已建立。公所固然是四山全體的財產，但天后宮似乎只屬茶果嶺村和晒草灣村所有。當然，1902 年的值理和 1941

42　見 Hayes, *The Hong Kong Region 1850-1911*, p. 154。另外還收取「牌照費」，1909 年時總共 244 元，這似乎和付給清政府的費用相若（*Hong Kong Administrative Reports: "Report on the New Territories"*）。

年重修時的司理，似乎都來自晒草灣村和茶果嶺村。天后宮很可能最早是由晒草灣村和茶果嶺村建造的，大約十來二十年後重建，以便把四個鄉村共有的公所納入其中。這種同一建築物的不同部分由不同團體擁有的情況，也見於坪輋。坪輋天后廟由坪源合鄉的三個鄉村擁有，但與之相連的公所和義祠，則屬於打鼓嶺區的所有鄉村共同擁有。[43] 茶果嶺村民認為該廟建於道光年間（1821－1850）。這座廟很可能是在 1820 或 1830 年代興建，並在大約十多年後實施首個管理章程時增建了公所。

晒草灣天后宮的風水與鯉魚門天后宮的風水，形成單一的風水系統。兩者都是以青衣島的山頂為終點（見地圖 56），晒草灣天后宮的風水線在廟後的茶果嶺山頂往上升。晒草灣風水線與鯉魚門風水線一樣，顯然與穿越維多利亞港的航海路線相連。過去許多漁民常在天后誕時到晒草灣天后宮參加慶祝活動。

這座晒草灣天后宮後來的歷史值得簡單一提。如上所述，它於 1891 年重修，廣東水師提督也為之捐了款。大多數現存於廟內的家具，似乎都是源於這次重修。1911 年它遭颱風損毀，1927 年至 1928 年又遇颱風，幾乎被吹垮。1941 年再次重修，此次重修的捐贈碑記尚存。1947 年，該廟被拆卸，其後在新址（位於油塘灣口的岬角）重建，以騰空舊廟址，連同晒草灣村原址用於興建油庫。遷址後的廟是用舊廟的石塊重建，舊廟的 1941 年捐助重修碑記和 1891 年的家具，都被搬到新廟。使用舊廟址的亞細亞火油公司經理為協助重建，慷慨捐出 10,000 美元（這在當時是一筆巨款）。村民認為這是因為神明顯靈，現身於經理的幻覺中，警告他如不捐款，後果不堪設想。[44] 清拆工作在 1948 年完成。遷往新址的廟近年（1999 年）經過徹底修葺。1948 年遷廟時，廟的管理權從四山社群轉移到華人廟宇委員會手中。遷址後的新廟仍是水上人經常前往拜祭之地；惟近年因為進行了填海工程，令這座廟不再位於海濱。

---

43 關於這些分組，見 Patrick H. Hase, "Cheung Shan Kwu Tsz, An Old Buddhist Nunnery in the New Territories and its Place in Local Society", *Journal of the Hong Kong Branch of the Royal Asiatic Society*, Vol. 29 (1989), pp. 121-157。

44 有關亞細亞火油公司的捐贈，以及廣東水師提督參與 1891 年重修的資料，請參閱民政署廟宇小組未出版的 *Temple Directory*, pp. 69-72。

| 地圖 56 | 四山地區廟宇的風水

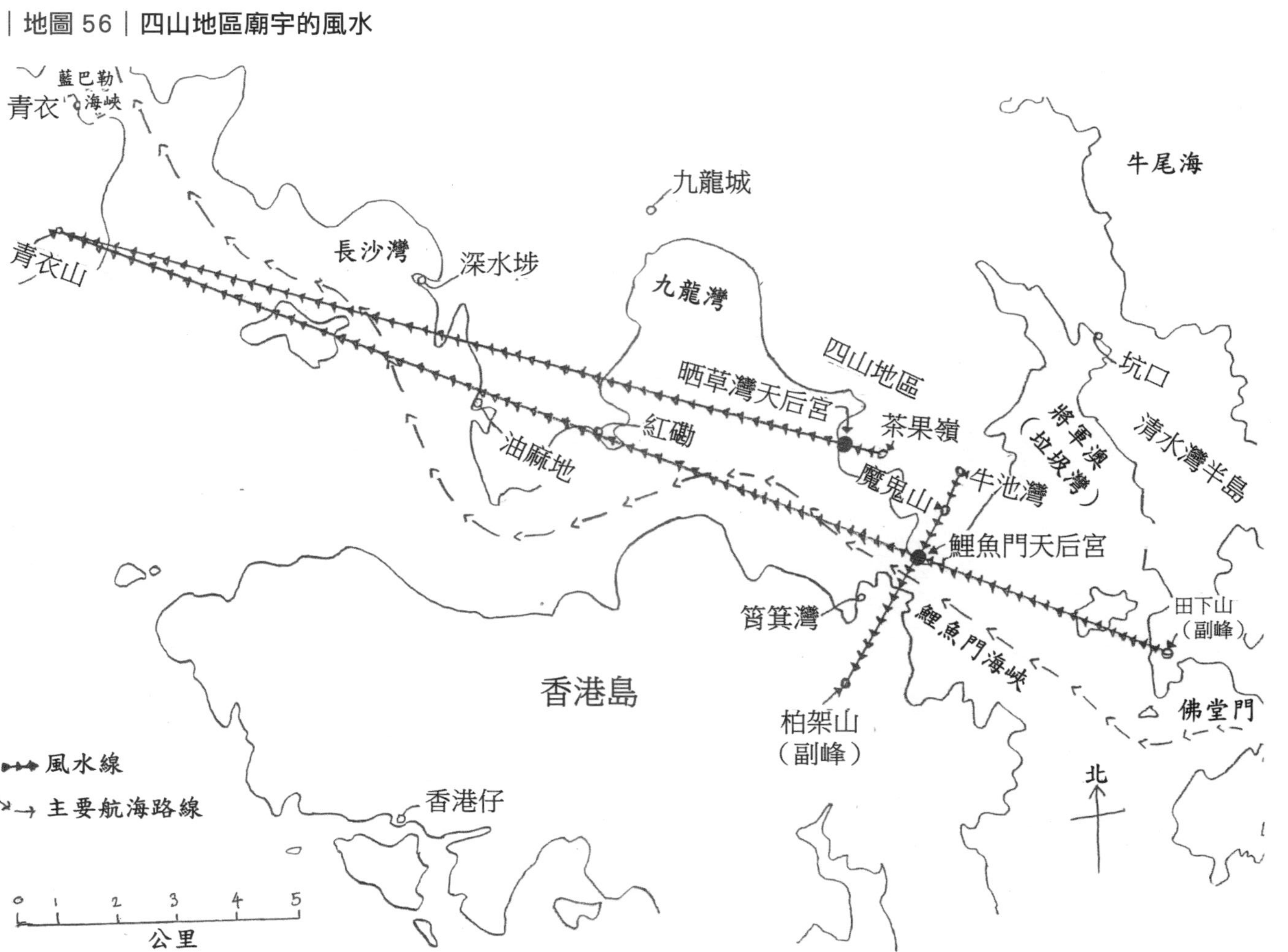

鯉魚門天后宮

鯉魚門村民認為，酒灣沿岸最初並無陸上居民。[45] 然而，有一些蛋家人一直以這個海灣為錨地。在這個海灣可以安全地躲避從多個方向吹來的大風，惟從南方吹來強風時除外；這時船艇會渡海前往筲箕灣，該處有能遮擋南風的屏障。

天后宮的建立，使酒灣不再僅僅是船艇停泊的地方。[46] 在魔鬼山山脊的末端，有一個短小的海角，突出到鯉魚門海峽中央。經過風暴、大風和雨水侵蝕，這個海角的巨石變得奇形怪狀。許多巨石只是擱在下面的基岩之上，遇上風浪時會來回搖晃。有些則矗立在離岸的海中。

在這群奇岩怪石的中央，有一塊岩石磨蝕的形態又比其他的來得奇特。這塊岩石幾乎是球形，約 12 呎高，它位於海拔十幾呎的平坦基岩上，會隨風搖晃。這塊岩石經歷風吹雨打被挖空了。前方有一個高約 4.5 呎、寬約 2.5 呎的開口，由此通向岩石內部一個高約 5 呎、寬約 3 呎、深約 3 呎的空洞。村民堅稱這個洞口絕非人為開鑿，它看起來確實很怪異，但應該仍是自然形成的。

這塊岩石矗立之處是重要的風水交會點，這也不教人意外。從五桂山經魔鬼山（又稱「炮台山」）到達柏架山東面副峰的一條風水線，在這塊岩石所在之處，與從田下山西部副峰穿越九龍中部一個山丘至青衣山頂的另一條風水線交會（見地圖 56）。後一條線非常靠近通過維多利亞港東部的主航道，構成一條「安全繩」，保障通過鯉魚門海峽的船隻和水手提供安全。這座廟的風水很不尋常，因為一般廟宇建造時，通常都是面向從風水系統的主峰開始那條風水線。但在這裏，雖然五桂山到柏架山的風水線很強，主線卻是田下山到青衣的風水線，而這條風水線大部分都在海上，而廟也面向這個方向，朝着遠處的青衣山峰。因此，建於這個風水交會點的這座廟，是着重庇護船員和水上人，而非陸上居民。

據鯉魚門村民說，曾有一位蛋家婦人將一塊石頭楔入這塊岩石之下（這塊石楔子仍可見於廟的後方），以此將之固定，並在此大石內凹的洞窟、洞口後方天

45 本節的大部分資料來自作筆者在 1998 年與鯉魚門耆老進行的訪談。也見張瑞威：〈鯉魚門的歷史、古蹟與傳說〉。

46 見張瑞威：〈鯉魚門的歷史、古蹟與傳說〉。

然的岩架上安放了天后像。使用錨地的蛋家人開始在這塊岩石前拜祭。在陸上居民到來前的某個時候，這裏建起了一座小廟。最初它可能不過是在岩石前搭起一個供來拜神者使用的棚子。其後，仍是在陸上居民到來之前，建起了一座更大的廟（見插圖 083 和 084）。廟後方建了牆壁，令岩石有一半位於廟內，一半位於廟外，並在岩石的洞口前建造了一個傳統的神案。然而，岩洞內的岩架直到今天仍然是廟中最神聖之地；它前面所設的神案，只是為方便拜祭者使用而設。

陸上居民可能是從十九世紀中葉開始定居酒灣沿岸，這將在下文進一步討論。這裏的石礦場可能早在幾代人前已開始運作（即可能是從十八世紀中葉開始），但沒有任何永久定居的家庭。現居當地的陸上居民都同意，這間廟在他們的祖先到達前就已開張了。因此，據常理推測，建廟年代可能是十八世紀中葉，而在岩石拜神，則可能在十八世紀初或十七世紀末就已開始。

廟內有一塊小石碑，上面刻的碑文說建廟時間是乾隆十八年（1753 年）。這個年份完全不令人意外，因為如上所述，村落的故事似乎表明此廟大約是建於這個年代。這塊石碑將立廟之人說成是鄭連昌，他與著名海盜張保仔關係密切。[47] 由於相關人物的名氣很大，加上石碑沒有鑲嵌在牆上，而只是單獨一片的細小石塊（今天它被小心地保存在神案上，在天后的寶座之下），一些懷疑人士便認為碑文不可信。然而，這種懷疑在此大概並不妥當。當中所說的年代大抵正確。這片石曾經鑲嵌在牆上（它正面光滑而側面粗糙，但若嵌在牆上就看不到側面），肯定是在某次重建時脫落的。石塊接着說：「**鄭連昌立廟，日後子孫管業。**」假如它是偽造的，似乎就是這些子孫所為，但據知區內並沒有鄭連昌的子孫。而在人們記憶所及，這座廟早就由鯉魚門村民負責管理。今天村中的耆老確信，自從 1840 年代初他們的祖先定居鯉魚門以來，這座廟就一直由他們或祖先管理。顯然，鄭連昌家族在過去超過一個世紀裏，並沒有參與管理廟宇的權利。自 1841 年起居住在鯉魚門村的張氏並非鄭連昌或張保仔的後裔，他們對於這座廟的權利，與鯉魚門村的其他氏族無異。就現代耆老和他們的父輩記憶所及，刻有碑文的石塊就一直保存在廟裏（在為本文進行研究之時，即 1998 年，仍有生於

47　同上註。

｜插圖 083｜約 1990 年從海中望向鯉魚門天后宮

｜插圖 084｜約 1990 年的鯉魚門天后宮

廟旁可見刻有文字的岩石。

1915 年前的耆老在世，而他們的父親生於 1880 年前）。總的來說，這塊石碑上所言，這座廟是由鄭連昌在 1753 年所建的說法，大概是可信的。

鄭連昌是來自香港地區的蛋家人，他想建一座廟來庇蔭區內其中一處極危險的水域，並不是稀奇的事（同樣，張保仔也可能希望這座廟能保護他的船隊）。如果廟的歷史可以追溯到 1753 年，那麼未有廟宇時在岩石前拜祭的活動，或許可以追溯到一兩代人之前，可能早至 1700 年，甚至更早。

廟中有一塊精美的雲板，可是掛在無法查看的地方。它的正面刻有文字，但這一面大都已經剝落，不知能否從這雲板中得到任何關於年代的資訊。雲板的形態與本地其他十七、十八世紀的雲板類似，但不清楚從中可得到多有用的資料。看來此片雲板值得作進一步調查。

廟內其他有標示年代的器物，似乎只能追溯到 1921 年和 1932 年。天后的神案周圍的木框來自 1968 年，反映了當年進行過一次重大修葺。這座廟極易受到颱風影響，因此需要頻繁修葺。在戰後至 1998 年間，此廟曾在 1953 年、1968 年、1976 年和 1986 年重修。看來這座廟宇似乎自建成起，大約每十年就須重修一次。若是這樣，現在廟內沒有任何可以追溯到它早期歲月的器物（或許除了雲板），也就不足為奇了。

這座廟在某個時候在南側加建了第二個拜祭廳（見插圖 083 和 084）。這個廳有獨立的入口，入口上的題字寫明它是「協天宮」。今天在這第二個拜祭廳裏有兩個神案，分別供奉關帝和觀音。

在這間廟周圍可看到至少八個巨型題字，刻在環繞廟四周的巨石上（見插圖 085）。這批題字見證了這間廟的宗教活力；儘管這在廣東其他古廟中並不罕見，但在香港卻幾乎是獨一無二的。這些題字可追溯到 1906 年、1908 年、1921 年和 1953 年。1953 年的題字尤其值得注意，據說當年這裏曾發生顯靈事件：當時在此廟上空有一朵高雲，顯現出天后的形相。廟中有一張拍下此神跡的照片（攝影師正是在報紙上撰寫關於四山管理制度文章的蕭雲厂）。[48] 這個顯靈景象帶來了大量捐款（包括來自遠至新加坡的捐款），為 1953 年的重修提供了資金。

48　同上註。

｜插圖 085｜1999 年鯉魚門天后宮附近的刻字巨石

這座廟由街坊值理會管理，值理會由一名總理擔任主席，並由一些委員協助。值理共有 100 多位。看來按照這裏的習俗，村中家庭的戶主只要想當的話都可以當值理。這種安排至少在過去 100 年裏一直存在，而且可能更久。值理會有兩個主要職責：管理這座廟，並在必要時安排修葺；以及在農曆三月二十三日的天后誕舉行慶祝活動。根據村民的記憶，在天后誕村中都會上演神功戲。由於廟宇附近沒有空地，戲棚就設在幾百碼之外，每年都用神鑾將天后像抬到戲棚。

鯉魚門村的祭祀活動一向主要是在這間廟舉行的。廟的前院有大王爺社壇，每月初一和十五，耆老都會在這裏拜祭。每年農曆十二月三十日，耆老會在廟的前院舉行集體聚餐。這與新界許多地方所稱的「食社」大同小異，一般都是在大王爺前舉行。每年一度的重大節日是農曆三月二十三日的天后誕。如上所述，這個節日一定會上演神功戲。耆老會在天后誕集體來拜祭。在天后誕期間，有多個「花炮會」會來放鞭炮和爭奪吉祥聖物。大部分花炮會都是來自鯉魚門，但也有一些來自四山和其他地方的村落。在同一天，一些耆老會代表鯉魚門村民到晒草灣參與當地的慶祝活動。

鯉魚門：1941 年以前的歷史

四山石礦場的建立，以及它們作為定居村落的歷史始於何時，無法完全確定，但如上所述，本地開始打石的時代大概可以追溯到十八世紀初期。1845 年有 48 個石礦場（塘）捐助興建筲箕灣海心廟，大部分來自香港島；而此前的 1822 年，有 31 個石礦場（塘）捐助重修九龍城侯王廟，主要來自九龍地區（當中只有 5 個石礦場在這兩個項目中均有捐款）。當英國人在 1841 年佔據香港島時，在維多利亞港東部運作的石礦場以乎至少有六七十個。如上所述，郭士立在 1844 年認為，香港島上開採的石材仍是非常重要的貿易，每月有 100 艘船運送石材離開；當然也如上文所指出，每月約 40 艘船是較為合理的說法。這些情況表明，在 1840 年代，維多利亞港兩岸的石礦場並非什麼新鮮事物。

香港政府於 1844 年表示，「**早在我們來到之前，這些打石工人已在這裏工作了許多年**」，雖然這專指香港島的石礦場，但四山石礦場看來至少同樣古老。[49] 雖然「許多年」這個說法非常含糊，但可能表示至少兩代人的時間。

維多利亞港北岸的石礦場肯定在 1810 年時已在運作，當時九龍城一座炮台的石材就是在這裏開採的（這些石材是錦田耆老訴諸石山主的愛國心，以極低廉的價格買下來的。興建這座炮台是為保護九龍城碼頭和登岸處免受海盜侵襲）。由此事可見，這些奉獻廉價石材的石礦場已有一定根基；若是只有一兩年歷史的石礦場，是不大可能有餘裕以如此低價出售石材的。

留存至今的地契顯示，至少在 1810 年以前若干年，牛頭角已有土地買賣。其他來自晒草灣的現存地契，可追溯至 1870 年代，當中提到前兩代人的土地擁有權，這表示該家族至少從 1820 或 1830 年代起就擁有這裏的土地。曾貫萬及其兄一度在親戚至少經營了若干年的石礦場工作。牛頭角的大王爺社壇建於 1821 年，表示當時那裏的石礦場已全面運作。此外，作為打石工人世家的朱氏在 1762 年定居於九龍城一帶，可能暗示在此之前區內已有重要的打石業。

49　郭士立的說法，引自 Enclosure 1, in No. 1 to the report by the Colonial Treasurer, Montgomery Martin, "Blue Book" of 1844, Jarman, *Hong Kong Annual Administrative Reports*, p. 9。

總而言之，雖然無法證明四山地區在 1800 年至 1820 年前曾有石礦場存在，但證據的總體趨勢表明，打石業在當時並非新事物。尤其是 1822 年時有 31 個石礦場捐助九龍城侯王廟的重修一事，強烈表明這是個在當時已行之有年的行業。因此，四山地區的石礦場似乎很可能在十八世紀開業，大概是在十八世紀中葉以前，亦即可能與筲箕灣鎮成立的時間相若。

不過，要等到十九世紀中葉，人們才開始帶着家人永久定居在石礦村。朱居元的經歷，或可反映，四山的石礦場從 1740 年左右甚至更早起就很活躍；但值得注意的是，他並非把妻子和家庭安置在石礦場，而是在九龍城墟外租屋安家，那是距離石礦場一兩英里遠的地方。顯然那時候人們還沒有把石礦村視為適合安家的地方。他的兒子們在 1790 年代雖然願意與家人定居鶴嘴，但是該村與土地灣的石礦場的距離仍有半英里左右。曾貫萬亦於 1840 年代遷居筲箕灣墟，而非西灣河石礦場，不過到那時可能已有首批長住的家庭開始在四山石礦村定居。

如同朱氏的故事所表明那樣，建築石材貿易在十八世紀已是或會是十分有利可圖的行業，這無疑是當時本地區開設了如此多石礦場的原因。此時期廣州和珠江三角洲的城鎮大為繁榮，這從許多那個時代興建而留存至今的精美建築可見一斑。當時對優質建築石材的需求大，故石材貿易利潤高，令人得以對碼頭和石船進行所需的投資。

不過，四山和香港島北岸石礦場的黃金時代，是在 1841 年之後。香港開埠以後，對於各種建築石材的需求激增。當時有許多新的官方建築都是用花崗岩建成。保留至今的例子包括旗桿屋和總督府。聖約翰座堂是另一座此時期以大量石材興建的精美建築。此外還有一些已不復存的建築物，如舊大會堂、舊最高法院等。此時期許多大商行、銀行，甚至商人的貨倉和保險庫，都是用花崗岩建造的。位於東角的怡和洋行建築群，其花崗岩大門現在重新豎立在雙魚河鄉村會所的入口，是這時期美輪美奐的商業建築的遺物。

拿打杯（Cassumbhoy Nathabhoy）的大宅是這一時期的典型代表，它在 1865 年出售，賣屋廣告說它是「龐大而堅固的花崗岩寶庫」。[50] 禰結理（Gideon Nye）

50 感謝施其樂牧師（Rev. Carl T. Smith）提供本段落的資料。

在灣仔今天的春園街（1855 年）旁邊建造了一座巨大的房子和倉庫。它採用了「最昂貴耐用的建材，帶有花崗岩底座和柱基」。在再往東一點今天石水渠街的地方，羅伯遜（P. F. Robertson）建造了兩排出租貨倉。這些被描述為「寬敞、乾燥和安全」的貨倉，是由兩呎厚的花崗岩石塊建造（1842 年）。這些及許多其他建築物，全都是使用在四山或鰂魚涌石礦場開採的石材。

當時還興建了許多沒那麼顯眼的建築物，包括為湧入香港的普通居民而建的小房屋，還有小商店，以及各種各樣的小型營業場所。在早期，這些建築物大多是用磚塊、木頭和瓦片建造，但仍然需要石材作為地基和門楣。總而言之，這些情況表示當時對於石材的需求十分巨大。

香港的政府工程項目也需要大量石材。道路鋪上花崗岩石板和碎石。興建橋樑（新道路下有幾十條輸水道，在 1840 和 1850 年代，許多溪流上都築起橋樑）、填海土地的海堤（香港開埠後幾個月內就開始填海）和碼頭，全都需要石材。在 1840 年代和之後的幾十年裏，所有石材都是在維多利亞港東部的石礦場開採的。這是一個賣方市場，石礦場難以滿足全部需求。凡是有優質岩石的海邊；幾乎都開設了新的石礦場。曾貫萬在這一時期發達致富：他負責開採石材，供應第一座最高法院大樓等建築物所需。

四山社群正是在這種市場蓬勃暢旺的背景下成立的。頭人的服飾、對運出的石材徵稅的制度，甚至是區內的騷動，都是經濟繁榮的徵兆。人們手中有大量現金可用。

建築石材業直至大約 1915 年都十分興旺。香港在此期間繼續大興土木，廣州和珠江三角洲地區幾乎同樣繁榮。1860 年代至 1880 年代，四山贏得的廣州大教堂合約，就是典型事例，反映當時機會之多。在同一時期及以後，在香港還有其他幾乎同樣豐厚的合約。水塘工程、大規模的干諾道海旁填海工程及其海堤，都使用了大量石材；而且和之前的舊建築一樣，新一代的公共和商業建築，也都大量使用花崗岩。

然而，這個行業大約從 1915 年起陷入全面衰退。在此之前，一直有大量利潤豐厚的合約，例如新建的最高法院（1912 年落成，即今天的終審法院大樓），以及使用石材建造的大潭水壩（1913 年建成，所用的石材是在鯉魚門開採後用石船運到大潭），但其後就再沒有如此大型的石砌建築工程。

造成打石業衰退的主要原因，是混凝土的出現。青洲英坭的前身公司於 1911 年在香港開業，此後大多數新建築物都不再使用花崗岩建造；相較於前幾代人的時間，石材使用量只屬九牛一毛。例如，在大潭水塘之後建造的水壩，都是用泥土和混凝土而非花崗岩建築的。遊人前往與鯉魚門村石礦場遙遙相對、位於鯉魚門海峽南岸的鯉魚門軍營遺址，就可以看到分別建於 1890 年代和 1920 年代的軍營大樓之間的區別：前者是以是鐵柱子和花崗岩建造，後者則全是用混凝土和磚塊。

除了混凝土的面世，這時期香港地區還出現首批機械化的現代石礦場。大型石礦場以炸藥從採掘面取出石材，以蒸汽機將廢石碾成碎片，使依靠工匠以鑿子、錘子和「入楔劈石法」開採的傳統石礦場，遭受了無情的打擊。現代石礦場的出現，使石礦場的競爭在 1920 年代變得非常劇烈。四山的那些小石礦場被迫改用炸藥和現代設備，減少勞動力，以求能繼續經營，但這對於規模非常小的石礦場來說十分困難。因此石礦場紛紛被賣掉，過去一些極小型的石礦場被合併成能夠使用炸藥和其他現代技術的較大型石礦場。1899 年時鯉魚門村有 10 至 12 個石礦場，到 1941 年時減至 4 至 5 個；當中大部分重組活動發生於 1920 年代。

官方政策也為四山和維港北岸的石礦場帶來困擾。英國人在 1904 年開始徵收的高額費用和稅款，在 1915 年前景氣好的歲月，石礦場都還付得起；但在生意不景時，這就成為沉重負擔。租賃條件不斷收緊，特別是在石礦場開始使用炸藥之後。後來，爆炸品條例要求使用爆炸品須有許可證。石礦場須證明它們擁有此條例所要求的較為先進的炸藥庫；此外又須對於所經手的炸藥保留複雜的紀錄，意味着礦場須在記錄人員和檔案保存設施方面作更多投資。為了安全和方便控制，政府施壓要求小石礦場合併成較大的礦場，使得在兩次大戰之間，許多較小的石礦場都關門了。

另一個重要因素是品味的變化。那時主要由磚塊和混凝土建造的建築物，仍然會以石材為飾面，但建築師傾向於用較為鬆軟、較具裝飾性的石材，而非花崗岩——畢竟，石材已不再具有結構上的重要性。這些質地較軟的石材，來自比四山和鰂魚涌的花崗岩石礦場更遙遠的地方。

到戰前時期的較後階段，由於這些原因，四山石礦場幾乎失去了在香港的所有生意，只剩用於鋪路的花崗岩碎石；而就算是這門生意，也面臨着來自新的、規模更大的機械化石礦場日益激烈的競爭。這些石礦場在廣州仍有市場，尤其是用於鋪路的花崗岩石料；但現在的石礦場都很窮，只能勉強維持經營。晒草灣天后宮的悲慘故事，是生意不景氣的徵兆。如前所述，它在 1927 至 1928 年的一場颱風中大受蹂躪，屋頂也被毀。當地村民無力修葺，只好在屋頂鋪上防水油布，繼續在嚴重受損的建築物內拜祭。村民直到 1941 年才總算籌得足夠經費修復。需時整整 14 年才募得重修天后宮的資金，是這時期打石業陷入大蕭條的最有力證據。

在日治時期，所有石材生意都戛然而止。人們都在忙於尋找食物來維持生存，不會想要建屋或修葺舊屋。假如真的需要維修建築物，也很容易在周圍的頹垣敗瓦中找到足夠的物料。

1945 年戰爭結束後，鯉魚門只有兩個石礦場重開，其餘在 1941 年停產的石礦場則繼續荒廢。這兩個石礦場，一個在 1950 年代末關閉，另一個在 1967 年。最後一個石礦場關閉，是因為被發現有人利用炸藥從事不法勾當：炸藥被偷偷地賣給漁民，用來炸魚。政府擔心沒有嚴格執行爆炸品條例，會令爆炸品落入「恐怖分子」手中（當年正發生「暴動」），於是取消了那最後的石礦場的爆炸品許可證，使其被迫關閉。這個石礦場結業後，香港的工匠打石傳統也隨之終結。此後，在香港運營的石礦場，全都是現代化、機械化的大型企業。

鯉魚門社群：1941 年以前

鯉魚門村分為三個自然部分：媽山（天后山）是這個村落靠近天后宮的部分，面向鯉魚門水道和酒灣口；下灣是這個村落東方，面向酒灣的部分；最後是酒灣以西的部分，有時被稱為「三家村」，儘管這個名稱更適合用來描述整個村落（見地圖 57）。

如前所述，鯉魚門村民在村落定居的歷史，只能追溯到 1840 年至 1842 年。那時有三名男子來到這裏，一個姓葉，一個姓曾，還有一個姓張；葉氏在 1840

｜地圖 57｜1901 年鯉魚門各氏族宣稱擁有的土地

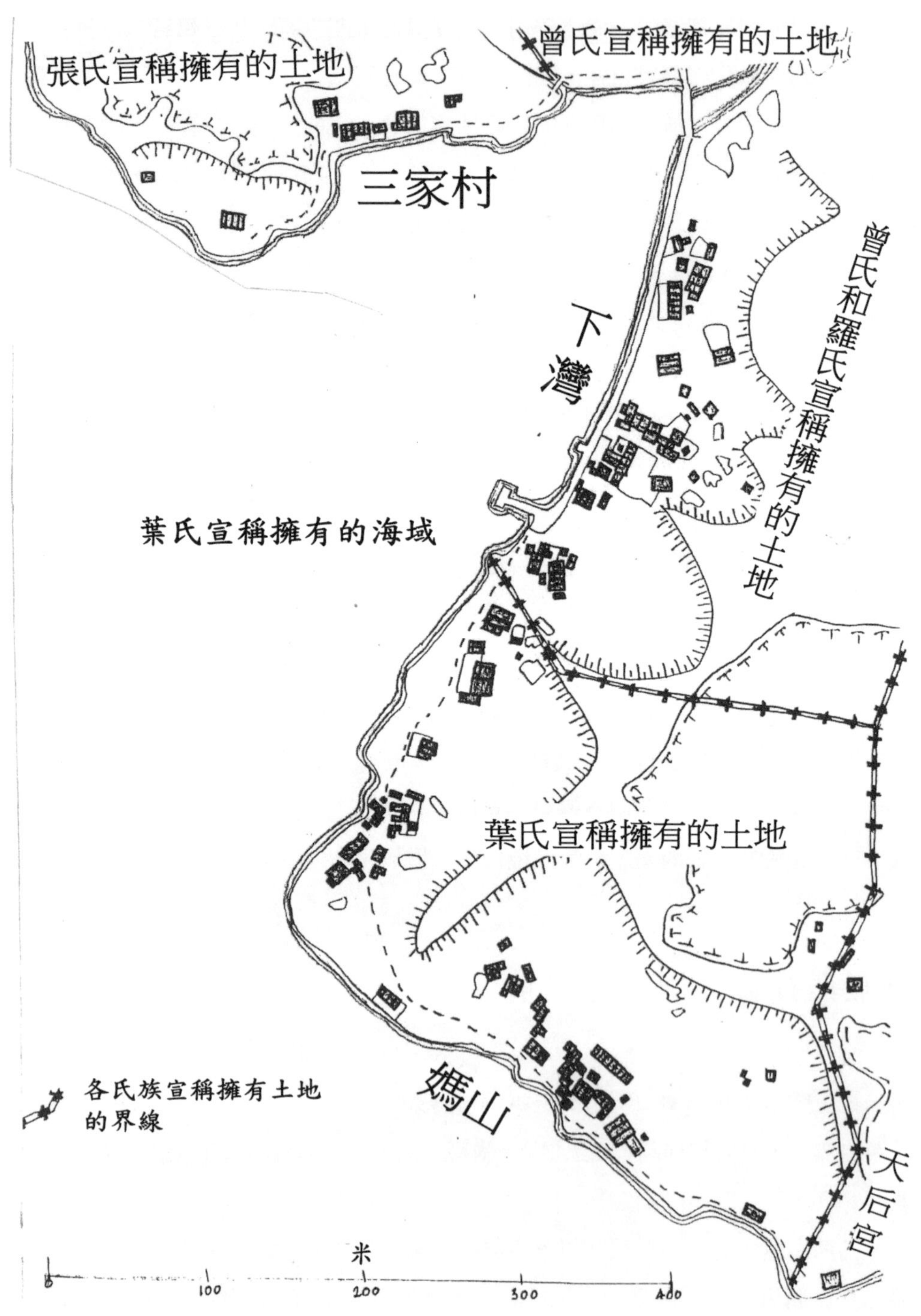

年，另外兩人在 1841 年來到。據今天葉氏的耆老說，他們於 1842 年買下這裏的土地並在此定居。他們也買下了整個海灣。1902 年為編製集體官契進行土地丈量時，這三個家族的代表聲言他們擁有整個村落；政府繪製了一張地圖，顯示他們宣稱擁有的土地。地圖 57 顯示他們宣稱擁有的土地的邊界：葉氏擁有嫣山，曾氏擁有下灣，張氏擁有這個海灣以西的土地。葉氏還宣稱擁有酒灣的水域。值得注意的是，葉氏的土地並不包括天后宮的所在地。天后宮（及其風水線）就緊靠在他們宣稱擁有的土地之外。這可能是因為這座廟素來被視為是全村的財產。

在集體官契中，這三個家族擁有的土地大致符合這些分界。[51] 當時村中有 15 位葉氏屋主，還有兩個祖堂。大多數個人屋主只擁有他們所住的一間房屋。兩個祖堂也只是各自擁有一間屋。當時葉氏僅有幾名大地主：葉華勝擁有 7 間屋和一小塊農地；「Ip Chan-yeung」擁有四間屋和兩塊農地；「Ip Tung-fat」擁有 3 間屋。我們這裏所說的這個氏族，很可能仍然僅由三四個常住家庭，再加上若干單身男子組成，他們與那三四個常住家庭有親戚關係，有些可能是遠房親戚。1902 年時，葉氏共有 36 間房屋，當中只有一間不在嫣山地區。

1902 年時，曾氏在村中有 13 名個人和兩個祖堂擁有房屋。與葉氏一樣，這些個人屋主絕大多數只擁有一間房屋。「Tsang Lam-on」擁有 5 間屋及一小塊農地（他在油塘灣也擁有一塊面積較大的農地）；「Tsang Sam」有 4 間屋；「Tsang Tim」則有 3 間。祖堂方面，同利堂擁有兩間屋及一塊農地（司理是「Tsang Shui」，他個人名下也擁有一塊農地）；而三和堂（司理是「Tsang Hung」）擁有 8 間屋和一塊農地。「Tsang Sam」、「Tsang Tim」、「Tsang Shui」和「Tsang Hung」可能是兄弟或堂兄弟。1902 年時，曾氏在村中擁有 41 間房屋，當中只有 5 間不在下灣。

1902 年時，張氏不如葉氏或曾氏那麼興旺。他們總共擁有 14 間屋，當中只有一間不在酒灣以西的地區。當時該家族的土地由 3 名個人屋主和一個祖堂擁有。「Cheung Fung」和「Cheung Lo」這對兄弟（或堂兄弟）共有四間房屋，而「Cheung Ün」（可能是「Cheung Fung」和「Cheung Lo」的堂兄弟）擁有 5 間屋。

51　這份集體官契並沒承租人姓名的漢字。

「Cheung Tsap Yan Tso Trust」（司理是「Cheung Shing-fat」）擁有 4 間屋。這個家族在 1902 年時可能也只有兩三個家庭。政府在大約 1970 年發展油塘工業區時，所有張氏的土地和房屋都被收回。這家族後來遷離鯉魚門，現在的耆老都不知張氏後人的下落。

葉氏、曾氏和張氏，這三個家族就是「三家村」這個名稱的由來。1902 年時，該村合共 161 間房屋中，他們擁有 91 間（佔 57%），因此在當時仍是當地社群中的大家族（在 1902 年的紀錄中，其他擁有房屋的家庭，大多只擁有兩間到六間屋）。

在 1902 年時，「三家」擁有房屋的模式和他們聲稱擁有土地的情況不謀而合，可見「三家」很可能確實在 1842 年買下了他們聲稱擁有的土地。然而，很難確定這種「土地擁有權」在當時的實際內容是什麼。

開設石礦場需要向官府租地，但似乎「三家」不太可能根據 1842 年買地的條件，否決知縣所批出的任何石礦場租約。較可能的情況是，「三家」所取得的是就村中興建房屋或開墾農田的管理權，或者至少是對於在石礦場範圍外所興建的房屋而言。1905 年時，大澳鹽場的經營者也聲稱擁有土地，而個人業主則擁有在土地之上所建的房屋，鯉魚門的情況很可能也相似。換言之，「三家」所擁有的權利，大概類似於新界其他地方的地骨主，亦即否決建屋的權利、收租的權利，以及在租約屆滿時收回房屋的權利。在四山的情況中，許多居民都是只會在這住幾年的單身男性；可想而知，這些男性所「擁有」的房屋，通常最終都會歸還給地主。即使到了今天，村中的人仍然覺得，相較於那些在 1902 年前從「三家」那裏獲得租佃權的人的後代，「三家」的後人較為根生土長。

葉氏在 1902 年時也聲稱擁有酒灣水域，這意味着他們也擁有碼頭（村中有許多短的突堤碼頭，大部分是木造的，長度頂多十呎左右），以及所有石礦場的棧橋和登岸處。這將賦予葉氏管控運出此村的石材的權利，以及向運出的石材徵稅的職責，由此肯定會給他們帶來可觀的利益。在 1892 年廣東水師提督將四山的海岸線賣給「Ho Lap-pun」時，這項權利肯定已經失效。然而，香港政府取消了「Ho Lap-pun」的權利（「Ho Lap-pun」在 1901 年仍在申訴），而葉氏肯定會認為自己之前擁有的權利獲得恢復。

然而，香港政府並不認同新界地骨主的權利，在新界大部分地區只承認地皮權。一如在許多其他地方的情況，鯉魚門的地骨主不獲承認，原本的「佃戶」被視為唯一的官地承租人。「三家」在 1842 年買下的地骨權因為不獲政府接受而無效。

因此，1902 年的集體官契，展示了哪些住客原本以長期租約向「三家」租用房屋。除了「三家」，當時村中還有 15 個姓氏的人擁有房屋。根據 1998 年村中耆老的回憶，關於這 15 個家庭有頗多事情值得一談。陳氏、劉氏和羅氏（Los）原本是打石工人，由石塘山主僱用。陳氏和劉氏來自東莞縣的客家地區。根據紀錄，他們在村中各處擁有許多房屋：陳氏擁有 15 至 17 處，劉氏擁有 11 處，而羅氏擁有 3 處。陳氏中有一個富商家庭，他可能與其他陳氏族人沒有親屬關係。「Chan Kwok-shing」在酒灣以西的地區擁有四間屋，「Chan Kun-shing」在媽山擁有兩間屋，他們可能兄弟或堂兄弟，並且可能是個商人家庭。「Chan Ying」、「Chan Shing」、「Chan Shang 」和「 Chan Fuk」各擁有一兩間零星散佈村中的房屋，他們之間可能也有密切的親戚關係。

劉氏中最大的地主是劉發。他在媽山擁有 4 間房，還有一個石礦場。「Lau Lung Hop」在媽山擁有 5 間屋，可能與劉發有關聯：「Lung Hop」（可能是「隆合」）似是商號名稱，很可能是劉發所擁有的公司的名稱。其餘 3 名劉氏的業主各只擁有一間房。1998 年的村民認為，劉發在 1902 年前不久才開設石礦場，其他劉氏族人可能是為他打工的親戚。

在集體官契中，羅氏家族只有 3 名屋主，各只擁有一間屋。其中一人可能是一名寡婦（「羅氏」，Lo Si）。他們可能是一個較早時風光得多的家族的孑遺。據上述 1902 年的土地擁有權紀錄記載，曾氏與羅氏家族共同擁有下灣中部的土地。曾氏似乎在某個時候讓羅氏與他們合夥擁有區內的地骨權。羅氏家族可能曾在這地區擁有一個大型石礦場。但如果是這樣，那麼他們後來就已把它賣掉並搬走，只有這三名可能是老人或寡婦的屋主留下。羅氏家族很可能是牛頭角或茶果嶺村民，這兩個地方都有這個姓的重要氏族。若是如此，他們可能在結束鯉魚門的生意後返回原本的鄉村。現在的耆老認為，羅氏家族很早就來到鯉魚門，時間與那三大家族相若。

與羅氏家族的情況有點相似的是鄧氏（有 4 間屋）、李氏（有 5 間屋）、鍾氏（有一間屋）、林氏（有三間屋）和黃氏（有兩間屋），雖然他們於 1902 年時在鯉魚門擁有房屋，但較可能是茶果嶺、牛頭角或晒草灣村民，而非鯉魚門村民。「Tang Mun」肯定是這樣，1902 年時他在媽山擁有兩間屋，在茶果嶺也至少有一間。他肯定是茶果嶺鄧氏的一員。這些人大概只是暫居鯉魚門，在某個石礦場工作。今天村中基本上沒有他們的後人留下。

我們對薛氏和楊氏所知較多一些。薛氏從將軍澳的田下遷到鯉魚門。他們自十九世紀後期便在鯉魚門居住，至今仍然如此，但一直將自己視為田下村民（畢竟田下村離此地僅半英里的船程）。1902 年時鯉魚門有兩名薛氏屋主，可能是兄弟（「Sit Tin-fuk」和擔任「Sit Yuen-shing」受託人的「Sit Tin-sung」）。最先來此地定居很可能是他們的父親，時間大約是 1880 年。楊氏從惠陽來到鯉魚門，當時已臨近制訂集體官契的時間。「Yeung Kiu」當時在媽山擁有一個石礦場，並且其祖堂（「Yeung Mau Hing Tso」）擁有石礦場附近的兩間屋；另一名楊氏可能是他的親戚，在附近擁有一間屋。袁氏在下灣擁有 6 間屋，還在油塘灣擁有農田，相信與薛氏及楊氏約莫同時來到鯉魚門。袁氏可能還擁有一個石礦場。楊氏和袁氏今天在村中都有後人。

在 1998 年時，耆老記得在鯉魚門集體官契的承租人中，有 6 人曾是石塘山主：葉華勝、「Tsang Sam」、「Tsang Lam-on」、「Cheung Foo」、「Yeung Kiu」和劉發。由於當時有 10 或 12 個石礦場在經營，所以還有另外 4 至 6 個石塘山主，1998 年時已無人記得這些經營者的名字。可能還有另外兩三個葉氏石塘山主（可能是「Ip Chan-yeung」和「Ip Tung-fat」，以及大概是由「Ip Kiu」經營的公司「Ip Sang Hop」）；可能還有一個或多個屬於曾氏的石礦場，由「Tsang Shui」管理的同利堂或「Tsang Hung」管理的三和堂所擁有；陳氏和袁氏很可能也各自擁有一個石礦場。

如前所述，儘管葉氏、曾氏和張氏在 1841 年至 1842 年間買下土地並定居鯉魚門村，但這不像是本區打石業的起點。由於打石業在其他「四山」鄉村似乎早在約一個世紀前就已開始，鯉魚門在這麼晚才開始是匪夷所思的。較為可能的情況是，這裏很早已有石礦場，但其租約已經到期，知縣再招人承辦後，葉氏、曾氏和張氏得標後重開這些石礦場。一份 1839 年的地契詳細說明酒灣以西的一個石礦場由賴亞七賣給羅先哥，表明了這點。[52] 這些石山主似乎到了 1842 年買下土地後，才開始在附近居住，這點不足為奇，因為如上所述，在茶果嶺、晒草灣和牛頭角的家庭似乎也是在 1840 年代才開始定居的。官府在鯉魚門發出新租約，很可能因為試圖加強對區內的控制，並且想在香港開埠令商業機會大增後，提高鯉魚門石礦場租約的年費。事實上，在 1840 年代，四山的四個地區全都開始有家庭定居，四山社群大約在同一時期建立，這很可能是 1843 年香港開埠和巡檢司署遷往九龍城後，知縣和巡檢更為關注本區的結果。不過，即使 1842 年出售鯉魚門土地是知縣和巡檢為改善對本區的控制的總體計劃的一部分，且那也不是鯉魚門打石業開始的真正時間，但 1842 年時，區內可能也只有三個石礦場，「三家」中的每一家各一個。如是者，石礦場的數量肯定在其後的時間裏迅速增加了。

曾氏和張氏定居鯉魚門之前是來自何處，現在已無人記得；但葉氏是來自廣州西南方的四邑的客家地區，就有點不尋常。葉氏族人相信，他們的祖先之所以來到鯉魚門，是因為他在家鄉遭受「迫害」，大概是因為他信奉基督教的緣故。

在 1842 年及之前，以及其後幾十年間，打石業幾乎是鯉魚門村唯一的經濟命脈。但漁民的存在也帶來了一些生意機會。主要的錨地通常都會有燂船場。木製帆船必須定期把附着在船底的藤壺和海草刮除，並用火燒烘；這種工作應當每六個月做一次。燂船後須在船底塗上防海草的漆，通常同時進行小型維修；至於大修，則要到正式的修船廠。燂船在大潮時（農曆每月初一、二、十五和十六）進行。燂船場必須設在坡度平緩、沒有岩石的沙灘。船上能拿掉東西都拿掉，盡可能減輕重量，在漲潮時駛到潮水所達的最高處，之後再把它拖往更上方，直到它穩固地擱在岸上。之後在船體下方斜斜放入堅固木材，將之固定在海灘上。水退後船就由木頭牢牢地支撐，擱在較高處風乾，這時就可以展開在船底的工作。

52 見 Patrick H. Hase, *Custom, Land and Livelihood in Rural South China: The Traditional Land Law of Hong Kong's New Territories* (Hong Kong: Hong Kong University Press with the Royal Asiatic Society, Hong Kong Branch, 2013), Deed 38。

到了下一次大潮時，水就會把這艘船再次浮起。鯉魚門有兩個㷛船場：一個在海灣的內側，那裏原本是一個優良的沙灘，這裏可以處理漁船和貨船；另一個在海灣以西，只能應付舢舨和其他小船。這些㷛船場要用山草來燒烘船底（燃燒木頭所生的火太過猛烈），對山草需求甚殷，許多婦女會割山草賣給㷛船場經營者。另外還需要各種木材，須靠筲箕灣的木匠運來，而運送木材的工作足可支持一兩艘載貨舢舨的營運。船到了㷛船場後，原本住在船上的漁民就必須在陸上另覓住處；他們通常會在㷛船場後方，在木材上鋪一塊防水油布權當居所。他們需要購買食物和燃料，因此㷛船場的經營者會開設小型雜貨店。村民偶爾也會光顧這家商店。主要的㷛船場由「Tsang Lam-on」經營，他是曾氏的重要耆老，除㷛船場外還經營附近一個大型石礦場。早在葉氏、曾氏和張氏到來之前，很可能已有人在這個海灣經營㷛船場。

前往筲箕灣的渡船，在 1930 年代中期前只是一艘小帆船（插圖 086 顯示一艘從筲箕灣開往坑口的姊妹船，鯉魚門渡船與它非常相似），但它為許多開啟了賺錢的門路，尤其是對女性而言。1845 年興建筲箕灣海心廟時，一艘渡船捐了款，它可能是前往鯉魚門或坑口的渡船。前往鯉魚門的渡船，大概是從四山開始有打石業，以及筲箕灣開始有城鎮生活起，亦即約 1725 年左右就已存在。

雖然一些婦女受僱於石礦場，但礦場的勞工大多是男性。因此，常居家中的婦女之間，會有大量剩餘的勞動力。她們最重要的工作機會是砍柴和種植商品蔬菜，供應筲箕灣墟所需。許多村婦割草砍柴，以便在筲箕灣出售，故經常有人帶着一捆捆的柴草橫渡鯉魚門海峽。大部分木柴是賣給筲箕灣漁民，它們把木柴會處理成大小均勻的小段，供漁船上的小火爐使用。山草大多是賣給筲箕灣和鯉魚門錨地的的㷛船場。

因為筲箕灣有榨油廠，所以本區對於花生也一直有需求。在魔鬼山的山肩以及區內其他地方，有一些田地除了花生外什麼都種不出來。許多婦女就在那裏種花生。

鯉魚門村內的小田地所種的蔬菜，產量多於石礦場工人所需，因此有部分被當作商品蔬菜銷售，這些蔬菜橫渡鯉魚門海峽運往筲箕灣。另外鯉魚門村飼養的豬和雞也用於供應墟市。豬的飼料主要是番薯葉，鯉魚門村上方的山坡有幾片番

｜插圖 086｜約 1920 年代的坑口渡船

渡船乘客包括 6 名英軍士兵。

薯田，由村中一些婦女打理。

在十九世紀後期，渡船也令鯉魚門建立了一些打石以外的工業。1902 年時，那裏有釀酒廠、魚露廠，可能還有一間製作魚乾的工場。[53]魚露廠由「Tsang King-po」經營，釀酒廠由「Chu A-Ii」經營。「Tsang King-po」是曾氏這個大家族的一員。「Chu A-Ii」於 1890 年代來到本村定居，在渡船碼頭附近建廠，靠釀酒運到筲箕灣出售而致富。1907 年，他向政府買下靠近渡船碼頭的大片官地，並建造一排新的建築物以擴展事業。[54] 這個釀酒廠一直存在至日本侵佔香港為止。這些工廠和工場大多會僱用女工。

或許正是因為這些為女性提供的工作機會，使得許多鯉魚門村民與家人一起定居這裏。1911 年的人口普查顯示，離鯉魚門渡船碼頭愈遠的地方，單身男性

53　1998 年村中耆老對於集體官契中的商店經營者的口述評論。

54　來自田土廳土地紀錄冊的詳細資料。

的比例就愈高，鯉魚門村為 11.4%，晒草灣村為 20.6%，茶果嶺村為 27%，而牛頭角村為 42.8%；牛頭角村的位置有點不便，距離九龍城和筲箕灣同樣遙遠。

1904 年電車開通到筲箕灣後，渡船和電車令鯉魚門村民前往香港市區的交通變得便捷。結果，許多村民得以在市區的船公司找到水手工作。1998 年時，耆老認為集體官契制訂期間的村民「Tsang Kiu」，甚至早在 1902 年前就當上了水手，後來許多人都效法他。

另一個主要的工作來源是魔鬼山上的炮台。英國政府有意在各個海洋盆地建立「固若金湯的海軍基地」，在鯉魚門水道南岸就建造了一座非常堅固的要塞（鯉魚門炮台），以加強防禦工事。[55] 此處的工程從 1889 年開始大規模開展，一直持續到 1890 年代。不過，這座要塞有個弱點，就是在魔鬼山上的敵人可以居高臨下偵察它。《展拓香港界址專條》簽訂後，香港政府於 1899 年接管新界，不久便開始在魔鬼山建造第二座炮台，以支援和加強鯉魚門炮台。這項工程到 1902 年時大致完成。工程包括在鯉魚門興建一個更完善的新渡船碼頭，並修築新的道路，由新碼頭通往村落後方山上的炮台。這條路建在村落前方的填海地帶上，同時可作一個全新且更完善的順岸碼頭，可供石船使用。在村落的北邊，有一道建在拱廊之上的精美花崗岩橋樑，作為跨越寬闊溪流的大路；這道橋直至 1980 年代才被拆掉。新的渡船碼頭、順岸碼頭和橋樑全都深受村民歡迎。村民很快也發現新炮台需要廚師、苦力、清潔工和散工，提供了許多工作機會。

此炮台建於 1902 年，有四個炮位，安置在兩個炮台中，一個位置較高（歌賦炮台，最初有兩門 6 英寸大炮），另一個位置較低（砵典乍炮台，有兩門 9.2 英寸大炮），山頂還有一個棱堡，而兩個炮台有各自的彈藥庫、貯藏室和營房。道路沿山頂後方隱蔽的路塹通往上方的炮台和棱堡，另外有混凝土小徑連接棱堡和下方的炮台，並連接下方的炮台和媽山海岸。1906 年時，上方的炮台獲得改進，炮位換上更重的 9.2 英寸大炮。所有大炮都朝大海，指向通往維多利亞港的

55　關於鯉魚門炮台和魔鬼山炮台，見 Ko Tim Keung and Jason Wordie, *Ruins of War: A Guide to Hong Kong's Battlefields and Wartime Sites* (Hong Kong: Joint Publishing H.K. Co. Ltd., 1996)。另見 Denis Rollo, *The Guns and Gunners of Hong Kong* (Hong Kong: The Gunners' Roll of Hong Kong, 1991)。

主要水道。沿岸的一排機槍堡為魔鬼山炮台提供保護，特別是建在下方炮台之下的三個機槍堡，它們都朝向鯉魚門水道。這些機槍堡中位於最南方的一座，是建於鯉魚門嘴的尖端，其上方設有探照燈支援配合。這些機槍堡以混凝土小徑和石階連接它們上方的炮台。但魔鬼山炮台於 1936 年被廢棄，僅用作瞭望哨；大炮轉移到鶴嘴和赤柱的新地點。

魔鬼山炮台，以及其他與鯉魚門炮台大約建於同一時期的炮台（西高山、昂船洲和其他地方的炮台），均具有重大歷史價值，是香港作為防衛森嚴的海軍基地的組成部分，發揮着重大作用。

炮台的存在為鯉魚門帶來了另一個十分重要的發展：當地最早一批簡樸的餐館或麵店開業。士兵經常乘搭渡船前往鯉魚門炮台，那是他們的司令部所在地。因此，渡船碼頭不時會有許多士兵候船。碼頭附近的一些店舖開始售賣汽水、啤酒、香煙、茶和咖啡、糕點（砵仔糕和茶果）和客家狗仔粥，供候船的士兵和其他人士享用，由此發展出鯉魚門的飲食業。這種發展未知是始於何時，但它在 1920 年代就已出現。到了 1930 年代，渡船碼頭附近有三家經營這些生意的商店。

鯉魚門村向來有當地獨特的社會制度，以街坊值理會（亦即村中主要商人組成的委員會）為中心。這個街坊會源於由石山主組成的委員會，此委員會的功能是支持和協助上述 1850 年代管理制度中的頭人。街坊會和天后宮值理會幾乎是由同一群耆老主導，而且如同整個香港地區常見的情況，這兩個組織大概難以清晰劃分。大概與其他地方一樣，天后宮值理會通常被視為街坊會轄下的專責小組委員會，並受這位神明眷顧庇佑。1998 年前，街坊會主席仍常被稱為「鄉長」；如上所述，這是英國人到來前主席的頭銜。在上世紀初，該職位由村中最大石礦場的東主葉華勝擔任。1941 年前，街坊會經營開往筲箕灣的重要渡輪航線，並派村代表出席四山社群委員會的會議。

管理鄉村學校可能是街坊會最重要的職責。在 1840 年代，四山常住的家庭不多，只需一所學校就夠供村中少數孩子就讀，這就是四山公所在晒草灣天后宮開辦的「四山義學」。如上所述，辦學屬於頭人可以運用從石材稅餉所獲的收入支付的開銷。到了 1900 年，隨着定居家庭的數量穩定地增加，這樣一所小學校已不敷需求了。鯉魚門村在 1911 年時有 255 人，88.6% 的人生活在標準家庭。到 1930 年代中期約有 400 人，單身男性的比例進一步下降。到 1911 年，村中至少有 15 名適齡就讀小學的男孩，到 1930 年代中期可能增加一倍。牛頭角村面臨相同的社會發展，並在 1900 年左右為該村開辦一所學校。鯉魚門村的情況也是如此。據信在當時的頭人葉華勝敦促和監督下，鯉魚門村的學校（啟蒙學校，後改名海濱學校）於 1905 年開辦。該校一直營運至 2000 年代才關校，不過關校前所用的校舍，已是該校的第三個校舍。

1930 年代末，日軍進攻廣州，大批移民為躲避戰禍湧入香港。許多人定居在新九龍的古老村落四周，包括鯉魚門附近。到 1941 年，鯉魚門村人口已增到 700 人左右，許多新來者就在村內和附近搭建木屋居住。從 1930 年代中期開始，開往筲箕灣的渡船所受的壓力愈來愈大，因此船公司從 1930 年代中期開始，投資引進小型摩托船，以增加航線的運載能力。此時，村中也開設了一些新的工廠和工場，特別是一家藤蓆編織廠，利用新來的難民所帶來的專門知識從事生產。

鯉魚門社群：1941 年以後

日本佔領香港後，鯉魚門村居民大多逃離家園了，只有大約 50 人留下。日軍在鯉魚門村派駐了一小支部隊，士兵佔據了一批村屋作居所。他們的職責就是看守進入維多利港的通道。那些留下來的少數村民，因為沒有其他工作可做，許多人被迫為日軍工作。那時村中的石礦場和所有工場都關閉了，不少村民餓死。村中房屋全都遭到嚴重破壞，當中的木材大多被用作燃料。

在恢復和平後，村民發覺幾乎沒有一間村屋是適合居住的，差不多全都要重建。很多村屋是在舊地基上重建的，往往重用舊房子的石材，但更多是在舊屋旁的地方重建。1998 年時村中的耆老說，只有三間村屋保持戰前的模樣並倖存下來，而沒有重建；另外可能還有一兩間房屋只是失去了屋頂。重建的村屋大多改為兩層建築物，當中許多雖然在重建過程中利用了舊石材，但也廣泛使用混凝土。重建後，村子恢復了舊日的村落氣氛，但老房子幾乎都煙消雲散了。重建工作持續了很長時間，但主要是在戰後的最初六年間（1946 年至 1951 年）進行的。

從 1949 年起，隨着中共在內地節節勝利，第二波難民潮湧入香港。難民再次來到鯉魚門，尤其是在 1952 年至 1956 年間。在鯉魚門村北面、位於該村和藍田之間的地方，出現一個稱為「嶺南新村」的巨大寮屋區。鯉魚門村中所有空地上也搭建了寮屋。到了 1950 年代末，村中人口達到超過 3,000 人。

所以這個數目龐大的新移民人口，最初主要是在村內尋找工作；通往觀塘和九龍城的馬路要等到 1966 年才建成。村內和嶺南新村開設了一些新工廠，當中有藤製品工場、蜜餞工場和玉石工場。一家魚露工廠也開張了，它也從事西米加工工作。釀酒廠也重新開業。村中又開設了一家大型瓷器廠（萬機），它曾搬遷過三次，但 1955 年至 1977 年間是鯉魚門村的重要特色。又有一家製香，以及一家用草料製紙的工場也開業了。如上所述，兩個石礦場也重開了，但其中一個在 1950 年代末關閉。此外，還有一家小型船廠（Chiu Kee[56]）在 1960 年代中期開業，取代了舊有的燂船場，並且經營了十多年。到了 1960 年代末，隨着新的鯉魚門道開通，前往九龍其他地區變得更加容易，這些工場有不少就關門了。

寮屋居民到來，加上缺乏道路令本區不便進出，導致三合會成為村中的重要問題。在 1950 年代，這裏有一間非法鴉片煙窟，持續運作了一段時間（大部分顧客是來自太古船塢）。面對這些令人不安的新發展，舊有的鄉村社會開始喪失功能。舊街坊會逐漸式微；新的街坊會向政府註冊成立，並以選舉方式推舉會長，取代過去的頭人（1957 年）。並非所有老村民都喜歡這種新情況，但這些年來，礙於進出不便，警察無法有效地在鯉魚門村維持治安。

戰後初期比較令人鼓舞的情況，是區內首批正式的餐廳開業了，不再像戰前那樣只有供應麵條和汽水的小店。這些餐廳需要電力。鯉魚門在戰前一直沒有電力供應；大約從 1950 年起，一位區內商人開始利用私人發電機供應電力，但電費較為昂貴。中華電力則由 1957 年起以標準電費供電。村裏歷史最悠久的酒家是英記和玉泉居，兩者均在 1950 年左右依靠私人供應的電力，在渡輪碼頭附近開業。早期前來鯉魚門遊客寥寥無幾，這些食肆已足以應付區內所需。到

56　中文名稱不詳，但有可能是「潮記船排廠」。

了 1960 年代後末，尤其是鯉魚門道於 1966 年開通後，餐飲業成為鯉魚門生活的重要組成部分。海德酒家於 1964 年左右開業；接着開業的有海天酒家（大約在 1965 年）和海皇酒家（大約在 1966 年；這家餐廳是在海德的合夥人之間發生爭執後開設的）。同樣從 1960 年代中期開始，海鮮商人也為這些新餐廳服務，在渡輪碼頭的攤檔出售活魚（近年來，賣魚主要是在餐廳門口，而非經由專業魚販進行）。鯉魚門自 1960 年代後期開始成為旅遊勝地。

如上所述，鯉魚門最後一個石礦場在 1967 年的「暴動」期間關閉了。與此同時，自鯉魚門道通車後，村中治安管理工作也變得更有效，三合會的勢力不再那麼明顯。從 1970 年起，油蔴地小輪公司接手經營區內的渡輪服務。在「暴動」過後，區內的寮屋也開始被清拆（以騰出土地設立油塘工業區）。在 1970 年代，嶺南新村大部分地區已被清拆，最後的部分在 1989 年至 1990 年間清拆。從 1967 年開始，鯉魚門愈來愈趨向於以餐飲業和旅遊業為主；那些不從事這些行業的村民，從這時期開始也大多乘搭巴士，或者是後來的地下鐵路，到九龍其他地方工作。這種情況一直維持至今。目前村裏有幾十家大小餐館。有些開在重建後的舊村屋，另一些則使用臨時建築物，尤其是建於渡輪碼頭兩側海灣水域的一排高腳屋。現在的遊客大多乘車從道路前來，但仍有很多人乘搭渡輪前來，因為坐船可觀賞沿途非常優美的景色。

在 1950 年代，隨着寮屋區的難民到來，村中出現了兩座教堂（新教和天主教各一），還有一座尼姑庵。兩個教會都有向貧民分發必需品的計劃，並且都開辦了小型的小學，為那些無法進入當時人滿為患的鄉村學校的兒童提供服務。在此時期，不少村民信奉了基督教，人數可能多達一半。一些鄉村家庭在更早期成為了基督徒，包括葉華勝的家人。寮屋區被清拆後，鯉魚門村的人口減少，加上前往觀塘區其他地方變得更方便容易後，這兩個教堂最終關閉了。今天村中的基督徒會前往觀塘的教會參加活動。至於尼姑庵，至今仍然開放。

這裏必須強調，鯉魚門今天的旅遊事業是由村民自己建立起來的，政府沒有提供什麼協助。而本村面臨的問題（如道路不足、排水系統差劣、污水系統不良、建築物結構欠佳）也與這種情況有關。

儘管如此，今天的鯉魚門是一個生機蓬勃、賞心悅目的地方，背後陡峭的山丘綠樹蔭翳，藤蔓鬱葱，小空地星散各處，許多明亮宜人的餐廳門前還擺滿了令人看得陶醉的魚缸。許多遊客覺得這個地方非常有趣，而且很多人確實愛上了這個地方。以往飛機從頭頂呼嘯掠過引起的噪音問題，現在已成為過去；只要這個村落未來不會受到政府的城市發展所破壞，村內餐廳的生意前景將會十分美好。

第6章

寮屋區：有關侯王新村與古洞的歷史劄記

導言

大約從 1952 年到 1970 年代中期，甚至更晚一些，香港有相當一部分的人口住在寮屋區，當中大部分是毫無規劃的小型房屋群；有些簡陋地以磚瓦搭建，另一些則用木材和鐵皮蓋；它們往往緊密地擠挨在一起，通常缺乏衞生設施，而且幾乎都沒有合適的出入通道；有時候建在政府土地上，有時候建在某個古老村落的田地上，而原有的鄉村房屋則矗立在該地區的中央，顯得荒涼寥落。這些寮屋區通常還包括工商業機構，同樣位於簡陋或臨時搭建的建築物中。這些寮屋區常有火災和疾病爆發的風險。由於城市發展，這些寮屋區幾乎都已清拆得一乾二淨，取而代之的是經妥善規劃的現代化地區。雖然幾乎所有這些地區都已消失殆盡，但它們在整整一代人的時間裏，一直是香港及其市民生活的中心。

這裏須強調，「寮屋」的英文是「squatter house」，意指「非法建造的房屋」，尤其指興建在非法佔用的土地上的房屋。在香港，這通常是指建在政府土地（官地）或私人擁有的農地上的房屋；根據香港法律，未經政府同意，不得在這些土地興建房屋。因此，寮屋可能是臨時建築物，或是以脆弱材料建造的房屋；但同樣也可能是建造得相當牢固，甚至頗為雅致。然而，寮屋在中文裏常用的對應詞是「木屋」，具體反映了建築類型，並表示此類房屋都是以脆弱材料建造，因而屬於臨時性質。英文和中文用語之間的差別，在解讀上引起重大問題。本章中使用「寮屋」一詞，是指「非法建造的房屋」，因此與其建築的質素或特徵無關。

寮屋在香港歷史上十分重要，但人們卻很少研究香港寮屋區的歷史。本文試圖勾勒兩個寮屋區的歷史背景和發展：九龍城的侯王新村和新界北部的古洞。在這兩個案例中，在寮屋居民到來之前，兩處地點在歷史上都各有其饒有意思的用途。同時，這兩個村落近年都因城市發展而被清拆（在本書出版時，古洞村落僅餘的北部也正面臨被清拆；而侯王新村則早已被清拆，只保留了一小排房屋）。

九龍城侯王新村

九龍城

本章並非試圖詳述九龍城的完整歷史，但侯王新村一帶與九龍城和九龍城侯王廟的關係相當密切，因此有必要至少略述一下它們的歷史，作為更詳細討論侯王新村地區的背景。[1]

九龍城的早期歷史：1341 年以前

九龍最初是中國古代鹽專賣制度的中心之一。[2] 南越王國（始建於公元前三世紀，以廣州為根據地）實行鹽專賣，在整個珠江流域地區設置鹽官。大概從南越時代開始，鹽官的總部就在南頭，鄰近今天的新界地區。同樣很可能是從南越時代開始，九龍灣就因鹽專賣制度而開始出現製鹽業。李鄭屋古墓（東漢時期）幾乎可以肯定是高級官員的墳墓；而當時唯一會對九龍半島感興趣的高級官員，就是管理鹽專賣的官員。

在南越至南宋這段時期的某個時間，在此地的鹽專賣制度趨於嚴格，在整個香港地區設立了至少四個官辦鹽場，在相鄰的區域的還有另外兩個。鹽專賣制度在本地的擴張，最有可能是發生在公元十世紀的南漢時期（公元 907 年至 971

1　關於九龍城區的通史，見 Elizabeth Sinn（冼玉儀），"Kowloon Walled City: Its Origin and Early History", *Journal of the Hong Kong Branch of the Royal Asiatic Society*, Vol. 27 (1987), pp. 30-45; Anthony K.K. Siu（蕭國健），"The Kowloon Walled City", *Journal of the Hong Kong Branch of the Royal Asiatic Society*, Vol. 20 (1980), pp. 139-141，以及蕭國健：《九龍城史論集》（香港：顯朝書室，1987）；魯金：《九龍城寨史話》（香港：三聯書店，1988）；見羅香林等：《一八四二年以前之香港及其對外交通：香港前代史》（香港：中國學社，1959），第四章，〈宋王臺與宋季之海上行朝〉；以及饒宗頤：《九龍與宋季史料》（香港：萬有圖書公司，1959）。

2　現時關於香港地區食鹽貿易的歷史研究十分不足。

年），這是另一個以廣州為根據地的王國。

在北宋元豐年間（1078–1085），第四個新的官辦鹽場被稱為「海南柵」。這名字表明受這位鹽官監管的鹽場的主要區域之一是大嶼山（另外幾個鹽場位於九龍灣，以及大鵬灣沿岸）。然而，這個鹽場不久後被重新命名為「官富場」。「官富」是九龍地區的別名。很可能是自十世紀官辦鹽場設立以來，或最晚從十二世紀中葉開始，鹽場的總部就在或非常靠近今天的九龍城。不過，官富場總部在 1163 年從九龍城遷至大鵬灣的疊福，但只在那裏停留了幾年，之後又遷回九龍。

在九龍鹽專賣運作的最初大約一千年，為了實行鹽專賣和杜絕食鹽走私，一般漢族人似乎被排除在本地區之外。然而，在十二世紀，南宋朝廷財政緊絀，似乎迫使政府放寬這種禁區，以從出售土地中獲得收入。在十二世紀中後期，曾是官富場禁區中心地帶的九龍平原，現已被政府出售，因此建立了三四個村落，包括衙前圍（最初稱為「衙邊鄉」）、蒲崗和馬頭圍（又稱「古瑾圍」）。土瓜灣村的村民也非常肯定他們的村子是在此時期建立的，不過仍缺乏證據支持。[3] 公元 1163 年，鹽官總部遷至疊福，很可能與出售九龍城周圍土地以建立這些村落有關。

直至 1293 年（元朝初年）以前，九龍城的鹽場都有駐兵，用來對付食鹽走私活動。在十二世紀末，官富駐兵被用來鎮壓大嶼山的叛亂，特別是在約 1200 年被用來屠殺該島土著。[4]

宋代末年（1277 年），年幼的益王趙昰和廣王趙昺為逃避元兵而來到九龍。那時宋室的忠臣試圖透過擁立他們為帝，延續宋朝的國祚。二帝在九龍逗留了幾

---

3 這是許舒（James W. Hayes）的個人看法，他是在訪問土瓜灣村民時獲告知相關資料的。

4 見林天蔚：〈南宋時大嶼山為傜區之試證〉及〈論香港地區的族譜與方志及其記載的蛋字〉，載林天蔚、蕭國健著：《香港前代史論集》（台北：臺灣商務印書館，1985）。

個月。據推測，朝廷曾使用鹽官衙門的設施，[5] 此外還修建了一座「行宮」。[6]

二帝曾駐留在九龍城一帶之事，已經根深柢固地滲入當地村民的民間傳說之中。幾個當地氏族都聲稱，他們的開基祖是 1277 年底南宋朝廷離開時被遺留在九龍區的人。馬頭圍的趙氏（這個家族後來遷離該地區）確實自稱是當時被遺棄在當地的宋室成員後裔。[7] 至少，當地每個古老氏族都聲稱曾協助二帝，並在這個宋末朝廷逗留九龍期間，與之有密切聯繫。這些說法有很多都不大可能是真的，或根本是無稽之談。[8] 即使有些這類傳說難以證明是誇大的，但二帝的存在已成為 700 多年來本地傳說和民間故事的豐富資源，因此也很難確定這些故事和傳說的細節在歷史上是否真有其事。

從這些地方傳說中可以隱約看出，十三世紀的衙門和「行宮」並不在後來的九龍城的所在地，而是在再往西南一點的地方，靠近馬頭圍和聖山（這座小山原本位於宋皇臺道與馬頭涌道交界，其北部延伸至太子道）。這附近曾有許多地名和其他遺址，可能與二帝在當地駐留有關，但我們應抱持適當的懷疑態度視之。它們包括在：聖山西南面、位於馬頭圍和馬頭涌之間的二王殿村，此村在 1920 年代末因城市發展而搬遷；聖山上的宋王臺石（《新安縣志》記載在官富場衙門以東），由於 1950 年代中期啟德機場的發展而搬遷；原建於馬頭圍的上帝古廟，[9] 以及「金夫人墓」（人們相信此墓為二帝之妹的墳墓），它在 1890 年代聖山北邊興建第一座聖三一堂時被毀。[10] 而最重要的是侯王廟，村民認為他們建立這座

5　「衙門」是指帝制時代傳統中國官吏辦公的官署。一個衙門通常是由多座磚瓦結構的單層建築物組成，圍繞着多個庭院和花園。關於新安縣（範圍包括香港地區）衙門的詳細說明，見 Patrick H. Hase, *Forgotten Heroes: San On County and Its Magistrates in the Late Ming and Early Qing* (Hong Kong: City University of Hong Kong Press with the Royal Asiatic Society, Hong Kong Branch, 2017)。

6　有關宋代二帝逃亡和他們在香港地區的隨員，見羅香林等：《一八四二年以前之香港》，第四章；以及饒宗頤：《九龍與宋季史料》，還有本書第 1 章「海南柵：大嶼山北岸的聚落與社會」。

7　許舒的個人看法，他在對土瓜灣村民進行訪談時獲知此事。「趙」是宋代皇族的姓氏。

8　見 Patrick H. Hase, "Beside the Yamen: Nga Tsin Wau Village", *Journal of the Hong Kong Branch of the Royal Asiatic Society*, Vol. 39 (1999), pp. 1-82。

9　《嘉慶新安縣志》，卷十八，載張一兵點校：《深圳舊志三種》（深圳市：海天出版社，2006），頁 936；並見 Siu Him-fung, Shun Chi-ming, and Lai Kwok-wai, "A Study of the Original Site of the Sheung Tai Temple in Kowloon City", *Journal of the Royal Asiatic Society Hong Kong Branch*, Vol. 60 (2020), pp. 78-114。

10　《康熙新安縣志》，卷三，載《深圳舊志三種》，頁 286，當中提到這個墳墓在官富山。

廟，是藉奉祀侯王楊亮節來追念已經滅亡的宋朝；楊亮節是宋帝昰之舅，而廟的所在地是他曾住過的地方原址。在本地民間傳說中，侯王廟被視作宋朝遺跡，這種想法可謂根深蒂固。

然而，應該注意的是，雖然《新安縣志》認為 1277 年的衙門是在馬頭圍地區，但其他早期跡象顯示，與後來十九世紀的情況一樣，它是位於更接近九龍城區的地方。衙邊鄉和衙前塱這兩條村的村名，都暗示着衙門是在九龍城。這些村名已證明分別來自十二世紀末和十六世紀中葉。大概是 1277 年的衙門位於九龍城，而「行宮」則在馬頭圍；又或者是衙門在某個時候從馬頭圍遷往九龍城。

1293 年，官富場被廢罷，附入黃田場。合併後的鹽場總部設在南頭以北的西鄉。

1293 年後不久，廢棄的官富場衙門改供隸屬東莞縣的新設巡檢司官署之用，但該巡檢司在 1341 年又遷至深圳附近的赤尾，直到 1847 年才重回九龍城。從 1341 年巡檢司遷至赤尾到 1847 年重返九龍城之間的歲月，官府在九龍唯一存在的象徵，似乎就是一小批駐軍，人數通常從幾十人到只有五六人不等。

九龍城的歷史：1341 至 1930 年

從宋朝滅亡和元朝建立，直至清初遷海令時期（1662 年至 1669 年），九龍半島的人口和財富增長似乎都非常緩慢。在十九世紀，錦田鄧氏擁有西九龍大部分地區的地骨權，特別是深水埗、長沙灣、九龍塘、九龍仔、芒角、尖沙嘴。[11] 在香港和鄰近地區，這些權利通常似乎是根據明初（十四世紀末）為耕種土地所繳納的土地稅而獲得的。如果此地的情況是這樣，那麼當時這裏肯定會有一些居民，儘管可能不會太多。

海盜在本地肆虐，可能是令人口增長緩慢的因素。衙前圍大約在 1570 年修

11 見本書第 2 章「西九龍：英國人到來之前」。

建圍牆，可能是為了應付海盜林鳳（又名林阿鳳）對地區的劫掠。[12] 由於當時九龍城的駐軍人數很少，沿海村落面對任何海盜襲擊，都只能任其魚肉。馬頭圍的圍牆可能也是在此時期建造。與衙前圍的圍牆不同，馬頭圍的圍牆似乎在遷海令撤銷後從沒修葺過。

雖然出現這些海盜襲擊事件以及由此衍生的問題，但是本區的人口仍有增長，只是速度很慢。因此，衙前圍氏族的一個分支在 1550 年左右建立了衙前塱村，九龍地區其他一些較為細小的本地人村落（尤其是打鼓嶺村 *），也可能是建於明代。

1662 年至 1669 年的遷海令對九龍的鄉村造成了極大蹂躪。例如，自十四世紀起即是衙前圍主要氏族的吳氏，在 1669 年後只有 12 名倖存的男性族人重返當地；而這個村落還要經過 50 多年休養生息，到 1720 年代才能修復已傾頹的圍牆和廟宇。[13] 假如鄧氏在 1662 年前在西九龍和南九龍曾有佃戶，在 1669 年後這些佃戶當中也沒有任何倖存者返回原地。1688 年的《康熙新安縣志》中有一份 1643 年時的村落清單，清單上所列的九龍半島村落，只有衙前圍、蒲崗和馬頭圍。[14] 顯然，這是低估了當時存在的鄉村總數（當時肯定已存在的衙前塱和打鼓嶺村，很可能被當作衙前圍的一部分，因此列出衙前圍就已同時涵蓋該兩村；同樣，土瓜灣也可能被視作馬頭圍的一部分），但西九龍或南九龍沒有任何鄉村的紀錄，是非常不可思議的。

然而，政府仍要求這批人數已減少的人口繳納土地稅。1669 年回來的村民因此不得不尋找新的佃戶在土地上墾植耕地，以湊足所須繳納的田賦。新來人士既有本地人，也有客家人。他們建立了許多新村落：九龍仔和九龍塘大約建於 1700 年，而牛池灣和尖沙圍（在尖沙嘴）大概建於同一時期，長沙灣的蘇屋建

---

*　編按：除了新界北區的「打鼓嶺」之外，在今天的九龍城打鼓嶺道一帶也曾有一條「打鼓嶺村」。

12　見 Hase, "Beside the Yamen"。關於林鳳劫掠情況，見《康熙新安縣志》，卷十，載《深圳舊志三種》，頁 421-422 和 429。

13　見 Hase, "Beside the Yamen"。

14　見《康熙新安縣志》，卷三，載《深圳舊志三種》，頁 254。此清單上列出的另外兩個村落，無法對應於任何現有村落。見本書第 2 章「西九龍：英國人到來之前」。

於1739年，芒角的建村時間與尖沙圍相若。[15] 一些較小和較為邊緣的村落，建立時間要晚一些：大磡要到1790年代，甚至遲至1800年才建村。毫無疑問，在遷海令撤銷後，由於這些新移民來到九龍半島定居，當地在十八世紀出現人口大幅增長，並且繁榮興旺起來。

到1819年的《嘉慶新安縣志》出版時，九龍半島上的鄉村清單已經擴大，除了1643／1688名單中的三個村落外，還包括長沙灣、深水埗、九龍塘、九龍仔、芒角、尖沙頭（位於尖沙嘴）、赤磡（今稱為「紅磡」）、土瓜灣、二王殿和牛池灣。一如1688年的名單，衙前塱和打鼓嶺村很可能被歸入衙前圍，而蒲崗附近的小村落也可能被歸入蒲崗。[16]

九龍半島原本主要是一個典型以種植稻米自給的地區。然而，到了十八世紀時，當地有一些工業已發展起來，特別是在錨地沿岸的造船業，「四山」（今天的觀塘區）和紅磡、尖沙嘴、大角嘴地區的打石業。從這些石礦場開採的石材，大多運往廣州和澳門。[17]

由1841年英國人佔據香港島計起，至1920年代，九龍半島的經濟大幅成長，變得繁榮起來。香港島上的新城市，對新鮮蔬菜、鮮魚、雞蛋、家禽、豬和柴薪有着持續不斷的需求。由於當時要從今天的新界內陸前往對岸的香港島沿海地區，交通十分隔涉不便，所以上述產品大部分只能靠九龍半島和荃灣來供應，從而令這些地區大為興旺。九龍城充分受惠於這種新的景氣。不過這個墟鎮擴展不大，因為油麻地和紅磡新城鎮的發展（均從1863年開始），把所需的新商業場所都吸納到當地。因此，1901年的九龍城墟只比1840年代時略大一點。然而，這個墟鎮周邊鄉村的商品蔬菜種植業穩步成長，必然使鎮上的店舖和工場分霑到新的繁榮氣象。

有許多跡象透露了上述的財富增長。首先是1850和1860年代席捲這個半島的犯罪浪潮，當時有來自九龍以外的各種團體，試圖搶奪這種新財源的控制權。

---

15 見本書第2章「西九龍：英國人到來之前」。

16 見《嘉慶新安縣志》卷二，載《深圳舊志三種》，頁656。1643年清單上那兩個不知是何地的村落，沒有列入1819年的清單中。

17 見本書第5章「水道旁：鯉魚門地區的打石業與社會」。

因此，一群太平天國「土匪」在 1854 年劫掠了九龍城，並與官兵對抗了幾天（巡檢和戍守官兵以及墟內的商人都逃跑了；但衙前圍村民關閉圍門抵禦土匪，成功抵擋了持續七天的圍攻）；[18] 長洲的黃維則堂於 1858 年與錦田鄧氏爭奪該地區的地骨權；1862 年尖沙嘴發生村落械鬥；大概在幾年後，錦田鄧氏與沙田韋氏再次為深水埗附近的地骨權爆發爭執。[19] 韋氏還因他們村中的一名姑娘在九龍城墟疑遭衙前圍的男孩侮辱，而與衙前圍打了起來。[20]

本區在此時期變得富庶的正面跡象，是當地有大量新機構成立。1847 年龍津義學創辦，它是寨城內最大的義學；九龍城的主要慈善機構樂善堂則於 1879 年至 1880 年成立（另一間慈善醫院成立於深水埗，時間大概是 1894 年）。[21] 人們也募得資金，改善重要的基礎設施，包括九龍城的巨大石砌碼頭（1873 年建成，1892 年擴建），以及相類似但規模較小的坑口碼頭（約 1875 年）；另外又用花崗岩鋪設通往九龍城的道路，並建造新橋樑跨越區內的溪流（通往九龍城北部和東部的道路，在 1870 和 1880 年代以這種方式改善：經風門坳通往九龍仔的道路在 1895 年得到整修，興建了一座漂亮的新橋跨越該處的溪流）。[22] 1841 年至 1901 年間，大概興建了十多座新廟宇。當中可以追溯始建年份的極少，但據知深水埗的西角天后廟是建於 1867 年或之前不久，紅磡關帝廟建於 1873 年，鶴園北帝廟建於 1876 年，深水埗三太子廟則建於 1894 年。[23]

1898 年前，許多被港英政府禁止經營的行業都落戶九龍城（和深水埗），其中對九龍城最重要的是賭博業，在 1870 年代、1880 年代和 1890 年代，有幾家賭場在九龍城營業，大多數興建挨近渡船碼頭的地帶（興建這個新碼頭所需的資金，大部分其實是由九龍城的賭場捐助，因為與香港市區保持良好的交通聯繫，

18　見 Hase, “Beside the Yamen”。

19　關於這些爭執，見本書第 2 章「西九龍：英國人到來之前」。

20　1980 年大圍耆老的口述資料。

21　關於樂善堂的創辦，見朱汝珍編：《九龍樂善堂特刊》(1939)；關於龍津義學的創辦，見 Sinn, “Kowloon Walled City”。

22　科大衛、陸鴻基、吳倫霓霞編：《香港碑銘彙編》(香港：香港市政局，1986)，第一冊，頁 291-292。

23　關於深水埗西角天后廟和三太子廟，見本書第 2 章「西九龍：英國人到來之前」；關於紅磡和鶴園的廟宇，見 *Temple Directory* (Hong Kong: Temples Unit, Home Affairs Department, 1980，未出版)。

對它們十分重要）。

1841 年後，從中方管轄區走私貨物到英方管轄區，一直是一門重要生意。1860 年至 1898 年間，走私貿易集中在九龍城和深水埗。從那裏走私到英屬九龍較容易，而且不太可能被抓獲，因為私梟可以輕易地在兩個司法管轄區之間穿梭。九龍城周圍建造了許多精美住宅，主要是在 1880 和 1890 年代，有些是喜歡在中國法律下生活的殷實商人的宅邸，但也有不少是靠走私致富的家庭的居所。

在 1920 年代，這股繁榮景氣開始退潮。新界地區成為香港的一部分之後（1899 年），走私不再是九龍地區生活的主要經濟元素。到 1920 年代，新界興建了道路，加上新型貨車的出現，令市區街市的買手，可以從更遠的地方採購新鮮蔬菜和家禽，比如價格低廉得多的元朗和上水，結果九龍的商品蔬菜種植業因而崩潰。那時，有了新的道路和鐵路後，許多過去在九龍城採購物品的鄉村轉往油麻地。最後，從 1920 年代中期開始，城市發展開始影響到九龍城周圍的土地；到了 1930 年，九龍城舊墟大部分被清拆，由新發展區取而代之，並成為新的九龍都市發展區的一部分。九龍城作為傳統墟鎮和鄉村中心的悠久歷史，在很大程度上已經畫上休止符。

九龍城墟的創立年代難以稽考。據筆者所知，在 1841 年英國人佔據香港島以前，官方文獻中沒有具體提及此墟的存在。1688 年或 1819 年《新安縣志》的墟鎮列表中都沒有列出該墟，但許多沿海墟鎮亦是如此；這些墟鎮既是陸上居民的市場，也是水上人的錨地。然而，許多十八世紀中後期的本地族譜都提到九龍城墟。鶴嘴和大磡的朱氏落擔祖，就曾於十八世紀下半葉初期在這個墟外的鄉郊村落沙埔住了一段時間，其後才到香港島建立鶴嘴村。[24] 然而，十八世紀中葉前的書面文獻，似乎都沒有明確提及九龍城墟。但另一方面，這個墟顯然比現有記載所指要古老得多。

在九龍城墟外的侯王廟（該廟是九龍城墟的重要宗教中心）中，現存最早的碑記寫於 1822 年。[25] 此捐款碑記上有 8 家店帶有城鎮名稱（當中 4 家來自赤柱，

24 感謝許舒讓筆者翻閱《朱氏族譜》。

25 《香港碑銘彙編》，第一冊，頁 75-78。

2 家來自深圳兩家，以及來自大埔和石灣各一家）。碑上還記載了另外 85 家捐款店舖的店名，但沒標示城鎮名稱，表示這些店舖來自鄰近的墟市。肯定還有許多其他店舖的店主寧願以個人名義捐款。另外，碑記中有 5 個「堂」，可能是大夫；還有 4 個渡船經營者（「渡」），以及至少 31 個石礦場（「塘」）和 29 艘漁船（「拖」）。捐助這個重修項目的石礦場實際上不在本鎮之內，而是來自本鎮的東南方和南方的打石地區。這些漁船無疑平常就是停泊在九龍灣的。因此，儘管這個墟沒有出現在不久之前出版的《新安縣志》中，但毫無疑問它在當時已經十分完備。事實上，從 1822 年的碑記清楚可見，當時那裏有超過 100 家店舖，顯示當時本鎮已是歷史悠久的商業中心，商業聯繫十分廣泛（石灣距離九龍城差不多 100 英里）。同樣，1811 年為守衛碼頭而建的炮台，清楚表明當時碼頭很重要，而它所服務的墟鎮大概亦如是。[26]

1846 年，英國皇家工兵團的威廉・哥連臣中尉畫了一幅九龍半島透視圖，顯示當時的墟市大街由東頭延伸至海邊，而在沙埔和東頭已建有不少房屋（在這幅圖中，西頭位於一座山丘後方，因而看不見）。[27] 把這幅圖和 1901 年留存的墟市詳細地圖作對照，1846 年的墟市中顯然有至少 300 座建築物，也許更多。該圖又顯示有約 50 艘大小船隻停靠在登岸地點。

因此，1846 年的繪圖和 1822 年的碑記充分表明，本墟鎮在十九世紀初就已很繁盛，因此它的建立時間，可能遠早於現存文獻中最早明確提及它的時間。

事實上，有跡象表明本墟鎮早在幾百年前就已在此地建立，很可能是在十二世紀。有許多早期的鄉村名單和地圖，列出「官富」（當時該地區官衙的名稱）和「九龍」的名字。因此，1688 年的《康熙新安縣志》刊出的 1643 年村莊名單中，同時包括「官富村」和「九龍村」。[28] 1553 年刊印的《全廣海圖》，同樣標示出「官富巡司」和「九龍」，清楚顯示為平民聚居地。[29] 這張 1553 年的地圖和

26　見 Anthony K.K. Siu, "The Kowloon Walled City"。

27　見 Hase, "Beside the Yamen"，當中附有這張圖。

28　見《康熙新安縣志》，卷三，載《深圳舊志三種》，頁 254。

29　重刊於 Hal Empson, *Mapping Hong Kong: A Historical Atlas* (Hong Kong: Government Information Services, 1992), pp. 82-83，圖 1-2。

1643 / 1688 年名單中的「九龍」，很可能就是指這個墟，因為就目前所知，從來沒有一個叫「九龍」的農業村落。

據將軍澳陳氏（這個氏族的一個分支定居於衙前圍）的族譜記載，先祖慶元公在十二世紀中後期先定居衙前圍（當時稱為「衙邊鄉」）。該村被形容為「**新安縣北甲司衙邊鄉**」，這位先祖之子亦以此來稱呼這村。[30] 然而，生活在十六世紀中葉的祖先則被描述為住在「**新安縣九龍衙邊鄉**」。這可能表示，在十二世紀，官衙似乎是本區最重要的特徵，但到了十六世紀則是墟。

在香港以及鄰近地區，據知在明代時深圳、元朗和大埔都有墟市（見地圖58）。如果本地區只有這三個墟市，那麼九龍山脊以南的大片區域，連一個墟都沒有了；除非九龍城也有一個墟市，才能填補空白。西貢區（據知明代時該地已至少建立了三個村）、九龍半島（至少有另外五個村）和荃灣區（至少有兩個村），以及香港島北岸（至少有一兩個村），都距離大埔墟太遠，村民利用該墟市來滿足日常所需（大埔離西貢十英里，與九龍則要跨越兩個大山坳）。因此，日常生活的實際需要，強烈表明九龍城在明代時必定也有墟市；甚至很可能在九龍的村落初建時，即南宋晚期已有墟市。

在十八世紀，九龍山脊以南地區的人口增長，開始需要更多的墟。荃灣、深水埗、西貢的墟市，全都是在十八世紀上半葉相應建立的，（西貢和深水埗至遲是從 1720 年左右開始的）。[31] 這些新興的墟市附近村落的村民認為，在他們自己的墟成立前，村民是在九龍城購物的。事實上，直至十九世紀，西貢仍保留了其先前從屬於九龍城墟市的痕跡。因此，九龍城墟市應比這三個在其舊銷售區域內新建的墟古老得多。然而，遷海令之後好幾代人的歲月裏，都不大可能有任何全

---

30 感謝陳氏耆老給筆者一份族譜副本。

31 關於西貢墟的建立，見本書第 3 章「仇與恨：早期西貢的聚落與政治，1550 至 1911 年」；關於深水埗鎮的建立，見本書第 2 章「西九龍：英國人到來之前」及 Carl T. Smith（施其樂），"Sham Shui Po: From Proprietary Village to Industrial-Urban Complex", in *From Village to City: Studies in the Traditional Roots of Hong Kong Society*, ed. David Faure（科大衛）, James Hayes, Alan Birch (Hong Kong : Centre of Asian Studies, University of Hong Kong, 1984)，重刊於 *A Sense of History: Studies in the Social and Urban History of Hong Kong* (Hong Kong: Hong Kong Educational Publishing Co. Ltd, 1995)；關於荃灣，見 David Faure, "Notes on the History of Tsuen Wan", *Journal of the Hong Kong Branch of the Royal Asiatic Society*, Vol. 24 (1984), pp. 46-104。

| 地圖 58 | 明代的墟市分區

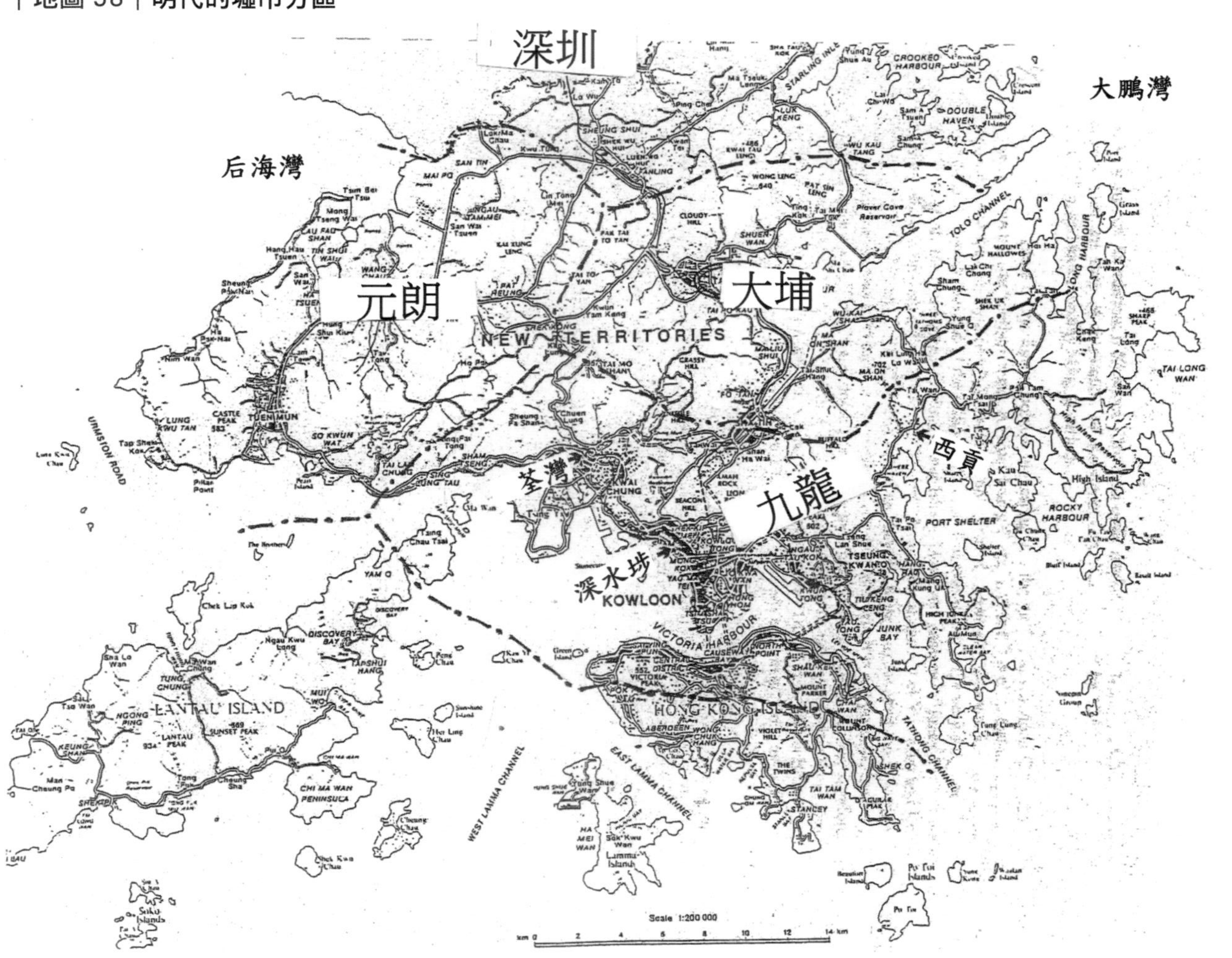

新的墟市建立。如果九龍城墟比深水埗墟更古老（看來確實如此），那麼九龍城墟市一定是在遷海令頒布前便已建立，因此很可能是明代或更早的時候。

還有一個跡象顯示，九龍城的墟市自南宋晚期便已存在。如羅香林所指出的，從廣州到福建的海上航線，至少從十一世紀起就會通過維多利亞港（事實上，直至帆船時代結束時都是如此）。[32] 這是為了避開香港島南岸非常危險的背風岸水域。然而，帆船要通過維多利亞港，須穿越兩道「門」，即鯉魚門和汲水門這兩個狹窄海峽。流過這些狹窄海峽的潮水十分洶湧，帆船必須在順潮時才能通過。然而，帆船不可能在一次潮汐中同時穿越這兩道「門」。因此，通過的帆船都必須在港口內停泊至少幾個小時，以等待下一次適當的潮汐通過第二道「門」。兩道「門」之間最安全和最方便停泊的錨地是九龍灣。因此，九龍灣最晚從南宋時期起，肯定便已是供通過維多利亞港的帆船停泊的標準錨地。

蒲崗村的林氏祖籍福建省中部的莆田，是南宋時期往來於福建與廣州之間的運貨帆船船主。該氏族的一個分支在十二世紀後期定居九龍城外的蒲崗，反映這個地點被認為對該家族的船很有用處。[33] 帆船無論去到哪裏，總是需要新鮮蔬菜、水和柴薪，以及新的繩索和其他索具，並且需要覓得船塢和燂船場。林氏定居九龍城充分表明，在十二世紀末該處已有一個墟，為途經而停泊在九龍灣等待潮汐漲退的船舶提供這些服務。林氏的盤算，無疑是想以本族建於附近的村落來為家族帆船提供服務。

因此，雖然在十八世紀前並無關於九龍城有墟市的確切記載，但墟市極可能自明代，甚至很可能自南宋起便已存在。

九龍城的地理形勢

1901 年的九龍城基本上是一個大墟鎮，附近是一座建於 1847 年、設有圍牆的衙門寨城（見地圖 59）。1901 年的「九龍街」墟市，基本上是一條西北—

32 羅香林等：《一八四二年以前之香港》（香港：中國學社，1959），第一章，〈香港之海灣與特產及其前代隸屬〉。

33 來自蒲崗村民的評論。

| 地圖 59 | 1901 年的九龍城及何家園地區

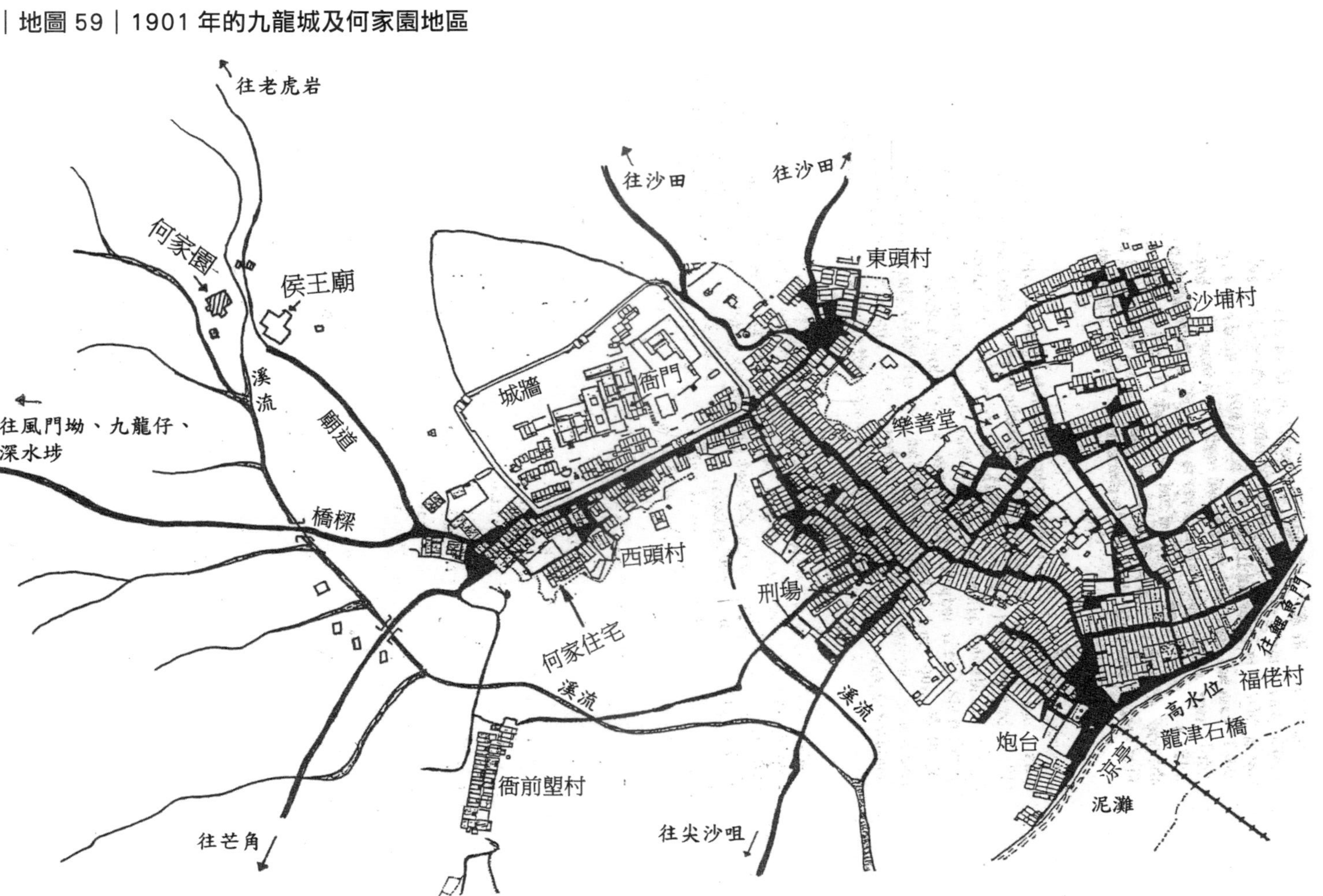

東南走向的街道，街上有大約 250 間店屋。這條街的南端盡頭是一塊海邊小空地。在這片空地的一側，有一座建於 1811 年的炮台，保護此墟水路交通的上岸處。1873 年這裏建造了一個巨大的石碼頭，令上岸更方便。正如哥連臣的繪圖所示，這種佈局（除了碼頭）在 1846 年已基本完成。在墟鎮大街後方還有大約 250 間房屋，尤其是在郊區的沙埔、西頭和東頭；這些郊區的房屋大多是民宅，但也有一些是各類型的工場。

在墟市大街的北端盡頭是一個 T 字型的路口，該處有一條大致呈東西向的街道。這條街道往東西兩個方向，直至建成區的盡頭，形成一條重要的行人徑；循陸路前往墟市的人，大多會使用這條路。這條行人徑再向西延伸，可前往深水埗和荃灣，最終到達南頭的縣城；向東則可經過山坳翻越群山到達沙田，從而提供由九龍半島前往北方的交通路線，尤其是前往深圳和惠州。從地圖 59 可見寨城（官衙）建在離這個 T 字路口不遠的地方。1847 年落成的寨城，必須建在風水最佳之地，這意味着稍為遠離墟市，包括 T 字路口的區域。寨城的主入口位於整個建築群的東南角，這是寨城距離 T 字路口最近的地點，但又並非與之緊挨着。寨城位於這條東西向的行人徑北面稍後之處，所以這條東西向的街道暢通無阻地從城牆南面經過，令城牆南面與沿這條街而建的房屋之間留出了空間。

如上所述，1901 年時這個墟有廣闊的郊區。沿着上述東西向的街道的寨城城牆以南，直到寨城的西南方，是一個鄉郊住宅區，稱為「西頭」或「西角」。在 T 字路口以東，沿着這條東西向街道一路走去，是另一個類似的鄉郊住宅區，稱為「東頭」。九龍城墟市的東邊有一大片郊區，叫「沙埔村」，那裏缺乏規劃，充滿雜亂無章的行人徑和建築物。沙埔以南的海岸地區稱為「福佬村」。沙埔是朱氏落擔祖在十八世紀後半葉定居的地方。該處主要是住宅區，但樂善堂這個九龍城墟的主要慈善組織兼醫療機構也在此處，另外有一些工場和小工廠。在九龍城墟西側的相對位置，也有類似的區域，但沒有單獨的名稱。

一如許多其他墟鎮，九龍城墟似乎並非按照任何重要的風水系統建立（見地圖 60）。本墟不太注重風水的原因，是因為住該處的人大多是過客，而非長期定居的居民，他們只着重的故鄉的風水。然而，樂善堂是沿着以獅子山為起點，穿過打鼓嶺村的山丘，最後到達香港島畢拿山的風水軸線建造的。

｜地圖 60｜九龍城地區的風水

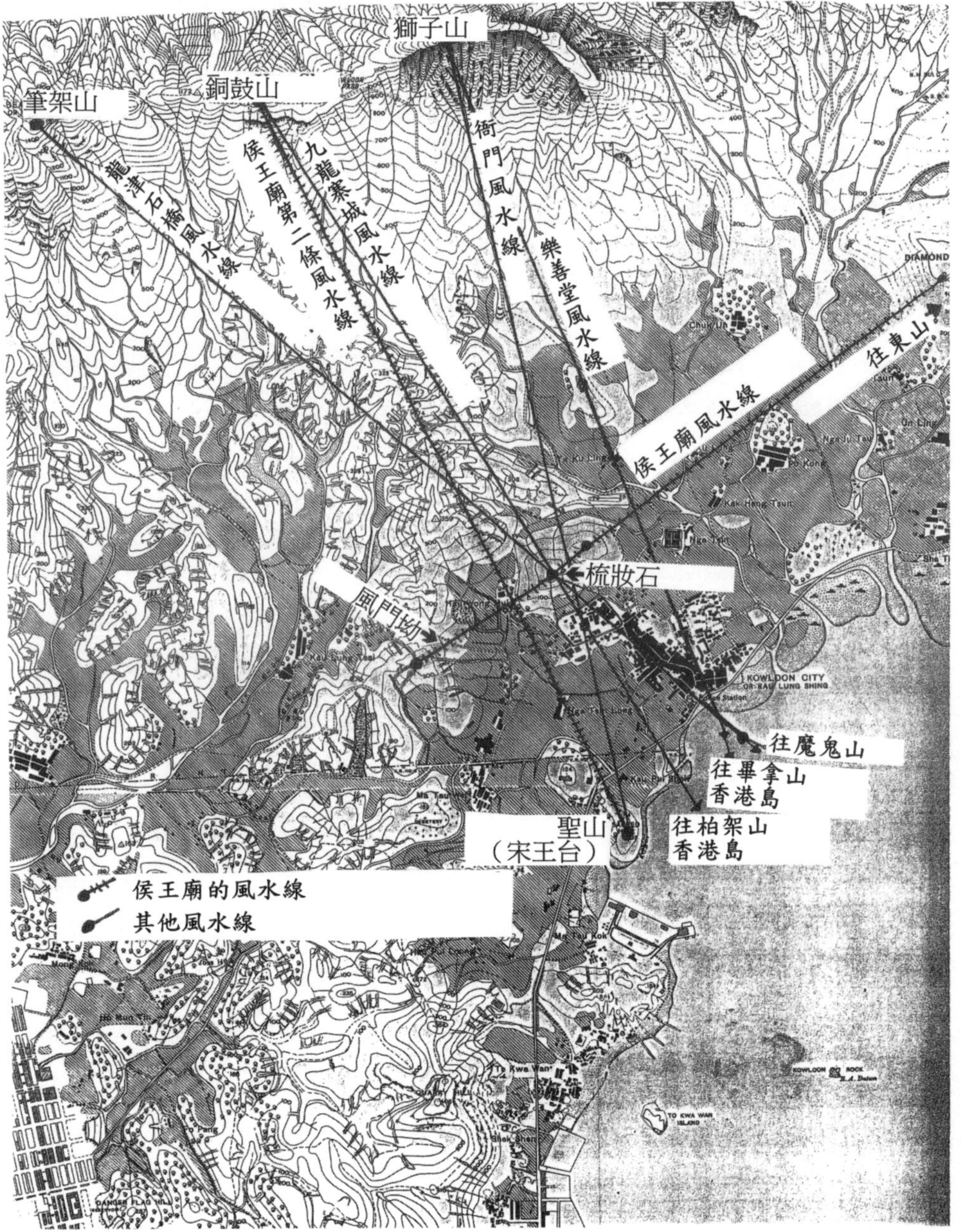

然而，寨城的建造則要把風水效果發揮到極致。寨城後方有一座小山，名叫「白鶴山」；山頂上有一塊非常顯眼的巨石，稱為「梳妝石」。此石具有重要的風水意義。1847 年修建九龍寨城的城牆時，從寨城的東北角和西北角修築了兩座翼牆，延伸至梳妝石，形成一個以這塊岩石為尖頂的巨大三角形。把這個三角形一分為二，並穿過梳妝石的風水線，從筆架山和獅子山之間的山峰（這山峰稱為「銅鼓山」）延伸到香港島柏架山的山峰。這條線是整座寨城的主要風水軸線。但衙門並非沿這條軸線興建，而是沿着另一條從獅子山山頂一直延伸到聖山上的宋王台的軸線。這兩條風水軸線在衙門公堂的中央交會。值得注意的是，寨城前方沿着這兩條風水線的區域，沒有任何建築物；只有在城牆下方、寨城視線所不及之處，才有一兩座建築物。

雖然這個墟市大致上並無明顯的風水系統，但有趣的是，龍津石橋在 1873 年興建時，是順着一條非常強大的風水軸線，從梳妝石一路延伸至筆架山，並在另一個方向連接鯉魚門上方的魔鬼山。

侯王廟的風水系統是與寨城和龍津石橋的系統相連，因為侯王廟的風水系統也是以梳妝石為中心（見地圖 60）。該廟的主要風水線非常強大，從東山（這是飛鵝山和大老山之間的山峰），穿過鑽石山山頂，穿過白鶴山的次峰，穿過梳妝石，然後貫穿侯王廟，以風門坳南側的小山丘為終點。風門坳是不大高的山坳，九龍城郊區西角的西端有行人徑穿越風門坳，通往九龍仔再到深水埗。這個山坳素來被視為在風水上不利於九龍城，因為它令危險而有害的風水力量（煞氣）影響九龍城地區。這個山坳的名字（「風門」）暗示了這種風水上的危險。毫無疑問，侯王廟的位置面向山坳口，會被認為有助抵擋來襲的煞氣。有趣的是，香港地區的其他幾座侯王廟，例如沙田，尤其是東涌，侯王都被視為能化解風水問題的守護神。十九世紀末，風門坳的行人徑鋪上花崗石板，並在山坳建了一堵牆，主要是為了改善對九龍城風水的保障，1895 年的碑文寫道：

於風門坳築石牆以障缺。[34]

34 《香港碑銘彙編》，第一冊，頁 292。

一條次要風水線，從筆架山延伸至聖山上的宋王台，在侯王廟處大致成直角地與這條主要風水線相交。

1822 年廟內碑記談到這座廟的風水：

> 且試登斯廟之亭，左望珓杯之石，右瞻銅鼓之山，前皇臺，後仙岩。

整個九龍城平原都有大量耕地。這片平原擁有在香港地區肥沃程度數一數二的土壤。土地肥沃，從山上流下的多條溪流，提供了豐沛的灌溉水源。大部分平原幾乎完全平坦，令灌溉輕鬆容易。這裏的土地品質上乘，無疑是吸引衙前圍、蒲崗和馬頭圍的創立者在十二世紀後期來此定居的因素。直在十九世紀中葉為止，這片平原的大都被稻田佔據。但在香港島的城市建立後（1841 年），此地區逐漸轉變為商品菜園；該地區土地膏腴，很合適於這種用途。在十九世紀，耕地向上擴展到周圍山丘低處的山麓，在那裏開闢小型梯田。這些田地從開闢之初起，主要就用作商品菜園。

在城市發展開始前，有多條古老行人徑在九龍城輻輳（見地圖 61）。在西面和西南面有三條重要路徑。一條由這個墟的中心往西南，穿過土瓜灣和紅磡，到達尖沙嘴渡船碼頭（這條路在 1841 年英國人佔據香港島後變得愈來愈重要。香港政府在十九世紀末逐步改善這條路，通到了舊邊界）。另外兩條路從西角通往深水埗。一條經過馬頭圍，穿過今天界限街沿線的山口到達九龍塘；另一條穿過風門坳到九龍仔，再到九龍塘，與穿過馬頭圍的小路匯合。馬頭圍的路徑分岔出兩條支路，通往芒角村和油麻地地區。這兩條支路在 1864 年油麻地的城市發展開始後變得更為重要。從 1920 年代末開始，這些支路被重建為汽車行駛的道路（亞皆老街和窩打老道 / 太子道）。在 1860 年至 1898 年間，通過風門坳的道路比之前或之後都來得重要，因為不同於通過馬頭圍的路徑，它沒有穿越舊邊界，而是完全位於那段時期的清朝管轄範圍內。1930 年代，馬頭圍的路徑被新建的界限街取代。但直到二次大戰結束前，穿過風門坳的小徑一直是行人徑，沒有現代化的道路靠近它的路線。雖然曾有人提議，將東寶庭道從九龍城大約沿這條行人徑的路線延伸到窩打老道，但最終沒有完成；其中一段現在位於九龍仔公園

｜地圖 61｜九龍城的行人徑和渡船

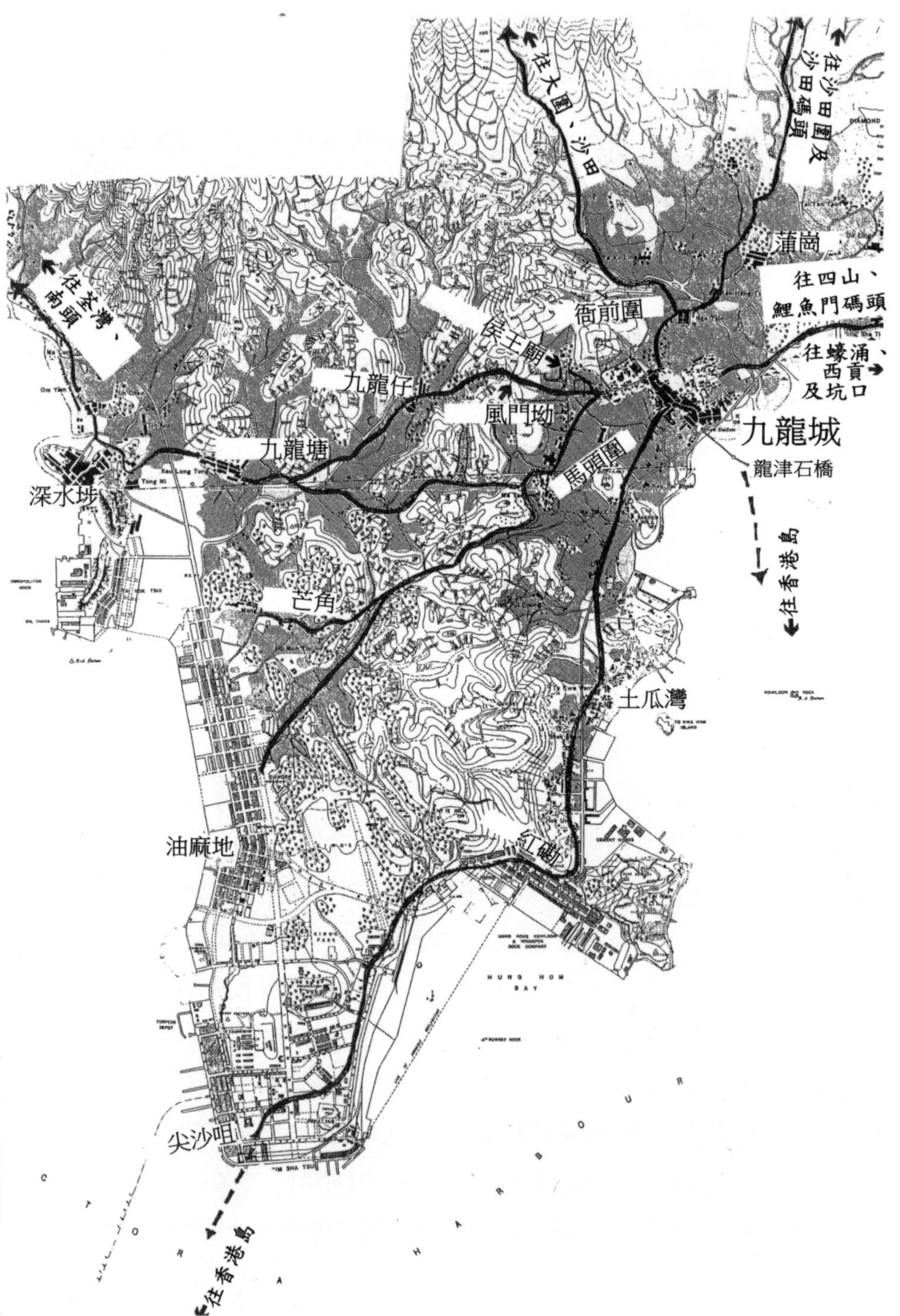

內，今天的九龍塘還有一小段東寶庭道，是這條擬建道路的遺跡。

往九龍城以東地區也有三條要道。一條沿着海邊到牛池灣，再往四山，之後再到鯉魚門渡船碼頭，從那裏有渡船到香港島的筲箕灣。這條路到牛池灣村附近再分岔出兩條小徑，一條往蠔涌和西貢，另一條從牛頭角附近前往坑口。九龍城以東的另外兩條路，則通到前往沙田的兩個重要山坳（九龍坳和沙田坳），這兩條路在衙前圍附近匯合，之後這條合二為一的路經東頭直達九龍城墟。

除了這些要道之外，還有一些次要的「割草者小徑」。從西角通往侯王廟的行人徑（廟道）固然是重要的道路（它鋪上了花崗石板，並設有牌樓拱門作裝飾，這是在 1895 年改善風門坳路的道路改良計劃的一環，見插圖 087）；但過了侯王廟後，就只有割草人到老虎岩割山草所走的狹窄小徑；一般行人絕少會使用侯王廟後這條小徑。

1841 年前，本區的渡船主要使用尖沙嘴和鯉魚門的渡船碼頭，但早在 1822 年就至少有四艘渡船在九龍城營運，它們當年都為重修侯王廟捐了款。這些渡船應該是為香港島北岸以九龍城為墟市的村落提供交通運輸服務，也可能是連接九龍城與珠江三角洲城鎮的長途渡船。1841 年香港島上建立了維多利亞城之後，直接往來九龍城與香港島北岸的渡船的客運量和貨運量大增。為方便乘客搭船，九龍城於 1873 年興建了一個巨大的石砌碼頭，並於 1892 及 1917 年進行改善工程。

侯王廟及侯王新村地區：侯王廟的歷史

九龍村民對侯王廟的歷史有很清晰的傳說，就是這座廟是建在宋末流亡朝廷在九龍時楊亮節住過的宅邸舊址之上，他是宋端宗趙昰之舅。宋朝覆亡後，村民在得悉楊亮節逝世和宋朝滅亡（分別在 1278 和 1279 年）的消息，為表達對宋朝的崇敬和效忠之情，以及對楊亮節忠義之欽佩，便為他建了一座神壇；除了供奉楊亮節，村民也藉此紀念在他們眼中楊亮節所代表的宋室。起初那只是一座神壇，但是在元朝滅亡、漢人建立的明朝取而代之以後，在安全無虞的情況下，神壇就被重建為一座廟宇（因此那是在 1368 年後不久）。直到今天，這座廟仍然

｜插圖 087｜約 1905 年的廟道及牌樓

遠處可見侯王廟。

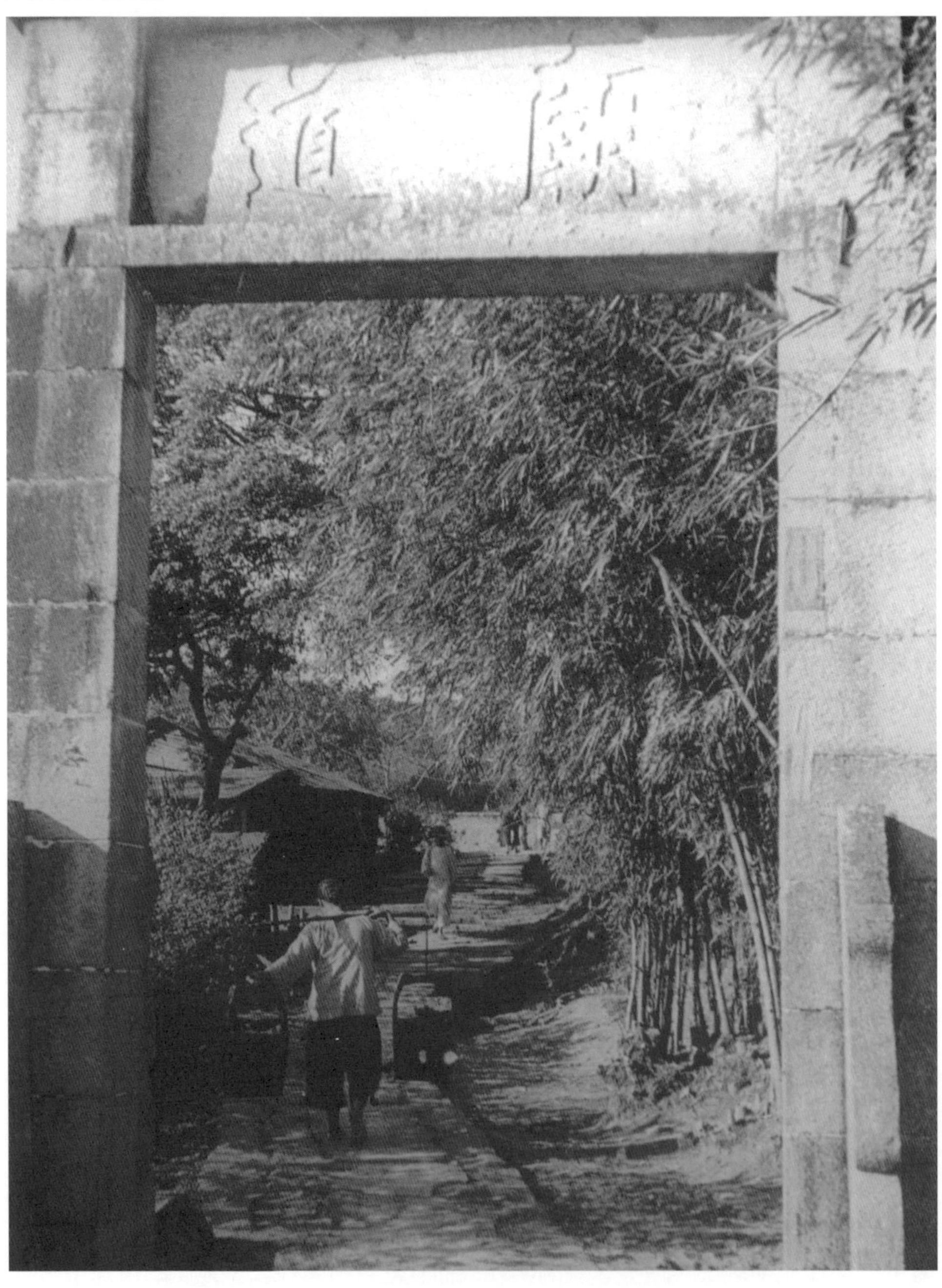

是九龍區的重要宗教中心。

這個鄉村傳說大概離事實不遠，應該視之為近乎真實。

宋末流亡朝廷到過之處，都有供奉其重要朝臣的廟宇。在福建大多是供奉「三忠公」（此三人是文天祥、陸秀夫和張世傑），但在珠江口附近則主要是供奉侯王。兩名小皇帝沒有任何廟宇供奉。但各地的人都很清楚，無論是供奉「三忠公」還是侯王，都是代表對宋末朝廷的崇敬，所供奉的神靈就被視為宋朝的代表。沒有供奉小皇帝，大概是因為在元代公開敬拜宋室過於危險；但如果不太張揚的話，公開祭拜宋室臣下是可以接受的。宋廷在 1276 年至 1279 年間駐留過的地方，到處可見供奉與宋朝相關人物的廟宇，九龍城有這樣一座廟完全不足為奇，若沒有的話反而令人驚訝。

1911 年遷居九龍城的翰林院編修[35]陳伯陶曾研究楊侯王的歷史，並在 1917 年把研究成果寫成碑記，豎立到九龍城侯王廟。[36]陳伯陶指出，宋代外戚多封王，故此貴妃之兄弟生封侯、歿封王，很合乎慣例。他又留意到，村民一致指這位神明姓楊，並相信此神是宋末朝廷駐留九龍時的重臣。陳伯陶更進一步推測，這位神明不僅與宋末朝廷有關，而且在朝中地位崇高，村民尊崇他為神是合情合理的。他指出，楊淑妃之弟楊亮節是宋帝昰之舅，所以是宋末朝廷中唯一可能獲封侯封王的人物，因此，身為楊淑妃的弟弟，也是唯一陪同小皇帝南下的男性親屬，他在朝中地位之高和重要可想而之。此外，正如陳伯陶指出的那樣，楊亮節在宋朝的殘存朝廷中格外重要，而不僅僅是在唯一陪伴小皇帝南逃的男性親屬。正是這位年輕人（他在 1276 年可能年僅 23 歲）支持和協助他姐姐力抗太皇太后的指令（後者帶着年幼的宋恭帝向蒙古人投降），陪同年幼的二帝逃跑。沒有楊亮節的支持，嘗試保存宋朝之舉便不可能開展（有一段時候，逃亡隊伍似乎只包括楊亮節、他姐姐楊淑妃、另一位妃嬪俞修容和年幼的二帝）。此外，1276 年趙昰在福州登基時，楊亮節自封為宰相；「三忠公」在 1276 年尚未加入朝廷，那年

35　翰林院是皇帝的「智囊團」。在科舉中考獲三甲的人可以參加進一步的考試，成功的話會獲任命為翰林院成員，之後可能會被要求就重要學術事項向皇帝提供建議。

36　《香港碑銘彙編》，第二冊，頁 447。

大部分時間都是由他掌管朝政。因此，楊亮節在宋末殘存朝廷歷史上的地位堪比「三忠公」，並且是唯一獲封王封侯的人物。而且事實上，陳伯陶還指出，楊亮節是唯一在宋末朝廷中擔當過重要角色的楊姓人物。毫無疑問，陳伯陶將楊侯王這位神明認定為楊亮節是正確的。楊侯王是宋帝昰之舅、猶如宰相的楊亮節的神化，這應該是公認的事實。

陳伯陶在研究中犯了一個錯誤：他找不到 1277 年夏天後任何關於楊亮節的資料，故懷疑他在九龍城病卒，而侯王廟就是建在其墳墓之上或附近。隨後，進一步的文獻被發現，顯示楊亮節直到 1278 年才去世，即宋室離開九龍幾個月之後。不過，陳伯陶強調，他說楊侯王死於九龍只是猜測，並無任何文獻佐證；而這個錯誤的猜測，並不影響他指楊侯王即為楊亮節的說法。陳伯陶本人確實亦對楊侯王死於九龍之說表示懷疑，他寫了兩首曲，並附在碑記後，其中一首說到楊亮節沒病故，並在 1277 年底與宋室離開九龍前往荃灣。

陳伯陶說，他向當地村民查詢時，所有人只知這位神明的姓氏和頭銜，而不知其名。今天，不僅在九龍城，而且在香港其他有侯王廟的地方（沙田大圍、西貢蠔涌、廈村、屏山和元朗，以及大嶼山的大澳、石壁和東涌），所有村民都知道這位神明是楊亮節。目前尚不清楚陳伯陶是否運氣不佳，剛好問到不知其名的村民，還是村民是在 1917 年後才從陳伯陶的碑記中得知神明的名字（據知，大嶼山的楊侯古廟掛有碑文的手抄副本，所以陳伯陶的研究所得，很容易從九龍城傳播出去）。

有一個流傳甚廣的說法，認為九龍城侯王廟是建於 1277 年楊亮節住過的房屋原址之上的。羅香林表示，他是從土瓜灣村民口中聽到這個故事的其中一個版本。[37] 沙田村民也知道這個故事：他們說九龍的廟是建在楊亮節的房屋舊址上，但這位神明也曾在沙田「短暫」居住，而沙田的侯王宮就矗立在他在沙田所住的房屋舊址上。這明顯是傳說從一間廟轉移到另一間的例子，但它證明九龍城侯王廟是矗立在這位神明昔日所住房屋原址上的想法，已經根深蒂固地進入到九龍村民的普遍理解當中。大嶼山東涌村民，以及衙前圍村民，也都知道這個故事。

---

37 見羅香林等：《一八四二年以前之香港》，第四章。

考慮到宋末殘存朝廷實際上就駐在附近，這個故事本身就非常合理。不過，須注意的是，廟宇的選址除了可能是楊亮節的故居外，它還是一個非常重要的風水寶地。這座廟即使靠近楊氏故居所在地，但在明初把神壇擴建為正式廟宇時也可能經過遷移，以與風水線相交。然而，在香港地區的其他墟鎮，主要廟宇幾乎全都位於建成區之內，至少是在區域的邊緣；但侯王廟卻距離它所服務的墟市頗遠，背後一定有些不尋常的因素，令這座廟選址於此。要麼這個地點被認為與楊亮節聯繫很緊密，以至於明初村民認為必須把廟建在這裏；要麼是為了替墟鎮化解風水問題，故須在該處建廟（另一個把主要宗教重心置於建成區之外的城鎮是大澳，那裏的主廟——另一座侯王廟，建在一段距離之外的地方，可能是出於風水原因）。[38]

所有證據都指出侯王廟或其前身的神壇，是在楊亮節去世和宋朝覆亡後便已建立。1822 年的碑記說：

> 自宋迄今，數百年如一日，又安知非侯王助法護宋……

這清楚地表明，村民在 1822 年講述的故事，與陳伯陶在 1917 年聽到的並無二致：該廟供奉的是一位宋末高官；而楊亮節在這個地點被神化，可以追溯到宋朝滅亡之後不久。

這個年代也得到來自沙田大圍的證據支持。1574 年時，大圍村民為他們的鄉村築起圍牆。他們在圍村內與圍門相對的位置建了一座侯王廟，該處是此村主巷的盡頭，是村裏風水最敏感的地方。我們不清楚這座廟是在 1574 年新建的，還是在 1574 年之前已存在，而在 1574 年時被遷到新的圍牆之內。如果是後者，那麼建廟時間頂多是再早一代人左右，因為沙田似乎要到十五世紀末才開始有人定居。不過，就追溯九龍城侯王廟的建廟年代而言，這裏的重點在於沙田似乎是向九龍城「請神」建廟的，可見九龍城的廟歷史更為悠久。[39] 因此，九龍城的廟

38　見本書第 4 章「地與海：鹽業、漁業與香港港口城鎮的社會發展」

39　見 Patrick H. Hase, "The Nine Alliances of Lek Yuen: Traditional Sha Tin", in *Settlement, Life and, Politics: Understanding the New Territories* (Hong Kong: City University of Hong Kong Press with the Royal Asiatic Society, Hong Kong Branch, 2020)。

最晚可追溯到明初。大嶼山村民認為，他們的侯王廟全都建於明代（東涌侯王廟除外），但他們也承認九龍侯王廟是香港地區最古老的侯王廟。

在遷海令期間，九龍城侯王廟必然像本地的其他廟宇一樣被清拆和荒廢。這裏提到了 1730 年「建廟」，大概是指遷海令撤銷後的重建。[40]

因此，該廟幾乎毫無疑問是供奉一名宋末重臣，而這名重臣極有可能就是楊亮節。同樣，該廟的建廟年代無疑最晚是明初；但也沒有理由懷疑村民的看法，亦即在建廟前，原址有一座小神壇。這座廟可能是當今九龍留存下來最重要的一個文化和歷史遺跡。

何家園

在侯王廟建立之時，廟宇是位於當時九龍耕作地帶外緣一個樹木繁茂的山谷之中。1822 年的侯王廟重修碑記指出了當地的自然美景：

松風繞韻，澗水流香。

在這座廟和九龍寨城的西角郊區之間，名為「廟道」的小徑穿過竹林和松林，在 1930 年代前一直是一條美麗的鄉間小路（見插圖 087）。

然而，在某個時候，大概是在十九世紀最後幾十年裏，緊鄰侯王廟西部和西北部的地區被開闢為耕地。本區並非良田，非常陡峭且多岩石，並被從陡峭山坡上流下的間歇溪流所分割。在這裏開闢的耕地由山坡上的梯田組成，唯一近乎平坦的土地，是緊靠侯王廟以西的區域，在該處兩條溪流之間，有一片尚算平坦的舌狀地帶。

1901 年集體官契制訂之時，這個區域的土地全由一個人擁有。這本身就強烈暗示着，這片耕地是在不久之前開闢的，否則一定會有部分土地賣到其他人手中。從山坡上開闢出這片耕地的時間，看來不會比集體官契的制訂早上超過

40 見管理該廟的華人廟宇委員會在 1966 年於廟中所立的碑文。資料何來並不清楚。見《香港碑銘彙編》，第二冊，頁 573。

一代人的時間，因此很可能是在 1875 年至 1900 年之間，大概是這段時期中較早的時間。

在 1901 年，區內形成了三個地段（見地圖 59 和 62）。它們（以及此處討論的所有其他地段）都位於丈量約份第一約，即九龍城集體官契丈量約份區。在溪流之間的那片平坦土地，加上它北面上方的土地，是第 6264 號地段。它西邊的山坡梯田是第 577 號地段。它們之間有一小塊土地，是第 576 號地段。緊靠第 6264 號地段中央地帶的東南方是第 6265 和 6266 號地段，侯王廟就坐落於這兩個地段上。在 1901 年，第 576 號和第 6264 號地段由「Ho To-shing」（漢字不詳，因為集體官契沒有記載中文姓名）所有。第 577 號地段為「Ho Yuk Tak Tso」所有，其司理也是「Ho To-shing」。第 6264 號地段是一個大地段，包括 0.2 英畝的屋地和 2.07 英畝的農地。第 576 號地段包括 0.14 英畝的農地，第 577 號地段包括 4.2 英畝的農地。廟道這條小徑一直延伸至侯王廟地段的西端，之後逐漸變成通往老虎岩的小徑。由這條小徑可通往這個新開闢的耕地（在插圖 087 中，遠處可以看到侯王廟）。

當時，這些地段並非「Ho To-shing」或「Ho Yuk Tak Tso」在九龍城區內僅有的地段。西角地區的第 543 號地段（包括 0.24 畝的農地）也是由「Ho Yuk Tak Tso」擁有。有趣的是，此地段的司理並非「Ho To-shing」，而是「M. Ho Ng Shi」（「M.」是 Madame，即夫人之意）。「M. Ho Ng Shi」幾乎可以肯定是「Ho To-shing」的母親，亦即「Ho Yuk Tak」的遺孀，這個祖堂是以「Ho Yuk Tak」的名義設立。「M. Ho Ng Shi」很可能在登記第 543 號地段與登記第 577 號地段之間去世，「Ho To-shing」在她去世後繼任為司理。集體官契記載了另一個由「M. Ho Ng Shi」擁有的地段（第 498 號地段，包括 0.18 英畝的農地），儘管集體官契並未表明她在此是擔任她丈夫祖堂的司理，但這是十分可能的事。

同時，「Ho To-shing」以自己的名義在九龍城區擁有另外八個地段：第 119 號地段（0.06 英畝農地）、第 269 號地段（0.06 英畝農地）、第 292 號地段（0.05 英畝農地）、第 314 號地段（0.07 英畝農地）、第 318 號地段（0.10 英畝農地）、第 6565 號地段（0.17 畝農地）、第 6560 號地段（0.09 英畝農地）和第 6025 號地段（0.02 英畝屋地：這是位於西角的一棟房屋，地點見地圖 59）。何氏家族（在

｜地圖 62｜1901 年的何家園與侯王古廟

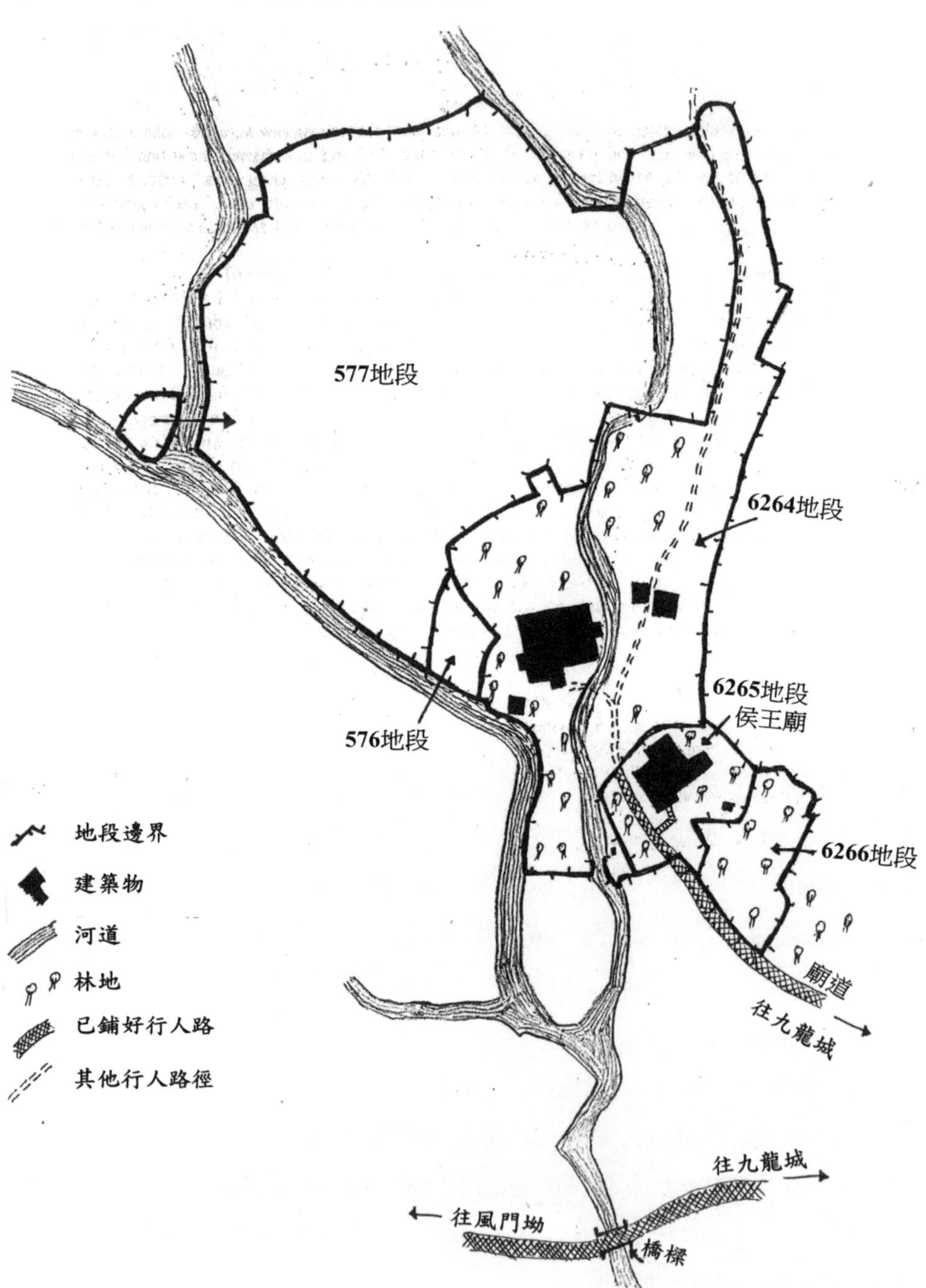

「Ho To-shing」名下）總共擁有 2.81 英畝農地和 0.22 英畝屋地，加上另外（以「Ho Yuk-tak」的名義擁有，包括登記在「M. Ho Ng Shi」名下的土地）4.62 英畝農地，合計有農地 7.43 英畝，屋地 0.22 英畝。除了位於寨城以東的東頭地區的第 6560 號及第 6565 號兩個地段外，其餘土地都在侯王廟和西角之間的地區。在集體官契制訂的時代，新界家庭平均擁有的土地不超過一英畝，而且當時極少新界家庭擁有超過 0.02 英畝的屋地，因此何氏擁有土地的數量是十分可觀。值得注意的是，1901 年時，「Ho To-shing」以個人名義登記了大約三分之一的家族土地，三分之二登記在以他父親名義設立的祖堂之下。祖堂土地大概是屬於「Ho Yuk-tak」全體後人的，除了「Ho To-shing」，「Ho Yuk-tak」可能還有其他兒子，這些人很可能是由他的妾氏所生。

根據田土廳的紀錄，「Ho To-shing」於 1905 年無法理事，其子「Ho Pak-sang」於 1907 年取得授權書。1918 年「Ho To-shing」去世，「Ho Pak-sang」繼承登記在「Ho To-shing」個人名下的地段，以及「Ho Yuk Tak Tso」司理的職務（變更司理一事在 1927 年登記）。但何氏在「Ho Pak-sang」主事下家道中落，「Ho Pak-sang」被迫於 1929 及 1930 年將他繼承自「Ho To-shing」的土地（第 577 號地段除外）抵押，並於 1931 年出售。至於第 577 號地段，則於 1938 年由受益人瓜分（大致平分為 13 份），這些平分的地段約半數隨即被售出；其餘有些則在 1947 年，即抗日戰爭結束後不久就被賣掉。

從「Ho To-shing」衰弱到無力理事和死亡的時間推斷，他似乎可能是生於十九世紀中葉左右，也許是在 1840 年代。因此，他的父親「Ho Yuk-tak」大概出生於 1820 年左右或稍晚，可能死於 1890 年左右；如上所述，「Ho Yuk-tak」的遺孀「M. Ho Ng Shi」活到 1901 年。

「Ho Yuk-tak」能夠買下或開闢如此大的農地，並在這個農業地帶上興建這麼大的房屋，一定是非常富有。奇怪的是，在這種情況下卻完全找不到關於「Ho Yuk-tak」、「Ho To-shing」或「Ho Pak-sang」的資料。「Ho To-shing」在九龍城墟或沙埔並無擁有任何商業物業，他位於第 6025 號地段的另一間房屋，是在西頭最西南端的一排住宅房屋之一，西頭是九龍城的純住宅區。1850 年至 1935 年間，何氏家族的三代人在九龍或香港島都沒有捐助任何慈善項目，至少他們的名字沒有出現在該時期和這些地區的捐款碑記上。「Ho Pak-sang」並沒出現在 1920 和 1930 年代印行的商業指南中。施其樂牧師（Rev. Carl T. Smith）對這個家族一無所知（筆者感謝他幫忙查核這一點）。有些何氏族人至今仍在（從第 577 號地段分出來的部分地皮，直到 1999 年仍在何氏家族手中，可能由「Ho Yuk-tak」的第五代子孫擁有），但筆者撰寫本章時沒有嘗試去尋找他們的下落。

1930 年代至 1940 年代住在侯王新村的村民認為，「Ho Yuk-tak」是靠走私鴉片到香港發財的鴉片私梟。他們說，他進口雲南火腿，但把骨頭去掉，將鴉片藏在由此形成的空洞中，再用小塊骨頭掩蓋空洞，然後走私到香港。他們還說，何家在兩次世界大戰之間家道中落，是因為對這家人來說，鴉片唾手可得，所以他們大都變成鴉片煙民。村民強調自己沒有證據證明上述情況，但在過去 80 多年裏，村民一直相信這些情況是事實。

顯然，這些事情是無法證明或者反駁的。然而，如果「Ho Yuk-tak」是鴉片私梟，那也並不稀奇，這種事在十九世紀下半葉的九龍城並不罕見。如上所述，在當時走私是該墟鎮商業生活的重要一環。當然，如果這個家庭是鴉片私梟，這就可以很合理地解釋他們為何如此低調，以及為何他們沒有出現在各類紀錄中。然而，無論「Ho Yuk-tak」是從事什麼生意，他的兒子「Ho To-shing」和孫子「Ho Pak-sang」似乎很可能只是坐享其成收租度日，同時吸食鴉片揮霍家產。

不過，在何家的土地上曾建有一座大宅，這一點倒是沒有什麼爭議的。這所房子被稱為「何家園」，而直到近年人們仍常常把這裏一帶稱為「何家園」（見地圖 62）。這座大宅可能是由「Ho Yuk-tak」建於 1880 年代，但也可能是「Ho To-shing」在 1890 年代建造。1901 年時「Ho To-shing」在西角擁有的小屋，可能是何家園大宅未建成前這一家人的居所。何家園大宅是一座華麗的兩層建築物，設有遊廊，是十九世紀末香港地區非常流行的半歐式風格。大宅佔地約 7,500 平方呎，樓面面積約 15,000 平方呎。由於這間屋面積十分大，1901 年時，除了「Ho To-shing」和其家人，很可能連「Ho To-shing」的兄弟姐妹和他們的子女都住在那裏。除了主屋，第 6264 號地段內還有三座較小的建築物，它們大概是僕人（可能是園丁）所住的地方，或者是倉庫。大宅坐落在一個廣大的荔枝園裏，大宅周圍有花園圍繞，花園地帶的東西兩側都有河溪流經。這個地段的北部有一連串沿着山谷開闢的小梯田，這些田地可能被用來種菜。

第 577 號地段上的梯田被用作商品菜園，大概是為了幫補家族收入。直到 1950 年代中期，這裏仍有一些小塊的甘蔗田。

1907 年，政府在何家園北面（今聯合道公園一帶及廣播道下方路段）設立軍部靶場。為了開闢進入靶場的道路，1907 年時，通過第 6264 號地段中央的一片土地被收回，這片土地是沿着舊有的割草小徑路線，在其上建造了一條四呎寬的通道，讓士兵可以自由地進入到靶場。1927 年，第 6264 號地段最北端的部分被收回，作為興建墓地的工程的一部分。

政府最晚從 1927 年起，就想使用這裏的土地。「Ho Pak-sang」在 1931 年不得不出售第 6264 號地段後，政府就找到了機會。這塊土地賣給了「麥彭氏」「M. Mak Pang Shi」（現存文件中同樣沒有漢字），後者在買下土地的同日，又把土地轉賣給蔡惠鴻。蔡惠鴻買下這塊地無疑是用於投機，他並沒有住在何家園的房子裏。政府以交還及重批土地協議，提出以新的九龍城發展區內三個地段（新九龍內地段編號 1746、1747 及 1748）與他換地，他立即接受，把包括第 6264 號地段在內的土地交給政府（1932 年）。之後政府就在當地修建了一條更寬闊的小路，儘管只有大約八呎寬，但鋪上混凝土並可行車。這條新路從嘉林邊道當時的盡頭（民生書院正門對面，今天嘉林邊道與東寶庭道的交界）一直延伸到軍部靶場。這條新的行車道路可讓靈車到達新的墓地，也可讓軍車到達舊靶場。這條 1930 年代的道路大致位於聯合道沿線，但不能視為聯合道的前身。

1931 年以後，何家園大宅便無人居住，到了 1939 年已失修頹敗。從 1930 年代後期以來居住在侯王新村地區的家庭，均沒見過大宅內有人居住，也沒有人曾進入大宅。

何家園一帶從來沒有土地廟。在 1931 年之前及之後，居民都供奉在侯王廟內的福德宮。

侯王新村

1937 年至 1957 年間，侯王廟西北部的地區，從原本帶有果園、花園和附屬小農田的大宅，變成了一個由小房屋和寮屋平房組成的「新村」。1998 年時，筆者很幸運認識了兩戶分別於 1939 和 1940 年搬入本區的家庭，並與兩位戰前就住在那裏的老太太交談，另外還有其中一人的兒子和另一人的姪兒，兩人都是在戰爭結束後不久在那裏出生的。筆者還認識了在區內居住最久的兩位寮屋居民，並與他們交談，其中一位老太太被視為首個在此區搭建寮屋平房居住的人。筆者還查閱了這些訪談對象手上的幾份所有權文件。下文對於本區 1937 年至 1947 年間歷史的詳細敘述，主要取材自對這些士人的訪談。

政府於 1937 年出售三個地段，用於在何家園北面興建兩層高的小型「村屋」。它們分別是第 7386、7387 和 7388 號地段。位於第 7386 號地段上的房屋，後來被政府指有危險，並於 1996 年清拆。第 7387 號地段上的房屋殘破不堪並經過重建，使用的材料有部分很脆弱，除了在後面的廚房（地圖 63 上的房屋 B）。只有第 7388 號地段上的那間屋的狀況直至 1998 年時仍然良好（地圖 63 上的房屋 A，並見插圖 088）。第 7388 號地段上的屋地在 1937 年時賣給了一位劉先生

｜插圖 088｜建於政府 1937 年所出售土地上的石屋

攝於 1998 年，即地圖 63 上的房屋 A。

| 地圖 63 | 1945 年的侯王新村

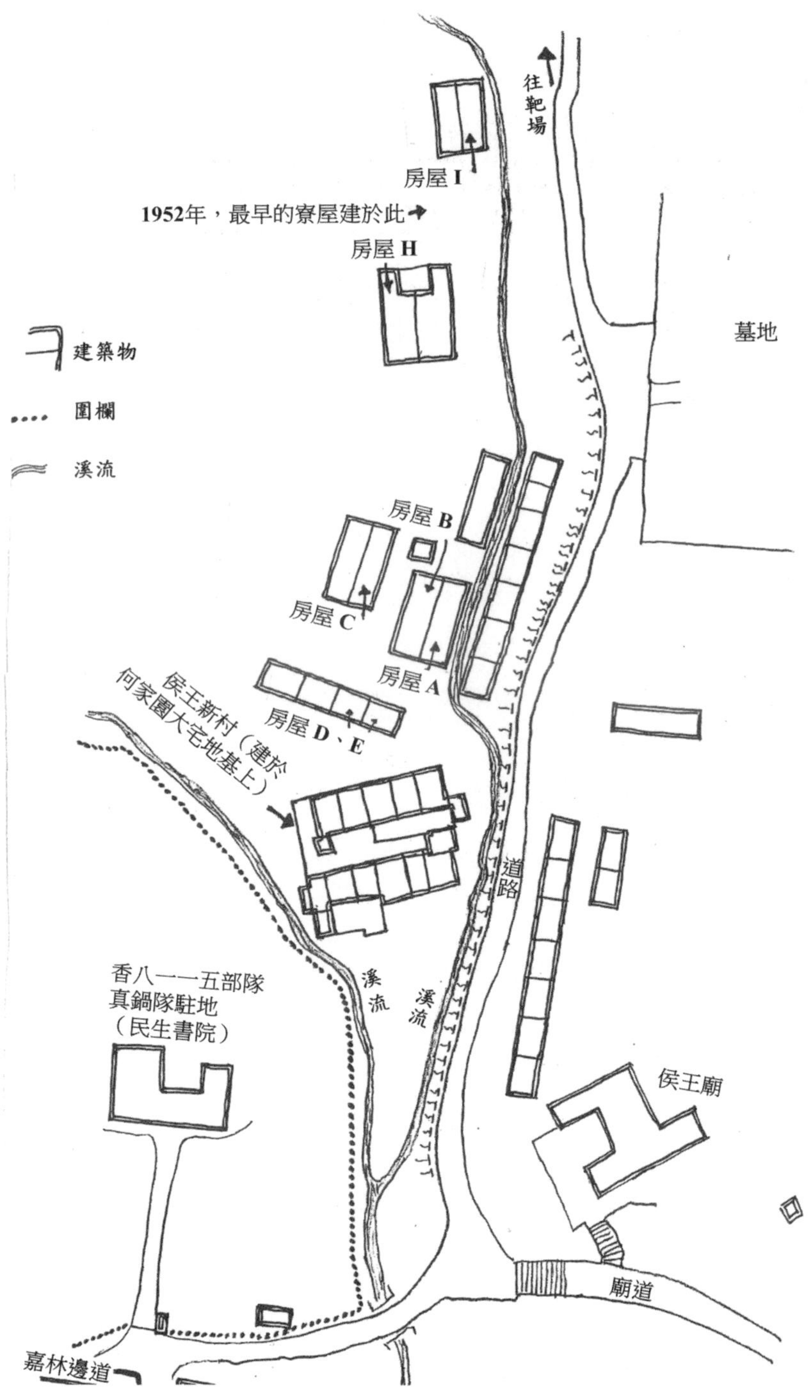

(「Lau Chiu-kit」)，他在1939年建了一間屋，以700元賣給了一位梁女士(「M. Leung Lin」)。1968年時，這位梁女士又將這間房子轉給她的外孫「Lee Shu-wah」，那時他的年紀已夠大，可以登記為業主(梁女士嫁給一位在市政總署擔任一級管工的楊先生，他們的女兒又嫁給了一位李先生，即「Lee Shu-wah」的父親，而這位李先生英年早逝)。進行本章的研究時(1998年)，李楊氏(「M. Lee Yeung Shi」)還健在(82歲)，仍住在母親在1939年買下的房屋裏。這三間建於1937年的房屋，都位於舊何家園大宅的荔枝園內，三間屋因此名為「荔枝園」。1998年時，這裏還有一兩棵這個果園留下來的老樹。1939年這些家庭剛搬進來時，這裏還很漂亮，新的房屋建於舊果園的花草樹木之間，從屋子旁邊流過的溪流，當時依然清澈乾淨，沒有污染。

除了這三間屋(它們所在的地皮是政府在1937年賣出)，還有另一個包含兩間屋的區段，獲政府發出建築許可證，時間據說是在1939年。這兩間屋在1998年時仍然留存，但已失修破敗(此區段的最東端，是地圖63上的房屋C)。1998年進行本章的研究時，原本承批人的女兒(當時已80多歲)仍住在屋內。這些房屋獲准在此興建，相信是用來安置在1939年東頭村火災中無家可歸的村民。

自1939年起就住在此處的家庭一致認為，在日軍入侵之時，區內的建築物就只有這五間屋子，以及已經破敗的何家園。至於其他地方，在1941年時仍然只是農田和果園。

日佔時期對於本區的歷史影響極巨(此地區在日佔時代末期的情況，見地圖63。此地圖仿畫自日佔政府繪製的地圖，1998年筆者從本區一名居民手中獲得該圖，見插圖089)。日佔政府在啟德地區開展工程，把因此失去家園的人安置在此地區。換句話說，這個地區被用作日本「模範村」的一部分。日本「模範村」主要在今天的九龍塘一帶，靠近李惠利工業學院的舊址(今屬香港浸會大學校園)。此地區沿着穿過風門坳的舊小徑，非常靠近侯王新村地區。日佔政府很可能只是將侯王新村地區視為他們的安置區的最東端。

日佔政府在本區做了三件大事：他們清拆了舊何家園大宅的殘餘廢墟，只剩地基上方的磚砌底層；又將大宅的區域劃分成兩排約11個平房用地，中間設有

｜插圖 089｜1942 / 1943 年度日佔政府發出的建築許可證

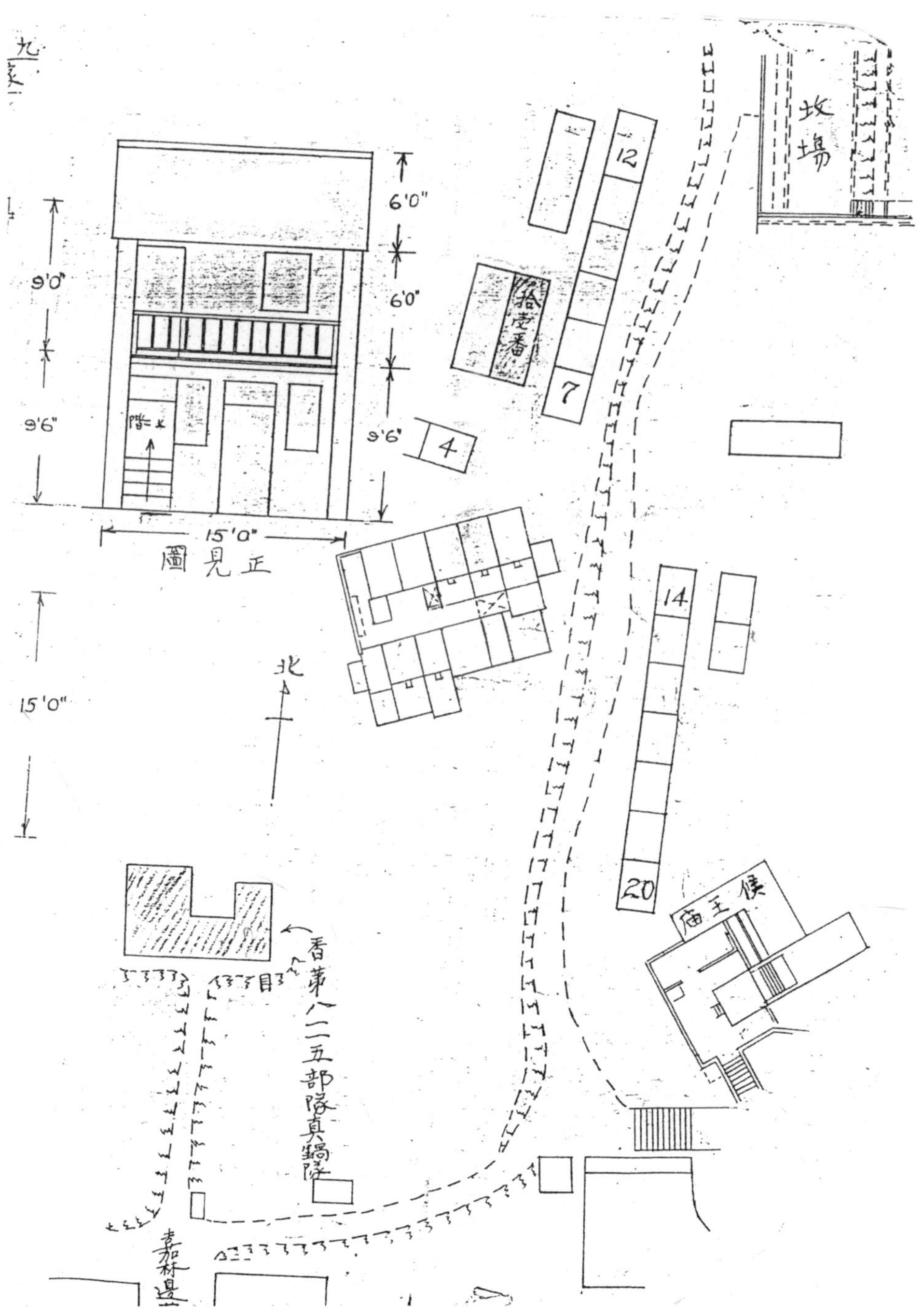

｜插圖 090｜1942 年日本人在何家園大宅的地基上建造的房屋

一個庭院（可見於地圖 63 和插圖 090）。因此，這些平房與舊何家園大宅是位於同一地點上。這些平房大多樓高兩層，但很簡陋，大概建於 1942 年。最早把這批平房稱為「侯王新村」的就是日本人。在 1998 年時，自 1930 年代末起就住在本區的居民，憑記憶指出以上事情都是日本人所為；而本地區的日佔時期地圖也佐證了這點（見插圖 089 和地圖 63。一般相信，在 1942 年時，本地區的家庭，全都有一張類似的地圖，是由日佔政府發出的）。

日本人還建造了約 20 間單層小平房，大部分也是建於 1942 年。大多數建在穿過本區的狹窄道路的兩側，但在 1937 年所建的房屋前方的區段，也建造了大約 4 間房屋。在 1957 年至 1958 年，在修建穿過本區的聯合道時，這些平房大部分被清拆，但位於何家園舊址和建於 1937 年的房屋之間的區段上的兩間村屋，在 1998 年時仍然存在。聯合道以東建有平房的區段，在 1950 年代初被港府劃入博愛村（培民村）平房區，但博愛村平房區前方的這些區段，在幾年後因為聯合道工程而被清拆。在 1937 年興建的房屋附近的平房，在戰後荒廢（可能是在港府向那些被日本人搶去土地的住客提供補償之後），而第 7388 號地段房屋的業

｜插圖 091｜1942 年日本人建造之房屋

即地圖 63 上的房屋 D 和 E。

主楊先生從市政總署一級管工的職位退休，用退休金向政府買下該處的這兩間平房（大概是 1951 年至 1952 年間）。楊先生修葺了它們，並以木材額外增建一個樓層。這兩間屋此後大致維持這個模樣，並保留至大約 2001 年（地圖 63 上的房屋 D 至 E，另見插圖 091）。

最後，日佔政府還批准在第 577 號地段最東端建造至少兩座兩層高的石屋（地圖 63 上的房屋 H 和 I，見插圖 092）。每間屋似乎都被設計為分成四個小公寓，它們到 1998 年時仍然是這樣使用。寮屋居民說，這些房屋在首批寮屋居民搬到本區前就已在那裏，但戰前並不存在，由此可見是日本人首先在那裏建屋的。

日佔政府為這區域的房屋發出證明文件，至少 1998 年時「Lee Shu-wah」先生手中那張大概是 1942 年時日佔政府發出的地圖（見插圖 089），顯示了他們建造的平房，地圖上還有一個「已獲批准的計劃」，顯示第 7388 號地段上已建成的房屋，這大概是為了保證這間屋沒有佔用日佔政府用來安置被迫從啟德搬

｜插圖 092｜根據日佔政府發出的批文興建的房屋

即地圖 63 上的房屋 H。

遷的人的區域（地圖 63 是按照這張日佔政府地圖及居住時間最久的居民的記憶繪製）。

這個地區受到日本人的強力控制，因為從日佔時期的地圖可見，有一支日軍部隊駐紮在民生書院的建築物中（香八一一五部隊真鍋隊）。

由戰後直到 1952 年，沒有發生什麼重大事件。日本人所建的平房被遺棄，然後在 1951 年至 1952 年修復，並租給逃避內地革命而來的新移民。同樣在 1952 年，第一批寮屋建成。1998 年為本章進行研究時，年屆 88 歲的余女士（「M. Yue」）聲稱自己是第一個住在此處寮屋的人。這間寮屋是由一位梁先生（當時從第 577 號地段分拆的一個地皮的擁有者）建造的，她從那時起就一直向梁先生付租，直到梁先生在 1998 年前不久去世為止。1952 年她搬進寮屋時，附近還有

｜插圖 093｜約 1990 年的侯王新村

其他木屋正在興建。西邊以石材和混凝土建造的房屋是很久以後才建好的。「Mr. Wong」（1998 年時 70 歲）於 1962 年建造了自己的木屋，那時區內土地上大多已建了房屋，但附近仍保留了一些巨大古樹，估計是舊荔枝果園殘留的痕跡。他還向第 977 號地段分拆地皮的業主支付租金，而此業主是何氏家族的一房。1978 年時，寮屋居民與何氏發生糾紛，「Mr. Wong」保留了當時發出的文件，當中載有該年寮屋居民與何氏簽訂的租金協議（關於這地區的景觀，見插圖 093）。

可以看出，1957 年前住在侯王新村的人全是長居香港的居民，他們認為這地區比擁擠不堪的唐樓板間房或床位更宜居，特別是若他們想要成家立室時，就更是如此。他們中大多數人擁有某種土地所有權，比如向地主支付租金，或者獲得政府的某種許可。人們通常認為，香港的寮屋區全是由 1949 年以後逃離內地的難民所建；而這些寮屋區內的商店和工場廠房，也同樣都是由難民開設。這對於許多寮屋區來說無疑是正確的，但這樣的假設似乎過於簡單化，而且對許多寮屋區來說肯定不正確，尤其不適合描述本章探討的兩個寮屋區。以侯王新村為例，戰前這裏已有小型石屋，最早的寮屋居民是都香港居民。在這兩個地區，商店和工業設施同樣是由想尋找較便宜的土地的香港公司所設立的。

｜插圖 094｜1999 年的世光片場舊址

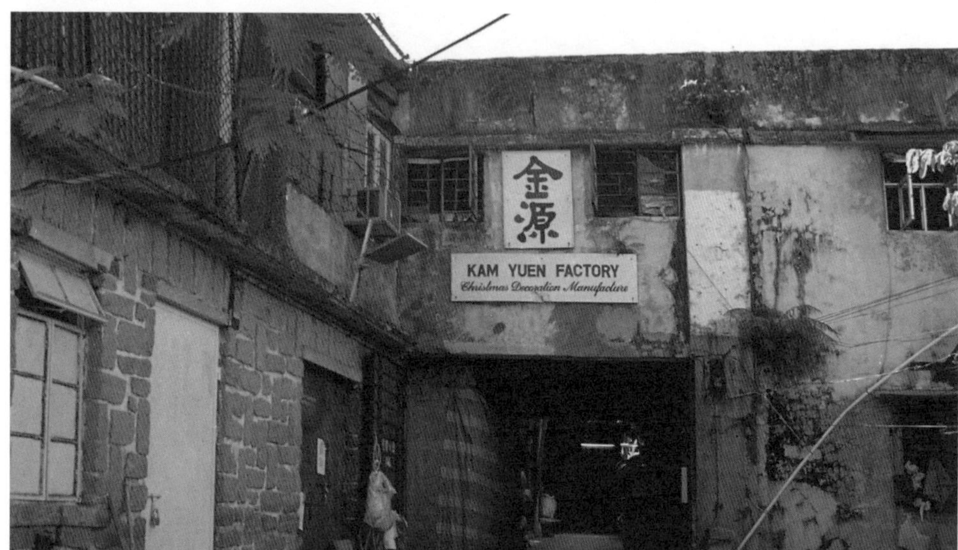

後來，侯王新村出現了一些以混凝土和石材建造的住宅，但它們似乎只是沒有得到任何政府批文的寮屋。

這個區域幾乎一直都只有住宅，但區內的西端也建立了一些工廠（大概是在 1957 年左右，鋪設了新的延文禮士道，可循道路到達本區之後）。這裏最重要的工廠是世光片場，後來改名為「長城片廠」。這座建築在 1998 年仍然存在，當時它被名為「金源」的聖誕裝飾品工廠用作廠房（見地圖 64 和插圖 094）。世光片場不是九龍城區唯一的片廠，至少還有另外一家，即國家電影製片廠；但該片場在再往東一點的地方，即今天賈炳達道公園的所在地。

侯王新村原本位於市區邊緣。在老虎岩徙置區（後改稱樂富邨）落成及聯合道興建（均於 1957 年），以及沿着此新道路途經本村的第一條巴士路線出現後（1958 年至 1959 年的 2C 路線），侯王新村便較前更為緊密地融入了市區。

整個寮屋村大約在 2001 年被清拆發展，但何家園大宅原址上的房屋，經過修葺後獲保存下來。

| 地圖 64 | 侯王新村

交叉陰影部分就是世光片場所在地

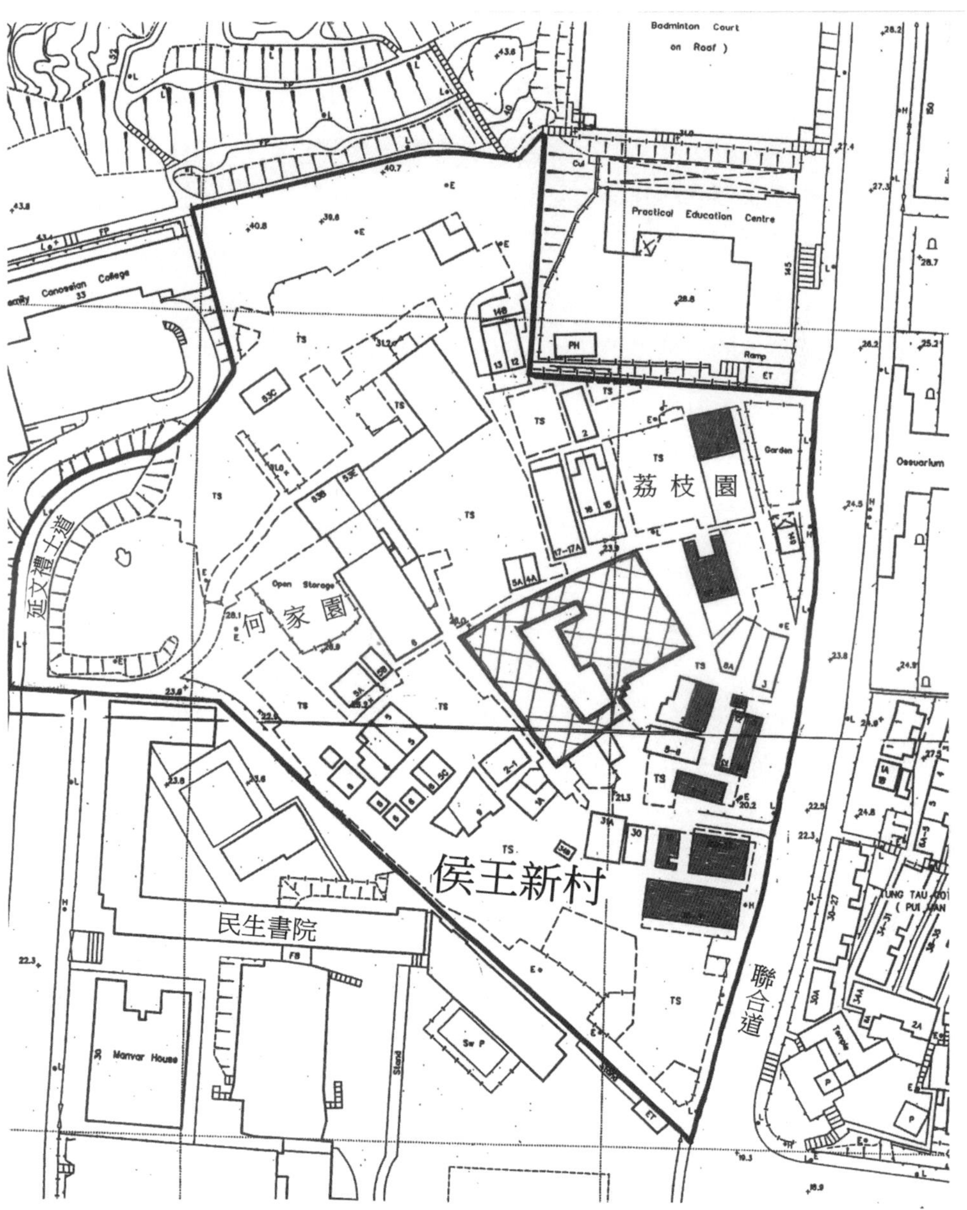

北區古洞

古洞地區

古洞是一個有不相連山丘的地帶，東面是雙魚河河谷，北面是深圳河。這裏的耕地大多澆薄貧瘠；唯一的優質土地在東邊，靠近雙魚河。而在十九世紀前的幾百年裏，這些土地大部分是由河上鄉、金錢和燕崗的侯氏（位置見地圖 65），或者新田和洲頭的文氏擁有，到了十九世紀，開始有居民遷入古洞的山區。

在十九世紀，各色沒有土地的人士開始遷來的香港地區，尋找可以耕種的土地，即使是偏遠的土地也不計較。而一群這樣的人就來到了古洞，開始在該處山丘之間的谷地開墾農田。他們從這裏山坡上開闢的田地大多是旱作地，無法或只能勉強種植水稻。在集體官契丈量土地時，這些土地大多數被英國人評為三級地，其餘大部分僅被評為二級地。

古洞村

在 1905 年進行集體官契丈量時，古洞一帶的居民，只有住在古洞村（又名「金園村」，在地圖 65 中的 A 位置）的一些客家家庭。1905 年時，那裏有 14 間房屋，由 8 名戶主擁有，分別來自周、林、梁、張四個家族。林氏、梁氏和周氏各有兩名戶主，而這些家族中的這兩名戶主，可能都是兄弟。林氏的情況尤其如此，從兩名戶主的名字（林東林、林耀林）看來，兩人很可能有緊密的家庭血源關係。林氏擁有的耕地，大部分登記在較為年長的林耀林名下，類似的安排在集體官契丈量中十分常見。周氏和梁氏的大部分田產，也都是由各自兩名戶主中較年長之人（周全興、梁金興）持有。1912 年至 1915 年的地圖（見地圖 66）顯示了這種情況，當時古洞一帶唯一的聚落是在古洞村。

古洞最早的村落大概建於 1800 年左右，該村最早可見於 1819 年《嘉慶新安縣志》的村莊清單。[41]

---

41 《嘉慶新安縣志》，卷二，載《深圳舊志三種》，頁 655。

｜地圖 65｜古洞地區

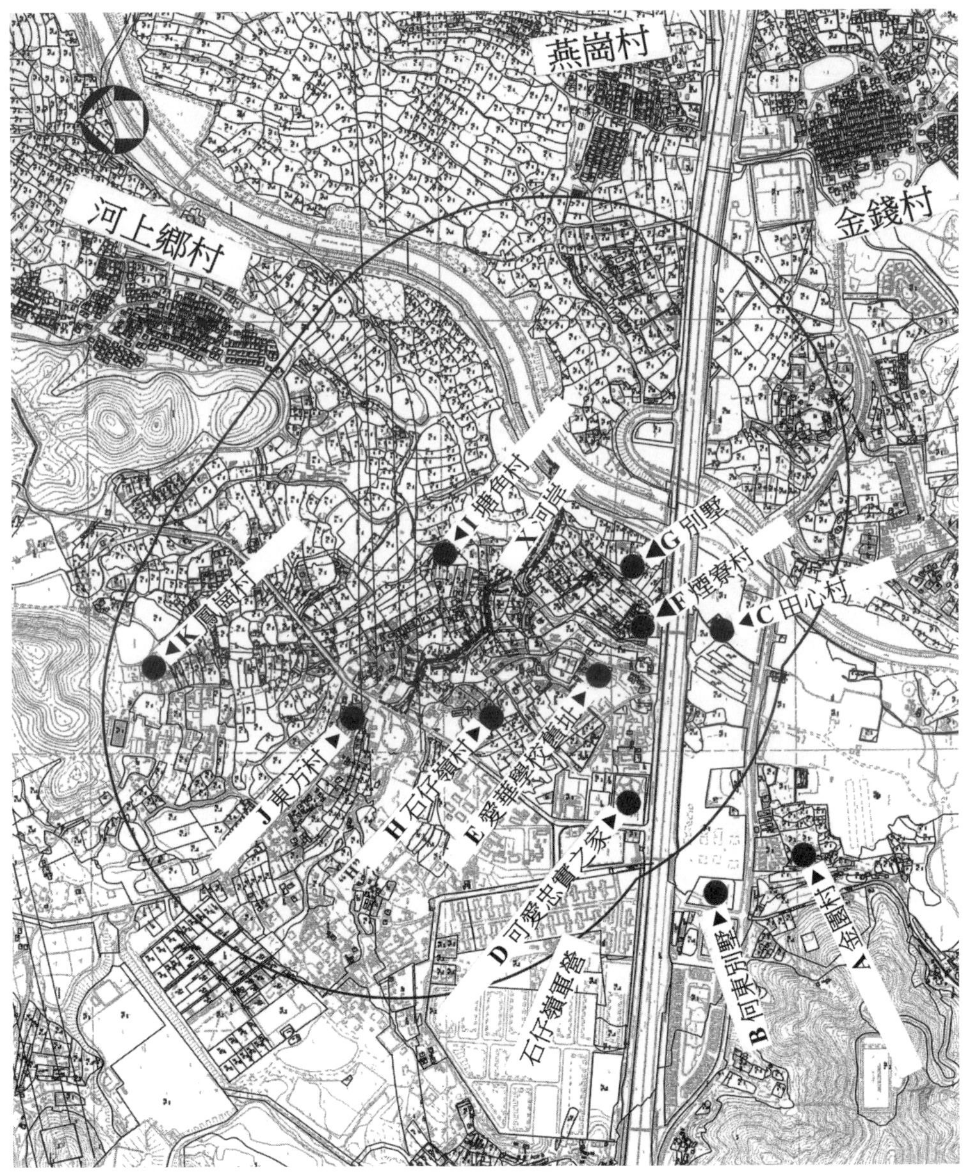

燕崗村
金錢村
河上鄉村
I 塘角村
X 河岸
G 別墅
F 煙寮村
C 田心村
K 鳳崗村
J 東方村
H 石仔嶺村
E 愛華學校舊址
D 可愛忠實之家
石仔嶺軍營
B 何東別墅
A 金圍村

｜地圖 66｜1912 年的古洞

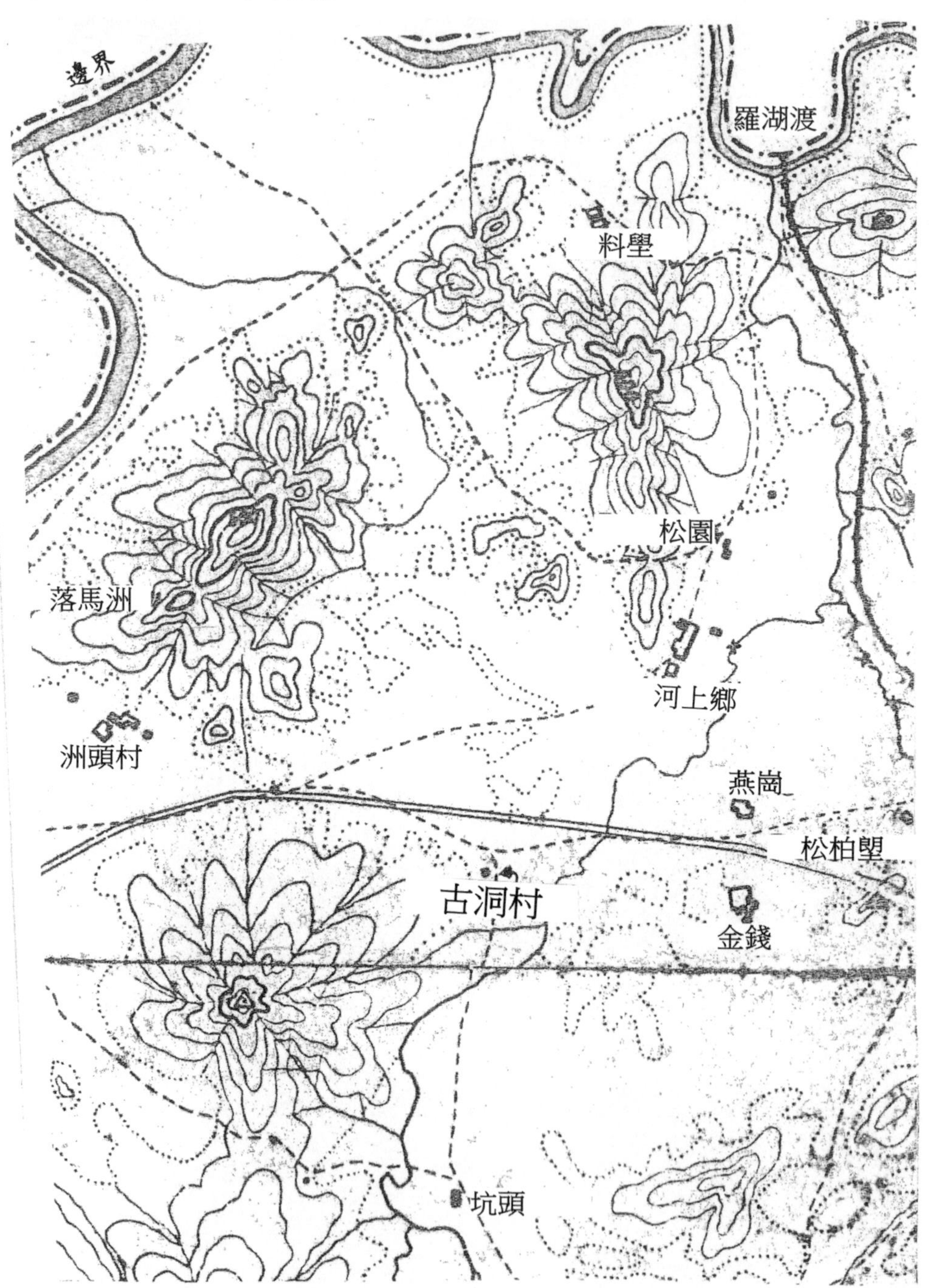

這個聚落有一座土地廟，有一小塊附屬田地，所得收入大概是用於祭祀的開銷。這塊地在 1905 年時由這三個家族共同持有。

張氏的兩名成員（張家興和張福荀）可能在十九世紀末加入這個小聚落。這兩人可能有關聯，但當中細節今天已無法追溯。張氏比其他三個家庭窮得多。在集體官契中，1902 年時林氏擁有 3 間屋，梁氏 4 間，周氏 5 間，而張氏只有 2 間。此外，在古洞村民擁有的總共 13.36 英畝的農地，屬於張氏的只有 1.97 英畝（14.75%）。此外，土地廟和那一小塊祭田，都是由其他三個家族擁有，不屬於張氏。因此，張氏來此地定居的時間很可能比其他三個家族晚，並且無法像其他家族那樣，從山邊開闢出那麼多耕地，因為這些土地大概已被這三個家族佔據了。

古洞村一直都很邊緣化，在集體官契制訂時，情況顯然非常糟糕。新界村民普遍認為，需要約 1 英畝的一級土地，或 2 英畝的二級土地，又或者約 3 至 3.5 英畝的三級土地，才能滿足一個沒有其他收入來源的正常規模家庭的基本生存所需。在集體官契制訂時，周氏擁有 2.67 英畝三級土地和 1.42 英畝二級土地，相當於約 1.5 至 1.6 英畝的一級土地。由於有兩個家庭，即使這些土地全都由他們支配，都不足以滿足他們的生存所需。然而，在 1902 年時，周氏把 1.92 英畝的三級土地拿去抵押，變成受抵押人擁有 72%，另外也抵押了 0.7 英畝二級土地（50%），仍保留在周氏手中的土地（0.73 英畝三級土地，0.72 英畝二級土地，約僅相當於 0.6 英畝一級土地），已經大大低於滿足兩個家庭基本溫飽的水平。林氏耕地也有同樣情況，在其 1.04 英畝的三級土地中，0.23 英畝被抵押了，受抵押人擁有 22%，1.47 畝二級土地中，1.01 英畝被抵押了（69%）。林氏手中的土地（頂多只有約相當於 0.5 英畝的一級土地），根本無法滿足該家族的生存所需。梁氏也失去了對大部分土地的控制權：他們擁有的 2.65 英畝三級土地中，有 0.12 英畝（4%）在 1905 年時落入受抵押人手中，1.6 英畝的二級土地中，則有 0.49 英畝（31%）被抵押，儘管他們一直控制着 0.28 英畝的一級土地。1905 年時，他們控制的土地頂多相當於 1.67 英畝的一級土地，同樣還差一點才足以維持生存所需。幾乎所有抵押的土地，都是抵押給新田和洲頭的文氏。至於張氏，他們的每一寸耕地（1.69 英畝三級和 0.28 英畝二級土地）到 1902 年時都被抵押了，並不由這個家族控制。

我們只能假定，在 1900 年前後，古洞村民主要是依靠為本地的其他氏族工作來獲取收入，或者依靠在本地墟鎮當苦力賺取工資。那時他們從自己所支配的小塊劣質耕地中，僅能獲得一小部分的生存所需。

在這種情況下，這個村落在 1930 年代消失，也許就不足為奇了（該村仍顯示在 1929 年的地圖上，見地圖 67）。古洞的氏族逐一把土地全賣給一名姓曾的

｜地圖 67｜1929 年的古洞

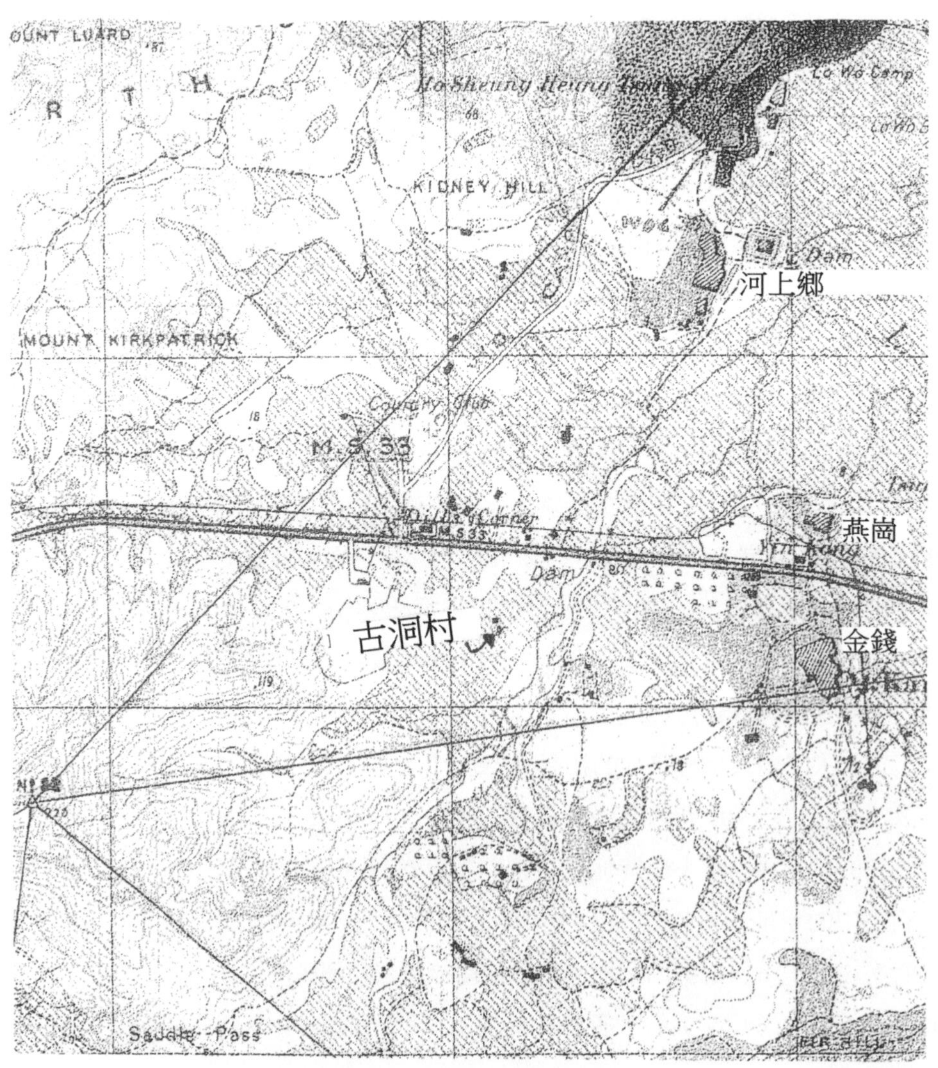

富有客家移民。村民把僅餘的耕地（有些在早前已賣給何東家族）和村中的房屋都賣給了那人。那人拆掉這個村落（直至 2003 年時，仍有一兩棟 1920 年代建在舊村東面的房屋留存下來，但當時已失修傾圮），並着手在原址上建造一座宏偉別墅，若建成的話將會是新界最堂皇的房屋之一。根據原初的計劃，這座建築的規模應比 2003 年時仍存在的那一座大一倍。但是日軍入侵香港，令這座建築物的建造工程只完成了一半就擱下來了。古洞村民把土地全賣給曾先生後就去了內地，大概是想去到那裏當苦力。不幸的是，他們賣掉土地離開古洞後不久，日軍就進攻廣州，在由此造成的混亂中，沒有土地的苦力家庭大受其害，苦不堪言。在 1930 年代及之後，古洞村氏族的遭遇無人知曉，但景況恐怕十分淒慘。

兩次世界大戰之間的古洞

在軍閥混戰時期（1916 年至 1928 年），內地鄰近香港的區域局勢持續動盪，令不少大量難民為求安全而來到香港。這些難民大多在羅湖過境，古洞大概是他們最先到達的地區之一。此時期，難民向香港政府購買土地，在古洞各地興建房屋。這些房屋全是傳統的磚瓦結構，構成了戰後寮屋區的核心；1957 以後，寮屋區就湧現在這些房屋的周圍。這些房屋大多很小而且非常簡陋，卻仍是合法的建築物，是得到當時的政府批准建造的。在塘角、石仔嶺、鳳崗和東方這些村落的中心部分（在地圖 65 上分別為 I、H、K 和 J），有少數建於此時期的傳統房屋（數目一至七之間）留存下來。到 1929 年時（見地圖 67），石仔嶺（見插圖 95）、塘角和鳳崗已興建了最早的一批房屋。村民認為，這些房屋之中，最早的一間大約建於 1918 年。在 1930 年代，這些新的小村落大多依靠在區內的小田地上種植商品蔬果（賣給中間批發商，再銷售到市區），以及在區內從事一般勞力工作維持生計。他們在河道修建堤壆，以防止洪水淹浸農田。

2004 年古洞村代表姚榮來的家人，就是這些戰前移民的典型例子。他的父親是來自潮州的貧民，在 1930 年之前幾年來香港謀生。他在上水墟一名姓鍾的建築商處找到工作。這位鍾先生在石仔嶺買了地，然後將之改為屋地（獲得政府同意並支付了相關費用），並在上面建了一排七間房屋出售，而該建築項目的許多勞動工作都是由姚父負責。姚父原本打算幾年後就返回潮州，但因日軍攻打他的家鄉，他只好留下來。這七間屋均為傳統的磚塊與混凝土結構，屋頂鋪瓦片。它們全都毫無裝飾。房屋的面積很小。每間屋正面都有門口，兩邊各開了一扇小窗戶。最後一間屋在側面也有窗戶。這些房子的表面全都抹了灰泥，並且全都朝向一個公共庭院。擔當建築工的姚先生在石仔嶺最早建的七間房屋旁邊自己蓋了一間小屋，買了一些田地，結了婚，並定居下來，種些蔬菜；在能夠找得到工作的時候，他就去當工人。

這些 1920 年至 1930 年代來到香港的難民，並非全是身無分文的窮人。有些人是為逃避家鄉的政治動盪和土匪而來，身上帶了現金。例如，石仔嶺的房屋以現金賣給新移民，雖然當時在區內建造的房屋大都十分狹小且非常簡陋（例如塘角最早的三間屋），但有些房屋建得較精美和堅固（例如東方村的第一間房屋，是一棟建造精良且堅固的房子，由青磚建造，有瓦片屋頂，可追溯至 1920 年代，位於一個小地塊上，面向一個小庭院）。

在塘角的那排小房屋旁邊，有一間以混凝土興建的瓦頂房屋，用作陳氏宗祠。它現已頹壞，沒有家具留存下來。門上方有刻在混凝土上的題字：陳氏宗祠。這間建築物具有一定的歷史意義，因為它可能是唯一由軍閥混戰時期來到新界的移民所建的祠堂。

有一位新移民是祖籍梅縣的楊姓客家人，他帶着一筆資金來到石仔嶺，建造了一棟漂亮的房屋，既是住宅，又兼作學校（見插圖 095）。這是一座共有三個開間的傳統風格建築物，以磚及混凝土建成，屋頂鋪瓦片，十分精美。入口的開間往內凹入的門廊下方。這座建築物建於一個遠離道路的庭院後方。北部有一個較低的延伸部分。通往門口的通道前有兩級低矮的石階。門口有模製的混凝土板裝飾，門上寫着「仁華廬」（見插圖 096）。這位楊先生把這間屋的一部分用作住宅，其餘用來辦學，當時稱為「仁華學校」，後改名「愛華學校」，再後來成為「古洞公立愛華學校」。1930 年代時定居古洞的新居民人數眾多，因而那時在這裏興建學校是大有可為的發展項目（見地圖 65 中的 E）。

除了在軍閥割據時代為避禍和謀生而進入這地區的這些沒有土地的男子，1920 年代還有另一群迥然不同的新來者。青山公路於 1911 年鋪設開通，十年後拓寬，

｜插圖 095｜約建於 1930 年的石仔嶺仁華廬

當時既是住宅，又兼作學校。

｜插圖 096｜仁華廬入口

變得可以行車。有了這條道路，一些富裕的城市家庭就來到古洞興建別墅，作為週末的度假屋，遠離擁擠的城市街道；青山公路在此處翻越山丘，他們可以開車去到自己的房子。這個地區受青睞，是因為這裏蚊子較少，被認為是健康之地。

在這些別墅中，最重要的當屬何東爵士擁有的別墅（見地圖 65 中的 B，並見插圖 097），它位於青山公路翻越山嶺路段的最高點。這是一棟精緻、堅固的單層別墅，坐落在一個大花園裏，主樓的東邊有傭人宿舍。何東家族也從古洞村民和其他人手中買下鄰近的大量耕地。他們僱用工人耕種這片耕地，生產蔬菜和花卉，運進城中供家族享用。為了安置他的農夫和園丁，何東爵士建造了一排七間房屋，稱為「煙寮村」（地圖 65 中的 F。這些房屋在 1929 年時已建成，見地圖 67）。這些房屋直到 1970 年代都一直歸何東家族所有（見插圖 098）。不過，在何東家族的農場工人中，有一群姓鄒的人，與另一個姓饒的家族聯手購買土地並自建房屋。這些一排約七間的房屋（見地圖 65 中的 C）稱為「田心村」，它在 1983 年時因開闢公路工程被清拆。這兩組房屋，亦即煙寮村和田心村，分別位於兩個與何東別墅的距離均為大約半英里的地方。

沿着這段青山公路，還有其他與何東別墅大致同時興建的別墅，其中一座位於青山公路與河上鄉路交界（它也標示在 1929 年的地圖上，見地圖 67），後來原址成為今天的可愛忠實之家（見地圖 65 上的 D）。另一座非常漂亮的別墅建在青山公路北側靠近雙魚河的地點（見地圖 65 中的 G）。1930 年代，英軍在青山公路北側設立了一座軍營——石仔嶺軍營（見地圖 65），它在二次大戰後整座重建。青山公路以南的坑頭路沿線也建有多幢別墅，但它們大多是在戰後不久才興建的。

在日本侵略之前的 20 年裏，源源不絕的移民不斷來到此地區尋找土地，其中之一是 1998 年時擔任古洞村公所秘書的楊錦洪的父親。他是曾生領導的東江縱隊成員，在日本佔領香港前夕，曾生派了幾名游擊隊員到香港，擔任東江縱隊的聯絡員，楊父是其中之一。他在離青山公路遠一些的地方買下土地，在上面蓋房子、開墾、飼養雞豬和種菜，並結了婚。楊錦洪在 1944 年出生於古洞村。[42]

---

42 筆者感謝楊錦洪先生和其他古洞村民解答關於這個地區的問題。

｜插圖 097｜1999 年的舊何東別墅

當時已改用作何東麥夫人醫局。

｜插圖 098｜建於 1930 年代的煙寮村

戰後的發展

戰後，當中國共產黨取得政權，大量難民湧入香港，但古洞地區那時並沒有吸引多少寮屋居民。地圖 68 顯示了 1957 年的情況，這時區內幾乎不見任何寮屋；與 1929 年的情況相比，似乎沒有太大變化。但在隨後的「大躍進」運動時期（約 1957 年至 1962 年），有不少人為了逃避內地的饑荒，最終來到古洞地區搭建寮屋定居。一如 1920 年代的情況，多數來自內地的人士是從羅湖一帶的邊境進入香港的；而古洞靠近羅湖，因而吸引了不少難民到來。然而，除了這些逃避饑荒的難民，這時期本區還有其他新來者。不少之前住在九龍城區擁擠不堪的唐樓甚至床位的家庭，也搬到了古洞。約十幾家規模不小的工業機構，也在此時期從市區遷到這裏，主要是因為它們需要大面積的土地（特別是用於以大豆製作醬油，以及為水果脫水以製作蜜餞）。到 1957 年，由於土地價格不斷上漲，這些需要極大片空地的商號被迫離開市區；它們在古洞可以以便宜的價格獲得所需的廣闊土地（見插圖 099）。塘角、石仔嶺、東方、鳳崗和煙寮的戰前小村落，很快就被更大的聚落包圍；但區內的田地和商品菜園還不至於從此消失。這些發展從 1957 年左右開始變得明顯。但或許是由於有人開始在區內搭建寮屋，富裕家庭不再視古洞為適合週末度假的地方。何東家族在 1940 年代末放棄古洞的別墅，將之交給政府，改用作地區診所（何東麥夫人醫局），之後一直作此用途，直到近年診所關閉後另作其他用途。* 煙寮的房屋一直由何東家族所有，住在這裏的家庭並非業主。近年，何東家族把這些房屋賣給一間地產發展商，之後就一直空置。

位於青山公路與河上鄉路交界的別墅也同樣被放棄。它先改為盲人院，後來變成今日照顧嚴重身心殘障人士的可愛忠實之家。位於青山公路北側的第三座別墅，最後成為建築公司的辦公室。軍部在 1960 年代重建了石仔嶺軍營內的所有建築物。

1960 年代，在區內搭建寮屋的人數激增，寮屋向內陸蔓延了兩英里。那時在塘角和料壆之間沿着邊界道路修築了一條新路，以支援邊界道路，寮屋沿着這

---

* 編按：診所近年活化為生態研習中心

｜地圖 68｜1957 年的古洞

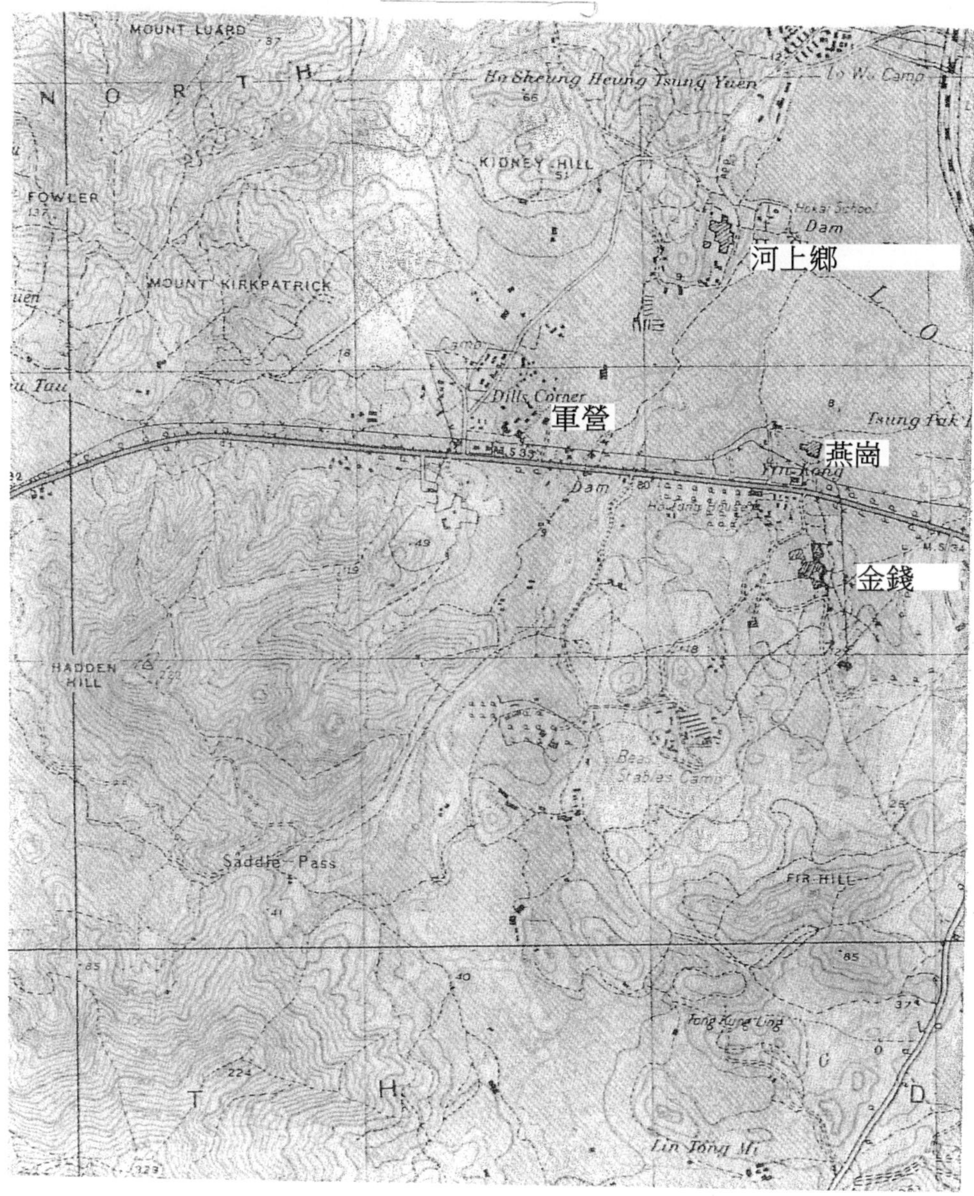

| 插圖 099 | 1999 年石仔嶺的悅和食品廠

條道路幾乎一直延伸到馬草壟，不過此處的寮屋一直頗為分散，在寮屋區和工廠區之間相隔很遠。同樣，寮屋居民向西擴展到白石凹，並向南擴展到青山公路和坑頭大布之間。1976 年的地圖（見地圖 69）顯示區內已發展的寮屋區。

1962 年後在區內發展起來的寮屋區，充滿了工業機構和各種商業場地。據 2000 年的耆老所說，這些新的商號都是從市區搬到這裏的，極少（即使有的話）是由「大躍進」運動時期的新近來港者開設的。最早的工商機構是人造花工場，當時它們因租金上漲而被迫離開市區。但這些工場到近年都已不存在。在這裏建立的工商機構中，約有五間大豆加工廠。最古老和最大的是「調源」，它也生產糖薑（後來被香港首屈一指的醬油公司李錦記接管，用來為它加工大豆；這間工廠一直在此地，直到近年大豆加工業務轉移到內地為止）。另一家是悅和食品廠（見插圖 099）。其他在此時期遷到這裏的工業機構包括；位於河上鄉路的進口大理石板貯存場（國際雲石）、一家中國米酒釀酒廠（盈豐米蒸酒房）、一家製袋廠（遠東袋廠）和一家手套工廠。另外還有其他幾家食品製造公司、建築公司貯存場、汽車修理廠等，也設於這裏。在 1960 年代，這裏再建立了一些商業場所，地點是北面靠近鳳崗山並延伸到料壆路的地方。

｜地圖 69｜1976 年的古洞

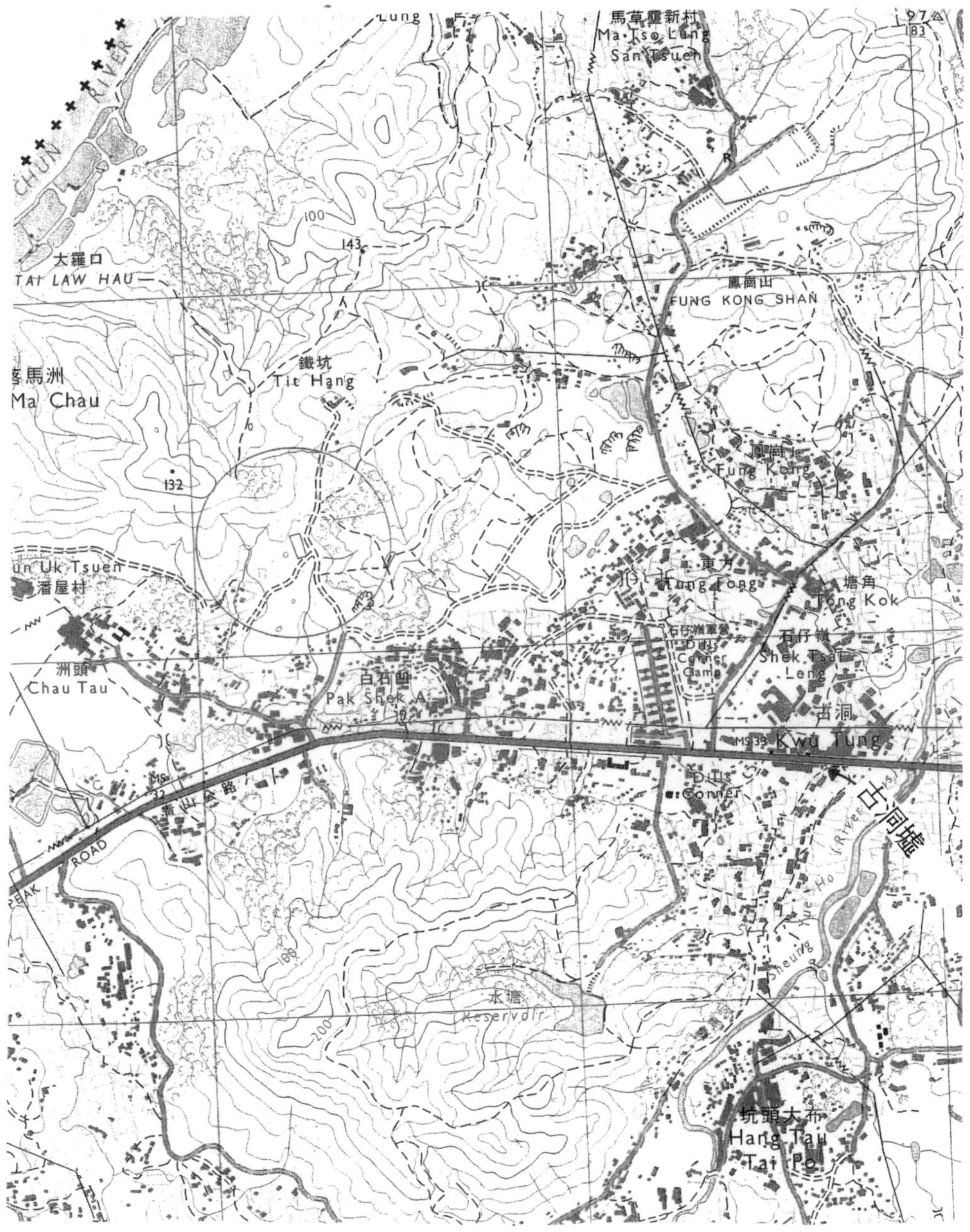

古洞墟市

同樣是在 1957 年至 1962 年間，石仔嶺前方、煙寮村附近的青山公路兩旁，發展出一個繁忙的墟市，為本區的居民提供基本服務。雖然它與古洞村舊址相隔一段距離，但還是名叫「古洞墟」。這個墟市是圍繞該處的巴士站發展起來的，這個巴士站服務南面的坑頭和坑頭大布這兩大村落，經常有許多村民在這裏等巴士，因此是開設商店和茶樓等商業場所的好地方。洪水橋（位於元朗）的寮屋區墟市，選址在一個服務附近多個鄉村的巴士站，背後也是由於非常相似的因素。[43]

這個寮屋墟市因此在巴士站附近的青山公路兩側發展起來。這裏的道路比較狹窄，寮屋商店就建在路邊，買東西的人常常會在馬路上來回穿梭（見 1976 年的地圖 69），途經的車輛不得不緩緩行駛（青山公路是區內唯一可讓汽車通行的道路，承載着從上水到元朗的所有交通流量）。這個墟市非常繁榮，吸引了許多來自鄰近地區的顧客。

墟市裏的店舗應有盡有：賣肉的肉檔，賣蔬菜、水果、魚和多種乾貨的攤檔，幾家鞋店，出售簡單衣服和五顏六色寢具的商店；以及家用五金和家庭必需品，包括簡單的家具。墟市中還有兩三家粥麵攤，專門賣粥和油條。還有四家設施齊全的餐廳和茶樓，其中一間經營至近年才結束。附近有開設在青山公路旁的修車廠和許多其他小型商業場所。不過，墟市卻沒有售賣家禽的攤檔，因為「這裏家家戶戶都自行養雞」。

古洞社會

從 1978 年的差餉估價冊，可以找到大量關於在古洞成立的工商行號資料。[44] 當中列出的是那些算得上是合法的商號，但遺漏了那些僅在寮屋經營的商號。大多數列出的商號都是以官地租用牌照（Crown Land Licences，CLL）或短

43 見 Patrick H. Hase, "Beside Blood-stained Water: The History of the Hung Shui Kiu Area", in *Settlement, Life, and Politics*。

44 Hong Kong Public Record Office, HKRS38-3-291.

期租約（Short-Term Tenancies，STT）向政府租用官地經營的。大多數重要的工業商號在 1978 年時似乎都已獲得官地租用牌照或短期租約。不過，在 1978 年時，看來只有五家確實在墟市營運的商號，獲得官地租用牌照或短期租約，它們是「Sun Tung Nam Company」（或為「新東南火水」）*、「Chan Kong Kee Shop」（一家商店）、「Fung Tak Lee Store」（或為「德利士多」）、錦益士多和錦益茶樓（最後這兩家店由黃錦榮和黃錦耀兩兄弟經營）。[45] 這些商店的應課差餉租值在港幣 1,800 元到 25,200 元之間。可愛忠實之家、兩個蔬菜產銷合作社所在地點，以及愛華學校也列在名單中。可愛忠實之家和愛華學校位於它們各自擁有的土地上，兩個蔬菜合作社則是以官地租用牌照租地。

在這些商業場地中，龍騰閣騎術學校是一家歷史悠久的騎術學校，校址上的土地由校方持有，位於古洞地區主體部分的東面，靠近雙魚河。它的辦公室在中環，客戶主要是來自城市的外籍人士和富有華人。它與古洞其他地方不大相干。

差餉估價冊所列出的主要工商行號包括：許金豐五金建築材料行、同和醬園、聚隆醬園、悅和食品廠、上海梘廠、鉅利醬園和「Lai Wah Shoes Factory」（或為「麗華鞋廠」）。所有這些房屋的應課差餉租值都在港幣 30,000 元至 80,400 元之間。其他由「Pong Chuk-lui」、「Lui Kai 」和「Shiu Kim-tin」擁有但列在業主名下而非公司名下的物業，可能也有類似的情況：應課差餉租值分別為港幣 38,400 元、168,000 元和 37,200 元。較小的工商企業包括「Mak's Industrial Co. Ltd」（一家工業公司，應課差餉租值為 13,800 元）；「Fukien Noodle Factory」（一家麵廠，8,700 元）；文華手套廠（25,200 元）；「So Cheung Garage」（一家車房，2,700 元）；「Yeung Fat Construction Co. 」（或為「發利建築」，5,700 元）；「Leung Chi Machine Workshop」（一家機械工場，13,200 元）和「Wing Li Brick Factory」（或為「永利磚廠」，6,600 元）。「Wong Wing」擁有的公司（「Wong Wing Kee」）（10,500 元）；「Kwai Sau-wang 」（24,000 元）和「Chan Kwong

---

*　編按：本部分涉及較多商號名稱或人名，當中不少在原始資料中只有英文譯名。徵詢作者意見後，除了非常確定其中文名稱的商號或人名外，其餘商號和人名一律保留英文譯名。

45　錦益茶樓持續經營至 2024 年 8 月。

Kee」（或為「陳廣記孵化場」，21,600 元）可能同屬小型企業。河上鄉路沿線有盈豐米蒸酒房（45,600 元）；「Tarzan Vinyl Nylon Products Co.」（一家尼龍產品公司，78,000 元）和遠東袋廠（93,600 元），以及基督教香港信義會的教堂和幼稚園（它們大部分擁有它們所在的土地）。

有趣的是，這些公司中有三分之二的總部位於市區或新界其他地方（西區兩家、深水埗一家、上水三家、荃灣一家、灣仔兩家、葵涌一家、土瓜灣一家、新蒲崗一家）。只有「Fukien Noodle Factory」、「So Cheung Garage」、「Lai Wah Shoes Factory」、「Wing Li Brick Factory」，以及「Chan Kwong-kee」擁有的物業，總部是設在古洞。總部設在古洞的公司大多屬於小型工業公司（「Lai Wah Shoes Factory」屬例外）。因此，1978 年差餉估價冊所列出須繳差餉的工商行號，是香港工業大格局的一部分。

墟市後面是一大片寮屋和商號，統稱「石仔嶺」。此處出入須依靠一條建於墟市西邊與青山公路交界處的狹窄車路。一些寮屋很小，並且彼此建得很近，但許多寮屋是獨立的，並有附屬的小花園（見插圖 100）。當時仍有一些大樹保留下來。這裏的大多數家庭都有小菜田，並且能夠養雞。

這地區的發展主要是在 1958 年至 1960 年間完成。1960 年後，又興建了一些寮屋，新的商業樓宇也不斷興建，直至 1970 年代中期，特別是在料壆路沿線，但到 1960 年，本地區已經很成熟。1960 年，墟市後方設立了精心建造的大型村公所（見插圖 101）。它有廣大的辦公室、寬敞的會議室，以及供私人聚會之用的小偏廳，前方有遊廊。理民府官馬禮樂（Jeremy Marriott）為它主持揭幕。[46] 大約在同一時間，這個新的墟市和寮屋社群首次舉辦神功戲表演。愛華學校遷往河上鄉路旁的大型兩層混凝土校舍。到了 1960 年代，這所學校聲譽甚佳，並獲得政府資助。基督教香港信義會在同一時期於本區建立了兩座小教堂，它們都位於有圍牆的小院落內，建造得很精良。兩間教堂都開辦了幼稚園（見插圖 102），也得到政府補貼。顯然，本區到 1960 年已培養出強烈的社群感情，還建立了很強的自信。

---

46 記載此事的一塊小碑記，今天仍豎立在村公所內。

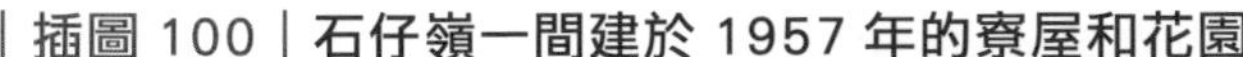
｜插圖 100｜石仔嶺一間建於 1957 年的寮屋和花園

｜插圖 101｜建於 1960 年的古洞村公所

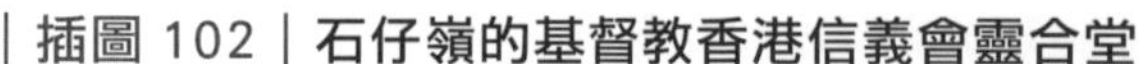
｜插圖 102｜石仔嶺的基督教香港信義會靈合堂

古洞寮屋區的快速發展，當地工業中心的巨大成功，墟市的建立，以及居民所展現的自信，在很大程度上與某三合會在這些發展中所發揮的影響力有關。耆老們強調，在 1950 年至 1970 年代，該三合會與今天的三合會大不相同。「今天他們只是靠恐嚇威逼壓榨金錢，毫無建樹；但在舊時，他們會做很多事。」三合會所做的工作，最重要的是在石仔嶺地區設立一些由他們嚴密控制的建築公司。在三合會支配下，寮屋、墟市商舖和道路的興建，都由這些公司壟斷。三合會保證區內的私有農地都由這些建築公司收購。一般人相信，三合會藉着向土地業主提供墟市內的店面作為補償，而非付錢買下土地（拒不肯從的人如果繼續不接受，則會面臨三合會以暴力對待的風險）。耆老說，墟市的店主都是自軍閥混戰時代以來就住在石仔嶺的人，而非後來從內地前來的新移民，因為只有這些人才會在這裏擁有土地；他們是在 1920 年代或 1930 年代向政府買下土地的。建築公司其後在由此獲得的土地上建造寮屋住宅，售賣或出租給新來的人。他們也在墟市興建商店。

這些建築公司壟斷了本區的建設，令區內的發展得以非常迅速地進行，墟市和石仔嶺地區的中心地帶的建設在 1960 年左右便完成了。據村民說，新的住宅是用優質材料建造，十分堅固，沒有偷工減料，不像此前大約五年所建的那些市區寮屋是以廢鐵和廢棄木材建造那樣（許多 1958 年至 1960 年的住宅，到今天居民仍然能舒適地居住其中，見插圖 100）。村民說，墟市的商店和茶樓也建得很牢固，沒有偷工減料（那些大約在 60 年後仍然存在的商店和茶樓，狀況都很良好）。同時，這些新房屋的建築成本被壓低。大部分新來人士都樂意接受這些建築公司的報價。三合會很清楚，只有在新來人士與他們之間相安無事的情況下，他們才能夠繼續控制本區。相對來說，若是僱用元朗或上水的建築公司，由於運輸成本，加上在沒有三合會勢力介入的情況下獲取土地時會遇到的問題，房屋的成本將遠超與三合會有關連的建築公司的索價。因此，新來人士很樂意接納與三合會有關連的公司的工作成果，而沒有嘗試打破這些公司的壟斷。

新來的商業行號是從市區遷來的，有時候會與市區有深厚聯繫（例如，調源大豆加工廠是由管理東方酒店的集團擁有），所以三合會會謹慎對待。然而，三合會也可以使用建築公司的名義，以低價向有意遷來的商號提供廣闊土地，並承諾會盡早修築連接的道路；那些有意遷來的商號，一般也樂於接受這種對他們非常有利的提案。這些道路很狹窄，蜿蜒曲折，但鋪得很好（重型貨車在其上行駛了大約 60 年後，仍然保持完好，見插圖 099）。修築這些新道路，並沒有獲得政府沒有協助，但是與三合會有關連的建築公司，同樣可以向原有業主提供墟市店舖用地的方式，獲得建路所需的私人土地。

三合會或將住宅寮屋和墟市商舖出售，或收取月租出租，而索價不算離譜，所以沒有造成什麼問題。

在墟市內，三合會會確保店舖不會侵佔鄰店的地方，保證通往石仔嶺的行人徑暢通，進出各地段的道路不被阻擋。遇有爭議，則由耆老在村公所仲裁；拒不服從的人，會被三合會脅迫他們出席仲裁，並接受各方同意的妥協方案，否則便可能會受三合會暴力對待，不過脅迫通常是秘而不宣的。當墟市店舖已全部建完並已被佔用，沒有多餘的房產可供收地時交換之用的時候，三合會便停止在墟市附近的區域進行商業開發，以防止過度競爭，並保證現有店舖可獲得較高利潤。

三合會也採取了一些有效的行動，應對墟市內的犯罪行為。試圖搶劫店舖或顧客，或對店主拔刀相向的人，被抓到的話一律會受一頓皮肉之苦，通常是以木棍或鐵棒痛打。犯案者一般會被打到昏厥，之後通常會交給上水警方處理。這種粗暴的做法看來頗為有效，墟市內很少發生罪案或搗亂事件。*

總而言之，根據村民的說法，三合會確保新遷來的人士可享有未經偷工減料的房屋、有妥善的出入道路、較低的住屋開支，以及安全的生活和營商環境。新遷來的人士不會覺得這有什麼問題。同時，三合會也能從區內賺取可觀的利潤。當然，三合會既然管理着這裏整個區域，也會在一些僻靜的角落開設賭場和販賣毒品，賺取更多利潤。

值得注意的是，此地區的社會是由戰前就定居這裏的家族主導的，他們擁有並經營墟市的商店。1957 年及之後，有大量來自內地的難民前來定居，但是，此地社群的領袖，均由定居時間較久的家族，尤其是那些長居香港、並從城市遷來以尋求較大的房屋和較佳的生活的家族所組成；並且如上所述，這些家族也主宰着這裏的墟市。

政府在本區所做的工作很少。區內沒有警崗（警察在區內的存在，通常僅限於偶爾來進行掃蕩），沒有消防局，食水供應極為有限，郵政服務很差（工商行號和墟市店舖會有人來派送郵件，但寮屋區居民只能在村公所附近的信箱架收信），除此之外就沒有其他服務了。這裏的幼稚園和愛華學校得到教育資助，代表教育服務很不錯（金錢村從 1965 年起有了一所中學——喇沙中學 #，步行來往也很方便）。最嚴重的問題是醫療服務。何東麥夫人醫局只提供產科服務。若居民遇到意外，或染上一般疾病，最近要到元朗的博愛醫院，或者到粉嶺那擁擠不堪和缺乏設備的政府診所；而要前往這兩個地方，都須乘坐班次疏落、經常人滿為患，且車程甚長的巴士（在 1960 年代，每小時只有一班車，有時候擠得根本無法上車）。

在政府尤其是警方眼中，三合會所做的事無非是以暴力敲詐勒索，是絕對不能接受的犯罪情況。只要涉及到三合會，暴力威脅顯然就一定存在，不過這種威脅在古洞通常是隱而不顯的。儘管如此，居民和商業機構，尤其是墟市的店主，對於三合會的影響，看法卻沒那麼負面。這一點不足為奇，因為他們以比正常情

---

* 編按：這裏只是根據當地居民的說法，描述過去在當地出現的一些情況，但這並不表示當中所提及的各種行為都是正確或合理的。

\# 編按：該校於 1983 年改名為「新界喇沙中學」。

況低得多的價錢，獲得了質素不太差，且更快建成的住宅和商業場所。對於一位在 1958 年住在九龍城某處唐樓床位，居住環境擁擠不堪，但又想要成家立室的年輕人而言，若能以他負擔得起的租金，租用一間有三四個房間、堅固結實的房子，附上種有大樹可供遮蔭的花園，加上門前就有墟市和大量的工作機會，對他來說肯定就好像是天堂的光景那樣。

為了興建新的高速公路，古洞墟市大部分在 1983 年被清拆。店舖搬遷到何東麥夫人醫局附近新建的街市大樓。該大樓至今仍在，儘管已不如以往熱鬧。高速公路以北的地區與清拆前的情況大致相同，有寮屋區、小型工廠、商業製造設施和貯存場。然而，墟市清拆後人口只剩一半。愛華學校的學生人數也銳減，且無法與上水新建的學校競爭，至 2006 年被迫關閉。本地社群的自信難免因而有所減損。

自 1980 年代以後，本區沒有太大的發展。何東的耕地連同新公路以南地區的許多其他土地，已被大型地產發展商慢慢買下來，打算在古洞發展新的市郊高級住宅。當地有許多豪華住宅發展項目，但一直以來缺乏任何真正的規劃或發展方向（直至近年才有所改變，見 2020 年以來的「古洞北新發展區」計劃）。近年通過的有關古洞及鄰近地區的城市規劃，將會清拆新高速公路以北的整片地區。當地的許多醬園和其他工商行號都已關門，等待拆除，但有少數仍在經營。李錦記已將其醬園遷往內地，其石仔嶺廠房只有看更在看管，等待清拆。長居此地的人對自己的前景感到徬徨。有些老人已在區內住了 60 年或以上，有些家庭在這裏居住了幾個世代，甚至已有百年。對他們來說，搬遷是逼不得已，並非樂意的選擇。

參考文獻

西方語文文獻先按作者姓名的字母，再按作品的出版時間順序排列。中文文獻先按作者姓名的筆畫，再按作品的出版時間順序排列。

Aijmer, G. *The Wong Lineage Land: A Documentary Note of Land Holding in the New Territories*. Department of Social Anthropology, University of Gothenburg, unpublished, 1974.

Arlington, L. C. *Through the Dragon's Eyes: Fifty Years' experiences of a Foreigner in the Chinese Government service*. London, 1931.

Atha, M. and K. Yip. *Piecing Together Sha Po: Archaeological Investigations and Landscape Reconstruction*. Hong Kong: Hong Kong University Press, 2016.

Baker, H. *A Chinese Lineage Village: Sheung Shui*. Frank Cass & Co, 1968.

— and Peter Y. L. Ng. *New Peace County: A Chinese Gazetteer of the Hong Kong Region*. Hong Kong: Hong Kong University Press, 1983.

Bard, S. *In Search of the Past: A Guide to the Antiquities of Hong Kong*. Hong Kong: Urban Council, 1988.

Barnes, R. H. "Salt Production in East Flores Regency, Nusa Tenggara Timur, Indonesia." In *Le Sel de la Vie en Asie du Sud-Est*, eds. P. Le Roux and J. Ivanoff. 1993.

Bickley, G. ed. *Journeys with a Mission: Travel Journeys of The Right Revd George Smith, First Bishop of Victoria*. Hong Kong: Proverse, 2018.

Blake, F. C. *Ethnic Groups and Social Change in a Chinese Market Town*. University of Hawai ʻi Press, 1981.

Bossler, B. J. *Powerful Relations: Kinship, Status and the State in Sung China (960-1279)*. Harvard University Press, 1998.

Breitschneider, E. *On the Knowledge Possessed by the Ancient Chinese of the Arab and Persian Colonies and Other Western Countries Mentioned in Chinese Books*. London, 1871.

Burkhardt, V. *Chinese Creeds and Customs*. Hong Kong: South China Morning Post, 1957-1959; reprinted, Routledge, 2007.

Chan, Osmund S. H. *A Century of Visitors: Prominent Visitors to Hong Kong in its Early Years*. Hong Kong: Hong Kong Museum of History, 2017.

Chan, Wing-hoi. "The Dangs of Kam Tin and Their Jiu Festival." *Journal of the Hong Kong Branch of the Royal Asiatic Society*, Vol. 29 (1989), pp. 302-375.

Choi, Chi-cheung. "Reinforcing Ethnicity: The Jiao Festival in Cheung Chau." In *Down to Earth*, eds.

Siu and Faure. 1995.

Coates, A. "Mui Wo Group of Villages." In *Southern District Officer Reports: Islands and Villages in Rural Hong Kong, 1910-60*, ed. J. Strickland. Hong Kong: Hong Kong University Press with the Royal Asiatic Society, Hong Kong Branch, 2010.

Cranmer-Byng, J. L. "An Old Fort at Tung Chung on Lantao Island." *Journal of the Hong Kong Branch of the Royal Asiatic Society*, Vol. 3 (1963), pp. 144-145.

Criveller, G. *From Milan to Hong Kong: 150 Years of Mission*. Vox Amica Press, 2008.

Davis, S. G. and M. Tregear. *Man Kok Tsui: Archaeological Site 30, Lantau Island, Hong Kong*. Hong Kong University Press, 1961.

Eitel, E. J. *Europe in China: The History of Hong Kong from the Beginning to the Year 1882*. Hong Kong: Kelly and Walsh, 1895; reprinted, Oxford University Press, 1984.

Empson, H. *Mapping Hong Kong: A Historical Atlas*. Hong Kong: Hong Kong Government Information Services, 1992.

Endacott, G. B. *A History of Hong Kong*, 2nd Edition. Hong Kong: Oxford University Press, 1973.

Faure, D. "Sai Kung: The Making of the District and Its Experiences during World War II." *Journal of the Hong Kong Branch of the Royal Asiatic Society*, Vol. 22 (1982), pp. 161-211.

—. "Notes on the History of Tsuen Wan." *Journal of the Hong Kong Branch of the Royal Asiatic Society*, Vol. 24 (1984), pp. 46-104.

—. "The Tangs of Kam Tin: A Hypothesis on the Rise of a Gentry Family." In *From Village to City: Studies in the Traditional Roots of Hong Kong Society*. Centre of Asian Studies, University of Hong Kong, 1984.

—. *The Structure of Chinese Rural Society: Lineage and Village in the Eastern New Territories*. Hong Kong: Oxford University Press, 1986.

Fox, G. *British Admirals and Chinese Pirates, 1832-1869*. London, 1940.

Groves, R. G. and K. R. Walker. "Rice Farming in Hong Kong." *Geographical Magazine*, Vol. 39, No. 9 (1967).

Hase, P. H. "Notes on Rice Farming in Shatin."*Journal of the Hong Kong Branch of the Royal Asiatic Society*, Vol. 21 (1981), pp. 196-206.

—. "Eastern Peace: Sha Tau Kok Market in 1925." *Journal of the Hong Kong Branch of the Royal Asiatic Society*, Vol. 23 (1993), pp. 147-202.

—. "Cheung Shan Kwu Tsz, an Old Buddhist Nunnery in the New Territories, and Its Place in Local Society."*Journal of the Hong Kong Branch of the Royal Asiatic Society*, Vol. 29 (1989), pp. 121-157.

—. "The Mutual Defence Alliance of the New Territories." *Journal of the Hong Kong Branch of the Royal Asiatic Society*, Vol. 29 (1989), pp. 384-388.

—. "A Village War in Sham Chun." *Journal of the Hong Kong Branch of the Royal Asiatic Society*, Vol. 30 (1990), pp. 265-281.

—. "Ta Kwu Ling, Wong Pui Ling and the Kim Hau Bridges." *Journal of the Hong Kong Branch of the Royal Asiatic Society*, Vol. 30 (1990), pp. 257-265.

—. "Bandits in the Siu Lek Yuen Yeuk." *Journal of the Hong Kong Branch of the Royal Asiatic Society*, Vol. 32 (1992), pp. 214-215.

— and Lee Man-yip. "Sheung Wo Hang Village, Hong Kong: A Village shaped by Fung Shui." *In Chinese Landscapes: The Village as Place*, ed. R. G. Knapp. University of Hawai'i Press, 1992.

—. "Traditional Life in the New Territories: The Evidence of the 1911 and 1921 Censuses." *Journal of the Hong Kong Branch of the Royal Asiatic Society*, Vol. 36 (1996), pp. 1-92.

—. "Beside the Yamen: Nga Tsin Wai Village." *Journal of the Hong Kong Branch of the Royal Asiatic Society*, Vol. 39 (1999), pp. 1-82.

— and Elizabeth Sinn, eds. *In the Heart of the Metropolis: Yaumatei and Its People*. Royal Asiatic Society, Hong Kong Branch, with Joint Publishing, 1999.

—. "The Alliance of Ten: Settlement and Politics in the Sha Tau Kok Area." In *Down to Earth*, eds. Siu and Faure. 1995.

—. "Uk Tau Village and the Books of Cheng Yung (鄭榕)." *Journal of the Royal Asiatic Society Hong Kong Branch*, Vol. 47 (2007), pp. 33-40.

—. "Rules on the Protection of Village Trees and Associated Matters." *Journal of the Royal Asiatic Society Hong Kong Branch*, Vol. 51 (2011), pp. 31-56.

—. *Custom, Land and Livelihood in Rural South China: The Traditional Land Law of Hong Kong's New Territories, 1750-1950*. Hong Kong University Press with the Royal Asiatic Society, Hong Kong Branch, 2013.

—. *Forgotten Heroes: San On County and Its Magistrates in the Late Ming and Early Qing*. City University of Hong Kong Press with the Royal Asiatic Society, Hong Kong Branch, 2017.

—. *Settlement, Life, and Politics: Understanding the Traditional New Territories*. City University of Hong Kong Press with the Royal Asiatic Society, Hong Kong Branch, 2020.

—. "Village Scholars in the Traditional New Territories and their Book Collections." *Journal of the Royal Asiatic Society Hong Kong Branch*, Vol. 63 (2023), pp. 179-225.

Hayes, J. W. "Cheung Chau, 1850-1898: Information from Commemorative Tablets." *Journal of the Hong Kong Branch of the Royal Asiatic Society*, Vol. 3 (1963), pp. 88-106.

—. "The Tung Chung Fort." *Journal of the Hong Kong Branch of the Royal Asiatic Society*, Vol. 4 (1964), pp. 146-147.

—. "A Mixed Community of Cantonese and Hakka on Lantau Island." In *Aspects of Social Organization in the New Territories*. Royal Asiatic Society, Hong Kong Branch, 1964.

—. "Old British Kowloon." *Journal of the Hong Kong Branch of the Royal Asiatic Society*, Vol. 6 (1966), pp. 120-137. Reprinted in J. W. Hayes, *The Rural Communities of Hong Kong: Studies and Theme*. Hong Kong: Oxford University Press, 1983.

—. "The Tung Chung Fort (Lantau Island, Hong Kong)." *Journal of the Hong Kong Branch of the*

Royal Asiatic Society, Vol. 8 (1968), pp. 165-167.

—. "Visit to Old Shau Kei Wan —24th May 1969," *Journal of the Hong Kong Branch of the Royal Asiatic Society*, Vol. 10 (1970), pp. 183-188.

—. "The Cheung Sha Wan Villages." *Journal of Oriental Studies*, Vol. 7, No. 1 (1970). Reprinted in J. W. Hayes, *The Rural Communities of Hong Kong: Studies and Theme*. Hong Kong: Oxford University Press, 1983.

—. "The Hong Kong Region: Its Place in Traditional Chinese Historiography and Principal Events since the Establishment of Hsin-an County in 1573." *Journal of the Hong Kong Branch of the Royal Asiatic Society*, Vol. 14 (1974), pp. 108-135.

— and Carl T. Smith. "Hung Hom: An Early Industrial Village in Old British Hong Kong." *Journal of the Hong Kong Branch of the Royal Asiatic Society*, Vol. 15 (1975), pp. 318-324.

—. *The Hong Kong Region, 1850-1911: Institutions and Leadership in Town and Countryside*. Archon Books, 1977.

—. *The Rural Communities of Hong Kong: Studies and Themes*. Hong Kong: Oxford University Press, 1983.

—. "Hong Kong Island before 1841." *Journal of the Hong Kong Branch of the Royal Asiatic Society*, Vol. 24 (1984), pp. 105-142.

—. "The Soldiers at Tung Chung Fort on Lantau in Late Ch'ing Times." *Journal of the Hong Kong Branch of the Royal Asiatic Society*, Vol. 24 (1984), pp. 305-306.

—. *Tsuen Wan: Growth of A 'New Town' and Its People*. Hong Kong: Oxford University Press, 1993.

—. "Notes and Impressions of the Cheung Chau Community." In *Down to Earth*, eds. Siu and Faure. 1995.

Hinton, W. J. "Cheung Chow—Long Island" (reprinted). *Journal of the Hong Kong Branch of the Royal Asiatic Society*, Vol. 17 (1977), pp. 130-143.

Ivanoff, J. *See* Le Roux, P.

Jarman, R. L. ed. *Hong Kong Annual Administrative Reports 1841-1941* ("Blue Books"). Cambridge Archive Editions, 1995.

Jarvie, I. C. ed. *Hong Kong: A Society in Transition. London*, 1967.

Jiang, Y. L. *The Great Ming Code: Da Ming Lü*. University of Washington Press, 2014.

Johnson, E. L. and G. E. Johnson. *A Chinese Melting Pot: Original People and Immigrants in Hong Kong's First 'New Town'*. Hong Kong: Hong Kong University Press, 2019.

Jones, W. C. *The Great Qing Code*. Oxford, 1994.

Ko, Tim-keung and J. Wordie. *Ruins of War: A Guide to Hong Kong's Battlefields and Wartime Sites*. Hong Kong: Joint Publishing, 1996.

Krone, Rev. "A Notice of the Sanon District" (reprinted). *Journal of the Hong Kong Branch of the Royal Asiatic Society*, Vol. 7 (1967), pp. 104-137. Original 1858.

Kwong, C. M. and Y. L. Tsoi. *Eastern Fortress: A Military History of Hong Kong, 1840-1970*. Hong Kong: Hong Kong University Press, 2014.

Lai, Kwok-wai. *See* Shun, Chi-ming.

Lam, Peter Y. K. "Ceramic Finds of the Ming Period from Penny's Bay—An Addendum." *Journal of the Hong Kong Archaeological Society*, Vol. 13 (1991), pp. 79-90.

Le Roux, P. and J. Ivanoff. *Le Sel de la Vie en Asie du Sud-Est*, ed. P. Le Roux. 1993.

Lee, R. "Tsang Tai Uk." In *In the Heart of the Metropolis*, eds. Sinn and Hase. 1999.

Lobscheid, W. "A Few Notices on the Extent of Chinese Education and the Government Schools of Hong Kong." *China Mail*, 1859.

Lockhart, J. S. "Extracts from a Report by Mr Stewart Lockhart on the Extension of the Colony of Hong Kong: Mr Stewart Lockhart to Colonial Office, 8 October, 1898." In *Papers Laid before the Legislative Council of Hong Kong*, 1899 (Sessional Papers), No. 9/99. Government Printer, 1900.

Lung, H. K. *Britain and the Suppression of Piracy on the Coast of China, with Special Reference to the Vicinity of Hong Kong*. Unpublished MPhil thesis, University of Hong Kong, 2001, available online.

Meacham, W. et al. *Archaeological Investigations on Chek Lap Kok Island*. Hong Kong: Hong Kong Archaeological Society, no date.

—. "A Ming Trading Site at Penny's Bay, Lantau." *Journal of the Hong Kong Archaeological Society*, Vol. 12 (1990), pp. 100-115.

—. *The Archaeology of Hong Kong*. Hong Kong: Hong Kong University Press, 2008.

Mitchie, A. *The Englishman in China During the Victorian Era: as Illustrated in the Career of Sir Rutherford Alcock, K. C. B., D. C. L. Many Years Consul and Minister in China and Japan*. Edinburgh: Blackwood, 1900.

Montalto de Jesus, C. A. *Historic Macao: International Traits in China Old and New*. Macau, 1926. Reprinted, Hong Kong: Oxford University Press, 1985.

Mote, F. W. *Imperial China, 900-1800*. Harvard University Press, 1999.

Munn, C. *Anglo-China: Chinese People and British Rule in Hong Kong, 1841-1880*. Hong Kong: Hong Kong University Press, 2001.

Murray, D. "Pirates in the Pearl River Delta." *Journal of the Hong Kong Branch of the Royal Asiatic Society*, Vol. 28 (1988), pp. 1-9.

Ng, Cheuk-yiu. "Some Notes on Tung Chung." *Journal of the Hong Kong Branch of the Royal Asiatic Society*, Vol. 4 (1964), pp. 150-152.

—. *Land and People in Tung Chung Valley: An Example of Rural Land Use in Hong Kong*. Unpublished PhD thesis, University of Hong Kong, 1965, available online.

—. "Culture and Society of a Hakka Community on Lantau Island, Hong Kong." In *Hong Kong: A Society in Transition*, ed. C. Jarvie. London, 1967.

Ng, Peter Y. L. *See* Baker. H.

Orme, G. N. "Report on the New Territories, 1899-1912." In *Papers Laid before the Legislative Council of Hong Kong* (Sessional Papers), No. 11/1911. Government Printer, 1912.

Preble, G. H. *See* Szczesniak, B.

Reyes Garcia, J. C. "Este es el arte y modo de hacer sal: tecnologia salinera novohispana en las Relaciones Geograficas del siglo XVI." In *Le Monde du Sel: Melanges offerts a J-C Hocquet* (Journal of Salt History, Vols. 8-9), pp. 219-244. Innsbruck, 1993.

Rollo, D. *The Guns and Gunners of Hong Kong*. Privately printed, Hong Kong, 1991.

Ryan, T. F. *The Story of a Hundred Years: The Pontifical Institute of Foreign Missions (P.I.M.E.) in Hong Kong, 1858-1958*. Hong Kong: Catholic Truth Society, 1959.

Sayer, G. R. *Hong Kong, 1841-1862: Birth, Adolescence and Coming of Age*. Oxford University Press, 1937.

Schofield, W. "Memories of District Office South, New Territories of Hong Kong." (reprinted). *Journal of the Hong Kong Branch of the Royal Asiatic Society, Vol. 17 (1977)*. Original 1958.

—. "Pile Houses at Tai O, Lantau Island, Hong Kong, 10th January 1937." (reprinted). *Journal of the Hong Kong Branch of the Royal Asiatic Society*, Vol. 10 (1970), pp. 197-200.

Shun, Chi-ming, Him-fung Siu, and Kwok-wai Lai. "A Study of the Original Site of the Sheung Tai Temple in Kowloon City." *Journal of the Royal Asiatic Society Hong Kong Branch*, Vol. 60 (2020), pp. 78-114.

Sinn, Elizabeth. "Kowloon Walled City: Its Origins and Early History." *Journal of the Hong Kong Branch of the Royal Asiatic Society*, Vol. 27 (1987), pp. 30-45.

Siu, Anthony K. K. "Some Notes on Tung Chung." *Journal of the Hong Kong Branch of the Royal Asiatic Society*, Vol. 4 (1964), pp. 150-152.

—. "Distribution of Forts and Guard Stations on Lantau Island During the late Ch'ing Period"; "The Cannons on the Wall of the Tung Chung Fort, Lantau Island, Hong Kong"; and "The Fat Tong Mun Fort (or the Tung Lung Fort)."*Journal of the Hong Kong Branch of the Royal Asiatic Society*, Vol. 18 (1978), pp. 205-211.

—. "The Kowloon Walled City." *Journal of the Hong Kong Branch of the Royal Asiatic Society*, Vol. 20 (1980), pp. 139-140.

—. "More about the Tung Chung Fort." *Journal of the Hong Kong Branch of the Royal Asiatic Society*, Vol. 22 (1982), pp. 305-307.

—. "More about the Kowloon Walled City." *Journal of the Hong Kong Branch of the Royal Asiatic Society*, Vol. 26 (1986), pp. 265-266.

—. *Forts and Batteries: Coastal Defences in Guangdong in the Ming and Qing Dynasties*. Hong Kong: Urban Council, 1997.

—. *See* also 蕭國健 .

Siu, H. and D. Faure. *Down to Earth: The Territorial Bond in South China*. Stanford University Press, 1995.

Siu, Him-fung. *See* Shun, Chi-ming.

Smith, Carl T. *A Sense of History: Studies in the Social and Urban History of Hong Kong*. Hong Kong, 1995.

—. "Shamshuipo: From Proprietary Village to Urban Complex." In *From Village to City: Studies in the Traditional Roots of Hong Kong Society*. Centre of Asian Studies, University of Hong Kong, 1984. Reprinted in Carl T. Smith, *A Sense of History*. 1995.

— and J. W. Hayes. "Hung Hom: An Early Industrial Village in Old British Hong Kong." *Journal of the Hong Kong Branch of the Royal Asiatic Society*, Vol. 15 (1975), pp. 318-324; reprinted in Carl T. Smith, *A Sense of History*. 1995.

Smith, G. *A Narrative of an Exploratory Visit to each of the Consular Cities of China, and to the Islands of Hong Kong and Chusan, in Behalf of the Church Missionary Society, in the Years 1844, 1845, and 1846*. London, 1847.

Strickland, J, ed. *Southern District Officer Reports: Islands and Villages in Rural Hong Kong, 1910-1960*. Hong Kong: Hong Kong University Press with the Royal Asiatic Society, Hong Kong Branch, 2010.

Szczesniak, B, ed. *The Opening of Japan: A Story of Discovery in the Far East, 1853-1856* (Rear Admiral George Henry Preble, U.S.N.). Reprinted, University of Oklahoma Press, 1962.

Ticozzi, S. *Historical Documents of the Hong Kong Catholic Church.* Hong Kong: Catholic Diocesan Archives, 1997.

—. *Il PIME e La Perla Dell'Oriente*. Hong Kong: Caritas Printing Training Centre, 2008.

—. "The Catholic Church and Nineteenth Century Village Life in Hong Kong." *Journal of the Royal Asiatic Society Hong Kong Branch*, Vol. 48 (2008), pp. 111-149.

Tregear, M. *See* Davis, S. G.

Tronson, J. M. *Personal Narrative of a Voyage to Japan, Kamchatka, Siberia, Tartary, and Various Parts of the Coast of China, in H.M.S. Barracouta*, with Charts and Views. Reprinted, 2011.

Tsoi, Y. L. *See* Kwong, C. M.

Walker, K. R. *See* Groves, R. G.

Wang Gungwu. "The Nanhai Trade: A Study of the Early History of Chinese Trade in the South China Sea." *Journal of the Malayan Branch of the Royal Asiatic Society*, Vol. 31, No. 2 (1958). Reprinted, Marshall: Cavendish Ltd. 1995, 2003.

Waters, D. D. "The Temples off Public Square Street." In *In the Heart of the Metropolis*, eds. Sinn and Hase. 1999.

Wombwell, J. A. *The Long War against Piracy: Historical Trends*. Fort Leavenworth: Combat Studies Institute Press, 2009.

Wordie, J. *See* Ko, Tim-keung.

Yip, K. *See* Atha, M.

The Anglo-Chinese Directory Hongkong. The Publicity Bureau for South China, 1922.

British Parliamentary Papers on China, 1861-1866.

A Gazetteer of Place Names in Hong Kong, Kowloon, and the New Territories. Hong Kong: Government Printer, 1969.

Historical and Statistical Abstract of the Colony of Hong Kong, 1841-1930. Hong Kong: Government Printer, 1932.

Hong Kong Government Administrative Reports.

"Report on the Census of the Colony for 1911." In *Papers Laid before the Legislative Council of Hong Kong (Sessional Papers)*, No. 17/1911. Hong Kong: Government Printer, 1912.

"Report on the Census of the Colony for 1921." In *Papers Laid before the Legislative Council of Hong Kong (Sessional Papers)*, No. 15/1921, pp. 151-232. Hong Kong: Government Printer, 1921.

Temple Directory. Hong Kong: The Temples Unit, Home Affairs Department, unpublished, 1966.

沈思：〈大嶼山之東涌寨城〉，《華僑日報》(「博文」版)，1982 年 9 月 29 日。

吟香閣主人：《羊城竹枝詞》，清光緒三年（1877）廣州刊本。

吳萊：《南海山水人物古蹟記》，清順治年間（1644-1661）刊本 。

吳灞陵：《今日大嶼山》。香港：《華僑日報》，1963 年。

林天蔚 、蕭國健著：《香港前代史論集》。台北：臺灣商務印書館，1985。

施存龍：〈「屯門島」：葡人始佔中國據點考辨〉，《文化雜誌》，第三十三期（1997），頁 23-32。

—〈西草灣戰役的有無和西草灣地望考辨〉，《文化雜誌》，第四十期（2000），頁 21-30。

—〈葡商集中澳門前的「家」：浪白澳（島）考辦〉，《文化雜誌》，第四十期（2000），頁 31-40。

—〈葡萄牙人與 Liampo 考證〉，《文化雜誌》，第四十二期（2002），頁 117-140。

科大衛、陸鴻基、吳倫霓霞編：《香港碑銘彙編》。香港：香港市政局，1986。

馬木池：〈十九世紀香港東部沿海經濟發展與地域社會的變遷〉，載朱德蘭主編：《中國海洋發展史論文集》，第八輯。台北：中研院中山人文社會科學研究所，2002，頁 73-103。

張一兵點校：《深圳舊志三種》。深圳：海天出版社，2006。

張瑞威：〈鯉魚門的歷史、古跡與傳說〉，《華南研究資料中心通訊》，第二十期（2000），頁 5-10。

深圳博物館編：《深圳古代簡史》。北京：文物出版社，1997。

陳仲微：《二王本末》，見《宋季三朝政要》，元皇慶元年（1312）刊本。

陳祖澤、梁培藻編：《九龍樂善堂特刊》。香港：九龍樂善堂，1939。

湯開建：〈中葡關係的起點：上下川島 Tamaõ 新考〉，《文化雜誌》，第二十六期（1996），頁 131-138。

程中山編：《香港竹枝詞初編》。香港：匯智出版有限公司，2010。

筏可：《大嶼山志》。香港：寶蓮禪寺，1958。

趙雨樂、鍾寶賢：《九龍城》。香港：三聯書店，2001。

鄧淳：《嶺南叢述》，清道光十五年（1835）刊本。

魯金：《九龍城寨史話》。香港：三聯書店，2001。

蕭國健：《清初遷海前後香港之社會變遷》。台北：臺灣商務印書館，1986。
—《九龍城史論集》。香港：顯朝書室，1987。
—《香港歷史與社會》。香港：香港教育圖書公司，1994。
—《關城與炮台：明清兩代廣東海防》。香港：香港市政局，1997。
— 另見：Siu, Anthony K. K. 、林天蔚。
鍾寶賢，見：趙雨樂。
懷秋：〈東涌感懷〉，《星島日報》，1982 年 10 月 6 日。
羅香林等：《一八四二年以前之香港及其對外交通：香港前代史》。香港：中國學社，1959。
蘇萬興：《衙前圍：消失中的市區最後圍村》。香港：中華書局，2010。
饒宗頤：《九龍與宋季史料》。香港：萬有圖書公司，1959。
《粵東省例新纂》。台北：成文出版社，1968。
《爛頭島開發》。香港：天下通訊社，1941 。

香港的
村落與墟鎮
聚落與歷史

VILLAGES AND MARKET TOWNS IN HONG KONG:
Settlement and History

夏思義（Patrick H. Hase）著
林立偉　譯

責任編輯　黃連藝
裝幀設計　陳佩珍
排　　版　時　潔
印　　務　劉漢舉

出版
中華書局（香港）有限公司
香港北角英皇道 499 號北角工業大廈 1 樓 B
電話：（852）2137 2338
傳真：（852）2713 8202
電子郵件：info@chunghwabook.com.hk
網址：http://www.chunghwabook.com.hk

發行
香港聯合書刊物流有限公司
香港新界荃灣德士古道 220 - 248 號
荃灣工業中心 16 樓
電話：（852）2150 2100
傳真：（852）2407 3062
電子郵件： info@suplogistics.com.hk

印刷
美雅印刷製本有限公司
香港觀塘榮業街六號海濱工業大廈四樓 A 室

版次
2025 年 7 月初版
2025 年 8 月第二次印刷

規格
16 開（230mm × 170mm）

ISBN
978-988-8913-90-9